El refugio

El refugio

Elizabeth George

Traducción de
Escarlata Guillén

Rocaeditorial

Título original: *A Place of Hiding*
© 2003 by Susan Elizabeth George

Primera edición: septiembre de 2007

© de la traducción: Escarlata Guillén
© de esta edición: Roca Editorial de Libros, S.L.
Marquès de l'Argentera, 17. Pral. 1.ª
08003 Barcelona
correo@rocaeditorial.com
www.rocaeditorial.com

Impreso por EGEDSA
Rois de Corella, 12-16, nave 1
Sabadell (Barcelona)

ISBN: 978-84-96791-43-5
Depósito legal: B. 35.063-2007

Este libro trata de hermanos y yo se lo dedico al mío, Robert Rivelle George, con amor y admiración por su talento, inteligencia y sabiduría.

En efecto, en cierto sentido nuestro trabajo puede considerarse deshonesto, porque, como grandes hombres de Estado, alentamos a aquellos que traicionan a sus amigos.

The Beggar's Opera,
JOHN GAY

10 de noviembre
14:45
Montecito, California

*L*os vientos de Santa Ana no eran muy amigos de la fotografía, pero era imposible decírselo a un arquitectoególatra que creía que toda su reputación dependía de capturar para la posteridad —y para *Architectural Digest*— cinco kilómetros cuadrados de ladera no urbanizada. Ni siquiera podías intentar decírselo. Porque cuando por fin encontrabas el lugar después de equivocarte de desvío un millón de veces y llegabas tarde, él estaba enfadado y el viento árido levantaba ya tanto polvo que lo único que querías hacer era largarte de allí cuanto antes, lo cual no iba a ser posible si te ponías a discutir con él sobre si ibas a sacar o no las fotos. Así que las sacabas, al carajo el polvo, las plantas rodadoras que parecían importadas por un equipo de efectos especiales para que la propiedad con vistas al océano valorada en varios millones de dólares pareciera Barstow en agosto, y al carajo la arenilla que se te metía en las lentes de contacto y el aire que te dejaba la piel como un hueso de melocotón y el pelo como el heno quemado. El trabajo lo era todo, el trabajo lo significaba todo. Y como China River se ganaba la vida trabajando, lo hizo.

Pero no estaba contenta. Cuando terminó el encargo, una capa de mugre cubría su ropa y su piel, y lo único que quería —aparte de un vaso grande del agua más fría que encontrara y sumergirse un buen rato en una bañera helada— era largarse de allí: alejarse de la ladera y acercarse a la playa. Así que dijo:

—Bueno, pues eso es todo. Tendré las pruebas para que elija pasado mañana. ¿A la una? ¿En su despacho? Bien. Allí estaré. —Y se marchó a grandes zancadas sin darle al hombre la oportunidad de contestar. Tampoco le importó demasiado cómo reaccionaría a su brusca partida.

Bajó la ladera al volante de su viejo Plymouth, por una carretera perfectamente asfaltada, puesto que en Montecito los baches estaban prohibidos. La ruta la llevó por las casas de los ricos de Santa Bárbara, que vivían sus vidas privilegiadas protegidas tras las verjas eléctricas, nadaban en piscinas de diseño y se secaban después con toallas tan gruesas y blancas como un manto de nieve de Colorado. Frenaba de vez en cuando para mirar a los jardineros mexicanos que sudaban tras esos muros protectores y a las adolescentes a caballo que trotaban enfundadas en sus vaqueros ajustados y camisetas mínimas. Su cabello se balanceaba bajo el sol. Todas lo tenían largo y liso y brillante como si algo lo iluminara desde dentro. Lucían una piel impecable y unos dientes también perfectos. Y ninguna tenía un gramo de grasa no deseada en el cuerpo. ¿Y por qué querrían tenerlo? El peso no tendría la fortaleza moral de permanecer en su cuerpo más tiempo de lo que tardaran en subirse a la báscula del baño, ponerse histéricas y salir corriendo a la taza del váter.

Qué patéticas eran todas y cada una de esas mimadas desnutridas, pensó China. Y lo que era peor para las pobres imbéciles: seguramente sus madres tenían exactamente el mismo aspecto que ellas, convirtiéndose en modelos para una vida llena de entrenadores personales, operaciones de cirugía estética, compras, masajes diarios, manicuras semanales y sesiones regulares con un psiquiatra. No había nada como tener una fuente de ingresos chapada en oro cortesía de algún idiota que lo único que exigía a sus mujeres era que se centraran en su físico.

Siempre que China tenía que ir a Montecito, no veía el momento de marcharse de allí, y ese día no era distinto. En todo caso, el viento y el calor acentuaban más de lo habitual la urgencia de alejarse de aquel lugar, como algo que le minara el ánimo. Desde que había sonado el despertador aquella mañana temprano, notaba una inquietud general en los hombros.

No había sonado nada más. Ése era el problema. Al despertar, había hecho automáticamente el salto de tres horas hasta: «Las diez de la mañana en Manhattan, ¿por qué no me ha llamado?», y mientras transcurrían las horas hasta que llegó el momento de marcharse a la cita en Montecito, se había pasado casi todo el tiempo mirando el teléfono y calentándose, algo bastante fácil de hacer, puesto que a las nueve de la mañana ya casi habían alcanzado los veintisiete grados.

Había intentado mantenerse ocupada. Regó el patio de delante e hizo lo propio con el de atrás, incluido el césped. Habló por encima de la valla con Anita García («Hola, guapa, qué horror de tiempo, ¿verdad? Dios santo, ay, Dios santo, me está matando») y compadeció a su vecina por su nivel de retención de líquidos durante el último mes de embarazo. Lavó el Plymouth y lo secó sobre la marcha, logrando adelantarse al polvo que quería adherirse a él y convertirse en barro. Y entró corriendo en casa las dos veces que sonó el teléfono, sólo para escuchar al otro lado a esos vendedores empalagosos y detestables, esos que siempre querían saber cómo te iba el día antes de soltarte el rollo para cambiar de compañía telefónica en las llamadas de larga distancia, lo que, por supuesto, también iba a cambiarte la vida. Al final, había tenido que irse a Montecito. Pero no sin antes descolgar el teléfono por última vez para asegurarse de que tenía tono de marcado y comprobar el contestador para cerciorarse de que grabaría el mensaje.

Durante todo ese tiempo se odió a sí misma por no ser capaz de olvidarse de él. Pero ése había sido el problema durante años, trece en total. Cielos, cuánto odiaba el amor.

Al final, fue el móvil el que sonó cuando estaba a punto de llegar a su casa en la playa. A menos de cinco minutos de la acera irregular que enmarcaba el camino de hormigón hasta la puerta, oyó que pitaba en el asiento del copiloto. China lo cogió y escuchó la voz de Matt.

—Hola, preciosa. —Parecía alegre.

—Hola, tú. —Detestó el alivio instantáneo que sintió, como si se hubiera destapado la ansiedad carbonatada. No dijo nada más.

Él lo interpretó fácilmente.

—¿Estás cabreada?

«Nada. Deja que cuelgue», pensó China.

—Supongo que la he cagado.

—¿Dónde has estado? —le preguntó—. Creía que ibas a llamarme esta mañana. He estado esperando en casa. Odio que hagas eso, Matt. ¿Por qué no lo entiendes? Si no vas a llamarme, dímelo y podré vivir con ello, ¿vale? ¿Por qué no me has llamado?

—Lo siento. Quería hacerlo. He estado recordándomelo todo el día.

—¿Y...?

—No va a sonar bien, China.

—Inténtalo.

—De acuerdo. Anoche entró un frente frío de mil demonios. He tenido que pasarme media mañana intentando encontrar un abrigo decente.

—¿No podías llamar desde el móvil mientras estaba fuera?

—Me lo he olvidado. Lo siento. Ya te lo he dicho.

Oía los omnipresentes ruidos de fondo de Manhattan, los mismos ruidos que oía siempre que la llamaba desde Nueva York: el sonido de los cláxones que retumbaban a través de los cañones arquitectónicos, los martillos neumáticos que penetraban en el cemento como armamento pesado. Pero si se había olvidado el móvil en el hotel, ¿qué hacía con él en la calle?

—Voy a una cena —le dijo—. Es la última reunión. Del día, quiero decir.

China se había parado en un espacio libre en el arcén, a unos treinta metros de su casa. Detestó pararse porque el aire acondicionado del coche era demasiado débil para enfriar el interior sofocante, por lo que estaba desesperada por bajarse; pero el último comentario de Matt hizo que, de repente, el calor fuera menos importante y, sin duda, mucho menos perceptible. Centró toda su atención en qué había querido decir.

Como mínimo había aprendido a tener la boca cerrada cuando lanzaba una de sus pequeñas bombas verbales. Hubo un tiempo en que se enfurecía con él ante un comentario como «Del día, quiero decir» para sacarle los detalles de sus insinuaciones. Pero los años le habían enseñado que el silencio funcionaba igual que las exigencias o las acusaciones. También le permitía controlar la situación cuando por fin él admitía lo que intentaba evitar decir.

Lo soltó enseguida.

—La situación es la siguiente. Tengo que quedarme una semana más. Tengo la oportunidad de hablar con unas personas acerca de una subvención y he de reunirme con ellas.

—Matt, vamos.

—Espera, cariño. Escucha. El año pasado estos tipos gastaron una fortuna en un director de Nueva York. Están buscando un proyecto. ¿Lo oyes? Están buscando de verdad.

—¿Cómo lo sabes?

—Me lo han dicho.

—¿Quién?

—Tan pronto como les he llamado, he conseguido una cita. Pero no es hasta el próximo jueves. Así que tengo que quedarme.

—Adiós a Cambria, entonces.

—No, sí iremos. Pero la semana que viene no podemos.

—Claro. ¿Cuándo?

—Ése es el problema.

Los sonidos de la calle al otro lado del hilo telefónico parecieron aumentar un momento, como si Matt estuviera adentrándose en ellos, obligado a bajarse de la acera por la congestión de la ciudad tras el fin de la jornada laboral.

—¿Matt? ¿Matt? —dijo ella, y sintió un momento de pánico irracional cuando creyó haberlo perdido. Malditos teléfonos y malditas señales, siempre marchándose y volviendo.

Pero Matt regresó a la línea, y el ruido había disminuido. Había entrado en un restaurante, le dijo.

—Es el momento de la verdad para la película. China, ésta es de premio de festival. Sundance, está claro, y ya sabes qué puede significar eso. Odio fallarte así, pero si no presento una idea a esta gente, no podré llevarte a ningún lado. Ni a Cambria. Ni a París. Ni a Kalamazoo. Así son las cosas.

—Bien —le dijo, pero no estaba bien y él lo sabría por el tono apagado de su voz. Había tardado un mes en poder cogerse dos días sin reuniones de trabajo en Los Ángeles ni búsqueda de fondos por el resto del país, y antes de eso ella había pasado seis semanas llamando a potenciales clientes y él había seguido persiguiendo el horizonte de su sueño—. En ocasiones —dijo—, me pregunto si alguna vez serás capaz de conseguirlo, Matt.

—Lo sé. Parece que se tarda una eternidad en poner en marcha una película. Y a veces es así. Ya conoces cómo funciona. Se tardan años en desarrollar un proyecto y luego, ¡zas!, éxito de taquilla instantáneo. Pero quiero hacerlo. Necesito hacerlo. Sólo lamento que parezca que estamos separados más tiempo del que pasamos juntos.

China escuchó todo aquello mientras contemplaba a un niño que avanzaba por la acera en su triciclo, seguido por su atenta madre y un pastor alemán aún más atento. El niño llegó a un lugar donde el cemento era irregular, levantado por la raíz del árbol, y la rueda chocó contra la erupción resultante. Intentó mover los pedales para seguir, pero no pudo hacer nada hasta que mamá llegó a ayudarle. Aquella visión llenó a China de una tristeza inexplicable.

Matt esperaba su respuesta. Ella intentó pensar en alguna fórmula nueva para expresar su decepción, pero no se le ocurrió nada. Así que dijo:

—En realidad no hablaba de conseguir hacer una película, Matt.

—Ah —dijo él.

Luego no hubo nada más que discutir porque ella sabía que él se quedaría en Nueva York para asistir a la reunión por la que tanto había luchado y ella tendría que arreglárselas sola; otra cita cancelada, otra pena más en el gran proyecto de vida.

—Bueno, suerte con la reunión —dijo ella.

—Nos mantenemos en contacto —dijo él—. Toda la semana. ¿De acuerdo? ¿Te parece bien, China?

—¿Qué remedio me queda? —le preguntó ella y le dijo adiós.

Se odió a sí misma por acabar la conversación de esa forma, pero estaba furiosa, desconsolada, alicaída, deprimida... Lo que fuera. En cualquier caso, no tenía nada más que dar.

Aborrecía la parte de sí misma que veía su futuro con inseguridad y casi siempre podía dominar ese aspecto de su carácter. Cuando se le escapaba de las manos y controlaba su vida como un guía demasiado confiado que se adentra en el caos, nunca llevaba a nada bueno. Hacía que se aferrara a creer en la importancia del tipo de mujer que siempre había detestado, que se definía por tener a un hombre a cualquier precio, echarle el lazo para que se casara con ella y llenar su vida de niños cuanto antes. No caería en eso, se repetía una y otra vez. Pero una pequeña parte de ella lo quería de todas formas.

Eso la llevaba a hacer preguntas, plantear exigencias y centrar su atención en un «nosotros» en lugar de fijarse en un «yo». Cuando ocurría eso, lo que estallaba entre ella y el hombre en cuestión —que siempre había sido Matt— era una repetición de la discusión que hacía ya cinco años que tenían. Era una polémica circular en torno al tema del matrimonio que, hasta la fecha, siempre había dado el mismo resultado: la reticencia obvia de él —como si ella realmente necesitara verla y escucharla— seguida de sus recriminaciones furiosas, a las que luego sucedía una ruptura iniciada por el que estuviera más exasperado con las diferencias que afloraban entre ellos.

Sin embargo, esas mismas diferencias seguían juntándolos de nuevo, puesto que cargaban la relación de una emoción innegable que de momento ninguno de los dos había encontrado con otra persona. Él seguramente lo había intentado. China lo sabía. Pero ella no. No le hacía falta. Sabía desde hacía años que Matthew Whitecomb estaba hecho para ella.

China ya había llegado a esa conclusión una vez más cuando paró delante de su casa: noventa metros cuadrados de una construcción de 1920 que en su día fue la escapada de fin de semana de un angelino. Se encontraba entre otras casitas similares en una calle flanqueada de palmeras, lo bastante cerca de la playa para recoger los beneficios de la brisa del océano y lo bastante lejos del agua para ser asequible.

Era francamente modesta, con cinco habitaciones —contando el cuarto de baño— y sólo nueve ventanas, un porche amplio y un rectángulo de césped delante y detrás. Una valla cercaba la propiedad, y había gotas de pintura blanca en los parterres y la acera. Hacia la puerta de esta valla se dirigió China con su equipo de fotografía en cuanto terminó su conversación con Matt.

Hacía un calor horrible, sólo un poco menos que en la ladera, pero el viento no era tan feroz. Las hojas de las palmeras se movían como huesos viejos en los árboles, y las lantanas color lavanda crecían contra la valla y colgaban lánguidamente bajo la brillante luz del sol, con sus flores como asteriscos púrpuras que crecían en la tierra totalmente seca, como si no la hubiera regado por la mañana.

China alzó la puerta de madera y la abrió. Llevaba las fundas con las cámaras colgadas al hombro y tenía en mente la in-

19

tención de ir a por la manguera del jardín y arrastrarla hasta allí para remojar las pobres flores. Pero se le olvidó al ver la imagen que la recibió: un hombre en paños menores, tumbado boca abajo en medio de su césped, con la cabeza recostada sobre lo que parecía ser una bola hecha con sus vaqueros y una camiseta amarilla descolorida. No había rastro de los zapatos, y tenía las plantas de los pies negrísimas y tan callosas en los talones que la piel estaba cuarteada. A juzgar por sus tobillos y codos, también parecía ser alguien que evitaba asearse, pero no comer o hacer ejercicio, puesto que era robusto sin llegar a estar gordo. Y tampoco beber, dado que en esos momentos tenía una botella sudorosa de Pellegrino en la mano derecha.

Su Pellegrino, al parecer. El agua que China estaba deseando beberse.

El hombre se dio la vuelta perezosamente y la miró de reojo, aupándose sobre los codos sucios.

—Tu seguridad es un asco, Chine —dijo, y bebió un trago largo de la botella.

China miró el porche y vio que la puerta mosquitera estaba abierta y la puerta de entrada, de par en par.

—Maldita sea —gritó ella—. ¿Has vuelto a colarte en mi casa?

Su hermano se incorporó y puso la mano a modo de visera sobre los ojos.

—¿Por qué demonios vas vestida así? Estamos a treinta y dos putos grados y parece que estés en Aspen en enero.

—Y tú parece que estés esperando a que te detengan por exhibicionismo. Por favor, Cherokee, ten un poco de cabeza. En este barrio hay niñas pequeñas. Si pasa alguna por aquí delante y te ve así, a los quince minutos tenemos un coche patrulla en la puerta. —Ella frunció el ceño—. ¿Te has puesto protección?

—No has contestado a mi pregunta —señaló él—. ¿Por qué llevas ropa de cuero? ¿Rebeldía retrasada? —Sonrió—. Si mamá viera esos pantalones, le daría un verdadero...

—La llevo porque me gusta —le interrumpió ella—. Es cómoda. —«Y puedo permitírmela», pensó. Lo cual era más de la mitad del motivo: tener algo fastuoso e inútil en el sur de California porque quería tenerlo, después de pasar la infancia y la adolescencia revolviendo en los estantes de Goodwill en busca de ropa que a la vez le quedara bien, no fuera del todo horrible y, por el bien de las creencias de su madre, no tuviera ni un milímetro de piel animal.

—Sí, claro. —Su hermano se puso de pie con dificultad cuando pasó a su lado y entró en el porche—. Ropa de cuero en pleno Santa Ana. Comodísimo. Tiene sentido.

—Ésa es mi última botella de Pellegrino. —China dejó las fundas de las cámaras en el suelo justo al cruzar la puerta—. Llevo pensando en bebérmela todo el camino.

—¿De dónde vienes? —Cuando China se lo dijo, él se rio—. Vaya, ya lo pillo. Haciendo unas fotos para un arquitecto. ¿Forrado y sin nada que hacer? Eso espero. ¿Disponible también? Genial. Bueno, déjame ver qué tal te queda, entonces. —Se llevó la botella de agua a la boca y la examinó mientras bebía. Cuando se sació, le pasó la botella y dijo—: Acábatela. Llevas el pelo horrible. ¿Por qué no dejas de teñírtelo? No es bueno. Y sin duda no es bueno para el nivel freático, con tantas sustancias químicas por el desagüe.

—Como si a ti te importara el nivel freático.

—Tengo mis principios.

—Entre los que no está, obviamente, esperar a que la gente llegue a casa antes de saquearla.

—Tienes suerte de que haya sido yo —dijo él—. Es una estupidez considerable irse y dejar las ventanas abiertas. Las mosquiteras que tienes son una mierda. No me ha hecho falta más que una navaja.

China vio el modo de acceso de su hermano a su casa, puesto que, como era típico de Cherokee, no había hecho nada por ocultar cómo había logrado entrar. Una de las dos ventanas del salón no tenía la vieja mosquitera, que a Cherokee le había resultado bastante fácil quitar porque sólo se sujetaba en su lugar gracias a unos corchetes en el alféizar. Al menos su hermano había tenido la sensatez de entrar por una ventana que no daba a la calle y no quedaba a la vista de los vecinos, cualquiera de los cuales habría llamado encantado a la policía.

China pasó a la cocina, con la botella de Pellegrino en la mano. Echó lo que quedaba del agua mineral en un vaso con una rodaja de lima. La removió, se la bebió y dejó el vaso en la pila, insatisfecha y enfadada.

21

—¿Qué haces aquí? —le preguntó a su hermano—. ¿Cómo has venido? ¿Has arreglado el coche?

—¿Esa chatarra? —Cherokee cruzó el linóleo hasta la nevera, la abrió y echó un vistazo a las bolsas de plástico de fruta y verduras que había dentro. Sacó un pimiento rojo, que llevó a la pila y lavó meticulosamente antes de coger un cuchillo de un cajón y cortar el pimiento por la mitad. Limpió las dos partes y le dio una a China—. Tengo algunos asuntos entre manos, así que no voy a necesitar ningún coche.

China no picó el anzuelo que encerraba ese comentario final. Sabía cómo lanzaba el cebo su hermano. Dejó su mitad del pimiento rojo en la mesa de la cocina, entró en su dormitorio y se cambió de ropa. Con este tiempo, vestir ropa de cuero era como llevar una sauna a cuestas. Le quedaba de miedo, pero era un horno.

—Todo el mundo necesita coche. Espero que no hayas venido con la idea de que te preste el mío —gritó—. Pero si estás aquí por eso, ya te digo ahora que no. Pídeselo a mamá. Coge el suyo. Supongo que aún lo tiene.

—¿Vas a venir por Acción de Gracias? —le replicó Cherokee.

—¿Quién quiere saberlo?

—Adivina.

—¿De repente no le funciona el teléfono?

—Le dije que venía a verte. Me pidió que te lo preguntara. ¿Vendrás o qué?

—Hablaré con Matt. —Colgó los pantalones de cuero en el armario, hizo lo mismo con el chaleco y echó la blusa de seda en el cesto de la ropa sucia. Se puso un vestido hawaiano amplio y cogió las sandalias del estante. Volvió con su hermano.

—¿Y dónde está Matt? —Cherokee se había terminado su mitad del pimiento y había comenzado con la de ella.

China se lo quitó de la mano y le dio un mordisco. La carne estaba fría y dulce, un modesto calmante para el calor y la sed.

—Fuera —le dijo—. Cherokee, ¿puedes vestirte, por favor?

—¿Por qué? —Le lanzó una mirada lasciva y sacudió la pelvis hacia ella—. ¿Te estoy excitando?

—No eres mi tipo.

—Fuera, ¿dónde?

—En Nueva York. Por negocios. ¿Vas a vestirte?

Cherokee se encogió de hombros y se fue. Un momento después, China oyó el portazo de la mosquitera cuando su hermano salió a recoger el resto de su ropa. Encontró una botella de agua Calistoga en el armario de los productos de limpieza que olía a humedad y que ella utilizaba de despensa. Al menos era algo con gas, pensó. Cogió hielo y se sirvió un vaso.

—No me has preguntado.

China se dio la vuelta. Cherokee estaba vestido, como le había pedido. Llevaba una camiseta encogida de tantos lavados y vaqueros de talle bajo. Rozaban el linóleo y, mientras miraba a su hermano de arriba abajo, China pensó, no por primera vez, en lo desfasado que estaba. Con esos rizos rojizos demasiado largos, la vestimenta desaliñada, los pies descalzos y su conducta, parecía un refugiado del verano del amor. Lo cual sin duda llenaría de orgullo a su madre, recibiría la aprobación del padre de él y provocaría las risas del padre de ella. Pero a China... En fin, a ella le molestaba. A pesar de su edad y su físico tonificado, Cherokee seguía pareciendo demasiado vulnerable para andar por ahí solo.

—Digo que no me has preguntado.

—¿Qué?

—Qué tengo entre manos. Por qué no voy a necesitar coche nunca más. He venido haciendo dedo, por cierto. Pero ahora el autoestop es una mierda. No llegué hasta ayer a la hora de comer.

—Razón por la cual necesitas un coche.

—Para lo que tengo en mente no.

—Ya te lo he dicho. No voy a prestarte mi coche. Lo necesito para trabajar. ¿Y por qué no estás en clase? ¿Has vuelto a faltar?

—Lo he dejado. Necesito más tiempo libre para los trabajos. Ha despegado a lo grande. Hazme caso, hoy en día el número de universitarios sin conciencia es alucinante. Si quisiera labrarme una carrera con esto, seguramente podría jubilarme a los cuarenta.

China puso los ojos en blanco. «Los trabajos» eran trabajos trimestrales, exámenes que se hacían en casa, alguna que otra tesina y, hasta la fecha, dos tesis doctorales. Cherokee los re-

23

dactaba para universitarios que tenían el dinero para pagarle y a quienes les daba pereza hacerlos ellos mismos. Aquello planteaba la pregunta de por qué Cherokee —que nunca había sacado menos de un ocho en algo que hubiera escrito cobrando— no conseguía seguir en la facultad. Había entrado y salido de la Universidad de California tantas veces que la institución prácticamente tenía una puerta giratoria con su nombre arriba. Pero Cherokee tenía una explicación simplista para los excesivos borrones de su carrera universitaria: «Si el sistema de la Universidad de California me pagara por mis trabajos lo que los estudiantes me pagan por los suyos, haría los trabajos».

—¿Sabe mamá que has vuelto a dejarlo? —le preguntó a su hermano.

—He roto los lazos.

—Por supuesto. —China no había almorzado y comenzaba a notarlo. Sacó de la nevera los ingredientes para una ensalada y del armario cogió un solo plato, una indirecta sutil que esperaba que su hermano captara.

—Bueno, pregúntame. —Cherokee separó una silla de la mesa de la cocina y se dejó caer en ella. Alargó la mano para coger una de las manzanas que había en una cesta de mimbre teñido en el centro de la mesa y se la acercó a la boca antes de darse cuenta de que era de mentira.

China desenvolvió la lechuga romana y comenzó a arrancar las hojas y colocarlas en el plato.

—¿Preguntarte qué?

—Ya lo sabes. Estás evitando el tema. Vale. Lo preguntaré por ti. «¿Cuál es el gran plan, Cherokee? ¿Qué tienes entre manos? ¿Por qué no vas a necesitar coche?» Respuesta: porque voy a comprarme un barco. Y el barco me lo va a proporcionar todo. Transporte, ingresos y casa.

—Tú sigue pensando, Butch —murmuró China, más para sí que para él. En muchos sentidos, Cherokee había vivido su vida como un forajido del oeste: siempre había un plan para hacerse rico deprisa, conseguir algo a cambio de nada y pegarse la gran vida.

—No —dijo—. Escucha. Esto no puede fallar. Ya he encontrado el barco. Está en Newport. Es un pesquero. Ahora lleva a la gente fuera del puerto. Un dineral por salida. Pescan atunes.

La mayoría son viajes de día, pero para sacar más pasta, y te estoy hablando de pasta gansa, van hasta Baja. Hay que hacer algunas reformas, pero viviría en el barco mientras lo arreglo. Compraría lo que necesitara a proveedores náuticos, para eso no necesito coche, y llevaré a gente todo el año.

—¿Qué sabes tú de pesca? ¿Qué sabes tú de barcos? ¿Y de dónde vas a sacar el dinero para empezar? —China partió un trozo de pepino y empezó a cortarlo en rodajas sobre la lechuga. Consideró su pregunta unida a la llegada propicia de su hermano a su puerta y dijo—: Cherokee, ni se te ocurra.

—Eh. ¿Por quién me has tomado? He dicho que tengo algo entre manos, y lo tengo. Vaya, creía que te alegrarías por mí. Ni siquiera le he pedido el dinero a mamá.

—Como si fuera a tenerlo.

—Ella tiene la casa. Podría haberle pedido que la pusiera a mi nombre y venderla y conseguir el dinero de esa forma. Habría dicho que sí. Lo sabes.

Aquello era cierto, pensó China. ¿Cuándo no había apoyado alguno de los planes de Cherokee? «Es asmático» había sido la excusa cuando era pequeño. A lo largo de los años, simplemente había mutado a «Es un hombre».

Aquello dejaba a China como única alternativa para conseguir el dinero.

—Tampoco pienses en mí —le dijo—. Lo que tengo es para mí, para Matt y para el futuro.

—Ya. —Cherokee se apartó de la mesa. Fue a la puerta de la cocina y la abrió, apoyó las manos en el marco y miró al patio trasero seco por el sol.

—¿Ya, qué?

—Olvídalo.

China lavó dos tomates y empezó a cortarlos. Echó una mirada a su hermano y vio que fruncía el ceño y se mordía por dentro el labio inferior. Conocía a Cherokee River como si lo hubiera parido: su cabeza estaba maquinando.

—Tengo dinero ahorrado —dijo él—. No es suficiente, claro, pero tengo la oportunidad de ganar un pastón que me ayudará.

—¿Y dices que has venido haciendo autoestop hasta aquí para pedirme que contribuya? ¿Te has pasado veinticuatro horas en el arcén de la carretera para hacer una llamada social? ¿Para contarme tus planes? ¿Para preguntarme si voy a ir a casa de mamá en Acción de Gracias? No es un método muy sofisticado, precisamente, ¿sabes? Está el teléfono. El correo electrónico. Los telegramas. Las señales de humo.

Cherokee se dio la vuelta y la observó lavar cuatro champiñones llenos de tierra.

—En realidad —dijo al fin—, tengo dos billetes gratis para ir a Europa y pensé que quizá mi hermana pequeña querría apuntarse. Por eso estoy aquí, para pedirte que me acompañes. No has estado nunca, ¿verdad? Digamos que es un regalo de Navidad anticipado.

China bajó el cuchillo.

—¿De dónde has sacado dos billetes gratis a Europa?

—Un servicio de mensajería.

Continuó explicándose. Los mensajeros, dijo, transportaban material desde Estados Unidos a puntos de todo el planeta cuando el remitente no confiaba en Correos, Federal Express, UPS o cualquier otra empresa de envíos para hacerlos llegar a su destino a tiempo, con seguridad o sin desperfectos. Los negocios o particulares proporcionaban a un viajero el billete que necesitaba para llegar a su destino, a veces también unos honorarios, y una vez que el paquete estaba en manos del destinatario, el mensajero era libre de disfrutar del destino o seguir viajando desde allí.

En el caso de Cherokee, había visto una oferta en un tablón de anuncios de la Universidad de California, Irvine, de alguien («Resultó ser un abogado de Tustin») que buscaba un mensajero para llevar un paquete al Reino Unido a cambio de un pago y dos billetes de avión gratis. Cherokee llamó y lo seleccionaron, con la condición de que vistiera más formal e hiciera algo con su pelo.

—Cinco mil pavos por realizar la entrega —terminó Cherokee alegremente—. ¿No es un buen trato?

—¿Qué dices? ¿Cinco mil dólares? —Por experiencia, China sabía que las cosas que parecían demasiado buenas para ser ciertas generalmente lo eran—. Espera un momento, Cherokee. ¿Qué hay en el paquete?

—Planos arquitectónicos. Es una de las razones por las que

pensé en ti enseguida para el segundo billete. Arquitectura. Es tu campo. —Cherokee regresó a la mesa, esta vez dio la vuelta a la silla y se sentó a horcajadas.

—¿Y por qué no lleva el arquitecto los planos él mismo? ¿Por qué no los manda por Internet? Existe un programa para hacerlo, y si el destinatario no lo tiene, ¿por qué no manda los planos en un disco?

—¿Quién sabe? ¿Qué más da? ¿Por cinco mil dólares y un billete gratis? Pueden mandar los planos en un barco de remos si quieren.

China sacudió la cabeza con incredulidad y siguió preparando la ensalada.

—Suena todo muy sospechoso. Ve tú solo.

—Eh. Estamos hablando de Europa. El Big Ben. La torre Eiffel. El puto Coliseo.

—Lo pasarás estupendamente. Si no te detienen en la aduana con heroína.

—Te digo que es completamente legal.

—¿Cinco mil dólares por llevar un paquete? Me parece que no, Cherokee.

—Vamos, China. Tienes que venir.

Había algo en su voz, un tono que intentaba disfrazarse de inquietud, pero que se acercaba demasiado a la desesperación.

—¿Qué pasa? —le preguntó China con cautela—. Será mejor que me lo digas.

Cherokee toqueteó la tira de vinilo alrededor de la parte superior del respaldo de la silla.

—El tema es que... tengo que llevar a mi esposa —dijo.

—¿Qué?

—El mensajero, quiero decir. Los billetes. Son para una pareja. Al principio no lo sabía, pero cuando el abogado me preguntó si estaba casado, vi que quería que contestara que sí, así que lo hice.

—¿Por qué?

—¿Qué más da? ¿Cómo iban a enterarse? Tenemos el mismo apellido. No nos parecemos físicamente. Podemos fingir...

—Me refiero a por qué una pareja tiene que llevar el paquete. ¿Una pareja que vista formalmente? ¿Una pareja que haya hecho algo con su pelo? ¿Algo que los haga parecer inofensivos, legales y libres de toda sospecha? ¡Por favor, Cherokee! Piensa un poco. Esto es algún chanchullo de contrabando, y acabarás en la cárcel.

—No seas paranoica. Lo he comprobado. Estamos hablando de un abogado.

—Vaya, eso sí me da confianza. —Decoró la circunferencia de su plato con zanahorias enanas y echó un puñado de pepitas por encima. Roció la ensalada con jugo de limón y llevó el plato a la mesa—. Yo no me apunto. Tendrás que encontrar a otra que haga de señora River.

—No hay nadie más. Y aunque encontrara a alguien pronto, en el billete tiene que poner River y el pasaporte tiene que coincidir con el billete y... Vamos, China. —Parecía un niño pequeño, frustrado porque un plan que le había parecido tan sencillo, tan fácilmente previsto con un viaje a Santa Bárbara, resultaba no serlo. Y eso era típico de Cherokee, tener una idea y estar seguro de que todo el mundo la secundaría.

Sin embargo, China no lo haría. Quería a su hermano. En realidad, pese a que era mayor que ella, China había pasado parte de su adolescencia y la mayor parte de su infancia protegiéndole. Pero a pesar de la devoción que sentía por Cherokee, no iba a facilitarle un plan que podría dar dinero fácil al mismo tiempo que los ponía a los dos en peligro.

—De ningún modo —le dijo—. Olvídalo. Consigue un trabajo. Algún día tendrás que vivir en el mundo real.

—Es lo que intento hacer con esto.

—Entonces, consigue un trabajo normal. Al final tendrás que hacerlo. Podrías empezar ahora.

—Genial. —Cherokee se levantó bruscamente de la silla—. Absolutamente genial, China. Conseguir un trabajo normal. Vivir en el mundo real. Es lo que intento hacer. Tengo una idea para un trabajo y una casa y dinero, todo de golpe, pero al parecer no es lo bastante bueno para ti. Tiene que ser un mundo real y un trabajo que se ajusten a tus condiciones. —Se dirigió hacia la puerta a grandes zancadas y salió al patio.

China le siguió. En el centro del césped sediento había una pila para pájaros, y Cherokee tiró el agua, cogió un cepillo de alambre que había en la base y atacó con furia el cuenco rugoso, fregando la capa de algas. Se dirigió a la casa, donde había una manguera enrollada, abrió el grifo y la arrastró para rellenar la pila para los pájaros.

—Mira —empezó China.

—Olvídalo —dijo—. Te parece una estupidez. Te parezco estúpido.

—¿He dicho yo eso?

—No quiero vivir como el resto del mundo, trabajar de ocho a cinco para otro y por un sueldo irrisorio, pero tú no lo apruebas. Tú crees que sólo existe una forma de vivir, y si alguien tiene una idea distinta, es una gilipollez, una estupidez, y es probable que acabe en la cárcel.

—¿A qué viene todo esto?

—Lo que se supone que tengo que hacer, según tú, es trabajar por cuatro duros, ahorrar esos cuatro duros y reunir lo suficiente para casarme con una hipoteca y tener niños y una mujer que quizá será más esposa y madre de lo que lo fue mamá. Pero ése es tu proyecto de vida, ¿vale? No el mío.

Tiró la manguera al suelo, donde el agua borboteó sobre el césped polvoriento.

—Esto no tiene nada que ver con el proyecto de vida de nadie. Es sentido común. Piensa en lo que me estás proponiendo, por el amor de Dios. Piensa en lo que te han propuesto.

—Dinero —dijo él—. Cinco mil dólares. Cinco mil dólares que necesito, maldita sea.

—¿Para comprarte un barco que no tienes ni idea de tripular? ¿Para llevar a la gente a pescar sabe Dios dónde? Piensa bien las cosas por una vez, ¿vale? Si no lo del barco, al menos esa idea de hacer de mensajero.

—¿Yo? —Soltó una carcajada—. ¿Que yo debería pensar bien las cosas? Y tú ¿cuándo coño vas a hacerlo?

—¿Yo? ¿Qué...?

—Es asombroso, de verdad. Tú puedes decirme cómo tengo que vivir mi vida mientras tú vives una farsa continua y ni siquiera lo sabes. Y aquí estoy yo, dándote una oportunidad decente para dejarla atrás por primera vez en ¿qué? ¿Diez años? ¿Más? Y lo único que...

—¿Qué? ¿Dejar atrás qué?

—... haces es increparme. Porque no te gusta mi forma de vivir. Y tú eres incapaz de ver que tu forma de vivir es peor.

29

—¿Qué sabes tú de mi forma de vivir? —China notó su propia ira. Detestaba el modo que tenía su hermano de dar la vuelta a las conversaciones. Si querías hablar con él sobre las decisiones que había tomado o que quería tomar, siempre volvía la atención sobre ti. Y esa atención se convertía siempre en un ataque del que sólo los hábiles podían salir ilesos—. Hace meses que no te veo. Apareces aquí, te cuelas en mi casa, me dices que necesitas mi ayuda para un negocio turbio, y cuando no colaboro como tú esperas, de repente todo es culpa mía. Pero no voy a entrar en ese juego.

—Claro. Tú prefieres entrar en el juego de Matt.

—¿Qué quieres decir con eso? —preguntó China. Pero al oír mencionar a Matt, no pudo evitarlo: sintió que el dedo esquelético del miedo le tocaba la columna.

—Dios santo, China. Crees que soy estúpido. Pero ¿cuándo vas a darte cuenta?

—¿Darme cuenta de qué? ¿De qué estás hablando?

—De toda esta historia con Matt. Vivir para Matt. Ahorrar tu dinero «para mí y Matt y el futuro». Es ridículo. No. Es de lo más patético. Estás aquí delante creyendo saberlo todo y ni siquiera te has dado cuenta... —Se contuvo. Pareció como si de repente recordara dónde estaba, con quién estaba y lo que había sucedido antes de que ambos se encontraran donde se encontraban ahora. Se agachó, cogió la manguera, la llevó hacia la casa y cerró el grifo. Volvió a enrollar la manguera en el suelo con demasiada precisión.

China se quedó mirándole. Era como si de repente toda su vida —su pasado y su futuro— quedara arrasada por el fuego. Sabiéndolo y no sabiéndolo a la vez.

—¿Qué sabes sobre Matt? —le preguntó a su hermano.

Parte de la respuesta ya la conocía. Porque los tres habían sido adolescentes en el mismo barrio cochambroso de una ciudad llamada Orange donde Matt era un surfista; Cherokee, su acólito, y China, una sombra proyectada por los dos. Pero parte de la respuesta no la había sabido nunca porque estaba oculta en las horas y los días en que los dos chicos iban solos a coger olas en Huntington Beach.

—Olvídalo. —Cherokee pasó por delante de ella y entró en la casa.

China le siguió, pero su hermano no se detuvo en la cocina ni en el salón, sino que siguió caminando, abrió la puerta mosquitera y salió al porche combado. Allí se paró, mirando con los ojos entrecerrados la calle seca y luminosa donde el sol se reflejaba en los coches aparcados y una ráfaga de viento hacía rodar las hojas secas sobre el pavimento.

—Será mejor que me digas qué estás insinuando —dijo China—. Has empezado algo. Ya puedes acabarlo.

—Olvídalo —dijo él.

—Has dicho «patético». Has dicho «ridículo». Has dicho «juego».

—Ha sido sin querer —dijo él—. Estaba cabreado.

—Hablas con Matt, ¿no? Aún debes de verle cuando va a visitar a sus padres. ¿Qué sabes, Cherokee? ¿Está...? —China no sabía si podría decirlo, tan reacia era en realidad a saber. Pero estaban las largas ausencias, los viajes a Nueva York, la cancelación de sus planes juntos. Estaba el hecho de que Matt viviera en Los Ángeles cuando no estaba de viaje y todas las veces que estaba en casa pero, aun así, tenía demasiado trabajo para pasar el fin de semana con ella. Se había dicho a sí misma que todo eso no significaba nada, si lo ponía en la balanza con la que valoraba todos los años que llevaban juntos. Pero sus dudas habían aumentado y ahora las tenía delante, pidiéndole que las aceptara o las borrara de su mente—. ¿Tiene Matt otra mujer? —le preguntó a su hermano.

Cherokee suspiró y negó con la cabeza. Pero no pareció tanto una respuesta a su pregunta como una reacción por la pregunta en sí.

—Cincuenta pavos y una tabla de surf —le dijo a su hermana—. Es lo que le pedí. Di una buena garantía al producto: «Sólo sé bueno con ella, colaborará contigo», le dije. Así que pagó gustoso.

China escuchó las palabras, pero por un momento su mente se negó a asimilarlas. Entonces recordó esa tabla de surf, años atrás: Cherokee llegó a casa gritando que Matt se la había regalado. Y recordó lo que vino después: diecisiete años, nunca había salido con nadie ni mucho menos la habían besado o tocado o el resto, y Matthew Whitecomb —alto y tímido, bueno con la tabla de surf, pero un desastre con las chicas— fue a casa

31

y le preguntó tartamudeando y muerto de vergüenza si quería salir con él, excepto que no era vergüenza, ¿no?, esa primera vez, sino la ilusión nerviosa de recoger lo que había comprado a su hermano.

—¿Me vend...? —China no pudo acabar la frase.

Cherokee se volvió hacia ella.

—Le gusta follarte, China. Es lo que es. Eso es todo. Fin de la historia.

—No te creo. —Pero tenía la boca seca, más seca de lo que tenía la piel por el calor y el viento procedente del desierto, más seca incluso que la tierra abrasada y agrietada donde las flores se marchitaban y se escondían los gusanos.

Alargó la mano hacia atrás para coger el tirador oxidado de la vieja mosquitera. Entró en la casa. Oyó que su hermano la seguía, arrastrando los pies apesadumbradamente detrás de ella.

—No quería decírtelo —dijo—. Lo siento. Nunca fue mi intención decírtelo.

—Vete —le contestó China—. Largo. Vete.

—Sabes que te estoy diciendo la verdad, ¿no? Lo percibes porque has percibido el resto: que hay algo entre vosotros que no funciona y que hace tiempo que no funciona.

—No sé de qué me hablas —le dijo.

—Sí que lo sabes. Es mejor saber. Ahora ya puedes dejarle. —Se acercó a ella por detrás y le puso la mano en el hombro. Pareció un gesto muy indeciso—. Ven conmigo a Europa, China —le dijo en voz baja—. Será un buen lugar para comenzar a olvidar.

Ella le apartó la mano y se dio la vuelta para mirarle.

—Ni siquiera saldría de esta casa contigo.

5 de diciembre
6:30

Isla de Guernsey, canal de la Mancha

$\mathcal{R}$uth Brouard se despertó sobresaltada. Pasaba algo raro en la casa. Se quedó tumbada sin moverse y prestó atención a la oscuridad como había aprendido a hacer a lo largo de todos aquellos años, esperando a que el sonido se repitiera para saber si estaba a salvo en su escondite o si tenía que salir huyendo. En ese momento de tensa escucha no podía decir qué era el ruido. Pero no formaba parte de los sonidos nocturnos que estaba acostumbrada a oír —el crujido de la casa, la vibración de una ventana, el ulular del viento, el chillido de una gaviota despertada de su sueño—, así que notó que se le aceleraba el pulso mientras aguzaba el oído y obligaba a sus ojos a discriminar entre los objetos de la habitación, examinándolos todos, comparando su posición en la penumbra con la que tenían de día, cuando ni los fantasmas ni los intrusos osarían alterar la paz de la vieja mansión en la que vivía.

No escuchó nada más, conque atribuyó su repentino despertar a un sueño que no podía recordar. Atribuyó los nervios crispados a la imaginación. A eso y a la medicación que tomaba, el calmante más fuerte que podía darle el médico y que no era la morfina que necesitaba su cuerpo.

Gruñó en la cama al notar un brote de dolor que nació en los hombros y bajó por los brazos. Los médicos, pensó, eran guerreros modernos. Estaban entrenados para luchar contra el enemigo hasta que el último corpúsculo pasara a mejor vida. Estaban programados para hacerlo, y les estaba agradecida por ello. Pero había veces en las que el paciente sabía más que los médicos, y Ruth comprendía que ésta era una de esas veces. Seis meses, pensó. Dentro de dos semanas cumpliría sesenta y seis años, pero no viviría para llegar a los sesenta y siete. El mal había conseguido pasar de los pechos a los huesos, después de darle una tregua de veinte años durante la cual se había vuelto optimista.

Estaba tumbada boca arriba y cambió de posición colocándose de lado, y sus ojos se posaron en los números rojos digitales del despertador de su mesita de noche. Era más tarde de lo que pensaba. La época del año la había engañado por completo. Por la oscuridad, había supuesto que serían las dos o las tres de la madrugada, pero eran las seis y media; habitualmente se levantaba al cabo de una hora.

En la habitación contigua a la suya, oyó un ruido. Pero esta vez no era un sonido fuera de lugar, nacido de un sueño o de su imaginación. Era el movimiento de la madera sobre la madera al abrirse y cerrarse la puerta de un armario y también un cajón de la cómoda. Algo chocó contra el suelo, y Ruth imaginó las deportivas de su hermano cayendo accidentalmente de sus manos con las prisas por calzárselas.

Ya se habría puesto el bañador —ese triángulo insignificante de licra azul celeste que a ella le parecía del todo inadecuado para un hombre de su edad— y ahora ya se habría enfundado el chándal. El único preparativo que faltaba en la habitación eran las deportivas que se pondría para caminar hasta la bahía y que estaría calzándose en ese momento. Ruth lo sabía por el crujido de la mecedora.

Sonrió mientras oía los movimientos de su hermano. Guy era tan predecible como las estaciones. La noche anterior había dicho que por la mañana iría a nadar, así que a nadar iba, como todos los días: atravesaría los jardines para acceder al sendero y, luego, bajaría deprisa a la playa para calentar, solo en la carretera estrecha con curvas pronunciadas que esculpía un túnel serpenteante debajo de los árboles. Era la capacidad de su hermano de ceñirse a sus planes y llevarlos a cabo con éxito lo que Ruth más admiraba de él.

Oyó que la puerta del cuarto de Guy se cerraba. Sabía exactamente qué sucedería ahora: en la oscuridad, su hermano caminaría a tientas hasta el armario de la caldera y cogería una toalla. Esta acción duraría diez segundos, tras lo cual emplearía cinco minutos en localizar las gafas de natación, que el día anterior por la mañana habría guardado en el cajón de los cuchillos o dejado en el revistero de su estudio o metido sin pensar en ese aparador que había en un rincón del salón del desayuno. Con las gafas en su poder, iría a la cocina a prepararse un té y, con él en la mano —porque siempre se lo llevaba para tomárselo después, era su recompensa humeante de té verde y ginkgo por haber logrado meterse, una vez más, en un agua demasiado fría para los mortales corrientes—, saldría de la casa y cruzaría el césped hacia los castaños, detrás de los cuales se encontraba el sendero y, detrás, el muro que definía el límite de su propiedad. Ruth sonrió ante lo previsible que era su hermano. No sólo era lo que más le gustaba de él; también era lo que desde hacía tiempo había conferido una seguridad a su vida que no le correspondía.

Vio cómo cambiaban los números del despertador digital a medida que pasaban los minutos y su hermano llevaba a cabo sus preparativos. Ahora estaría en el armario de la caldera, ahora bajando las escaleras, ahora buscando impaciente esas gafas y maldiciendo los lapsos de memoria cada vez más frecuentes a medida que se acercaba a los setenta. Ahora estaría en la cocina, quizá incluso comiendo a hurtadillas un tentempié antes de ir a nadar.

En el momento en que, según su ritual matutino, Guy salía de la casa, Ruth se levantó de la cama y se echó la bata por encima de los hombros. Se acercó a la ventana descalza y descorrió las pesadas cortinas. Contó hacia atrás a partir de veinte, y cuando llegó al cinco, ahí estaba él, saliendo de la casa, fiable como las horas del día, como el viento de diciembre y la sal que traía consigo del canal de la Mancha.

Llevaba puesto lo de siempre: un gorro rojo de punto calado sobre la frente para taparse las orejas y el cabello grueso y canoso; el chándal de la Marina manchado en los codos, los puños y los muslos con la pintura blanca que había utilizado el verano pasado para el pabellón acristalado; y las deportivas sin calcetines. Aunque no podía verlo, simplemente conocía a su hermano y su forma de vestir. Llevaba su té y una toalla colgada alrededor del cuello. Las gafas, supuso, estarían en un bolsillo.

—Disfruta del baño —dijo contra el cristal helado de la ventana. Y añadió lo que él siempre le decía, lo que su madre

37

había gritado hacía tiempo mientras el pesquero se alejaba del muelle, separándolos de su hogar en la negra noche—: *Au revoir et adieu, mes chéris.*

Abajo, él hizo lo que hacía siempre. Cruzó el césped y se dirigió hacia los árboles y el sendero que había detrás.

Pero esa mañana, Ruth vio algo más. En cuanto Guy llegó a los olmos, una figura imprecisa apareció de detrás de los árboles y empezó a seguir a su hermano.

Delante de él, Guy Brouard vio que las luces de la casita de los Duffy, una estructura acogedora de piedra que, en parte, estaba construida en el muro que limitaba la finca, ya estaban encendidas. En su día, fue el punto donde se recogía el alquiler de los inquilinos del corsario que había construido Le Reposoir a principios del siglo XVIII y, en la actualidad, la casa de tejado empinado era la residencia de la pareja que ayudaba a Guy y a su hermana a conservar en buen estado la propiedad: Kevin Duffy en los jardines y su mujer, Valerie, en la mansión.

Las luces de la casa indicaban que Valerie estaba levantada preparando el desayuno de Kevin. Era muy típico de ella: Valerie Duffy era una esposa sin parangón.

Guy hacía tiempo que pensaba que, después de crear a Valerie Duffy, se había roto el molde. Era la última de su especie, una esposa del pasado que consideraba un trabajo y un privilegio cuidar a su hombre. Guy sabía que si hubiera tenido una mujer así desde el principio, no habría tenido que dedicarse a explorar las posibilidades que había ahí fuera con la esperanza de encontrarla al fin.

Sus dos esposas habían sido un fastidio. Un hijo con la primera, dos hijos con la segunda, buenas casas, coches bonitos, vacaciones estupendas al sol, niñeras e internados... Daba igual: «Trabajas demasiado. Nunca estás en casa. Quieres más a tu miserable trabajo que a mí». Variaciones interminables de la misma canción. No era de extrañar que no le hubiera quedado más remedio que huir.

Por debajo de los olmos pelados, Guy siguió el camino en dirección a la carretera. Aún reinaba el silencio; pero al llegar a las verjas de hierro y abrir una, las primeras currucas se despertaron en las zarzas, los endrinos y las hiedras que crecían a lo largo de la estrecha carretera y se aferraban al muro de piedra, lleno de líquenes, que la bordeaban.

Hacía frío. Era diciembre. ¿Qué podía esperarse? Pero como era temprano, aún no hacía aire, aunque un extraño viento del sureste prometido para más tarde haría imposible bañarse después del mediodía. Aunque era improbable que alguien más aparte de él se bañara en diciembre. Ésa era una de las ventajas de tener una alta tolerancia al frío: tenía el agua para él solo.

Y Guy Brouard lo prefería, puesto que el momento del baño era el momento de pensar y, por lo general, tenía muchas cosas en las que pensar.

Ese día no era distinto. Con el muro de la finca a su derecha y los altos setos de las tierras de labranza de los alrededores a su izquierda, recorrió el sendero bajo la débil luz de la mañana, en dirección a la curva desde donde descendería la ladera empinada hasta la bahía. Pensó en lo que había hecho en su vida en los últimos meses, en parte a propósito y de forma totalmente prevista, en parte como consecuencia de unos acontecimientos que nadie podría haber anticipado. Había engendrado decepción, confusión y traición entre sus socios más íntimos. Y como hacía tiempo que era un hombre que no compartía con nadie sus interioridades, ninguno de ellos había podido comprender —menos aún digerir— que las esperanzas que habían depositado en él estuvieran tan equivocadas, puesto que durante casi una década les había animado a pensar en Guy Brouard como un benefactor permanente, paternal en su forma de preocuparse por su futuro, despilfarrador en el modo como garantizaba que esos futuros estuvieran asegurados. No había sido su intención engañar a nadie. Todo lo contrario, siempre había querido hacer realidad el sueño secreto de todo el mundo.

Pero todo eso había sido antes de lo de Ruth: esa mueca de dolor cuando ella creía que no la miraba y lo que sabía que significaba aquella mueca. No se lo habría imaginado, por supuesto, si ella no hubiera comenzado a escabullirse para ir a citas que ella llamaba «oportunidades para hacer ejercicio, *frère*» por los acantilados. En Icart Point, decía, encontraba inspiración para un futuro tapiz en los cristales de feldespato de los

39

gneises laminados. Le informó de que, en Jerbourg, los dibujos en los esquistos formaban bandas grises desiguales que podían seguirse y rastrear así la ruta que el tiempo y la naturaleza utilizaban para posar cieno y sedimentos en la piedra antigua. Sacaba esbozos de las aulagas, decía, y describía con sus lápices las armerias marítimas y las collejas en rosa y blanco. Cogía margaritas, las colocaba sobre la superficie irregular de un afloramiento de granito y las dibujaba. Mientras paseaba, arrancaba jacintos silvestres y retama, brezo y aulagas, narcisos silvestres y lirios, dependiendo de la estación y de sus preferencias. Pero las flores nunca llegaban a casa. «Demasiado rato en el asiento del coche, he tenido que tirarlas —afirmaba—. Las flores silvestres no duran cuando las coges.»

Mes tras mes, seguía con la misma canción. Pero Ruth no era de las que paseaban por los acantilados, ni de las que cogían flores o estudiaban geología. Así que todo aquello hizo sospechar a Guy.

Al principio, cometió la estupidez de pensar que por fin su hermana tenía a un hombre en su vida y le daba vergüenza contárselo. Sin embargo, ver su coche en el hospital Princess Elizabeth lo convenció. Eso, junto con las muecas de dolor y las retiradas prolongadas a su habitación, le obligó a darse cuenta de aquello a lo que no quería enfrentarse.

Ella había sido la única constante en su vida desde la noche en que habían partido de la costa de Francia, en un pesquero, ocultos entre las redes, llevando a cabo con éxito una huida demasiado retrasada en el tiempo. Ella había sido la razón de su propia supervivencia; que ella lo necesitara le había espoleado a madurar, a hacer planes y, a la larga, a triunfar.

Pero ¿aquello? No podía hacer nada contra aquello. Para lo que su hermana sufría ahora, no habría ningún pesquero en la noche.

Conque si había traicionado, confundido y decepcionado a los demás, no era nada comparado con perder a Ruth.

Nadar era su alivio matutino a la angustia abrumadora que le provocaban estas consideraciones. Sin su baño diario en la bahía, Guy sabía que pensar en su hermana, por no mencionar la absoluta impotencia que sentía por no poder cambiar lo que le estaba pasando, lo consumiría.

La carretera por la que transitaba era empinada y estrecha, densamente arbolada en el lado este de la isla. La escasez de vientos fuertes procedentes de Francia había permitido desde hacía tiempo que los árboles florecieran en esta zona. En el sendero por el que caminaba Guy, los sicomoros y los castaños, los fresnos y las hayas, formaban un arco esquelético gris cuyo borde se veía de color peltre al amanecer. Los árboles surgían de las laderas escarpadas contenidos por los muros de piedra. En la base de éstos, el agua fluía con entusiasmo de un manantial del interior y chocaba contra las piedras en su carrera hacia el mar.

El camino serpenteaba hacia delante y hacia atrás y pasaba por un molino de agua oscuro y un chalé hotel de inadecuado estilo suizo que estaba cerrado por ser temporada baja. Acababa en un aparcamiento minúsculo, donde había un bar del tamaño del corazón de un misántropo que estaba tapiado y cerrado a cal y canto, y la pasarela de granito que en su día solía permitir a caballos y carros acceder al *vraic*, el fertilizador de la isla, que estaba resbaladizo por culpa de las algas.

El aire estaba quieto, las gaviotas aún no se habían levantado de sus lugares de descanso nocturno en lo alto de los acantilados. En la bahía, el agua estaba calma, un espejo ceniciento que reflejaba el color del cielo que empezaba a iluminarse. No había olas en este lugar profundamente protegido, sólo un ligero golpeteo en los guijarros, un roce que parecía liberar de las algas los olores penetrantes y contrastados de la vida floreciente y la descomposición.

Cerca del salvavidas que colgaba de un clavo colocado hacía tiempo en la pared del acantilado, Guy dejó la toalla y puso el té sobre una piedra plana. Se quitó las deportivas y los pantalones del chándal. Metió la mano en el bolsillo de la chaqueta para coger las gafas de natación.

Sin embargo, su mano tocó algo más que las gafas. En el bolsillo había un objeto, que sacó y sostuvo en la palma de la mano.

Estaba envuelto en un trozo de tela blanca. Lo abrió y encontró una piedra circular. Estaba agujereada en el centro como si fuera una rueda, porque precisamente se suponía que era una rueda: *énne rouelle dé faïtot*. Una rueda mágica.

Guy sonrió al ver el amuleto, por el recuerdo que le evocaba. La isla era un lugar de folclore. Para los que habían nacido y crecido aquí, que tenían padres y abuelos que habían nacido y crecido aquí, llevar algún que otro talismán contra las brujas y los demonios era algo de lo que se podía hacer burla en público, pero que en privado no se tomaba tan a la ligera. «Deberías llevar uno, ¿sabes? Protegerse es importante, Guy.»

Sin embargo, la piedra —rueda mágica o no— no había bastado en absoluto para protegerle de la única manera que creía estar protegido. A todo el mundo le sucedían cosas inesperadas en su vida, así que no podía decir que le sorprendiera que algo inesperado le hubiera ocurrido a él.

Envolvió de nuevo la piedra en la tela y la guardó en el bolsillo. Después de despojarse de la chaqueta, se quitó el gorro de punto y se colocó las gafas en la cabeza. Emprendió el camino por la playa estrecha y se metió en el agua sin vacilar.

Fue como si le atravesara la hoja de un cuchillo. En pleno verano, las aguas del canal no eran tropicales. En la mañana tenebrosa del invierno apremiante, eran heladas, peligrosas e imponentes.

Pero no pensó en eso, sino que avanzó con decisión y, en cuanto tuvo la profundidad suficiente para que fuera seguro hacerlo, se impulsó desde el fondo y comenzó a nadar. Esquivó los bancos de algas en el agua, moviéndose deprisa.

Salió unos cien metros, hasta el afloramiento de granito con forma de sapo que marcaba el punto en el que la bahía se encontraba con el canal de la Mancha. Se detuvo ahí, justo en el ojo del sapo, una acumulación de guano recogido en un hueco poco profundo de la roca. Regresó a la playa y comenzó a dar patadas en el agua, la mejor forma que conocía de mantenerse en forma para la próxima temporada de esquí en Austria. Como de costumbre, se quitó las gafas para aclararse la vista unos minutos. Desde la distancia inspeccionó despreocupadamente los acantilados y el denso follaje que los cubría. De esta forma, su mirada se desplazó hacia abajo en un viaje irregular por las rocas hasta la playa.

Perdió la cuenta de las patadas.

Había alguien. Vio una figura en la playa, oculta en gran parte entre las sombras, pero no cabía duda de que le observaba.

Estaba a un lado de la pasarela de granito, llevaba ropa oscura con algo blanco en el cuello, que sería lo que le había llamado la atención. Mientras Guy entrecerraba los ojos para enfocar mejor la figura, ésta se apartó del granito y avanzó por la playa.

No había duda de adónde iba. La figura se dirigió hacia su ropa tirada en el suelo y se arrodilló para coger algo: la chaqueta o los pantalones, era difícil saberlo desde la distancia.

Sin embargo, Guy imaginaba qué buscaba la figura y soltó un taco. Se dio cuenta de que tendría que haber vaciado los bolsillos antes de salir de casa. Ningún ladrón común, por supuesto, estaría interesado en la pequeña piedra agujereada que Guy Brouard llevaba consigo normalmente. Pero para empezar, ningún ladrón común habría previsto jamás encontrar las pertenencias de un nadador, descuidadas en la playa tan temprano una mañana de diciembre. Quienquiera que fuera sabía que Guy estaba nadando en la bahía. Quienquiera que fuera buscaba la piedra o hurgaba entre su ropa como estratagema concebida para hacer que Guy volviera a la orilla.

«Bueno, maldita sea», pensó. Éste era su momento de soledad. No tenía la menor intención de enfrentarse con nadie. Lo único que le importaba ahora era su hermana y cómo iba a vivir sus últimos días.

Se puso a nadar otra vez. Cruzó el ancho de la bahía dos veces. Cuando finalmente volvió a mirar hacia la playa, le alegró ver que quienquiera que hubiera invadido su paz se había marchado.

Nadó hacia la orilla y llegó sin resuello, habiendo cubierto casi dos veces la distancia que normalmente nadaba por las mañanas. Salió tambaleándose y se apresuró a coger la toalla; tenía todo el cuerpo en carne de gallina.

El té prometía un alivio rápido al frío y se sirvió una taza del termo. Estaba fuerte y amargo y, sobre todo, caliente, y se lo bebió todo antes de quitarse el traje de baño y servirse otra. Ésta se la bebió más lentamente mientras se secaba con la toalla, frotándose con energía la piel para devolver algo de calor a sus extremidades. Se puso los pantalones y cogió la chaqueta. Se la echó sobre los hombros mientras se sentaba en una roca para secarse los pies. Sólo después de atarse las deportivas metió la mano en el bolsillo. La piedra seguía allí.

Se quedó pensando en aquello. Pensó en lo que había visto desde el agua. Estiró el cuello y examinó el acantilado que tenía detrás. No se apreciaba ningún movimiento anormal.

Se preguntó entonces si estaba equivocado respecto a lo que había supuesto que había aparecido en la playa. Quizá no había sido una persona real, sino una manifestación de algo que tenía lugar en su conciencia. La culpa hecha carne, por ejemplo.

Sacó la piedra. La desenvolvió una vez más y con el pulgar recorrió las iniciales talladas en ella.

«Todo el mundo necesita protección», pensó. Lo difícil era saber de quién o de qué.

Apuró el té y se sirvió otra taza. Quedaba menos de una hora para que el sol saliera completamente. Esa mañana, esperaría justo ahí a que amaneciera.

15 de diciembre
23:15
Londres

Capítulo 1

Se podía hablar del tiempo. Ese tema era una bendición. Una semana lloviendo sin que parara apenas durante más de una hora era algo digno de comentar, incluso para las pautas del gris mes de diciembre. Si se añadía este dato a las precipitaciones del mes anterior, el hecho de que la mayor parte de Somerset, Dorset, East Anglia, Kent y Norfolk estuviera bajo el agua —por no mencionar tres cuartas partes de las ciudades de York, Shrewsbury e Ipswich— hacía que evitar un análisis de la inauguración de una exposición de fotografías en blanco y negro en una galería del Soho fuera prácticamente obligatorio. No se podía sacar la cuestión del reducido grupo de amigos y parientes que habían compuesto el escaso número de asistentes a la inauguración cuando fuera de Londres la gente había perdido su casa, miles de animales eran desplazados y las propiedades habían quedado destruidas. No pensar en el desastre natural parecía del todo inhumano.

Al menos, eso era lo que Simon Saint James no dejaba de repetirse.

Reconocía la falacia inherente a esa forma de pensar. Sin embargo, se empeñaba en pensarlo. Oía cómo el viento hacía vibrar los cristales de las ventanas, y se aferró al sonido como un nadador que se ahoga y encuentra su salvación en un tronco medio sumergido.

—¿Por qué no esperáis a que amaine la tormenta? —le pidió a sus invitados—. Es muy peligroso conducir ahora.

Percibió la gravedad en su voz. Esperaba que lo atribuyeran a que se preocupaba por su bienestar y no a la absoluta cobardía que en realidad era. Daba igual que Thomas Lynley y su mujer vivieran a tres kilómetros al noreste de Chelsea. Nadie debería salir con ese aguacero.

Sin embargo, Lynley y Helen ya se habían puesto los abrigos. Estaban a tres pasos de la puerta de Saint James. Lynley tenía su paraguas negro en la mano, y su estado —seco— hablaba del largo rato que habían pasado junto al fuego en el estudio de la planta baja con Saint James y su mujer. Al mismo tiempo, el aspecto de Helen —atormentado a las once de la noche por lo que en su caso sólo podían llamarse eufemísticamente «náuseas matutinas» en su segundo mes de embarazo— sugería que su marcha era inminente, lloviera o no. Aun así, pensó Saint James, la esperanza era lo último que se perdía.

—Ni siquiera hemos hablado aún del juicio Fleming —le dijo a Lynley, que había sido el policía de Scotland Yard encargado de investigar ese asesinato—. La fiscalía lo ha tramitado bastante deprisa. Debes de estar satisfecho.

—Simon, para ya —dijo Helen Lynley en voz baja. Suavizó sus palabras con una sonrisa cariñosa—. No puedes evitar las cosas indefinidamente. Habla con ella. No es propio de ti escaquearte.

Por desgracia, era muy típico de él, y si la mujer de Saint James hubiera oído el comentario de Helen Lynley, habría sido la primera en afirmarlo. Las corrientes ocultas de la vida con Deborah eran peligrosas. Por lo general, Saint James las eludía, como si fuera un barquero inexperto en un río desconocido.

Miró detrás de él hacia el estudio. La luz de la chimenea y las velas proporcionaban la única iluminación de la estancia. Se dio cuenta de que tendría que haber pensando en alumbrar la sala. Si bien la luz podría haberse considerado romántica en otras circunstancias, en éstas parecía de lo más fúnebre.

«Pero no hay cadáver —se recordó—. Esto no es una muerte, tan sólo una decepción.»

Su mujer había trabajado en las fotografías durante casi doce meses antes de que llegara esa noche. Había acumulado una buena selección de retratos tomados por todo Londres: desde pescaderos que posaban a las cinco de la mañana en Billingsgate hasta borrachos adinerados que se tambaleaban en una discoteca de Mayfair a medianoche. Había capturado la diversidad cultural, étnica, social y económica de la capital, y Deborah había albergado la esperanza de que su inauguración en una galería pequeña pero distinguida de Little Newport Street congregaría a los asistentes suficientes para cosechar una mención en una de las publicaciones que caía en las manos de coleccionistas en busca de nuevos artistas cuyo trabajo podrían decidirse a comprar. Sólo quería plantar la semilla de su nombre en la mente de la gente, había dicho. No esperaba vender demasiadas obras al principio.

Lo que no tuvo en cuenta fue el espantoso tiempo de finales de otoño-principios de invierno. La lluvia de noviembre no le preocupaba demasiado. Por lo general, el tiempo era malo en esa época del año. Pero a medida que se transformaba inexorablemente en el chaparrón incesante de diciembre, había comenzado a expresar sus dudas. ¿Quizá debiera cancelar la exposición hasta la primavera? ¿Hasta verano, incluso, cuando la gente salía hasta tarde?

Saint James le había aconsejado mantener los planes. El mal tiempo, le dijo, no duraría hasta mediados de diciembre. Hacía semanas que no paraba de llover y, estadísticamente hablando al menos, no podía durar mucho más.

Pero eso era exactamente lo que había sucedido, día tras día, noche tras noche, hasta que los parques de la ciudad comenzaron a parecer pantanos y el musgo empezó a crecer en las grietas de las aceras. Los árboles se desprendían de la tierra saturada, y los sótanos de las casas cercanas al río estaban convirtiéndose rápidamente en piscinas infantiles portátiles.

Si no hubiera sido por los hermanos de Saint James —quienes acudieron todos con sus cónyuges, parejas y niños a la zaga—, así como por su madre, los únicos asistentes a la fiesta de la exposición habrían sido el padre de Deborah, un puñado de amigos personales cuya lealtad parecía superar su prudencia y cinco desconocidos. Este segundo grupo recibió muchas miradas esperanzadas hasta que se hizo obvio que tres de ellos sólo querían resguardarse de la lluvia, mientras que los otros dos buscaban escapar de la cola que esperaba mesa en Mr. Kong's.

Saint James había intentado poner buena cara por su mujer, igual que el propietario de la galería, un tipo llamado Hobart, que hablaba inglés del estuario como si la letra «t» no existiera en su alfabeto.

—No te preocupes, Deborah, cielo —dijo Hobart—. La exposición estará un mes y es buena, querida. ¡Fíjate en cuántas has vendido ya!

49

A lo que Deborah había respondido con esa sinceridad típica en ella:

—Y mire cuántos parientes de mi marido han venido, señor Hobart. Si hubiera tenido más de tres hermanos, las habríamos vendido todas.

Aquello era verdad. La familia de Saint James se había mostrado generosa y los había apoyado. Pero que ellos compraran sus fotografías no significaba para Deborah lo mismo que si las hubiera comprado un desconocido. «Siento que las han comprado porque les he dado lástima», le había confiado desesperada mientras regresaban a casa en el taxi.

En buena parte, ésa era la razón por la que Saint James agradecía tanto la compañía de Thomas Lynley y su mujer en esos momentos. Al final, tendría que representar el papel de defensor del talento de su mujer tras el desastre de aquella noche, y todavía no se sentía preparado para ello. Sabía que Deborah no se creería ni una palabra de lo que le dijera, por mucho que él se creyera sus afirmaciones. Como tantos artistas, buscaba cierta forma de aprobación externa a su talento. Él no era una persona de fuera, así que no serviría. Ni tampoco su padre, que le había dado una palmadita en el hombro y le había dicho filosóficamente: «No se puede controlar el tiempo, Deb», antes de irse a la cama. Pero Lynley y Helen sí estaban cualificados. Así que cuando por fin sacara el tema de Little Newport Street con Deborah, Saint James quería que estuvieran presentes.

Sin embargo, no sería así. Veía que Helen estaba muerta de cansancio y que Thomas Lynley estaba decidido a llevar a su mujer a casa.

—Tened cuidado, entonces —les dijo Saint James.

—*Coragio*, fanfarrón, monstruo —dijo Lynley con una sonrisa.

Saint James los observó mientras recorrían Cheyne Row bajo la lluvia en dirección a su coche. Cuando llegaron sin novedad, cerró la puerta y se preparó para la conversación que le esperaba en el estudio.

Aparte del breve comentario que Deborah le había hecho al señor Hobart en la galería, su esposa había plantado cara admirablemente a la situación hasta que volvieron en taxi a casa. Había hablado con sus amigos, saludado a sus parientes políticos con exclamaciones de deleite y llevado a su antiguo mentor fotográfico Mel Doxson de fotografía en fotografía para escuchar sus elogios y recibir una crítica inteligente de su obra. Sólo alguien que la conociera desde siempre —como el propio Saint James— habría sido capaz de ver la expresión apagada de desánimo en sus ojos y habría percibido, a partir de sus miradas rápidas a la puerta, hasta qué punto había cifrado sus esperanzas tontamente en la aprobación de unos desconocidos cuya opinión no le habría importado un pimiento en otras circunstancias.

Encontró a Deborah donde la había dejado antes de acompañar a los Lynley a la puerta: estaba delante de la pared en la que Saint James siempre tenía una selección de las fotografías de su mujer. Estaba examinando las que había allí colgadas, con las manos juntas detrás de la espalda.

—He tirado un año de mi vida —anunció—. Podría haberme dedicado a un trabajo normal, ganado dinero por una vez. Podría haber hecho fotos de bodas o algo así. De bailes de debutantes. Bautizos. *Bar mitzvahs*. Fiestas de cumpleaños. Retratos ególatras de hombres de mediana edad y sus esposas trofeo. ¿Qué más?

—¿Turistas con recortables de cartón de la familia real? —aventuró—. Seguramente habrías ganado unos miles de libras si te hubieras instalado delante del palacio de Buckingham.

—Hablo en serio, Simon —dijo ella, y por el tono de su voz supo que con comentarios frívolos no iban a superar el momento ni tampoco le haría ver que la decepción de una única noche de exposición era en realidad un revés momentáneo.

Saint James se puso a su lado frente a la pared y contempló sus fotografías. Deborah siempre le dejaba elegir sus preferidas de cada serie que hacía, y este grupo en particular eran de las mejores, en su opinión no instruida: siete estudios en blanco y negro de un amanecer en Bermondsey, donde los comerciantes que vendían de todo, desde antigüedades a artículos robados, colocaban sus mercancías. Le gustaba la atemporalidad de las escenas que había captado, el ambiente de un Londres que nunca cambiaba. Le gustaban las caras y la forma en que estaban iluminadas por las farolas y deformadas por las sombras. Le gustaba la esperanza que transmitía una, la astucia de otra,

51

el recelo, el cansancio y la paciencia del resto. Pensó que su mujer tenía algo más que talento con la cámara. Pensó que tenía un don que sólo muy pocos poseían.

—Todo aquel que quiera intentarlo en este tipo de carrera empieza desde abajo —le dijo—. Nombra al fotógrafo que más admires y nombrarás a alguien que comenzó de ayudante de alguien, un tipo que llevaba los focos y los objetivos para alguien que en su día hizo lo mismo. Sería estupendo que en este mundo el éxito dependiera de hacer fotografías excelentes y sentarse a recoger elogios después, pero las cosas no funcionan así.

—No quiero elogios. La cuestión no es ésa.

—Crees que has patinado. ¿Un año y cuántas fotografías después...?

—Diez mil trescientas veintidós. Más o menos.

—Y has acabado donde empezaste, ¿no?

—No estoy más cerca de nada. No he avanzado ni un paso. No sé si algo de esto..., de esta clase de vida..., vale siquiera la pena.

—Entonces estás diciendo que la mera experiencia no te basta. Te estás diciendo a ti, y a mí, y no es que yo lo crea, ¿vale?, que el trabajo sólo cuenta si produce el resultado que has decidido que querías.

—No es eso.

—¿Pues qué es?

—Necesito creer, Simon.

—¿En qué?

—No puedo jugar un año más a esto. Quiero ser más que la mujer de Simon Saint James que se las da de artista bohemia con su peto y sus botas militares, cargando con sus cámaras por Londres para pasar el rato. Quiero contribuir a nuestra vida. Y no puedo hacerlo si no creo.

—¿No deberías empezar por creer en el proceso, entonces? Si te fijaras en todos los fotógrafos cuya carrera has estudiado, ¿no verías a alguien que comenzó...?

—¡No me refiero a eso! —Se dio la vuelta para mirarle—. No necesito aprender a creer que se empieza desde abajo y se llega arriba con trabajo. No soy tan tonta para creer que inauguro una exposición una noche y a la mañana siguiente la National Portrait Gallery va a pedirme muestras de mi obra. No soy estúpida, Simon.

—No insinúo que lo seas. Sólo intento señalar que el fracaso de un único día de exposición de tus fotografías (que, por lo que sabes, no será un fracaso en absoluto, por cierto) no es una medida de nada. Es sólo una experiencia, Deborah, ni más ni menos. Es la forma de interpretar la experiencia lo que te trae problemas.

—¿Se supone entonces que no tenemos que interpretar nuestras experiencias? ¿Se supone que debemos tenerlas y seguir adelante? ¿Quien arriesga no gana nada? ¿Es eso lo que quieres decir?

—Sabes que no. Te estás disgustando. Lo que no va a valernos a ninguno de los dos...

—¿Que me estoy disgustando? Ya estoy disgustada. Me he pasado meses en la calle, meses en el cuarto oscuro. Me he gastado una fortuna en material. No puedo seguir con esto sin creer que tiene un sentido.

—¿Definido por qué? ¿Por las ventas? ¿Por el éxito? ¿Por un artículo en la revista del *Sunday Times*?

—¡No! Claro que no. La cuestión no es ésa y lo sabes. —Lo empujó al pasar a su lado, llorando—. ¿Por qué me molesto? —Y se habría marchado de la estancia, habría subido corriendo las escaleras y habría dejado a Saint James sin comprender mejor el carácter de los demonios a los que se enfrentaba periódicamente. Siempre les pasaba lo mismo: la naturaleza apasionada e impredecible de Deborah contra el carácter flemático de él. La salvaje divergencia en la manera que tenía cada uno de ver el mundo era una de las cualidades que hacían que formaran tan buena pareja. Por desgracia, también era una de las cualidades que hacían que no la formaran.

—Pues dímelo —dijo Saint James—. Deborah, dímelo.

Se detuvo en la puerta. Parecía Medea, llena de ira e intención, con el pelo largo salpicado de lluvia sobre los hombros y los ojos color metal encendido.

—Necesito creer en mí —dijo sencillamente. Sonaba como si le desesperara el mero esfuerzo de hablar, y con aquello Saint James comprendió hasta qué punto detestaba Deborah que no hubiera logrado comprenderla.

53

—Pero tienes que saber que tu obra es buena —le dijo—. ¿Cómo podrías ir a Bermondsey y captarlo de esta forma —señaló la pared— y no saber que tu trabajo es bueno? Más que bueno. Dios santo, es increíble.

—Porque saberlo tiene lugar aquí —contestó. Ahora su voz sonó apagada, y su pose, tan rígida hacía un momento, se relajó de forma que pareció hundirse delante de él. Se señaló la cabeza al pronunciar la palabra «aquí» y puso la mano debajo del pecho izquierdo al añadir—: Pero creerlo tiene lugar aquí. De momento, aún no he sido capaz de salvar la distancia que hay entre los dos. Y si no puedo hacer eso... ¿Cómo puedo superar lo que debo superar y hacer algo que me demuestre a mí misma que valgo?

Ahí estaba, pensó Simon. Deborah no añadió el resto, y él la bendijo por no hacerlo. Demostrarse que valía como mujer a través de la maternidad era algo que se le había negado a su esposa. Estaba buscando algo que definiera quién era.

—Cariño... —dijo Saint James, pero no tenía más palabras. Sin embargo, ésta parecía encerrar más bondad de la que Deborah podía soportar, porque el metal de sus ojos se transformó en líquido al instante, y levantó una mano para impedirle que cruzara la habitación para consolarla.

—Siempre —dijo—, pase lo que pase, oigo esa voz en mi interior susurrándome que me estoy engañando.

—¿No es ésa la maldición de todos los artistas? ¿Los que triunfan no son aquellos capaces de apartar sus dudas?

—No he encontrado la manera de no escucharla. Juegas a ser fotógrafa, me dice. Sólo finges. Estás perdiendo el tiempo.

—¿Cómo puedes pensar que te estás engañando cuando haces fotos como éstas?

—Tú eres mi marido —replicó ella—. ¿Qué vas a decir?

Saint James sabía que no había forma de discutirle aquella observación. Como marido suyo, quería que fuera feliz. Los dos sabían que, aparte de su padre, sería la última persona que pronunciaría una palabra para destruirla. Se sentía derrotado, y ella debió de verlo en su cara, porque dijo:

—¿No era la hora de la verdad? Tú mismo lo has visto. No ha venido casi nadie.

Otra vez eso.

—Ha sido por el tiempo.

—A mí me parece que ha sido más que el tiempo.

Lo que parecía y lo que no parecía era una dirección inútil de seguir, tan amorfa e infundada como la lógica de un idiota.

—Bueno, ¿qué resultado esperabas? —dijo el siempre científico Saint James—. ¿Qué habría sido razonable para tu primera exposición en Londres?

Ella consideró la pregunta, pasando los dedos por la jamba de la puerta como si pudiera leer en ella la respuesta en braille.

—No lo sé —admitió al fin—. Creo que me asusta demasiado saberlo.

—¿Qué te asusta demasiado?

—Veo que se han frustrado mis expectativas. Sé que aunque sea la próxima Annie Leibovitz, me llevará tiempo demostrarlo. Pero ¿y si todo lo demás sobre mí también es como mis expectativas? ¿Y si todo lo demás también se frustra?

—¿Por ejemplo?

—Por ejemplo: ¿Y si me están tomando el pelo? Es lo que he estado preguntándome toda la noche. ¿Y si la gente me está siguiendo la corriente? Mi familia. Mis amigos. El señor Hobart. ¿Y si aceptan mis fotografías por pena? «Muy bonitas, señora, sí, y las colgaremos en la galería, no nos vendrán mal en el mes de diciembre, cuando nadie piensa en visitar exposiciones de arte en medio de la vorágine de compras de Navidad; y además, necesitamos colgar algo en las paredes durante un mes y nadie más está dispuesto a exponer.» ¿Y si es lo que ha pasado?

—Eso es insultar a todo el mundo. A la familia, los amigos. A todo el mundo, Deborah. Y a mí también.

Entonces brotaron las lágrimas que había estado conteniendo. Se llevó un puño a la boca como si fuera plenamente consciente de lo infantil que había sido la reacción a su decepción. Sin embargo, Saint James lo sabía, Deborah no podía evitarlo. Al fin y al cabo, ella sencillamente era quien era.

«Es una niña tremendamente sensible, ¿verdad, cielo?», observó una vez su madre, y su expresión sugería que estar cerca de la emoción de Deborah era similar a exponerse a la tuberculosis.

—Verás, lo necesito —le dijo Deborah—. Y si no voy a tenerlo, quiero saberlo, porque necesito algo. ¿Lo entiendes?

Saint James cruzó la habitación hacia ella y la abrazó, sabiendo que aquello por lo que lloraba sólo estaba relacionado remotamente con su deprimente noche en Little Newport Street. Quería decirle que nada de aquello importaba, pero no iba a mentir. Quería liberarla de su lucha, pero él también tenía la suya. Quería hacer que su vida en común fuera más fácil para los dos, pero carecía del poder. Así que atrajo su cabeza hacia su hombro.

—A mí no tienes que demostrarme nada —dijo entre su cabello mullido de color cobrizo.

—Ojalá fuera tan fácil como saber eso —fue su respuesta.

Simon empezó a decir que era tan fácil como hacer que todos los días contaran en lugar de hacer proyectos sobre un futuro que ninguno de los dos conocía. Pero sólo alcanzó a coger aire porque el timbre de la puerta sonó larga y ruidosamente, como si alguien se hubiera caído encima.

Deborah se apartó de él, secándose las mejillas mientras miraba hacia la puerta.

—Tommy y Helen deben de haber olvidado... ¿Se han dejado algo? —Miró a su alrededor.

—No lo creo.

Volvieron a llamar, lo que despertó de su sueño al perro de la familia. Mientras se acercaban a la entrada, *Peach* subió disparada las escaleras de la cocina, ladrando como el cazador de tejones escandaloso que era. Deborah cogió en brazos al teckel escurridizo.

Saint James abrió la puerta.

—¿Habéis decidido...? —dijo, pero interrumpió sus palabras cuando no vio ni a Thomas Lynley ni a su mujer.

En su lugar, había un hombre con chaqueta oscura —el pelo abundante apelmazado por la lluvia y los vaqueros azules empapados contra la piel— apoyado entre las sombras en el pasamano de hierro del extremo más alejado de la entrada. Tenía los ojos entrecerrados por la luz y le dijo a Saint James:

—¿Eres...? —Y no añadió más al mirar dentro, donde estaba Deborah, con el perro en sus brazos, justo detrás de su marido—. Gracias a Dios —dijo—. Debo de haber dado mil vueltas. He cogido el metro en Victoria, pero me he equivocado de dirección y no me he dado cuenta hasta que... Después se me ha mojado el mapa. Después ha salido volando. Después he perdido la dirección. Pero ahora, gracias a Dios...

Con estas palabras, avanzó plenamente hacia la luz y sólo dijo:

—Debs. Es un milagro, joder. Empezaba a pensar que no iba a encontrarte nunca.

«Debs.» Deborah dio un paso adelante, apenas osaba creerlo. La época y el lugar volvieron a ella rápidamente, igual que la gente de aquella época y aquel lugar. Dejó a *Peach* en el suelo y se puso al lado de su marido en la puerta para mirar mejor.

—¡Simon! Señor. No me creo... —Pero en lugar de terminar el pensamiento, decidió ver por sí misma lo que parecía suficientemente real, por muy inesperado que fuera. Alargó el brazo hacia el hombre del umbral y lo hizo pasar adentro—. ¿Cherokee? —dijo. Su primer pensamiento fue cómo podía ser que el hermano de su vieja amiga estuviera en su puerta. Luego, al ver que era verdad, que realmente estaba allí, exclamó—: Dios mío, Simon. Es Cherokee River.

Simon parecía desconcertado. Cerró la puerta mientras *Peach* se acercaba al visitante y olisqueaba sus zapatos. Cuando al parecer no le gustó lo que descubrió allí, se apartó de él y empezó a ladrar.

—Calla, *Peach* —dijo Deborah—. Es un amigo.

—¿Quién...? —dijo Simon al oír aquella observación, mientras cogía a la perra y la tranquilizaba.

—Cherokee River —repitió Deborah—. Eres Cherokee, ¿verdad? —le preguntó al hombre. Porque aunque estaba prácticamente segura de que lo era, habían pasado casi seis años desde la última vez que lo había visto, e incluso durante la época en que se conocieron, sólo habían coincidido media docena de veces. No esperó a que le respondiera y dijo—: Pasa al estudio. Tenemos encendida la chimenea. Cielos, estás empapado. ¿Eso de la cabeza es un corte? ¿Qué haces aquí? —Lo llevó a la otomana frente al fuego e insistió en que se quitara la chaqueta. En su momento, debió de absorber el agua, pero ese momento había pasado ya y ahora las gotas caían al suelo. Deborah la dejó frente a la chimenea, y *Peach* fue a investigar.

—¿Cherokee River? —dijo Simon pensativamente.

—El hermano de China —respondió Deborah.

Simon miró al hombre, que había comenzado a tiritar.

—¿De California?

—Sí. China. De Santa Bárbara. Cherokee, ¿qué diablos...? Ven. Siéntate. Siéntate junto al fuego. Simon, ¿hay alguna manta...? ¿Una toalla...?

—Voy a buscar.

—¡Date prisa! —gritó Deborah, porque, desprovisto de su chaqueta, Cherokee había comenzado a temblar como si estuviera al borde de las convulsiones. Tenía la piel tan blanca que estaba azulada y se había mordido el labio, de donde empezaba a brotarle sangre sobre la barbilla. Además, tenía un corte muy feo en la sien, que Deborah examinó, diciendo—: Hay que ponerte una tirita. ¿Qué te ha pasado, Cherokee? ¿No te habrán atracado? —Y luego—: No. No contestes. Deja que antes te dé algo para que entres en calor.

Se dirigió rápidamente al viejo minibar, debajo de la ventana que daba a Cheyne Row. Allí, sirvió un vaso grande de brandi, se lo llevó a Cherokee y se lo puso en las manos.

Cherokee se acercó el vaso a la boca, pero le temblaban tanto las manos que repiqueteó contra sus dientes y se echó la mayor parte del brandi por encima de la camiseta negra, que estaba mojada como el resto de él.

—Mierda —dijo—. Lo siento, Debs. —Su voz, su estado o la bebida derramada parecieron desconcertar a *Peach*, porque la perrita dejó de olisquear la chaqueta empapada de Cherokee y comenzó a ladrarle.

Deborah calmó a la teckel, que no se tranquilizó hasta que lo sacó de la estancia y lo llevó a la cocina.

—Cree que es una dóberman —dijo Deborah irónicamente—. Nadie tiene los tobillos a salvo cuando está ella.

Cherokee se rio entre dientes. Entonces, un escalofrío tremendo se apoderó de su cuerpo y el brandi que sostenía chapoteó en el vaso. Deborah se sentó junto a él en la otomana y le pasó el brazo por los hombros.

—Lo siento —repitió él—. Estoy histérico.

—No te disculpes. Por favor.

—He estado caminando bajo la lluvia. Me he golpeado con una rama cerca del río. Creía que había dejado de sangrar.

—Bébete el brandi —dijo Deborah. Le alivió oír que Cherokee no se había metido en algún lío en la calle—. Luego te miraré la cabeza.

—¿Es grave?

—Sólo es un corte. Pero necesitas que te lo miren. Ven. —Tenía un clínex en el bolsillo y lo utilizó para secar la sangre—. Menuda sorpresa nos has dado. ¿Qué haces en Londres?

La puerta del estudio se abrió y Simon regresó. Traía una toalla y una manta. Deborah las cogió, echó una sobre los hombros de Cherokee y utilizó la otra para secarle el pelo. Lo llevaba más corto que en la época que Deborah había vivido con su hermana en Santa Bárbara. Pero seguía teniéndolo rizadísimo, muy distinto del de China, igual que su cara, que era sensual, de párpados caídos y labios carnosos por los que las mujeres pagan a los cirujanos enormes sumas de dinero. Había heredado todos los genes del atractivo, decía a menudo China River de su hermano, mientras que ella parecía una asceta del siglo IV.

—Te he llamado. —Cherokee agarraba con fuerza la manta—. Las nueve, serían. China me dio tu dirección y tu teléfono. No pensé que fuera a necesitarlos, pero el vuelo se retrasó por culpa del tiempo. Y cuando por fin la tormenta ha dado una tregua, ya era demasiado tarde para ir a la embajada. Así que te he llamado, pero no había nadie.

—¿La embajada? —Simon cogió el vaso de Cherokee y le sirvió más brandi—. ¿Qué ha pasado exactamente?

Cherokee cogió la bebida y dio las gracias asintiendo con la cabeza. Tenía el pulso más firme. Se bebió la copa de un trago, pero empezó a toser.

—Tienes que quitarte esa ropa —dijo Deborah—. Imagino que un baño te sentará bien. Voy a preparártelo, y mientras estés en remojo, meteremos tus cosas en la secadora. ¿De acuerdo?

—No. No puedo. Es... Dios mío, ¿qué hora es?

—No te preocupes por la hora. Simon, ¿le acompañas a la habitación de invitados y le ayudas con la ropa? Y no discutas, Cherokee. No es ningún problema.

Deborah subió las escaleras en primer lugar. Mientras su marido iba a buscar algo seco para que el hombre se lo pusiera cuando acabara, ella abrió los grifos de la bañera. Le dejó preparadas unas toallas y, cuando Cherokee entró —envuelto en una vieja bata de Simon y con un pijama de Simon colgado del brazo—, le limpió el corte de la cabeza. El hombre se estremeció al notar el alcohol que Deborah frotó suavemente en su piel. Ella le sostuvo la cabeza con mayor firmeza y le dijo:

—Aprieta los dientes.

—¿No das algo para morder?

—Sólo cuando opero. Esto no cuenta. —Tiró el algodón y cogió una tirita—. Cherokee, ¿de dónde vienes? De Los Ángeles no. Porque no llevas... ¿Llevas equipaje?

—De Guernsey —dijo—. Vengo de Guernsey. He salido esta mañana. Pensaba que podría ocuparme de todo y volver esta noche, así que no he cogido nada del hotel. Pero he acabado pasando la mayor parte del día en el aeropuerto, esperando a que el tiempo mejorara.

Deborah se centró en una sola palabra.

—¿Todo? —Tapó el corte con una tirita.

—¿Qué?

—Has dicho ocuparte de todo. ¿Qué es todo?

Cherokee apartó la mirada. Fue tan sólo un momento, pero duró el tiempo suficiente para que Deborah se inquietara. Le había dicho que su hermana le había dado su dirección de Cheyne Row, y Deborah había supuesto que se la había dado antes de salir de Estados Unidos, uno de esos gestos que una persona tiene con otra cuando se menciona de pasada un futuro viaje. «¿Te vas de vacaciones y pasarás por Londres? Ah, pues llama a unos buenos amigos míos que viven allí.» Sólo que cuando pensó bien en ello, Deborah tuvo que admitir lo improbable que era aquella situación, dado que no había tenido ningún contacto con la hermana de Cherokee en los últimos cinco años. Entonces pensó que si él no se había metido en ningún lío pero había venido apresuradamente de Guernsey a Londres con su dirección y el propósito expreso de ir a la embajada de Estados Unidos...

—Cherokee, ¿le ha pasado algo a China? —le preguntó—. ¿Por eso estás aquí?

El hombre volvió a mirarla. Su cara estaba triste.

—La han detenido —dijo.

—No le he preguntado nada más.

Deborah encontró a su marido en la cocina del sótano, donde, profético como siempre, Simon ya había puesto a calentar una sopa. También estaba tostando pan, y la mesa llena de marcas de la cocina donde el padre de Deborah había preparado miles de comidas a lo largo de los años estaba preparada para uno.

—He pensado que después de bañarse... Me ha parecido mejor dejar que se recuperara un poco. Es decir, antes de que nos cuente... Si quiere contárnoslo...

Deborah frunció el ceño, pasando la uña del pulgar por el borde de la encimera donde había una astilla de madera que notó como un pinchazo en su conciencia. Intentó decirse que no tenía motivo alguno para sentirlo, que en la vida las amistades iban y venían y que las cosas eran así. Pero había sido ella la que había dejado de contestar las cartas que llegaban del otro lado del Atlántico. Porque China River había formado parte de la vida que Deborah había deseado olvidar con todas sus fuerzas.

Simon le lanzó una mirada desde los fogones, donde removía una sopa de tomate con una cuchara de madera. Pareció interpretar que su reticencia a hablar se debía a que estaba preocupada, porque dijo:

—Podría tratarse de algo relativamente inocente.

—¿Cómo diablos puede ser inocente una detención?

—Que no sea algo relevante, quiero decir. Un accidente de tráfico. Un malentendido en un Boots que parezca un hurto. Algo así.

—No va a ir a la embajada por un hurto, Simon. Y ella no va robando por las tiendas.

—¿Cuánto la conoces?

—La conozco bien —dijo Deborah. Sintió la necesidad de repetirlo con virulencia—. Conozco a China River perfectamente bien.

—¿Y su hermano? ¿Cherokee? ¿Qué diantre de nombre es ése?

—El que le pusieron cuando nació, supongo.

—¿Sus padres eran de la época de Sergeant Pepper?

—Sí. La madre era una radical..., una especie de jipi... No. Espera. Era ecologista. Eso es. Eso fue antes, antes de que yo la conociera. Se sentaba en los árboles.

61

Simon le lanzó una mirada llena de ironía.

—Para impedir que los talaran —dijo Deborah simplemente—. Y el padre de Cherokee, tienen padres diferentes, también era ecologista. ¿No se...? —Se quedó pensando, intentando recordar—. Creo que se ató a las vías del tren... ¿en el desierto?

—Imagino que también para protegerlas. Sabido es que están en peligro de extinción.

Deborah sonrió. La tostada saltó. *Peach* salió corriendo de su cesta con la esperanza de que el pan cayera mientras Deborah lo cortaba en rectángulos.

—A Cherokee no lo conozco tan bien. No como a China. Pasé algunas vacaciones con la familia de China cuando viví en Santa Bárbara, así que lo conozco de eso. De estar con su familia. Nochebuena. Nochevieja. Días de fiesta. Íbamos... ¿Dónde vivía su madre? Era un pueblo con nombre de color...

—¿De color?

—Rojo, verde, amarillo. Sí, era Orange. Vivía en un lugar llamado Orange. Cocinaba pavo con tofu en vacaciones, judías negras, arroz integral, pastel de algas, cosas horribles. Intentábamos comérnoslas y luego nos inventábamos una excusa para salir con el coche y buscar un restaurante que estuviera abierto. Cherokee conocía sitios para comer muy discutibles, pero siempre económicos.

—Es encomiable.

—Así que lo veía en esas ocasiones. ¿Diez veces en total? Una vez vino a Santa Bárbara y se quedó algunas noches en nuestro sofá. Por aquel entonces, él y China tenían una especie de relación de amor-odio. Él es mayor, pero nunca actuaba como tal, lo que a ella le exasperaba. Así que tendía a sobreprotegerle, lo cual le exasperaba a él. Su madre..., bueno, no era una madre madre, ya me entiendes.

—¿Demasiado ocupada con los árboles?

—Con todo tipo de cosas. Estaba pero no estaba. Así que se estableció un..., bueno, una especie de vínculo entre China y yo. Otro vínculo, quiero decir. Más allá de la fotografía. Y otras cosas. Por el tema de no tener madre.

Simon bajó el fuego de la sopa, se apoyó en la cocina y miró a su mujer.

—Fueron unos años difíciles —dijo en voz baja.

—Sí. Bueno. —Parpadeó y le ofreció una rápida sonrisa—. Todos hemos logrado superarlos, ¿no?

—Sí, lo hemos logrado —reconoció Simon.

Peach levantó el hocico después de olisquear el suelo, con la cabeza levantada y las orejas expectantes. En el alféizar de la ventana que había sobre el fregadero, *Alaska,* la gran gata gris —que había estado examinando con indolencia las gotas alargadas de lluvia en el cristal—, se levantó y se estiró, con los ojos clavados en las escaleras del sótano que descendían justo al lado del viejo aparador en el que a menudo la gata pasaba los días. Un momento después, la puerta de arriba crujió y la perra ladró una vez. *Alaska* bajó del alféizar de la ventana y desapareció en la despensa para conciliar el sueño.

—¿Debs? —la llamó la voz de Cherokee.

—Aquí abajo —contestó Deborah—. Te hemos preparado sopa y tostadas.

Cherokee se reunió con ellos. Tenía mucho mejor aspecto. Era unos tres o cuatro centímetros más bajo que Simon y más atlético, pero el pijama y la bata le quedaban bien y los temblores habían desaparecido. Sin embargo, iba descalzo.

—Tendría que haber pensado en darte unas zapatillas —dijo Deborah.

—Estoy bien —dijo Cherokee—. Te has portado genial. Gracias, a los dos. Debéis de haber alucinado, al verme aparecer así. Os agradezco el recibimiento. —Hizo un gesto con la cabeza hacia Simon, quien llevó el cazo de la sopa a la mesa y sirvió un poco en un tazón.

—Hoy es un día especial, debo decírtelo —dijo Deborah—. Simon ha abierto un cartón de sopa. Normalmente sólo abre latas.

—Muchas gracias —observó Simon.

Cherokee sonrió, pero parecía exhausto, como si funcionara con los últimos vestigios de energía en un día terrible.

—Tómate la sopa —dijo Deborah—. Te quedarás a dormir, por cierto.

—No. No puedo pediros...

—No seas tonto. Tu ropa está en la secadora y estará lista dentro de un rato, pero no pensarás salir otra vez a la calle a buscar un hotel a estas horas.

—Deborah tiene razón —reconoció Simon—. Tenemos mucho sitio. Eres más que bienvenido.

Pese al cansancio, la cara de Cherokee reflejaba alivio y gratitud.

—Gracias. Me siento... —Meneó la cabeza—. Me siento como un niño pequeño. ¿Sabéis cómo se ponen? Se pierden en el supermercado, salvo que no saben que se han perdido hasta que levantan la vista de lo que estén haciendo, leer un cómic o lo que sea, y ven que mamá ha desaparecido y entonces se vuelven locos. Así me siento. Así me he sentido.

—Bueno, ahora ya estás a salvo —le tranquilizó Deborah.

—Cuando llamé, no quise dejar un mensaje en el contestador —dijo Cherokee—. Habría sido muy deprimente para vosotros llegar a casa y encontraros eso. Así que he intentado encontrar la dirección. Me he confundido en la línea amarilla del metro y he acabado en Tower Hill antes de ver qué diablos había hecho mal.

—Qué horror —murmuró Deborah.

—Mala suerte —dijo Simon.

Entonces, se hizo un silencio entre ellos, roto sólo por la lluvia. Chocaba contra las piedras por fuera de la puerta de la cocina y se deslizaba formando riachuelos incesantes por la ventana. Eran tres personas —y una perra esperanzada— en una cocina a medianoche. Pero no estaban solas. La pregunta también estaba allí. Estaba agazapada entre ellos como un ser palpable, echando un aliento fétido que no podía obviarse. Ni Deborah ni su marido la formularon. Pero tal como fueron las cosas, no les hizo falta.

Cherokee hundió la cuchara en el tazón. Se la llevó a los labios, pero la bajó despacio sin probar la sopa. Se quedó mirando el líquido un instante antes de levantar la cabeza y mirar a Deborah y después a su marido.

—Esto es lo que ha pasado —dijo.

Él era el responsable de todo, les dijo. Para empezar, si no fuera por él, China no habría ido a Guernsey. Pero él necesitaba dinero, y cuando le ofrecieron llevar un paquete de California al canal de la Mancha, pagarle por ello y proporcionarle los billetes de avión... En fin, le pareció demasiado bueno para ser verdad.

Le pidió a China que le acompañara porque había dos billetes de avión y el trato era que tenían que llevar el paquete un hombre y una mujer. Pensó: ¿Por qué no? ¿Y por qué no pedírselo a China? Nunca iba a ninguna parte. Ni siquiera había salido nunca de California.

Tuvo que convencerla. Le costó unos días, pero acababa de romper con Matt —¿recordaba Debs al novio de China, el cineasta con el que llevaba saliendo toda la vida?— y decidió que quería unas vacaciones. Así que le llamó y le dijo que quería ir y él lo arregló todo. Llevaron el paquete desde Tustin, al sur de Los Ángeles, de donde procedía, hasta un lugar en Guernsey, a las afueras de Saint Peter Port.

—¿Qué había en el paquete? —Deborah imaginó una redada por drogas en el aeropuerto, con perros gruñendo y China y Cherokee retrocediendo contra la pared como zorros que buscan refugio.

Nada ilegal, le dijo Cherokee. Lo contrataron para llevar unos planos arquitectónicos de Tustin a la isla del Canal. Y el abogado que le había contratado...

—¿Un abogado? —preguntó Simon—. ¿No el arquitecto?

No. A Cherokee lo contrató un abogado, lo que a China le había parecido sospechoso, más incluso que el que le pagaran por llevar un paquete a Europa, además de que le proporcionaran los billetes de avión. Así que China insistió en abrir el paquete antes de acceder a llevarlo a donde fuera, y eso hicieron.

Se trataba de un tubo de envío grande, y si China temía que contuviera drogas, armas, explosivos o cualquier otra mercancía de contrabando que habría provocado que los dos acabaran esposados, sus temores se disiparon en cuanto lo abrieron. Dentro había los planos arquitectónicos que se suponía que tenían que estar, con lo cual se quedó tranquila. Él también, tuvo que admitir Cherokee. Las preocupaciones de China le habían inquietado.

Así que fueron a Guernsey a entregar los planos, con la intención de desplazarse de allí a París y seguir luego hasta Roma. No sería un viaje largo: ninguno de los dos podía permitírselo, conque sólo iban a quedarse dos días en cada ciudad.

65

Pero en Guernsey sus planes cambiaron inesperadamente. Creían que realizarían un intercambio rápido en el aeropuerto: papeleo por el pago prometido y...

—¿De qué clase de pago hablamos? —preguntó Simon.

Cinco mil dólares, les dijo Cherokee. Ante sus caras de incredulidad, se apresuró a decir que sí, que era una cantidad escandalosa y que ésa era la razón principal por la que China había insistido en abrir el paquete, porque ¿quién diablos daría a alguien dos billetes gratis a Europa y cinco mil dólares sólo por llevar algo desde Los Ángeles? Pero resultó que todo aquel asunto consistía en hacer cosas escandalosas con el dinero. El hombre que quería los planos arquitectónicos era más rico que Howard Hughes y, evidentemente, se pasaba el día haciendo cosas escandalosas con el dinero.

Sin embargo, en el aeropuerto no los recibió alguien con un cheque o un maletín lleno de dinero ni nada remotamente parecido a lo que esperaban, sino un hombre casi mudo llamado Kevin No-sé-qué que los condujo precipitadamente a una furgoneta y los llevó a una finca muy chula a unos kilómetros de allí.

China se puso histérica con este giro de los acontecimientos, que había que reconocer que era desconcertante. Allí estaban, encerrados en un coche con un absoluto desconocido que no les dirigió ni quince palabras. Era muy extraño. Pero al mismo tiempo, era como una aventura y Cherokee, por su parte, estaba intrigado.

Resultó que su destino era una mansión formidable situada en una propiedad de sabe Dios cuántas hectáreas. La construcción era antigua —y estaba totalmente restaurada—, y China activó el modo fotográfico desde el momento en que la vio. Tenía delante un reportaje del *Architectural Digest* esperando a que lo capturara.

China decidió en ese mismo momento que quería sacar fotografías. No sólo de la casa, sino de la propia finca, en la que había de todo, desde estanques de patos a cosas prehistóricas. China sabía que se le había presentado una oportunidad que quizá nunca volvería a tener y, a pesar de que sacar las fotografías no era garantía de nada, estaba dispuesta a invertir el tiempo, el dinero y el esfuerzo necesarios porque el lugar era sensacional.

A Cherokee le pareció bien. China pensó que le llevaría sólo un par de días y él tendría tiempo de explorar la isla. La única cuestión era si el propietario aprobaría la idea. A algunas personas no les gusta que su casa salga en las revistas. Demasiada inspiración para los ladrones.

Su anfitrión resultó ser un hombre llamado Guy —pronunciado «gui»— Brouard, a quien le encantó la idea. Insistió en que Cherokee y China pasaran la noche allí o se quedaran unos días o lo que hiciera falta para sacar buenas fotografías. «Mi hermana y yo vivimos aquí solos —les dijo—, y tener visitas siempre nos divierte.»

Resultó que el hijo del hombre también estaba allí, y al principio Cherokee pensó que tal vez Guy Brouard albergara la esperanza de que China y su hijo se gustaran. Pero el hijo era de los que desaparecían y sólo lo veían en las comidas porque no era muy sociable. Sin embargo, la hermana era simpática, igual que Brouard. Así que Cherokee y China se sintieron como en casa.

Por su parte, China conectó mucho con Guy. Compartían un interés común por la arquitectura: ella, porque fotografiar edificios era su trabajo; él, porque tenía planeado construir uno en la isla. Incluso la llevó a ver el solar y le enseñó algunas de las construcciones de relevancia histórica de la isla. China debería fotografiar todo Guernsey, le dijo él. Debería hacer todo un libro de fotografías, no bastaba con un reportaje en una revista. Pese a ser un lugar tan pequeño, su riqueza histórica era enorme y todas las sociedades que habían vivido allí habían dejado su impronta en forma de construcciones.

Para su cuarta y última noche con los Brouard, hacía tiempo que estaba programada una fiesta. Era una fiesta de tiros largos a la que al parecer estaban invitados miles de personas. Ni China ni Cherokee supieron qué se celebraba, hasta medianoche, cuando Guy Brouard reunió a todo el mundo y anunció que al fin había elegido el proyecto para su edificio, que resultó ser un museo. Redobles de tambor, entusiasmo, botellas de champán descorchándose y fuegos artificiales tras anunciar al arquitecto cuyos planos Cherokee y China habían traído de California. Sacaron un caballete con una acuarela del lugar, y los invitados exclamaron embelesados, extasiados, y siguieron bebiendo el champán de los Brouard hasta las tres de la mañana más o menos.

Al día siguiente, ni Cherokee ni su hermana se sorprendieron cuando no encontraron a nadie despierto. Fueron a la cocina sobre las ocho y media y buscaron hasta dar con los cereales, el café y la leche. Supusieron que no pasaría nada por prepararse el desayuno mientras los Brouard dormían la borrachera de la noche anterior. Comieron, llamaron a un taxi y se marcharon al aeropuerto. No volvieron a ver a nadie de la finca.

Volaron a París y pasaron dos días visitando los monumentos que sólo habían visto en foto. Habían decidido hacer lo mismo en Roma; pero al pasar por la aduana del aeropuerto Da Vinci, la Interpol los paró.

La policía los facturó de nuevo a Guernsey, donde los buscaban, les dijeron, para interrogarles. Cuando preguntaron: «¿Interrogarnos por qué?», lo único que les dijeron fue que por un grave incidente se requería su presencia en la isla de inmediato.

Resultó que donde se requería su presencia era en la comisaría de policía de Saint Peter Port. Los retuvieron en celdas separadas, solos: a Cherokee, durante veinticuatro horas bastante malas, y a China, durante tres días de pesadilla que desembocaron en una comparecencia ante el juez y un traslado a la cárcel, donde ahora estaba en prisión preventiva.

—¿Por qué? —Deborah alargó la mano por la mesa para coger la mano de Cherokee—. ¿De qué acusan a China?

—De asesinato —contestó con voz apagada—. Es de locos. Acusan a China de matar a Guy Brouard.

Capítulo 2

$\mathcal{D}$eborah retiró las colchas de la cama y ahuecó las almohadas. Se dio cuenta de que pocas veces se había sentido tan inútil. China estaba en una celda en Guernsey y ella andaba de aquí para allá en la habitación de invitados, corriendo cortinas y ahuecando almohadas —por el amor de Dios— porque no sabía qué más hacer. En parte quería coger el próximo avión a las islas del canal. En parte quería zambullirse en el corazón de Cherokee y hacer algo para calmar su angustia. En parte quería redactar listas, concebir planes, dar instrucciones y llevar a cabo acciones inmediatas que permitieran a los River saber que no estaban solos en el mundo. Y en parte quería que otra persona se encargara de todo eso porque no se sentía a la altura de las circunstancias. Así que ahuecaba almohadas inútilmente y preparaba la cama.

Entonces, dirigiéndose al hermano de China, que estaba incómodamente de pie junto al chifonier, le dijo:

—Si necesitas algo durante la noche, estamos en el piso de abajo.

Cherokee asintió. Parecía taciturno y muy solo.

—Ella no lo hizo —dijo—. ¿Te imaginas a China haciendo daño a una mosca?

—Por supuesto que no.

—Hablamos de una persona que me hacía sacar las arañas de su cuarto cuando éramos pequeños. Se subía a la cama chillando porque había visto una en la pared y yo entraba y me deshacía de ella y, luego, me gritaba: «¡No le hagas daño! ¡No le hagas daño!».

—A mí también me lo hacía.

—Dios santo, me hubiera olvidado del tema, si no le hubiese pedido que me acompañara. Tengo que hacer algo y no sé qué.

Retorció con los dedos el cinturón de la bata de Simon. Deborah recordó que China siempre pareció la mayor de los dos. «Cherokee, ¿qué voy a hacer contigo? —le preguntaba—. ¿Cuándo vas a madurar?»

«Ahora mismo», pensó Deborah. Las circunstancias exigían una madurez que no estaba segura de que Cherokee tuviera.

—Ponte a dormir —le dijo porque no sabía qué otra cosa decirle—. Mañana afrontaremos con mejor ánimo el problema. —Y le dejó.

Estaba acongojada. China River había sido su mejor amiga durante los días más difíciles de su vida. Le debía mucho, pero se lo había recompensado poco. Que China estuviera ahora en un lío y que se encontrara sola... Deborah comprendía muy bien la angustia que sentía Cherokee por su hermana.

Encontró a Simon en el dormitorio, sentado en la silla de respaldo recto que utilizaba cuando se quitaba el aparato ortopédico de la pierna por la noche. Estaba retirando las tiras de velcro, con los pantalones bajados hasta los tobillos y las muletas en el suelo junto a la silla.

Parecía un niño; en general siempre lo parecía en esta postura vulnerable, y Deborah siempre necesitaba toda su fuerza de voluntad para no acudir en su ayuda cuando veía a su marido así. Para ella, su discapacidad era la gran fuerza que los igualaba. Ella la odiaba porque sabía que él la odiaba, pero había aceptado hacía tiempo que el accidente que lo había dejado cojo a los veinte años también había hecho posible que Simon estuviera a su alcance. Si no hubiera ocurrido, él se habría casado cuando Deborah era una adolescente y se habría alejado de ella. El ingreso en el hospital, la subsiguiente convalecencia y los aciagos años de depresión que siguieron lo habían impedido.

Sin embargo, a Simon no le gustaba que lo vieran en su torpeza. Así que Deborah se acercó a la cómoda, donde fingió quitarse las joyas que llevaba mientras esperaba el sonido del aparato ortopédico contra el suelo. Cuando lo oyó, seguido del gruñido que Simon profirió al levantarse, se dio la vuelta.

Tenía las muletas encajadas alrededor de las muñecas y la miraba con cariño.

—Gracias —le dijo.

—Lo siento. ¿Siempre he sido tan obvia?

—No. Siempre has sido muy amable. Pero creo que no te lo he agradecido nunca como corresponde. Es lo que pasa con un matrimonio demasiado feliz: se descuida al ser amado.

—Entonces, ¿me descuidas?

—No intencionadamente. —Ladeó la cabeza y se quedó mirándola—. Francamente, no me das la oportunidad. —Cruzó la habitación hacia ella, y ella le pasó los brazos por la cintura. Simon la besó con ternura y luego la besó largamente, acercándola hacia él con un brazo, hasta que Deborah sintió nacer en ambos el deseo.

Entonces, le miró.

—Me alegro de que aún provoques eso en mí. Pero aún me alegra más provocártelo yo a ti.

Simon le tocó la mejilla.

—Hum. Sí. Sin embargo, considerando la situación, seguramente no sea el momento...

—¿Para qué?

—Para explorar algunas variantes interesantes de eso de lo que hablabas.

—Ah. —Deborah sonrió—. Eso. Bueno, quizá sí sea el momento, Simon. Quizá lo que aprendemos todos los días es lo deprisa que cambia la vida. Todo aquello que es importante puede desaparecer en un instante. Conque sí es el momento.

—¿De explorar...?

—Sólo si vamos a explorar juntos.

Y fue lo que hicieron bajo el resplandor de una única lámpara que bruñía sus cuerpos de oro, oscurecía los ojos azul grisáceos de Simon y daba un color carmesí a los lugares pálidos donde latía su sangre caliente que, de lo contrario, habrían permanecido ocultos. Después, se quedaron tumbados sobre la colcha revuelta, que no se habían molestado en retirar de la cama. La ropa de Deborah estaba esparcida por el suelo donde su marido la había tirado, y a Simon le colgaba la camisa de un brazo como si de una fulana indolente se tratara.

—Me alegro de que no te hubieras acostado —dijo ella con

71

la cabeza apoyada en su pecho—. Pensé que estarías dormido. No me ha parecido correcto colocarle en la habitación de invitados y no quedarme un rato. Pero parecías tan cansado en la cocina que he pensado que quizá habías decidido ponerte a dormir. Pero me alegra que no lo hayas hecho. Gracias, Simon.

Él le acarició el pelo como de costumbre, introduciendo la mano en la abundante cabellera hasta que los dedos tocaron su cabeza. Jugueteó cariñosamente con ellos en su cuero cabelludo, y ella sintió que se relajaba.

—¿Está bien? —preguntó Simon—. ¿Hay alguien a quien podamos llamar, por si acaso?

—¿Por si acaso qué?

—Por si acaso mañana no consigue lo que quiere de la embajada. Imagino que ya se habrán puesto en contacto con la policía de Guernsey. Si no han mandado que alguien allí... —Deborah notó que su marido se encogía de hombros—. Es muy probable que no tengan intención de hacer nada más.

Deborah levantó la cabeza de su pecho.

—No creerás que China cometió ese asesinato, ¿verdad?

—Claro que no. —Él la estrechó nuevamente entre sus brazos—. Sólo digo que está en manos de un cuerpo de policía extranjero. Habrá protocolos y procedimientos que seguir, y puede ser que la embajada no se implique más. Cherokee tiene que prepararse para eso. Puede que, llegado el momento, también necesite el apoyo de alguien. De hecho, es probable que para eso haya venido.

Simon dijo esto último más bajo. Deborah levantó la cabeza para mirarle otra vez.

—¿Qué?

—Nada.

—Hay algo más, Simon. Lo noto en tu voz.

—Sólo eso. ¿Eres la única persona que conoce en Londres?

—Seguramente.

—Entiendo.

—¿Entiendes?

—Pues entonces puede ser que te necesite, Deborah.

—¿Y te molesta que así sea?

—No me molesta. No. Pero ¿no tienen familia?

—Sólo está la madre.

—La que se sentaba en los árboles. Bueno, quizá sería prudente llamarla. ¿Y el padre? ¿Dijiste que el padre de China no es el mismo que el de Cherokee?

Deborah se estremeció.

—El de ella está en la cárcel, cariño. Al menos es donde estaba cuando vivíamos juntas. —Y cuando vio la preocupación en el rostro de Simon, que decía: «De tal palo, tal astilla», añadió—: No fue nada serio. Quiero decir que no mató a nadie. China nunca hablaba mucho de él, pero sé que fue por un asunto de drogas. ¿Un laboratorio ilegal en algún lugar? Creo que fue eso. Pero no es que trapicheara con heroína en la calle.

—Bueno, es un consuelo.

—Ella no es como él, Simon.

Simon refunfuñó, lo que ella interpretó como una aprobación vacilante. Entonces, se quedaron tumbados en silencio, contentos el uno con el otro, Deborah con la cabeza sobre su pecho y Simon con los dedos una vez más en su pelo.

Deborah quería a su marido de un modo distinto en momentos como éste. Se sentía más su igual. La sensación procedía no sólo de su conversación tranquila, sino también —y quizá eso era más importante para ella— de lo que había precedido a su conversación. Porque el hecho de que su cuerpo pudiera darle tal placer siempre parecía equilibrar la balanza entre ellos, y poder ser testigo de ese placer le permitía incluso sentirse momentáneamente superior a su marido. Por eso, hacía tiempo que su propio placer era secundario al de él, un hecho que Deborah sabía que horrorizaría a las mujeres liberadas del mundo. Pero así eran las cosas.

—He reaccionado mal esta noche —murmuró al fin—. Lo siento, cariño. Te he hecho pasar un mal rato.

Simon no tuvo ningún problema para entenderla.

—Las expectativas destruyen nuestra tranquilidad, ¿verdad? Son decepciones futuras, planeadas por adelantado.

—Sí que lo tenía todo planeado. Un montón de gente con copas de champán en la mano, anonadada delante de mis fotos. «Dios mío, es un genio», se decían unos a otros. «La idea de utilizar una Polaroid... ¿Sabías que podían ser en blanco y negro? Y el tamaño que tienen... Cielos, tengo que comprar una ya. No. Espera, tengo que comprar diez como mínimo.»

—«Quedarían ideales en el nuevo piso de Canary Wharf.»

—«Por no mencionar la casita de Cotswolds.»

—«Y el chalé cerca de Bath.»

Se rieron juntos. Entonces, se quedaron callados. Deborah cambió de posición para mirar a su marido.

—Aún duele —reconoció—. No tanto. Apenas duele. Pero un poquito sí. Sigue ahí.

—Sí —dijo él—. No existe una panacea rápida para la frustración. Todos queremos lo que queremos. Y no conseguirlo no significa que dejemos de quererlo. Yo lo sé. Créeme. Lo sé.

Ella apartó la mirada deprisa, al darse cuenta de que lo que estaba reconociendo recorría una distancia mucho mayor que la que comprendía el breve viaje a la decepción de aquella noche. Le agradecía que la comprendiera, que siempre la comprendiera por muy fríos, lógicos, racionales e incisivos que fueran los comentarios que hacía sobre su vida. Las lágrimas le dolían en los ojos, pero no iba a permitir que las viera. Quería darle el regalo momentáneo de la aceptación tranquila de la injusticia. Cuando logró reemplazar el dolor con lo que esperaba que sonara como determinación, se volvió hacia él.

—Voy a poner mis pensamientos en orden, como corresponde —le dijo—. Puede que emprenda una dirección totalmente nueva.

Simon la observaba con su gesto habitual, esa mirada fija que por lo general incomodaba a los abogados cuando testificaba en un juicio y que siempre provocaba que sus alumnos universitarios tartamudearan desesperados. Pero para ella la mirada estaba suavizada por sus labios, que dibujaron una sonrisa, y por sus manos, que volvieron a acariciarla.

—Estupendo —le dijo mientras la acercaba hacia él—. Me gustaría hacerte un par de sugerencias ahora mismo.

Deborah se levantó antes de que amaneciera. Tardó horas en dormirse y cuando por fin lo logró, dio vueltas en la cama por culpa de una serie de sueños incomprensibles. Se vio de nuevo en Santa Bárbara, no como era entonces —una joven estudiante en el Instituto Brooks de Fotografía—, sino como una persona completamente distinta: una especie de conductora de ambulancias cuya responsabilidad no sólo era recoger un corazón humano extraído recientemente, sino también recogerlo en un hospital que no lograba encontrar. Sin su entrega, el paciente —que por algún motivo no se encontraba en un quirófano sino en el taller de una gasolinera, detrás de la cual habían vivido China y ella— moriría en una hora, en especial porque ya le habían extraído el corazón, por lo que tenía un agujero enorme en el pecho. O quizá era el corazón de ella y no el de él. Deborah no podía distinguirlo por la forma parcialmente envuelta que se levantaba en el taller en un elevador hidráulico.

En su sueño, conducía desesperada e infructuosamente por las calles flanqueadas de palmeras. No recordaba nada de Santa Bárbara, y nadie la ayudaba con las indicaciones. Cuando se despertó, vio que había tirado las colchas y que estaba tan sudada que, de hecho, tenía temblores. Miró la hora, se levantó de la cama y entró en el lavabo sin hacer ruido, donde se dio un baño para librarse de lo peor de la pesadilla. Cuando regresó al dormitorio, vio que Simon estaba despierto. Éste dijo su nombre en la oscuridad y luego le preguntó:

—¿Qué hora es? ¿Qué haces?

—He tenido unos sueños horribles —dijo ella.

—¿No eran coleccionistas de arte que blandían talonarios?

—Por desgracia no. Eran coleccionistas de arte que blandían fotos de Annie Leibovitz.

—Ah. Bien. Podría haber sido peor.

—¿En serio? ¿Cómo?

—Podrían haber sido de Karsch.

Ella se rio y le dijo que volviera a dormirse. Aún era temprano, demasiado para que papá estuviera levantado, y ella no iba a estar subiendo y bajando escaleras para llevarle el té de la mañana como hacía su padre.

—Papá te malcría, por cierto —informó a su marido.

—Lo considero sólo un pago menor por haberte apartado de su lado.

Deborah oyó el frufrú de las sábanas cuando Simon cambió de posición en la cama. Su marido suspiró profundamente, agradecido de poder seguir durmiendo. Ella le dejó.

Se preparó una taza de té abajo en la cocina, donde *Peach* miró hacia arriba desde su cesta situada junto a los fogones y *Alaska* salió de la despensa, donde, por su aspecto nevado, era indudable que había pasado la noche encima de un saco de harina abierto. Los dos animales se acercaron por las baldosas rojas a Deborah, quien estaba frente al escurridero situado debajo de la ventana del sótano mientras esperaba a que se calentara el agua en el hervidor eléctrico. Escuchó la lluvia que seguía cayendo sobre las piedras por fuera de la puerta trasera. Tan sólo había dado una breve tregua durante la noche, hacia las tres, mientras ella escuchaba no sólo el viento y las ráfagas de lluvia que chocaban contra la ventana, sino también el comité reunido en su cabeza que le aconsejaba estridentemente qué hacer: con el día, con su vida, con su carrera y, por encima de todo, con y por Cherokee River.

Miró a *Peach* mientras *Alaska* empezaba a pasearse significativamente por entre sus piernas. La perra odiaba salir cuando llovía —había que cogerla en brazos cuando caía ni que fuera una sola gota de agua—, por lo que salir entonces era impensable. Pero procedía una visita rápida al patio trasero para hacer sus necesidades. Sin embargo, *Peach* pareció leerle el pensamiento. La teckel se batió en retirada rápidamente hacia su cesta mientras *Alaska* empezaba a maullar.

—No pienses que estarás tumbada mucho rato —le dijo Deborah a la perra, que la miraba con tristeza, poniendo los ojos en forma de diamante como hacía, especialmente, cuando quería dar lástima—. Si no sales ahora, papá te llevará a pasear por el río. Lo sabes, ¿verdad?

Peach parecía dispuesta a arriesgarse. Descansó deliberadamente la cabeza sobre las patas y dejó caer los párpados.

—Muy bien —dijo Deborah, y sirvió la ración diaria de comida a la gata, colocándola cuidadosamente fuera del alcance de la perra, puesto que sabía que se la apropiaría en cuanto se diera la vuelta, a pesar de fingir que dormía. Se preparó un té y lo llevó arriba, andando a tientas en la oscuridad.

En el estudio el frío era glacial. Cerró la puerta sin hacer ruido y encendió la estufa de gas. En una carpeta colocada sobre una de las estanterías había estado reuniendo un grupo de pequeñas polaroids que representaban el que quería que fuera su siguiente proyecto fotográfico. La llevó a la mesa, donde se sentó en el sillón de piel gastado de Simon y comenzó a ojear las fotos.

Pensó en Dorothea Lange y se preguntó si ella tenía lo necesario para captar en un solo rostro, el rostro adecuado, una imagen inolvidable que pudiera definir una época. Pero ella no tenía un desierto del Estados Unidos de los años treinta cuya desesperanza quedaba grabada en el semblante de una nación. Y para tener éxito a la hora de captar una imagen de su propio tiempo, sabía que tendría que pensar más allá del marco que definía desde hacía años el excepcional rostro árido y dolorido de una mujer, acompañada por sus hijas y una generación de desesperación. Creyó estar a la altura al menos de la mitad del trabajo: la parte de la planificación. Pero se preguntaba si quería realmente embarcarse en el resto: pasar otros doce meses en la calle, sacar otras diez o doce mil fotografías, siempre intentando mirar más allá del mundo ajetreado dominado por el móvil que distorsionaba la verdad de lo que en realidad estaba ahí. Aunque consiguiera todo eso, ¿qué le reportaría a largo plazo? En esos momentos, sencillamente no lo sabía.

Suspiró y dejó las fotografías sobre la mesa. Se preguntó, y no era la primera vez que lo hacía, si China había elegido el camino más inteligente. La fotografía comercial pagaba las facturas, compraba la comida y te vestía. No tenía por qué ser necesariamente un esfuerzo tedioso. Y precisamente porque Deborah tenía la suerte de no tener que pagar las facturas, comprar la comida o vestir a nadie, quería hacer una contribución en algún otro campo. Si no tenía que colaborar en su situación económica, al menos podía emplear su talento para contribuir a la sociedad en la que vivían.

Pero, se preguntó, ¿podía conseguirlo pasándose a la fotografía comercial? ¿Y qué clase de fotografías comerciales podía sacar? Al menos, las fotografías de China estaban relacionadas con su interés por la arquitectura. De hecho, ella se había propuesto precisamente fotografiar edificios; y dedicarse profesionalmente a lo que uno se había propuesto no era en absoluto venderse, no del mismo modo que Deborah consideraría que ella se estaba vendiendo si tomaba el camino fácil y se pasaba a lo comercial. Y si efectivamente se vendía, ¿de qué diablos iba a sacar fotos? ¿De fiestas de cumpleaños de bebés? ¿De estrellas de *rock* que salían de la trena?

La trena... Dios santo. Deborah gruñó. Apoyó la frente en

las manos y cerró los ojos. ¿Qué importancia tenía todo esto, comparado con la situación de China? China, que había estado a su lado en Santa Bárbara, una presencia afectuosa cuando más la necesitaba. «Os he visto a los dos juntos, Debs. Si le dices la verdad, cogerá el próximo avión. Querrá casarse contigo. Ya quiere casarse contigo.» «Pero no así —le había dicho Deborah—. Así no puede ser.»

Así que China se ocupó de organizarlo todo. La llevó a la clínica correspondiente. Se sentó junto a su cama, así que cuando abrió los ojos, la primera persona a la que vio fue a la propia China, que simplemente esperaba. Luego le dijo: «Eh, guapa», con una expresión de bondad que hizo que Deborah pensara que no volvería a tener una amiga como ella en toda su vida.

Aquella amistad era un llamamiento a la acción. No podía permitir que China creyera, más tiempo de lo posible, que estaba sola. Pero la cuestión era qué hacer, porque...

En el pasillo, fuera del estudio, el suelo de madera crujió. Deborah levantó la cabeza. Otro crujido. Se levantó, cruzó la habitación y abrió la puerta.

Bajo la luz difusa procedente de una farola que seguía encendida en la calle a aquella hora temprana de la mañana, Cherokee River estaba cogiendo la chaqueta del radiador, donde Deborah la había colocado para que se secara durante la noche. Su intención parecía inequívoca.

—No puedes marcharte —dijo Deborah con incredulidad.

Cherokee se dio la vuelta.

—Cielos. Me has dado un susto de muerte. ¿De dónde has salido?

Deborah señaló la puerta del estudio, donde detrás de ella estaba encendida la lámpara de la mesa de Simon y la estufa de gas dibujaba un resplandor suave en el techo alto.

—Me he levantado temprano. Estaba revisando unas fotografías. Pero ¿qué haces tú? ¿Adónde vas?

Cherokee cambió de posición y se pasó la mano por el pelo con su gesto característico. Señaló las escaleras y los pisos de arriba.

—No podía dormir. Te juro que no podré volver a hacerlo nunca, en ningún lado, hasta que consiga que alguien vaya a Guernsey. Así que he imaginado que la embajada...

—¿Qué hora es? —Deborah examinó su muñeca y descubrió que no se había puesto el reloj. No había mirado la hora en el estudio, pero por la penumbra que había fuera, incluso intensificada por la insufrible lluvia, sabía que no podían ser más de las seis—. Aún faltan horas para que abra la embajada.

—He pensado que habría cola o algo así. Quiero ser el primero.

—Aún puedes serlo, aunque te tomes un té. O un café si quieres. Y algo de comer.

—No. Ya has hecho suficiente. Dejando que pasara la noche aquí. Invitándome a que me quedara. La sopa y el baño y todo lo demás. Me has sacado de un apuro.

—Me alegro. Pero no voy a aceptar que te marches ahora mismo. No tiene sentido. Yo misma te llevaré en coche con tiempo de sobra para que seas el primero de la cola, si es eso lo que quieres.

—No quiero que...

—No tienes que querer nada —dijo Deborah con firmeza—. No me estoy ofreciendo. Estoy insistiendo. Así que deja ahí la chaqueta y ven conmigo.

Cherokee pareció pensárselo un momento: miró hacia la puerta, donde sus tres cristales permitían que penetrara la luz. Los dos podían oír la lluvia persistente y, como para enfatizar el tiempo desagradable al que tendría que enfrentarse si se aventuraba a salir, una ráfaga de viento procedente del Támesis surgió como el gancho de un boxeador y chocó con fuerza en las ramas del sicomoro que había en la calle.

—De acuerdo. Gracias —dijo con reticencia.

Deborah lo llevó abajo a la cocina. *Peach* alzó la cabeza desde su cesta y gruñó. *Alaska*, que había ocupado su puesto habitual durante el día en el alféizar de la ventana, los miró, parpadeó y siguió examinando los dibujos de la lluvia sobre los cristales.

—Esos modales —le dijo Deborah a la perra, y acomodó a Cherokee en la mesa, donde éste estudió las cicatrices que las marcas del cuchillo habían dejado en la madera y los círculos quemados de ollas demasiado calientes. Deborah encendió una vez más el hervidor eléctrico y cogió una tetera del viejo aparador—. También voy a prepararte algo de comer. ¿Cuándo fue la última vez que comiste algo de verdad? —Deborah lo miró—. Supongo que ayer no.

—Me tomé la sopa.

Deborah expresó su desaprobación con un resoplido.

—No podrás ayudar a China si te vienes abajo. —Se fue a la nevera y sacó huevos y beicon; cogió tomates de una cesta que había cerca del fregadero y champiñones del rincón oscuro próximo a la puerta exterior, donde su padre los guardaba en un gran saco de papel, colgado de un gancho entre los impermeables de la familia.

Cherokee se levantó y se acercó a la ventana que había sobre el fregadero, donde extendió su mano hacia *Alaska*. La gata le olisqueó los dedos y, con la cabeza bajada regiamente, permitió al hombre que le rascara detrás de las orejas. Deborah miró desde el otro lado de la cocina y vio que Cherokee examinaba la estancia como si absorbiera cada uno de sus detalles. Siguió su mirada para registrar lo que ella tenía ya muy visto: desde las hierbas secas que su padre seguía colgando en manojos perfectamente arreglados, hasta las ollas y sartenes con fondo de cobre que cubrían la pared encima de los fogones; desde las baldosas viejas y gastadas del suelo, hasta el aparador en el que había de todo; desde fuentes para servir, hasta fotografías de los sobrinos y sobrinas de Simon.

—Tienes una casa muy chula, Debs —murmuró Cherokee.

Para Deborah, sólo era la casa en la que había vivido desde pequeña, primero como hija huérfana de madre del hombre que era la mano derecha indispensable de Simon y, luego, aunque por un breve período de tiempo, como amante de Simon antes de convertirse en esposa de Simon. Conocía sus corrientes de aire, sus problemas de tuberías y la irritante escasez de enchufes. Para ella, sólo era una casa.

—Es vieja y hay mucha corriente y, por lo general, es exasperante —dijo ella.

—¿Sí? A mí me parece una mansión.

—¿De verdad? —Con un tenedor, Deborah echó nueve lonchas de beicon en una sartén y empezó a freírlas—. En realidad, pertenece a toda la familia de Simon. Estaba hecha un desastre cuando se hizo cargo. Había ratones dentro de las paredes y zorros en la cocina. Él y papá invirtieron casi dos años en dejarla habitable. Supongo que ahora sus hermanos y su hermana podrían mudarse y vivir con nosotros, puesto que la casa es de todos y no sólo nuestra. Pero no lo harán. Saben que él y papá hicieron todo el trabajo.

—Entonces, Simon tiene hermanos y hermanas —observó Cherokee.

—Dos hermanos en Southampton..., donde está el negocio familiar..., la empresa de transportes... Pero su hermana vive en Londres. Antes era modelo, pero ahora está intentando entrevistar a famosos poco conocidos para un canal de cable aún menos conocido que no ve nadie. —Deborah sonrió—. Es todo un personaje, Sidney, la hermana de Simon. Vuelve loca a su madre porque no sienta la cabeza. Ha tenido miles de novios. Los hemos ido conociendo unas vacaciones tras otras, y todos son siempre el hombre de su vida.

—Qué suerte tener una familia así —dijo Simon.

El tono de melancolía en su voz provocó que Deborah se girara y diera la espalda al fogón.

—¿Quieres llamar a la tuya? —le preguntó—. A tu madre, quiero decir. Puedes utilizar el teléfono que está sobre el aparador, o el del estudio si quieres intimidad. Son... —Miró el reloj de pared y calculó—. En California sólo son las diez y cuarto de anoche.

—No puedo. —Cherokee volvió a la mesa y se dejó caer en una silla—. Se lo he prometido a China.

—Pero tiene derecho a...

—¿China y mamá? —la interrumpió Cherokee—. Ellas no... Bueno, mamá nunca ha sido exactamente una madre, no es como las otras madres, y China no quiere que sepa nada de esto. Creo que es porque..., ya sabes..., otras madres cogerían el próximo avión; pero ¿la nuestra? Imposible. Podría haber una especie en peligro de extinción a la que hubiera que salvar. Así que ¿para qué decírselo? Al menos, es lo que piensa China.

—¿Y su padre? ¿Está...? —Deborah dudó. El tema del padre de China siempre había sido delicado.

Cherokee levantó una ceja.

—¿En la cárcel? Oh, sí. Está dentro otra vez. Así que no hay nadie a quien llamar.

Se oyeron unos pasos en las escaleras de las cocina. Deborah colocó platos sobre la mesa y escuchó la naturaleza irregular del descenso cauteloso de alguien.

—Será Simon —dijo.

Se había levantado más temprano de lo normal, mucho antes que su padre, algo que no gustaría a Joseph Cotter. Se había preocupado por Simon a lo largo de su ya lejana convalecencia tras un accidente de tráfico provocado por el alcohol que lo había lisiado, y no le gustaba que Simon le negara la oportunidad de rondar de forma protectora a su alrededor.

—Afortunadamente, estoy haciendo suficiente para tres —dijo Deborah cuando su marido se reunió con ellos.

Simon paseó la mirada de los fogones a la mesa, donde había colocado la vajilla.

—Espero que el corazón de tu padre esté lo bastante fuerte para soportar este golpe —dijo.

—Muy gracioso.

Simon la besó y luego saludó a Cherokee con la cabeza.

—Tienes mucho mejor aspecto esta mañana. ¿Cómo va ese corte?

Cherokee se tocó la tirita cerca del nacimiento del pelo.

—Mejor. He tenido una enfermera muy buena.

—Sabe lo que hace —dijo Simon.

Deborah echó los huevos en la sartén y comenzó a revolverlos eficientemente.

—Más seco sí está —señaló ella—. Le he dicho que después de comer, lo llevaría a la embajada estadounidense.

—Ah. Entiendo. —Simon miró a Cherokee—. ¿La policía de Guernsey aún no se lo ha notificado a la embajada? Es poco habitual.

—No. Sí que lo han hecho —dijo Cherokee—. Pero no han mandado a nadie. Sólo llamaron para asegurarse de que tenía un abogado que hablara por ella ante el juez. Y luego dijeron: «Está bien, ya tiene representación; llámenos si necesita algo». Yo les dije: «Sí los necesito. Los necesito a ustedes aquí». Les dije que ni siquiera estábamos en la isla cuando ocurrió. Pero dijeron que la policía tendría sus pruebas y que en realidad ellos no podían hacer nada más hasta que se mostraran todas las cartas. Eso me dijeron. «Hasta que se muestren todas las cartas.» Como si se tratara de una partida de póquer o algo así.

—Se alejó de la mesa bruscamente—. Necesito que alguien de la embajada vaya allí. Todo esto es una trampa, y si no hago algo para evitarlo, va a haber un juicio y una sentencia antes de que termine el mes.

—¿La embajada puede hacer algo? —Deborah puso el desayuno en la mesa—. Simon, ¿tú lo sabes?

Su marido consideró la pregunta. No trabajaba demasiado para las embajadas, sino que era más habitual que proporcionara sus servicios a la fiscalía o a los abogados que elaboraban una defensa penal en un juicio y requerían un perito externo para contrarrestar el testimonio de alguien de un laboratorio policial. Pero sabía suficiente para explicar lo que sin duda ofrecería la embajada estadounidense a Cherokee cuando se presentara en Grosvenor Square.

—El debido proceso —dijo—. La embajada trabaja para garantizar eso. Se asegura de que se apliquen las leyes del país a la situación de China.

—¿Es todo lo que pueden hacer? —preguntó Cherokee.

—No mucho más, me temo. —Simon parecía apenado, pero prosiguió en un tono más tranquilizador—. Imagino que se asegurarán de que esté bien representada. Comprobarán las credenciales del abogado y se cerciorarán de que no se haya sacado el título hace tres semanas. Se encargarán de que cualquier persona en Estados Unidos a quien China quiera mantener informada sea informada. Harán que le llegue el correo puntualmente y la incluirán en su ronda habitual de visitas, supongo. Harán lo que puedan. —Se quedó mirando a Cherokee un momento y luego añadió amablemente—: Todavía es pronto, ya sabes.

—Ni siquiera estábamos allí cuando nos cayó todo esto encima —dijo Cherokee desconcertado—, cuando sucedió todo. No he dejado de repetírselo, pero no me creen. En el aeropuerto tiene que haber un registro de cuando nos marchamos, ¿no? Tiene que haberlo.

—Por supuesto —dijo Simon—. Si el día y la hora de la muerte se contradicen con vuestra salida, se sabrá pronto. —Simon jugueteó con su cuchillo, dando golpecitos en el plato.

—¿Qué? —dijo Deborah—. Simon, ¿qué?

Saint James miró a Cherokee y luego detrás de él, hacia la

ventana de la cocina, donde, alternativamente, *Alaska* se lavaba la cara y perseguía con la zarpa los rastros de lluvia sobre el cristal como si pudiera evitar que resbalaran.

—Tienes que plantearte este tema fríamente. No estamos hablando de un país tercermundista. No es un Estado totalitario. La policía de Guernsey no va a detener a nadie sin pruebas. Así que —dejó el cuchillo a un lado— la realidad es ésta: algo concreto les ha llevado a creer que tienen al asesino que buscan. —Entonces miró a Cherokee y examinó su rostro con su habitual objetividad de científico, como si buscara algún gesto tranquilizador que le dijera que el hombre podría soportar lo que estaba a punto de exponer—. Tienes que prepararte.

—¿Para qué? —Cherokee alargó la mano inconscientemente hacia el borde de la mesa.

—Para lo que tu hermana haya podido hacer, me temo. Sin tú saberlo.

Capítulo 3

—Aguachirri, Frankie. Así lo llamábamos. No te lo había dicho nunca, ¿verdad? Nunca he hablado demasiado de lo mal que se pusieron las cosas con el tema de la comida, ¿verdad, hijo? No me gusta mucho pensar en esa época. Malditos alemanes... Lo que le hicieron a esta isla...

Frank Ouseley deslizó cuidadosamente las manos debajo de las axilas de su padre mientras el anciano divagaba. Lo alzó con delicadeza de la silla de plástico del baño y guió su pie izquierdo sobre la alfombrilla andrajosa que cubría el frío linóleo. Había subido el radiador al máximo aquella mañana, pero aún le parecía que hacía un frío glacial en el baño. Así que, con una mano en el brazo de su padre para que no perdiera el equilibrio, cogió la toalla del mueble y la sacudió para extenderla. La envolvió perfectamente alrededor de los hombros de su padre, que estaban arrugados como el resto de su cuerpo. La carne de Graham Ouseley tenía noventa y dos años y colgaba sobre su esqueleto como si fuera masa de pan pegajosa.

—En esa época lo echábamos todo en la olla —prosiguió Graham, apoyando su cuerpo de galgo inglés contra el hombro ligeramente redondeado de Frank—. Cortábamos en juliana las chirivías, eso hacíamos, hijo, cuando había. Primero las horneábamos, claro. Hojas de camelia, flores de lima y melisas, chico. Y luego echábamos bicarbonato en la olla para que las hojas duraran más. Aguachirri lo llamábamos. Bueno, no podíamos llamarlo té propiamente. —Se rio y sus hombros frágiles temblaron. La risa se transformó en tos. La tos se transformó en una lucha por respirar. Frank agarró a su padre para mantenerle derecho.

—Cuidado, papá. —Cogió con firmeza el cuerpo frágil de

Graham, pese al temor de que, un día, al agarrarle para evitar que se cayera, le causara más daños que una posible caída y le rompiera los huesos como si fueran las patas de un correlimos—. Vamos. Siéntate en el retrete.

—No tengo que hacer pis, hijo —protestó Graham, intentando soltarse—. ¿Qué te pasa? ¿Te preocupa que se me escape o qué? He meado antes de meterme en la bañera.

—Exacto. Ya lo sé. Sólo quiero que te sientes.

—A mis piernas no les pasa nada. Puedo tenerme en pie. Era lo que había que hacer cuando los alemanes estaban aquí. Quedarnos quietos y que pareciera que hacíamos cola para la carne. No podíamos difundir las noticias. No, señor. No teníamos receptor de radio en el cuchitril, hijo. Fingíamos que preferíamos decir «*Heil*, Bigote Sucio» que «Dios salve al rey», y así no te molestaban. Así que podíamos hacer lo que nos apeteciera, si teníamos cuidado.

—Lo recuerdo, papá —dijo Frank pacientemente—. Recuerdo que ya me lo ha contado. —A pesar de las protestas de su padre, lo sentó en la tapa del retrete, donde comenzó a secarle el cuerpo. Mientras lo hacía, escuchó con cierta preocupación la respiración de Graham, esperando a que volviera a ser normal. Fallo cardíaco congestivo, había dicho el médico. «Hay medicación, naturalmente, y se la daremos. Pero a decir verdad, dada su edad avanzada, sólo es cuestión de tiempo. Es un regalo de Dios que haya vivido tanto tiempo, Frank.»

Cuando recibió la noticia, Frank pensó: «No. Ahora no. Aún no, aún falta». Pero ahora estaba preparado para dejar marchar a su padre. Se había dado cuenta hacía tiempo de lo afortunado que era por haberle tenido con él a sus más de sesenta años y, si bien había albergado la esperanza de que Graham Ouseley viviera unos dieciocho meses más, había llegado a comprender —con un dolor que era como una red de la que no podía escapar— que no sería así.

—¿En serio? —preguntó Graham, y arrugó la cara mientras buscaba en su memoria—. ¿Ya te lo había contado, hijo? ¿Cuándo?

Doscientas o trescientas veces, pensó Frank. Había escuchado las historias sobre la segunda guerra mundial de su padre desde que era niño y podía repetir la mayoría de memoria. Los alemanes habían ocupado Guernsey durante cinco años, como preparación para su plan frustrado de invadir Inglaterra, y hacía tiempo que las privaciones que había soportado la población —por no mencionar la miríada de formas mediante las que había intentado frustrar los objetivos alemanes en la isla— era el tema de conversación de su padre. Mientras la mayoría de los niños se alimentaban del pecho de su madre, Frank había mamado de la teta de los recuerdos de Graham. «Nunca lo olvides, Frankie. Pase lo que pase en tu vida, hijo mío, nunca lo olvides.»

No lo había hecho, y a diferencia de tantos niños que tal vez se cansaban de las historias que sus padres les contaban el Domingo de Recuerdo a los Caídos, Frank Ouseley escuchaba ávidamente las palabras de su padre y deseó haber nacido una década antes para, pese a ser un niño, poder formar parte de esa época turbulenta y heroica.

Ahora no había nada que se le pudiera comparar. Ni la guerra de las Malvinas ni la guerra del Golfo —esos conflictillos breves e inmundos que se libraron por casi nada y que pretendían estimular en la población un patriotismo de banderas enarboladas—, y sin duda no en Irlanda del Norte, donde él mismo había servido, esquivando las balas de los francotiradores en Belfast y preguntándose qué diablos hacía en medio de una lucha sectaria promovida por matones que habían estado liquidándose entre ellos desde principios del siglo pasado. No había nada de heroico en ninguno de esos conflictos porque no había un enemigo al que identificar y contra cuya imagen uno pudiera lanzarse y morir. No era como en la segunda guerra mundial.

Sentó a su padre en la tapa del retrete y cogió su ropa, que descansaba en un montón perfectamente doblado en el borde del lavabo. Hacía la colada él mismo, así que los calzoncillos y la camiseta no estaban tan blancos como podrían estarlo; pero, como su padre tenía la vista cada vez peor, Frank estaba bastante seguro de que Graham no lo advertiría.

Vestir a su padre era algo que hacía de memoria, siempre le cubría con delicadeza y siguiendo el mismo orden. Era un ritual que en su día le había tranquilizado, puesto que daba una monotonía a los días con Graham que ofrecía la promesa, aunque falsa, de que esos días continuarían para siempre. Pero ahora observaba a su padre con cautela y se preguntaba si su respiración entrecortada y la naturaleza cérea de su piel presagiaban el fin de su época juntos, un tiempo que ya rebasaba los cincuenta años. Dos meses atrás, aquel pensamiento le habría dado pavor. Dos meses atrás, lo único que quería era tener el tiempo suficiente para crear el Museo de la Guerra Graham Ouseley, para que su padre pudiera cortar orgullosamente la cinta de las puertas la mañana que al fin se inaugurara. Pero habían transcurrido sesenta días que lo habían dejado todo irreconocible, y era una pena, porque reunir todos los recuerdos que representaban los años de la ocupación alemana de la isla había cimentado la relación de Frank con su padre desde que tenía memoria. Era el trabajo compartido de toda una vida y su pasión mutua, realizado por el amor a la historia y la creencia de que debía educarse a los habitantes presentes y futuros de Guernsey en aquello por lo que habían pasado sus antepasados.

Que ahora sus planes probablemente quedaran en nada era algo que, de momento, Frank no quería que su padre supiera. Puesto que los días de Graham estaban contados, no parecía tener sentido truncar un sueño que ni siquiera habría albergado si, para empezar, Guy Brouard no hubiera entrado en sus vidas.

—¿Qué toca hoy? —preguntó Graham a su hijo mientras Frank le subía los pantalones del chándal por el trasero ajado—. Ya va siendo hora de que vayamos al solar, ¿no? Cualquier día de éstos empezarán las obras, ¿no, Frankie? Estarás allí cuando comiencen, ¿no, chico? ¿Poniendo la primera piedra? ¿O Guy quiere hacerlo él solo?

Frank evitó la batería de preguntas, todo el tema de Guy Brouard en realidad. De momento había logrado esconder a su padre la noticia de la truculenta muerte de su amigo y benefactor, ya que aún no había decidido si la información sería demasiado perjudicial para su salud. Además, en esos momentos estaban en un período de espera, lo supiera o no su padre: se desconocía cómo iba a repartirse el patrimonio de Guy.

—Esta mañana pensaba revisar los uniformes. Me pareció que están cogiendo humedad —le dijo Frank a su padre. Era mentira, por supuesto. Los diez uniformes que tenían, desde los abrigos de cuello oscuro que vestía la *Wehrmacht* hasta los monos raídos utilizados por la tripulación antiaérea de la *Luftwaffe*, estaban todos en contenedores herméticos y entre papeles de seda libres de ácidos hasta el día en que los colocaran en vitrinas de cristal diseñadas para guardarlos para siempre—. No sé cómo ha pasado; pero si ha pasado, tenemos que solucionarlo antes de que empiecen a pudrirse.

—Hazlo —coincidió su padre—. Ocúpate, Frankie. Toda la ropa tiene que estar perfecta, sí.

—Eso haremos, papá —contestó Frankie mecánicamente.

Su padre pareció satisfecho. Permitió que le peinara el pelo ralo y que lo ayudara a llevarlo al salón. Allí, Frank lo acomodó en su sillón preferido y le dio el mando del televisor. No le preocupaba que su padre sintonizara el canal de la isla y escuchara las noticias sobre Guy Brouard que intentaba ocultarle. Los únicos programas que Graham Ouseley veía eran espacios de cocina y culebrones. De los primeros tomaba notas, por razones que nunca le habían quedado claras a su hijo. Estudiaba los segundos completamente embelesado y se pasaba toda la cena hablando de los personajes atribulados que aparecían en ellos como si fueran los vecinos de al lado.

No los había donde vivían los Ouseley. Años atrás, sí: dos familias más que vivían en la hilera de casitas que crecían como un apéndice, en las afueras del viejo molino de agua llamado Moulin des Niaux. Pero con el tiempo, Frank y su padre se las habían arreglado para comprar todas estas viviendas cuando las pusieron a la venta. Ahora albergaban la vasta colección que tenía que llenar el museo de la guerra.

Frank cogió las llaves y, después de comprobar el radiador del salón y encender la estufa eléctrica cuando no le gustó el calor moderado que salía de las viejas tuberías, se dirigió a la casa que había junto a la que él y su padre habían ocupado toda la vida. Estaban todas en una terraza, y los Ouseley vivían en la que se encontraba más alejada del molino de agua, cuya rueda antigua se sabía que crujía y gemía de noche si el viento soplaba por la cañada de Talbot Valley esculpida por el arroyo.

La puerta de la casa se atascó cuando Frank la empujó porque el viejo suelo de piedra era irregular y ni Frank ni su padre había pensado en corregir el problema desde que les pertenecía. La utilizaban principalmente de trastero, y una puerta que se atascaba siempre les había parecido una cuestión menor comparada con otros retos que presentaba un edificio antiguo para alguien que quería utilizarlo como trastero. Era más importante impermeabilizar el tejado y evitar que entrara corriente por las ventanas. Si el sistema de calefacción funcionaba y podía mantenerse el equilibrio entre la sequedad y la humedad, el hecho de que fuera un fastidio abrir la puerta era algo que podía dejarse pasar por alto tranquilamente.

Pero Guy Brouard no lo había dejado pasar. La puerta fue lo primero que mencionó cuando realizó su primera visita a los Ouseley.

—La madera se ha hinchado. Eso es que hay humedad, Frank. ¿Estás tomando medidas? —le había dicho.

—En realidad es el suelo —había señalado Frank—. No la humedad. Aunque me temo que también hay. Intentamos mantener constante el calor, pero en invierno... Supongo que será la proximidad del arroyo.

—Necesitas un terreno más alto.

—No es fácil de conseguir en la isla.

Guy no discrepó. No había elevaciones extremas en Guernsey, salvo quizá los acantilados en el sur de la isla, que descendían vertiginosamente hacia el canal. Pero la presencia del propio canal con su aire cargado de sal convertía los acantilados en un lugar inadecuado para trasladar allí la colección... en caso de que encontraran un edificio en el que alojarla, lo que era harto improbable.

Guy no había sugerido el museo enseguida. Al principio no comprendió la amplitud de la colección de los Ouseley. Fue a Talbot Valley porque Frank le invitó durante el aperitivo que siguió a una presentación de la sociedad histórica. Se congregaron por encima de la plaza del mercado de Saint Peter Port, en la antigua sala de reuniones que había usurpado hacía tiempo una ampliación de la biblioteca Guille-Alles. Estaban allí para escuchar la conferencia en torno a la investigación sobre Hermann Göring que los aliados realizaron en 1945 y que se transformó en una recitación árida de los hechos deducidos de algo llamado Informe de Interrogación Consolidada. Sólo diez minutos después de empezar la charla, la mayoría de los miembros ya estaban dando cabezadas; pero parecía que Guy Brouard no dejaba escapar ni una sola palabra del orador. Aquello le dijo a Frank que quizá fuera un cómplice que mereciera la pena tener en cuenta. Había muy poca gente que se interesara de verdad por los hechos acaecidos en otro siglo. Así que se acercó a él cuando concluyó la conferencia, sin saber al principio quién era, y se llevó una sorpresa al enterarse de que era el caballero que había comprado la mansión en ruinas *Thibeault*, situada entre Saint Martin y Saint Peter Port, y que era el responsable de su renacimiento como Le Reposoir.

Si Guy Brouard no hubiera sido un hombre de trato agradable, Frank quizá habría intercambiado algunos cumplidos con él aquella noche y se habría marchado. Pero la verdad era que Guy mostró un interés en la vocación de Frank que le pareció muy halagador. Así pues, le invitó a visitar Moulin des Niaux.

Sin duda, Guy acudió pensando que la invitación era la clase de gesto educado que un diletante tiene con alguien que evidencia un grado adecuado de curiosidad por su afición. Pero cuando vio la primera habitación de cajas y arcas, de cajas de zapatos llenas de balas y medallas, de armamento con medio siglo de antigüedad, de bayonetas y cuchillos y máscaras de gas y equipos de señalización, soltó un silbido suave y elogioso y se puso a curiosear largamente.

91

Este curioseo duró más de un día. De hecho, duró más de una semana. Guy Brouard fue a Moulin des Niaux durante dos meses para escudriñar el contenido de las otras dos casas. Cuando por fin le dijo: «Necesitas un museo para esto, Frank», plantó la idea en la cabeza de Frank.

En aquel momento, le pareció un sueño. Qué extraño era pensar ahora que ese sueño podía transformarse lentamente en una pesadilla.

Dentro de la casa, Frank fue al archivador metálico en el que él y su padre habían estado almacenando documentos relevantes de la guerra a medida que los encontraban. Tenían docenas de carnés de identidad viejos, tarjetas de racionamiento y permisos de conducir. Tenían sentencias de muerte alemanas por delitos capitales como soltar palomas mensajeras y declaraciones de los alemanes sobre todos los temas concebibles para controlar la existencia de los isleños. Sus objetos más preciados eran media docena de ejemplares de la *G.U.L.A.*, la hoja informativa clandestina diaria que se había imprimido a costa de la vida de tres habitantes de Guernsey.

Fue esto lo que Frank sacó del archivador. Los llevó a una silla de mimbre podrido, se sentó y los colocó con cuidado sobre sus rodillas. Eran folios sueltos, escritos sobre papel cebolla con tantos papeles de calco como cabían debajo del carro de una máquina de escribir antigua. Eran tan delicados que era un verdadero milagro que hubieran sobrevivido un mes, no digamos ya más de medio siglo. Cada uno de ellos era una declaración milimétrica de la valentía de hombres que no se acobardaban ante las proclamas y amenazas de los nazis.

Si Frank no hubiera pasado toda su vida aprendiendo la importancia de la historia, si no hubiera pasado todos y cada uno de sus años de formación hasta su madurez solitaria estudiando el valor inestimable de todo lo relacionado remotamente con la época de sufrimiento de Guernsey, quizá habría pensado que sólo uno de estos folios delgadísimos de la guerra bastaría para atestiguar la resistencia de un pueblo. Pero un ejemplar de algo nunca era suficiente para un coleccionista que tuviera una pasión, y cuando la pasión del coleccionista era fomentar el recuerdo y sacar a la luz la verdad para que nunca jamás adquiriera un significado que resistiera el paso del tiempo, tener demasiados ejemplares de algo no era ninguna exageración.

Un ruido fuera de la casa instó a Frank a acercarse a la ventana mugrienta. Vio que una bici acababa de frenar y su joven dueño estaba desmontando y colocando el caballete. Lo acompañaba su compañero fiel, el perro de pelo áspero.

Eran el joven Paul Fielder y *Taboo*.

Frank frunció el ceño al verlos, preguntándose qué hacían allí, tan lejos de Bouet, donde Paul vivía con su deshonrosa familia en una de las casas adosadas deprimentes que el *douzaine* de la parroquia había votado construir en el extremo este de la isla para acomodar a aquellas personas cuyos ingresos nunca se corresponderían con su tendencia a reproducirse. Paul Fielder había constituido el proyecto especial de Guy Brouard y le había acompañado a menudo a Moulin des Niaux para tra-

92

bajar con las cajas almacenadas en las casas y explorar su contenido con los dos hombres mayores. Pero nunca antes había ido a Talbot Valley solo, y Frank sintió un nudo en la garganta al ver al chico.

Paul comenzó a caminar hacia la vivienda de los Ouseley, reajustándose una sucia mochila verde que llevaba en la espalda como una joroba. Frank se apartó de la ventana para que el chico no lo viera. Si llamaba a la puerta, Graham no contestaría. A esta hora de la mañana, estaría hipnotizado con el primero de los culebrones, ajeno a todo lo que no sucediera en la tele. Al no obtener respuesta, Paul Fielder se iría. Frank contaba con ello.

Pero el chucho tenía otros planes. Mientras Paul se dirigía tímidamente a la última casa, *Taboo* fue directo a la puerta tras la cual Frank trataba de pasar desapercibido como un ladrón estúpido. Entonces, ladró, lo que provocó que Paul se girara.

Mientras *Taboo* gemía y rascaba la puerta, Paul llamó. Fue un golpeteo dubitativo, tan irritante como el propio chico.

Frank dejó los ejemplares de la *G.U.L.A.* en la carpeta y la guardó de nuevo en el archivador. Lo cerró, se limpió las manos en los pantalones y abrió la puerta de la casa.

—¡Paul! —dijo efusivamente, y miró detrás de él hacia la bicicleta con fingida sorpresa—. Dios santo. ¿Has venido en bici hasta aquí? —En línea recta, por supuesto, no había una gran distancia entre Bouet y Talbot Valley. En línea recta, nada estaba a una gran distancia de nada en la isla de Guernsey. Pero tomar las carreteras estrechas y serpenteantes alargaba considerablemente el trayecto. Era la primera vez que hacía ese camino y, en cualquier caso, Frank no habría apostado ni un duro a que el chico supiera cómo llegar al valle él solo. No tenía demasiadas luces.

Paul lo miró parpadeando. Era bajito para sus dieciséis años y tenía un aspecto marcadamente femenino. Era justo la clase de muchacho que habría cautivado en los escenarios de la época isabelina, cuando los chicos jóvenes que podían pasar por mujeres estaban muy demandados. Pero hoy en día, las cosas serían radicalmente distintas. La primera vez que Frank vio al chico, detectó lo difícil que debía de ser su vida, en especial en el colegio, donde tener la tez suave, el pelo rojizo y ondulado y las pestañas del color del trigo no eran la clase de atributos que garantizaban a alguien inmunidad frente al acoso escolar.

Paul no contestó al esfuerzo engañoso de Frank de recibirle con jovialidad, sino que sus ojos grises y sumisos se llenaron de lágrimas, que se secó levantando el brazo y frotándose la cara con la camisa de franela gastada. No llevaba chaqueta, lo que con este tiempo era una locura, y las muñecas le colgaban de la camisa como paréntesis blancos que remataban unos brazos del tamaño de sicomoros jóvenes. Intentó decir algo; pero, en lugar de hacerlo, soltó un sollozo ahogado. *Taboo* aprovechó la oportunidad para entrar en la casa por decisión propia.

No le quedaba más remedio que invitar al chico a entrar. Frank lo hizo, le acomodó en la silla de mimbre y cerró la puerta al frío de diciembre. Pero al darse la vuelta, vio que Paul estaba de pie. Se había quitado la mochila como si fuera un peso que esperaba que alguien aliviara de sus hombros y estaba inclinado hacia delante sobre una pila de cajas de cartón como si abrazara su contenido o bien dejara al descubierto su espalda para que lo azotaran.

Un poco de las dos cosas, pensó Frank. Porque las cajas representaban uno de los vínculos que Paul Fielder tenía con Guy Brouard, a la vez que le servirían para recordar que Guy Brouard se había ido para siempre.

No cabía duda de que el chico estaba destrozado por la muerte de Guy Brouard, conociera o no la terrible manera en que se había producido. Viviendo como seguramente vivía en circunstancias en las que él era uno de los muchos hijos de unos padres inadecuados para cualquier tipo de tarea más allá de empinar el codo y follar, sin duda se habría desarrollado personalmente bajo la atención que Guy Brouard le había dispensado. Cierto era que, en realidad, Frank no había percibido signos de ningún desarrollo las veces que Paul había ayudado a Guy en Moulin des Niaux; pero tampoco conocía al chico taciturno antes de que Guy entrara en su vida. La vigilancia casi muda que parecía ser el signo de identidad del carácter de Paul siempre que los tres revisaban el contenido de las casas podía ser en realidad una evolución pasmosa de un mutismo anormal y absoluto.

Los delgados hombros de Paul temblaron, y su cuello, en el que su espléndido cabello se ondulaba como los rizos de un querubín renacentista, parecía demasiado delicado para sostener su cabeza, que cayó hacia delante para ir a reposar sobre la primera caja del montón. Su cuerpo subía y bajaba. Tragaba saliva convulsivamente.

Frank se sintió perdido. Se acercó al chico y le dio unas palmaditas torpes en el hombro.

—Vamos, vamos —le dijo, y se preguntó qué iba a responderle si el chico decía: «¿Adónde, adónde?». Pero Paul no dijo nada, simplemente siguió en su pose. *Taboo* fue a sentarse a sus pies y se quedó mirándolo.

Frank quiso decirle que lamentaba el fallecimiento de Guy Brouard con la misma aflicción; pero a pesar del deseo de consolar al chico, sabía que era improbable que alguien de la isla, al margen de la propia hermana del hombre, sintiera un dolor parecido al de Paul. Así que podía ofrecerle a Paul dos cosas: unas palabras totalmente inadecuadas de consuelo o la oportunidad de continuar la tarea que él, Guy, y el propio chico habían emprendido. Frank sabía que no podía llevar a cabo la primera. En cuanto a la segunda, no podía soportar la idea. Así que la única opción era mandar al chico por donde había venido.

—Entiéndeme, Paul —dijo Frank—, lamento que estés afectado. Pero ¿no tendrías que estar en el colegio? Aún no ha acabado el trimestre, ¿verdad?

Paul levantó la cara enrojecida y miró a Frank. Le caían mocos de la nariz y se la secó con el pulpejo de la mano. Parecía tan patético y tan esperanzado a la vez que, de repente, Frank cayó en la cuenta de por qué el chico había ido a verle.

Dios santo, buscaba un sustituto, quería otro Guy Brouard que mostrara interés por él, que le diera una razón para... ¿qué? ¿Soñar? ¿Perseverar en la consecución de esos sueños? ¿Qué, exactamente, le había prometido Guy Brouard a este chico triste? Sin duda, nada que Frank Ouseley —que no había tenido hijos— pudiera ayudarle a conseguir. No con un padre de noventa y dos años al que tenía que cuidar. Y no con el peso que él mismo tenía que soportar: el peso de las expectativas que se habían convertido deprisa y precipitadamente en una realidad incomprensible.

Como para confirmar las sospechas de Frank, Paul se sorbió los mocos y su pecho espasmódico se calmó. Se limpió la nariz por última vez con la manga de franela y miró a su alrededor como si justo acabara de darse cuenta de dónde estaba. Se mordió el labio por dentro mientras tiraba con las manos del dobladillo andrajoso de su camisa. Entonces, cruzó la sala hacia una pila de cajas, en las que estaba escrito «para revisar» con bolígrafo negro en la parte superior y a los lados.

Frank se desmoralizó. Era lo que había pensado: el chico estaba allí para establecer un vínculo con él y continuar con el trabajo como prueba de ese vínculo. No iba a consentirlo.

Paul cogió la primera caja del montón y la colocó con cuidado en el suelo mientras *Taboo* se acercaba a él. Se puso en cuclillas. Con *Taboo* acomodado en su postura habitual con la cabeza desaliñada sobre las patas y los ojos fieles clavados en su dueño mudo, Paul abrió con delicadeza la caja tal como había visto que hacían Guy y Frank cientos de veces. El contenido consistía en un revoltijo de medallas de la guerra, hebillas antiguas, botas, gorras de la *Luftwaffe* y la *Wehrmacht* y otras prendas de ropa que estas tropas enemigas habían llevado en el lejano pasado. Hizo lo que Guy y Frank habían hecho: extendió un plástico sobre el suelo de piedra y comenzó a colocar los artículos encima; era el paso previo a catalogarlos en la libreta de tres anillas que utilizaban.

Se levantó para coger la libreta del lugar donde la guardaban, al fondo del archivador del que hacía tan sólo unos momentos Frank había sacado los ejemplares de la *G.U.L.A.* Vio su oportunidad.

—¡Eh, tú, jovencito! —gritó Frank, y cruzó rápidamente la habitación para cerrar de golpe el archivador cuando el chico lo abrió. Se movió tan deprisa y habló tan alto que *Taboo* se puso de pie de un salto y comenzó a ladrar.

Frank aprovechó el momento.

—¿Qué estás haciendo? —le preguntó—. Estoy trabajando. No puedes entrar aquí así como así. Estos objetos tienen un valor incalculable. Son frágiles y, si se destruyen, desaparecen para siempre. ¿Lo entiendes?

Paul abrió mucho los ojos. Separó los labios para hablar, pero no dijo nada. *Taboo* continuó ladrando.

—Y saca a ese chucho de aquí, maldita sea —siguió—. Tienes menos luces que un farol apagado, chico. Mira que traerlo aquí, podría... Míralo. Animal destructor.

A *Taboo*, por su lado, se le erizó el pelo ante aquella conmoción, así que Frank también lo utilizó. Alzó la voz un tono más y gritó:

—Sácalo de aquí, chico. Antes de que lo eche yo mismo.

Cuando Paul retrocedió un poco encogido, pero sin intención de marcharse, Frank miró a su alrededor frenéticamente en busca de algo que pudiera alentarle a moverse. Se le iluminaron los ojos al ver la mochila del chico y la cogió, balanceándola amenazadoramente hacia *Taboo*, que retrocedió, aullando.

La amenaza al perro surtió el efecto deseado. Paul lanzó un grito ahogado, inarticulado, y salió disparado hacia la puerta con *Taboo* pegado a sus talones. Se paró justo el tiempo necesario para arrancarle la mochila a Frank. Se la echó al hombro mientras corría.

Por la ventana, con el corazón latiéndole con fuerza, Frank los observó marchar. La bicicleta del chico era una reliquia que, a lo sumo, seguramente sólo serviría para desplazarse un poquito más deprisa que a pie. Pero el chico logró pedalear con furia, así que en un tiempo récord él y el perro desaparecieron por el lateral del molino, balanceándose por debajo del canal lleno de hierbajos en dirección a la carretera.

Cuando estuvieron bien lejos, Frank comprobó que podía respirar de nuevo. El corazón le latía con fuerza en los oídos, por lo que no escuchó otro sonido, al otro lado de la pared que unía esta casa con la que ocupaban Frank y Graham.

Volvió corriendo para ver por qué le llamaba su padre. Vio que Graham regresaba tambaleándose al sillón del que se había levantado con grandes esfuerzos, con un mazo de madera en la mano.

—¿Papá? —dijo—. ¿Estás bien? ¿Qué ocurre?

—¿Es que no se puede estar tranquilo en esta casa? —preguntó Graham—. ¿Qué haces a esta hora tan temprana, hijo? Ni siquiera oigo la maldita tele con tanto ruido.

—Lo siento —le dijo Frank a su padre—. Ese chico se ha pasado por aquí solo, sin Guy. Ya sabes a quién me refiero: Paul Fielder. Bueno, no podemos permitirlo, papá. No quiero que

97

merodee por aquí solo. No es que no confíe en él, pero tenemos cosas valiosas y él proviene..., bueno, de un entorno desfavorecido... —Sabía que hablaba demasiado deprisa, pero no podía remediarlo—. No quiero arriesgarme a que robe algo y lo venda. Ha abierto una de las cajas, ¿sabes? Ha entrado directamente sin saludar ni nada, y yo...

Graham cogió el mando del televisor y subió el volumen hasta un nivel que agredió los tímpanos de Frank.

—Ocúpate de lo tuyo, maldita sea —le ordenó a su hijo—. Como verás, yo estoy con lo mío.

Paul pedaleó como un loco mientras *Taboo* corría a su lado. No se paró a respirar ni descansar, ni siquiera a pensar, sino que se lanzó a la carretera que salía de Talbot Valley arrimándose peligrosamente al muro cubierto de hiedra que aguantaba la ladera en la que estaba esculpida la carretera. Si hubiera sido capaz de pensar con claridad, podría haberse detenido en un apartadero que daba acceso a un camino que ascendía colina arriba. Podría haber aparcado la bici allí, subido el sendero y cruzado los campos donde pacían las vacas lecheras pardas. Nadie caminaría por allí en esa época del año, así que habría estado a salvo, y la soledad le habría proporcionado la oportunidad de reflexionar sobre qué hacer ahora. Pero sólo podía pensar en escapar. Los gritos eran el precursor de la violencia, ésa era su experiencia. Hacía tiempo que huir era su única opción.

Así que subió el valle y, siglos después, cuando por fin se le ocurrió preguntarse dónde estaba, vio que sus piernas le habían llevado al único lugar donde había conocido la seguridad y la dicha. Se encontraba frente a la verja de hierro de Le Reposoir. Estaba abierta como si esperara su llegada, como había estado tantas veces en el pasado.

Frenó. A sus pies, *Taboo* jadeaba. De repente, Paul se sintió terriblemente culpable al reconocer la devoción inquebrantable que le profesaba el perrito. *Taboo* había ladrado para proteger a Paul de la furia del señor Ouseley. Se había expuesto a la ira de un desconocido. Y, después, había cruzado corriendo media isla sin dudarlo. Paul dejó caer la bici con indiferencia y se arrodilló para abrazarle. *Taboo* respondió lamiéndole la oreja, como si su dueño no lo hubiera ignorado y olvidado en su huida. Paul reprimió el llanto al pensar en aquello. Por la experiencia que había tenido durante toda su vida, nadie aparte de un perro podría haber ofrecido más amor a Paul. Ni siquiera Guy Brouard.

Pero en esos momentos Paul no quería pensar en Guy Brouard. No quería analizar cómo había sido el pasado con él, y menos aún contemplar cómo se presentaba el futuro sin el señor Brouard en su vida.

Así que hizo lo único que podía hacer: seguir como si no hubiera cambiado nada.

Como estaba frente a la verja de Le Reposoir, eso significaba coger la bicicleta y entrar en los jardines. Sin embargo, esta vez, en lugar de pedalear, pasó por debajo de los castaños empujando la bicicleta y con *Taboo* trotando alegremente a su lado. A lo lejos, el sendero de guijarros se abría delante de la mansión de piedra, y la hilera de ventanas parecía recibirlos con un guiño bajo el sol apagado de aquella mañana de diciembre.

En otros tiempos, habría rodeado la casa hasta el pabellón acristalado, habría entrado por allí y se habría detenido en la cocina, donde Valerie Duffy le habría dicho: «Vaya, qué visión más agradable para una dama tan temprano por la mañana», y le habría sonreído y ofrecido un tentempié. Tendría un bollo casero para él o quizá un panecillo y, antes de que le dejara ir a buscar al señor Brouard a su estudio o a la galería o a cualquier otra estancia, le diría: «Siéntate y dime si esto está a la altura, Paul. No quiero que el señor Brouard lo pruebe sin que me des tu visto bueno, ¿de acuerdo?». Y añadiría: «Remójalo con esto», y le daría un vaso de leche o un té o una taza de café o, en alguna ocasión, un tazón de chocolate caliente tan cremoso y espeso que se le hacía la boca agua con sólo olerlo. También tendría algo para *Taboo*.

Pero esta mañana Paul no fue al pabellón acristalado. Todo había cambiado con la muerte del señor Guy. Así que fue a los establos de piedra detrás de la casa, donde el señor Guy guardaba las herramientas en un viejo cobertizo. Mientras *Taboo* olisqueaba los aromas detectables que proporcionaban el cobertizo y el establo, Paul cogió la caja de herramientas y la sierra, se puso al hombro los tablones de madera y salió cargado afuera. Llamó a *Taboo* con un silbido, y el chucho salió disparado hacia el estanque, que se encontraba a cierta distancia de allí, detrás del ala noroeste de la casa. Para llegar al lugar, Paul tuvo que pasar por delante de la cocina, y vio a Valerie Duffy por la ventana cuando miró en esa dirección. Cuando la mujer le saludó con la mano, sin embargo, él agachó la cabeza. Siguió avanzando decididamente, arrastrando los pies por la gravilla como tanto le gustaba hacer, sólo para oír el crujido de los guijarros contra las suelas de sus zapatos. Hacía mucho tiempo que le gustaba ese sonido, en especial cuando los dos caminaban juntos: él y el señor Guy. Sonaban igual, como dos tipos que se iban a trabajar, y la uniformidad de aquel sonido siempre había convencido a Paul de que cualquier cosa era posible, incluso crecer para convertirse en otro Guy Brouard.

No era que quisiera imitar la vida del señor Guy. Sus sueños eran distintos. Pero el hecho de que el señor Guy hubiera empezado sin nada —era un niño refugiado de Francia— y hubiera pasado de no tener nada a convertirse en un gigante en el camino que había elegido en la vida prometía a Paul que él podía hacer lo mismo. Cualquier cosa era posible si se estaba dispuesto a trabajar.

Y Paul estaba dispuesto, lo estuvo desde el momento en que conoció al señor Guy. Cuando tenía doce años y era un chico delgaducho que llevaba la ropa de su hermano mayor que no tardaría en heredar el siguiente hermano, Paul estrechó la mano del caballero de los vaqueros y lo único que fue capaz de decir fue: «Qué blanca», mientras contemplaba con lamentable admiración la camiseta que llevaba el señor Guy debajo de su suéter azul marino perfecto con cuello de pico. Luego se ruborizó tanto que creyó que iba a desmayarse. «Estúpido, estúpido —gritaron las voces dentro de su cabeza—. Oportuno como una chincheta sin punta e igual de útil, así eres tú, Paulie.»

Pero el señor Guy supo exactamente de qué hablaba Paul. Dijo:

—No es mérito mío, sino de Valerie. Ella hace la colada. Esa mujer es la última de su especie, una verdadera ama de casa. Los conocerás a los dos cuando vayas a Le Reposoir. Si quieres, claro. ¿Qué te parece? ¿Lo intentamos?

Paul no supo qué responder. Su maestra de tercero le había llamado por adelantado y explicado el programa especial —adultos de la comunidad harían algo por los chicos—, pero no había escuchado como debiera porque se había distraído con el empaste de oro en la boca de la mujer. Estaba hacia el principio y, cuando hablaba, brillaba por efecto de las luces del techo del aula. No dejó de intentar ver si había más. No dejó de preguntarse cuánto valía su boca.

Así que cuando el señor Guy habló de Le Reposoir y de Valerie y Kevin —así como de su hermana pequeña, Ruth, que Paul realmente imaginó que sería pequeña cuando por fin la conoció—, Paul lo asimiló todo y asintió porque sabía que se suponía que tenía que asentir, y él siempre hacía lo que se suponía que había que hacer porque hacer otra cosa significaba entrar directamente en un estado de pánico y confusión. De este modo, el señor Guy se convirtió en su compañero y juntos iniciaron su amistad.

Ésta consistía, principalmente, en pasar juntos un tiempo en la finca del señor Guy, porque aparte de pescar, nadar y caminar por los senderos de los acantilados, en Guernsey dos tipos no podían hacer mucho más. O al menos así fueron las cosas hasta que comenzaron el proyecto del museo.

Pero tenía que alejar de su mente el proyecto del museo. No hacerlo significaba revivir esos momentos a solas con los gritos del señor Ouseley. Así que caminó lentamente hacia el estanque donde él y el señor Guy habían estado reconstruyendo el refugio de invierno para los patos.

Ahora sólo quedaban tres: un macho y dos hembras. Los otros habían muerto. Un día Paul encontró al señor Guy enterrando sus cuerpos rotos y ensangrentados, víctimas inocentes de algún perro fiero o de la malicia de alguien. El señor Guy impidió a Paul verlos de cerca. Le dijo:

—Quédate ahí, Paul, no dejes que *Taboo* se acerque.

Y mientras Paul le observaba, el señor Guy enterró a los pobres pájaros cada uno en una tumba que él mismo cavó, diciendo:

—Maldita sea. Dios mío. Qué desperdicio, qué desperdicio.

Había doce, también dieciséis patitos, cada uno con su tumba, cada tumba señalada con piedras alrededor y culminada con una cruz. Además, una valla cercaba totalmente el cementerio de patos.

—Honramos a las criaturas de Dios —le había dicho el señor Guy—. Es nuestro deber recordar que nosotros también lo somos.

Sin embargo, hubo que enseñárselo a *Taboo*, y enseñarle a honrar a los patos de Dios había sido un proyecto considerable para Paul. Pero el señor Guy le prometió que su paciencia se vería recompensada y así había sido. Ahora *Taboo* era manso como un corderito con los tres patos que quedaban, y esta mañana podrían no haber estado en el estanque perfectamente, a juzgar por el nivel de indiferencia que les mostró el perro. *Taboo* se marchó a investigar los olores del juncal que crecía cerca del puentecito que había sobre el agua. Por su lado, Paul llevó su carga al lado este del estanque, donde él y el señor Guy habían estado trabajando.

Además de asesinar a los patos, también habían destruido los refugios de invierno de los pájaros. Paul y su mentor los habían estado reconstruyendo durante los días que precedieron a la muerte del señor Guy.

Con el tiempo, Paul llegó a comprender que el señor Guy lo ponía a prueba en un proyecto u otro para intentar ver qué se le daba bien hacer en la vida. Quiso decirle que ser carpintero, albañil, alicatador o pintor de brocha gorda estaba bien, pero que no eran exactamente tareas que lo convirtieran a uno en piloto de la RAF. Sin embargo, fue reacio a admitir en voz alta aquel sueño. Así que colaboró alegremente en todos los proyectos que le presentó. Al menos, las horas que pasaba en Le Reposoir significaban estar lejos de casa, y él estaba encantado de poder escapar.

Dejó las maderas y las herramientas a poca distancia del agua y también se despojó de la mochila. Se aseguró de que *Taboo* seguía cerca antes de abrir la caja de herramientas y examinar su contenido, intentando recordar el orden exacto que el señor Guy le había enseñado a seguir cuando se construía algo. Los tablones estaban cortados. Eso estaba bien. No era muy bueno con la sierra. Creía que lo siguiente eran los clavos. El único tema era dónde clavar qué.

Vio un papel doblado debajo de la caja de cartón de los clavos y recordó los dibujos que había hecho el señor Guy. Lo cogió, lo extendió en el suelo y se arrodilló para estudiar los planos.

Una A mayúscula dentro de un círculo significaba «empezar por aquí». Una B mayúscula dentro de un círculo significaba «paso siguiente». Una C mayúscula dentro de un círculo era lo que seguía a la B, y así sucesivamente hasta que el refugio estuviera hecho. Más fácil imposible, pensó Paul. Revisó las maderas hasta que encontró las piezas que se correspondían con las letras del dibujo.

Sin embargo, resultó que había un problema. Porque en los tablones no había grabada ninguna letra, sino números y, aunque también había números en el dibujo, algunos de estos números estaban repetidos y todos tenían fracciones y Paul era un desastre con las fracciones: nunca había logrado entender qué significaba el número de arriba respecto al de abajo. Sabía que tenía algo que ver con dividir. Lo de arriba entre lo de abajo o lo de abajo entre lo de arriba, dependiendo del mínimo común nominador o algo así. Pero al mirar los números, empezó a marearse y recordó esas salidas espantosas a la pizarra con la maestra exigiéndole: «Por Dios, Paul, sólo tienes que reducir la fracción. No, no. El numerador y el denominador cambiarán cuando los dividas adecuadamente. Qué estúpido es este chico».

Risas, risas. Más tonto que Abundio. Paulie Fielder. Cabeza de chorlito.

Paul miró los números y siguió mirándolos hasta que se volvieron borrosos. Entonces, cogió el papel y lo arrugó. Inútil, palurdo, cazurro. «Sí, eso es, llora, nenaza mariquita. Apuesto a que sé por qué lloras, sí.»

—Ah, aquí estás.

Paul se dio la vuelta al oír aquello. Valerie Duffy se acercaba por el sendero de la casa; su larga falda de lana se enganchaba en las hojas de helecho por el camino. Llevaba algo doblado cuidadosamente en las manos. A medida que Valerie se aproximaba, Paul vio que era una camisa.

103

—Hola, Paul —dijo Valerie Duffy con ese buen humor que sonaba premeditado—. ¿Dónde está tu amigo de cuatro patas esta mañana? —Y cuando *Taboo* apareció dando brincos alrededor del estanque, saludando con sus ladridos, siguió diciendo—: Ahí estás, *Tab*. ¿Por qué no te has pasado por la cocina a verme?

Hizo la pregunta a *Taboo*, pero Paul sabía que en realidad iba dirigida a él. Valerie utilizaba a menudo esa fórmula para comunicarse con él. Le gustaba hacer sus comentarios al perro. Siguió haciéndolo:

—Mañana por la mañana tenemos el funeral, *Tab*, y siento decirte que no permiten perros en la iglesia. Pero si el señor Brouard pudiera dar su opinión, allí estarías, cielo. Y los patos también. Pero espero que nuestro Paul sí vaya. Es lo que habría querido el señor Brouard.

Paul se miró la ropa andrajosa y supo que no podía ir a un funeral, era imposible. No tenía la vestimenta adecuada, y aunque la tuviera, nadie le había dicho que el funeral era mañana. Se preguntó por qué.

—Ayer llamé a Bouet y hablé con el hermano de Paul sobre el funeral, *Tab*. Pero deja que te diga lo que pienso: Billy Fielder ni siquiera le dio el recado. Bueno, tendría que habérmelo imaginado, siendo como es Billy. Tendría que haber vuelto a llamar hasta hablar con Paul o su madre o su padre. Aun así, *Taboo*, me alegro de que hayas traído a Paul a vernos, porque ahora ya lo sabe.

Paul se limpió las manos en las perneras de los vaqueros. Dejó caer la cabeza y arrastró los pies por la tierra arenosa del borde del estanque. Pensó en las decenas y decenas de personas que asistirían al funeral de Guy Brouard, y se alegró de que no se lo hubieran dicho. Ya era bastante malo sentirse como se sentía en privado ahora que el señor Guy no estaba. Tener que sentirse así en público sería más de lo que podría soportar. Todos esos ojos clavados en él, todas esas mentes que se hacían preguntas, todas esas voces que susurraban: «Es el joven Paul Fielder, el amigo especial del señor Guy». Y las miradas que acompañarían esas palabras —«amigo especial»—, las cejas levantadas y los ojos muy abiertos que le dirían a Paul que quienes hablaban decían algo más que palabras.

104

Alzó la vista para ver si Valerie tenía las cejas levantadas y los ojos muy abiertos. Pero no, así que relajó los hombros. Los había tenido tan tensos desde que había huido de Moulin des Niaux, que habían empezado a dolerle. Pero ahora le pareció que las pinzas que le agarraban las clavículas se soltaban de repente.

—Mañana saldremos a las once y media —dijo Valerie, pero esta vez se dirigió al propio Paul—. Puedes venir en el coche con Kev y conmigo, cielo. No te preocupes por la ropa. Kev dice que tiene dos más iguales y que no necesita tres. En cuanto a los pantalones... —Lo examinó pensativamente. Paul sintió el calor en todos los lugares de su cuerpo en los que se posaban los ojos de Valerie—. Los de Kev no te servirán. Te perderías dentro de ellos. Pero me parece que unos del señor Brouard... Bien, no te preocupes por ponerte algo del señor Brouard, cielo. Es lo que él habría querido si lo hubieras necesitado. Te apreciaba mucho, Paul. Pero eso ya lo sabes. No importa lo que dijera o hiciera, él era... Te apreciaba mucho... —Se le trabó la lengua.

Paul sintió su pena como una correa que tiraba de él y le extraía lo que quería reprimir. Apartó la mirada de Valerie hacia los tres patos supervivientes y se preguntó cómo iba a arreglárselas todo el mundo ahora que el señor Guy no estaba allí para mantenerlos unidos, para trazar su rumbo, para saber qué había que hacer de aquí en adelante.

Oyó que Valerie se sonaba la nariz y se giró hacia ella. La mujer le ofreció una sonrisa temblorosa.

—En cualquier caso, nos gustaría que asistieras. Pero si prefieres no ir, no tienes que sentirte culpable. Los funerales no están hechos para todo el mundo y, a veces, es mejor recordar a los vivos siguiendo adelante con nuestra vida. Pero puedes quedarte la camisa igualmente. Tienes que quedártela. —Valerie miró a su alrededor, parecía buscar un lugar limpio donde depositarla—. Te la dejo aquí —dijo cuando vio la mochila de Paul en el suelo. Hizo ademán de meterla dentro.

Paul gritó y le arrebató la camisa de las manos. La lanzó lejos. *Taboo* ladró con fiereza.

—Vaya, Paul —dijo Valerie sorprendida—. No pretendía... No es una camisa vieja, cielo. Es bastante...

Paul recogió la mochila. Miró a derecha e izquierda. La única salida era por donde había venido, y escapar era esencial.

Se marchó a toda velocidad por el sendero, con *Taboo* pegado a sus talones, ladrando frenéticamente. Paul notó que un sollozo escapaba de sus labios mientras dejaba atrás el sendero del estanque y cruzaba el césped con la casa detrás. Se dio cuenta de que estaba harto de correr. Le parecía que llevaba corriendo toda la vida.

Capítulo 4

*R*uth Brouard observó la huida del chico. Estaba en el estudio de Guy cuando Paul salió por la enramada que marcaba la entrada a los estanques. Estaba abriendo un fajo de tarjetas de pésame del correo del día anterior, tarjetas que no había tenido el valor de abrir hasta ahora, y primero oyó ladrar al perro y luego vio al chico corriendo por el césped debajo de ella. Un momento después, apareció Valerie Duffy, con la camisa que le había llevado a Paul en las manos, un ofrecimiento mustio y rehusado de una madre cuyos propios hijos habían abandonado el nido mucho antes de que ella estuviera preparada para que lo hicieran.

Tendría que haber tenido más hijos, pensó Ruth mientras Valerie volvía hacia la casa caminando con dificultad. Algunas mujeres nacían con un ansia de ser madres que nada podía aplacar, y parecía que Valerie Duffy era una de ellas.

Ruth observó a la mujer hasta que desapareció por la puerta de la cocina, que estaba debajo del estudio de Guy, adonde Ruth había ido directamente después de desayunar. Era el único lugar en el que ahora podía sentirse cerca de él, rodeada de las pruebas que le decían, como desafiando la terrible manera como había muerto, que Guy Brouard había tenido una buena vida. En el estudio de su hermano, esas pruebas estaban por todas partes: en las paredes y en las estanterías y sobre un aparador antiguo espléndido en el centro de la estancia. Aquí estaban los certificados, las fotografías, los premios, los planos y los documentos. Archivadas estaban la correspondencia y las recomendaciones para los beneficiarios de la famosa esplendidez de Brouard. Y expuesta en un lugar destacado estaba la que tendría que haber sido la joya final indispensable para completar la corona de los logros de su hermano: la maqueta cuidadosamente construida de un edificio que Guy le había prometido a esa isla que se había convertido en su hogar. Sería un monumento al sufrimiento de los isleños, así lo había descrito Guy. Un monumento construido por alguien que también había sufrido.

O ésa había sido su intención, pensó Ruth.

Cuando Guy no había vuelto a casa tras su baño matutino, al principio no se preocupó. Siempre era puntual y predecible en cuanto a sus hábitos, cierto; pero cuando bajó las escaleras y no lo encontró arreglado en el salón del desayuno, escuchando atentamente las noticias de la radio mientras esperaba la comida, simplemente imaginó que se había pasado por casa de los Duffy para tomar un café con Valerie y Kevin después de nadar. De vez en cuando lo hacía. Le caían bien. Por eso, tras considerarlo un momento, Ruth fue al teléfono del salón de desayuno con un café y un pomelo y llamó a la casa de piedra situada en el límite de los jardines.

Contestó Valerie. No, le dijo a Ruth, el señor Brouard no estaba allí. No sabía nada de él desde primera hora de la mañana, momento en que lo había visto fugazmente cuando iba a nadar. ¿Por qué? ¿No había vuelto? Seguramente estaría en algún lugar de la finca... ¿Entre las esculturas tal vez? Le había dicho a Kev que quería cambiarlas de sitio. ¿Sabía?, ese busto grande del jardín tropical. Quizá intentaba decidir dónde colocarlo porque Valerie tenía claro que el busto era una de las piezas que el señor Brouard quería mover. No, Kev no estaba con él. Kev estaba allí sentado en la cocina.

Al principio, Ruth no se alarmó. Subió al cuarto de baño de su hermano, donde se habría cambiado de ropa tras el ejercicio, y dejado el bañador y el chándal. Sin embargo, no estaban allí. Ni tampoco una toalla húmeda, lo que habría aportado más pruebas de su regreso.

Entonces lo sintió, una punzada de preocupación como si unas pinzas tiraran de la piel de debajo de su corazón. Fue entonces cuando recordó lo que había visto anteriormente desde la ventana mientras contemplaba a su hermano partiendo hacia la bahía: esa figura que había aparecido de debajo de los árboles próximos a la casa de los Duffy cuando Guy pasó por delante.

Así que cogió el teléfono y volvió a llamar a los Duffy. Kevin accedió a bajar a la bahía.

El hombre regresó corriendo, pero no para hablar con ella. Kevin no fue a buscarla hasta que apareció la ambulancia al final del sendero.

Así había comenzado la pesadilla. A medida que pasaban las horas, no hizo más que empeorar. Al principio pensó que le había dado un infarto, pero cuando no dejaron que acompañara a su hermano al hospital, cuando le dijeron que tendría que ir en el coche que Kevin Duffy condujo en silencio detrás de la ambulancia, cuando se llevaron a toda prisa a Guy antes de que pudiera verlo, supo que algo había cambiado de manera espantosa y permanente.

Esperó que fuera una apoplejía. Al menos aún estaría vivo. Pero al fin le comunicaron que había muerto, y fue entonces cuando le contaron las circunstancias. De esa explicación venía la pesadilla que la atormentaba: Guy luchando, retorciéndose de dolor y de miedo, y solo.

Habría preferido creer que un accidente había acabado con la vida de su hermano. Saber que había sido asesinado le partía el alma y reducía su vida a dos cuestiones: por qué y quién. Pero ése era terreno peligroso.

La vida había enseñado a Guy a perseguir lo que quería. Nadie iba a regalarle nada. Pero en más de una ocasión había perseguido lo que quería sin plantearse si lo que quería era lo que realmente debía tener. Los resultados habían hecho sufrir a otros: sus mujeres, sus hijos, sus socios, sus... otras personas.

—No puedes continuar así sin que acabes destruyendo a alguien —le había dicho—. Y yo no puedo quedarme mirando y permitir que lo hagas.

Pero él se había reído de ella cariñosamente y le había dado un beso en la frente. Mademoiselle Brouard la directora, la llamaba. ¿Me pegarás en los nudillos si no obedezco?

El dolor volvió. Le agarró la columna como si le clavaran un pincho en la nuca y luego se heló hasta que comenzó a sentir que aquel frío horrible se transformaba en fuego. Le mandaba descargas, cada una era una serpentina ondulante de enfermedad. Tuvo que salir de la habitación en busca de ayuda.

No estaba sola en la casa, pero se sentía sola y, si el cáncer no la tuviera apresada, se habría reído. Sesenta y seis años y la habían arrancado prematuramente del útero que el amor de su hermano le había proporcionado. Quién habría pensado que las cosas acabarían así aquella noche lejana que su madre le susurró: «*Promets-moi de ne pas pleurer, mon petit chat. Sois forte pour Guy*».

Quería cumplir la palabra que le había dado a su madre, como había hecho durante más de sesenta años. Pero ahora tenía que enfrentarse a la verdad: no encontraba la forma de ser fuerte por nadie.

Margaret Chamberlain no llevaba ni cinco minutos con su hijo y ya quería darle órdenes: «Siéntate erguido, por el amor de Dios; mira a la gente a los ojos cuando hables, Adrian; no des golpes a las maletas, maldita sea; cuidado con ese ciclista, cariño; por favor, pon el intermitente, cielo». Sin embargo, logró poner freno a su aluvión de instrucciones. De sus cuatro hijos, era al que más quería y el que más la exasperaba. Esto último lo atribuía a su padre, que era distinto al de sus otros hijos, pero como acababa de perderlo, decidió pasar por alto la menos irritante de sus costumbres. De momento.

La recibió en lo que en teoría era el vestíbulo de llegadas del aeropuerto de Guernsey. Margaret apareció empujando un carrito con las maletas apiladas encima y lo encontró merodeando por el mostrador del alquiler de coches donde trabajaba una atractiva pelirroja con la que podría haber estado charlando como un hombre normal, si lo fuera. Pero fingía examinar un mapa, perdiendo así otra oportunidad más que la vida le había puesto delante de sus narices.

Margaret suspiró.

—Adrian —dijo—. ¡Adrian! —repitió al no obtener respuesta.

Su hijo oyó la segunda llamada y alzó la vista de su minucioso examen. Devolvió avergonzado el mapa al mostrador del alquiler de coches. La pelirroja le preguntó si podía ayudarle en algo, pero él no contestó. Ni siquiera la miró. Ella volvió a preguntarle. Él se subió el cuello de la chaqueta y le dio la espalda en lugar de responder.

—Tengo el coche fuera —le dijo a su madre a modo de saludo mientras cogía las maletas del carrito.

—Qué tal un «¿Has tenido un buen vuelo, querida mamá?» —le sugirió Margaret—. ¿Por qué no llevamos el carrito hasta el coche, cielo? Sería más fácil, ¿no crees?

Adrian se marchó dando grandes zancadas, maletas en mano. No quedaba más remedio que seguirle. Margaret dirigió una sonrisa de disculpa hacia el mostrador del alquiler de coches por si la pelirroja estaba controlando el recibimiento que le había hecho su hijo. Luego fue tras él.

El aeropuerto constaba de un solo edificio situado junto a una única pista de aterrizaje al lado de diversos campos sin arar. Tenía un aparcamiento más pequeño que el de la estación de tren de su pueblo de Inglaterra, así que fue fácil seguir a Adrian por él. Cuando Margaret lo alcanzó, su hijo estaba metiendo las dos maletas en la parte trasera del Range Rover, que era, descubrió enseguida, el tipo de coche equivocado para conducir por las carreteras estrechas de Guernsey.

Nunca había estado en la isla. Ella y el padre de Adrian llevaban mucho tiempo divorciados cuando él se marchó de Chateaux Brouard y se instaló en la casa de aquí. Pero Adrian había visitado a su padre en numerosas ocasiones desde que Guy se había trasladado a Guernsey, así que resultaba del todo incomprensible por qué conducía un vehículo que tenía prácticamente el tamaño de un camión de mudanzas cuando era obvio que lo que necesitaban era un Mini. Igual que muchas de las cosas que hacía su hijo, la más reciente de las cuales era haber roto la única relación que había logrado tener con una mujer en sus treinta y siete años de vida. ¿Qué había pasado? Margaret aún se lo preguntaba. Lo único que le había dicho era: «Queríamos cosas distintas», algo que ella no se creyó en absoluto, puesto que sabía —por una conversación privada y muy confidencial con la propia joven— que Carmel Fitzgerald quería casarse, y también sabía —por una conversación privada y muy confidencial con su hijo— que Adrian se consideraba afortunado por haber encontrado a una chica joven, moderadamente atractiva y dispuesta a atarse ciegamente a un hombre de casi mediana edad que nunca había vivido en otro lugar que no fuera la casa de su madre; salvo, por supuesto,

111

esos tres meses terribles en los que vivió solo mientras intentaba estudiar en la universidad... Pero cuanto menos pensara en eso, mejor. Así pues, ¿qué había pasado?

Margaret sabía que no podía preguntárselo. Al menos, no ahora, cuando el funeral de Guy se acercaba rápidamente. Pero tenía pensado hacerlo pronto.

—¿Cómo está tu pobre tía Ruth, cielo?

Adrian frenó en un semáforo que había junto a un viejo hotel.

—No la he visto.

—¿Por qué no? ¿Se ha encerrado en su habitación?

Adrian miró el semáforo, con toda su atención puesta en el momento en que cambiara a ámbar.

—Quiero decir que la he visto, pero no la he visto. No sé cómo está. No me lo ha dicho.

No se le había ocurrido preguntárselo, por supuesto. No más de lo que se le habría ocurrido hablar con su propia madre utilizando algo más directo que acertijos.

—No fue ella quien lo encontró, ¿verdad? —dijo Margaret.

—Fue Kevin Duffy, el encargado del mantenimiento.

—Debe de estar destrozada. Llevan juntos... Bueno, siempre han estado juntos, ¿verdad?

—No sé por qué has querido estar aquí, madre.

—Guy fue mi marido, cielo.

—El cuarto —señaló Adrian. Qué pesado era. Margaret sabía muy bien cuántas veces se había casado—. Creía que sólo asistías a sus funerales si morían mientras aún estabas casada con ellos.

—Esa observación es terriblemente vulgar, Adrian.

—¿En serio? Dios santo, no podemos tolerar la vulgaridad.

Margaret se giró en su asiento para mirarle.

—¿Por qué te comportas así?

—¿Así, cómo?

—Guy fue mi marido. En su día lo quise. A él le debo haberte tenido. Así que si quiero honrarle por todo ello asistiendo a su funeral, pienso hacerlo.

Adrian sonrió de un modo que ponía de manifiesto su incredulidad, y Margaret quiso darle una bofetada. Su hijo la conocía muy bien.

—Siempre has creído que mientes mejor de lo que lo haces en realidad —dijo Adrian—. ¿Pensaba la tía Ruth que haría algo..., hum..., insano, ilegal o totalmente demente si tú no estabas aquí? ¿O cree que ya lo he hecho?

—¡Adrian! ¿Cómo puedes insinuar..., aunque sea en broma...?

—No es ninguna broma, madre.

Margaret se volvió hacia la ventanilla. No estaba dispuesta a seguir escuchando más ejemplos de la forma de pensar retorcida de su hijo. El semáforo cambió, y Adrian cruzó la intersección.

La ruta que seguían estaba toda edificada. Bajo el cielo sombrío, las viviendas de estuco de la posguerra descansaban junto a casas adosadas victorianas en decadencia que a su vez estaban ensambladas de vez en cuando con un hotel de turistas cerrado durante la temporada baja. Las zonas pobladas daban paso a campos pelados al sur de la carretera, y allí estaban las granjas de piedra originales, con cajas blancas de madera al límite de sus propiedades para marcar los lugares donde en otras épocas del año los dueños colocarían patatas cultivadas en su propio huerto o flores de invernadero para vender.

—Tu tía me ha llamado porque ha llamado a todo el mundo —dijo Margaret al fin—. Sinceramente, me sorprende que tú no me llamaras.

—No viene nadie más —dijo Adrian con ese modo exasperante que tenía de alterar el curso de una conversación—. Ni siquiera JoAnna o las niñas. Bueno, puedo entender que JoAnna no venga... ¿Cuántas amantes tuvo papá cuando estaba casado con ella? Pero creía que las niñas quizá vendrían. Le odiaban a muerte, claro, pero imaginé que al final moverían el culo por pura avaricia. El testamento, ¿sabes? Creía que querrían saber qué les toca. Mucha pasta, sin duda, si alguna vez se sintió culpable por lo que le hizo a su madre.

—Por favor, no hables así de tu padre, Adrian. Como único hijo varón suyo y hombre que algún día se casará y tendrá hijos que llevarán su apellido, creo que podrías...

—Pero no van a venir. —Ahora Adrian habló obstinadamente y más alto, como si deseara ahogar la voz de su madre—. Aun así, creía que JoAnna quizá aparecería, aunque fuera para clavarle una estaca en el corazón al viejo. —Adrian sonrió, pero fue un gesto más para sí mismo que para ella. Sin embargo, esa sonrisa provocó un escalofrío que recorrió el cuerpo de Margaret. Le recordó mucho los malos tiempos de su hijo, cuando fingía que todo iba bien mientras por dentro se tramaba una guerra civil.

Era reacia a preguntarle, pero aún era más reacia a seguir en la inopia. Así que cogió el bolso del suelo y lo abrió, fingiendo que buscaba un caramelo de menta mientras decía bruscamente:

—Espero que el aire salado sea beneficioso. ¿Qué tal las noches desde que estás aquí, cariño? ¿Alguna resultó incómoda?

Adrian le lanzó una mirada rápida.

—No tendrías que haber insistido para que fuera a su maldita fiesta, madre.

—¿Que yo insistí? —Margaret se llevó los dedos al pecho.

—«Tienes que ir, cariño.» —Hizo una imitación extraña de su voz—. «Hace siglos que no le ves. ¿Has hablado por teléfono con él desde septiembre al menos? ¿No? Ahí lo tienes. Tu padre se quedará muy decepcionado si no vas.» Y no podíamos permitirlo —dijo Adrian—. Nunca hay que decepcionar a Guy Brouard cuando quiere algo. Excepto que él no quería. No quería que estuviera aquí. Eras tú quien quería. Me lo dijo.

—Adrian, no. Eso no es... Espero... Tú... No te peleaste con él, ¿verdad?

—Creías que cambiaría de parecer respecto al dinero si venía a verle en su momento de gloria, ¿verdad? —preguntó Adrian—. Pasearía mi careto por su estúpida fiesta, y él estaría tan contento de verme que por fin cambiaría de opinión y financiaría mi negocio. ¿No se trata de eso?

—No tengo ni idea de qué hablas.

—No insinuarás que no te dijo que se negó a financiar mi negocio, ¿verdad? ¿En septiembre? ¿Nuestra pequeña... discusión? «No demuestras tener suficiente potencial para el éxito, Adrian. Lo siento, hijo mío, pero no me gusta tirar el dinero.» A pesar de los montones y montones de dinero que ha repartido por ahí, claro.

—¿Tu padre te dijo eso? ¿Poco potencial?

—Entre otras cosas. «La idea es buena», me dijo. «Siempre

se puede mejorar el acceso a Internet, y ésta parece la forma de hacerlo. Pero con tu historial, Adrian... No es que tengas historial precisamente, lo que significa que ahora tendremos que estudiar las razones por las que no lo tienes.»

Margaret notó cómo el ácido de la rabia se vertía lentamente en su estómago.

—¿De verdad que te...? Cómo se atreve.

—«Coge una silla, hijo. Sí, venga. Bueno. Has tenido tus dificultades, ¿verdad? ¿Recuerdas ese incidente en el jardín del director cuando tenías doce años? ¿Y qué me dices de lo mal que te fue en la universidad a los diecinueve? No es precisamente lo que cabría esperar de un individuo en quien te planteas invertir, hijo mío.»

—¿Eso te dijo? ¿Sacó esos temas? Cariño, lo siento —dijo Margaret—. Es para echarse a llorar. ¿Y viniste igualmente después de todo esto? ¿Accediste a verle? ¿Por qué?

—Porque soy estúpido, obviamente.

—No digas eso.

—Pensé en darle otra oportunidad. Pensé que si podía poner en marcha esto, Carmel y yo podríamos... No lo sé... Intentarlo de nuevo. Verle, tener que aguantar lo que me soltara... Decidí que valía la pena si podía salvar las cosas con Carmel.

Adrian había centrado su atención obstinadamente en la carretera mientras admitía todo aquello, y Margaret sintió una gran compasión por su hijo a pesar de todas esas características suyas que a menudo la exasperaban. Su vida había sido mucho más difícil que las de sus hermanastros, pensó Margaret. Y ella tenía la culpa de muchas de esas dificultades. Si le hubiera permitido pasar más tiempo con su padre, el tiempo que Guy había querido, exigido, intentado conseguir... Había sido imposible, por supuesto. Pero si lo hubiera permitido, si se hubiera arriesgado, quizá Adrian lo habría tenido más fácil. Quizá ella tendría menos motivos para sentirse culpable.

—Entonces, ¿volviste a hablar con él sobre el dinero? —le preguntó—. ¿Le pediste que te ayudara con el nuevo negocio?

—No tuve ocasión. No pude hablar con él a solas, no con la señorita Melones pegada a él todo el día, asegurándose de que no tuviera ni un momento para quitarle el dinero que quería para ella.

115

—La señorita... ¿Quién?

—La última. Ya la conocerás.

—No es posible que de verdad se llame...

Adrian soltó una risotada.

—Pues debería. Siempre estaba merodeando por allí, pasándoselos por la cara por si acaso a él se le ocurría pensar en algo que no estuviera directamente relacionado con ella. Menuda distracción le proporcionaba. Así que no hablamos. Y luego ya fue tarde.

Margaret no lo había preguntado antes porque no había querido obtener la información a través de Ruth, que por teléfono ya parecía estar sufriendo bastante. Y no había querido preguntárselo a su hijo en cuanto lo vio porque necesitaba valorar primero su estado de ánimo. Ahora Adrian le había ofrecido una oportunidad, y ella la aprovechó.

—¿Cómo murió exactamente tu padre?

Estaban entrando en una zona boscosa de la isla, donde un muro alto de piedra frondosamente cubierto por hiedras recorría el lado oeste de la carretera, mientras que en el lado este crecían arboledas espesas de sicomoros, castaños y olmos. Entre ellos podía vislumbrarse el lejano canal, un brillo acerado bajo la luz invernal. Margaret no podía imaginarse por qué alguien querría nadar en aquellas aguas.

Al principio, Adrian no contestó a su pregunta. Esperó a que hubieran pasado por algunas tierras de labranza y aminoró la marcha a medida que se acercaban a un espacio en el muro donde estaban abiertas dos puertas de hierro. Unas losas incrustadas en el muro identificaban la propiedad como Le Reposoir, y allí giró hacia el sendero de entrada. Éste conducía a una casa impresionante: cuatro pisos de piedra gris rematados por lo que parecía una atalaya, la inspiración, tal vez, de un propietario anterior que había sufrido una especie de encantamiento en Nueva Inglaterra. Debajo del mirador con balaustrada se alzaban unas buhardillas, mientras que debajo de éstas la fachada de la casa estaba perfectamente equilibrada. Margaret vio que Guy se las había arreglado muy bien en su jubilación. Pero no le extrañaba nada.

Hacia la casa, el sendero surgía de entre los árboles que lo flanqueaban y rodeaba un césped en el centro del cual se levantaba una impresionante escultura de bronce de un chico y una chica nadando entre delfines. Adrian siguió este círculo y detuvo el Range Rover frente a las escaleras que ascendían hasta una puerta blanca. Estaba cerrada y seguía cerrada cuando por fin respondió a la pregunta de Margaret.

—Murió ahogado —dijo Adrian—, en la bahía.

Margaret se quedó perpleja al oír aquello. Ruth le había dicho que su hermano no había regresado de su baño matutino, que alguien lo había abordado en la playa y asesinado. Pero morir ahogado no implicaba ningún asesinato. Que lo estrangularan sí, claro, pero Adrian no había utilizado esa palabra.

—¿Ahogado? —dijo Margaret—. Pero Ruth me dijo que a tu padre lo asesinaron. —Y por un momento absurdo pensó que su ex cuñada le había mentido para que fuera a la isla por alguna razón.

—Fue un asesinato, sí —dijo Adrian—. Nadie se ahoga accidentalmente, ni siquiera de forma natural, por culpa de lo que papá tenía en la garganta.

117

Capítulo 5

—*E*n la vida hubiera pensando que estaría en este lugar. —Cherokee River se quedó callado un momento para observar la señal giratoria delante de New Scotland Yard. Recorrió con la mirada las letras plateadas y el propio edificio con sus búnkeres protectores, sus guardias uniformados y su aire de autoridad sombría.

—No sé si va a servirnos de algo —admitió Deborah—. Pero creo que vale la pena intentarlo.

Eran casi las diez y media, y por fin empezaba a remitir la lluvia. Lo que era un chaparrón cuando salieron hacia la embajada de Estados Unidos era ahora una llovizna persistente, de la que se refugiaron debajo de uno de los grandes paraguas negros de Simon.

Su estancia había comenzado con bastante optimismo. A pesar del carácter desesperado de la situación de su hermana, Cherokee poseía esa actitud dinámica que Deborah recordaba en la mayoría de los estadounidenses que había conocido en California. Era un ciudadano de los Estados Unidos en una misión a la embajada de su país. Como contribuyente, había dado por sentado que cuando entrara en la embajada y expusiera los hechos, se sucederían las llamadas telefónicas y la liberación de China se efectuaría de inmediato.

Al principio, pareció que la fe de Cherokee en el poder de la embajada estaba muy bien fundada. En cuanto establecieron adónde tenían que dirigirse —a la Sección de Servicios Consulares Especiales, cuya entrada no estaba tras las puertas imponentes y debajo de la imponente bandera de Grosvenor Square, sino a la vuelta de la esquina, en la más apagada Brook Street—, dieron el nombre de Cherokee en recepción, y una llamada telefónica a los despachos interiores de la embajada produjo una respuesta asombrosa y gratamente rápida. Ni siquiera Cherokee había esperado que lo recibiera la jefa de los Servicios Consulares Especiales. Quizá que un subordinado lo llevara ante su presencia, pero no que saliera a recibirlo personalmente a la recepción. Pero eso fue lo que sucedió. La cónsul especial Rachel Freistat —«señorita», dijo, y su forma de estrechar la mano era vehemente, diseñada para tranquilizar— entró a grandes zancadas en la enorme sala de espera y condujo a Deborah y a Cherokee a su despacho, donde les ofreció café y galletas e insistió en que se sentaran cerca de la estufa eléctrica para secarse.

Resultó ser que Rachel Freistat lo sabía todo. A las veinticuatro horas de la detención de China, había recibido la llamada de la policía de Guernsey. Aquello, les explicó, era el reglamento, un acuerdo entre los países que habían ratificado el Tratado de la Haya. De hecho, había hablado con la propia China y le había preguntado si necesitaba que alguien de la embajada volara a la isla y la atendiera allí.

—Me contestó que no hacía falta —informó la cónsul especial a Deborah y Cherokee—. Si no, habríamos mandado a alguien enseguida.

—Pero sí hace falta —protestó Cherokee—. La están condenando injustamente. Ella lo sabe. ¿Por qué diría...? —Se pasó la mano por el pelo y murmuró—: No entiendo nada.

Rachel Freistat asintió comprensivamente, pero su expresión daba a entender que había oído la anterior afirmación de que a China «la estaban condenando injustamente».

—Nuestro margen de maniobra es limitado, señor River —dijo la cónsul—. Su hermana lo sabe. Nos hemos puesto en contacto con su abogado, su defensor lo llaman allí, y nos ha asegurado que ha estado presente en todos los interrogatorios de la policía. Estamos dispuestos a realizar cualquier llamada a Estados Unidos que su hermana quiera que hagamos, aunque ella ha especificado que ahora mismo no quería que llamáramos a nadie. Y si la prensa estadounidense se hace eco de la historia, también gestionaremos todas sus preguntas. La prensa local de Guernsey ya está cubriendo lo sucedido, pero tiene las desventajas del aislamiento relativo y la falta de fondos, así que lo único que puede hacer es publicar los pocos detalles que dé la policía.

—Pero ése es el tema —protestó Cherokee—. La policía está haciendo todo lo posible para incriminarla.

En ese momento, la señorita Freistat tomó un sorbo de café. Miró a Cherokee por encima del borde de la taza. Deborah vio que sopesaba las alternativas disponibles cuando había que dar una mala noticia a alguien, y la mujer se tomó su tiempo antes de decidirse.

—Me temo que la embajada americana no puede ayudarle en eso —le dijo al fin—. Aunque sea verdad, no podemos interferir. Si cree que se ha puesto en marcha toda una maquinaria para mandar a su hermana a la cárcel, tiene que buscar ayuda enseguida. Pero tiene que conseguirla desde dentro de su propio sistema, no desde el nuestro.

—Y eso ¿qué significa? —preguntó Cherokee.

—¿Una especie de detective privado, tal vez...? —contestó la señorita Freistat.

Así que se marcharon de la embajada sin lograr los resultados que esperaban obtener. Se pasaron la siguiente hora descubriendo que encontrar un detective privado en Guernsey era como encontrar un helado en el Sahara. Tras determinar eso, fueron caminando hasta Victoria Street, donde se encontraban ahora, delante de New Scotland Yard, el edificio de hormigón gris y cristal que se alzaba en el corazón de Westminster.

Entraron deprisa, sacudiendo el paraguas sobre la alfombrilla de goma. Deborah dejó a Cherokee mirando la llama eterna mientras ella se dirigía al mostrador de recepción y comunicaba su petición.

—Comisario Lynley. No tenemos cita, pero si está y puede recibirnos... Soy Deborah Saint James.

Había dos policías uniformados detrás del mostrador y los dos examinaron a Deborah y a Cherokee con una intensidad que sugería la creencia tácita de que los dos llevaban explosivos enrollados al cuerpo. Uno realizó una llamada mientras el otro atendía una entrega de Federal Express.

Deborah esperó hasta que el policía le dijo:

—Aguarde unos minutos.

Así que volvió con Cherokee, quien le dijo:

—¿Crees que esto servirá de algo?

—Es imposible saberlo —contestó ella—. Pero tenemos que intentar algo.

Tommy bajó personalmente a recibirlos al cabo de cinco minutos, lo que Deborah consideró muy buena señal.

—Deb, hola —la saludó—. Qué sorpresa. —Y le dio un beso en la mejilla y esperó a que le presentara a Cherokee.

No se conocían. A pesar de las veces que Tommy había ido a California cuando Deborah vivió allí, su camino y el del hermano de China no se habían cruzado. Tommy había oído hablar de él, naturalmente. Había oído su nombre y era improbable que lo hubiera olvidado, puesto que era poco común comparado con los nombres ingleses.

—Él es Cherokee River —dijo Deborah.

—El hermano de China —fue la respuesta de Tommy, y le estrechó la mano de esa forma tan típica suya.

—¿Le estás enseñando la ciudad? —le preguntó a Deborah—. ¿O mostrándole que tienes amigos en lugares cuestionables?

—Ninguna de las dos cosas —dijo—. ¿Podríamos hablar contigo, en privado, si tienes tiempo? Se trata de... una consulta profesional.

Tommy levantó una ceja.

—Comprendo —dijo, y los condujo enseguida al ascensor y a las plantas superiores donde se hallaba su despacho.

Como comisario en funciones, no estaba en su lugar habitual, sino en un despacho temporal que ocupaba mientras su superior se recuperaba de un intento de asesinato ocurrido el mes anterior.

—¿Cómo está el comisario? —preguntó Deborah al ver que Tommy, con su buen corazón, no había sustituido ni una sola de las fotografías que pertenecían al comisario Malcolm Webberly por las suyas.

Tommy negó con la cabeza.

—No muy bien.

—Qué horror.

—Para todos. —Les pidió que tomaran asiento y él se acomodó a su lado, inclinándose hacia delante con los codos sobre las rodillas. Su pose preguntaba: «¿Qué puedo hacer por vosotros?», lo cual le recordó a Deborah que era un hombre ocupado.

Así que comenzó a contarle por qué habían ido a verle, y Cherokee fue añadiendo los detalles principales que creyó necesarios. Tommy escuchó como siempre hacía, por la experiencia que tenía Deborah: con los ojos marrones clavados en la persona que estuviera hablando y, al parecer, bloqueando cualquier ruido procedente de los despachos cercanos.

—¿Cuánto llegó tu hermana a conocer al señor Brouard mientras fuisteis sus invitados? —preguntó Tommy cuando Cherokee terminó el relato.

—Pasaron juntos algún tiempo. Conectaron porque a los dos les gustaba la arquitectura. Pero eso fue todo, que yo sepa. Era simpático con ella. Pero también lo fue conmigo. Parecía bastante amable con todo el mundo.

—Quizá no —observó Tommy.

—Bueno, seguro. Es obvio. Si alguien lo mató.

—¿Cómo murió exactamente?

—Ahogado. Es lo que averiguó el abogado cuando acusaron a China. Es lo único que averiguó, por cierto.

—¿Quieres decir que lo estrangularon?

—No. Se ahogó. Se ahogó con una piedra.

—¿Una piedra? —dijo Tommy—. Dios santo. ¿Qué clase de piedra? ¿De la playa?

—Ahora mismo no sabemos nada más. Sólo que es una piedra y que se ahogó por culpa de ella. O, mejor dicho, que mi hermana, de algún modo, lo ahogó con ella, puesto que la han detenido por asesinato.

—Verás, Tommy —añadió Deborah—, no tiene sentido.

—¿Cómo se supone que lo ahogó con una piedra? —preguntó Cherokee—. ¿Cómo iba a ahogarlo alguien con una piedra? ¿Qué hizo él? ¿Abrir la boca y dejar que alguien se la metiera en la garganta?

—Es una pregunta que hay que responder —reconoció Lynley.

—Incluso pudo ser un accidente —dijo Cherokee—. Pudo meterse la piedra en la boca por algún motivo.

—Si la policía ha detenido a alguien —dijo Tommy—, habrá pruebas que demuestren lo contrario. Si alguien le metió

una piedra en la garganta, se le rasgaría el paladar, posiblemente la lengua. Mientras que si se la tragó por error... Sí. Entiendo que se inclinaran directamente por el asesinato.

—Pero ¿por qué fueron directamente a por China? —preguntó Deborah.

—Habrá otras pruebas, Deb.

—¡Mi hermana no ha matado a nadie! —Cherokee se levantó al decir aquello. Nervioso, se dirigió a la ventana, luego
se volvió para mirarlos—. ¿Por que nadie lo entiende?

—¿No puedes hacer nada? —le preguntó Deborah a
Tommy—. La embajada nos ha sugerido que contratemos a alguien, pero he pensado que quizá tú... ¿Puedes llamar tú a la
policía y hacerles ver que...? Es decir, está claro que no están
evaluando todo como deberían. Necesitan que alguien se lo
diga.

Tommy juntó los dedos, pensativo.

—Esta situación no concierne al Reino Unido, Deb. La policía de Guernsey recibe formación aquí, cierto. Y puede solicitar ayuda, también es cierto. Pero iniciar nosotros una investigación desde aquí... Si es lo que esperas, no es posible.

—Pero... —Deborah extendió la mano, sabía que estaba ra-
yando la súplica, lo que le pareció absolutamente patético, y
dejó caer la mano sobre su regazo—. ¿Tal vez si al menos supieran que desde aquí hay cierto interés...?

Tommy examinó su rostro antes de sonreír.

—Nunca vas a cambiar, ¿verdad? —le preguntó con cariño—. De acuerdo. Espera. Déjame ver qué puedo hacer.

Llevó sólo unos minutos encontrar el número adecuado en
Guernsey y localizar al investigador encargado de las pesqui-
sas. El asesinato era algo tan poco habitual en la isla que lo único que tuvo que mencionar Tommy fue esa misma palabra
para que le pusieran en contacto con el investigador al mando.

Pero no consiguieron nada con la llamada. Al parecer,
New Scotland Yard ni pinchaba ni cortaba en Saint Peter
Port, y cuando Tommy explicó quién era y por qué llamaba,
ofreciendo cualquier colaboración que pudiera proporcionar
la policía metropolitana, le dijeron —como comunicó a Deborah y Cherokee momentos después de colgar— que «en el canal estaba todo bajo control, señor. Y, por cierto, si necesita-

123

ban algún tipo de colaboración, la policía de Guernsey solicitaría ayuda a la policía de Cornualles o de Devon, como hacían normalmente».

—Estamos algo preocupados, dado que la persona detenida es extranjera —dijo Tommy.

Sí, bueno, ¿no era un giro interesante que la policía de Guernsey también fuera capaz de ocuparse de aquella situación sin la ayuda de nadie?

—Lo siento —les dijo a Deborah y a Cherokee al acabar la conversación.

—Entonces, ¿qué diablos vamos a hacer? —Cherokee hablaba más para sí mismo que para los demás.

—Tenéis que encontrar a alguien que esté dispuesto a hablar con las personas implicadas —dijo Tommy como respuesta—. Si alguien de mi equipo estuviera allí de permiso o de vacaciones, os sugeriría que le pidierais que hiciera algunas indagaciones por vosotros. Podéis hacerlo vosotros mismos, pero estaría bien que contarais con el respaldo de un cuerpo policial.

—¿Qué tenemos que hacer? —preguntó Deborah.

—Alguien tiene que empezar a hacer preguntas —dijo Tommy—, para ver si hay algún testigo que se le haya pasado por alto a la policía. Tenéis que averiguar si ese tal Brouard tenía enemigos: cuántos, quiénes son, dónde viven, dónde estaban cuando lo asesinaron. Necesitáis que alguien evalúe las pruebas. Creedme, la policía tendrá a alguien que estará haciéndolo. Y tenéis que aseguraros de que no se les haya escapado nada.

—En Guernsey no hay nadie —dijo Cherokee—. Debs y yo lo hemos intentado, antes de venir a verte.

—Entonces, pensad en alguien que no sea de Guernsey. —Tommy lanzó una mirada a Deborah, y ella supo qué significaba.

Ya tenían acceso a la persona que necesitaban.

Pero no iba a pedirle ayuda a su marido. Ya estaba demasiado ocupado, y aunque no lo estuviera, Deborah tenía la sensación de que la mayor parte de su vida estaba definida por los incontables momentos en que había recurrido a Simon: desde la época lejana en que la habían acosado en el colegio y su señor Saint James —un chico de diecinueve años con un sentido del juego limpio bien desarrollado— había aterrorizado a sus torturadores, hasta el día de hoy como esposa que a menudo ponía a prueba la paciencia de su marido, quien sólo le exigía que fuera feliz. Sencillamente, no podía agobiarle con esto.

Así que lo afrontarían solos, ella y Cherokee. Se lo debía a China, pero no era sólo eso: se lo debía a sí misma.

Cuando Deborah y Cherokee llegaron al tribunal penal de Old Bailey, por primera vez en semanas, un sol fuerte como un té de jazmín brillaba sobre uno de los dos platos de la balanza de la justicia. Ninguno de los dos llevaba ni mochila ni bolso, así que no tuvieron ningún problema para acceder al edificio. Unas preguntas les proporcionaron la respuesta que buscaban: la sala número tres.

La tribuna de los espectadores se encontraba arriba y, entonces, sólo la ocupaban cuatro turistas de temporada baja que llevaban impermeables transparentes y una mujer que agarraba con fuerza un pañuelo. Abajo, la sala se extendía como una escena sacada de una película de época. Estaba el juez —con toga roja e intimidante con sus gafas metálicas y la peluca de la que caían rizos ovejeros hasta los hombros— sentado en una silla de piel verde, una de las cinco colocadas encima de una tarima que lo separaba de sus subordinados. Éstos eran los letrados con toga negra —la defensa y la acusación—, sentados en el primer banco y la primera mesa en ángulos rectos respecto al juez. Detrás estaban sus compañeros: miembros jóvenes del bufete y letrados también. Y delante de ellos estaba el jurado con el actuario en medio, como para arbitrar lo que pudiera pasar en la sala. El banquillo de los acusados estaba justo debajo de la tribuna del público, y allí estaba sentado el acusado con un agente del tribunal. Enfrente de éste se encontraba el estrado, y en él centraron su atención Deborah y Cherokee.

El fiscal estaba concluyendo su contrainterrogación al señor Allcourt-Saint James, perito de la defensa. Estaba consultando un documento de muchas páginas, y el hecho de que se dirigiera a Simon diciendo «señor» y «señor Allcourt-Saint James, si es tan amable...» no escondía que ponía en duda las opi-

125

niones de cualquier persona que no estuviera de acuerdo con la policía y, por extensión, con las conclusiones de la fiscalía.

—Parece usted insinuar, señor Allcourt-Saint James, que el trabajo del laboratorio del doctor French presenta deficiencias —estaba diciendo el fiscal cuando Deborah y Cherokee se sentaron sigilosamente en un banco delante de la tribuna del público.

—En absoluto —contestó Simon—. Solamente insinúo que los residuos tomados de la piel del acusado podrían deberse fácilmente a su trabajo de jardinero.

—Entonces, ¿insinúa también que es una coincidencia que el señor Casey —el fiscal señaló con la cabeza al hombre sentado en el banquillo de los acusados cuya nuca Deborah y Cherokee podían examinar desde su posición en la tribuna— tuviera en su cuerpo restos de la misma sustancia que se utilizó para envenenar a Constance Garibaldi?

—Como el aldrín se utiliza para exterminar insectos de jardín y como este crimen tuvo lugar durante el punto álgido de la temporada en que es frecuente la aparición de estos insectos, tengo que decir que las cantidades residuales de aldrín en la piel del acusado pueden explicarse fácilmente por su profesión.

—¿A pesar de las discrepancias que tenía con la señora Garibaldi desde hacía tiempo?

—Así es. Sí.

El fiscal prosiguió el interrogatorio varios minutos más, mirando sus notas y consultando en una ocasión con un compañero de la fila que había detrás de los asientos de los letrados. Al final, despidió a Simon con un «Gracias, señor», que lo liberó del estrado cuando la defensa no le requirió para nada más. Comenzó a bajar, momento en que vio a Deborah y Cherokee arriba en la tribuna.

Se encontraron con él fuera de la sala, donde les dijo:

—Bueno, ¿qué ha pasado? ¿Os han ayudado los americanos?

Deborah le contó lo que habían averiguado en la embajada a través de Rachel Freistat.

—Tommy tampoco puede ayudarnos, Simon —añadió—. Jurisdicción. Y aunque ése no fuera el problema, la policía de Guernsey pide ayuda a Cornualles o Devon cuando la necesita. No se la pide a la Met. Me ha dado la impresión, ¿a ti no, Cherokee?, de que se pusieron un poco agresivos cuando Tommy mencionó la idea de ayudarlos.

Simon asintió, pellizcándose la barbilla pensativamente. A su alrededor, continuaba el trajín del tribunal penal, con funcionarios que pasaban apresurados con documentos y abogados que caminaban con las cabezas juntas, planeando el siguiente movimiento que harían en sus juicios.

Deborah observó a su marido. Vio que estaba buscando una solución a los problemas de Cherokee y se lo agradeció. Podría haber dicho tranquilamente: «Pues eso es todo. Tendréis que dejar que las cosas sigan su curso y esperar el resultado que se produzca en la isla», pero él no era así. Sin embargo, Deborah quería tranquilizarlo y decirle que no habían ido a Old Bailey para cargarle con más responsabilidades, sino que estaban allí para comunicarle que saldrían para Guernsey en cuanto Deborah tuviera ocasión de pasarse por casa y recoger algo de ropa.

Así se lo dijo. Ella creyó que Simon se lo agradecía. Se equivocó.

127

Saint James llegó a una conclusión rápida mientras su esposa le relataba sus planes: mentalmente etiquetó la idea de locura. Pero no iba a decírselo a Deborah. Estaba seria y tenía buenas intenciones y, más aún, estaba preocupada por su amiga de California. Además, había que pensar en el hombre.

Saint James no había tenido ningún problema en ofrecer comida y un techo a Cherokee River. Era lo mínimo que podía hacer por el hermano de la mujer que había sido la mejor amiga de su esposa en Estados Unidos. Pero era una situación muy distinta que Deborah pensara jugar a los detectives con un tipo relativamente desconocido o con quien fuera. Los dos podían acabar metidos en un buen lío con la policía. O peor, si resultaba que se tropezaban con el verdadero asesino de Guy Brouard.

Como tenía la sensación de que no podía pinchar las ilusiones de Deborah tan cruelmente, Saint James intentó encontrar la forma de, simplemente, desinflarlas. Condujo a Deborah y a Cherokee a un lugar donde todos pudieron sentarse y le dijo a Deborah:

—¿Qué esperáis poder hacer allí?

—Tommy nos ha sugerido...

—Ya sé qué os ha dicho. Pero como habéis averiguado ya, no hay detectives privados en Guernsey para que Cherokee pueda contratar a uno.

—Ya lo sé. Por eso...

—Por tanto, a no ser que ya hayáis encontrado uno en Londres, no sé qué vas a conseguir yendo a Guernsey. A menos que quieras ir para apoyar a China. Lo cual es totalmente comprensible, por supuesto.

Deborah apretó los labios. Simon sabía qué estaba pensando. Hablaba demasiado racionalmente, con demasiada lógica, demasiado como un científico en una situación que requería sentimientos. Y no sólo sentimientos sino acción inmediata, por mucho que no estuviera bien planificada.

—No pienso contratar a un detective privado, Simon —dijo ella con frialdad—. Al principio no. Cherokee y yo... vamos a reunirnos con el abogado de China. Examinaremos las pruebas que ha recabado la policía. Hablaremos con cualquiera que quiera hablar con nosotros. No somos policías, así que la gente no tendrá miedo de reunirse con nosotros, y si alguien sabe algo..., si a la policía se le ha pasado algo por alto... Vamos a destapar la verdad.

—China es inocente —añadió Cherokee—. La verdad... Está ahí. En algún lugar. Y China necesita...

—Lo que significa que el culpable es otro —le interrumpió Saint James—. Lo que convierte la situación en excesivamente delicada y peligrosa. —No añadió lo que quería decir en este punto: «Te prohíbo que vayas». No vivían en el siglo XVIII. Deborah era, en cualquier caso, una mujer independiente. Económicamente no, por supuesto. Podía evitar que fuera a Guernsey cerrándole el grifo o lo que se hiciera para aislar económicamente a una mujer. Pero le gustaba pensar que estaba por encima de esa clase de maquinaciones. Siempre había creído que la razón podía utilizarse más eficazmente que la intimidación—. ¿Cómo localizaréis a la gente con la que queréis hablar?

—Imagino que en Guernsey tendrán listines telefónicos —dijo Deborah.

—Me refiero a cómo sabréis con quién hablar —preguntó Saint James.

—Cherokee lo sabrá. China lo sabrá. Estaban en casa de Brouard. Conocieron a otras personas. Conseguirán los nombres.

—Pero ¿por qué querrían estas personas hablar con Cherokee? ¿O contigo, en realidad, cuando se enteren de tu relación con China?

—No se enterarán.

—¿No crees que la policía se lo dirá? Y aunque hablen contigo, y también con Cherokee, y aunque controléis esa parte de la situación, ¿qué haréis con el resto?

—¿Qué...?

—Las pruebas. ¿Cómo pensáis examinarlas? ¿Y cómo las reconoceréis si encontráis más?

—No soporto cuando te... —Deborah se volvió hacia Cherokee. Dijo—: ¿Nos permites un momento?

Cherokee la miró a ella y luego a Saint James.

—Todo esto os está ocasionando demasiados problemas. Ya habéis hecho suficiente: la embajada, Scotland Yard. Dejadme volver a Guernsey y yo...

Deborah le interrumpió con firmeza.

—Déjanos hablar un momento, por favor.

Cherokee miró al marido y luego a la esposa, luego otra vez al marido. Parecía dispuesto a hablar de nuevo, pero no dijo nada. Se fue a inspeccionar una lista con fechas de juicios colgada en un tablón de anuncios.

Deborah arremetió furiosa contra Saint James.

—¿Por qué haces esto?

—Sólo quiero que veas...

—Crees que soy una incompetente, ¿verdad?

—Eso no es verdad, Deborah.

—Incapaz de mantener algunas conversaciones con personas que podrían estar dispuestas a contarnos algo que no han contado a la policía, algo que podría cambiar las cosas, algo que podría sacar a China de la cárcel.

—Deborah, no es mi intención que pienses...

—Es mi amiga —prosiguió ella en voz baja y furibunda—. Y quiero ayudarla. Estuvo allí, Simon, en California. Fue la única persona... —Deborah se calló. Miró al techo y sacudió la cabeza como si con eso se desprendiera no sólo de la emoción sino también del recuerdo.

Saint James sabía qué estaba recordando. No necesitaba un mapa para ver cómo había llegado Deborah a su destino. China había sido su amiga del alma y su confesora durante los años en que él mismo le había fallado. Sin duda, también había estado allí cuando Deborah se había enamorado de Tommy Lynley y quizá había acompañado sus lágrimas cuando ese amor acabó.

Él lo sabía, pero no podía sacar el tema, del mismo modo que no podía desnudarse en público y exponer su cuerpo lisiado. Así que dijo:

—Cariño, escucha. Sé que quieres ayudar.

—¿Ah, sí? —dijo ella con rencor.

—Claro que sí. Pero no puedes andar investigando por Guernsey sólo porque quieras ayudar. No tienes los conocimientos necesarios y...

—Vaya, muchas gracias.

—... la policía no se va a mostrar nada dispuesta a colaborar. Y necesitáis su colaboración, Deborah. Si no revelan ninguna de sus pruebas, no tendréis forma de saber a ciencia cierta si China es realmente inocente.

—¡No pensarás que es la asesina! ¡Dios mío!

—No pienso ni lo uno ni lo otro. No estoy involucrado como lo estás tú. Y eso es lo que necesitas: alguien que tampoco esté involucrado.

Al escuchar sus propias palabras, Simon sintió que se estaba comprometiendo. Deborah no se lo había pedido y, ciertamente, no se lo pediría ahora, después de aquella conversación. Pero vio que era la única solución.

Deborah necesitaba su ayuda, y Simon había pasado más de la mitad de su vida tendiéndole la mano, con independencia de que ella hubiera aceptado su ayuda o no.

Capítulo 6

*P*aul Fielder se dirigió a su lugar especial cuando huyó de Valerie Duffy. Dejó las herramientas donde estaban. Sabía que hacía mal porque el señor Guy le había explicado que al menos una parte del trabajo bien hecho era el cuidado y mantenimiento de las herramientas del obrero, pero se dijo que volvería más tarde cuando Valerie no le viera. Se escabulliría por detrás de la casa, hacia la parte que quedaba más alejada de la cocina, y recogería las herramientas y las devolvería a los establos. Si se sentía seguro, tal vez incluso se pondría a trabajar entonces en los refugios. Y comprobaría el cementerio de patos y se aseguraría de que las pequeñas parcelas siguieran marcadas con los círculos de piedras y conchas. Sin embargo, sabía que tenía que hacer todo eso antes de que Kevin Duffy se topara con las herramientas. A Kevin no le gustaría encontrarlas entre los brotes húmedos de hierbajos, juncos y hierba que rodeaban el estanque.

Así que Paul no huyó muy lejos de Valerie. Sólo rodeó la parte delantera de la casa y se adentró en el bosque que quedaba al este del sendero de entrada. Allí recorrió el camino lleno de baches y cubierto de hojas bajo los árboles y flanqueado de rododendros y helechos, y lo siguió hasta que llegó a la segunda bifurcación a la derecha. Allí soltó la vieja bici junto al tronco de un sicomoro musgoso, parte de un árbol que había caído en su día por una tormenta y que se había convertido en el hogar hueco de criaturas salvajes. A partir de aquel punto, el camino era demasiado agreste para avanzar en bici, así que se ajustó con mayor firmeza la mochila al hombro y partió a pie con *Taboo* trotando a su lado, contento de emprender una aventura matutina en lugar de tener que esperar pacientemente como solía hacer, atado al menhir prehistórico de detrás del muro del patio del colegio, con un cuenco de agua a su lado y un puñado de galletas, a que Paul saliera a recogerle al final del día.

El destino de Paul era uno de los secretos que había compartido con el señor Guy.

—Creo que ya nos conocemos lo suficiente para algo especial —le había dicho el señor Guy la primera vez que le enseño a Paul el lugar—. Si quieres, si crees que estás preparado, tengo un modo de sellar nuestra amistad, mi príncipe.

Así había llamado a Paul, «mi príncipe». Al principio no, por supuesto, sino más tarde, cuando llegaron a conocerse mejor, cuando pareció que compartían una especie de afinidad poco común. No era que se parecieran ni que Paul hubiera creído jamás que podían parecerse. Pero entre ellos había existido compañerismo, y la primera vez que el señor Guy le había llamado «mi príncipe», Paul tuvo la seguridad de que el anciano también sentía ese compañerismo.

Así que había asentido con la cabeza. Estaba bastante preparado para sellar su amistad con aquel hombre importante que había entrado en su vida. No estaba del todo seguro de qué significaba sellar una amistad, pero su corazón saltaba de alegría cuando estaba con el señor Guy y, sin duda, las palabras del señor Guy indicaban que su corazón también saltaba de alegría. Así que significara lo que significase, sería bueno. Paul lo sabía.

El lugar de los espíritus era como llamaba el señor Guy al lugar especial. Era una cúpula de tierra como un cuenco vertical sobre el suelo, cubierta de densa hierba y con un sendero allanado alrededor.

El lugar de los espíritus estaba después del bosque, tras un muro de mampostería, parte de una pradera donde en su día pastaban, las dóciles vacas de Guernsey. Estaba cubierto de hierbajos, y lo estaban invadiendo rápidamente las zarzas y los helechos porque el señor Guy no tenía vacas que se comieran la maleza y los invernaderos que habrían podido sustituir al ganado se habían desmantelado cuando el señor Guy compró la propiedad.

Paul saltó el muro y cayó en el sendero. *Taboo* le siguió. El camino pasaba por entre los helechos hasta el propio túmulo, y allí se dirigieron por otro sendero que serpenteaba hacia el suroeste. El señor Guy le había contado que el sol habría brillado con fuerza e intensidad para los pueblos antiguos que habían utilizado aquel lugar.

A medio camino, en la circunferencia que rodeaba el túmulo, había una puerta de madera mucho más reciente que la propia cúpula. Colgaba de unas jambas de piedra debajo de un dintel también de piedra y estaba cerrada con un candado de combinación atravesado en una aldabilla.

—Tardé meses en encontrar el modo de entrar —le había dicho el señor Guy—. Sabía lo que era. Era fácil saberlo. ¿Qué otra razón explicaría la presencia de un túmulo de tierra en medio de una pradera? Pero ¿encontrar la entrada...? Fue endemoniadamente difícil, Paul. Había detritos apilados (zarzas, arbustos, de todo), y estas piedras de la entrada estaban llenas de maleza. Incluso cuando localicé las primeras debajo de la tierra y distinguí entre la entrada y las piedras de apoyo dentro del túmulo... Meses, mi príncipe. Tardé meses. Pero mereció la pena, creo. Acabé encontrando un lugar especial y créeme, Paul, todo hombre necesita un lugar especial.

Que el señor Guy estuviera dispuesto a compartir su lugar especial había hecho que Paul pestañeara sorprendido. Había notado que una gran oleada de felicidad le bloqueaba la garganta. Había sonreído como un imbécil, como un payaso. Pero el señor Guy había sabido qué significaba aquello. Había dicho:

—Noventa y tres veintisiete quince. ¿Lo recordarás? Así se entra. Sólo le doy la combinación a los amigos especiales, Paul.

Paul había grabado religiosamente esos números en su memoria y ahora los utilizó. Se guardó el candado en el bolsillo y abrió la puerta empujándola. Estaba a poco más de un metro del suelo, así que se quitó la mochila de la espalda y se la colocó en el pecho para tener más espacio. Se agachó para cruzar el dintel y entró gateando.

Taboo pasó delante de él, pero se detuvo, olisqueó el aire y gruñó. El interior estaba oscuro —iluminado sólo desde la puerta por el haz de luz débil de diciembre que no penetraba demasiado en la penumbra—, y aunque el lugar especial había

133

estado cerrado a cal y canto, Paul dudó cuando pareció que el perro no estaba seguro de entrar. Sabía que había espíritus en la isla: fantasmas de los muertos, duendes de las brujas y hadas que vivían en setos y arroyos. Así que aunque no tenía miedo de que hubiera un humano dentro del túmulo, podía haber algo más.

Taboo, sin embargo, no tuvo inconveniente en encontrar algo del mundo de los espíritus. Se aventuró a entrar, olisqueando las piedras que formaban el suelo, y desapareció en el hueco interior, lanzándose de allí al centro de la propia estructura, donde la parte alta del túmulo permitía que un hombre se irguiera. Al fin regresó a donde estaba Paul, dubitativo nada más cruzar la puerta. Meneó el rabo.

Paul se agachó y presionó la mejilla contra el pelo hirsuto del perro. *Taboo* le lamió la mejilla y se inclinó sobre las patas delanteras. Retrocedió tres pasos y aulló, lo que significaba que creía que habían ido allí a jugar; pero Paul le rascó las orejas, cerró con cuidado la puerta y la oscuridad de aquel lugar tranquilo los sepultó.

Lo conocía suficientemente bien para saberse el camino; con una mano sujetaba la mochila sobre el pecho y con la otra repasaba la pared húmeda de piedra mientras avanzaba despacio hasta el centro. Éste, le había dicho el señor Guy, era un lugar muy importante, una cripta desde donde los hombres prehistóricos enviaban a sus muertos en su último viaje. Se llamaba dolmen e incluso tenía un altar —aunque a Paul le parecía más una piedra vieja y desgastada, elevada sólo unos centímetros del suelo— y una cámara secundaria donde se realizaban los ritos religiosos, ritos sobre los que sólo se podía especular.

Paul había escuchado, mirado y temblado de frío la primera vez que había entrado en el lugar especial. Y cuando el señor Guy había encendido las velas que guardaba en un hueco poco profundo a un lado del altar, había visto a Paul temblando y había hecho algo para remediarlo.

Lo había llevado a la cámara secundaria, que tenía forma de dos palmas juntas y a la que se accedía pasando por detrás de una piedra vertical que parecía una estatua en una iglesia y cuya superficie estaba grabada. En esta cámara secundaria el señor Guy tenía un catre de tijera. Había mantas y una almohada. Había velas. Había una pequeña caja de madera.

El señor Guy había dicho:

—A veces vengo aquí a pensar, a estar solo para meditar. ¿Tú meditas, Paul? ¿Sabes lo que es descansar la mente? ¿Ponerla en blanco? ¿Sólo tú y Dios y el orden de la vida? ¿Eh? ¿No? Bueno, quizá podamos trabajar en eso, tú y yo, practicar un poco. Toma. Coge esta manta. Te enseñaré el lugar.

Lugares secretos, había pensado Paul. Lugares especiales para compartir con amigos especiales. O lugares donde uno podía estar solo, cuando uno necesitaba estar solo, como ahora.

Sin embargo, Paul nunca había estado allí solo. Hoy era su primera vez.

Avanzó sigilosamente y con cuidado hacia el centro del dolmen y caminó a tientas hasta la piedra del altar. A oscuras, pasó las manos por la superficie plana hasta el hueco de la base, donde estaban las velas. Además de las velas, dentro de este hueco había una lata de Pastillas de Menta Curiosamente Fuertes y, dentro de ésta, estaban las cerillas, resguardadas de la humedad. Paul las buscó y las sacó. Dejó la mochila en el suelo y encendió la primera de las velas, fijándola con cera en la piedra del altar.

Con un poco de luz, sintió menos ansiedad por estar solo en este lugar húmedo y oscuro. Miró las paredes de granito viejas a su alrededor, el techo curvado, el suelo lleno de agujeros.

—Es increíble que los hombres antiguos pudieran construir una estructura como ésta —había dicho el señor Guy—. Nos creemos mejores que los hombres de la Edad de Piedra, Paul, con nuestros móviles, nuestros ordenadores, y cosas por el estilo. Información instantánea que acompaña al resto de cosas instantáneas que tenemos. Pero mira esto, mi príncipe, mira este lugar. ¿Qué hemos construido nosotros en los últimos cien años que podamos afirmar que seguirá en pie dentro de cien mil años más? Nada de nada. Mira, Paul, mira esta piedra...

Y lo había hecho, con la cálida mano del señor Guy sobre su hombro mientras los dedos de su otra mano recorrían las marcas que mano tras mano tras mano antes que él habían grabado en la piedra que montaba guardia en la segunda cámara, donde el señor Guy tenía el catre de tijera y las mantas. Paul se dirigió allí ahora, a ese segundo hueco, con la mochila en la mano. Pasó detrás de la piedra centinela después de encender otra vela y con *Taboo* pegado a sus talones. Dejó la mochila en el suelo y la vela sobre la caja de madera donde la cera derretida marcaba el lugar de docenas de velas colocadas anteriormente. Cogió una de las mantas del catre para *Taboo*, la dobló en un cuadrado del tamaño del perro y la puso sobre el frío suelo de piedra. *Taboo* saltó encima agradecido y dio tres vueltas para hacerla suya antes de tumbarse con un suspiro. Descansó la cabeza sobre las patas y clavó los ojos amorosamente en Paul.

«Ese perro cree que quiero hacerte daño, mi príncipe.»

Pero no. Así era *Taboo*. Sabía el papel importante que jugaba en la vida de su dueño —único amigo, único compañero hasta que apareció el señor Guy—, y como conocía su papel, le gustaba que Paul supiera que sabía cuál era su papel. No podía decírselo, así que le observaba: todos sus movimientos, en todo momento, todos los días.

Así miraba también Paul al señor Guy cuando estaban juntos. Y a diferencia de otras personas en la vida de Paul, el señor Guy nunca se había molestado porque lo mirara fijamente.

—Te parece interesante, ¿verdad? —le preguntaba si se afeitaba cuando estaban juntos. Y nunca se burlaba de que el propio Paul, pese a su edad, aún no se afeitara—. ¿Cuánto debería cortármelo? —le preguntaba cuando Paul lo acompañaba al barbero en Saint Peter Port—. Ten cuidado con esas tijeras, Hal. Como puedes ver, mi hombre observa tus movimientos. —Y le guiñaba un ojo a Paul y hacía la señal que significaba «Amigos hasta la muerte»: los dedos de la mano derecha cruzados sobre la palma de la mano izquierda.

Y la muerte había llegado.

Paul notó que se le llenaban los ojos de lágrimas y las dejó brotar. No estaba en casa. No estaba en el colegio. Aquí era seguro echarlo de menos. Así que lloró tanto como quiso, hasta que le dolió el estómago y se le irritaron los párpados. Y a la luz de la vela, *Taboo* le observó fielmente, con total aceptación y un amor perfecto.

Agotado al fin de llorar, Paul se dio cuenta de que tenía que recordar las cosas buenas que le había reportado conocer al señor Guy: todo lo que había aprendido en su compañía, todo lo que había llegado a valorar y todo lo que le había animado a creer.

—Estamos aquí para algo más importante que simplemente pasar por la vida —le había dicho su amigo en más de una ocasión—. Estamos aquí para aclarar el pasado y compartir el futuro.

Una forma de aclarar el pasado iba a ser el museo. Para este fin, habían pasado largas horas en compañía del señor Ouseley y su padre. Gracias a ellos y al señor Guy, Paul había aprendido la importancia de los objetos que en su día habría tirado descuidadamente: la extraña hebilla encontrada en los jardines de Fort Doyle, oculta entre los hierbajos y enterrada durante décadas hasta que una tormenta batió la tierra de un roca; el farol inútil en un mercadillo ambulante; la medalla oxidada; los botones; el plato sucio.

—Esta isla es un verdadero cementerio —le había dicho el señor Guy—. Vamos a hacer algunos trabajos de exhumación. ¿Te gustaría participar?

La respuesta era fácil. Quería participar en todo aquello en lo que participaba el señor Guy.

Así que se involucró en el trabajo del museo con el señor Guy y el señor Ouseley. Fuera a donde fuera en la isla, tenía los ojos bien abiertos por si veía algo con lo que contribuir a la enorme colección.

Al final había encontrado algo. Había ido en la bici hacia el suroeste hasta La Congrelle, donde los nazis habían construido una de sus torres de vigilancia más feas: una erupción futurista de hormigón con rendijas para las armas antiaéreas que derribarían cualquier aparato que se acercara a la orilla. Sin embargo, no había ido en busca de nada relacionado con los cinco años de ocupación alemana, sino a echar un vistazo al último coche que se había despeñado por el acantilado.

La Congrelle era uno de los pocos acantilados de la isla a cuya cima se podía acceder en coche. A otros acantilados había que llegar a pie tras aparcar el coche a una distancia segura, pero en La Congrelle se podía conducir hasta el mismo borde. Era un buen lugar para suicidarse si uno deseaba que pensaran que había sido un accidente, porque al final de la carretera que iba de la Rue de la Trigale al canal, sólo había que girar a la derecha y acelerar los últimos cincuenta metros, atravesar los tojos bajos y cruzar la hierba al borde del acantilado. Una última pisada al acelerador a medida que la tierra desaparecía delante del capó y el coche saltaría y se precipitaría contra las rocas, y daría vueltas de campana hasta que lo detuviera una barrera irregular de granito, chocara contra el agua o se incendiara.

El coche en cuestión que Paul fue a ver había encontrado su final de esta última manera. No quedaba más que metal retorcido y un asiento ennegrecido, un hallazgo un poco decepcionante tras el largo trayecto en bici bajo el viento. Si hubiera habido algo más, quizá Paul habría iniciado el peligroso descenso para investigar. Como no era el caso, exploró la zona de la torre de vigilancia.

Vio que había habido un derrumbamiento de rocas, reciente por el aspecto de las piedras y los destrozos en el terreno del que se habían desprendido. En las piedras recién desnudadas no había ni las armerias ni las collejas que crecían en todos los acantilados. Y en las rocas que habían caído al agua no había guano, aunque los otros trozos más viejos de gneis estaban llenos.

Estar en aquel lugar era sumamente peligroso, y como isleño que había nacido y crecido allí, Paul lo sabía. Pero había aprendido del señor Guy que cuando la tierra se abría al hombre, a menudo revelaba secretos. Por esta razón, buscó por los alrededores.

Dejó a *Taboo* en la cima del acantilado y emprendió el camino por el corte profundo que había dejado el desprendimiento. Procuró agarrarse bien a una pieza fija de granito siempre que se le movían los pies, y de esta manera atravesó la fachada del acantilado, descendiendo como un cangrejo que busca una grieta en la que ocultarse.

Fue a medio camino donde lo encontró, tan incrustado por medio siglo de tierra, barro seco y guijarros que al principio creyó que no era más que una piedra elíptica. Pero cuando lo desprendió con el pie, vio el destello de lo que parecía un metal curvado que surgía del interior del propio objeto. Así que lo cogió.

No pudo examinarlo allí, en la pared del acantilado, así que lo subió a la cima sujetándolo entre la barbilla y el pecho. Allí, mientras *Taboo* olisqueaba el objeto entusiasmado, utilizó una navaja y, luego, los dedos para descubrir lo que la tierra había mantenido oculto durante tantos años.

¿Quién sabía cómo había acabado allí? Los nazis no se habían molestado en llevarse sus trastos cuando se dieron cuenta de que la guerra estaba perdida y que la invasión de Inglaterra no llegaría nunca. Simplemente se rindieron y, como los invasores derrotados que habían ocupado la isla antes que ellos, dejaron atrás todo aquello que consideraron inconveniente llevarse.

Al estar tan cerca de una torre de vigilancia que en su día habían ocupado soldados, no era de extrañar que sus desechos siguieran sin desenterrar. Si bien aquello no habría pertenecido a nadie, no cabía duda de que era algo que quizá los nazis habrían considerado útil si los aliados, las guerrillas o la resistencia hubieran conseguido desembarcar allí abajo.

Ahora, en la penumbra del lugar especial que él y el señor Guy habían compartido, Paul cogió la mochila. Había querido entregarle su descubrimiento al señor Ouseley en Moulin des Niaux, su primera contribución orgullosa en solitario. Pero ahora no podía hacerlo —no después de lo sucedido aquella mañana—, así que lo guardaría aquí, donde estaría a salvo.

Taboo levantó la cabeza y observó a Paul desabrochar las hebillas de la mochila. El chico metió la mano dentro y sacó la toalla vieja en la que había envuelto su tesoro. Como todos los buscadores de tesoros de la historia, abrió la toalla en la que había enrollado su descubrimiento para inspeccionarlo embelesado una última vez antes de guardarlo en un lugar seguro.

En realidad, la granada de mano seguramente no sería peligrosa, pensó Paul. El clima la habría maltratado a lo largo de los años antes de quedar enterrada en la tierra, y la anilla que en su día habría detonado el explosivo que llevaba dentro probablemente estaría oxidada y resultaría imposible moverla. Pero aun así, no era prudente llevarla consigo en la mochila. No necesitaba que ni el señor Guy ni nadie le dijeran que la prudencia sugería dejarla en un lugar donde nadie la encontrara por casualidad, sólo hasta que decidiera qué hacer con ella.

Dentro de la cámara secundaria del dolmen, donde se ocultaban ahora él y *Taboo*, estaba el escondite. El señor Guy también se lo había enseñado: una fisura natural entre dos de las piedras que componían la pared del dolmen. Originariamente no estaba allí, le había dicho el señor Guy. Pero el tiempo, el clima, los movimientos de tierra... Nada hecho por el hombre resiste del todo a la naturaleza.

El escondite estaba justo a un lado del catre y para los no iniciados parecía un mero hueco en las piedras y nada más. Pero si se deslizaba la mano bien adentro, se descubría un segundo hueco, más ancho, detrás de la piedra más próxima al catre: allí se encontraba el escondite donde podían guardarse los secretos y tesoros demasiado preciosos para la vista corriente.

«Enseñarte esto significa algo, Paul. Algo más importante que las palabras. Algo más importante que los pensamientos.»

Paul creía que en el escondite había suficiente espacio para la granada. Había metido la mano dentro otras veces, guiado por la mano del señor Guy y con sus palabras tranquilizadoras susurrándole al oído: «De momento no hay nada, no te tendería una fea trampa, príncipe». Así que sabía que había sitio para dos puños cerrados, espacio más que suficiente para depositar la granada. Y la profundidad del escondite bastaba de sobra. Porque Paul no había logrado tocar el fondo por mucho que estiraba el brazo.

Apartó el catre de tijera hacia un lado y dejó la caja de madera con su vela en el suelo, en el centro de la cámara. *Taboo* aulló frente a esta alteración de su espacio, pero Paul le dio una palmadita en la cabeza y le tocó cariñosamente la punta del hocico. No había nada de lo que preocuparse, dijo su gesto al perro. Aquí estaban a salvo. Ahora nadie lo conocía, sólo ellos dos.

Cogiendo la granada con cuidado, se tumbó en el frío suelo de piedra y deslizó el brazo en el interior de la estrecha fisura. Se ensanchaba unos quince centímetros desde la entrada, y aunque casi no podía ver el interior del escondrijo, sabía dónde se encontraba la segunda abertura por el tacto, así que no previó ningún problema para alojar la granada.

Pero sí lo había. A menos de diez centímetros dentro de la

140

fisura había otra cosa. Primero notó que sus nudillos chocaban con algo, algo firme, que no se movía y que resultaba totalmente inesperado.

Paul soltó un grito ahogado y retiró la mano, pero tardó sólo un momento en darse cuenta de que, fuera lo que fuera, sin duda no estaba vivo, así que no había motivo para asustarse. Dejó la granada cuidadosamente sobre el catre y acercó la vela a la entrada de la fisura.

El problema era que no podía iluminar el hueco y mirar dentro a la vez. Así que volvió a tumbarse boca abajo y deslizó la mano, luego el brazo, de nuevo en el interior del escondite.

Sus dedos lo encontraron, algo firme pero maleable. No era duro, sino suave. Tenía forma de cilindro. Lo cogió y empezó a sacarlo.

«Éste es un lugar especial, un lugar de secretos, y ahora es nuestro, tuyo y mío. ¿Sabes guardar un secreto, Paul?»

Sabía. Claro que sabía. Sabía hacerlo más que bien. Porque mientras lo atraía hacia él, Paul comprendió exactamente qué era lo que el señor Guy había ocultado dentro del dolmen.

La isla, al fin y al cabo, era un paisaje de secretos, y el propio dolmen era un lugar secreto dentro de aquel paisaje mayor de cosas enterradas, cosas calladas y recuerdos que la gente deseaba olvidar. A Paul no le extrañó que, en las profundidades de las edades de una tierra que aún podía dar medallas, sables, balas y otros objetos con más de medio siglo de antigüedad, yaciera sepultado algo mucho más valioso, algo de la época de los corsarios o incluso más antiguo, pero algo precioso. Y lo que estaba sacando de la fisura era la clave para encontrar algo enterrado hacía muchísimo tiempo.

Había encontrado un último regalo del señor Guy, ese hombre que ya le había dado tanto.

—*Énne rouelle dé faïtot* —dijo Ruth Brouard en respuesta a la pregunta de Margaret Chamberlain—. Se utiliza para los graneros, Margaret.

Margaret creyó que esta contestación era deliberadamente obtusa, muy típica de Ruth, quien nunca había llegado a caerle especialmente bien a pesar de haber tenido que vivir con la hermana de Guy durante todo el tiempo que estuvo casada con él. Ruth se había pegado demasiado a Guy, y una devoción tan grande entre hermanos era impropia. Olía a... Bueno, Margaret no quería ni pensar a qué olía. Sí, se daba cuenta de que estos hermanos en concreto —judíos como ella, pero judíos europeos durante la segunda guerra mundial, lo que les permitía en cierta medida un comportamiento extraño, eso no se lo discutía— habían perdido a toda su familia debido a la maldad implacable de los nazis y, por lo tanto, se habían visto obligados a serlo todo el uno para el otro desde muy pequeños. Pero el hecho de que en todos estos años Ruth nunca hubiera desarrollado una vida propia no sólo era cuestionable y previctoriano; era algo que, a los ojos de Margaret, la convertía en una mujer incompleta, en una especie de criatura inferior que había vivido a medias, y en la sombra, por si fuera poco.

Margaret decidió que tendría que tener paciencia.

—¿Para los graneros? —dijo—. No acabo de entenderlo, querida. La piedra sería bastante pequeña para caberle en la boca a Guy, ¿no? —Vio que su cuñada se estremecía al oír aquella última pregunta, como si hablar de ello despertara sus fantasías más oscuras sobre cómo Guy había encontrado la muerte: retorciéndose en la playa, agarrándose en vano la garganta. Bueno, no podía remediarlo. Margaret necesitaba información e iba a obtenerla.

—¿Qué uso tendría en un granero, Ruth?

Ruth levantó la vista de la labor con la que estaba ocupada cuando Margaret la localizó en el salón de desayuno. Era un lienzo enorme extendido sobre un marco de madera que a su vez descansaba sobre un atril ante el que estaba sentada Ruth, una figura menuda y delicada vestida con unos pantalones negros y una chaqueta negra muy amplia que en su día seguramente había pertenecido a Guy. Tenía las gafas redondas en la punta de la nariz y volvió a subírselas con su mano infantil.

—No se utiliza dentro del granero —le explicó—. Se pone en una anilla con las llaves del granero. Al menos, así se utilizaba en su día. Ahora quedan pocos graneros en Guernsey. Era para mantener a salvo los graneros de los duendes de las brujas. Protección, Margaret.

—Ah. Un amuleto, entonces.

—Sí.

—Entiendo. —Lo que pensó Margaret fue: «Qué ridículos estos isleños». Amuletos para brujas, paparruchadas para hadas, fantasmas en las cimas de los acantilados, demonios al acecho: nunca había pensado que su ex marido fuera un hombre que se tragara esas tonterías—. ¿Te han enseñado la piedra? ¿La reconociste? ¿Era de Guy? Sólo lo pregunto porque no me parece propio de él llevar encima amuletos o cosas por el estilo. Al menos, no del Guy que yo conocí. ¿Esperaba tener suerte en algún asunto?

«Con una mujer» fue lo que no añadió, aunque las dos sabían que la frase estaba allí. Aparte de los negocios —mundo en el que Guy Brouard había sido un rey Midas y no necesitaba suerte alguna—, el otro asunto que le había interesado era la búsqueda y conquista del sexo opuesto, algo que Margaret ignoró hasta que encontró unas bragas en el maletín de su marido, colocadas juguetonamente por la azafata de vuelo de Edimburgo a la que se follaba en secreto. Su matrimonio terminó en el instante en que Margaret encontró esas bragas en lugar del talonario que andaba buscando. Lo único que quedó durante los dos años siguientes fueron las reuniones de su abogado con el de él para negociar un trato que financiara el resto de su vida.

—El único asunto que ahora tenía entre manos era el museo de la guerra. —Ruth volvió a inclinarse sobre el marco que sujetaba la labor e introdujo la aguja expertamente por el diseño que había dibujado en ella—. Y para eso no llevaba amuleto. No le hacía falta, en realidad. Todo iba viento en popa, que yo sepa. —Volvió a alzar la mirada, con la aguja preparada para otra inmersión—. ¿Te habló del museo, Margaret? ¿Te lo ha contado Adrian?

Margaret no quería tocar el tema de Adrian con su cuñada ni con nadie, así que dijo:

—Sí. Sí. El museo. Por supuesto. Ya lo sabía.

Ruth sonrió, por dentro y afectuosamente al parecer.

—Estaba orgullosísimo de ser capaz de hacer algo por la isla, algo que perdurara, algo bueno y significativo.

A diferencia de su vida, pensó Margaret. Ella no estaba allí para escuchar elogios a Guy Brouard, patrón de todo y de todos. Sólo estaba allí para asegurarse de que, con su muerte, Guy Brouard se había erigido además en patrón de su único hijo varón.

—¿Qué pasará ahora con sus planes? —preguntó.

—Supongo que todo depende del testamento —contestó Ruth. Parecía hablar con cautela. Demasiada cautela, pensó Margaret—. El testamento de Guy, quiero decir. Bueno, claro, ¿de quién si no? En realidad, todavía no me he reunido con su abogado.

—¿Por qué no, querida? —preguntó Margaret.

—Supongo que porque hablar de su testamento hace que todo esto sea real, permanente. Lo estoy evitando.

—¿Preferirías que hablara yo con su abogado...? Si hay que arreglar papeles, estaré encantada de ocuparme, querida.

—Gracias, Margaret. Eres muy amable por ofrecerte, pero debo ocuparme yo. Debo... y lo haré. Pronto. Cuando... Cuando sienta que es el momento adecuado de hacerlo.

—Sí —murmuró Margaret—. Por supuesto. —Observó que su cuñada pasaba la aguja por el lienzo y la fijaba en su sitio, lo que indicaba que ponía fin a su labor de momento. Intentó parecer la empatía personificada, pero por dentro se moría de impaciencia por saber cómo habría repartido exactamente su ex marido su inmensa fortuna. En concreto, quería saber de qué forma se había acordado de Adrian. Porque aunque en vida se negó a dar a su hijo el dinero que necesitaba para su nuevo negocio, no cabía duda de que la muerte de Guy reportaría unos beneficios a Adrian que no había conseguido en su vida. Y eso volvería a juntar a Carmel Fitzgerald y a Adrian, ¿verdad? Así que por fin vería a Adrian casado: un hombre normal que llevaba una vida normal sin más incidentes peculiares de los que preocuparse.

Ruth se había acercado a un pequeño escritorio, de donde cogió un marco de fotos delicado. Cubría la mitad de un relicario, que miró con nostalgia. Margaret vio que era ese tedioso regalo de despedida que *Maman* les había dado en el muelle. *«Je vais conserver l'autre moitié, mes chéris. Nous le reconstituerons lorsque nous nous retrouverons.»*

*«*Sí, sí —quería decir Margaret—. Ya sé que la echas de menos, maldita sea, pero tenemos asuntos entre manos.»

—Pero cuanto antes mejor, querida —dijo Margaret con delicadeza—. Deberías hablar con él. Es bastante importante.

Ruth dejó el marco, pero siguió mirándolo.

—Las cosas no van a cambiar hablando con nadie —dijo.

—Pero las aclarará.

—Si hay que aclarar algo.

—Necesitas saber cómo quería... Bueno, cuál era su voluntad. Tienes que saberlo. Con un patrimonio tan grande como el suyo, mujer prevenida vale por dos, Ruth. No me cabe la menor duda de que su abogado estará de acuerdo conmigo. ¿Te ha llamado el abogado, por cierto? Al fin y al cabo, él debe saber...

—Oh, sí. Lo sabe.

«¿Y bien?», pensó Margaret. Pero dijo con dulzura:

—Entiendo. Sí. Bueno, todo a su tiempo, querida. Cuando te sientas preparada.

Que sería pronto, esperaba Margaret. No quería tener que quedarse en aquella isla infernal más tiempo del estrictamente necesario.

Ruth Brouard sabía una cosa sobre su cuñada. La presencia de Margaret en Le Reposoir no tenía nada que ver con su matrimonio fracasado con Guy, ni con ninguna pena o arrepentimiento que pudiera sentir por cómo se habían separado ella y Guy, ni siquiera con el respeto que creyera apropiado mostrar ante este terrible fallecimiento. En efecto, el que aún no hubiera mostrado la más mínima curiosidad por quién había asesinado al hermano de Ruth indicaba dónde residía su verdadera pasión. En su mente, Guy tenía un dineral y ella pretendía llevarse su parte. Si no para ella, para Adrian.

«Zorra vengativa» la llamaba Guy. «Tiene un montón de médicos dispuestos a testificar que el chico es demasiado inestable para estar en otro lugar que no sea con su maldita madre, Ruth. Pero es ella la que está echando a perder al pobre chico. La última vez que lo vi, tenía urticaria. Urticaria. A su edad. Dios santo, está loca.»

Así había sido año tras año, con visitas en vacaciones interrumpidas o canceladas hasta que la única posibilidad que le quedó a Guy para ver a su hijo fue hacerlo ante la presencia vigilante de su ex mujer. «Monta guardia, maldita sea —se indignaba Guy—. Seguramente porque sabe que si no lo hiciera, le diría que se despegara de las faldas de su madre... utilizando un hacha si es necesario. A ese chico no le pasa nada que no puedan arreglar unos años en un colegio decente. Y no me refiero a uno de esos lugares con duchas frías por la mañana y azotes en el trasero. Hablo de un colegio moderno donde aprendería a ser autosuficiente, algo que no va a aprender mientras siga pegado a su lado como una lapa.»

Pero Guy no lo consiguió. El resultado fue el pobre Adrian tal como era ahora, con treinta y siete años y ni un solo talento o cualidad que pudieran definirlo. A menos que una sucesión ininterrumpida de fracasos en todo, desde deportes de equipo a relaciones con mujeres, pudiera considerarse un talento. Esos fracasos también podían atribuirse a la relación de Adrian con su madre. No hacía falta ser psicólogo para llegar a esta conclusión. Pero Margaret nunca lo vería así, para no tener que asumir ninguna clase de responsabilidad en los constantes problemas de su hijo. Dios santo, nunca lo reconocería

Así era Margaret. Era de esas mujeres que decían: «No es culpa mía, arréglatelas tú solito». Si no podías arreglártelas tú solito, mejor cortabas toda relación.

Pobre querido Adrian, tener una madre como ella. Al fin y al cabo, que tuviera buenas intenciones no servía de nada, teniendo en cuenta el daño que acababa haciendo por el camino.

Ruth la observó, mientras Margaret fingía inspeccionar el único recuerdo que tenía de su madre, ese medio relicario roto para siempre. Era una mujer corpulenta, rubia, con el pelo bien recogido y llevaba unas gafas de sol en la cabeza... ¿en el gris mes de diciembre? ¡Qué insólito, ciertamente! Ruth no podía concebir que su hermano hubiera estado casado con aquella mujer, pero nunca había podido hacerlo. Nunca había logrado resignarse a la imagen de Margaret y Guy juntos como marido y mujer, no por el sexo que, naturalmente, formaba parte de la naturaleza humana y podía, en consecuencia, adaptarse a cualquier tipo de extraña pareja, sino por la parte emocional, la parte de compromiso, la parte que ella imaginaba —al no haber tenido nunca el privilegio de experimentarla— que era el terreno fértil en el que uno plantaba la semilla de la familia y el futuro.

Tal como se desarrollaron las cosas entre su hermano y Margaret, Ruth había acertado bastante al suponer que eran totalmente incompatibles. Si no hubieran tenido al pobre Adrian en un extraño momento de optimismo, seguramente habrían seguido caminos distintos tras poner fin a su matrimonio, la una agradecida por el dinero que había logrado excavar de las ruinas de su relación y el otro encantado de verla marchar con el dinero siempre que eso significara librarse de uno de sus peores errores. Pero como Adrian era una parte de la ecuación, Margaret no había caído en el olvido. Porque Guy quería a su hijo —aunque le frustrara—, y la existencia de Adrian convertía la de Margaret en un hecho inmutable. Hasta que uno de los dos muriera: Guy o la propia Margaret.

Pero ése era precisamente el tema en el que Ruth no quería pensar y del que no soportaba hablar, aunque sabía que no podría evitarlo indefinidamente.

Como si le leyera la mente, Margaret dejó el relicario sobre la mesa y dijo:

—Ruth, querida, no he podido sacarle ni diez palabras a Adrian sobre lo sucedido. No quiero ser morbosa, pero me gustaría entenderlo. El Guy que yo conocí no tuvo enemigos en su vida. Bueno, estaban sus mujeres, claro, y a las mujeres no nos gusta que nos dejen. Pero aunque hubiera hecho lo de siempre...

—Margaret, por favor —dijo Ruth.

—Espera —se apresuró a decir Margaret—. No podemos fingir, querida. No es el momento. Las dos sabemos cómo era. Pero lo que estoy diciendo es que una mujer, aunque la dejen, una mujer rara vez..., como venganza... Ya sabes qué quiero decir. Entonces, ¿quién...? A menos que esta vez fuera una mujer casada, ¿y el marido se enterara...? Aunque normalmente Guy evitaba a las casadas. —Margaret jugueteaba con uno de los tres pesados collares de oro que llevaba puestos, el que tenía un colgante. Era una perla, deforme y gigantesca, una excrecencia blanquecina que caía entre sus pechos como un pegote de puré de patatas petrificado.

—No tenía... —Ruth se preguntó por qué dolía tanto decirlo. Conocía a su hermano. Sabía cómo era: la suma de muchas partes buenas y sólo una oscura, dañina, peligrosa—. No tenía ninguna aventura. No había dejado a nadie.

—¿Acaso no han detenido a una mujer, querida?

—Sí.

—¿Y no estaban ella y Guy...?

—Por supuesto que no. Sólo llevaba aquí unos días. No tenía nada que ver con... nada.

Margaret ladeó la cabeza, y Ruth vio lo que estaba pensando. A Guy Brouard le bastaban unas pocas horas para conseguir sus propósitos cuando se trataba de sexo. Margaret estaba a punto de indagar en el tema. La expresión astuta en su rostro bastaba para transmitir que buscaba hacerlo de una forma que no sugiriera curiosidad morbosa ni la creencia de que su marido mujeriego al fin había recibido su merecido, sino compasión por el hecho de que Ruth hubiera perdido a su hermano, al que quería más que a su propia vida. Pero Ruth se salvó de tener que mantener esa conversación. Alguien llamó a la puerta abierta del salón de mañana con indecisión, y una voz temblorosa dijo:

—¿Ruthie? Yo... ¿Molesto...?

Ruth y Margaret se volvieron y vieron a una tercera mujer en la puerta y, detrás de ella, a una adolescente desgarbada y alta que aún no estaba acostumbrada a su estatura.

—Anaïs —dijo Ruth—. No te he oído entrar.

—Hemos utilizado nuestra llave. —Anaïs la mostró en la palma de su mano, una sencilla declaración del lugar que ocupaba en la vida de Guy—. Esperaba que fuera... Oh, Ruth, no puedo creer... Aún... No puedo... —Rompió a llorar.

La chica situada detrás de ella apartó la mirada nerviosa, frotándose las manos en las perneras del pantalón. Ruth cruzó la sala y abrazó a Anaïs Abbott.

—Puedes utilizar la llave cuando quieras. Es lo que habría querido Guy.

Mientras Anaïs lloraba sobre su hombro, Ruth extendió la mano a la hija de quince años de la mujer. Jemima sonrió fugazmente —ella y Ruth siempre se habían llevado bien—, pero no se acercó, sino que miró detrás de Ruth a Margaret y luego a su madre.

—Mamá —dijo en voz baja, pero angustiada. A Jemima nunca le habían gustado este tipo de manifestaciones. Desde que Ruth la conocía, se había avergonzado en más de una ocasión de la tendencia de Anaïs a la exhibición pública de sus sentimientos.

Margaret carraspeó significativamente. Anaïs se separó de los brazos de Ruth y sacó un paquete de pañuelos del bolsillo de la chaqueta de su traje pantalón. Iba vestida de negro de los pies a la cabeza; un casquete cubría su pelo rubio rojizo que cuidaba con esmero.

Ruth hizo las presentaciones. Era una situación incómoda: ex mujer, amante actual, hija de amante actual. Anaïs y Margaret intercambiaron unos saludos educados y se estudiaron mutuamente de inmediato.

No podían ser más distintas. A Guy le gustaban las rubias —siempre le habían gustado—, pero aparte de eso, las dos mujeres no compartían más similitudes, salvo quizá su pasado, porque a decir verdad, a Guy también le habían gustado siempre las mujeres normales. Y no importaba qué educación hubieran recibido, cómo vistieran o se comportaran o hubieran aprendido a pronunciar las palabras. De vez en cuando Anaïs aún tenía algo de barrio obrero, y la madre de Margaret, mujer de la limpieza, aparecía en su hija cuando ella menos quería que se conociera esa parte de su historia.

Aparte de eso, sin embargo, eran el día y la noche. Margaret era alta, imponente, autoritaria y se arreglaba demasiado; Anaïs era menudita, delgada hasta el punto de maltratarse físicamente para seguir los cánones odiosos de la actualidad —al margen de los pechos patentemente artificiales y demasiado voluptuosos—, pero siempre vestía como una mujer que nunca se había puesto un solo complemento sin la aprobación de su espejo.

Margaret, naturalmente, no había ido hasta Guernsey para conocer, menos aún consolar o entretener, a una de las muchas amantes de su ex marido. Así que después de murmurar un digno aunque tremendamente falso «Encantada de conocerte», le dijo a Ruth:

—Hablaremos más tarde, cielo. —Y abrazó a su cuñada, le dio dos besos en las mejillas y dijo—: Querida Ruth —como si quisiera que Anaïs Abbott supiera con este gesto inusitado y ligeramente inquietante que una de ellas ocupaba un lugar en esta familia y la otra no. Luego se fue, dejando tras de sí el rastro de Chanel N.º 5. Era demasiado temprano para llevar ese perfume, pensó Ruth. Pero Margaret no sería consciente de ello.

—Tendría que haber estado con él —dijo Anaïs en voz muy baja en cuanto la puerta se cerró detrás de Margaret—. Quería estar con él, Ruthie. Desde que pasó todo esto, no hago más que pensar que si hubiera pasado la noche aquí, habría bajado a la bahía por la mañana. A verlo, simplemente. Porque verlo era una alegría. Y... Oh, Dios mío, Dios mío, ¿por qué ha tenido que pasar esto?

«A mí» fue lo que no añadió. Pero Ruth no era estúpida. No había pasado toda la vida observando la manera como su hermano había iniciado, llevado y acabado sus enredos con las mujeres para no saber en qué punto se encontraba el eterno juego de seducción, desilusión y abandono que jugaba. Guy estaba a punto de romper con Anaïs Abbott cuando murió. Si Anaïs no lo sabía directamente, era probable que lo notara de algún modo.

—Ven —le dijo Ruth—. Sentémonos. ¿Le pido a Valerie un café? Jemima, ¿quieres algo, cielo?

—¿Tienes algo para *Biscuit*? Está ahí fuera. Se ha quedado sin comida esta mañana y...

—Pato, cielo —la interrumpió su madre. La reprobación estaba más que clara al llamar a Jemima por el apodo de su infancia. Esas dos palabras decían todo lo que Anaïs callaba: las niñas pequeñas se preocupan por sus perros; las chicas se preocupan por los chicos—. El perro sobrevivirá. De hecho, habría sobrevivido la mar de bien si lo hubiéramos dejado en casa, que es donde debería estar. Ya te lo he dicho. No podemos esperar que Ruth...

—Lo siento. —Pareció que Jemima había hablado más enérgicamente de lo que pensaba que debía hacerlo delante de Ruth, porque agachó la cabeza de inmediato y empezó a toquetear con una mano la costura de sus elegantes pantalones de lana. La pobre no iba vestida como una adolescente normal. Se había encargado de ello un curso de verano en una escuela de modelos de Londres en combinación con la observancia de su madre; por no mencionar la intrusión de ésta en el armario de la niña. Iba vestida como una modelo del *Vogue*. Pero a pesar del tiempo dedicado a aprender a maquillarse, peinarse y desfilar por la pasarela, en realidad seguía siendo la desgarbada Jemima, Pato para su familia y patosa a los ojos del mundo por el mismo tipo de torpeza que sentiría un pato si lo soltaran en un entorno donde le impidieran nadar en el agua.

Ruth se compadeció de la chica.

—¿Ese perrito tan dulce? —dijo—. Seguramente estará muy triste ahí fuera sin ti, Jemima. ¿Quieres entrarlo?

—Qué tontería —dijo Anaïs—. Está bien. Puede que esté sordo, pero tiene la vista y el olfato perfectamente. Sabe muy bien dónde está. Déjalo fuera.

—Sí. Claro. Pero ¿tal vez querría un poco de ternera picada? Y hay pastel de carne que sobró del almuerzo de ayer. Jemima, baja a la cocina y pídele a Valerie un poco de pastel. Puedes calentarlo en el microondas, si quieres.

Jemima alzó la cabeza, y su expresión reconfortó a Ruth más de lo que esperaba.

—¿No pasa nada si...? —dijo la niña mirando a su madre.

Anaïs era lo suficientemente lista para saber cuándo ceder a un viento más fuerte del que ella misma podía levantar.

—Ruthie, qué buena eres. No queremos ocasionarte la más mínima molestia.

—Y no lo hacéis —dijo Ruth—. Anda, ve, Jemima. Déjanos charlar un rato a las chicas mayores.

Ruth no pretendía que la expresión «chicas mayores» resultara ofensiva; pero al marcharse Jemima, vio que sí lo había resultado. Con la edad que estaba dispuesta a anunciar —cuarenta y seis—, Anaïs podía ser hija de Ruth, en realidad. Sin duda lo parecía. Y se esforzaba al máximo para parecerlo. Porque sabía mejor que la mayoría de las mujeres que los hombres mayores se sentían atraídos por la juventud y la belleza femeninas del mismo modo que la juventud y la belleza femeninas se sentían atraídas por la fuente que proporcionaba los medios para mantenerlas. En cualquier caso, la edad no importaba. El aspecto y los recursos lo eran todo. Hablar de la edad, sin embargo, había sido una especie de metedura de pata. Pero Ruth no hizo nada para suavizar la incorrección. Estaba llorando la muerte de su hermano, por el amor de Dios. Podían disculparla.

Anaïs se acercó al marco de la labor. Examinó el diseño del último panel.

—¿Qué número es éste?

—El quince, creo.

—¿Y cuántos te quedan aún?

—Los necesarios para contar toda la historia.

—¿Entera? ¿Incluso que Guy... al final? —Anaïs tenía los ojos rojos, pero no lloró más. Pareció utilizar su propia pregunta para introducir el motivo de su visita a Le Reposoir—. Ahora todo ha cambiado, Ruth. Estoy preocupada por ti. ¿Estás bien atendida?

Por un momento, Ruth pensó que se refería al cáncer y a cómo iba a enfrentarse a su muerte inminente.

—Creo que seré capaz de sobrellevarlo —dijo, pero la respuesta de Anaïs la sacó del error de pensar que la mujer había ido a ofrecerle protección, cuidados o simplemente apoyo durante los meses venideros.

—¿Has leído el testamento, Ruthie? —dijo Anaïs. Y como si en el fondo supiera realmente lo vulgar que era aquella pregunta, añadió—: ¿Has podido asegurarte de que vas a estar bien atendida?

Ruth le contó a la amante de su hermano lo que le había contado a la ex mujer de su hermano. Se las arregló para transmitir la información con dignidad, pese a lo que quería decir sobre quién debería interesarse por el reparto de la fortuna de Guy y quién no.

—Ah. —La voz de Anaïs reflejaba su decepción. Que no hubiera una lectura del testamento sugería que no tendría la seguridad de cuándo, cómo o si iba a ser capaz de pagar los miles de tipos de formas que había elegido para conservarse joven desde que había conocido a Guy. También significaba que seguramente los lobos estarían diez pasos más cerca de la puerta de la impresionante casa que ocupaban ella y su hija al norte de la isla cerca de la bahía de Le Grand Havre. Ruth siempre había sospechado que Anaïs Abbott vivía por encima de sus posibilidades, fuera viuda de un financiero o no; y en cualquier caso, ¿quién sabía qué significaba eso: «Mi marido era financiero»,

en estos días en que las acciones no valían nada una semana
después de comprarlas y los mercados mundiales se asentaban
en arenas movedizas? Naturalmente, podía ser un mago de las
finanzas que multiplicaba el dinero de los demás como panes
ante los pobres, o un corredor de Bolsa capaz de convertir cinco
libras en cinco millones con el tiempo, la fe y los recursos suficientes. Pero, por otro lado, podía ser simplemente un empleado de Barclays cuyo seguro de vida había permitido a su apena-
da viuda moverse en círculos más elevados que aquellos en los
que había nacido y entrado por matrimonio. Fuera lo que fuese, acceder a esos círculos y moverse en ellos requería dinero
contante y sonante: para la casa, la ropa, el coche, las vacaciones..., por no mencionar esos pequeños imprevistos como la comida. Así que era razonable pensar que seguramente en estos
momentos Anaïs Abbott se encontrara en una situación desesperada. Había realizado una inversión considerable en su relación con Guy. Para que esa inversión generara dividendos, se
suponía que Guy tenía que vivir y estar dispuesto a casarse.

Aunque Ruth sintiera cierta aversión por Anaïs Abbott debido al plan maestro que creía que siempre había seguido, sabía
que tenía que excusar como mínimo parte de sus maquinaciones. Porque Guy sí que le había inducido a creer en la posibilidad de una unión entre ellos, una unión legal, cogidos de la
mano delante de un cura o unos minutos sonriendo y sonro-
jándose en Le Greffe. Era razonable que Anaïs hiciera ciertas
suposiciones porque Guy había sido generoso. Ruth sabía que
había sido él quien había mandado a Jemima a Londres y albergaba pocas dudas respecto a que también fuera la razón —económica o no— de que los pechos de Anaïs sobresalieran como
dos firmes melones franceses perfectamente simétricos de un
tórax demasiado pequeño para acomodarlos de manera natural.
Pero ¿estaba todo pagado, o había facturas pendientes? Ésa era
la cuestión. En un momento, Ruth tuvo la respuesta.

—Le echo de menos, Ruth —dijo Anaïs—. Era... Tú sabes
que le quería, ¿verdad? Tú sabes cuánto le quería, ¿verdad?

Ruth asintió con la cabeza. El cáncer que se alimentaba de
su columna vertebral comenzaba a exigir su atención. Asentir
con la cabeza era lo único que podía hacer cuando aparecía el
dolor e intentaba dominarlo.

153

—Él lo era todo para mí, Ruth. Mi pilar. Mi centro. —Anaïs agachó la cabeza. Unos rizos suaves escaparon de su casquete, y se posaron en su nuca como la caricia de un hombre—. Tenía una forma de enfrentarse a las cosas... Las sugerencias que hacía... Las cosas que hacía... ¿Sabías que fue idea suya que Jemima fuera a Londres al curso de modelo? Para que ganara seguridad en sí misma, decía. Era muy propio de Guy, tan lleno de generosidad y amor.

Ruth volvió a asentir, atrapada por la garra del cáncer. Apretó los labios y reprimió un gruñido.

—No había nada que no hiciera por nosotros —dijo Anaïs—. El coche... Su mantenimiento... La piscina... Ahí estaba, ayudando, dando. Qué hombre tan maravilloso. Nunca conoceré a nadie tan... Se portó tan bien conmigo. ¿Y ahora sin él...? Siento que lo he perdido todo. ¿Te dijo que este año pagó los uniformes del colegio? Sé que no. No lo haría porque en eso consistía parte de su bondad, en proteger el orgullo de las personas a las que ayudaba. Incluso... Ruth, este hombre bueno, querido, incluso me daba una asignación mensual. «Significas más para mí de lo que nunca creía que significaría nadie, y quiero que tengas más de lo que puedas darte tú misma.» Se lo agradecí, Ruth, una y otra vez. Pero nunca llegué a agradecérselo bastante. Aun así, quería que supieras algunas de las cosas buenas que hizo, todo lo bueno que hizo por mí, para ayudarme, Ruth.

Sólo podría haber hecho más ostensible su petición garabateándola en la alfombra Wilton. Ruth se preguntó qué cotas de mal gusto iba a alcanzar su hermano con sus supuestas dolencias.

—Gracias por tu elegía, Anaïs —decidió decirle a la mujer—. Saber que sabías que era la bondad personificada... —«Y lo era, lo era», gritó el corazón de Ruth—. Es un acto de bondad que hayas venido a decírmelo. Te estoy tremendamente agradecida. Eres muy buena.

Anaïs abrió la boca para hablar. Incluso tomó aire antes de darse cuenta, al parecer, de que no había nada más que decir. No podía pedirle dinero directamente en este momento sin parecer avariciosa y grosera. Aunque no le importara demasiado, seguramente no estaría dispuesta a dejar de fingir tan pronto que era una viuda independiente para quien era más importante tener una relación sólida que aquello que la financiaba. Llevaba fingiendo demasiado tiempo.

Así que mientras seguían sentadas en el salón de mañana, Anaïs Abbott no dijo nada más y Ruth tampoco. Al fin y al cabo, ¿qué más podían decirse en realidad?

Capítulo 7

*E*n Londres, el tiempo siguió mejorando durante el día, y gracias a ello los Saint James y Cherokee River pudieron iniciar el viaje a Guernsey. Llegaron a última hora de la tarde, después de sobrevolar el aeropuerto y ver debajo de ellos, mientras anochecía, las estrechas carreteras como hilos grises de algodón desenrollándose caprichosamente, serpenteando por entre aldeas rocosas y campos pelados. El cristal de innumerables invernaderos atrapaba los últimos rayos de sol, y los árboles desnudos en los valles y las laderas marcaban las zonas donde los vientos y las tormentas atacaban con menos fiereza. Era un paisaje variado desde el aire: acantilados altos e imponentes al este y al sur de la isla que descendían hasta bahías tranquilas al oeste y el norte.

La isla estaba desierta en esta época del año. Los turistas llenarían la maraña de carreteras hacia finales de primavera y en verano, para dirigirse a las playas, los senderos de los acantilados o los puertos, explorar las iglesias, castillos y fuertes de Guernsey. Pasearían, nadarían, navegarían e irían en bici. Atestarían las calles y abarrotarían los hoteles. Pero en diciembre, tres tipos de personas ocupaban la isla del canal: los propios isleños atados al lugar por costumbre, tradición y amor; los exiliados fiscales resueltos a ocultar la mayor cantidad de su dinero posible a sus respectivos gobiernos; y los banqueros que trabajaban en Saint Peter Port y volaban a su casa en Inglaterra los fines de semana.

Fue a Saint Peter Port adonde se dirigieron los Saint James y Cherokee River. Era la ciudad más grande y donde se hallaba la sede del gobierno de la isla. También era donde se encontraba la comisaría central de la policía y donde el abogado de China River tenía su despacho.

Cherokee estuvo muy locuaz durante la mayor parte del viaje. Cambiaba de un tema a otro como si le aterrorizara lo que pudiera implicar el silencio entre ellos, y Saint James se preguntó si el torrente constante de conversación estaba diseñado para evitar que se plantearan la futilidad de la misión que habían emprendido. Si habían detenido y acusado a China River, habría pruebas para juzgarla por el crimen. Si esas pruebas no eran circunstanciales, Saint James sabía que poco o nada podría hacer para interpretarlas de modo distinto al de los expertos de la policía.

Pero mientras Cherokee continuaba su monólogo, empezó a parecer menos un acto para distraerles de sacar conclusiones sobre su objetivo y más una forma de vincularse a ellos. Saint James desempeñó el papel de observador, la tercera rueda de una bicicleta que avanzaba a trompicones hacia lo desconocido. Le pareció un viaje sumamente incómodo.

Cherokee habló casi todo el tiempo sobre su hermana. Chine —como la llamaba él— por fin había aprendido a hacer surf. ¿Lo sabía Debs? Su novio, Matt —¡llegó Debs a conocer a Matt? Seguro que sí, ¿no?—, bueno, por fin logró que se metiera en el mar... Vaya, que se adentrara lo suficiente, porque siempre le aterró encontrarse con un tiburón. Él le enseñó lo básico e hizo que practicara, y el día que por fin se puso de pie... Por fin entendió en qué consiste, lo entendió mentalmente. El zen del surf. Cherokee siempre quería que bajara a hacer surf a Huntington con él... en febrero o marzo, cuando las olas eran una pasada; pero no fue nunca porque para ella ir al condado de Orange significaba ir a ver a mamá, y Chine y mamá... Tenían una relación conflictiva. Eran demasiado distintas. Mamá siempre hacía algo mal. Como la última vez que Chine fue a pasar un fin de semana, haría más de dos años seguramente; armó un escándalo porque mamá no tenía vasos limpios. No es que Chine no pudiera lavar ella misma un vaso, pero mamá tendría que haberlos fregado antes porque fregar los vasos antes significaba algo, como «Te quiero» o «Bienvenida» o «Quiero que estés aquí». En cualquier caso, Cherokee siempre intentaba mantenerse al margen cuando discutían. Las dos eran, ya sabéis, muy buena gente, mamá y Chine. Sólo que eran muy distintas. Sin embargo, siempre que Chine iba al cañón —Debs

157

sabía que Cherokee vivía en el cañón, ¿verdad? ¿En Modjeska? ¿En el interior? ¿En esa cabaña con los troncos delante?—, bueno, el caso era que cuando Chine iba a verle, Cherokee ponía vasos limpios por todas partes, en serie. No es que tuviera demasiados. Pero los que tenía... estaban por todas partes. Chine quería vasos limpios, y Cherokee le daba vasos limpios. Pero era extraño, ¿verdad?, las cosas que hacían explotar a la gente...

Durante todo el camino hasta Guernsey, Deborah escuchó compasivamente las divagaciones de Cherokee. Pasó por el recuerdo, la revelación y la explicación y, al cabo de una hora, Saint James tuvo la impresión de que además de la angustia natural que sentía el hombre por la situación de su hermana, también se sentía culpable. Si no hubiera insistido en que fuera con él, no estaría donde estaba en estos momentos. Era responsable al menos de eso. «A la gente le pasan cosas chungas» fue como lo expresó él, pero estaba claro que esta «cosa chunga» en particular no le habría sucedido a esta persona en concreto si Cherokee no hubiera querido que lo acompañara. Y él había querido que lo acompañara porque necesitaba que lo acompañara, explicó, porque, para empezar, era la única forma que tenía él de poder ir, y él había querido ir porque quería el dinero porque por fin tenía un trabajo en mente que creía poder desempeñar durante veinticinco años o más y necesitaba una entrada para financiarlo. Un pesquero, de eso se trataba, en resumidas cuentas. China River estaba entre rejas porque el capullo de su hermano quería comprar un pesquero.

—Pero tú no sabías lo que iba a pasar —protestó Deborah.

—Ya lo sé. Pero eso no hace que me sienta mejor. Tengo que sacarla de ahí, Debs. —Y ofreciéndoles una sonrisa seria a ella y luego a Saint James, añadió—: Gracias por ayudarme. No voy a poder pagároslo nunca.

Saint James quería decirle al hombre que su hermana todavía no estaba fuera de la cárcel y que había muchas posibilidades de que aunque se estableciera una fianza y la pagara, su libertad, llegados a ese punto, tan sólo se aplazaría temporalmente. Así que simplemente dijo:

—Haremos lo que podamos.

A lo que Cherokee respondió:

—Gracias. Sois los mejores.

A lo que Deborah dijo:

—Somos tus amigos, Cherokee.

En ese momento al hombre pareció embargarle la emoción, que cruzó su rostro un instante. Sólo logró asentir con la cabeza e hizo ese extraño gesto con el puño cerrado que los estadounidenses tendían a utilizar para indicar de todo, desde gratitud a conformidad política.

O quizá ahora lo utilizaba para otra cosa.

Saint James no podía apartar ese pensamiento de su cabeza. Y tampoco había sido realmente capaz de hacerlo desde el momento en que había mirado a la tribuna de espectadores de la sala número tres y había visto a su mujer y al americano allí arriba: hombro con hombro, Deborah murmurando algo a Cherokee, que la escuchaba con la cabeza agachada. Algo no iba bien en el mundo. Saint James lo creía a un nivel que no podía explicar. Así que la sensación de un tiempo fuera de quicio hizo que le resultara difícil ratificar la declaración de amistad de su mujer hacia el otro hombre. No dijo nada y, cuando Deborah le miró como preguntando por qué, él no le ofreció ninguna respuesta con la mirada. Aquello, lo sabía, no mejoraría las cosas entre ellos. Deborah seguía molesta con él por la conversación en Old Bailey.

Cuando llegaron a la ciudad, se hospedaron en Ann's Place, un antiguo edificio gubernamental que habían reconvertido en hotel hacía tiempo. Allí se separaron: Cherokee y Deborah fueron a la cárcel donde esperaban poder hablar con China en la sección de presos preventivos, y Saint James se dirigió a la comisaría de policía, donde quería localizar al inspector encargado de la investigación.

Seguía estando incómodo. Sabía muy bien que no debería estar allí, inmiscuyéndose en una investigación policial donde no sería bien recibido. Al menos en Inglaterra, había casos que podía mencionar si llamaba a un cuerpo policial para solicitar información. «¿Recuerdan el secuestro de Bowen?», podía decir prácticamente en toda Inglaterra... «¿Y ese estrangulamiento en Cambridge el año pasado?» Si le daban la oportunidad de explicar quién era y buscar puntos en común con la policía, Saint James había descubierto que, por lo general, los policías del Reino Unido estaban dispuestos a compartir la información que tuvieran mientras no se vieran afectados por sus intentos de averiguar algo más. Pero aquí las cosas eran distintas, por lo que lograr la colaboración de la policía, o en su defecto conseguir que aprobaran a regañadientes que hablara con las personas relacionadas con el crimen, no dependería de refrescarles la memoria acerca de los casos en los que había trabajado o los juicios penales en los que había participado. Eso le situaba en un lugar en el que no quería estar, puesto que tendría que confiar en su habilidad menos desarrollada para ganarse el acceso a la comunidad de investigadores: la capacidad de conectar con otra persona.

Siguió la curva de Ann's Place, dado que desembocaba en Hospital Lane y más allá estaba la comisaría. Reflexionó acerca de la idea de conectar con los demás. Quizá, pensó, esa incapacidad suya creaba un abismo entre él y los otros; siempre el dichoso científico desapasionado, siempre introspectivo y pensativo, siempre considerando, sopesando y observando cuando las otras personas sólo se preocupaban de ser... Tal vez ahí residía también el origen de la inquietud que despertaba en él Cherokee River.

—¡Sí que recuerdo el surf! —había dicho Deborah, cuyo rostro cambió un instante cuando le vino a la mente la experiencia compartida—. Fuimos los tres una vez... ¿Te acuerdas? ¿Dónde estábamos?

Cherokee se había quedado pensando antes de decir:

—Claro. Era Seal Beach, Debs. Más fácil que en Huntington, más protegido.

—Sí, sí. Seal Beach. Me hiciste meterme en el agua y me tambaleé en la tabla y no dejé de chillar por si chocaba contra el embarcadero.

—Algo que no hubiera pasado ni por asomo —dijo él—. Era imposible que te sostuvieras encima de la tabla el tiempo suficiente para chocar con nada, a menos que decidieras dormir encima.

Se rieron juntos, otro vínculo forjado, un instante natural entre dos personas cuando reconocían que existía una cadena común que conectaba el presente con el pasado.

Y así sucedía entre todas las personas que compartían cualquier tipo de historia, pensó Saint James. Así eran las cosas.

Cruzó la calle hasta la comisaría central de la policía de

Guernsey. Se encontraba detrás de un muro imponente de una piedra con vetas de feldespato, y era un edificio en forma de «L» con cuatro hileras de ventanas en sus dos alas y la bandera de Guernsey ondeando en lo alto. Dentro, en la recepción, Saint James dio su nombre y tarjeta a un agente. ¿Sería posible, preguntó, hablar con el policía jefe encargado de la investigación del asesinato de Guy Brouard, o, si no, con el jefe de prensa?

El agente examinó la tarjeta. Su rostro indicaba que iban a realizarse algunas llamadas telefónicas al otro lado del canal para determinar exactamente quién era este científico forense que había aparecido por la puerta. Tanto mejor, porque si había que hacer alguna llamada, sería a la Met, a la fiscalía o a la universidad donde impartía clases Saint James, y si ése era el caso, tenía el terreno allanado.

Saint James estuvo veinte minutos esperando con impaciencia en recepción y leyó el tablón de anuncios media docena de veces. Pero fueron veinte minutos bien empleados, porque cuando pasaron, el inspector en jefe Louis Le Gallez salió personalmente para conducir a Saint James al centro de operaciones, una enorme capilla antigua con arcos estilo tudor en la que el equipo de ejercicio del departamento rivalizaba con archivadores, mesas de ordenador, tablones de anuncios y pizarras.

El inspector en jefe Le Gallez quería saber, naturalmente, qué interés tenía un científico forense de Londres en una investigación de asesinato en Guernsey que ya estaba cerrada.

—Tenemos al asesino —dijo, con los brazos cruzados sobre el pecho y una pierna colgando sobre la esquina de la mesa. Apoyó su peso, que era considerable para un hombre tan bajo, en el borde de la mesa y movió la tarjeta de Saint James adelante y atrás contra el lateral de su mano. Mostraba curiosidad más que cautela.

Saint James optó por ser totalmente sincero. El hermano de la acusada, comprensiblemente afectado por lo que le había ocurrido a su hermana, había pedido ayuda a Saint James después de no lograr que la embajada estadounidense intercediera por ella.

—La embajada estadounidense ha hecho lo que correspon-

ELIZABETH GEORGE

día —respondió Le Gallez—. No sé qué más espera ese tipo. Él también fue sospechoso, por cierto. Pero la verdad es que lo fueron todos los que asistieron a la fiesta de Brouard. La noche antes de que la palmara. Media isla estaba allí. Y si eso no complicó terriblemente el asunto, nada lo complicó, créame.

Le Gallez tomó la iniciativa como si fuera plenamente consciente de hacia dónde pretendería dirigir Saint James la conversación a partir del comentario sobre la fiesta. Prosiguió diciendo que se había interrogado a todo el mundo que había estado en casa de los Brouard la noche antes del asesinato y que durante los días posteriores a la muerte de Guy Brouard no habían descubierto nada que alterara las sospechas iniciales de los investigadores: cualquiera que se hubiera escabullido de Le Reposoir como hicieron los River la mañana del asesinato era alguien a quien había que investigar.

—¿Todos los demás invitados tenían coartada para la hora del asesinato? —preguntó Saint James.

Él no había insinuado eso, contestó Le Gallez. Pero en cuanto se acumularon las pruebas, lo que hacían el resto de personas la mañana que murió Guy Brouard no tenía nada que ver con el caso.

Lo que tenían contra China River era condenatorio, y Le Gallez pareció encantado de enumerarlo. Sus cuatro agentes de la escena del crimen habían examinado el lugar, y su patólogo forense había examinado el cuerpo. La señorita River había dejado una huella parcial en la escena: una pisada, parcialmente oculta por briznas de algas, había que reconocerlo; pero en las suelas de sus zapatos había incrustados granos de arena que se correspondían exactamente con la arena gruesa de la playa, y esos mismos zapatos se correspondían también con la huella parcial.

—Puede que estuviera allí en cualquier otro momento —dijo Saint James.

—Puede. Cierto. Conozco la historia. Brouard les dijo qué lugares visitar cuando no se los podía enseñar él mismo. Pero lo que no hizo fue enganchar un cabello de ella en la cremallera de la chaqueta del chándal que llevaba puesto cuando murió. Y tampoco apostaría a que se secó la cabeza con su abrigo.

—¿Qué clase de abrigo?

—Uno negro, con un botón en el cuello y sin mangas.

—¿Una capa?

—Con cabellos de Brouard, justo donde cabría esperar si uno lo rodeara con el brazo para inmovilizarlo. La muy estúpida no pensó en utilizar un cepillo para la ropa para limpiarla.

—El modo del asesinato... Es un poco insólito, ¿no le parece a usted? —dijo Saint James—. ¿La piedra? ¿Que se ahogara? Si no se la tragó por accidente...

—No es probable, maldita sea —dijo Le Gallez.

—... entonces alguien debió de metérsela en la garganta. Pero ¿cómo? ¿Cuándo? ¿En medio de un forcejeo? ¿Había indicios de lucha? ¿En la playa? ¿En su cuerpo? ¿En la señorita River cuando la detuvieron?

El inspector negó con la cabeza.

—No hubo lucha. Pero no fue necesaria. Por eso buscamos a una mujer desde el principio. —Se dirigió a una de las mesas y cogió un recipiente de plástico cuyo contenido echó en la palma de su mano. Lo tocó con el dedo y dijo—: Sí. Esto servirá. —Y cogió un paquete medio abierto de cigarrillos Polo. Sacó uno con el pulgar, lo levantó para que Saint James lo viera y dijo—: La piedra en cuestión es un poco más grande que esto. Tiene un agujero en el centro para introducirla en la anilla de un llavero. También tiene unos grabados en los lados. Observe. —Se metió el cigarrillo en la boca, lo colocó con la lengua contra la mejilla y dijo—: Se pueden pasar algo más que gérmenes con un beso en la boca, amigo.

Saint James comprendió la idea; sin embargo, tenía sus dudas. En su opinión, la teoría del investigador era tremendamente improbable.

—Pero tendría que hacer algo más que simplemente pasarle la piedra en la boca. Sí. Veo que es posible que ella la pusiera en la lengua de él si estaban besándose, pero sin duda no se la metió hasta la garganta. ¿Cómo pudo hacer eso?

—Sorpresa —replicó Le Gallez—. Le pilló desprevenido cuando le metió la piedra en la boca. Le puso una mano en la nuca mientras se besaban y él estaba en la posición correcta. Le puso la otra mano en la mejilla y, cuando él se apartó porque le pasó la piedra, ella lo inmovilizó con la parte interior del codo, lo inclinó hacia atrás y le agarró la garganta. Y la piedra bajó. El hombre estaba perdido.

—No le importará que le diga que es un poco improbable —dijo Saint James—. Sus fiscales no pueden esperar convencer a... ¿Aquí hay jurado?

—Eso no importa. La piedra no tiene que convencer a nadie —dijo Le Gallez—. Sólo es una teoría. Puede que ni siquiera salga en el juicio.

—¿Por qué no?

Le Gallez esbozó una sonrisa.

—Porque tenemos un testigo, señor Saint James —dijo—. Y un testigo vale más que cien expertos y sus mil teorías, ya me entiende.

En la cárcel donde China estaba en prisión preventiva, Deborah y Cherokee se enteraron de que los hechos habían avanzado deprisa durante las veinticuatro horas transcurridas desde que el hermano había dejado la isla para buscar ayuda en Londres. El abogado de China había logrado que saliera bajo fianza y la había instalado en otro lugar. La administración penitenciaria sabía dónde, naturalmente, pero no se mostraron muy comunicativos con la información.

Deborah y Cherokee, por lo tanto, regresaron a Saint Peter Port, y cuando encontraron una cabina telefónica donde Vale Road se abría a una vista amplia de la bahía de Belle Greve, Cherokee se bajó del coche para llamar al abogado. Deborah observó a través del cristal de la cabina y vio que el hermano de China estaba comprensiblemente inquieto, golpeando el cristal con el puño mientras hablaba. Aunque no era una experta en leer los labios, Deborah pudo distinguir un «Eh, tío, escucha tú», cuando Cherokee pronunció la frase. Su conversación duró tres o cuatro minutos, no lo suficiente para tranquilizar a Cherokee, pero sí para descubrir dónde había alojado a su hermana.

—La tiene en un apartamento en Saint Peter Port —informó Cherokee mientras volvía a subir al coche y arrancaba—, en uno de esos sitios que la gente alquila en verano. «Está encantada de estar allí», ha dicho literalmente. Ya me explicarás que querrá decir eso.

—Un piso de veraneo —dijo Deborah—. Seguramente, estará vacío hasta la primavera.

—Sea como sea —dijo él—, podría haberme mandado un mensaje o algo. Yo estoy metido en esto, ¿sabes? Le he preguntado por qué no me ha informado de que iba a sacarla y me ha dicho... ¿Sabes qué me ha dicho? «La señorita River no me ha comentado que le dijera a nadie dónde estaba.» Como si quisiera esconderse.

Regresaron a Saint Peter Port, donde no fue tarea fácil encontrar los pisos de veraneo en los que habían instalado a China, a pesar de tener la dirección. La ciudad era un laberinto de vías de una dirección: calles estrechas que ascendían por la ladera desde el puerto y descendían en picado por una ciudad que existía desde mucho antes de que los coches se imaginaran siquiera. Deborah y Cherokee pasaron varias veces por casas georgianas y adosados victorianos antes de dar por fin con los apartamentos Queen Margaret en la esquina de las calles Saumarez y Clifton, situados en la parte más alta de esta última. Era un lugar que ofrecería al turista el tipo de vistas que se pagan caras para disfrutar de la primavera y el verano: el puerto abajo, Castle Cornet claramente visible en su lengua de tierra, desde donde antaño protegía la ciudad de las invasiones y, en un día sin las nubes bajas de diciembre, parecería que la costa de Francia flotaba sobre el horizonte.

Ese día, sin embargo, a primera hora del anochecer, el canal era una masa cenicienta de paisaje líquido. Las luces brillaban en un puerto vacío de embarcaciones de recreo y, a lo lejos, el castillo parecía un grupo de piezas de un juego de construcción infantil, sostenidas caprichosamente sobre la palma de la mano de un padre.

El reto en los apartamentos Queen Margaret fue encontrar a alguien que pudiera indicarles el piso de China. Por fin localizaron a un hombre odorífero y sin afeitar en una habitación al fondo del complejo que, por lo demás, estaba desierto. Parecía actuar de conserje cuando no se dedicaba a lo que estaba haciendo ahora, que al parecer era jugar solo a un juego de mesa que consistía en colocar unas piedras negras brillantes en los huecos de una bandeja estrecha de madera.

—Esperen —les dijo cuando Cherokee y Deborah aparecieron en su habitación individual—. Sólo necesito... Maldita sea. El tío me ha ganado otra vez.

«El tío» parecía ser su oponente, que era él mismo, jugando desde el otro lado del tablero. Después de despejar las piedras de ese lado con un movimiento inexplicable, dijo:

—¿En qué puedo ayudarlos?

Cuando le contaron que habían ido a ver a su única inquilina —porque era indudable que nadie más ocupaba alguna de las habitaciones de los apartamentos Queen Margaret en esta época del año—, el hombre fingió desconocer todo el asunto. Sólo cuando Cherokee le dijo que llamara al abogado de China dio muestras de que la mujer acusada de asesinato se hospedaba en el edificio. Y entonces lo único que hizo fue avanzar pesadamente hacia el teléfono y pulsar unos números. Cuando contestaron al otro lado, dijo:

—Hay alguien que dice que es su hermano... —Y mirando a Deborah añadió—: Viene con una pelirroja. —El hombre se quedó escuchando cinco segundos. Luego dijo—: Muy bien. —Y colgó con la información. Encontrarían a la persona que buscaban, les dijo, en el piso B en el ala este del edificio.

No estaba lejos. China salió a recibirlos a la puerta.

—Has venido —dijo simplemente, y avanzó directamente hacia los brazos abiertos de Deborah.

Ella la abrazó con firmeza.

—Claro que he venido —dijo—. Ojalá hubiera sabido desde el principio que estabas en Europa. ¿Por qué no me dijiste que venías? ¿Por qué no me llamaste? Oh, me alegro tanto de verte. —Pestañeó al notar el escozor detrás de los párpados, sorprendida por la avalancha de sentimientos que le decían lo mucho que había echado de menos a su amiga durante los años en que habían perdido el contacto.

—Siento que tengamos que vernos así. —China ofreció a Deborah una sonrisa fugaz. Estaba mucho más delgada de lo que Deborah la recordaba, y aunque llevaba el estupendo pelo rubio rojizo cortado a la moda, le caía sobre un rostro que parecía el de un vagabundo. Vestía una ropa que habría provocado que a su madre vegetariana le diera un infarto. Era todo prácticamente de cuero negro: los pantalones, el chaleco y los botines. El color acentuaba la palidez de su piel.

—Simon también ha venido —dijo Deborah—. Vamos a solucionar todo esto. No tienes de qué preocuparte.

China miró a su hermano, que había cerrado la puerta después de entrar todos. Se había dirigido al rincón del piso que servía de cocina, donde cambiaba el peso de su cuerpo de un pie al otro como los hombres que desean estar en otro universo cuando las mujeres exhiben sus emociones.

—No pretendía que los trajeras contigo —le dijo China—. Sólo que te aconsejaran si te hacía falta. Pero... Me alegro de que lo hayas hecho, Cherokee. Gracias.

Cherokee asintió.

—¿Necesitáis...? —dijo—. Quiero decir, puedo salir a dar un paseo o algo... ¿Tienes comida? Mirad, os diré qué haré: iré a buscar una tienda. —Salió del piso sin esperar a que su hermana le respondiera.

—Típico de hombres —dijo China cuando se marchó—. No pueden con las lágrimas.

—Y todavía no hemos soltado ninguna.

China se rio, un sonido que alegró el corazón de Deborah. No podía imaginarse cómo se sentiría, atrapada en un país que no era el suyo y acusada de asesinato. Así que si podía ayudar a su amiga a no pensar en el peligro al que se enfrentaba, quería hacerlo. Pero también quería tranquilizar a China respecto a la vinculación que aún sentía con ella.

—Te he echado de menos —le dijo—. Tendría que haberte escrito más.

—Tendrías que haber escrito, punto —contestó China—. Yo también te he echado de menos. —Llevó a Deborah a la cocina—. Voy a preparar un té. Me parece increíble lo mucho que me alegro de verte.

—No. Deja que me encargue yo, China —dijo Deborah—. No vas a ponerte a cuidar de mí. Voy a invertir los papeles. —Llevó a la otra mujer a una mesa situada debajo de una ventana que daba al este. Encima de la mesa, había una libreta y un bolígrafo. En la hoja de arriba estaban escritos, con la letra entrelazada de China que tan bien conocía, unas fechas y párrafos en mayúsculas.

—Tuviste una mala época—dijo China—. Significó mucho para mí hacer todo lo que estuvo en mi mano.

—Fue una época bastante patética —dijo Deborah—. No sé cómo me aguantaste.

—Estabas lejos de casa y tenías un gran problema e intentabas saber qué hacer. Yo era tu amiga. No tuve que aguantarte en ningún sentido. Sólo tuve que cuidarte. Y fue bastante fácil, a decir verdad.

Deborah sintió una oleada de cariño en su piel, una reacción que sabía que tenía dos orígenes claros. Nacía, en parte, del placer de una relación entre mujeres. Pero también tenía su raíz en un período de su pasado que le dolía revisar. China River había formado parte de esa época, asistiendo a Deborah en el sentido más literal durante esos momentos.

—Estoy tan... —dijo Deborah—. ¿Qué palabra puedo utilizar? ¿Contenta de verte? Dios santo, suena muy egocéntrico, ¿verdad? ¿Tú tienes problemas y yo me alegro de estar aquí? Soy una zorra egoísta.

—Eso no es cierto. —China pareció reflexionar antes de que su observación meditabunda desembocara en una sonrisa—. Además, la verdadera cuestión es: ¿puede una zorra ser egoísta?

—Bueno, ya conoces a las zorras —contestó Deborah—. Un rasguño en la patita y, de repente, todo es yo, yo, yo.

Las dos se rieron. Deborah entró en la pequeña cocina. Llenó el hervidor y lo enchufó. Encontró tazas, té, azúcar y leche. Uno de los dos armarios incluso contenía un paquete sin abrir de algo llamado Guernsey Gâche. Deborah rasgó el envoltorio y vio un pastelito con forma de ladrillo que parecía ser un cruce entre un pan de pasas y un *plum-cake*. Serviría.

China no dijo nada más hasta que Deborah colocó todo sobre la mesa. Entonces, sólo murmuró:

—Yo también te he echado de menos. —Deborah no lo habría oído si no hubiera estado esperando escucharlo atentamente.

Apretó el hombro de su amiga. Llevó a cabo el ritual de verter y adulterar el té. Sabía que la ceremonia probablemente no tendría el poder de consolarla durante mucho tiempo; pero había algo en el acto de sostener una taza de té, de cerrar la mano en torno a la vasija y permitir que el calor penetrara en ella que, para Deborah, siempre había tenido una especie de magia, como si las aguas del Leteo y no las hojas de una planta asiática hubieran creado lo que humeaba en su interior.

China pareció saber lo que pretendía Deborah, ya que cogió la taza y dijo:

—Los ingleses y su té.

—También tomamos café.

—En un momento así, no. —China sostuvo la taza tal como Deborah quería que lo hiciera, con la palma acomodada en torno a ella. Miró por la ventana, donde las luces de la ciudad habían comenzado a formar una paleta parpadeante de amarillos sobre carbón a medida que la última luz del día se sometía a la noche—. No me acostumbro a lo rápido que se hace de noche aquí.

—Es la época del año.

—Estoy tan acostumbrada al sol... —China sorbió el té y dejó la taza sobre la mesa. Con un tenedor, cogió un poco de Guernsey Gâche; pero en lugar de comérselo, dijo—: No obstante, supongo que tendré que acostumbrarme a la falta de sol. Voy a estar encerrada para siempre.

—Eso no va a pasar.

—Yo no fui. —China levantó la cabeza y miró fijamente a Deborah—. Yo no maté a ese hombre, Deborah.

Deborah sintió que se le removía el estómago al pensar que China podía creer que necesitaba que la convenciera de ello.

—Dios santo, claro que no. No he venido a comprobarlo por mí misma. Ni tampoco Simon.

—Pero tienen pruebas, ¿sabes? —dijo China—. Un cabello mío, mis zapatos, pisadas. Me siento como si estuviera en uno de esos sueños en los que intentas gritar pero nadie te oye porque en realidad no estás gritando porque no puedes gritar porque estás en un sueño. Es un pez que se muerde la cola. ¿Sabes qué quiero decir?

—Ojalá pudiera sacarte de esto. Lo haría si pudiera.

—Estaba en su ropa —dijo China—. El cabello. Un cabello mío. En su ropa, cuando lo encontraron. Y no sé cómo llegó allí. He tratado de recordar, pero no puedo explicarlo. —Señaló la libreta—. He anotado todos los días lo mejor que recuerdo. ¿Me abrazó en algún momento? Pero ¿por qué iba a abrazarme? Y si lo hizo, ¿por qué no me acuerdo? El abogado quiere que diga que había algo entre nosotros. Sexo no, dice. No vayas tan lejos. Pero sí que él lo buscaba, dice. Que él albergaba la esperanza de que habría sexo, algo entre nosotros que pudiera acabar en sexo: caricias, esas cosas. Pero no lo hubo y no puedo decir que sí. No es que me moleste mentir o algo así. Créeme, mentiría como una bellaca si sirviera de algo. Pero ¿quién va a apoyar esa historia? La gente me vio con él y jamás me tocó siquiera. Bueno, quizá el brazo o algo así, pero ya está. Así que si subo al estrado y digo que un cabello mío estaba en su cuerpo porque él... ¿qué? ¿Me abrazó? ¿Me besó? ¿Me acarició? ¿Qué? Sólo es mi palabra contra la palabra de todas las demás personas que se levantarán y dirán que ni me miró. Podríamos contraatacar haciendo subir a Cherokee al estrado, pero por nada del mundo voy a pedirle a mi hermano que mienta.

—Se muere por ayudarte.

China sacudió la cabeza en un gesto que parecía de resignación.

—Ha montado pequeños timos a lo largo de su vida. ¿Recuerdas esas reuniones de trueques en la feria? ¿Esos objetos indios con los que embaucaba a la gente todas las semanas? Puntas de flecha, fragmentos de cerámica, herramientas, cualquier cosa que se le ocurriera. Casi consiguió que creyera que eran de verdad.

—No estarás diciendo que Cherokee...

—No, no. Sólo quiero decir que tendría que habérmelo pensado dos veces, diez veces, en realidad, antes de acompañarle en este viaje. ¿Esas cosas que a él le parecen sencillas, sin compromisos, demasiado buenas para ser verdad, pero verdaderas al fin y al cabo...? Tendría que haber visto que había algo más que transportar simplemente los planos de un edificio al otro lado del océano. No que Cherokee tuviera algo en mente, sino que otra persona tramaba algo.

—Para utilizarte de chivo expiatorio —concluyó Deborah.

—Es lo único que se me ocurre.

—Eso significa que todo lo que pasó estaba planeado. Incluso traer a un estadounidense aquí para que cargara con la culpa.

—Dos estadounidenses —dijo China—. Así, si resultaba poco probable que uno fuera un sospechoso creíble, existía la posibilidad de que el otro sí lo fuera. Eso es lo que está pasando, y nosotros caímos de cuatro patas. Dos californianos estúpidos que ni siquiera habían estado nunca en Europa, y tú sabes que también estarían buscando eso. Un par de zoquetes inocentes que no tendrían ni idea de qué hacer si se veían metidos en un lío aquí. Y la pega es que en realidad yo no quería venir. Sabía que había gato encerrado. Pero siempre he sido absolutamente incapaz de decirle que no a mi hermano.

—Se siente fatal por todo lo que ha pasado.

—Siempre se siente fatal —dijo China—. Y luego yo me siento culpable. Necesita un descanso, me digo. Sé que él haría lo mismo por mí.

—Parece que también piensa que te estaba haciendo un favor, por lo de Matt, para alejarte un poco de las cosas por un tiempo. Me lo ha contado, por cierto: lo vuestro, que habéis roto. Lo siento mucho. Matt me caía bien.

China dio medio giro a su taza, mirándola fija e inquebrantablemente y durante tanto rato que Deborah pensó que quería evitar hablar del fin de su larga relación con Matt Whitecomb. Pero justo cuando Deborah iba a cambiar de tema, China habló.

—Al principio fue difícil. Trece años son muchos esperando a que un hombre decida si está preparado. Creo que a cierto nivel siempre supe que no iba a funcionar. Pero tardé todo ese tiempo en reunir el valor necesario para dejarle. Era la idea de estar sola lo que me mantenía aferrada a él. ¿Qué haré en Nochevieja? ¿Quién me mandará una tarjeta de San Valentín? ¿Dónde iré el cuatro de julio? Es increíble pensar cuántas parejas deben de seguir juntas sólo para tener a alguien con quien pasar las vacaciones. —China cogió su trozo del Guernsey Gâche y lo apartó estremeciéndose un poco—. No puedo comérmelo, lo siento. —Y luego añadió—: En cualquier caso, ahora mismo tengo cosas más importantes de las que preocuparme que Matt Whitecomb. Por qué me pasé los veinte intentando transformar un sexo fantástico en un matrimonio, una casa, una valla, un monovolumen, niños... Ya intentaré entenderlo cuando sea vieja. Ahora mismo... Es curioso cómo son las cosas. Si no estuviera aquí atrapada con una condena de cárcel acechándome, quizá no dejaría de preguntarme por qué tardé tanto tiempo en ver la verdad sobre Matt.

171

—¿Cuál es esa verdad?

—Que está permanentemente asustado. Lo tenía ahí delante, pero me negaba a verlo. Si hablábamos de comprometernos más allá de pasar los fines de semana y las vacaciones juntos, salía corriendo. Un viaje de negocios repentino. Montañas de trabajo en casa. La necesidad de tomarse un descanso para pensarse las cosas. Rompimos tantas veces en trece años que la relación comenzaba a parecer una pesadilla recurrente. La relación, de hecho, empezaba a girar solamente en torno a la relación, ya me entiendes. Pasábamos horas hablando de por qué teníamos problemas, por qué yo quería una cosa y él otra, por qué él se alejaba y yo exigía más, por qué él se sentía agobiado y yo abandonada. ¿Qué problema tienen los hombres con el compromiso, por el amor de Dios? —China cogió la cucharilla y removió el té, un gesto que tenía que ver claramente con su inquietud y no con algo que hubiera que hacer. Miró a Deborah—. Pero no debería preguntártelo a ti, supongo. Los hombres, tú y el compromiso. Tú nunca has tenido ese problema, Debs.

172

Deborah no tuvo oportunidad de recordarle los hechos: que durante los tres años que había vivido en Estados Unidos había estado totalmente distanciada de Simon. Se oyó un golpeteo seco en la puerta que anunciaba el regreso de Cherokee. Llevaba una bolsa de viaje cruzada sobre el hombro.

La dejó en el suelo y declaró:

—Me largo de ese hotel, China. No voy a dejar que te quedes aquí sola por nada del mundo.

—Sólo hay una cama.

—Dormiré en el suelo. Necesitas que la familia esté contigo, así que aquí estoy.

Su tono decía: «Fait accompli». La bolsa de viaje decía que su decisión no iba a discutirse.

China suspiró. No parecía contenta.

Saint James encontró el despacho del abogado de China en New Street, a poca distancia del Tribunal de Justicia. El inspector en jefe Le Gallez había llamado con antelación para informar al abogado de que tendría una visita, así que cuando Saint

James se presentó a la secretaria del hombre, esperó menos de cinco minutos antes de que lo hicieran pasar al despacho del abogado.

Roger Holberry le indicó una de las tres sillas que rodeaban una pequeña mesa de reuniones. Los dos se sentaron, y Saint James expuso al abogado los hechos que el inspector en jefe Le Gallez había compartido con él. Saint James sabía que Holberry ya tendría conocimiento de estos hechos; pero necesitaba que el abogado le contara todo lo que Le Gallez había omitido durante su entrevista, y la única forma de conseguirlo era permitir que el otro hombre identificara las lagunas de la información para completarla.

Holberry pareció encantado de hacerlo. Le Gallez, le informó, le había comunicado las credenciales de Saint James por teléfono. El inspector en jefe no era un soldado feliz ahora que, al parecer, en el bando enemigo los refuerzos habían entrado en la batalla, pero era un hombre honrado y no tenía ninguna intención de frustrar sus esfuerzos por establecer la inocencia de China River.

—Ha dejado claro que no cree que vaya usted a ser muy útil —dijo Holberry—. Su caso es sólido. O eso cree él.

—¿Qué pruebas forenses se han hallado en el cadáver?

—Sólo las que han podido recogerse hasta el momento. También restos de debajo de las uñas. Sólo las pruebas externas.

—¿No hay pruebas toxicológicas? ¿Análisis de tejidos? ¿Examen de órganos?

—Es demasiado pronto para eso. Tenemos que mandarlo todo al Reino Unido y luego será cuestión de ponerse a la cola. Pero el modo del asesinato está claro. Le Gallez se lo habrá contado.

—La piedra, sí. —Saint James pasó a explicar que le había señalado a Le Gallez lo improbable que era que una mujer le hubiera metido una piedra en la garganta a alguien mayor que un niño—. Y si no hay indicios de lucha... ¿Qué hay en los restos de las uñas?

—Nada. Aparte de arena.

—¿Y en otras partes del cuerpo? ¿Moratones, arañazos, contusiones? ¿Algo?

—Nada de nada —contestó Holberry—. Pero Le Gallez sabe que no tiene prácticamente nada. Basa todo el caso en el testigo. La hermana de Brouard vio algo. Dios sabe qué. Le Gallez aún no nos lo ha contado.

—¿Pudo matarlo ella?

—Es posible, pero improbable. Todo aquel que los conoce coincide en afirmar que adoraba a la víctima. Estuvieron juntos, vivieron juntos, durante la mayor parte de su vida, quiero decir. Ella incluso trabajó para él cuando empezó el negocio.

—¿De qué?

—Chateaux Brouard —dijo Holberry—. Ganaron un montón de dinero y vinieron a Guernsey cuando se jubilaron.

Chateaux Brouard, pensó Saint James. Había oído hablar de aquel grupo: una cadena de hoteles pequeños pero exclusivos habilitados en casas de campo por todo el Reino Unido. No había ostentación, tan sólo entornos históricos, antigüedades, buena comida y tranquilidad: la clase de lugares frecuentados por personas que buscaban intimidad y anonimato, perfectos para actores que necesitaban alejarse unos días de los medios y excelentes para políticos que tenían una aventura. La discreción era el mejor de los negocios, y los Chateaux Brouard eran la discreción personificada.

—Ha dicho que la hermana podría estar protegiendo a alguien —dijo Saint James—. ¿A quién?

—Al hijo, para empezar. Adrian. —Holberry le explicó que el hijo de Guy Brouard, de treinta y siete años, también era uno de los invitados a la casa la noche antes del asesinato. Después, dijo, había que tener en cuenta a los Duffy: Valerie y Kevin, quienes habían formado parte de la vida en Le Reposoir desde el día que Brouard había comprado la propiedad.

—Ruth Brouard podría mentir por cualquiera de ellos —señaló Holberry. Era conocida su lealtad para con las personas a las que quería. Y al menos los Duffy, había que decirlo, le devolvían el favor—. Estamos hablando de una pareja muy apreciada, Ruth y Guy Brouard. Él ha hecho infinidad de cosas buenas por la isla. Solía donar dinero a mansalva durante el invierno, y ella lleva muchos años colaborando con los samaritanos.

—Entonces, aparentemente son gente sin enemigos —observó Saint James.

—Lo peor para la defensa —dijo Holberry—. Pero aún no está todo perdido en ese frente.

Holberry parecía satisfecho. Aquello despertó el interés de Saint James.

—Ha descubierto algo.

—Varias cosas —dijo Holberry—. Podrían acabar en nada, pero vale la pena indagar y puedo asegurarle que desde el principio la policía no investigó en serio a nadie más aparte de a los River.

Pasó a describir la relación estrecha que Guy Brouard tenía con un chico de dieciséis años, un tal Paul Fielder, que vivía en lo que obviamente era la parte equivocada de la ciudad, una zona llamada Bouet. Brouard había conocido al chico a través de un programa local que emparejaba a adultos de la comunidad con adolescentes desfavorecidos de la escuela de secundaria. El AAPG —Adultos, Adolescentes y Profesores de Guernsey— había elegido a Paul Fielder para que Guy Brouard fuera su mentor, y Brouard había adoptado al chico más o menos, una circunstancia que podría no haber sido muy emocionante para los padres del muchacho o, en realidad, para el hijo natural de Brouard. En cualquier caso, podían haber estallado pasiones y entre esas pasiones la más baja de todas: los celos y lo que los celos podían empujar a hacer.

Luego estaba la fiesta que dio Guy Brouard la noche antes de morir, continuó Holberry. Todo el mundo sabía desde hacía semanas que iba a celebrarse, así que un asesino dispuesto a agredir a Brouard cuando no estuviera en plena forma —lo que sucedería después de estar de fiesta hasta la madrugada— pudo planear por adelantado cómo llevarlo a cabo exactamente y culpar a otro. Durante la fiesta, ¿qué dificultad supondría subir sin que lo vieran y colocar pruebas en la ropa y en las suelas de los zapatos o, mejor aún, llevar incluso esos zapatos a la bahía para dejar una pisada o dos que la policía pudiera encontrar más tarde? Sí, la fiesta y el asesinato estaban relacionados, expuso Holberry claramente, y estaban relacionados en más de un sentido.

—También hay que analizar minuciosamente todo este asunto del arquitecto del museo —dijo Holberry—. Fue inesperado y confuso, y cuando las cosas son inesperadas y confusas, la gente se irrita.

—Pero el arquitecto no estaba presente la noche del asesinato, ¿verdad? —preguntó Saint James—. Creía que estaba en Estados Unidos.

—Ese arquitecto no. Me refiero al arquitecto original, un tipo llamado Bertrand Debiere. Es de la isla y él, y todo el mundo en realidad, creía que su proyecto tenía que ser el elegido para el museo de Brouard. Bueno, ¿por qué no? Brouard tenía una maqueta y durante semanas no dejó de enseñársela a todo el mundo que se mostrara interesado y era la maqueta de Debiere, construida con sus propias manos. Así que cuando él, el tal Brouard, dijo que iba a dar una fiesta para anunciar el nombre del arquitecto que había elegido para el trabajo... —Holberry se encogió de hombros—. No se puede culpar a Debiere porque supusiera que él era el escogido.

—¿Es vengativo?

—Quién sabe, la verdad. Cabría esperar que la policía local lo hubiera investigado más, pero el hombre es de Guernsey. Así que no es probable que vayan a por él.

—¿Los americanos son más violentos por naturaleza? —preguntó Saint James—. ¿Tiroteos en los patios de los colegios, la pena capital, fácil acceso a las armas, etcétera, etcétera?

—No se trata tanto de eso como de la propia naturaleza del crimen. —Holberry miró la puerta cuando ésta se abrió con un crujido. Su secretaria entró en la sala, con una expresión que indicaba que se iba a casa: sostenía un fajo de papeles en una mano y un bolígrafo en la otra, y llevaba puesto el abrigo y el bolso colgado del brazo. Holberry cogió los documentos y comenzó a firmarlos mientras hablaba—. Hace años que no hay en la isla un asesinato planeado fríamente. Ni siquiera sabe nadie cuándo fue el último. No hay ningún policía que se acuerde, y eso es mucho tiempo. Ha habido crímenes pasionales, naturalmente. También muertes accidentales y suicidios. Pero ¿un asesinato premeditado? No ha habido ninguno en décadas. —El abogado acabó de firmar, entregó las cartas a su secretaria y le dio las buenas noches. Se levantó y fue a su mesa, donde empezó a revisar los papeles, algunos de los cuales metió en su maletín, que estaba sobre la silla. Dijo—: Dada la situación, por desgracia, la policía está predispuesta a creer que un habitante de Guernsey no sería capaz de cometer un crimen como éste.

—Entonces, ¿sospecha que hay otros además del arquitecto? —preguntó Saint James—. Me refiero a otros habitantes de Guernsey que tuvieran una razón para matar a Guy Brouard.

Holberry apartó los papeles mientras consideraba la pregunta. En el despacho exterior, la puerta se abrió y luego se cerró cuando se fue la secretaria.

—Creo —dijo con cautela Holberry— que queda mucho por indagar acerca de Guy Brouard y la gente de esta isla. Era como Papá Noel: una obra benéfica por aquí, otra por allí, un departamento del hospital y «¿Qué necesita? Vaya a ver al señor Brouard». Era el mecenas de media docena de artistas (pintores, escultores, vidrieros, metalúrgicos) y pagaba la educación universitaria en Inglaterra a más de un chico de la isla. Así era él. Algunos lo consideraban un modo de recompensar a la comunidad que lo había acogido. Pero no me sorprendería descubrir que otros lo consideraban otra cosa.

—Cuando se desembolsa dinero, ¿se deben favores?

—Eso es. —Holberry cerró el maletín—. La gente tiende a esperar algo a cambio cuando da dinero, ¿verdad? Si seguimos el rastro del dinero de Brouard por la isla, creo que tarde o temprano sabremos qué.

Capítulo 8

A primera hora de la mañana, Frank Ouseley se encargó de que una de las granjeras de la Rue des Rocquettes bajara al valle a ver a su padre. No tenía pensado estar fuera de Moulin des Niaux más de tres horas, pero en realidad no sabía cuánto durarían el funeral, el entierro y la recepción. Era inconcebible que se ausentara durante cualquiera de las tareas del día. Pero dejar solo a su padre era demasiado arriesgado. Así que hizo unas llamadas hasta que encontró un alma caritativa que dijo que bajaría en bici una o dos veces «con algo dulce para el ancianito. A papá le gustan los caramelos, ¿verdad?».

No era necesario, la tranquilizó Frank. Pero si realmente quería llevar un detalle a papá, tenía debilidad por cualquier cosa que llevara manzana.

¿Manzanas Fuji, Braeburn, Pippin?, preguntó la buena señora.

En realidad, no importaba.

A decir verdad, seguramente podría cocinar algo con unas sábanas y hacerlo pasar por un pastel de manzana. Su padre había comido peor en su época y había sobrevivido para convertirlo en un tema de conversación general. A Frank le parecía que a medida que el hombre se acercaba al final de su vida, hablaba más y más sobre el pasado lejano. Frank lo había aceptado bien varios años atrás cuando comenzó, puesto que, aparte de su interés por la guerra en general y la ocupación de Guernsey en particular, Graham Ouseley siempre había sido admirablemente reticente a hablar sobre sus propias heroicidades durante aquella terrible época. Había pasado la mayor parte de la juventud de su hijo evitando las preguntas personales diciendo: «No se trataba de mí, chico. Se trataba de todos nosotros», y Frank había aprendido a valorar que su padre no necesitaba hinchar su ego con recuerdos en los que él jugaba un papel clave. Pero como si supiera que le llegaba la hora y deseara dejar un legado de remembranzas a su único hijo, Graham había empezado a dar detalles. En cuanto comenzó este proceso, pareció que las historias de la guerra que su padre era capaz de recordar no tenían fin.

Por la mañana, Graham había pronunciado un monólogo sobre la furgoneta-detectora, un vehículo que los nazis habían utilizado en la isla para encontrar los últimos transmisores de radio de onda corta que empleaban los ciudadanos para recabar información de los enemigos, en particular de franceses e ingleses.

—El último se enfrentó a los fusiles en Fort George —le informó Graham—. Era un pobre chico de Luxemburgo. Hay quien dice que lo descubrió la furgoneta-detectora, pero yo digo que lo delató un colaboracionista. Y los había, malditos sean: vendidos y espías. Traidores, Frank. Pusieron a gente frente a un puto pelotón de fusilamiento sin pestañear. Que se pudran en el infierno.

179

Después de eso, fue la «V» de victoria y todos los lugares en los que de forma no tan misteriosa apareció en la isla la vigesimoquinta letra del alfabeto —escrita con tiza, pintura y en el cemento todavía húmedo— para atormentar a los nazis.

Y al final fue la G.U.L.A. —Guernsey Unida y Libre de Alemanes—, la contribución personal de Graham Ouseley a una población en peligro. Esta hoja informativa clandestina lo llevó a pasar un año en la cárcel. Junto con tres isleños más, lograron distribuirla durante veintinueve meses antes de que la Gestapo llamara a la puerta de su casa.

—Me traicionaron —le dijo Graham a su hijo—, como a los receptores de onda corta. Así que no olvides esto jamás, Frank: Si se los pone a prueba, a los cobardes les da miedo cortarse. Siempre pasa lo mismo cuando se acercan tiempos difíciles. La gente señala si puede sacar algo. Pero al final conseguiremos que se retuerzan. Habrá costado, pero pagarán.

Frank dejó a su padre hablando extasiado sobre este tema, confiándolo al televisor mientras se acomodaba para ver el primero de los programas del día. Frank le dijo que la señora Petit pasaría a verle al cabo de una hora y le explicó a su padre que iba a encargarse de algunos negocios urgentes en Saint Peter Port. No dijo nada del funeral porque todavía no le había contado que Guy Brouard había muerto.

Por suerte, su padre no preguntó por la naturaleza del negocio. De repente, una sintonía dramática procedente de la tele captó su atención, y al cabo de un momento, Graham ya se había rendido al argumento que presentaba a dos mujeres, un hombre, una especie de terrier y la suegra maquinadora de alguien. Al ver aquello, Frank se despidió.

Como en la isla no había ninguna sinagoga porque la población judía era insignificante, y a pesar de que Guy Brouard no era miembro de ninguna religión cristiana, su servicio fúnebre tuvo lugar en la iglesia de la ciudad, situada a poca distancia del puerto de Saint Peter Port. De acuerdo con la importancia del fallecido y el afecto que despertaba entre sus conciudadanos de Guernsey, se consideró que la iglesia de Saint Martin —en cuya parroquia se encontraba Le Reposoir— era demasiado pequeña para recibir al número de dolientes que se esperaba. En efecto, Guy Brouard se había convertido en una persona tan querida para los isleños durante los casi diez años que había residido allí, que nada menos que siete ministros de Dios oficiaron su funeral.

Frank llegó justo a tiempo, lo cual fue casi un milagro teniendo en cuenta lo difícil que era aparcar en la ciudad. Pero la policía había reservado los dos aparcamientos de Albert Pier para los asistentes al funeral, y aunque Frank encontró un sitio en el extremo norte del muelle y caminó a paso rápido hasta la iglesia, logró entrar justo antes de que lo hicieran el ataúd y la familia.

Vio que Adrian Brouard se había erigido en doliente jefe. Era su derecho como hijo mayor de Guy y único hijo varón. Sin embargo, cualquier amigo de Guy Brouard sabía que la comunicación entre los dos hombres había sido inexistente durante, como mínimo, los últimos tres meses y que la comunicación previa a su distanciamiento se había caracterizado principalmente por una lucha de voluntades. La madre del joven debía de haber intercedido para que Adrian ocupara esa posición justo detrás del ataúd, concluyó Frank. Y para asegurarse de que permaneciera allí, ella se había colocado justo detrás de él. La pobre y menudita Ruth iba en tercer lugar y la seguían Anaïs Abbott y sus dos hijos, que se las habían arreglado de algún modo a fin de introducirse en la familia para aquella ocasión. Seguramente, las únicas personas a las que la propia Ruth había pedido que la acompañaran detrás del ataúd de su hermano eran los Duffy, pero la posición a la que habían sido relegados Valerie y Kevin —siguiendo a los Abbott— no les permitía ofrecerle ningún consuelo. Frank esperaba que fuera capaz de encontrar solaz en las personas que habían acudido a expresar su afecto hacia ella y su hermano: amigo y benefactor de tanta gente.

Durante la mayor parte de su vida, el propio Frank había evitado la amistad. Ya tenía suficiente con su padre. Desde el día en que su madre se ahogó en el embalse, se habían aferrado el uno al otro —padre e hijo—; y haber sido testigo de los esfuerzos de Graham por rescatar primero y revivir después a su esposa, y luego de la culpa terrible que había sentido por no ser lo bastante rápido primero o competente después, había unido a Frank a su padre de manera inextricable. A la edad de cuarenta años, Graham Ouseley ya había sufrido demasiado dolor y pena y, de niño, Frank decidió encargarse de poner fin a ambos. Había dedicado la mayor parte de su vida a esa campaña, y cuando apareció Guy Brouard, la posibilidad de forjar una amistad con otro hombre por primera vez se presentó ante él como la manzana de la serpiente. Le había dado un mordisco como un hambriento, sin recordar ni una sola vez que bastaba un único mordisco para condenarse.

El funeral se hizo eterno. Cada ministro tuvo que pronunciar su sermón además del panegírico, tres folios mecanografiados que Adrian Brouard leyó torpemente. Los asistentes cantaron himnos apropiados para la ocasión, y una solista escondida en algún lugar del coro alzó su voz en una despedida operística.

Luego acabó, al menos la primera parte. El sepelio y la recepción venían después; los dos estaban programados en Le Reposoir.

La procesión hasta la finca fue impresionante. Cubrió todo el muelle, desde Albert Pier hasta más allá de Victoria Marina.

181

Subió despacio serpenteando por Le Val des Terres detrás de los gruesos árboles desnudos en invierno que flanqueaban la ladera abrupta. De ahí, siguió por la carretera de salida de la ciudad, que dividía la riqueza de Fort George al este, con sus casas modernas protegidas detrás de arbustos y verjas eléctricas, y las viviendas comunes al oeste: calles y avenidas densamente edificadas en el siglo XIX, viviendas apareadas de estilo georgiano y regencia, así como adosados que habían envejecido muy mal.

Justo antes de que Saint Peter Port diera paso a Saint Martin, el cortejo fúnebre giró hacia el este. Los coches pasaron por debajo de los árboles, por una carretera estrecha que desembocaba en un camino aún más estrecho. Flanqueando uno de los lados había un muro alto de piedra. Al otro lado se alzaba un terraplén en el que crecía un seto nudoso y torcido en el frío de diciembre.

Una abertura en el muro dejaba espacio a dos puertas de hierro. Estaban abiertas, y el coche fúnebre entró en los amplios jardines de Le Reposoir. El cortejo lo siguió. Frank estaba en él. Aparcó a un lado del sendero de entrada y se dirigió junto a todos los demás hacia la mansión.

Al cabo de diez pasos, su soledad terminó. Una voz a su lado dijo:

—Esto lo cambia todo.

Alzó la mirada y vio que Bertrand Debiere estaba con él.

El arquitecto parecía estar enganchado a las pastillas para adelgazar. Aunque siempre había estado demasiado delgado para su gran estatura, parecía haber perdido seis kilos desde la noche de la fiesta en Le Reposoir. Tenía filamentos carmesíes entrecruzados en el blanco de los ojos, y los pómulos —siempre prominentes, en cualquier caso— parecían surgir de su cara como huevos de gallina que intentaban escapar de debajo de su piel.

—Nobby —dijo Frank saludándole con la cabeza. Utilizó el apodo del arquitecto sin pensarlo. Había sido alumno suyo de historia años atrás en la escuela moderna de secundaria y nunca se había acostumbrado a ser ceremonioso con la gente a quien había dado clase—. No te he visto en el servicio.

Debiere no pareció molesto porque Frank hubiera usado su

apodo. Como sus íntimos nunca le habían llamado de otra forma, seguramente ni se había dado cuenta.

—¿No estás de acuerdo? —dijo.

—¿Con qué?

—Con la idea original. Con mi idea. Imagino que ahora tendremos que volver a ella. Sin Guy, no podemos esperar que Ruth se encargue. No creo que tenga ni idea de este tipo de edificios y me figuro que no querrá aprender. ¿Y tú?

—Ah. El museo —dijo Frank.

—Seguirá adelante. Es lo que habría querido Guy. Pero en cuanto al proyecto, tendremos que cambiarlo. Hablé con él al respecto, pero seguramente ya lo sabrás, ¿no? Sé que Guy y tú erais uña y carne, así que probablemente te contó que lo abordé. Esa noche, ya sabes. Solos los dos. Después de los fuegos artificiales. Estudié el dibujo y vi (bueno, ¿quién con unos conocimientos mínimos de arquitectura no lo sabría?) que este tipo de California no había entendido nada. Qué se puede esperar de alguien que hizo el proyecto sin ver el lugar, ¿no? Se dejó llevar bastante por su ego, en mi opinión. Yo no habría hecho algo así, y se lo dije a Guy. Sé que estaba empezando a convencerlo, Frank.

Nobby hablaba con impaciencia. Frank lo miró mientras seguían la procesión que se encaminaba hacia el lado oeste de la casa. No contestó, aunque vio que Nobby se moría de ganas de que lo hiciera. El brillo tenue en el labio superior lo traicionó.

El arquitecto continuó:

—Todas esas ventanas, Frank. Como si en Saint Saviour hubiera una vista espectacular que tuviéramos que admirar, o algo. Habría sabido que no la había si hubiera venido a ver el lugar, eso para empezar. Y piensa en lo que va a pasar con la calefacción, con todos esos grandes ventanales. Costará una fortuna mantener el lugar abierto en temporada baja cuando haga mal tiempo. Supongo que querrás que esté abierto en temporada baja, ¿no? Si es un museo más para la isla que para los turistas, tiene que estar abierto cuando la gente de aquí pueda ir, algo que es probable que ni siquiera intente en pleno verano cuando esté abarrotado. ¿No te parece?

Frank sabía que tenía que decir algo porque guardar silencio en esa situación sería extraño, así que dijo:

183

—No empieces la casa por el tejado, Nobby. Es hora de re-lajarse, supongo.

—Pero tú eres mi aliado, ¿verdad? —preguntó Nobby—. F-Frank, ¿estás de-de mi parte en esto?

El tartamudeo repentino indicaba su nivel de ansiedad. Le pasaban lo mismo cuando estaba en el colegio, cuando le pre-guntaban en clase y era incapaz de decir la lección. Su proble-ma en el habla siempre había hecho que Nobby pareciera más vulnerable que los otros chicos, lo que era conmovedor, pero al mismo tiempo le delataba, extirpándole la capacidad que te-nían otras personas de disimular lo que sentían.

—No es cuestión de aliados y enemigos, Nobby —dijo Frank—. Todo este asunto —y señaló la casa con la cabeza para indicar lo que había sucedido en su interior, las decisiones to-madas y los sueños destruidos— no tiene nada que ver conmi-go. No tenía los medios para implicarme. Al menos, no de la forma que tú crees que podría haberme implicado.

—Pe-pero se había decidido por mí. Frank, tú sabes que se había decidido por mí, por mi proyecto, mis planos. Y... es-es-cucha. Te-tengo que conseguir ese en-en-encargo. —Escupió la última palabra. La cara le brillaba por el esfuerzo. Había subi-do el tono de voz, y varias de las personas que caminaban ha-cia la tumba los miraron.

Frank se separó de la procesión y se llevó a Nobby con él. Estaban portando el ataúd por el lateral del pabellón acristala-do y en dirección al jardín de esculturas situado al noroeste de la casa. Al verlo, Guy se dio cuenta de que una tumba en aquel lugar sería más que apropiada: Guy rodeado en la muerte por los artistas a los que había auspiciado en vida.

Cogiéndolo del brazo, Frank condujo a Nobby a un lado del pabellón, lejos de la vista de los que se dirigían al entierro.

—Es demasiado pronto para hablar de esto —le contestó a su ex alumno—. Si no hay una asignación en el testamento, entonces...

—En el testamento no se designa a ningún arquitecto —di-jo Nobby—. De eso puedes estar seguro. —Se secó la cara con un pañuelo, y este movimiento pareció ayudarle a controlar de nuevo su discurso—. Si hubiera tenido tiempo suficiente para replantearse las cosas, Guy habría cambiado a los planos de

Guernsey, créeme, Frank. Sabes que era leal a la isla. La idea de que hubiera escogido a un arquitecto que no era de Guernsey es ridícula. Al final se habría dado cuenta. Así que ahora sólo es cuestión de sentarnos y preparar una razón coherente sobre por qué hay que cambiar la elección del arquitecto, y no puede ser difícil, ¿verdad? Diez minutos con los planos y podría señalar todos los problemas de su proyecto. Hay más aparte de las ventanas, Frank. Este americano ni siquiera comprendió la esencia de la colección.

—Pero Guy ya tomó la decisión —dijo Frank—. Alterarla sería faltar a su memoria, Nobby. No, no digas nada. Escúchame un momento. Sé que estás decepcionado. Sé que no te gusta la elección de Guy. Pero era su decisión y ahora a nosotros nos corresponde aceptarla.

—Guy está muerto. —Nobby acompañó cada sílaba con un puñetazo contra la palma de su mano mientras las pronunciaba—. Así que decidiera lo que decidiese sobre cómo tenía que ser el lugar, ahora podemos construir el museo como nosotros creamos conveniente, y como creamos práctico y apropiado. Éste es tu proyecto, Frank. Siempre ha sido tu proyecto. Tú tienes los objetos de la exposición. Guy sólo quería proporcionarte un lugar donde exhibirlos.

Era muy persuasivo pese a su aspecto y discurso singulares. En cualquier otra circunstancia, Frank se habría dejado influir por la forma de pensar de Nobby. Pero en la situación actual, tenía que mantenerse firme. Se armaría una buena si no lo hacía.

—No puedo ayudarte, Nobby —dijo—. Lo siento.

—Pero podrías hablar con Ruth. Ella te escucharía.

—Puede ser, pero la verdad es que no sabría qué decirle.

—Yo te prepararía antes, te diría las palabras.

—Si las tienes, debes decirlas tú.

—Pero no me escuchará. No igual que a ti.

Frank abrió las manos, vacías, y dijo:

—Lo siento. Nobby, lo siento. ¿Qué más puedo decir?

Nobby pareció desinflarse ante la pérdida de su última esperanza.

—Puedes decir que lo sientes tanto que harás algo para cambiar las cosas. Pero supongo que es pedirte demasiado, Frank.

185

En realidad, era demasiado poco, pensó Frank. Estaban donde estaban ahora porque las cosas habían cambiado.

Saint James vio que dos hombres abandonaban la procesión que se dirigía al lugar del sepelio. Reconoció la intensidad de su conversación y decidió averiguar sus identidades. De momento, sin embargo, siguió al resto del cortejo hasta la tumba.

Deborah caminaba a su lado. Su silencio durante toda la mañana le decía que aún estaba resentida por la conversación del desayuno, uno de esos enfrentamientos sin sentido en los que sólo una persona comprende claramente el tema de la discusión. Por desgracia, esa persona no era él. Él había comentado si era acertado que Deborah solamente pidiera champiñones y tomates asados, mientras que ella parecía estar revisando toda su historia juntos. Al menos, es lo que acabó suponiendo al escuchar que su mujer le acusaba de «manipularme en todos los sentidos, Simon, como si fuera totalmente incapaz de llevar a cabo una sola acción por mi cuenta. Bueno, pues ya estoy harta. Soy una persona adulta, y me gustaría que comenzaras a tratarme como tal».

La había mirado parpadeando y luego miró la carta, preguntándose cómo habían pasado de una discusión sobre proteínas a una acusación de dominación despiadada.

—¿De qué estás hablando, Deborah? —había dicho como un tonto.

Y el que Simon no hubiera seguido su lógica los llevó rumbo al desastre.

Pero el desastre sólo existió a los ojos de Saint James. A los de ella, era claramente un momento en el que por fin se revelaban verdades sospechadas, pero innombrables, sobre su matrimonio. Simon esperaba que Deborah compartiera una o dos con él en el coche mientras iban al funeral y luego al entierro. Pero no lo hizo, así que confió en que el paso de las horas apaciguara la situación.

—Ése debe de ser el hijo —murmuró ahora Deborah. Estaban al final del cortejo fúnebre en una cuesta suave que subía hasta un muro. Tras el muro crecía un jardín, separado del resto de la finca. Los senderos serpenteaban caprichosamente, a través de arbustos bien recortados y parterres, por debajo de árboles que ahora estaban pelados pero que se habían plantado cuidadosamente para dar sombra a los bancos de cemento y los estanques poco profundos. En medio de todo aquello, se alzaban esculturas modernas: una figura de granito en posición fetal; un elfo cobrizo —salpicado de verdín— que posaba debajo de las hojas de una palmera; tres doncellas en bronce con una estela de algas detrás de ellas; una ninfa del mar de mármol que salía del estanque. En este marco, en lo alto de cinco escalones, se abría un terraplén. En el extremo más alejado, había una pérgola con parras trepadoras que daba refugio a un solo banco. Era aquí en el terraplén donde se había cavado la tumba, quizá para que las futuras generaciones pudieran contemplar el jardín a la vez que pensaban en el lugar en el que descansaba eternamente el hombre que lo había creado.

Saint James vio que ya habían bajado el ataúd y se habían rezado las últimas plegarias de despedida. Una mujer rubia, que llevaba unas gafas de sol inapropiadas como si estuviera en un entierro de Hollywood, instaba a un hombre que tenía al lado a dar un paso adelante. Primero verbalmente y, cuando aquello no funcionó, le dio un pequeño empujón hacia la tumba. Junto a ésta, había un montículo de tierra en el que estaba clavada una pala con cintas negras colgadas. Saint James coincidió con Deborah: debía de ser el hijo, Adrian Brouard, el único presente en la casa la noche antes de que asesinaran a su padre, además de su tía y los hermanos River.

Brouard torció el gesto. Apartó a su madre y se acercó al montículo de tierra. Con el más absoluto silencio de la multitud que rodeaba la tumba, llenó la pala de tierra y la echó sobre el ataúd. El ruido de la tierra golpeando la madera resonó como el eco de una puerta cerrándose.

La acción de Adrian Brouard fue imitada por una mujer menuda tan pequeñita que desde detrás bien podría haberse confundido con un chico preadolescente. Con solemnidad, le entregó la pala a la madre de Adrian Brouard, que también echó tierra sobre el ataúd. Cuando iba a devolver la pala al montículo junto a la tumba, otra mujer más se adelantó y cogió el mango antes de que la rubia de gafas de sol lo soltara. Aquella escena levantó un murmullo entre los asistentes, y

187

Saint James examinó más detenidamente a la mujer. No pudo verla muy bien, puesto que llevaba un sombrero negro del tamaño de un parasol aproximadamente; pero tenía una figura asombrosa a la que sacaba el máximo partido con un elegante traje gris marengo. Aportó su granito de arena con la pala y se la entregó a una adolescente desgarbada, de hombros curvos y tobillos frágiles que calzaba zapatos de plataforma. La chica echó la tierra en la tumba e intentó dar la pala a un chico que tendría más o menos su edad y que por altura, color de piel y físico general parecía su hermano. Pero en lugar de contribuir al ritual, el chico se dio la vuelta bruscamente y se marchó abriéndose paso entre las personas más próximas a la tumba. Se oyó un segundo murmullo.

—¿De qué va todo esto? —preguntó Deborah en voz baja.

—Habrá que investigarlo —dijo Saint James. Vio la oportunidad que le ofrecía la acción del adolescente. Dijo—: ¿Te sientes cómoda interrogándole tú, Deborah, o prefieres volver con China?

Simon aún no había ido a conocer a la amiga de Deborah y no estaba seguro de si quería hacerlo, aunque no sabría decir concretamente las razones de su reticencia. Sin embargo, sabía que era inevitable que se vieran, por lo que se dijo que quería tener algo esperanzador que comunicarle cuando por fin los presentaran. Mientras tanto, sin embargo, quería que Deborah tuviera la libertad de estar con su amiga. Hoy todavía no lo había hecho, y era indudable que la americana y su hermano estarían preguntándose qué intentaban conseguir sus amigos londinenses.

Cherokee los había llamado aquella mañana, loco por saber qué le había contado la policía a Saint James. En su lado del hilo telefónico, su voz sonaba muy alegre mientras Simon le relataba lo poco que había que relatar, y por su actitud era evidente que el hombre llamaba delante de su hermana. Al final de la conversación, Cherokee comunicó su intención de asistir al funeral. Se mantuvo firme en su deseo de formar parte de lo que él llamaba «la acción» y, sólo cuando Saint James señaló con tacto que su presencia podría proporcionar una distracción innecesaria que permitiría al verdadero asesino camuflarse entre la multitud, accedió a regañadientes a no ir. Sin embargo, les dijo que estaría esperando a escuchar lo que fueran capaces de averiguar. China también estaría esperando.

—Puedes ir con ella, si quieres —le dijo Saint James a su mujer—. Yo me quedaré por aquí husmeando un rato. Puedo encontrar a alguien que me lleve a la ciudad. No creo que haya ningún problema.

—No he venido a Guernsey a quedarme sentada al lado de China y cogerla de la mano —contestó Deborah.

—Ya lo sé. Razón por la cual...

Ella lo interrumpió antes de que pudiera acabar la frase.

—Iré a ver qué tiene que decir el chico, Simon.

Saint James la observó alejarse a grandes zancadas en busca del chaval. Suspiró y se preguntó por qué comunicarse con las mujeres —en particular con su esposa— consistía a menudo en hablar de una cosa mientras se intentaba leer el trasfondo de otra. Y pensó en cómo iba a afectar su incapacidad de interpretar con exactitud a las mujeres a su rendimiento en Guernsey, donde aumentaba la sensación de que las circunstancias que rodeaban la vida y la muerte de Guy Brouard estaban plagadas de mujeres significativas.

189

Cuando Margaret Chamberlain vio que el hombre cojo se acercaba a Ruth hacia el final de la recepción, supo que no era un miembro legítimo del grupo de personas que habían asistido al funeral y al entierro. Primeramente, no había hablado con su cuñada en el lugar del sepelio como todos los demás. Además, estuvo paseándose durante toda la recepción de estancia en estancia de un modo que sugería especulación. Al principio, Margaret pensó que se trataba de una especie de ladrón, a pesar de la cojera y el aparato ortopédico en la pierna; pero cuando por fin se presentó a Ruth —hasta el punto de darle su tarjeta—, se dio cuenta de que se trataba de algo completamente distinto. Ese algo tenía que ver con la muerte de Guy. Y si no, con el reparto de su fortuna, que por fin conocerían en cuanto se marchara el último de los asistentes al entierro.

Ruth no había querido ver antes al abogado de Guy. Era como si fuera consciente de que había malas noticias e intentara ahorrar a todo el mundo tener que escucharlas. A todo el mundo o a alguien, pensó Margaret con astucia. La única pregunta era a quién.

Si era la decepción de Adrian la que esperaba posponer, definitivamente iba a armarse una buena. Arrastraría a su cuñada a los tribunales y sacaría todos los trapos sucios si Guy había desheredado a su único hijo. Oh, sabía que Ruth se desharía en excusas si eso era lo que había hecho el padre de Adrian. Pero que se atrevieran a acusarla de menoscabar la relación entre padre e hijo, que se atrevieran a intentar ni que fuera una vez responsabilizarla de la pérdida de Adrian... Se montaría la de Dios es Cristo cuando se pusiera a enumerar las razones por las que los había mantenido separados. Todas y cada una de esas razones tenían un nombre y un título, aunque no era exactamente el tipo de títulos que redimían los pecados de uno a los ojos de la gente: Danielle, la azafata de vuelo; Stephanie, la bailarina de estriptis; MaryAnn, la peluquera canina; Lucy, la camarera de piso.

Ellas eran las razones por las que Margaret había alejado a su hijo de su padre. ¿Qué clase de ejemplo iba a darle al chico?, podía demandar tranquilamente a cualquiera que le preguntara. ¿Qué clase de modelo tenía el deber de proporcionarle a un chaval impresionable de ocho, diez, quince años? Si su padre tenía una vida que convertía en inadecuadas las visitas largas de su hijo, ¿era culpa del niño? ¿Y ahora tenían que privarle de lo que le correspondía por sangre porque la cadena de amantes de su padre a lo largo de los años no se hubiera roto?

No. Margaret estaba en su derecho de mantenerlos bien alejados, condenados sólo a visitas rápidas o interrumpidas. Al fin y al cabo, Adrian era un niño sensible. Debía protegerle con su amor de madre, no exponerle a los excesos de su padre.

Contempló ahora a su hijo mientras paseaba cerca del vestíbulo de piedra, donde se llevaba a cabo la recepción posterior al entierro, al calor de dos chimeneas encendidas en cada extremo de la estancia. Intentaba acercarse a la puerta, bien para escapar o bien para escabullirse al comedor donde había un bufé enorme sobre una espléndida mesa de caoba. Margaret frunció el ceño. Aquello no podía ser. Tendría que estar relacionándose. En lugar de arrastrarse por la pared como un insecto, tendría que estar haciendo algo para comportarse como el vástago del hombre más rico que habían conocido las islas del canal. Por el amor de Dios, ¿cómo podía esperar que su vida fuera más de lo que era —limitada y descrita por la casa de su madre en Saint Albans— si no mostraba ningún interés?

Margaret se abrió paso entre los invitados que quedaban e interceptó a su hijo en la puerta del pasillo que llevaba al comedor. Entrelazó el brazo en el de su hijo, no hizo caso de su intento de zafarse y le dijo con una sonrisa:

—Vaya, aquí estás, cariño. Sabía que alguien podría decirme qué gente me queda por conocer. No se puede esperar conocer a todo el mundo, naturalmente. Pero seguro que hay gente importante a la que debería conocer para tener en cuenta en el futuro.

—¿Qué futuro? —Adrian puso la mano sobre la de su madre para retirarla, pero ella le cogió los dedos, los apretó y siguió sonriendo como si su hijo no intentara escapar.

—El tuyo, por supuesto. Hay que empezar a cerciorarse de que está asegurado.

—¿En serio, madre? ¿Y cómo piensas hacerlo?

—Hablando con éste y con aquél —dijo como quien no quiere la cosa—. Es asombrosa la influencia que se puede ejercer en cuanto se conoce a la persona adecuada. Ese caballero con el ceño fruncido, por ejemplo, ¿quién es?

En lugar de responder, Adrian empezó a apartarse de su madre. Pero ella tenía la ventaja de la estatura respecto a él —así como del peso— y lo retuvo donde estaba.

—¿Cielo? —le preguntó alegremente—. ¿El caballero? ¿El de los parches en los codos? ¿El atractivo y sobrealimentado estilo Heathcliff?

Adrian lanzó una mirada rápida al hombre.

—Es uno de los artistas de papá. Esto está lleno de ellos. Están todos aquí para hacerle la pelota a Ruth por si se lleva la mayor parte del pastel.

—¿Cuando deberían estar haciéndote la pelota a ti? Qué extraño —dijo Margaret.

Adrian la miró de un modo que Margaret no quiso interpretar.

—Créeme. Nadie es tan estúpido.

191

—¿Respecto de qué?

—Respecto de a quién ha dejado papá su dinero. Saben que no habría...

—Cariño, eso no importa. A quién quería dejar su dinero y quién acabará quedándoselo podrían ser dos cosas muy distintas. Sabio es el hombre que se da cuenta de ello y actúa en consecuencia.

—¿Y sabia es también la mujer, madre?

Había odio en su voz. Margaret no entendía qué había hecho para merecer que su hijo le hablara en ese tono.

—Si estamos hablando de los últimos escarceos de tu padre con esa tal señora Abbott, creo que podemos decir sin temor a equivocarnos que...

—Sabemos muy bien que no estamos hablando de eso, maldita sea.

—... dada la inclinación de tu padre por mujeres más jóvenes...

—Sí. Ya basta, madre. ¿Quieres hacer el favor de escuchar lo que estás diciendo por una vez?

Margaret calló, confundida. Repasó sus últimas palabras.

—¿Qué estaba diciendo? ¿Sobre qué?

—Sobre papá. Sobre las mujeres de papá. Sobre las mujeres más jóvenes. Piensa, ¿vale? Estoy seguro de que sabrás juntar las piezas.

—¿Qué piezas, cariño? Sinceramente, no sé...

—«Llévala a que conozca a tu padre para que vea, cariño» —recitó lacónicamente su hijo—. «Ninguna mujer se alejará de eso.» Porque ella comenzaba a tener dudas sobre mí y tú lo viste, ¿verdad? Sabe Dios que quizá incluso lo esperabas. Creías que si ella era consciente del dineral que había en perspectiva si jugaba bien sus cartas, decidiría quedarse conmigo. Como si yo fuera a quererla entonces, joder. Como si la quisiera ahora, coño.

Margaret notó que un viento gélido le helaba el cuello.

—¿Estás diciendo...? —Pero sabía que sí. Miró a su alrededor. Se quedó con la sonrisa petrificada. Se llevó a su hijo del vestíbulo. Cruzaron el pasillo, el comedor y llegaron a la antecocina, donde cerró la puerta. No le gustaba pensar hacia dónde iba aquella conversación. No quería pensar hacia dónde iba aquella conversación. Y menos aún le gustaba o quería pensar lo que podía implicar sobre el pasado reciente. Pero no podía parar la fuerza de las cosas que ella misma había puesto en marcha, así que habló.

—¿Qué me estás diciendo, Adrian? —Apoyó la espalda en la puerta de la antecocina para que no pudiera escapar. El murmullo de voces al otro lado les decía que la habitación estaba ocupada. Y Adrian había comenzado a temblar (su mirada empezaba a estar desenfocada), lo que anunciaba un estado que no querría que presenciaran unos desconocidos. Cuando no respondió enseguida, Margaret repitió la pregunta. Esta vez habló más dulcemente porque, pese a que le hacía perder los nervios, vio su sufrimiento—. ¿Qué pasó, Adrian?

—Ya lo sabes —contestó sin ánimo—. Lo conocías, así que ya sabes el resto.

Margaret se llevó las manos a la cara.

—No —dijo—. No puedo creerlo... —Le apretó más fuerte—. Eras su hijo. Habría puesto el límite ahí. Por esa razón. Porque eras su hijo.

—Como si eso importara. —Adrian se apartó de ella bruscamente—. Como que tú fueras su mujer. Tampoco le importó demasiado.

—Pero ¿Guy y Carmel? ¿Carmel Fitzgerald? ¿Carmel, que nunca tuvo ni diez palabras divertidas que decirle a nadie y que seguramente no distinguiría un comentario inteligente de...? —Margaret se calló. Apartó la mirada.

—Genial. Así que era perfecta para mí —dijo Adrian—. No estaba acostumbrada a nadie inteligente, así que era una chica fácil.

—No quería decir eso. No es lo que estaba pensando. Es una chica estupenda. Vosotros dos juntos...

—¿Qué importa lo que estuvieras pensando? Es la verdad. Él lo vio. Iba a ser fácil. Papá lo vio y tuvo que dar el paso. Porque, madre, ¿acaso dejaba alguna vez un pedazo de tierra sin arar cuando lo tenía ahí delante suplicándole...? —Se le rompió la voz.

Al otro lado, en el comedor, el tintineo de platos y cubiertos sugería que la recepción estaba acabándose y que los responsables del cáterin comenzaban a recoger la comida. Margaret miró hacia la puerta detrás de su hijo y supo que los interrumpirían en cuestión de minutos. No podía soportar pensar que lo vieran así, con la cara grasienta y los labios agrietados y temblorosos. Había regresado a la infancia en un instante, y ella volvía a ser la mujer que siempre había sido, su madre, atrapada entre tener que decirle que se controlara antes de que alguien lo viera comportándose como un mocoso y estrecharle contra su pecho para consolarle mientras prometía vengarse de sus enemigos.

Pero fue pensar en la venganza lo que provocó que, rápidamente, Margaret viera a Adrian como el hombre que era en la actualidad, no como el niño que había sido en su día. Y el escalofrío que sintió en el cuello se transformó en escarcha en la sangre al plantearse qué formas podía haber adoptado la venganza en Guernsey.

El pomo de la puerta vibró detrás de su hijo, y ésta se abrió y le golpeó en la espalda. Una mujer de pelo gris asomó la cabeza, vio la cara rígida de Margaret y dijo:

—Oh, lo siento. —Y desapareció. Pero su intrusión fue señal suficiente. Margaret sacó a su hijo de la habitación.

Lo condujo arriba y luego a su cuarto, agradecida de que Ruth la hubiera instalado en el ala oeste de la casa, lejos de la habitación de ella y de la de Guy. Allí, ella y su hijo tendrían intimidad, que era lo que necesitaban.

Sentó a Adrian en el taburete del tocador y cogió una botella de whisky de malta de su maleta. Ruth tenía fama de ser tacaña con la bebida, y Margaret dio las gracias a Dios por ello porque, de lo contrario, no habría venido aprovisionada. Se sirvió dos dedos generosos y se los bebió de un trago, luego volvió a llenar el vaso y se lo dio a su hijo.

—Yo no...

—Bebe. Te tranquilizará. —Margaret esperó a que su hijo la obedeciera. Él apuró el vaso y luego lo sostuvo relajadamente entre las manos. Entonces ella dijo—: ¿Estás seguro, Adrian? Le gustaba coquetear. Ya lo sabes. Puede que sólo fuera eso. ¿Los viste juntos? ¿Tú...? —Detestaba preguntar los detalles truculentos, pero necesitaba hechos.

—No me hizo falta verlos. Después estuvo distinta conmigo. Me lo imaginé.

194

—¿Hablaste con él? ¿Le acusaste?

—Claro que sí. ¿Por quién me tomas?

—¿Y qué te dijo?

—Lo negó. Pero le obligué a...

—¿Le obligaste? —Apenas podía respirar.

—Mentí. Le dije que ella me lo había confesado. Así que él también confesó.

—¿Y luego?

—Nada. Carmel y yo volvimos a Inglaterra. Ya conoces el resto.

—Dios mío, ¿y por qué has vuelto, entonces? —le preguntó—. Se tiró a tu prometida delante de tus narices. ¿Por qué has...?

—Alguien me insistió para que viniera, como tal vez recuerdes —dijo Adrian—. ¿Qué me dijiste? ¿Que estaría muy contento de verme?

—Pero si lo hubiera sabido, nunca te habría sugerido, menos aún insistido... Adrian, por el amor de Dios. ¿Por qué no me constaste lo que había pasado?

—Porque decidí utilizarlo —dijo—. Si no podía convencerle con la razón de que me diera el préstamo que necesitaba, pensé que con la culpa sí lo conseguiría. Sólo que olvidé que papá era inmune a la culpa. Era inmune a todo. —Luego sonrió. Y, en ese instante, el escalofrío transformado en escarcha se convirtió en hielo en la sangre de Margaret cuando su hijo dijo—: Bueno, a prácticamente todo, parece ser.

195

Capítulo 9

*D*eborah Saint James siguió al adolescente a cierta distancia. No era su fuerte comenzar conversaciones con desconocidos, pero no iba a marcharse de allí sin intentarlo al menos. Sabía que su reticencia no hacía más que confirmar los temores de su marido respecto a que viajara sola a Guernsey para ocuparse de las dificultades de China, puesto que al parecer la presencia de Cherokee no contaba para Simon. Así que en las presentes circunstancias estaba doblemente resuelta a no dejarse vencer por su reticencia natural.

El chico no sabía que le estaba siguiendo. No parecía que tuviera en mente ningún destino en concreto. Primero se abrió paso a empujones entre la multitud presente en el jardín de las esculturas y luego cruzó el fresco césped oval situado detrás del pabellón acristalado en un extremo de la casa. Junto a este césped, saltó entre dos rododendros altos y recogió una rama fina de un castaño que crecía cerca de un grupo de tres edificios anexos. Al llegar allí, el chico giró de repente hacia el este, donde, a lo lejos y a través de los árboles, Deborah vio un muro de piedra que daba a unos campos y prados. Pero en lugar de ir en esa dirección —el modo más seguro de dejar atrás el funeral y todo lo que conllevaba—, comenzó a recorrer el sendero de guijarros que regresaba de nuevo a la casa. Mientras andaba, utilizaba bruscamente la rama como una vara contra los arbustos que crecían exuberantes a lo largo del camino. Éste bordeaba una serie de jardines meticulosamente cuidados al este de la casa; pero tampoco entró en ninguno, sino que siguió avanzando por entre los árboles que había detrás de los arbustos y aceleró el paso cuando, al parecer, oyó que alguien se acercaba a uno de los coches aparcados en esa zona.

Allí, Deborah lo perdió momentáneamente. Cerca de los árboles no llegaba mucha luz y el chico vestía de marrón oscuro de los pies a la cabeza, así que era difícil verlo. Pero ella aceleró el paso en la dirección que había visto que tomaba y lo alcanzó en un sendero que bajaba hacia un prado. Hacia la mitad de éste, se alzaba el tejado de lo que parecía una casa de té japonesa detrás de unos arces delicados y una valla de madera de adorno engrasada para mantener su brillante color original, e intensamente acentuada en rojo y negro. Vio que se trataba de otro jardín más de la finca.

El chico cruzó un delicado puente de madera que describía una curva sobre una depresión en el terreno. Lanzó la rama, retomó el camino por unas piedras y se dirigió a grandes zancadas hacia una puerta festoneada en la valla. La abrió de un golpe y desapareció dentro. La puerta se cerró silenciosamente tras él.

Deborah lo siguió deprisa y cruzó el puente que se extendía sobre un pequeño barranco en el que habían colocado unas piedras grises teniendo sumo cuidado con lo que crecía alrededor. Se acercó a la puerta y vio lo que no había visto antes: una placa de bronce clavada en la madera. «À la mémoire de Miriam et Benjamin Brouard, assassinés par les Nazis à Auschwitz. Nous n'oublierons jamais.» Deborah leyó las palabras y reconoció las suficientes como para saber que el jardín estaba dedicado a la memoria de alguien.

Abrió la puerta a un mundo que era distinto a lo que había visto hasta entonces en los jardines de Le Reposoir. Aquí las plantas y los árboles lozanos y exuberantes estaban castigados. Imperaba en él un orden austero, puesto que habían podado la mayor parte del follaje de los árboles y los arbustos estaban recortados con diseños formales. Eran agradables a la vista y se unían unos con otros siguiendo un dibujo que hacía que la mirada recorriera el perímetro del jardín hacia otro puente arqueado, que se extendía sobre un gran estanque serpenteante en el que crecían nenúfares. Justo detrás estaba la casa de té cuyo tejado Deborah había vislumbrado desde el otro lado de la valla. Tenía puertas de pergamino al estilo de los edificios privados japoneses, y una de ellas estaba abierta.

Deborah siguió el sendero que rodeaba el perímetro del

ELIZABETH GEORGE

jardín y cruzó el puente. Debajo de ella, vio unas carpas grandes de colores nadando mientras delante de ella se revelaba el interior de la casa de té. La puerta abierta mostraba un suelo cubierto de alfombras tradicionales y una sola habitación amueblada con una mesa baja de ébano con almohadones alrededor.

Un porche profundo recorría el ancho de la casa de té; dos escalones daban acceso a él desde el sendero de gravilla que continuaba alrededor del propio jardín. Deborah subió los escalones, pero no se molestó en hacerlo subrepticiamente. Era mejor ser otro invitado más al funeral que daba un paseo, pensó, que alguien que seguía a un chico que probablemente no quería entablar ninguna conversación.

El chaval estaba arrodillado frente a un armario de teca empotrado en la pared, en el extremo más alejado de la casa de té. Lo había abierto y estaba tirando de una bolsa pesada. Mientras Deborah observaba, el chico la extrajo con dificultad, la abrió y hurgó dentro. Sacó un recipiente de plástico. Entonces se dio la vuelta y vio a Deborah observándolo. La miró abiertamente y sin el más mínimo reparo. Entonces se levantó y pasó a su lado, salió al porche y de allí se dirigió al estanque.

Al pasar, Deborah vio que el recipiente de plástico contenía pequeñas bolitas redondas. El chico las llevó al borde del agua, donde se sentó en una roca lisa gris, cogió un puñado y las tiró a los peces. Al instante, el agua se convirtió en un bullicio de actividad multicolor.

—¿Te importa si miro? —preguntó Deborah.

El chico dijo que no con la cabeza. Deborah vio que rondaría los diecisiete años, tenía la cara marcada por un acné severo y se ruborizó aún más cuando se sentó a su lado en la roca. Se quedó mirando los peces un momento: sus bocas glotonas mordisqueaban el agua, el instinto les hacía saltar ante cualquier movimiento en la superficie. Qué suerte la suya, pensó Deborah, estar en ese entorno seguro, protegido, donde lo que se movía en la superficie en realidad era comida y no un cebo.

—No me gustan demasiado los funerales —dijo ella—. Creo que es porque los conocí muy pronto. Mi madre murió cuando yo tenía siete años, y siempre que asisto a un funeral, lo recuerdo todo de nuevo.

El chico no dijo nada, pero su proceso de echar comida al agua se ralentizó ligeramente. Deborah se animó y siguió.

—Sin embargo, es curioso, porque no me afectó demasiado cuando sucedió. La gente seguramente diría que es porque no lo comprendía, pero no era así, ¿sabes? Sabía perfectamente qué significaba que alguien muriera. Se iba y no volvería a verlo. Tal vez estaría con los ángeles y con Dios; pero, en cualquier caso, estaría en un lugar al que yo tardaría mucho, mucho, mucho tiempo en ir. Así que sí sabía qué significaba. Lo que pasaba es que no entendía qué implicaba. Eso no lo asumí hasta mucho después, cuando esas cosas que en teoría pasan entre madre e hija no pasaron entre yo y..., bueno, entre yo y nadie.

El chico siguió sin decir nada. Pero dejó de dar de comer a los peces y contempló el agua mientras éstos continuaban peleándose por las bolitas. Le recordaron a Deborah a la gente que hace cola cuando llega el autobús y lo que en su momento era todo orden se convierte en una masa de codos, rodillas y paraguas entrando todos a la vez.

—Murió hace casi veinte años, y todavía me pregunto cómo podría haber sido. Mi padre nunca volvió a casarse y no tengo más familia y a veces me parece que sería maravilloso formar parte de algo mayor que nosotros dos. Entonces también me pregunto cómo habrían sido mi padre y mi madre si hubieran tenido más hijos. Ella sólo tenía treinta y dos años cuando murió; a mí me parecían muchos cuando yo tenía siete años, pero ahora veo que todavía tenía muchos años por delante para tener más hijos. Ojalá los hubiera tenido.

Entonces, el chico la miró. Ella se apartó el pelo de la cara.

—Lo siento. ¿Me estoy enrollando? A veces lo hago.

—¿Quieres probar? —El chico le tendió el recipiente de plástico.

—Me encantaría. Sí. Gracias —dijo Deborah. Metió la mano en las bolitas. Avanzó hasta el borde de la roca y dejó que la comida cayera de sus dedos al agua. Los peces acudieron al instante, apartándose unos a otros en su ansia por comer—. Hacen que parezca que el agua está hirviendo. Debe de haber cientos.

—Ciento veintitrés. —El chico hablaba en voz baja (Deborah vio que tenía que esforzarse para oírle) y tenía la mirada clavada en el estanque—. Tiene muchos porque los pájaros los cazan. Pájaros muy grandes. A veces alguna gaviota, pero por lo general no son lo bastante fuertes o rápidos. Y los peces son listos. Se esconden. Por eso las rocas están colocadas tan lejos del borde del estanque: para que puedan esconderse cuando aparecen los pájaros.

—Hay que pensar en todo, supongo —dijo Deborah—. Este lugar es increíble, ¿verdad? Estaba dando un paseo, necesitaba alejarme del entierro y, de repente, he visto el tejado de la casa de té y la valla y me ha parecido que sería un lugar tranquilo. Apacible, ya sabes. Así que he entrado.

—No mientas. —El chico dejó el recipiente de las bolitas entre ellos como si dibujara una línea en la arena—. Te he visto.

—¿Me has...?

—Me estabas siguiendo. Te he visto en los establos.

—Ah. —Deborah se reprendió por haber sido tan descuidada y haberse delatado, más aún por haber demostrado que su marido tenía razón. Pero no estaba todo perdido, como sin duda le manifestaría Simon, y estaba decidida a probarlo—. He visto lo que ha pasado durante el entierro —admitió—, cuando te dieron la pala. Parecías... Bueno, como yo también perdí a alguien, hace años, lo reconozco, he pensado que quizá querrías... Me doy cuenta de que es muy arrogante por mi parte. Pero perder a alguien es difícil. A veces hablar ayuda.

El chico cogió el recipiente de plástico y echó la mitad del contenido directamente en el agua, que estalló en una actividad febril.

—No necesito hablar de nada —dijo el chaval—. Y menos de él.

Deborah aguzó el oído.

—¿El señor Brouard era...? Sería bastante mayor para ser tu padre, pero como estabas con la familia... ¿Era tu abuelo, quizá? —Esperó a que el chico dijera más. Si tenía paciencia, creía que acabaría saliendo lo que estuviera carcomiéndole por dentro. Amablemente, dijo—: Soy Deborah Saint James, por cierto. He venido desde Londres.

—¿Para el funeral?

—Sí. Ya te he dicho que no me gustan demasiado los funerales. Pero ¿a quién le gustan?

El chico resopló.

—A mi madre. A ella se le dan bien los funerales. Tiene práctica.

Deborah tuvo la sensatez suficiente para no comentar nada al respecto. Esperó a que el chico se explicara, cosa que hizo, aunque indirectamente.

Le contó que se llamaba Stephen Abbott y dijo:

—Yo también tenía siete años. Se perdió en un resplandor blanco. ¿Sabes lo que es?

Deborah dijo que no con la cabeza.

—Es cuando baja una nube, o la niebla, o lo que sea. Pero es muy peligroso y no puedes distinguir por dónde sigue la montaña y no ves las pistas de esquí, así que no sabes cómo bajar. Lo único que ves es blanco por todas partes: la nieve y el aire. Y te pierdes. Y a veces... —Volvió la cara—. A veces, te mueres.

—¿Es lo que le pasó a tu padre? —preguntó Deborah—. Lo siento, Stephen. Qué forma más horrible de perder a alguien a quien quieres.

—Ella dijo que sabría bajar. «Es un experto. Sabe lo que hay que hacer. Los esquiadores experimentados siempre encuentran el camino», dijo. Pero tardó demasiado y entonces empezó a nevar, una tormenta de nieve de verdad, y él estaba a kilómetros de donde debería estar. Cuando por fin lo encontraron, habían pasado dos días; había intentado salir de allí caminando y se había roto una pierna. Y entonces dijeron... Dijeron que si hubieran llegado sólo seis horas antes... —Golpeó con el puño el resto de las bolitas, que saltaron del recipiente y cayeron sobre la roca—. Tal vez habría vivido. Pero a ella no le habría gustado demasiado.

—¿Por qué no?

—No habría podido coleccionar novios.

—Ah. —Deborah vio cómo encajaban las cosas. Un niño pierde a su querido padre y luego ve que su madre pasa de un hombre al siguiente, tal vez empujada por un dolor que no puede afrontar, tal vez en un intento frenético de sustituir lo que ha perdido. Pero Deborah también vio lo que debía de parecerle a ese niño: como si, para empezar, su madre no hubiera querido nunca a su padre.

—Entonces, ¿el señor Brouard era uno de esos novios? —dijo ella—. ¿Por eso tu madre estaba con la familia esta mañana? Ésa era tu madre, ¿verdad? ¿La mujer que quería que cogieras la pala?

—Sí —contestó—. Era ella, sí. —Apartó las bolitas que había tirado a su alrededor. Fueron cayendo al agua una a una, como las creencias desechadas de un niño desilusionado—. Estúpida —murmuró—. Estúpida de mierda.

—Por querer que formaras parte de...

—Se cree tan inteligente —la interrumpió—. Se cree que es tan buena en la cama... Ábrete de piernas, mamá, y serán tus marionetas. Aún no ha funcionado, pero si lo haces el tiempo suficiente, puede que al final lo consigas, maldita sea. —Stephen se levantó y cogió el recipiente. Regresó a la casa de té y entró. De nuevo, Deborah lo siguió.

Desde la puerta, le dijo:

—A veces las personas hacen cosas cuando echan muchísimo de menos a alguien, Stephen. En apariencia, lo que hacen es irracional. Insensible, ya sabes. O incluso malicioso. Pero si podemos ver más allá de lo que parece, si intentamos entender la razón que hay detrás...

—Empezó justo después de que él muriera, ¿vale? —Stephen metió la bolsa de comida para peces en el armario. Cerró la puerta de un golpe—. Con uno de los monitores de la patrulla de esquí, sólo que entonces yo no sabía qué ocurría. No lo entendí hasta que estábamos en Palm Beach y, para entonces, ya habíamos vivido en Milán y en París y siempre había un hombre, ¿entiendes?, siempre había... Por eso estamos aquí ahora, ¿lo captas? Porque el último estaba en Londres y no consiguió que se casara con ella, y cada vez está más desesperada porque si se queda sin dinero y no hay nadie, ¿qué coño va a hacer entonces?

El pobre chico rompió a llorar. Eran unos sollozos esforzados, humillantes. A Deborah le dio lástima el chico, y cruzó la casa de té para acudir a su lado.

—Siéntate aquí. Por favor, Stephen, siéntate —le dijo.

—La odio —dijo él—. La odio de verdad. Zorra asquerosa. Es tan estúpida que ni siquiera ve... —No pudo continuar, pues el llanto se lo impidió.

Deborah lo instó a sentarse en uno de los almohadones. El chico se dejó caer sobre él de rodillas, con la cabeza agachada sobre el pecho y el cuerpo respirando agitadamente.

Deborah no le tocó, aunque quería hacerlo. Diecisiete años, desesperación absoluta. Sabía cómo se sentía: el sol se pone, la noche no acaba nunca y te invade la desesperanza.

—Te parece odio porque es muy fuerte —dijo—. Pero no es odio. Es algo muy distinto. La otra cara del amor, supongo. El odio destruye. Pero ¿esto...? Esto, lo que sientes... No haría daño a nadie. Así que no es odio. De verdad.

—Pero la has visto —contestó entre sollozos—. Has visto cómo es.

—Sólo es una mujer, Stephen.

—¡No! Es más que eso. Ya has visto lo que ha hecho.

Al oír aquello, el cerebro de Deborah se puso alerta.

—¿Lo que ha hecho? —repitió.

—Ahora es demasiado mayor. No puede asumirlo. Y es incapaz de ver... Y yo no puedo decírselo. ¿Cómo puedo decírselo?

—¿Decirle qué?

—Que es demasiado tarde para todo esto. Que no la quiere. Que ni siquiera la desea. Que puede hacer lo que quiera para cambiarlo, pero que nada va a funcionar, ni el sexo, ni pasar por el quirófano, nada. Le había perdido y era demasiado estúpida para verlo, joder. Pero tendría que haberlo visto. ¿Por qué no lo vio? ¿Por qué seguiría haciendo cosas para aparentar ser mejor? ¿Para intentar que él la deseara cuando ya no era así?

Deborah asimiló esta información detenidamente. Al mismo tiempo, reflexionó sobre todo lo que el chico le había dicho antes. Lo que implicaban las palabras era evidente: Guy Brouard había dejado a su madre. La conclusión lógica era que la había dejado por otra persona. Pero la verdad del asunto también podía ser que el hombre la hubiera dejado por otra cosa. Si Brouard no quería seguir con la señora Abbott, tenían que descubrir qué era lo que quería.

Paul Fielder llegó a Le Reposoir sudado, sucio y jadeando, con la mochila torcida sobre la espalda. Aunque creía que era demasiado tarde, había pedaleado desde Bouet a la iglesia de la ciudad, volando por el paseo marítimo como si los cuatro jinetes del Apocalipsis le pisaran los talones. Cabía la posibilidad, pensó, de que el funeral del señor Guy se hubiera retrasado por alguna razón. Si así era, aún podría asistir al menos a una parte del mismo.

Pero el hecho de que no hubiera coches en el extremo norte ni en los aparcamientos del muelle le dijo que el plan de Billy había resultado. Su hermano mayor había logrado impedir que Paul asistiera al funeral de su único amigo.

Paul sabía que había sido Billy quien había roto su bicicleta. En cuanto salió y la vio —la rueda trasera rajada y la cadena tirada en el barro—, reconoció la repugnante mano de su hermano tras aquella travesura. Soltó un grito ahogado y entró furioso en casa, donde su hermano estaba comiendo pan frito y bebiendo una taza de té sentado a la mesa de la cocina. Tenía un cigarrillo encendido en un cenicero a su lado y otro olvidado que humeaba en el escurridor encima del fregadero. Fingía ver un programa de entrevistas en la tele mientras su hermanita pequeña jugaba con un paquete de harina en el suelo, pero la verdad era que estaba esperando a que Paul irrumpiera en la casa y se enfrentara a él de un modo u otro para que pudieran pelearse.

Paul lo vio nada más entrar. La sonrisita de Billy lo delató.

Hubo un tiempo en el que habría llamado a sus padres. Hubo un tiempo en el que incluso se habría abalanzado sobre su hermano ciegamente sin tener en cuenta las diferencias de tamaño y fuerza. Pero ese tiempo había pasado. El viejo mercado de carne —una parte integrante del orgulloso complejo antiguo de edificaciones con columnatas que integraban Market Square en Saint Peter Port— había cerrado sus puertas para siempre y había acabado con la fuente de ingresos de su familia. Ahora su madre trabajaba de cajera en un Boots en High Street, registrando las compras, mientras que su padre había entrado en una cuadrilla que realizaba obras en las carreteras, donde los días eran largos y el trabajo, atroz. Ninguno de los dos se encontraba ahora en casa para ayudarle, y aunque no fuera así, Paul no iba a cargarles con más problemas. En cuanto a enfrentarse a Billy, sabía que a veces su hermano era lento, pero no estúpido. Enfrentarse a Billy era lo que Billy quería. Lo quería desde hacía meses y se había esforzado mucho para que sucediera. Se moría de ganas por agredir a alguien y no le importaba quién fuera.

Paul apenas le miró. Corrió hacia el armario situado debajo del fregadero de la cocina y sacó la caja de herramientas de su padre.

Billy le siguió afuera, desatendiendo a su hermana, que se quedó en el suelo de la cocina con las manos metidas en el paquete de harina. Otros dos hermanos suyos estaban peleándose en el piso de arriba. Se suponía que Billy tenía que llevarlos al colegio. Pero Billy nunca hacía muchas de las cosas que se suponía que tenía que hacer, sino que se pasaba los días en el jardín trasero lleno de malas hierbas, lanzando peniques a las latas de cerveza que se bebía desde que se levantaba hasta que se acostaba.

—Oh —dijo Billy fingiendo preocupación cuando se le iluminaron los ojos al ver la bici de Paul estropeada—. ¿Qué diablos ha pasado, Paulie? Alguien la ha tomado con tu bici, ¿no?

Paul no le hizo caso y se sentó en el suelo. Comenzó quitando primero la rueda. *Taboo*, que había montado guardia junto a la bici, la olisqueó con recelo, y un aullido salió desde lo más profundo de su garganta. Paul paró y llevó al perro a una farola cercana. Lo ató y le señaló el suelo donde quería que se tumbara. *Taboo* le obedeció, pero era evidente que no le gustó. No se fiaba ni un pelo del hermano de Paul, y Paul sabía que el perro habría preferido mil veces quedarse a su lado.

—¿Tienes que ir a algún sitio? —le preguntó Billy—. Y se te ha estropeado la bici. Qué mala suerte. Cómo es la gente.

Paul no quería llorar porque sabía que las lágrimas proporcionarían a su hermano más formas de atormentarle. Era cierto que las lágrimas le darían menos satisfacción que derrotar a Paul en una pelea brutal, pero seguiría siendo mejor que nada y Paul prefería infinitamente no darle nada a Billy. Había aprendido hacía tiempo que su hermano no tenía corazón y menos aún conciencia. Vivía para martirizar a los demás. Era la única contribución que podía hacer a la familia.

Así que Paul no le hizo caso, y a Billy no le gustó. Se apoyó en la casa y encendió otro cigarrillo más.

«Ojalá se te pudran los pulmones», pensó Paul, pero no lo dijo. Simplemente comenzó a reparar la vieja rueda gastada, cogiendo los trozos de goma y el pegamento y extendiéndolos sobre el tajo.

—A ver, déjame adivinar adónde podría ir mi hermanito pequeño esta mañana —dijo Billy pensativamente, dando caladas al pitillo—. ¿Va a ir a ver a mamá al Boots? ¿A llevarle a papá el almuerzo a la carretera? Hum. Creo que no. Va demasiado elegante. De hecho, ¿de dónde ha sacado esa camisa? ¿De mi armario? Mejor que no. Porque robarme significaría castigo. Tal vez debería mirarla mejor, para asegurarme.

Paul no reaccionó. Sabía que su hermano era un matón cobarde. Sólo tenía las agallas de atacar cuando creía que sus víctimas se sentían intimidadas. Como se sentían sus padres, pensó Paul desconsolado. Vivía en su casa como un inquilino moroso mes tras mes porque tenían miedo de lo que podía hacer si le echaban.

Antes Paul era como ellos, miraba a su hermano mientras cogía las cosas de la familia para venderlas en mercadillos y pagarse así la cerveza y el tabaco. Pero eso era antes de que apareciera el señor Guy, que siempre parecía saber lo que pasaba en el corazón de Paul y siempre parecía capaz de hablar de ello sin sermonearle o exigirle nada o esperar algo a cambio, aparte de compañerismo.

«Tú sólo céntrate en lo que es importante, mi príncipe. ¿El resto? Si no forma parte de tus sueños, olvídalo.»

Ésa era la razón por la que podía reparar la bicicleta mientras su hermano se burlaba de él, retándole a pelear o a llorar. Paul bloqueó sus oídos y se concentró. Una rueda que remendar, una cadena que limpiar.

Podría haber cogido el autobús para ir a la ciudad, pero no se le ocurrió hasta que tuvo arreglada la bici y estaba a medio camino de la iglesia. En ese punto, sin embargo, ya no se reprendió por ser tan imbécil. Deseaba tanto estar presente en la despedida del señor Guy que lo único que pensó, cuando se encontró un autobús avanzando lentamente por la ruta norte número cinco y le recordó que podría haberlo cogido, fue lo fácil que sería ponerse delante del vehículo y terminar con todo.

Fue entonces cuando por fin rompió a llorar, por pura frustración y desesperación. Lloró por el presente, en el que todos sus objetivos parecían frustrarse, y por el futuro, que parecía funesto y vacío.

A pesar de ver que no quedaba ni un solo coche cerca de la iglesia, se colocó bien la mochila en la espalda y entró de todas formas. Primero, sin embargo, cogió a *Taboo*. Entró al perro con él, pese a saber que era del todo improcedente. Pero no le importó. El señor Guy también era amigo de *Taboo* y, de todas formas, no iba a dejar al animal fuera en la plaza sin entender qué estaba ocurriendo. Así que lo llevó dentro, donde el aroma de las flores y de las velas encendidas seguía flotando en el aire y aún había una pancarta que decía *Requiescat in pace* colgada a la derecha del púlpito. Pero aquéllas eran las únicas señales de que se había celebrado un funeral en la iglesia de Saint Peter Port. Tras recorrer el pasillo central e intentar fingir que había sido uno de los asistentes, Paul salió del edificio y regresó a donde había dejado la bici. Se dirigió al sur hacia Le Reposoir.

Aquella mañana se había puesto la que en teoría era la mejor ropa que tenía, y deseó no haber salido huyendo de Valerie Duffy el día anterior cuando la mujer le ofreció una de las viejas camisas de Kevin. Por consiguiente, lo único que tenía eran unos pantalones negros con manchas de lejía, un único par de zapatos destrozados y una camisa de franela que su padre solía ponerse los días más fríos en el interior del mercado de carne. Alrededor del cuello de la camisa, se había atado una corbata de punto que también era de su padre. Y encima de todo, llevaba el anorak rojo de su madre. Tenía un aspecto espantoso, y lo sabía, pero era lo más que pudo hacer.

Cuando llegó a la finca Brouard, toda la ropa que vestía estaba sucia o sudada. Por este motivo, empujó la bici detrás de un camelio enorme que había justo tras el muro, salió del sendero de entrada y caminó hacia la casa pasando por debajo de los árboles en lugar de cruzar a campo través. *Taboo* trotaba a su lado.

Delante, Paul vio que salía gente de la casa con cuentagotas y, mientras se detenía para intentar ver qué pasaba, se percató de que el coche fúnebre que había llevado el ataúd del señor Guy se aproximaba a él, que estaba medio escondido en la parte este del sendero, pasaba lentamente a su lado y cruzaba la verja para emprender el viaje de regreso a la ciudad. Paul lo siguió con la mirada antes de volverse hacia la casa y comprender que también se había perdido el entierro. Se lo había perdido todo.

Sintió de inmediato que se le tensaba e hinchaba todo el cuerpo, mientras algo intentaba escapar de él con la misma fiereza con la que él trataba de contenerlo. Se quitó la mochila y se la colocó en el pecho, e intentó creer que lo que había compartido con el señor Guy no había desaparecido en un momento, sino que se había santificado, bendecido para siempre a través de un mensaje que el señor Guy había dejado.

«Éste, mi príncipe, es un lugar especial, un lugar tuyo y mío. ¿Se te da bien guardar secretos, Paul?»

Mejor que bien, prometió Paul Fielder. Mejor que oír los insultos de su hermano sin escucharlos. Mejor que soportar el fuego abrasador de esta pérdida sin desintegrarse por completo. En realidad, se le daba mejor que cualquier otra cosa.

208

Ruth Brouard llevó a Saint James al estudio de su hermano en el piso de arriba. Simon vio que se encontraba en el ala noroeste, que daba a un césped oval y al pabellón acristalado por un lado y, en el otro, a un semicírculo de edificaciones anexas que parecían ser unos viejos establos. Más allá, la finca seguía: más jardines, prados lejanos, campos y bosque. Saint James vio que las esculturas que comenzaban en el jardín cercado donde habían enterrado al hombre asesinado también se extendían al resto de la propiedad. Aquí y allá, una forma geométrica de mármol, bronce, granito o madera aparecía de entre los árboles y las plantas que crecían con libertad por el terreno.

—Su hermano era un mecenas del arte. —Saint James dio la espalda a la ventana mientras Ruth Brouard cerraba la puerta sin hacer ruido.

—Mi hermano era un mecenas de todo—contestó ella.

No tenía buen aspecto, determinó Saint James. Sus movimientos eran estudiados y su voz sonaba agotada. La mujer se dirigió a un sillón y se sentó. Detrás de las gafas, sus ojos se entrecerraron y un gesto de dolor habría asomado a su rostro si no hubiera procurado llevar una máscara.

En el centro de la habitación, había una mesa de nogal, encima de la cual descansaba la maqueta detallada de un edificio enclavado en un paisaje que comprendía la calzada de delante, el jardín de detrás e incluso los árboles y arbustos en miniatura que crecerían en los jardines. La maqueta era tan detallada que incluía puertas y ventanas y, a lo largo de la parte delantera, una mano experta había tallado cuidadosamente lo que al final se grabaría en la mampostería. En el friso decía: «Museo de la Guerra Graham Ouseley».

—Graham Ouseley. —Saint James se alejó de la maqueta. Era bajo al estilo de un búnker, salvo por la entrada, que ascendía de manera espectacular como si fuera un diseño de Le Corbusier.

—Sí —murmuró Ruth—. Es un hombre de Guernsey. Bastante mayor. Tiene unos noventa años. Es un héroe local de la ocupación. —No le explicó nada más, pero era evidente que estaba a la espera. Había leído el nombre y la profesión de Saint James en la tarjeta que le había entregado y había accedido de inmediato a hablar con él. Pero, obviamente, iba a esperar a ver qué quería antes de ofrecerle más información de forma voluntaria.

—¿Ésta es la propuesta del arquitecto local? —preguntó Saint James—. Tengo entendido que construyó una maqueta para su hermano.

—Sí —le dijo Ruth—. La hizo un hombre de Saint Peter Port, pero al final Guy no eligió su proyecto.

—Me pregunto por qué. Parece idóneo, ¿verdad?

—No tengo ni idea. Mi hermano no me lo dijo.

—El arquitecto de aquí debió de llevarse un disgusto. Parece haber invertido mucho trabajo. —Saint James se inclinó sobre la maqueta otra vez.

Ruth Brouard cambió de posición en su asiento, moviendo el torso como si buscara una posición más cómoda, se ajustó las gafas y cruzó las pequeñas manos sobre su regazo.

—Señor Saint James —dijo—, ¿en qué puedo ayudarle? Ha dicho que venía por la muerte de Guy. Como es usted forense... ¿Tiene que darme alguna noticia? ¿Por eso está aquí? Me dijeron que se harían más exámenes de sus órganos. —Titubeó, por lo difícil que le suponía, al parecer, hablar de su hermano en partes en lugar de como un todo. Bajó la cabeza y al cabo de un momento prosiguió diciendo—: Me dijeron que harían exámenes de los órganos y tejidos de mi hermano, también otras cosas; en Inglaterra, me dijeron. Como usted es de Londres, tal vez haya venido a darme información. Aunque si han descubierto algo, algo inesperado, el señor Le Gallez habría venido a decírmelo en persona, ¿verdad?

—Él sabe que estoy aquí, pero no vengo de su parte —le dijo Saint James. Entonces le explicó con cuidado la misión que le había traído a Guernsey. Acabó diciendo—: El abogado de la señorita River me dijo que usted era la testigo en cuyo testimonio basa el caso el inspector en jefe Le Gallez. He venido a preguntarle por ese testimonio.

Ruth apartó la mirada.

—La señorita River —dijo.

—Tengo entendido que ella y su hermano se hospedaron aquí varios días antes del asesinato.

—¿Y ella le ha pedido que la ayude a eludir la culpa de lo que le sucedió a Guy?

—Aún no la he visto —dijo Saint James—. No he hablado con ella.

—Entonces, ¿por qué...?

—Mi mujer y ella son viejas amigas.

—Y su mujer no cree que su vieja amiga haya asesinado a mi hermano.

—Está el tema del móvil —dijo Saint James—. ¿La señorita River y su hermano llegaron a conocerse bien? ¿Existe alguna posibilidad de que lo conociera de antes? Por lo que dice el hermano de ella, parece que no; pero podría ser que él no lo supiera. ¿Y usted?

—Si ella ha estado alguna vez en Inglaterra, es posible. Pudo conocer a Guy allí. Pero sólo allí. Guy nunca ha estado en Estados Unidos, que yo sepa.

—¿Que usted sepa?

—Podría haber ido alguna vez y no decírmelo, pero no veo por qué, o cuándo. Si estuvo, sería hace tiempo. Desde que estamos aquí, en Guernsey, no. Me lo habría dicho. En los últimos nueve años, cuando viajó, que fue en contadas ocasiones a partir de que se jubilara, siempre me dijo dónde podía localizarle. Era bueno en ese sentido. Era bueno en muchos sentidos, en realidad.

—¿Nadie tenía un motivo para matarle? ¿Nadie aparte de China River, quien también parece no tener motivo alguno?

—No puedo explicarlo.

Saint James se apartó de la maqueta del museo, se acercó a Ruth Brouard y se sentó en el segundo sillón. Una pequeña mesa redonda los separaba. En ésta había una fotografía, y Saint James la cogió: una familia judía numerosa sentada alrededor de una mesa, los hombres con kipás, sus mujeres de pie detrás de ellos, con unos libros abiertos en las manos. Entre ellos había dos chavales, una niña y un niño. La niña llevaba gafas; el niño, tirantes rayados. Presidiendo la mesa estaba el patriarca, posicionado para partir en pedazos un gran *matzo*. Detrás del hombre, en un aparador, había un centro de mesa de plata y unas velas encendidas, cada una de las cuales emitía un resplandor alargado sobre un cuadro colgado en la pared, mientras que a su lado tenía a una mujer que obviamente era su esposa y que tenía la cabeza ladeada hacia él.

—¿Es su familia? —le dijo a Ruth Brouard.

—Vivíamos en París —contestó—. Antes de Auschwitz.

—Lo lamento.

—Créame. No puede lamentarlo bastante.

Saint James estuvo de acuerdo.

—Nadie puede.

Pareció que, de algún modo, aquel reconocimiento por su parte satisfizo a Ruth Brouard, del mismo modo, quizá, que la delicadeza con la que dejó la fotografía sobre la mesa, porque la mujer miró la maqueta en el centro de la estancia y habló en voz baja y sin rencor.

—Sólo puedo contarle lo que vi aquella mañana, señor Saint James. Sólo puedo contarle lo que hice. Me acerqué a la ventana de mi habitación y vi que Guy salía de casa. Cuando llegó a los árboles y accedió al sendero de la entrada, ella empezó a seguirle. La vi.

—¿Está segura de que era China River?

—Al principio no —contestó—. Venga. Se lo enseñaré.

Ruth lo condujo por el pasillo oscuro en el que colgaban grabados antiguos de la mansión. A poca distancia de la escalera, abrió una puerta y guió a Saint James al interior de lo que obviamente era su cuarto: amueblado con sencillez pero bien decorado con antigüedades robustas y un tapiz bordado enorme. Lo configuraban diversas escenas, que se combinaban para contar una única historia al estilo de los tapices que precedieron a los libros. Esta historia en particular trataba de una huida: una fuga en mitad de la noche mientras se aproximaba un ejército enemigo, un viaje apresurado hacia la costa, una travesía en un mar picado, un desembarco entre desconocidos. Sólo dos de los personajes representados eran los mismos en todas las escenas: una niña y un niño.

Ruth Brouard fue al alféizar poco profundo de una ventana y corrió las cortinas finas que colgaban sobre el cristal.

—Venga —le dijo a Saint James—. Mire.

Saint James se acercó y vio que la ventana daba a la parte delantera de la casa. Abajo, el sendero rodeaba una parcela de tierra plantada con hierba y arbustos. Más allá, el césped se abría hasta una casita lejana. Un grupo denso de árboles crecía alrededor de este edificio y se extendía a lo largo del sendero y hacia la casa principal.

Su hermano había salido por la puerta de entrada como de costumbre, le contó Ruth Brouard a Saint James. Mientras observaba, Guy cruzó el césped hacia la casita y desapareció entre los árboles. China River salió de esos árboles y empezó a seguirle. Estaba a plena vista. Iba vestida de negro. Llevaba su capa con la capucha puesta, pero Ruth sabía que era China.

Saint James quiso saber por qué. Parecía evidente que cualquiera podría haberse hecho con la capa de China. Su propia naturaleza la hacía adecuada tanto para un hombre como para una mujer. Y la capucha no le sugería a la señora Brouard que...

—No me fié sólo de eso, señor Saint James —le dijo Ruth Brouard—. Me pareció extraño que siguiera a Guy a esa hora de la mañana porque no parecía haber ningún motivo. Me pareció inquietante. Pensé que podría haberme equivocado con lo que había visto, así que fui al cuarto de la mujer. No estaba.

—¿Quizá estaba en otra parte de la casa?

—Lo comprobé todo: el baño, la cocina, el estudio de Guy,

el salón, la galería de arriba. No estaba aquí dentro, señor Saint James, porque estaba siguiendo a mi hermano.

—¿Llevaba puestas las gafas cuando la vio fuera junto a los árboles?

—Por eso fui a mirar por la casa —dijo Ruth—. Porque no las llevaba cuando miré por la ventana. Me pareció que era ella; he aprendido a distinguir bien los tamaños y las formas, pero quería asegurarme.

—¿Por qué? ¿Sospechaba algo de ella o de otra persona?

Ruth corrió de nuevo los visillos. Pasó la mano por el fino material. Mientras lo hacía, dijo:

—¿De otra persona? No. No. Por supuesto que no. —Pero el que hablara mientras se ocupaba de las cortinas instó a Saint James a continuar.

—¿Quién más había en la casa en ese momento, señora Brouard?

—El hermano de la chica, yo... y Adrian, el hijo de Guy.

—¿Qué relación tenía Adrian con su padre?

—Buena. Espléndida. No se veían mucho. Su madre se encargó de ello hace tiempo. Pero cuando se veían, eran muy cariñosos. Tenían sus diferencias, naturalmente. ¿Qué padre e hijo no las tienen? Pero no eran graves, nada que no pudiera arreglarse.

—¿Está segura de eso?

—Por supuesto que lo estoy. Adrian es... Es un buen chico, pero ha tenido una vida difícil. Los quería a los dos, pero le obligaron a elegir. Esas cosas crean malentendidos. Crean distanciamiento. Y no es justo. —Pareció notar un trasfondo en su propia voz y respiró hondo como para controlarlo—. Se querían como se quieren padres e hijos cuando ninguno de los dos puede comprender al otro.

—¿Adónde cree que puede llevar esa clase de amor?

—Al asesinato no. Eso se lo aseguro.

—Usted quiere a su sobrino —observó Saint James.

—Los parientes consanguíneos significan más para mí que para la mayoría de la gente —dijo—, por razones obvias.

Saint James asintió con la cabeza. Vio la verdad que encerraba aquello. También vio otra realidad, pero no le hacía falta explorarla con ella en esos momentos.

213

—Me gustaría ver el camino que siguió su hermano para bajar a la bahía donde nadó aquella mañana, señora Brouard —dijo.

—La encontrará al este de la casita del encargado —contestó ella—. Llamaré a los Duffy y les diré que le he dado permiso para ir allí.

—¿Es una bahía privada?

—No, la bahía no. Pero si pasa por delante de su casa, Kevin se preguntará qué está haciendo. Es muy protector con nosotros, igual que su mujer.

Pero no lo suficiente, pensó Saint James.

214

Capítulo 10

Saint James se encontró de nuevo con Deborah cuando su mujer salía de debajo de los castaños que flanqueaban el sendero de entrada a la casa. Rápidamente, ella le relató su encuentro en el jardín japonés, indicándole dónde estaba señalando al sureste y los árboles espesos. Parecía haber olvidado su enfado anterior, lo cual agradeció, y aquello le recordó una vez más las palabras que había utilizado su suegro para describir a Deborah cuando Saint James —en un acto divertido y, esperó, de formalidad antigua y entrañable— le pidió su mano.

—Debs es pelirroja, así que no te hagas ilusiones, hijo —había dicho Joseph Cotter—. Te echará broncas como no has visto nunca en tu vida, pero al menos se le pasará en un abrir y cerrar de ojos.

Simon descubrió que Deborah había hecho un buen trabajo con el chico. A pesar de su reticencia, su carácter compasivo le daba una habilidad con las personas que a él siempre le había faltado. Era algo que favorecía a la profesión que había elegido, pues la gente estaba más dispuesta a posar para que le sacaran fotografías si sabía que la persona que estaba detrás de la cámara compartía una humanidad común con ella. Y el éxito de Deborah con Stephen Abbott subrayaba el hecho de que, en esta situación, iban a necesitar algo más que técnica y habilidad en el laboratorio.

—Así que esa otra mujer que se adelantó para coger la pala —concluyó Deborah—, la del sombrero enorme, al parecer era la novia actual, no un familiar. Aunque parece que esperaba llegar a formar parte de la familia.

—«Ya has visto lo que ha hecho» —murmuró Saint James—. ¿Qué opinas tú de esa frase, cariño?

—Lo que ha hecho para resultar atractiva, supongo —dijo Deborah—. Me he fijado en que... Bueno, era difícil no fijarse, ¿no? Y por aquí no se ven muchas, no como en Estados Unidos, donde los pechos grandes parecen ser una especie de... fijación nacional, supongo.

—¿No interpretas que haya hecho otra cosa? —preguntó Saint James—. ¿Como eliminar a su amante cuando se fue con otra mujer?

—¿Por qué haría eso si esperaba casarse con él?

—Tal vez necesitara deshacerse de él.

—¿Por qué?

—Obsesión, celos, ira que sólo puede sofocarse de un modo, o quizá algo más simple. Quizá la recordaba en el testamento y necesitaba eliminarle antes de que Brouard tuviera oportunidad de cambiarlo a favor de otra persona.

—Pero eso no soluciona el problema que ya tenemos —observó Deborah—. ¿Cómo pudo una mujer, cualquier mujer, meter una piedra en la garganta de Guy Brouard, Simon?

—Volveremos al beso del inspector en jefe Le Gallez —dijo Saint James—, por muy improbable que sea. «Le había perdido.» ¿Hay otra mujer?

—China no —afirmó Deborah.

Saint James captó la determinación de su mujer.

—Estás bastante segura, entonces.

—Me contó que acaba de romper con Matt. Le ha querido durante años, desde los diecisiete. No entiendo cómo podría tener una relación con otro hombre después de eso.

Saint James sabía que aquello los llevaba a un terreno delicado, un terreno que ocupaban la propia Deborah y también China River. No habían pasado tantos años desde que Deborah le había dejado y encontrado otro amante. Que nunca hubieran hablado de lo deprisa que había iniciado su relación con Tommy Lynley no significaba que no se debiera a la pena y la creciente vulnerabilidad que había sentido.

—Pero ahora sería más vulnerable que nunca, ¿verdad? —dijo Simon—. ¿No es posible que necesitara tener un lío para reafirmarse, algo que Brouard se tomara más en serio que ella?

—Ella no es así.

—Pero supongamos...

—Vale. Supongámoslo. Pero ella no lo mató, Simon. Tienes que reconocer que necesitaría tener un móvil.

Estaba de acuerdo. Pero también creía que una idea preconcebida de inocencia era igual de peligrosa que una idea preconcebida de culpabilidad. Así que cuando le contó lo que le había dicho Ruth Brouard, concluyó prudentemente:

—Buscó a China por el resto de la casa. No la encontró en ningún sitio.

—Eso es lo que dice Ruth Brouard —señaló Deborah, razonablemente—. Podría mentir.

—En efecto, podría mentir. Los River no eran los únicos invitados en la casa. Adrian Brouard también estaba.

—¿Tenía motivos para matar a su padre?

—Es algo que no podemos descartar.

—Ruth Brouard es pariente consanguínea suya —dijo Deborah—. Y dada su historia (sus padres, el Holocausto), yo diría que es probable que hiciera todo lo posible para proteger a un familiar, ¿no te parece?

—Sí.

217

Iban caminando por el sendero en dirección a la carretera, y Saint James la condujo a través de los árboles hacia el camino que Ruth Brouard le había dicho que llevaba a la bahía donde su hermano nadaba todos los días. Pasaron por delante de la casita de piedra que había visto antes, y observó que dos de las ventanas de la vivienda daban al sendero. Le habían informado de que era donde vivían los encargados, y los Duffy, concluyó Saint James, podían tener algo que añadir a la historia que ya le había contado Ruth Brouard.

El sendero se volvía más frío y húmedo a medida que se adentraba entre los árboles. La fecundidad natural de la tierra o la determinación del hombre habían creado un follaje impresionante que ocultaba el camino al resto de la finca. Junto al sendero, florecían los rododendros. Entre ellos, media docena de distintas variedades de helechos desplegaban sus hojas. El suelo estaba esponjoso por las hojas descompuestas caídas en otoño y, arriba, las ramas desnudas de los castaños en invierno hablaban del túnel verde que creaban en verano. El silencio era absoluto, salvo por el sonido de sus pisadas.

Sin embargo, el silencio no duró. Cuando Saint James tendió la mano a su mujer para ayudarla a saltar un charco, un perrito desaliñado salió de entre los arbustos, ladrándoles.

—¡Dios santo! —Deborah se llevó un susto y luego se rio—. Oh, qué guapo es, ¿verdad? Ven, perrito. No te haremos daño.

Le extendió la mano. Al hacerlo, un chico con una chaqueta roja salió corriendo por donde había aparecido el perro y cogió al animal en brazos.

—Lo siento —dijo Saint James con una sonrisa—. Parece que hemos asustado a tu perro.

El chico no dijo nada. Miró a Deborah y luego a Saint James mientras el perro seguía ladrando protectoramente.

—La señora Brouard nos ha dicho que por aquí se llegaba a la bahía —dijo Saint James—. ¿Hemos cogido el desvío que no era?

El chico siguió sin decir nada. Tenía un aspecto desarreglado, el pelo graso pegado al cuero cabelludo y la cara sucia. Las manos que sostenían al perro estaban mugrientas, y los pantalones negros que llevaba tenían grasa incrustada en una rodilla. Retrocedió varios pasos.

—No te habremos asustado a ti también, ¿verdad? —le preguntó Deborah—. Pensábamos que no habría...

Su voz se apagó cuando el chico se dio la vuelta y se marchó por donde había venido. Llevaba una mochila andrajosa en la espalda, que rebotaba como un saco de patatas.

—¿Quién diablos...? —murmuró Deborah.

Saint James también se lo preguntaba.

—Habrá que investigarlo.

Llegaron a la carretera tras cruzar una verja en el muro a cierta distancia del sendero. Allí vieron que los coches del entierro se habían ido, por lo que el camino estaba despejado y encontraron fácilmente la bajada a la bahía, a unos cien metros de la entrada a la finca Brouard.

Esta pendiente estaba entre un sendero y una vereda —más ancha que el primero, pero demasiado estrecha para tomarla por la segunda— y serpenteaba sobre sí misma numerosas veces mientras descendía vertiginosamente hacia el agua. La flanqueaban paredes de roca y bosque, además de un riachuelo que chapoteaba por las piedras desiguales de la base de la pared. Aquí no había ni casas ni cabañas, sólo un hotel cerrado, por ser temporada baja, rodeado de árboles y enclavado en una depresión de la ladera, y con los postigos cerrados en todas las ventanas.

Abajo, a lo lejos, se veía el canal de la Mancha, moteado por los pocos rayos de sol que eran capaces de atravesar el denso manto de nubes. Acompañando a aquella vista, llegaban los gritos de las gaviotas. Planeaban entre los afloramientos de granito de la cima de los acantilados, que penetraban en la bahía y le daban su forma de herradura. Aquí, los tojos y las uvas de gato crecían en tranquila abundancia, y allí donde la tierra era más honda, matorrales enredados de ramas huesudas marcaban los lugares donde en primavera florecerían los endrinos y las zarzas.

Al pie de la carretera, un pequeño aparcamiento dibujaba una huella en el paisaje. No había ningún coche, ni tampoco parecía probable que fuera a haberlo en esta época del año. Era el lugar perfecto para darse un baño privado o para cualquier actividad que requiriera ausencia de testigos.

Un rompeolas tallado en piedra protegía el aparcamiento de la erosión de la marea, y a un lado del mismo una pasarela bajaba hasta el agua. Algas muertas y semimuertas la cubrían densamente, justo el tipo de vegetación que en otra época del año estaría infestada de moscas y mosquitos. Sin embargo, nada se movía o arrastraba en ella en pleno diciembre, y Saint James y Deborah pudieron cruzarla y acceder a la playa. El agua chocaba en ella rítmicamente, marcando un pulso suave contra la arena gruesa y las piedras.

—No hay viento —observó Saint James mientras contemplaba la entrada de la bahía a cierta distancia de donde se encontraban—. Por eso es un buen lugar para nadar.

—Pero hace un frío horrible —dijo Deborah—. No entiendo cómo podía bañarse en diciembre. Es increíble, ¿no te parece?

—Hay personas a quienes les gustan los extremos —dijo Saint James—. Echemos un vistazo.

—¿Qué buscamos exactamente?

—Algo que se le haya escapado a la policía.

Les resultó bastante fácil encontrar el lugar exacto del asesinato: las señales de una escena del crimen seguían allí en la forma de una cinta amarilla de la policía, dos botes de carretes del fotógrafo de la policía y una gota de yeso blanco que se había derramado cuando sacaron el molde de una pisada. Saint James y Deborah partieron de este punto y empezaron a trabajar codo con codo ampliando cada vez más la circunferencia a su alrededor.

El proceso era lento. Con los ojos clavados en el suelo, giraban sobre sus talones, levantando las piedras más grandes que encontraban, apartando con cuidado las algas, tamizando la arena con los dedos. Se pasaron una hora así, examinando la pequeña playa, y encontraron la tapa de un tarro de papilla para bebés, un lazo descolorido, una botella vacía de Evian y setenta y ocho peniques en monedas.

Cuando llegaron al rompeolas, Saint James sugirió que comenzaran por extremos opuestos y trabajaran acercándose el uno al otro. Cuando se encontraran, dijo, seguirían avanzando; de este modo los dos habrían inspeccionado por separado todo el largo de la pared.

Tenían que ir con cuidado, porque aquí las piedras eran más pesadas y abundaban las grietas en las que podían caer cosas. Pero aunque los dos caminaron a paso de tortuga, se encontraron en el centro con las manos vacías.

—Esto no es muy esperanzador —señaló Deborah.

—No —reconoció Saint James—. Pero siempre ha sido sólo una posibilidad. —Se apoyó un momento en la pared, con los brazos cruzados sobre el pecho y la mirada puesta en el canal. Pensó en las mentiras, las que se cuentan y las que se creen. A veces, lo sabía, la gente que las contaba y la que se las creía era la misma. Si uno contaba algo el tiempo suficiente, acababa creyéndoselo.

—Estás preocupado, ¿verdad? —dijo Deborah—. Si no encontramos nada...

Simon la rodeó con el brazo y le dio un beso en la sien.

—Sigamos mirando —le dijo, pero no comentó nada de lo que parecía una obviedad: encontrar algo podría ser más condenatorio incluso que tener la desgracia de no encontrar nada en absoluto.

Continuaron como cangrejos recorriendo la pared, Saint James ligeramente más impedido por el aparato ortopédico de la pierna, lo que a él le dificultaba más que a su mujer avanzar por las piedras más grandes. Tal vez fue ésa la razón por la que, unos quince minutos después de comenzar la parte final de la búsqueda, fue Deborah quien soltó el grito de júbilo, que señalaba el descubrimiento de algo que hasta entonces había pasado desapercibido.

—¡Aquí! —gritó—. Simon, ven a ver.

Saint James se dio la vuelta y vio que su mujer había llegado al final del rompeolas, donde la pasarela descendía hasta el agua. Estaba señalando la esquina donde se unían el rompiente y la pasarela y, cuando Saint James avanzó en su dirección, ella se agachó para mirar mejor lo que había encontrado.

—¿Qué es? —preguntó al llegar a su lado.

—Algo metálico —dijo ella—. No he querido cogerlo.

—¿Está muy profundo? —preguntó Saint James.

—A menos de treinta centímetros, diría yo —contestó—. Si quieres que lo...

—Toma. —Y le dio un pañuelo.

Para alcanzar el objeto, tuvo que meter la pierna en una abertura irregular, y lo hizo con entusiasmo. Se agachó lo suficiente para coger y rescatar lo que había visto desde arriba.

Resultó ser un anillo. Deborah lo sacó y lo dejó protegido por el pañuelo en la palma de la mano de Saint James para que lo inspeccionara.

Parecía de bronce y, por el tamaño, de hombre. Y por el tamaño del adorno también parecía de hombre. Tenía una calavera y dos huesos cruzados. Encima de la calavera estaban los números 39/40 y, debajo, cuatro palabras grabadas en alemán. Saint James entrecerró los ojos para distinguirlas: «*Die Festung im Westen*».

—Algo de la guerra —murmuró Deborah mientras lo examinaba ella misma—. Pero no puede llevar aquí todos estos años.

—No. Por el estado en el que está, no parece.

—¿Entonces...?

Saint James lo envolvió en el pañuelo, pero dejó el anillo en la mano de Deborah.

221

—Tienen que examinarlo —dijo—. Le Gallez querrá sacarle huellas. No habrá demasiado, pero incluso una huella parcial podría ayudar.

—¿Cómo pueden no haberlo visto? —preguntó Deborah, y Saint James vio que no esperaba ninguna respuesta.

Aun así, dijo:

—Hasta la fecha, al inspector en jefe Le Gallez le basta con el testimonio de una anciana que no llevaba puestas las gafas. Creo que es seguro concluir que no está buscando tan detenidamente como podría pruebas que pudieran refutar lo que le ha dicho Ruth Brouard.

Deborah examinó el pequeño bulto blanco en su mano y luego miró a su marido.

—Esto podría ser una prueba —dijo—, junto con el cabello que encontraron, la pisada que tienen y los testigos que podrían estar mintiendo sobre lo que vieron. Esto podría cambiarlo todo, ¿verdad, Simon?

—Así es —dijo.

Margaret Chamberlain se felicitó por haber insistido en que se leyera el testamento justo después de la recepción del funeral.

—Llama al abogado, Ruth —le había dicho antes—. Dile que venga después del entierro.

Y cuando Ruth le dijo que el abogado de Guy iba a estar presente de todas formas —otro colega aburrido del hombre a quien tendrían que buscar asiento en el funeral—, pensó que era perfecto. Así tenía que ser. Por si su cuñada intentaba frustrar sus planes, Margaret había arrinconado al hombre mientras se metía un sándwich de cangrejo en la boca. La señora Brouard, le informó, quería que se leyera el testamento inmediatamente después de que el último de los asistentes se fuera de la recepción. Había traído el papeleo, ¿verdad? ¿Sí? Bien. ¿Y supondría algún problema repasar los detalles en cuanto tuvieran la intimidad para hacerlo? ¿No? Bien.

Así que ahora estaban todos reunidos. Pero Margaret no estaba contenta con los integrantes del grupo.

Evidentemente, Ruth había hecho algo más que llamar al

abogado porque Margaret le había insistido. También se había asegurado de que una colección ominosa de individuos estuviera presente para escuchar las observaciones del hombre. Aquello sólo podía significar una cosa: que Ruth conocía los detalles del testamento y que éstos favorecían también a personas que no eran miembros de la familia. ¿Por qué si no se le había ocurrido invitar a unas personas prácticamente desconocidas para que acompañaran a la familia en una ocasión tan especial? E independientemente del cariño con el que Ruth los saludaba y acomodaba en el salón, eran desconocidos, que se definían —según el modo de pensar de Margaret— como gente que no estaba emparentada por sangre ni por matrimonio con el fallecido.

Anaïs Abbott y su hija estaban allí, la primera tan maquillada como el día anterior y la segunda igual de desgarbada y con los hombros igual de caídos. Lo único distinto en ellas era la ropa. Anaïs se las había ingeniado para embutirse en un traje negro cuya falda se curvaba alrededor de su pequeño trasero como el papel de celofán en un melón, mientras que Jemima se había puesto una torera que vestía con la misma gracia que un basurero llevaría un frac. Al parecer, el hijo hosco había desaparecido porque, mientras la gente se reunía en el salón de arriba, debajo de otra más de las aburridas representaciones bordadas de Ruth sobre la vida de un desplazado —al parecer, ésta tenía que ver con criarse en un orfanato..., como si ella hubiera sido el único niño que había tenido que pasar por aquello tras la guerra—, Anaïs no dejó de retorcerse las manos y de decirle a todo aquel que quisiera escucharla que «Stephen se ha marchado... Está desconsolado...», y entonces volvían a llenársele los ojos de lágrimas en un despliegue irritante de eterna devoción por el fallecido.

Junto con los Abbott, estaban presentes los Duffy. Kevin —gerente de la finca, jardinero, encargado del mantenimiento de Le Reposoir y, al parecer, de lo que Guy necesitara en cada momento— estaba separado de todos junto a una ventana, donde observaba los jardines, cumpliendo con lo que evidentemente era su política de no hacer más que gruñirle a todo el mundo. Su mujer Valerie estaba sentada sola con las manos juntas sobre el regazo. Miraba alternativamente a su marido, a

223

Ruth y al abogado mientras éste abría su maletín. En todo caso, parecía absolutamente desconcertada de estar incluida en esa ceremonia.

Y luego estaba Frank. A Margaret se lo habían presentado después del entierro. Frank Ouseley, le habían dicho, eterno soltero y gran amigo de Guy. Prácticamente su alma gemela, a decir verdad. Habían descubierto una pasión mutua por las cosas relacionadas con la guerra y gracias a ello habían establecido un vínculo afectivo, lo cual bastaba para que Margaret observara al hombre con recelo. Había sabido que él era quien estaba detrás del absurdo proyecto del museo. Él era la razón de que los millones de Guy, sabía Dios cuántos, tomaran una dirección que no era la de su hijo. A Margaret el hombre le pareció especialmente repugnante con un traje de *tweed* que le sentaba mal y fundas en los dientes frontales. También era rollizo, lo cual era otro punto en su contra. Las barrigas significaban glotonería, lo que significaba codicia.

Y en esos momentos estaba hablando con Adrian, que obviamente no tenía el sentido común de reconocer a un adversario cuando lo tenía delante respirando el mismo aire. Si las cosas se desarrollaban como Margaret comenzaba a temer en los siguientes treinta minutos más o menos, era muy posible que ella y su hijo tuvieran un desacuerdo legal con ese hombre regordete. Como mínimo, Adrian podría tener la sensatez de darse cuenta y guardar las distancias.

Margaret suspiró. Observó a su hijo y advirtió por primera vez lo mucho que se parecía a su padre. También vio que Adrian se esforzaba mucho por minimizar ese parecido: se rapaba el pelo para que los rizos de Guy no aparecieran, vestía mal y lucía un afeitado apurado para evitar la barba pulcramente recortada de Guy. Pero no podía hacer nada con los ojos, que eran igualitos a los de su padre: ojos seductores, los llamaban, sensuales y de párpados caídos. Y no podía hacer nada con su piel, más morena que la del inglés medio.

Se acercó a donde estaba su hijo, junto a la chimenea con el amigo de su padre. Entrelazó el brazo en el de él.

—Ven a sentarte conmigo, cariño —le dijo a Adrian—. ¿Puedo robárselo, señor Ouseley?

No hizo falta que Frank Ouseley respondiera porque Ruth

había cerrado la puerta del salón, lo que indicaba que todas las partes relevantes estaban presentes. Margaret condujo a Adrian a un sofá que formaba parte de un grupo de asientos próximo a la mesa en la que el abogado de Guy —un hombre larguirucho llamado Dominic Forrest— había colocado sus papeles.

A Margaret no se le pasó por alto que todo el mundo intentaba fingir no estar a la expectativa. También su hijo, a quien había tenido que convencer para que asistiera a la reunión. Estaba sentado de cualquier manera, con el semblante inexpresivo y el cuerpo en una posición que declaraba lo poco que le importaba escuchar lo que su padre había previsto hacer con su dinero.

A Margaret le daba igual aquella actitud porque a ella sí le importaba. Así que cuando Dominic Forrest se puso las gafas de media luna y se aclaró la garganta, le dedicó toda su atención. El hombre se había asegurado de que Margaret supiera que aquella lectura formal del testamento era sumamente irregular. Era mucho mejor que los beneficiarios conocieran su herencia en un entorno privado que les permitiera asimilar la información y formular las preguntas que pudieran tener sin que se revelara lo delicado de su situación a individuos que no tenían ningún interés en su bienestar personal.

Margaret sabía que la traducción de aquella jerga legal era que el señor Forrest habría preferido reunirse con cada beneficiario por separado para cobrarle a cada uno individualmente. Qué repugnante.

Ruth estaba sentada al borde de un sillón Reina Ana cerca de Valerie. Kevin Duffy permaneció junto a la ventana, y Frank, junto a la chimenea. Anaïs Abbott y su hija se sentaron en un confidente mientras una se retorcía las manos y la otra intentaba colocar sus piernas de jirafa en algún lugar donde no molestaran demasiado.

El señor Forrest tomó asiento y sacudió los papeles con un movimiento de muñeca. La última voluntad y testamento del señor Brouard, comenzó, estaba escrito, firmado y atestiguado el dos de octubre del presente año. Era un documento sencillo.

A Margaret no le gustaba demasiado cómo se estaban desarrollando las cosas. Se armó de valor para escuchar unas noticias que, potencialmente, eran menos que buenas. Al final, resultó que había sido una actitud sensata por su parte, porque el señor Forrest enseguida reveló que toda la fortuna de Guy consistía en una única cuenta corriente y una cartera de valores. La cuenta y la cartera, conforme a las leyes de sucesión de los estados de Guernsey —significara lo que significase eso—, iban a dividirse en dos partes. La primera, una vez más conforme a las leyes de sucesión de los estados de Guernsey, iba a repartirse en partes iguales entre los tres hijos de Guy. En cuanto a la segunda parte, una mitad iría a parar a Paul Fielder y la otra, a Cynthia Moullin.

De Ruth, querida hermana y compañera durante toda la vida del fallecido, no se hacía mención alguna. Pero teniendo en cuenta las propiedades de Guy en Inglaterra, Francia, España y las Seychelles, teniendo en cuenta sus sociedades internacionales, acciones, bonos, obras de arte —por no mencionar la propia Le Reposoir—, a los cuales no se hacía referencia alguna en el testamento, no resultaba difícil ver de qué manera Guy Brouard había dejado claros sus sentimientos por sus hijos mientras se ocupaba simultáneamente de su hermana. Santo cielo, pensó Margaret débilmente. Debía de haberle dejado todo en vida a Ruth.

La conclusión de la lectura del señor Forrest fue recibida con un silencio que al principio fue de asombro y que sólo Margaret transformó lentamente en ira. Lo primero que pensó fue que Ruth había orquestado todo aquello para humillarla. Ella nunca le había caído bien a Ruth. Nunca, nunca, nunca, nunca le había caído bien. Y durante los años en que Margaret había mantenido a su hijo alejado de Guy, no cabía duda de que Ruth había desarrollado verdadero odio por ella. Qué auténtico placer le proporcionaría este momento en el que presenciaba cómo Margaret Chamberlain se llevaba su merecido: no sólo había recibido un duro golpe al saber que el patrimonio de Guy no era el que parecía, sino que también había visto que su hijo recibía una parte menor de ese patrimonio que dos absolutos desconocidos llamados Fielder y Moullin.

Margaret se giró hacia su cuñada, dispuesta a batallar. Pero vio en el rostro de Ruth una verdad que no quería creer. Estaba tan pálida que tenía los labios blancos, su expresión ilustraba mejor que nada que el testamento de su hermano no era el que había esperado. Pero había más información que ésa contenida en la expresión de Ruth y en su invitación a los demás a escuchar la lectura del testamento. En efecto, esos dos hechos llevaron a Margaret a una conclusión ineluctable: Ruth no sólo conocía la existencia de un testamento anterior, sino que también conocía el contenido del mismo.

¿Por qué si no invitar a la amante más reciente de Guy? ¿Y a Frank Ouseley? ¿Y a los Duffy? Sólo podía haber una razón: Ruth los había invitado de buena fe porque en su momento Guy les había dejado un legado.

Un legado, pensó Margaret. El legado de Adrian. El legado de su hijo. Al darse cuenta de lo que había ocurrido en realidad, le pareció que un fino velo rojo le tapaba la vista. Que su hijo Adrian no recibiera lo que le correspondía... Que fuera eliminado, de hecho, del testamento de su padre, pese a los tejemanejes increíbles de Guy para que pareciera que no... Que lo colocaran en la posición humillante de recibir menos que dos personas —Fielder y Moullin, fueran quienes fuesen— que aparentemente no tenían ninguna relación con Guy... Que, obviamente, la gran mayoría de las posesiones de su padre ya se hubieran repartido... Que, por lo tanto, no recibiera literalmente nada del hombre que le había dado la vida y luego lo había abandonado sin luchar y luego, al parecer, no había sentido nada por ese abandono y luego había sellado el rechazo que implicaba ese abandono tirándose a la novia de su hijo cuando la novia estaba a punto —sí, a punto— de adoptar el compromiso que hubiera cambiado su vida para siempre y lo hubiera convertido en una persona completa al fin... Era inconcebible. El acto en sí mismo era inmoral. Y alguien iba a pagar por ello.

Margaret no sabía cómo ni quién. Pero estaba decidida a poner las cosas en orden.

Eso significaba, primero, quitar el dinero a los dos completos desconocidos a quienes su ex marido había dejado su herencia. ¿Y quiénes eran? ¿Dónde estaban? Y lo más importante, ¿qué relación tenían con Guy?

Había dos personas que, evidentemente, conocían la respuesta a estas preguntas. Dominic Forrest era una de ellas; el abogado estaba guardando sus papeles en el maletín y comentando no sé qué sobre peritos contables y extractos bancarios y corredores de bolsa y cosas por el estilo. Y la otra era Ruth; la hermana se había acercado a Anaïs Abbott y le murmuraba algo al oído. Margaret sabía que era improbable que Forrest soltara más información de la que les había dado durante la lectura del testamento. Pero Ruth, como cuñada suya y —lo que era crucial— tía de Adrian, que había sido utilizado miserablemente por su padre... Sí, Ruth se mostraría comunicativa con los hechos cuando la abordara correctamente.

Margaret se dio cuenta de que, a su lado, Adrian estaba temblando, y volvió en sí bruscamente. Había estado tan absorta en sus pensamientos sobre qué iba a hacer ahora, que ni siquiera había considerado el impacto que aquel momento estaría teniendo seguramente en su hijo. Dios sabía que la relación de Adrian con su padre había sido difícil, puesto que Guy prefirió descaradamente coleccionar relaciones sexuales antes que crear un vínculo estrecho con su hijo mayor. Pero que lo trataran así era cruel, mucho más cruel que tener una vida sin influencia paterna. Y ahora sufría por ello.

Así que se volvió hacia él, dispuesta a decirle que aquello no era el final de nada, dispuesta a señalar que había vías legales, recursos, formas de arreglar o manipular o amenazar, pero en cualquier caso, formas de conseguir lo que uno quería, así que no tenía que preocuparse ni tenía que creer que los términos del testamento de su progenitor significaban más que un momento de locura de su padre inspirado por Dios sabía qué... Estaba dispuesta a decírselo, dispuesta a pasarle el brazo alrededor del hombro, dispuesta a levantarle el ánimo y traspasarle su fuerza. Pero vio que nada de eso sería necesario.

Adrian no lloraba. Ni siquiera estaba ensimismado.

El hijo de Margaret se reía en silencio.

Valerie Duffy había vivido la lectura del testamento con preocupación por más de un motivo, y la conclusión del acto sólo mitigó una de sus preocupaciones. Le angustiaba perder su casa y su sustento, algo que había temido que sucediera tras la muerte de Guy Brouard. Pero el hecho de que en el testamen-

to no se mencionara Le Reposoir sugería que ya se había tratado el tema de la finca en otro momento, y Valerie tenía bastante claro a quién se había asignado ahora su cuidado y titulari-
dad. Eso significaba que ella y Kevin no se quedarían en la calle
sin trabajo inmediatamente, lo cual era un alivio enorme.

Sin embargo, el resto de las preocupaciones de Valerie per-
sistieron. Estaban relacionadas con la taciturnidad natural de
Kevin, que, por lo general, no la inquietaba, pero que ahora la
tenía desconcertada.

Ella y su marido cruzaron los jardines de Le Reposoir, dejando la mansión tras ellos, en dirección a su casa. Valerie había visto la variedad de reacciones en los rostros de las personas reunidas en el salón y leído en cada uno de ellos sus
esperanzas truncadas. Anaïs Abbott confiaba en la exhumación
económica de la tumba que se había cavado ella misma al intentar conservar a su hombre. Frank Ouseley preveía un legado suficientemente cuantioso para construir un monumento a
su padre. Margaret Chamberlain esperaba que su hijo recibiera suficiente dinero para que se marchara para siempre de su
casa. ¿Y Kevin...? Bueno, era evidente que Kevin estaba pensando en muchas cosas, la mayoría de las cuales no tenían nada
que ver con testamentos ni legados, así que había entrado en el
salón sin la desventaja de un lienzo lleno en el que había pintado sus aspiraciones.

Lo miró, sólo una ojeada rápida mientras caminaba a su
lado. Sabía que a su marido no le parecería natural que no hiciera ningún comentario, pero Valerie quería ser prudente respecto a cuanto decía. Había cosas de las que uno no soportaba
hablar.

—¿Crees que tendríamos que llamar a Henry, entonces?
—le preguntó por fin a su marido.

Kevin se aflojó la corbata y se desabrochó el botón de arriba de la camisa. No estaba acostumbrado al tipo de ropa que la
mayoría de los hombres lleva con comodidad.

—Supongo que lo sabrá pronto. Seguro que a la hora de cenar media isla ya se habrá enterado.

Valerie esperó a que siguiera hablando, pero no dijo nada
más. Quería sentirse aliviada, pero el que no la mirara le decía
que tenía la cabeza en otra parte.

—Pero me pregunto cómo reaccionará —dijo Valerie.

—¿En serio, cariño? —le preguntó Kevin.

Lo dijo en voz baja, así que Valerie apenas le oyó, pero le bastó el tono para estremecerse.

—¿Por qué me preguntas eso, Kev? —dijo con la esperanza de que se viera obligado a hablar.

—Lo que la gente dice que hará y lo que acaba haciendo en realidad a veces son cosas distintas, ¿verdad? —Kevin la miró.

El estremecimiento de Valerie se convirtió en un escalofrío permanente. Notó que le subía por las piernas y le atravesaba el estómago, donde se enroscó como un gato pelado y se acomodó allí, pidiéndole que hiciera algo al respecto. Esperó a que su marido introdujera el tema obvio en que seguramente estarían pensando todos los presentes en el salón o del que estarían hablando con otra persona. Como no lo hizo, dijo:

—Henry estaba en el funeral, Kev. ¿Has hablado con él? También ha venido al entierro, y a la recepción. ¿Le has visto? Supongo que eso significa que él y el señor Brouard fueron amigos hasta el final. Lo cual es bueno, creo. Porque sería terrible que el señor Brouard hubiera muerto enfadado con alguien, y en particular con Henry. Henry no querría que una fisura en su amistad atormentara su conciencia, ¿verdad?

—No —dijo Kevin—. Una conciencia atormentada es algo repugnante. No te deja dormir por las noches. Hace que te resulte difícil pensar en otra cosa que no sea lo que hiciste para tener mala conciencia. —Dejó de caminar, y Valerie también se detuvo. Se quedaron parados en el césped. Sopló una ráfaga de viento repentina procedente del canal que llevaba consigo el aire salado y también el recuerdo de lo que había sucedido en la bahía.

—¿Tú crees, Val —dijo Kevin después de treinta segundos eternos en los que Valerie no contestó a su comentario—, que a Henry le va a sorprender el testamento?

Ella apartó la mirada, sabiendo que los ojos de Kevin seguían clavados en ella y que intentaba hacerla hablar. Normalmente su marido podía sonsacarle lo que fuera, porque a pesar de los veintisiete años que llevaban casados, le quería igual que el primer día, cuando desnudó su cuerpo deseoso y amó ese cuerpo con el suyo. Conocía el valor verdadero que suponía tener este tipo de celebración con un hombre, y el miedo a perderlo la empujaba a hablar y pedir perdón a Kevin por lo que había hecho, a pesar de haber prometido no hacerlo nunca por el infierno que desataría si lo hacía.

Pero la fuerza de la mirada de Kevin sobre ella no bastó. La llevó al borde, pero no pudo lanzarla a la destrucción. Se quedó callada, lo cual le obligó a continuar.

—No veo por qué no iba a sorprenderle, ¿tú sí? Todo esto es tan raro, que pide a gritos preguntas y respuestas. Y si no pregunta él... —Kevin miró en dirección al estanque de los patos, donde el pequeño cementerio albergaba los cuerpos rotos de aquellos pájaros inocentes—. Para un hombre hay demasiadas cosas que significan poder y, cuando le arrebatan ese poder, no lo lleva bien. Porque no puede reírse como si no le importara, ¿comprendes? No puede decir: «Bueno, no significaba tanto, ¿verdad?». No si un hombre sabe cuál es su poder. Y tampoco si lo ha perdido.

Valerie hizo que Kevin siguiera caminando, resuelta a no dejarse atrapar por la mirada de su marido, clavada en una cajita como una mariposa cazada, con la etiqueta «mujer rechazada» debajo.

—¿Crees que es eso lo que pasó, Kev? ¿Que alguien perdió su poder? ¿Crees que se trata de eso?

—No lo sé —contestó él—. ¿Y tú?

Una mujer tímida habría dicho: «¿Por qué debería...?», pero el último atributo que poseía Valerie era ser tímida. Sabía exactamente por qué su marido le hacía esa pregunta y sabía adónde los conduciría si le contestaba directamente: a examinar las promesas hechas y discutir las explicaciones planteadas.

Pero más allá de las cosas que Valerie no quería tratar en ninguna conversación con su marido, estaban sus propios sentimientos, que ahora también debía tener en cuenta. Porque no era fácil vivir sabiendo que seguramente eras responsable de la muerte de un buen hombre. Seguir con tu vida cotidiana con eso en la cabeza ya era complicado. Tener que enfrentarse a que alguien más aparte de ti conociera tu responsabilidad convertía el peso en insufrible. Así que no podía hacerse nada salvo eludir el tema y no hablar claro. A Valerie le parecía que cualquier movimiento que hiciera supondría una pérdida, un corto viaje

231

en el largo camino de los pactos rotos y las responsabilidades no asumidas.

Deseaba más que nada en el mundo poder dar marcha atrás en el tiempo. Pero no podía hacerlo. Así que siguió caminando con decisión hacia la casa, donde al menos los dos tenían trabajo que hacer, algo para alejar la mente del abismo que crecía rápidamente entre ellos.

—¿Has visto a ese hombre hablando con la señora Brouard —le preguntó Valerie a su marido—, el hombre de la pierna mala? Ha subido con él arriba. Nunca lo había visto por aquí, así que me preguntaba... ¿Podría ser su médico? No se encuentra bien. Ya lo sabes, ¿verdad, Kev? Ha intentado ocultarlo, pero ahora está peor. Ojalá hablara de ello. Así podría ayudarla más. Entiendo que no dijera una palabra mientras él estaba vivo; no querría preocuparle, ¿no? Pero ahora que no está... Podríamos hacer mucho por ella, tú y yo, Kev. Si nos dejara.

Salieron del césped y cruzaron una sección del sendero que rodeaba su casa. Se acercaron a la puerta, con Valerie delante. Habría entrado directamente y colgado el abrigo y empezado con su trabajo, pero la siguiente frase de Kevin se lo impidió.

—¿Cuándo vas a dejar de mentirme, Val?

Las palabras encerraban justo el tipo de pregunta que tendría que haber respondido en alguna otra ocasión. Implicaban tantas cosas sobre la naturaleza cambiante de su relación, que en cualquier otra circunstancia el único modo de refutar esa deducción habría sido darle a su marido lo que le pedía. Pero en la situación actual, Valerie no tuvo que hacerlo porque, mientras Kevin hablaba, el mismo hombre al que se había referido hacía un momento apareció por entre los arbustos que marcaban el camino a la bahía.

Lo acompañaba una mujer pelirroja. Los dos vieron a los Duffy y, tras intercambiar unas palabras rápidas entre ellos, se acercaron inmediatamente. El hombre dijo que se llamaba Simon Saint James y presentó a la mujer, que era su esposa, Deborah. Habían venido de Londres para asistir al funeral, les explicó, y preguntó a los Duffy si podía hablar con ellos.

El más reciente de los analgésicos —al que su oncólogo había llamado «la última cosa» que iban a probar— ya no tenía el poder de mitigar el dolor brutal que Ruth sentía en los huesos. Había llegado el momento en que, obviamente, había que pasar a las grandes dosis de morfina, pero se trataba del momento físico. El momento mental, definido por el instante en que admitiera la derrota de sus esfuerzos por controlar el modo en que acabaría su vida, aún no había llegado. Hasta que lo hiciera, Ruth estaba decidida a seguir adelante como si la enfermedad no estuviera destrozándole el cuerpo como un ejército de vikingos invasores que había perdido a su líder.

Se había despertado aquella mañana con una agonía intensa que no disminuyó a lo largo del día. A primera hora, había estado tan concentrada en llevar a cabo las obligaciones para con su hermano, su familia, sus amigos y la comunidad, que pudo olvidar el dominio que ejercía el dolor en la mayor parte de su cuerpo. Pero a medida que la gente se despedía, cada vez le resultó más difícil no hacer caso a aquello que intentaba llamar su atención de una forma tan vehemente. La lectura del testamento había ofrecido a Ruth una distracción momentánea de la enfermedad. Lo que siguió a la lectura del testamento continuó proporcionándosela.

Afortunada y sorprendentemente, el intercambio de palabras que mantuvo con Margaret fue breve.

—Me ocuparé del resto de este lío después —afirmó su cuñada, con la expresión de una mujer en presencia de carne rancia, su cuerpo tenso por la rabia—. Por ahora, quiero saber quién diablos son.

Ruth sabía que se refería a los dos beneficiarios del testamento de Guy que no eran sus hijos. Le dio a Margaret la información que quería y observó cómo se marchaba rápidamente de la estancia para iniciar una batalla que Ruth sabía muy bien que iba a ser de lo más incierta.

Aquello dejó a Ruth con los demás. Sorprendentemente, Frank Ouseley estaba tranquilo. Cuando se acercó a él para ofrecerle una explicación nerviosa y decirle que seguro que podrían hacer algo porque Guy había expresado con claridad sus sentimientos respecto al museo de la guerra, Frank contestó:

—No te preocupes, Ruth. —Y se despidió de ella sin el más

233

mínimo rencor. Pero estaría decepcionado, teniendo en cuenta el tiempo y el esfuerzo que él y Guy habían dedicado al proyecto de la isla, así que antes de que se marchara, Ruth le dijo que no pensara que la situación era desesperada, que ella estaba convencida de que algo podría hacerse para que sus sueños pudieran cumplirse. Guy sabía lo mucho que significaba el proyecto para Frank y sin duda tenía pensado... Pero no pudo decir más. No podía traicionar a su hermano ni sus deseos porque aún no comprendía lo que había hecho o por qué lo había hecho.

Frank tomó su mano en las suyas y le dijo:

—Ya habrá tiempo para pensar en todo esto más tarde. No te preocupes por eso ahora.

Luego se marchó, dejándola que se ocupara de Anaïs.

«Estado de choque» era la expresión que le vino a la mente a Ruth cuando por fin se quedó a solas con la novia de su hermano. Anaïs estaba paralizada en el mismo confidente que había ocupado durante la lectura del testamento que había hecho Dominic Forrest; no había cambiado de posición y la única diferencia era que ahora estaba sentada allí sola. La pobre Jemima estaba tan impaciente por marcharse, que cuando Ruth murmuró: «Quizá encuentres a Stephen por los jardines, cielo...», uno de sus grandes pies quedó atrapado en el borde de una otomana y casi tropezó con una mesa pequeña debido a las prisas por irse. Era una actitud comprensible. Jemima conocía bastante bien a su madre y seguramente preveía lo que se le iba a pedir en forma de devoción filial durante las próximas semanas. Anaïs necesitaría una confidente y un chivo expiatorio. El tiempo diría qué papel iba a jugar su larguirucha hija.

Así que ahora Ruth y Anaïs estaban solas y Anaïs tiraba del borde de un pequeño cojín del confidente. Ruth no sabía qué decirle. Su hermano había sido un hombre bueno y generoso a pesar de sus debilidades y anteriormente había recordado a Anaïs Abbott y sus hijos en su testamento de un modo que habría aliviado su angustia con creces. En efecto, así se había comportado Guy con sus mujeres. Cada vez que tenía una novia nueva durante un período superior a tres meses, cambiaba su testamento para reflejar hasta qué punto él y ella estaban entregados el uno al otro. Ruth lo sabía porque Guy siempre había sentido la necesidad de compartir con ella el contenido de su testamento. A excepción de este último y más reciente documento, Ruth los había leído en presencia de Guy y de su abogado, porque Guy siempre había querido asegurarse de que Ruth comprendía cómo quería que se repartiera su dinero.

El último testamento que Ruth había leído había sido redactado unos seis meses después de que su hermano iniciara su relación con Anaïs Abbott, poco después de que regresaran de Cerdeña, donde al parecer habían hecho poco más aparte de explorar todas las variantes de lo que un hombre y una mujer podían hacerse el uno al otro con sus respectivos cuerpos. Guy había regresado de ese viaje con la mirada vidriosa y le había dicho: «Es la definitiva, Ruth», y esta creencia optimista había quedado reflejada en su testamento. Ésa era la razón por la que Ruth le había pedido a Anaïs que estuviera presente, y por la expresión de su rostro vio que Anaïs creía que Ruth lo había hecho por maldad.

Ruth no sabía qué sería peor ahora mismo: permitir que Anaïs creyera que abrigaba tal deseo de herirla que permitiría que se truncaran todas sus esperanzas en público, o decirle que había un testamento anterior en el que las cuatrocientas mil libras que le dejaba Guy habrían sido la respuesta a su dilema actual. Tendría que ser la primera alternativa, decidió Ruth. Porque aunque no quería ser la destinataria de la antipatía de nadie, decirle a Anaïs que existía un testamento anterior probablemente supondría tener que hablar de por qué Guy lo había cambiado.

Ruth se sentó en el confidente.

—Anaïs, lo lamento muchísimo —dijo—. No sé qué más decir.

Anaïs volvió la cabeza como si recuperara lentamente la conciencia.

—Si quería dejar su dinero a unos adolescentes —dijo—, ¿por qué no a los míos: Jemima, Stephen? ¿Acaso solamente pretendía...? —Apretó el cojín contra su estómago—. ¿Por qué me ha hecho esto, Ruth?

Ruth no sabía qué explicación dar. Anaïs ya estaba bastante destrozada en este momento. Parecía inhumano destrozarla aún más.

—Creo que tenía que ver con el hecho de que Guy hubiera perdido a sus propios hijos, cielo. Por culpa de sus madres. Por los divorcios. Creo que veía a estos otros chicos como una forma de volver a ser padre cuando ya no podía ser un padre para los suyos.

—¿Y los míos no eran suficiente para él? —preguntó Anaïs—. ¿Mi Jemima? ¿Mi Stephen? ¿Eran menos importantes? Es tan incoherente que esos dos chicos prácticamente desconocidos...

—Para Guy no lo eran —la corrigió Ruth—. Conocía a Paul Fielder y a Cynthia Moullin desde hacía años. —«Más años que a ti, más años que a tus hijos, quiso añadir», pero no lo hizo porque necesitaba que esta conversación terminara antes de que se adentraran en un terreno que no pudiera cubrir. Dijo—: Ya conoces el AAPG, Anaïs. Ya sabes lo implicado que estaba Guy en su papel de mentor.

—Y se introdujeron en su vida, ¿verdad? Siempre con la esperanza... Se introdujeron en ella, vinieron aquí y echaron un buen vistazo y vieron que si jugaban bien sus cartas, tendrían la posibilidad de que les dejara algo. Eso es. Es lo que pasó. Eso es. —Tiró el cojín a un lado.

Ruth escuchó y observó. Le maravilló la capacidad de Anaïs para autoengañarse. Estuvo tentada de decir: «¿Y no es lo mismo que pretendías tú, querida? ¿Acaso te ataste a un hombre casi veinticinco años mayor que tú por devoción ciega? Me parece que no, Anaïs». Pero en lugar de eso, dijo:

—Creo que confiaba en que Jemima y Stephen tendrían una buena vida bajo tu protección. Pero los otros dos... No tenían las mismas ventajas con las que tus hijos han sido bendecidos. Quería ayudarlos.

—¿Y yo? ¿Qué tenía pensado para mí?

«Ah —pensó Ruth—. Ahora hemos llegado a la verdadera cuestión.» Pero no estaba dispuesta a responder a la pregunta de Anaïs.

—Lo siento muchísimo, querida —fue lo único que dijo.

A lo que Anaïs respondió:

—Oh, sí, imagino que sí. —Miró a su alrededor como si se hubiera despertado del todo, asimilando el entorno como si lo viera por primera vez. Recogió sus pertenencias y se levantó.

Se dirigió hacia la puerta. Pero allí se detuvo y se dio la vuelta hacia Ruth—. Me hizo promesas —dijo—. Me dijo cosas, Ruth. ¿Me mintió?

Ruth respondió lo único que consideraba seguro contestarle a la otra mujer:

—Me consta que mi hermano nunca mentía.

Y nunca lo había hecho, ni una sola vez, a ella no. «*Sois forte* —le había dicho—. *Ne crains rien. Je reviendrai te chercher, petite soeur.*» Y había hecho honor a esa promesa: volvió a buscarla al orfanato, donde la había enviado un país atribulado para el que dos niños refugiados de Francia significaban sólo dos bocas más que alimentar, dos hogares más que encontrar, dos futuros más que dependían de que aparecieran unos padres agradecidos que fueran a buscarlos. Cuando esos padres no vinieron y el mundo entero conoció la gran barbaridad de lo que había ocurrido en los campos, Guy había aparecido. Había jurado vehementemente, superando su propio terror, que *cela n'a d'importance, d'ailleurs rien n'a d'importance* para mitigar el miedo de su hermana. Se había pasado la vida demostrando que podían sobrevivir sin padres —incluso sin amigos si era necesario— en una tierra que no habían reclamado para sí, sino que les habían impuesto. Por tanto, Ruth nunca vio ni nunca había visto a su hermano como un mentiroso, a pesar de saber que tuvo que serlo, que tuvo que crear una red virtual de engaños para traicionar a dos esposas y a un montón de amantes mientras pasaba de una mujer a otra.

Cuando Anaïs se marchó, Ruth reflexionó sobre el tema. Lo ponderó a la luz de las actividades de Guy en los últimos meses. Se dio cuenta de que si le había mentido aunque fuera por omisión —como había sucedido con el nuevo testamento del que desconocía su existencia—, también podía haberle mentido respecto a otras cosas.

Se levantó y fue al estudio de Guy.

Capítulo 11

—¿*Y* está segura de lo que vio esa mañana? —preguntó Saint James—. ¿Qué hora era cuando la chica pasó por delante de su casa?

—Poco antes de las siete —contestó Valerie Duffy.

—No era completamente de día, entonces.

—No. Pero me había acercado a la ventana.

—¿Por qué?

La mujer se encogió de hombros.

—El té de la mañana. Kevin aún no se había levantado... Simplemente estaba allí, organizando el día en mi cabeza, como hace la gente.

Estaban en el salón de la casa de los Duffy, adonde Valerie los había conducido mientras Kevin desaparecía en la cocina unos minutos para poner agua a hervir para un té. Se quedaron sentados hasta que regresó a la sala de techo bajo, entre estanterías con álbumes de fotos, libros de arte enormes y todos los vídeos de la hermana Wendy. Supondría un gran esfuerzo para aquella estancia acoger a cuatro personas, en el mejor de los casos. Con más libros amontonados en el suelo y varias pilas de cajas de cartón a lo largo de las paredes —por no mencionar las numerosas fotos familiares que había por todas partes—, la presencia humana resultaba abrumadora, igual que la prueba —si hacía falta alguna— de la sorprendente formación de Kevin Duffy. No era de esperar que el encargado-manitas de la finca estuviera licenciado en historia del arte, y tal vez aquélla fuera la razón por la que, además de fotos familiares, en las paredes también colgaban los títulos universitarios de Kevin y varios retratos del licenciado mucho más joven y sin su esposa.

—Los padres de Kev creían que la finalidad de la educación

es la educación en sí misma —había dicho Valerie como respondiendo a una pregunta obvia y tácita—. No creían que tuviera que desembocar necesariamente en un trabajo.

Ninguno de los Duffy cuestionó la llegada de Saint James o su derecho a hacer preguntas sobre la muerte de Guy Brouard. Después de explicarles a qué se dedicaba y entregarles su tarjeta para que la examinaran, estuvieron dispuestos a hablar con él. Tampoco preguntaron por qué le acompañaba su mujer, y Saint James no dijo nada para señalar que la presunta asesina inculpada era una buena amiga de Deborah.

Valerie les contó que, por lo general, se levantaba a las seis y media de la mañana para prepararle el desayuno a Kevin antes de dirigirse a la mansión y ocuparse de la comida de los Brouard. Al señor Brouard, les explicó, le gustaba tomar un desayuno caliente cuando volvía de la bahía, así que esa mañana en particular se levantó a la hora habitual, a pesar de haberse acostado tarde la noche anterior. El señor Brouard le había comentado que iría a nadar como hacía siempre y, fiel a su palabra, pasó por delante de la ventana mientras ella estaba allí de pie con su té. Menos de medio minuto después, vio una figura con una capa oscura que le seguía.

—¿La capa tenía capucha? —quiso saber Saint James.

—Sí.

—¿Y la persona en cuestión llevaba la capucha puesta o no?

—Puesta —dijo Valerie Duffy. Pero aquello no le había impedido verle la cara, porque había pasado bastante cerca de la luz que salía de la ventana, lo que le había facilitado distinguirla.

—Era la chica americana —dijo Valerie—. Estoy segura. Vi su pelo un momento.

—¿No había nadie más que fuera aproximadamente de su misma estatura? —preguntó Saint James.

—Nadie más —contestó Valerie.

—¿Ninguna otra rubia? —intervino Deborah.

Valerie les aseguró que había visto a China River. Y no le causó sorpresa, les dijo. China River y el señor Brouard habían sido uña y carne durante la estancia de ella en Le Reposoir. El señor Brouard siempre andaba conquistando a las mujeres, naturalmente, pero con la mujer americana las cosas fueron deprisa incluso para él.

Saint James vio que su esposa fruncía el ceño al oír aquello, y él también tenía sus dudas respecto a aceptar las palabras de Valerie Duffy. Había algo desconcertante en la tranquilidad de sus respuestas. Y había algo más que no podían obviar en la forma como evitaba mirar a su marido.

Deborah fue la que preguntó educadamente:

—¿Usted llegó a ver algo de todo esto, señor Duffy?

Kevin Duffy permanecía en silencio entre las sombras. Estaba apoyado en una de las estanterías con la corbata aflojada, y su rostro moreno era impenetrable.

—Por lo general, Val se levanta antes que yo —dijo secamente.

Por lo tanto, supuso Saint James, tenían que entender que no había visto nada. Sin embargo, le preguntó:

—¿Y ese día en particular?

—Lo mismo de siempre —contestó Kevin Duffy.

—¿Uña y carne en qué sentido? —preguntó Deborah a Valerie, y cuando la otra mujer la miró sin comprender, se explicó—: Ha dicho que China River y el señor Brouard eran uña y carne. Me preguntaba en qué sentido.

—Salían por ahí. A ella le gustaba bastante la finca y quería fotografiarla. Él quería mirar. Y luego la llevó por la isla. Mostró mucho interés por enseñarle el lugar.

—¿Qué hay de su hermano? —preguntó Deborah—. ¿No los acompañaba?

—A veces sí; otras se quedaba por aquí, o salía solo. A ella, la chica americana, parecía gustarle que fuera así. Así estaban solos los dos, ella y el señor Brouard. Pero no me sorprendió nada. Se le daban bien las mujeres.

—Pero el señor Brouard ya tenía pareja, ¿no? —preguntó Deborah—. La señora Abbott.

—Siempre tenía pareja y no siempre durante mucho tiempo. La señora Abbott sólo era la última. Entonces apareció la americana.

—¿Había alguien más? —preguntó Saint James.

Por algún motivo, el aire pareció espesarse momentáneamente con esta pregunta. Kevin Duffy cambió de posición, y Valerie se alisó la falda con un movimiento deliberado.

—Nadie que yo sepa —contestó.

Saint James y Deborah se miraron. Saint James vio en el rostro de su mujer el reconocimiento de que la investigación tenía que tomar otra dirección, y él no discrepaba. Sin embargo, no podían obviar el hecho de que tenían delante a otro testigo que aseguraba haber visto a China River siguiendo a Guy Brouard hacia la bahía, y un testigo mucho más creíble que Ruth Brouard, teniendo en cuenta la distancia insignificante que separaba la casa del sendero de la bahía.

—¿Le ha contado algo de todo esto al inspector en jefe Le Gallez? —le preguntó a Valerie.

—Se lo he contado todo.

Saint James se preguntó qué significaba, si significaba algo, que ni Le Gallez ni el abogado de China River le hubieran comunicado aquella información.

—Hemos encontrado algo que tal vez pueda identificar —le dijo, y sacó de su bolsillo el pañuelo en el que había envuelto el anillo que Deborah había recogido de entre las rocas. Desdobló el tejido y le ofreció el anillo primero a Valerie y luego a Kevin Duffy. Ninguno de los dos reaccionó al verlo.

—Parece de la guerra —dijo Kevin—. De la ocupación. Una especie de anillo, supongo. Calavera y dos huesos cruzados. Los he visto antes.

—¿Anillos así? —preguntó Deborah.

—Me refería a la calavera y los huesos cruzados —contestó Kevin. Lanzó una mirada a su mujer—. ¿Conoces a alguien que tenga uno, Val?

Ella negó con la cabeza mientras examinaba el anillo en la palma de Saint James.

—Es un recuerdo, ¿verdad? —le dijo a su marido, y luego a Saint James o a Deborah—: Por la isla hay muchas cosas de éstas. Podría haber salido de cualquier parte.

—¿Por ejemplo? —preguntó Saint James.

—De tiendas de antigüedades militares, por ejemplo —dijo Valerie—. De la colección privada de alguien, tal vez.

—O del dedo de algún gamberro —señaló Kevin Duffy—. ¿La calavera y los huesos cruzados? Es lo típico que un gamberro del Frente Nacional iría enseñando a sus colegas. Para sentirse como un verdadero hombre, ya sabe. Pero es demasiado grande, no se dio cuenta y se le cayó.

—¿Podría haber salido de algún otro sitio? —preguntó Saint James.

Los Duffy lo pensaron. Se lanzaron otra mirada. Valerie fue quien dijo lenta y pensativamente:

—No se me ocurre ninguno.

Al entrar con su coche en Fort Road, Frank Ouseley sintió que iba a tener un ataque de asma. No estaba lejos de Le Reposoir y, como en realidad no había estado expuesto a nada que pudiera alterarle los bronquios, tuvo que llegar a la conclusión de que estaba reaccionando por adelantado a la conversación que se disponía a mantener.

Ni siquiera se trataba de un diálogo necesario. Frank no tenía ninguna responsabilidad en cómo había pensado repartir Guy Brouard su dinero en el caso de morir, ya que el hombre nunca le había pedido consejo al respecto. Así que él no tenía por qué encargarse de dar malas noticias a nadie, puesto que dentro de pocos días el contenido del testamento sin duda iba a ser de dominio público, dada la naturaleza de los chismorreos en una isla. Pero todavía sentía una lealtad que tenía sus raíces en sus años de profesor. Sin embargo, no le entusiasmaba lo que tenía que hacer, y la tensión que notaba en el pecho era un reflejo de ello.

Cuando se detuvo en la casa de Fort Road, cogió el inhalador de la guantera y lo utilizó. Esperó un momento hasta que cesó la tensión y entonces vio que, en medio del prado al otro lado de la calle, un hombre alto y delgado y dos niños jugaban a fútbol en el césped. A ninguno se le daba demasiado bien.

Frank se bajó del coche y salió a un viento suave y frío. Se puso el abrigo con dificultad y cruzó al prado. Los árboles que flanqueaban el extremo opuesto estaban bastante pelados en esta zona más alta y expuesta de la isla. Recortadas en el cielo gris, sus ramas se movían como los brazos de un suplicante, y los pájaros se apiñaban en ellas como si observaran a los que jugaban a fútbol.

Frank intentó preparar sus primeras palabras a medida que se acercaba a Bertrand Debiere y sus hijos. Al principio Nobby no lo vio; tanto mejor, porque Frank sabía que seguramente su rostro transmitía lo que su lengua era reacia a revelar.

Los dos niños estaban exultantes de alegría por acaparar toda la atención de su padre. La cara de Nobby, tan a menudo marcada por la angustia, estaba momentáneamente relajada mientras jugaba con ellos, chutando la pelota suavemente en su dirección y dándoles ánimos cuando los niños intentaban devolvérsela. Frank sabía que el mayor tenía seis años; llegaría a ser tan alto como su padre y seguramente igual de desgarbado. El menor sólo tenía cuatro años y era alegre, corría en círculos y agitaba los brazos cuando el balón iba hacia su hermano. Se llamaban Bertrand y Norman, seguramente no eran los mejores nombres para unos niños en esta época; pero no serían conscientes de ello hasta que lo aprendieran en el colegio y comenzaran a suplicar tener un apodo que indicara una aceptación mayor que la que su padre había recibido a manos de sus compañeros de estudios.

Frank se dio cuenta de que, en gran parte, ésa era la razón por la que había ido a visitar a su ex alumno: la adolescencia de Nobby había sido complicada, y él no había hecho todo lo posible para allanarle el camino.

Bertrand hijo fue el primero en verle. Se detuvo a punto de chutar y miró a Frank, con el gorro amarillo de punto calado en la cabeza de forma que le cubría todo el pelo y sólo se le veían los ojos. Por su lado, Norman utilizó el momento para tirarse al suelo y rodar por la hierba como un perro sin atar.

—¡Lluvia, lluvia, lluvia! —gritó por alguna razón y agitó las piernas en el aire.

Nobby se dio la vuelta hacia la dirección en la que miraba su hijo mayor. Al ver a Frank, cogió la pelota que por fin Bertrand hijo había logrado chutar y se la lanzó de nuevo diciendo:

—Vigila a tu hermano pequeño, Bert. —Y fue a reunirse con Frank mientras Bertrand hijo se tiraba de inmediato encima de su hermano y empezaba a hacerle cosquillas por el cuello.

Nobby saludó a Frank con la cabeza y dijo:

—Se les dan los deportes tan bien como a mí. Norman promete algo, aunque tiene la concentración de un mosquito. Pero son buenos chavales, en especial en el colegio. Bert suma y lee de maravilla. Es demasiado pronto para ver cómo le irá a Norman.

Frank sabía que aquel dato significaría mucho para Nobby, que había tenido que cargar con problemas de aprendizaje y con el hecho de que sus padres creyeran que esos problemas se debían a que era el único hijo varón —y, por lo tanto, tenía un desarrollo más lento— en una familia de chicas.

—Lo han heredado de su madre. Qué suerte tienen —dijo Nobby—. Bert —gritó—, no seas tan bruto.

—Vale, papá —contestó el niño.

Frank vio que Nobby se hinchaba de orgullo al escuchar aquellas palabras, pero sobre todo al oír «papá», una palabra que sabía que para Nobby Debiere lo significaba todo. Precisamente porque su familia era el centro de su universo, Nobby se encontraba ahora en esta situación. Hacía tiempo que sus necesidades —reales e imaginadas— eran primordiales para él.

Aparte de las palabras sobre sus hijos, el arquitecto no le dijo nada más mientras se acercaba a él. En cuando se alejó de los niños, su rostro se endureció, como si se armara de valor para lo que sabía que se avecinaba, y en sus ojos brilló una animosidad expectante. Frank vio que deseaba empezar diciéndole que él no podía responsabilizarse de ningún modo de las decisiones que Nobby había tomado impulsivamente, pero el hecho era que sí sentía un cierto grado de responsabilidad. Y sabía que nacía de la incapacidad de haber sido más amigo de aquel hombre cuando tan sólo era un chico sentado en su pupitre en el aula y los otros se metían con él porque era demasiado lento y demasiado raro.

—Vengo de Le Reposoir, Nobby —le dijo—. Ya se ha leído el testamento.

Nobby esperó, en silencio. Un músculo se movió en su mejilla.

—Creo que ha sido la madre de Adrian quien ha insistido en que se leyera —continuó Frank—. Parece participar en un drama que el resto de nosotros desconocemos.

—¿Y? —dijo Nobby. Se las arregló para aparentar indiferencia, pero Frank sabía que no era lo que sentía.

—Es un poco raro, me temo. No es tan sencillo como cabría

esperar, mirándolo bien. —Frank pasó a explicar los términos simples del testamento: la cuenta corriente, la cartera de valores, Adrian Brouard y sus hermanas, los dos adolescentes de la isla.

Nobby frunció el ceño.

—Pero ¿qué ha hecho con...? El patrimonio debe de ser enorme. Tiene que haber más que una cuenta y una cartera de valores. ¿Cómo se las ha ingeniado?

—Ruth —dijo Frank.

—No puede haberle dejado Le Reposoir a ella.

—No. Claro que no. La ley se lo habría impedido. Dejársela a ella era imposible.

—¿Entonces?

—No lo sé. Habrá hecho alguna maniobra legal. Encontraría alguna. Y Ruth aprobaría lo que él quisiera.

Al oír aquello, Nobby sintió que se le distendía un poco la columna y se le relajaban los párpados.

—Eso es bueno, ¿no? Ruth conoce cuáles eran sus planes, qué quería que se hiciera. Seguirá adelante con el proyecto. Cuando empiece, no habrá problema para sentarse con ella y echar un vistazo a los dibujos y planos de California, para que vea que Guy escogió el peor proyecto posible: totalmente inadecuado para el lugar, por no mencionar para esta zona del planeta. No tiene el mantenimiento más económico precisamente. En cuanto a los gastos del edificio...

—Nobby —le interrumpió Frank—. No es tan sencillo.

Detrás de él, uno de los niños chilló, y Nobby se dio la vuelta y vio que Bertrand hijo se había quitado el gorro de punto y se lo estaba colocando en la cara a su hermano pequeño.

—Bert, basta —gritó Nobby con dureza—. Si no sabes jugar, tendrás que quedarte dentro con mamá.

—Pero yo sólo...

—¡Bertrand!

El niño le quitó el gorro a su hermano y se puso a chutar la pelota por el césped. Norman salió a perseguirle. Nobby los observó un momento antes de centrarse de nuevo en Frank. Su expresión, de la que había desaparecido un alivio demasiado breve, ahora mostraba recelo.

—¿No es tan sencillo? —preguntó—. ¿Por qué, Frank?

¿Qué podría ser más sencillo? No estarás diciendo que te gustó el diseño del americano, ¿verdad? ¿Más que el mío?

—No digo eso. No.

—¿Entonces?

—Es lo que se da a entender en el testamento.

—Pero acabas de decir que Ruth... —Las facciones de Nobby volvieron a endurecerse, una mirada que Frank recordó de su adolescencia, esa rabia que sentía cuando era un joven entre muchos, el solitario que no conoció la amistad que podría haber facilitado el camino o, al menos, hacerlo menos solitario—. Entonces, ¿qué se da a entender en el testamento?

Frank había pensado en ello. Se lo había planteado desde todos los puntos de vista durante el trayecto de Le Reposoir a Fort Road. Si Guy Brouard hubiera querido que el proyecto del museo siguiera adelante, lo habría reflejado en el testamento. Independientemente de cómo o cuándo hubiera repartido el resto de su patrimonio, habría dejado un legado adecuado destinado al museo de la guerra. No lo había hecho, y para Frank aquello dejaba claro cuál era su última voluntad.

Le contó lo que pensaba a Nobby Debiere, quien escuchó con una expresión de creciente incredulidad.

—¿Te has vuelto loco? —le preguntó Nobby cuando Frank acabó su comentario—. Entonces, ¿a qué venían la fiesta, el gran anuncio, el champán y los fuegos artificiales, la exhibición memorable de ese maldito alzado?

—No sé explicarlo. Sólo puedo analizar los hechos que tenemos.

—Una parte de los hechos es lo que pasó esa noche, Frank. Y lo que dijo. Y cómo actuó.

—Sí, pero ¿qué dijo en realidad? —insistió Frank—. ¿Habló de poner los cimientos, de fechas de finalización? ¿No es extraño que no dijera nada de todo eso? Creo que sólo hay una razón.

—¿Cuál?

—No tenía intención de construir el museo.

Nobby se quedó mirando a Frank mientras sus hijos retozaban en el césped detrás de él. A lo lejos, desde la dirección de Fort George, una figura con un chándal azul corría por el césped con un perro atado a una correa. Soltó al animal y éste trotó libremente, con las orejas saltando mientras corría hacia los árboles. Los hijos de Nobby gritaron alegres, pero su padre no se volvió como antes, sino que miró detrás de Frank hacia las casas de Fort Road y, en particular, a la suya: una construcción amarilla grande de bordes blancos, con un jardín detrás para que jugaran los niños. Frank sabía que en el interior, Caroline Debiere seguramente estaría trabajando en su novela, la novela soñada durante tanto tiempo que Nobby había insistido en que escribiera, y por la que había dejado su trabajo como articulista de *Architectural Review*, que era la profesión que ejercía encantada antes de que ella y Nobby se conocieran y diseñaran para ellos una colección de sueños que se habían frustrado con la cruda realidad que acarreaba la muerte de Guy Brouard.

La piel de Nobby se tiñó de rojo mientras asimilaba las palabras de Frank y lo que implicaban.

—No te-tenía in-in-intención... ¿Nunca? ¿Qu-quieres decir que el muy ca-cabrón...? —Se calló. Intentó calmarse, pero no pareció conseguirlo.

Frank le ayudó.

—No quiero decir que nos tomara el pelo. Pero sí que creo que cambió de opinión, por algún motivo. Creo que es lo que pasó.

—¿Qu-qué hay de la fiesta, entonces?

—No lo sé.

—Qu-qué... —Nobby cerró los ojos con fuerza. Hizo una mueca. Pronunció la palabra «justo» tres veces, como si fuera un conjuro que lo liberaría de su desgracia y, cuando volvió a hablar, su tartamudeo estaba controlado. Repitió—: ¿Qué hay del gran anuncio, Frank? ¿Y del dibujo? Lo sacó. Tú estabas allí. Se lo enseñó a todo el mundo. Él... Dios mío. ¿Por qué lo hizo?

—No lo sé. No sabría decir. No lo entiendo.

Entonces Nobby lo miró detenidamente. Retrocedió un paso como para examinar mejor a Frank, con los ojos entrecerrados y las facciones más pálidas que nunca.

—Es una broma, ¿verdad? —dijo—. Igual que antes.

—¿Una broma?

—Tú y Brouard os reís de mí. Tú y los chicos no tuvisteis

247

suficiente entonces, ¿verdad? «No meta a Nobby en nuestro grupo, señor Ouseley. Se levantará delante de la clase a decir la lección y quedaremos todos fatal.»

—No seas ridículo. ¿Has escuchado algo de lo que te he dicho?

—Claro. Ya entiendo cómo lo hicisteis. Dale esperanzas y luego arrebátaselas. Deja que crea que el encargo es suyo y luego fastídiale los planes. Las normas son las mismas. Sólo que el juego es distinto.

—Nobby —dijo Frank—, escúchate. ¿Realmente crees que Guy organizó esto, que organizó todo esto, por el simple placer de humillarte?

—Sí —dijo.

—Qué tontería. ¿Por qué?

—Porque le gustaba. Porque le daba la vidilla que perdió cuando vendió su negocio. Porque le daba poder.

—Eso no tiene sentido.

—¿No? Pues mira a su hijo. Mira a Anaïs, pobre estúpida. Y si lo prefieres, Frank, mírate a ti.

«Tenemos que hacer algo al respecto, Frank. Lo ves, ¿verdad?»

Frank apartó la mirada. Notó la tensión, la tensión, la tensión. Sin embargo, una vez más, no había nada en el aire que pudiera obstruir su respiración.

—Me dijo: «Te he ayudado hasta donde he podido» —dijo Nobby en voz baja—. Me dijo: «Te he echado una mano, hijo. Me temo que no puedes esperar más. Y, sin duda, no para siempre, amigo mío». Pero me lo había prometido, ¿entiendes? Me hizo creer... —Nobby parpadeó con furia y giró la cabeza. Se metió las manos en los bolsillos desanimado. Repitió—: Me hizo creer...

—Sí —murmuró Frank—. Se le daba bien hacer creer.

Saint James y su mujer se separaron a poca distancia de la casa de los Duffy. Ruth Brouard había llamado por teléfono hacia el final de su entrevista, por lo que Saint James le entregó a Deborah el anillo que habían encontrado en la playa. Él volvería a la mansión para encontrarse con la señora Brouard, y Deborah, por su lado, llevaría el anillo envuelto en el pañuelo al inspector en jefe Le Gallez para una posible identificación. Era improbable que encontraran una huella aprovechable, teniendo en cuenta el diseño de la pieza. Pero siempre existía la posibilidad. Puesto que Saint James no tenía el material para examinarlo —por no mencionar la jurisdicción necesaria—, Le Gallez tendría que ocuparse.

—Volveré por mi cuenta y nos encontraremos más tarde en el hotel —le dijo Saint James a su mujer. Luego la miró con seriedad y dijo—: ¿Llevas bien todo esto, Deborah?

No se refería a la misión que le había asignado, sino a lo que habían averiguado por los Duffy, en particular por Valerie, que estaba completamente convencida de haber visto a China River siguiendo a Guy Brouard hasta la bahía.

—Tal vez tenga una razón para querer que creamos que había algo entre China y Guy —dijo—. Si sabía camelarse a las mujeres, ¿por qué motivo no podría haberlo hecho también con Valerie?

—Es mayor que las demás.

—Mayor que China. Pero no es mucho mayor que Anaïs Abbott. Unos años, calculo yo. Y aun así tendrá... ¿qué? ¿Veinte años menos que Guy Brouard?

Saint James no podía descartarlo, aunque a sus oídos Deborah pareciera demasiado ansiosa por convencerse. Sin embargo, dijo:

—Le Gallez no nos ha contado todo lo que sabe. Es lógico. Para él soy un desconocido y, aunque no lo fuera, las cosas no funcionan así, el inspector en jefe no abre sus archivos a alguien que normalmente formaría parte del otro bando de una investigación de asesinato. Y yo no soy ni eso. Soy un desconocido que ha venido sin las credenciales adecuadas y en realidad tampoco pinto nada en todo esto.

—Así que crees que hay más: una razón, una conexión, en alguna parte, entre Guy Brouard y China. Simon, yo no lo creo.

Saint James la miró con cariño y pensó en todas las maneras en que la amaba y en todas las maneras en que quería protegerla continuamente. Pero sabía que debía decirle la verdad, así que dijo:

—Sí, cariño. Creo que puede haberla.

Deborah frunció el ceño. Miró detrás de Simon, al lugar en que el sendero de la bahía desaparecía entre unos rododendros densos.

—No puedo creerlo —dijo—. Aunque estuviera muy vulnerable. Por Matt. Ya sabes. Cuando pasan estas cosas, este tipo de rupturas entre hombres y mujeres, tiene que pasar un tiempo, Simon. Una mujer necesita sentir que hay algo más entre ella y el hombre que viene después. No quiere creer que sólo es..., bueno, que sólo es sexo... —Un remolino carmesí se extendió por su cuello y le tiñó las mejillas.

Saint James quiso decir: «Ése fue tu caso, Deborah». Sabía que, sin darse cuenta, su mujer estaba haciendo el mayor cumplido posible a su amor: le estaba diciendo que no le había resultado fácil estar con Tommy Lynley después de él. Pero no todas las mujeres eran como Deborah. Sabía que algunas necesitarían sentirse reafirmadas mediante la seducción inmediatamente después de terminar una relación larga. Saber que un hombre aún las deseaba sería más importante que saber que ese hombre las amaba. Pero no podía decirlo. Había demasiadas conexiones con el amor que Deborah sintió por Lynley. Había demasiadas implicaciones en su propia amistad con aquel hombre. Así que dijo:

—No descartaremos nada, hasta que sepamos más.

—Sí, haremos eso —dijo ella.

—¿Nos vemos luego?

—En el hotel.

Saint James le dio un beso breve, luego dos más. La boca de Deborah era suave y su mano le tocó la mejilla y él quiso quedarse con ella aun sabiendo que no podía.

—En la comisaría pregunta por Le Gallez —le dijo—. No le entregues el anillo a nadie más.

—Por supuesto —contestó ella.

Simon volvió a la casa.

Deborah le observó. El aparato ortopédico de la pierna dificultaba lo que, de lo contrario, habría sido una gracia y belleza naturales. Quiso llamarle y explicarle que su forma de conocer a China River nacía de un problema que él no podía entender, que era una forma de forjar una amistad que hacía que dos mujeres se comprendieran a la perfección. Había historias entre mujeres, quería decirle a su marido, que establecían una forma de verdad que no podía destruirse ni negarse nunca, que nunca necesitaba una explicación extensa. La verdad simplemente era, y de qué manera funcionara cada mujer dentro de esa verdad era algo que se fijaba si la amistad era verdadera. Pero ¿cómo explicar eso a un hombre? Y no a cualquier hombre, sino a su marido, que durante más de una década había vivido esforzándose por superar la verdad de su propia discapacidad —por no decir negarla—, tratándola como una mera bagatela cuando ella sabía los estragos que había causado durante la mayor parte de su juventud.

Era imposible. Sólo podía hacer lo que estuviera en su mano para demostrarle que la China River que ella conocía no se habría entregado fácilmente a la seducción, que no habría asesinado a nadie.

Se marchó de la finca y condujo hasta Saint Peter Port, serpenteando hacia la ciudad por la larga pendiente boscosa de Le Val des Terres, y salió justo encima de Havelet Bay. Había algunos peatones en el paseo marítimo. En la calle que descurría por encima de la ladera, las entidades bancarias por las que eran famosas las islas del canal bullirían de actividad en cualquier época del año; pero aquí prácticamente no había señales de vida: no había ningún exiliado fiscal tomando el sol en sus veleros ni ningún turista sacando fotografías del castillo o la ciudad.

Deborah aparcó cerca de su hotel en Ann's Place, a menos de un minuto a pie de la comisaría de policía situada tras el alto muro de piedra del hospital Lane. Después de apagar el motor, se quedó sentada en el coche un momento. Tenía una hora como mínimo —seguramente más— antes de que Simon regresara de Le Reposoir. Decidió utilizarla alterando ligeramente los planes que su marido había diseñado para ella.

En Saint Peter Port nada se encontraba demasiado lejos de nada. Todo estaba a menos de veinte minutos andando y, en el centro de la ciudad —definido irregularmente por un óvalo deforme de calles que comenzaba en Vauvert y describía una curva en el sentido contrario a las agujas del reloj para acabar en Grange Road—, el tiempo que se invertía para llegar de un

251

punto a otro era la mitad. Sin embargo, como la ciudad existía desde mucho antes de que se inventara el transporte motorizado, las calles apenas tenían la anchura de un coche y describían una curva alrededor de la colina sobre la que había crecido Saint Peter Port, desplegándose sin ton ni son, expandiéndose hacia arriba desde el viejo puerto.

Deborah recorrió estas calles para llegar a los apartamentos Queen Margaret. Pero cuando llegó y llamó a la puerta, vio que no había nadie en el piso de China, lo que resultó frustrante. Deshizo el camino hasta la parte delantera del edificio y pensó qué hacer.

Comprendió que China podía estar en cualquier parte. Podía estar reunida con su abogado, fichando en comisaría, haciendo ejercicio o caminando por las calles. Pero seguramente su hermano estaría con ella, así que Deborah decidió ver si podía encontrarlos. Iría en dirección a la comisaría. Descendería hacia High Street y luego seguiría el camino que al final la llevaría de nuevo al hotel.

Al otro lado de la calle de los apartamentos Queen Margaret, unas escaleras describían un sendero que bajaba por la colina hacia el puerto. Deborah se dirigió a ellas, penetró entre los muros altos y los edificios de piedra y emergió al final en una de las partes más antiguas de la ciudad, donde en un lado de la calle había un edificio de piedra rojiza que en su día había sido magnífico y en el otro una serie de entradas arqueadas de tiendas que vendían flores, regalos y fruta.

El magnífico edificio antiguo tenía ventanas altas y el interior estaba oscuro; parecía abandonado y no había ninguna luz encendida a pesar de que el día era gris. Sin embargo, una parte seguía activa, pues al parecer quedaban algunos tenderetes. Estaban detrás de una puerta azul ancha y gastada que se abría en Market Street a un interior grande y tenebroso. Deborah cruzó hacia esta entrada.

Primero la asaltó un olor inconfundible: la sangre y la carne de una carnicería. En aparadores de cristal se exhibían chuletas y costillas y carnes picadas, pero quedaban muy pocos puestos en lo que en su día, obviamente, había sido un mercado de carne próspero. Aunque el edificio, con su herraje y enlucido decorativo, habría despertado el interés de fotógrafa de

China, Deborah sabía que el olor a animal muerto habría espantado enseguida a los River, así que no le sorprendió no encontrarlos allí. Sin embargo, comprobó el resto del edificio para asegurarse, describiendo una ruta a través de un almacén tristemente abandonado en un lugar que en su día había albergado docenas de pequeños negocios prósperos. En una parte central del gran vestíbulo, donde el techo era alto y sus pisadas resonaban de manera inquietante, había una hilera de puestos cerrados, y en uno de ellos estaban escritas las palabras «Safeway, cabrones», que expresaban los sentimientos de al menos uno de los comerciantes que habían perdido su medio de vida a manos de una cadena de supermercados que, al parecer, había abierto sus puertas en la ciudad.

Al final del mercado de carne, Deborah encontró un puesto de frutas y verduras que aún aguantaba abierto y, detrás, volvía a estar la calle. Se paró a comprar unos lirios de invernadero antes de salir del edificio y detenerse a examinar las otras tiendas que había fuera.

En los arcos de enfrente, vio no sólo los pequeños negocios, sino también a todo el mundo que compraba en ellos, ya que había poca gente. Ni China ni Cherokee se hallaban entre la clientela, así que Deborah se preguntó en qué otro lugar podían estar.

Vio su respuesta justo al lado de las escaleras que había bajado. Un pequeño supermercado rezaba «Cooperativa de las Islas del Canal», algo que parecía que podría atraer a los River, quienes, a pesar de las bromas, seguían siendo hijos de una madre vegetariana.

Deborah cruzó la calle hacia la tienda y entró. Los oyó enseguida porque el supermercado era pequeño, aunque estaba atestado de estanterías altas que no dejaban ver a los clientes desde los ventanales.

—No quiero nada —decía China con impaciencia—. Si no puedo comer, no puedo comer. ¿Tú podrías comer si estuvieras en mi situación?

—Tiene que haber algo —contestó Cherokee—. Mira. ¿Qué tal una sopa?

—Odio la sopa de lata.

—Pero antes la hacías para cenar.

—Razón de más. ¿Tú querrías algo que te lo recordara? Vivíamos en moteles, Cherokee, lo que es peor que vivir en una caravana.

Deborah giró por la esquina del pasillo y los encontró delante de un pequeño expositor de Campbell's. Cherokee tenía una lata de sopa de tomate en una mano y un paquete de lentejas en la otra. China llevaba una cesta de alambre colgada del brazo. De momento, sólo contenía una barra de pan, un paquete de espaguetis y un bote de salsa de tomate

—¡Debs! —La sonrisa de Cherokee era en parte un saludo, en parte una expresión de alivio—. Necesito una aliada. No quiere comer.

—Estoy comiendo. —China parecía agotada, más que el día anterior. Tenía unas ojeras terribles. Había intentado disimularlas con maquillaje, pero no había logrado eliminarlas—. Cooperativa de las Islas del Canal. Creía que habría alimentos naturales. Pero... —Hizo un gesto de impotencia señalando la tienda.

Al parecer, los únicos productos frescos que tenía la cooperativa eran huevos, queso, carne preenvasada y pan. Todo lo demás estaba enlatado o congelado. Decepcionante para alguien acostumbrado a curiosear por los mercados de comida orgánica de California.

—Cherokee tiene razón —dijo Deborah—. Tienes que comer.

—No se hable más. —Cherokee comenzó a meter productos en la cesta de alambre sin prestar mucha atención a lo que elegía.

China parecía demasiado abatida para discutir. Al cabo de unos minutos, la compra estaba hecha.

Fuera, Cherokee se mostró impaciente por escuchar un informe sobre lo que había deparado el día hasta el momento para los Saint James. Deborah sugirió que regresaran al piso antes de tener esa conversación, pero China dijo:

—Dios mío, no. Acabo de salir. Demos un paseo.

Así que bajaron al puerto y cruzaron al más largo de los muelles. Llegaba hasta Havelet Bay y se extendía hasta la lengua de tierra en la que se erigía Castle Cornet, centinela del puerto. Siguieron caminando pasada la fortificación, hasta el final, trazando una pequeña curva hasta las aguas del canal.

Y al final del muelle, fue China quien sacó el tema.

—La cosa está mal, ¿verdad? —le dijo a Deborah—. Te lo veo en la cara. Será mejor que lo sueltes ya. —Y a pesar de sus palabras, se volvió a mirar el agua, esa gran masa gris que se agitaba debajo de ellos. No muy lejos, otra isla (¿Sark? ¿Alderney?, se preguntó Deborah) se elevaba como un gigante descansando entre la niebla.

—¿Qué tienes, Debs? —Cherokee dejó en el suelo las bolsas del supermercado y cogió a su hermana del brazo.

China se apartó de él. Parecía estar preparándose para lo peor. Deborah estaba decidida a describir la situación en un tono positivo. Pero no encontraba nada positivo que comunicar y, aunque lo hubiera habido, sabía que debía relatarles los hechos a sus amigos.

Así que les contó a los River lo que ella y Simon habían logrado descubrir con sus conversaciones en Le Reposoir. Como China no era estúpida, vio la dirección lógica que tomarían los pensamientos de cualquier persona razonable en cuanto quedara claro que no sólo había pasado tiempo con Guy Brouard, sino que también había sido vista —aparentemente y por más de una persona— siguiendo al hombre la mañana en que fue asesinado.

—Crees que tenía un lío con él, ¿verdad, Deborah? —dijo—. Bueno. Esto es genial. —Su voz encerraba una mezcla de animadversión y desesperación.

—En realidad, yo...

—¿Y por qué no? Todo el mundo debe de pensarlo. Unas horas a solas con él, un par de días... Y era asquerosamente rico, claro. Follamos como locos.

Deborah parpadeó al oír aquel término tan crudo. No era nada propio de la China que había conocido, siempre la más romántica de las dos, enamorada de un hombre durante años, contenta con su futuro de color rosa.

China continuó:

—No me importó que tuviera edad para ser mi abuelo. No, había dinero de por medio. No importa a quién te folles cuando puedes sacar dinero del trabajito, ¿no?

—¡Chine! —protestó Cherokee—. Dios santo.

Cuando su hermano habló, China pareció darse cuenta de

255

lo que había dicho. Más aún, pareció comprender de repente de qué modo podía aplicarse aquello a la vida de Deborah, porque dijo rápidamente:

—Dios mío, Deborah. Lo siento.

—No pasa nada —dijo Deborah.

—No quería... No estaba pensando en ti y... Ya sabes.

Tommy, pensó Deborah. China quería decir que no había pensado en Tommy ni en el dinero de Tommy. Nunca había importado, pero siempre había estado allí, sólo una de las miles de cosas que parecían tan buenas desde fuera cuando los otros no sabían cómo se sentía una por dentro.

—No pasa nada. Ya lo sé —dijo.

—Es sólo que... —dijo China— ¿De verdad crees que yo...? ¿Con él? ¿Lo crees?

—Sólo te está diciendo lo que sabe, Chine —dijo Cherokee—. Necesitamos saber lo que piensa todo el mundo, ¿no?

China se giró hacia él.

—Escucha, Cherokee. Cállate. No sabes lo que estás... Dios mío, olvídalo. Sólo cállate, ¿vale?

—Sólo intento...

—Bueno, pues deja de intentar. Y deja de revolotear a mi alrededor. No puedo ni respirar. No puedo dar un paso sin que me sigas.

—Mira. Nadie quiere que pases por esto —le dijo Cherokee.

Ella soltó una carcajada que se quebró, pero contuvo el sollozo llevándose un puño a la boca.

—¿Estás loco o qué? —le preguntó—. Todo el mundo quiere que pase por esto. Necesitan un chivo expiatorio. Yo soy la persona ideal.

—Sí, bueno, por eso ahora tenemos amigos aquí. —Cherokee lanzó una sonrisa a Deborah y luego señaló con la cabeza los lirios que traía—. Amigos con flores. ¿Dónde las has comprado, Debs?

—En el mercado. —Impulsivamente, se las tendió a China—. Ese piso necesita un poco de alegría, creo yo.

China miró las flores, luego al rostro de Deborah.

—Creo que eres la mejor amiga que he tenido nunca —le dijo.

—Me alegro.

China cogió las flores. Su expresión se suavizó al mirarlas.

—Cherokee, déjanos un rato solas, ¿vale? —dijo entonces.

Cherokee miró a su hermana y luego a Deborah y dijo:

—Claro. Las pondré en agua. —Recogió las dos bolsas de la compra y se colocó las flores debajo del brazo.

—Hasta luego, entonces —le dijo a Deborah, y le lanzó una mirada que decía «buena suerte» tan claramente como si hubiera pronunciado las palabras.

Regresó por el muelle. China le observó.

—Sé que tiene buenas intenciones. Sé que está preocupado. Pero tenerlo aquí es peor. Como si tuviera que lidiar con él además de con toda esta situación. —Se abrazó el cuerpo, y en ese momento Deborah vio que sólo llevaba un suéter para protegerse del frío. Su capa aún la tendría la policía, naturalmente. Y esa capa era el quid de la cuestión.

—¿Dónde dejaste tu capa esa noche? —le dijo Deborah.

Antes de contestar, China examinó el agua un momento.

—¿La noche de la fiesta? Estaría en mi cuarto. No estuve pendiente. Llevaba todo el día entrando y saliendo; pero debí de subirla en algún momento porque, cuando nos preparamos para marcharnos aquella mañana, estaba... Estoy bastante segura de que estaba en una silla. Junto a la ventana.

—¿No recuerdas haberla dejado allí?

China negó con la cabeza.

—Seguramente fue un gesto automático. La llevaba puesta, me la quité, la dejé. Nunca he sido una maniática del orden. Ya lo sabes.

—¿Así que alguien pudo cogerla, utilizarla aquella mañana cuando Guy Brouard bajó a la bahía y luego devolverla?

—Supongo. Pero no veo cómo. O cuándo, siquiera.

—¿Estaba ahí cuando te fuiste a dormir?

—Puede que sí. —Frunció el ceño—. Pero no lo sé.

—Valerie Duffy jura que te vio siguiéndole, China. —Deborah lo dijo tan delicadamente como pudo—. Ruth Brouard afirma también que te buscó por toda la casa en cuanto vio a alguien desde la ventana que pensó que eras tú.

—¿Las crees?

—No se trata de lo que yo crea —dijo Deborah—. Se trata

de si pudo pasar algo antes para que a la policía le parezca razonable lo que ellas dicen.

—¿Pasar algo?

—Entre tú y Guy Brouard.

—Ya estamos otra vez.

—No es lo que yo creo. Es lo que la policía...

—Olvídalo —la interrumpió China—. Ven conmigo.

China retrocedió por el muelle. En el paseo marítimo, cruzó sin mirar siquiera si venían coches. Pasó por entre algunos autobuses que esperaban en la estación y trazó una ruta en zigzag hasta Constitution Steps, que dibujaban un signo de interrogación invertido en el lateral de una de las colinas. Estas escaleras —como las que Deborah había bajado hasta el mercado— las llevaron a Clifton Street y a los apartamentos Queen Margaret. China se dirigió por la parte de atrás al piso B. No volvió a pronunciar palabra hasta que estuvo dentro y sentada a una pequeña mesa de la cocina.

—Toma. Lee esto —dijo entonces—. Si es la única forma de conseguir que me creas, puedes comprobar todos los detalles escabrosos si quieres.

—China, sí que te creo —contestó Deborah—. No hace falta que...

—No me digas lo que hace falta —dijo China con insistencia—. Crees que existe la posibilidad de que esté mintiendo.

—Mintiendo no.

—De acuerdo. Que malinterpretara algo. Pero te digo que no pude malinterpretar nada. Y nadie pudo malinterpretar nada porque no pasó nada. No hubo nada entre Guy Brouard y yo, ni entre otra persona y yo. Así que te pido que lo leas tú misma. Para que te asegures. —Le puso en la mano la libreta en la que había escrito su informe sobre los días que había pasado en Le Reposoir.

—Te creo —dijo Deborah.

—Lee —fue la respuesta de China.

Deborah vio que su amiga sólo quedaría satisfecha si leía lo que había anotado. Se sentó a la mesa y cogió la libreta mientras China se acercaba a la encimera, donde Cherokee había dejado las bolsas de la compra y las flores antes de salir para otro lado.

China había sido muy meticulosa, vio Deborah cuando comenzó a leer el documento de su amiga. También demostraba tener una memoria admirable. Parecía haber registrado todas las interacciones con los Brouard y, cuando no había estado con Guy Brouard o su hermana o con los dos juntos, también lo reseñaba. Al parecer, ese tiempo lo pasó con Cherokee y a menudo sola mientras fotografiaba la finca.

Había documentado dónde habían tenido lugar todas las interacciones durante su estancia en Le Reposoir. Por lo tanto, era posible seguir la pista de sus movimientos, lo cual era perfecto porque sin duda alguien podría confirmarlos. Había escrito:

> Sala de estar, mirando fotografías históricas de L. R. Presentes: Guy, Ruth, Cherokee y Paul F.

A continuación, figuraban la hora y el día. Y seguía así:

> Comedor, almuerzo con Guy, Ruth, Cherokee, Frank O. y Paul F. AA entra después, a la hora del postre, con Pato y Stephen. Miradas asesinas hacia mí. Muchas miradas asesinas hacia Paul F.
> Estudio, con Guy, Frank O. y Cherokee, hablamos del futuro museo. Frank O. se marcha. Cherokee se va con él para conocer a su padre y ver el molino de agua. Guy y yo nos quedamos. Ruth entra con AA. Pato está fuera con Stephen y Paul F.
> Galería, en lo alto de la casa con Guy. Guy me enseña orgulloso unas fotos, posando para la cámara. Aparece Adrian. Acaba de llegar. Nos presentan.
> Jardines, Guy y yo. Hablamos de fotografiar el lugar. Hablamos de *Architectural Digest*. Hablamos de hacer las cosas por si acaso. Vemos los edificios y los distintos jardines. Echamos comida a las carpas koi.
> Habitación de Cherokee, él y yo. Hablamos de si nos quedamos o nos marchamos.

Había seguido escribiendo, elaborando lo que parecía ser un informe obstinado y detallado de lo que había sucedido durante los días precedentes a la muerte de Guy Brouard. Deborah lo leyó todo e intentó buscar momentos clave que alguien hubiera presenciado y utilizado para provocar la situación actual de China.

—¿Quién es Paul F.? —preguntó Deborah.

China se lo explicó: era un protegido de Guy Brouard. Era una especie de padrino suyo. ¿Los británicos tenían padrinos como en Estados Unidos? ¿Un hombre mayor que se hace cargo de un joven que carece de un modelo de comportamiento decente? Ésa era la relación entre Guy Brouard y Paul Fielder. El chico nunca decía más de diez palabras seguidas. Sólo miraba a Guy con ojos de cordero degollado y le seguía a todas partes como un perrito.

—¿Cuántos años tiene el chico?

—Es un adolescente. Es bastante pobre, por la ropa que lleva. Y la bici. Venía casi todos los días con esa carraca, más óxido que otra cosa. Siempre era bienvenido. Su perro también.

El chico, la ropa, el perro. La descripción encajaba con el adolescente con el que ella y Simon habían tropezado de camino a la bahía.

—¿Estaba en la fiesta? —preguntó Deborah.

—¿Cuándo?, ¿la noche antes? —Cuando Deborah asintió con la cabeza, China dijo—: Claro. Estaba todo el mundo. Era el acontecimiento social de la temporada o algo así, por lo que pudimos ver.

—¿Cuántas personas?

China lo pensó.

—¿Trescientas? Más o menos.

—¿Todas en un mismo sitio?

—No exactamente. A ver, no era una de esas fiestas abiertas a todo el mundo, pero la gente iba paseándose de un sitio a otro toda la noche. Los del cáterin entraban y salían de la cocina. Había cuatro barras. No era un caos, pero no creo que nadie estuviera pendiente de adónde iba la gente.

—Así que alguien pudo coger la capa —dijo Deborah.

—Supongo. Pero estaba allí cuando la necesité, Debs, cuando Cherokee y yo nos fuimos a la mañana siguiente.

—¿No visteis a nadie cuando os marchasteis?

—Ni a un alma.

Entonces, se quedaron calladas. China guardó el contenido de las bolsas del supermercado en la minúscula nevera y en el único armario. Buscó algo en donde colocar las flores y por fin se decidió por un cazo. Deborah la observó y meditó sobre cómo preguntar lo que tenía que preguntar, cómo plantear la cuestión sin que su amiga interpretara que desconfiaba de ella o no la apoyaba. Ya tenía suficientes problemas.

—Antes —dijo Deborah—, en uno de los días anteriores, quiero decir, ¿acompañaste a Guy Brouard en su baño matutino? ¿Quizá sólo para verle?

China negó con la cabeza.

—Sabía que iba a nadar a la bahía. Todos le admiraban por ello. Agua fría, por la mañana temprano, la época del año. Creo que le gustaba el respeto que infundía en la gente el que fuera a nadar todos los días. Pero nunca fui a verle.

—¿Iba alguien?

—Creo que su novia, por cómo hablaba la gente. Del tipo: «Anaïs, ¿no puedes hacer algo para que este hombre entre en razón?». Y ella: «Ya lo intento cuando voy».

—¿Y pudo ir con él esa mañana?

—Si se hubiera quedado a dormir. Pero no sé si se quedó. No se quedó ningún día mientras nosotros, Cherokee y yo, estuvimos aquí.

—Pero ¿se quedaba a veces?

—Lo dejó bastante claro. Me refiero a que se aseguró de que yo lo supiera. Así que es posible que se quedara la noche de la fiesta, pero no creo.

Que China se negara a presentar lo poco que sabía de un modo que pudiera dirigir las sospechas hacia otra persona era algo que a Deborah le resultaba reconfortante. Hablaba de un carácter mucho más fuerte que el suyo.

—China, creo que la policía habría podido abrir muchas vías de investigación en este caso.

—¿Eso crees? ¿En serio?

—Sí.

Al oír aquello, China pareció desprenderse de algo grande y sin identificar que había llevado dentro desde el momento en que Deborah se había encontrado con ella y su hermano en el supermercado.

—Gracias, Debs —dijo.

—No tienes por qué darme las gracias.

—Sí, sí que tengo que dártelas. Por venir. Por ser mi amiga. Sin ti y Simon, sería víctima de cualquiera. ¿Conoceré a Simon? Me gustaría.

—Claro que le conocerás —dijo Deborah—. Él lo está deseando.

China regresó a la mesa y cogió la libreta. La estudió un momento, como si reflexionara sobre algo, luego se la tendió tan impulsivamente como Deborah le había dado los lirios en el muelle.

—Dásela —le dijo. Dile que la repase a conciencia. Pídele que me interrogue siempre que quiera y tantas veces como crea necesario. Dile que llegue a la verdad.

Deborah cogió el documento y prometió entregárselo a su marido.

Se marchó del piso más animada. Fuera, rodeó el edificio, donde encontró a Cherokee apoyado en una reja al otro lado de la calle y delante de un hotel de vacaciones cerrado en invierno. Llevaba subido el cuello de la chaqueta para resguardarse del frío y bebía una taza de algo humeante mientras observaba los apartamentos Queen Margaret como un policía secreto. Se separó de la reja cuando vio a Deborah y cruzó para acercarse.

—¿Qué tal ha ido? —preguntó—. ¿Todo bien? Ha estado nerviosa todo el día.

—Está bien —dijo Deborah—, pero un poco preocupada.

—Quiero hacer algo, pero no me deja. Lo intento, y ella pierde los estribos. Creo que no debería estar sola, así que estoy con ella y le digo que deberíamos salir a dar una vuelta en coche o un paseo o jugar a las cartas o ver la CNN y ver qué está pasando en casa. Pero ella se pone histérica.

—Está asustada. Creo que no quiere que sepas hasta qué punto.

—Soy su hermano.

—Pues quizá es por eso.

Cherokee se quedó pensando en aquello, apuró lo que quedaba de la taza y luego la estrujó entre sus dedos.

—Siempre era ella la que cuidaba de mí —dijo—. Cuando éramos pequeños, cuando mamá..., bueno, era mamá. Las protestas, las causas. No siempre, pero cuando alguien necesitaba a una persona dispuesta a atarse a una secuoya o llevar una pancarta por algo, allí estaba ella. Chine fue la fuerte durante semanas enteras, no yo.

—Te sientes en deuda con ella.

—Mucho, sí. Quiero ayudarla.

Deborah pensó en la necesidad que tenía Cherokee frente a la situación en la que estaban. Miró la hora y decidió que tenían tiempo.

—Ven conmigo —dijo—. Hay algo que puedes hacer.

263

Capítulo 12

*S*aint James vio que el salón de desayuno de la mansión estaba decorado con un tambor enorme similar a los que se utilizaban para hacer tapices. Pero en su lugar, lo que al parecer mostraba este objeto era un bordado a una escala inimaginable. Ruth Brouard no dijo nada mientras Simon observaba el tambor y el material parecido a un lienzo extendido sobre él y, después, miraba una pieza acabada colgada en una de las paredes de la estancia, un bordado parecido al que había visto antes en el cuarto de la mujer.

El enorme bordado parecía describir la caída de Francia durante la segunda guerra mundial, advirtió Saint James: la historia empezaba con la línea Maginot y terminaba con una mujer haciendo las maletas. Dos chavales miraban a la mujer —un niño y una niña—, mientras que detrás de ellos había un anciano con barba con un chal de oración y un libro abierto en la mano y una mujer de su misma edad, que lloraba y parecía consolar a un hombre que tal vez era su hijo.

—Es extraordinario —dijo Saint James.

Ruth Brouard dejó encima de un escritorio un sobre de papel manila que tenía en la mano cuando le abrió la puerta.

—Es terapéutico —dijo— y mucho más barato que el psicoanálisis.

—¿Cuánto tardó?

—Ocho años. Pero entonces no iba tan deprisa. No me hacía falta.

Saint James se quedó mirándola. Podía ver la enfermedad en sus movimientos demasiado cuidadosos y en la tensión de su rostro. Pero era reacio a ponerle nombre e incluso a mencionarlo, puesto que la mujer parecía muy decidida a seguir fingiendo vitalidad.

—¿Cuántos tiene pensado hacer? —le preguntó, centrando su atención en la labor inacabada extendida sobre el marco.

—Los que haga falta para contar toda la historia —contestó ella—. Éste —dijo señalando la pared con la cabeza— fue el primero. Es un poco rudimentario, pero he ido mejorando.

—Cuenta una historia importante.

—Eso creo. ¿Qué le pasó a usted? Sé que es de mala educación preguntar, pero a mi edad ya no me fijo en todas esas normas sociales. Espero que no le moleste.

Se habría molestado si la pregunta se la hubiera hecho otra persona. Pero viniendo de ella, parecía existir una capacidad de comprensión que sustituía a la curiosidad morbosa y la convertía en un espíritu análogo. Quizá, pensó Saint James, porque era evidente que estaba muriéndose.

—Un accidente de coche —dijo.

—¿Cuándo sucedió?

—Yo tenía veinticuatro años.

—Vaya. Lo siento.

—No lo sienta. Los dos íbamos borrachos.

—¿Usted y la chica?

—No, un viejo amigo del colegio.

—Que era quien conducía, imagino. Y no se hizo ni un rasguño.

Saint James sonrió.

—¿Es usted bruja, señora Brouard?

Ella le devolvió la sonrisa.

—Ojalá lo fuera. He realizado más de un hechizo a lo largo de los años.

—¿A algún hombre?

—A mi hermano. —Giró la silla de respaldo recto del escritorio para ponerla de cara a la habitación y se sentó, ayudándose con una mano en el asiento. Le indicó a Saint James que ocupara un sillón que había cerca. Él se sentó y esperó a que la anciana le contara por qué había querido verle una segunda vez.

Lo dejó claro enseguida. Le preguntó si sabía algo el señor Saint James sobre las leyes de sucesión en la isla de Guernsey, o si estaba al tanto de las restricciones que este derecho imponía sobre el reparto del dinero y las propiedades de alguien

265

después de su muerte. Era un sistema bastante complejo, dijo; tenía sus raíces en el derecho consuetudinario normando. Su característica principal era que los bienes familiares se conservaban dentro de la familia, y su marca distintiva era que no existía la posibilidad de desheredar a un hijo, díscolo o no. Los hijos tenían el derecho a heredar una parte determinada del patrimonio, independientemente de cómo estuvieran las relaciones con sus padres.

—Había muchas cosas de las islas del canal que a mi hermano le gustaban —le contó Ruth Brouard a Saint James—: el clima, el ambiente, el fuerte sentido de comunidad; naturalmente, la ley tributaria y el acceso a buenos bancos. Pero a Guy no le gustaba que un sistema legal le dijera cómo tenía que repartir su patrimonio después de morir.

—Comprensible —dijo Saint James.

—Así que buscó un modo de eludirlo, una artimaña legal. Y lo encontró, como habría predicho cualquiera que le conoció.

Antes de trasladarse a la isla, le explicó Ruth Brouard, su hermano le había cedido todas sus propiedades. Él se quedó con una única cuenta corriente, en la que ingresó una suma importante de dinero que sabía que no sólo podría invertir sino que le permitiría vivir bastante holgadamente. Pero puso todas sus posesiones —las propiedades, los bonos, las otras cuentas, los negocios— a nombre de Ruth. Sólo hubo una condición: que cuando estuvieran en Guernsey, ella accedería a firmar un testamento que él y un abogado redactarían por ella. Como Ruth no tenía ni marido ni hijos, a su muerte podría repartir como quisiera su patrimonio y, de este modo, su hermano podría hacer con el suyo lo que quisiera, puesto que Ruth redactaría un testamento guiado por él. Era una forma inteligente de eludir la ley.

—Verá, durante años, a mi hermano le impidieron ver a sus dos hijas menores —explicó Ruth—. No entendía por qué le obligaban a dejar una fortuna a las dos chicas simplemente por haberlas engendrado, que es lo que le exigían las leyes de sucesión de la isla. Las había ayudado económicamente hasta que fueron mayores de edad. Las había mandado a los mejores colegios, moviendo los hilos para que una entrara en Cambridge y la otra en la Sorbona. A cambio, no recibió nada, ni siquiera las gracias. Así que dijo basta y buscó una forma de dar algo a esas otras personas de su vida que tanto le habían aportado cuando sus propios hijos habían sido incapaces. Devoción, a eso me refiero. Amistad, aceptación y amor. Podía mostrarse generoso con ellos, con estas personas, tal como él deseaba, pero sólo si lo filtraba todo a través de mí. Y es lo que hicimos.

—¿Y su hijo?

—¿Adrian?

—¿Su hermano también quería excluirle?

—Él no quería excluir del todo a nadie. Sólo quería rebajar la cantidad que la ley exigía que les dejara.

—¿Quién sabía todo esto? —preguntó Saint James.

—Que yo sepa, sólo Guy, Dominic Forrest, que es su abogado, y yo. —Entonces cogió el sobre de papel manila, pero no abrió los cierres metálicos, sino que lo dejó sobre su regazo y pasó las manos por encima mientras seguía hablando—. Accedí a ello en parte para que Guy se quedara tranquilo. Era tremendamente infeliz por el tipo de relación que sus esposas fomentaron que tuviera con sus hijos, así que pensé: «¿Por qué no? ¿Por qué no voy a permitirle recordar a esas personas que han enriquecido su vida cuando su propia familia no ha querido acercarse a él?». Verá, no imaginé... —Dudó, cruzó las manos con cuidado, como si se planteara cuánto revelar. Entonces pareció tomar una decisión mirando el sobre, porque prosiguió—: No imaginé sobrevivir a mi hermano. Pensé que cuando al fin le contara lo de mi... mi situación física, muy probablemente sugeriría que reescribiéramos mi testamento y que tal vez se lo dejara todo a él. Entonces la ley volvería a poner trabas a su propio testamento, pero creo que habría preferido eso a quedarse sólo con una cuenta corriente, algunas inversiones y ningún modo de reabastecerlas en caso de necesitarlo.

—Sí, comprendo —dijo Saint James—. Comprendo sus intenciones. Pero entiendo que las cosas no salieron así.

—No llegué a contarle mi... situación. A veces le sorprendía mirándome y pensaba: «Lo sabe». Pero nunca dijo nada, y yo tampoco. Me decía a mí misma: «Mañana. Mañana se lo contaré». Pero no lo hice.

—Así que cuando murió repentinamente...

—Había expectativas.

—¿Y ahora?

—Es comprensible que haya resentimientos.

Saint James asintió con la cabeza. Miró el gran tapiz de la pared, que describía una parte fundamental de sus vidas. Vio que la madre que hacía las maletas estaba llorando, que los niños se abrazaban asustados. Por una ventana, los tanques nazis cruzaban un prado distante y una división de tropas marchaba por una calle estrecha.

—Imagino que no me habrá llamado para que le aconseje qué tiene que hacer —dijo Simon—. Algo me dice que ya lo sabe.

—A mi hermano se lo debo todo, y soy una mujer que paga sus deudas. Conque sí. No le he pedido que viniera para decirme qué hacer con mi testamento ahora que Guy ha muerto. En absoluto.

—Entonces, señora Brouard, ¿puedo preguntarle...? ¿En qué puedo ayudarla?

—Hasta hoy —dijo ella— he conocido con exactitud los términos de los testamentos de Guy.

—¿Testamentos, en plural?

—Lo reescribía más frecuentemente que la mayoría de la gente. Siempre que redactaba uno nuevo, concertaba una reunión conmigo y su abogado para que yo conociera cuáles iban a ser los términos del nuevo testamento. Era bueno en ese sentido y siempre fue coherente. El día que había que firmarlo y atestiguarlo, íbamos al despacho del señor Forrest. Repasábamos el papeleo, veíamos si había que realizar cambios en mi testamento a consecuencia de los cambios en el suyo, firmábamos y atestiguábamos todos los documentos y, después, nos íbamos a comer.

—Pero supongo que esto no fue lo que sucedió con este último testamento.

—No.

—Quizá no le dio tiempo —sugirió Saint James—. Es evidente que no esperaba morir.

—Este último testamento fue redactado en octubre, señor Saint James. Hace más de dos meses. No he salido de la isla en todo este tiempo. Y Guy tampoco ha... Tampoco salió. Para que este último testamento fuera legal, tuvo que ir a Saint Peter Port a firmar los papeles. El que no me llevara con él sugiere que no quería que supiera lo que planeaba hacer.

—¿Qué era?

—Eliminar a Anaïs Abbott, Frank Ouseley y a los Duffy del testamento. Lo mantuvo en secreto. Cuando me di cuenta, comprendí que era posible que también me hubiera ocultado otras cosas.

Saint James se percató de que ya habían llegado al tema: la razón por la que le había pedido que se vieran otra vez. Ruth Brouard abrió los cierres del sobre que tenía en el regazo. Sacó el contenido y, entre los papeles, Saint James vio el pasaporte de Guy Brouard, que fue lo primero que la hermana del hombre le entregó.

—Éste fue su primer secreto —dijo—. Mire el último sello, el más reciente.

Saint James pasó las hojas del librito y encontró las marcas de inmigración pertinentes. Vio que, a diferencia de lo que le había dicho Ruth Brouard ese mismo día en su anterior conversación, su hermano había entrado en el estado de California en el mes de marzo, por el aeropuerto internacional de Los Ángeles.

—¿No se lo contó? —le preguntó Saint James.

—Por supuesto que no. De lo contrario, se lo habría dicho. —Entonces le entregó un fajo de documentos. Saint James vio que eran recibos de tarjetas de crédito, facturas de hotel y recibos de restaurantes y de empresas de alquiler de coches. Guy Brouard se había hospedado cinco noches en el Hilton de una ciudad llamada Irvine. Allí había comido en un lugar llamado Il Fornaio, además de en Scott's Seafood en Costa Mesa, y en Citrus Grille en Orange. Se había reunido con un tal William Kiefer, un abogado, y había guardado la tarjeta de visita de éste junto con una factura de un despacho de arquitectos llamado Southby, Strange, Willows y Ward. En la parte inferior de este documento había escrito «Jim Ward» junto con «móvil» y el número de teléfono correspondiente.

—Parece ser que se encargó de los preparativos para el museo personalmente —observó Saint James—. Encaja con lo que sabemos sobre sus planes.

269

—Sí —dijo Ruth—. Pero no me lo contó. No me dijo ni una palabra sobre este viaje. ¿No ve lo que eso significa?

La pregunta de Ruth encerraba un trasfondo siniestro, pero Saint James sólo vio que la información significaba que su hermano tal vez había querido tener un poco de intimidad. Era posible que se hubiera llevado a alguien con él y que no quisiera que su hermana lo supiera. Pero cuando Ruth continuó, Simon se dio cuenta de que los nuevos datos que había encontrado no la desconcertaban, sino que confirmaban lo que ya creía.

—California, señor Saint James —dijo—. Ella vive en California. Así que tenía que haberla conocido antes de que viniera a Guernsey. Vino aquí con todo planeado.

—Entiendo. Se refiere a la señorita River. Pero ella no vive en esa zona de California —señaló Saint James—. Es de Santa Bárbara.

—¿A qué distancia puede estar?

Saint James frunció el ceño. En realidad no lo sabía, puesto que nunca había estado en California y no conocía en absoluto sus ciudades a excepción de Los Ángeles y San Francisco, que, sabía, se encontraban más o menos en extremos opuestos del estado. Sin embargo, sí sabía que era un lugar extenso, conectado por una red incomprensible de autopistas que, por lo general, estaban colapsadas de coches. Deborah sería quien podría opinar sobre si era factible o no que Guy Brouard hubiera ido hasta Santa Bárbara durante su estancia en California. Cuando vivió allí, viajó mucho, no sólo con Tommy, sino también con China.

China. Aquel pensamiento despertó el recuerdo de cuando su mujer le había hablado de las visitas que había hecho a la madre de China, también al hermano. Una ciudad con nombre de color, había dicho: Orange. Hogar del Citrus Grille, cuyo recibo Guy Brouard había guardado entre sus papeles. Y Cherokee River —no su hermana— vivía en esa zona. Así pues, ¿hasta qué punto era improbable que fuera Cherokee River, y no China, quien hubiera conocido a Guy Brouard antes de ir a Guernsey?

Saint James pensó en las implicaciones de aquello y le dijo a Ruth:

—¿En qué parte de la casa se quedaron los River durante las noches que estuvieron con ustedes?

—En el segundo piso.

—¿Adónde daban sus habitaciones?

—A la parte delantera, al sur.

—¿Tenían una buena vista del sendero, de los árboles que lo flanquean, de la casa de los Duffy?

—Sí. ¿Por qué?

—¿Por qué fue a la ventana esa mañana, señora Brouard? Cuando vio a esa figura siguiendo a su hermano, ¿por qué se acercó a mirar? ¿Lo hacía normalmente?

Ruth consideró la pregunta.

—Por lo general —dijo lentamente al fin—, no estaba levantada cuando Guy salía de casa. Así que creo que debió... —Estaba pensativa. Cruzó las manos delgadas encima del sobre de papel manila, y Saint James vio que tenía la piel muy fina, como un pañuelo de papel extendido sobre sus huesos—. De hecho, oí un ruido, señor Saint James. Me despertó, me asusté un poco porque pensé que aún era de noche y que había alguien merodeando por la casa. Pero cuando miré el reloj, vi que era casi la hora en que Guy iba a nadar. Me quedé escuchando unos momentos y entonces le oí en su cuarto. Así que supuse que el ruido había sido él. —Vio la dirección que estaba tomando Saint James y dijo—: Pero podría haber sido otra persona, ¿no es así? No Guy, sino alguien que ya estuviera levantado, alguien a punto de salir en dirección a los árboles.

—Eso parece —dijo Saint James.

—Y las dos habitaciones, las habitaciones de los River, están encima de la mía —dijo—, en el piso de arriba. Entonces, ve usted...

—Es posible —dijo Saint James. Pero veía más que eso. Veía de qué modo podía considerarse la información de manera parcial y obviar el resto. Así que dijo—: ¿Y dónde se alojaba Adrian?

—Él no pudo...

—¿Conocía la situación de los testamentos, del suyo y del de su hermano?

—Señor Saint James, se lo aseguro. Él no pudo... Créame, él no...

271

—Suponiendo que conociera las leyes de la isla y suponiendo que no supiera lo que había hecho su padre para excluirle de recibir una fortuna, creería que iba a heredar... ¿cuánto?

—O bien una mitad de todo el patrimonio de Guy a repartir en tres partes iguales con sus hermanas... —dijo Ruth con evidente reticencia.

—¿O una tercera parte de todo si su padre hubiera dejado el patrimonio entero solamente a sus hijos?

—Sí, pero...

—Una fortuna considerable —señaló Saint James.

—Sí, sí. Pero tiene que creerme, Adrian no le habría hecho ni un rasguño a su padre por nada del mundo, y menos por una herencia, desde luego.

—Entonces, ¿Adrian tiene dinero propio?

Ruth no respondió. Sobre una repisa, un reloj hacía tic tac, y el ruido sonó más fuerte, como una bomba que va a estallar. Su silencio fue respuesta suficiente para Saint James.

—¿Qué hay de su testamento, señora Brouard? —le preguntó—. ¿Qué acuerdo tenía con su hermano? ¿Cómo quería él que distribuyera el patrimonio que estaba a su nombre?

Ruth se lamió el labio inferior. Tenía la lengua casi tan pálida como el resto del cuerpo.

—Adrian es un chico con problemas, señor Saint James —dijo—. Durante la mayor parte de su vida, ha estado en medio de un tira y afloja entre sus padres. El matrimonio de ellos acabó mal, y Margaret convirtió a Adrian en el instrumento de su venganza. No sirvió de nada que volviera a casarse y se casara bien (Margaret siempre se casa bien, verá), seguía existiendo el hecho de que Guy la traicionara y que ella no lo supiera antes, no fuera bastante lista para sorprenderle in fraganti, que es lo que más deseaba ella, creo: mi hermano con alguna mujer en la cama y Margaret encontrándolos como si fuera una de las Furias. Pero no pasó. Sólo hubo una especie de descubrimiento sórdido... Ni siquiera sé cómo fue. Y no pudo superarlo, no pudo olvidarlo. Tuvo que hacer sufrir a Guy todo lo posible por haberla humillado. Adrian fue el arma que utilizó. Y que a uno lo utilicen así... Un árbol no puede crecer fuerte si se está siempre hurgando en sus raíces. Pero Adrian no es un asesino.

272

—Entonces, ¿usted se lo ha dejado todo para compensarle?

Ruth había estado mirándose las manos, pero, al oír aquello, alzó la cabeza.

—No. He hecho lo que quería mi hermano.

—¿Que era?

Le Reposoir, le explicó, se donaría al pueblo de Guernsey para su uso y disfrute, con un fondo fiduciario que cubriría el mantenimiento de los jardines, los edificios y los muebles. El resto —las propiedades en España, Francia e Inglaterra; las acciones y los bonos; las cuentas corrientes, y todas las pertenencias personales que no se hubieran utilizado a su muerte para amueblar la mansión o decorar los jardines de la finca— se vendería y lo que se recaudara con esta venta serviría para financiar el fondo infinitamente.

—Accedí porque era lo que él quería —dijo Ruth Brouard—. Me prometió que se acordaría de sus hijos en su testamento, y así ha sido. No de un modo tan generoso como si las cosas hubieran sido normales, naturalmente. Pero se ha acordado de ellos de todas formas.

—¿Cómo?

—Utilizó la opción que le permitía dividir su patrimonio en dos. Sus tres hijos se han llevado la primera mitad, dividida a partes iguales entre ellos. La segunda mitad es para dos jóvenes, dos adolescentes de Guernsey.

—Les ha dejado más de lo que recibirán sus propios hijos.

—Yo... Sí —dijo—. Supongo que así es.

—¿Quiénes son estos adolescentes?

Le contó que se llamaban Paul Fielder y Cynthia Moullin. Su hermano, dijo, era su mentor. Conoció al chico a través de un programa de patrocinio de la escuela de secundaria de la isla. A la chica la conoció a través de su padre, Henry Moullin, un vidriero que había construido el pabellón acristalado y cambiado las ventanas en Le Reposoir.

—Las familias son bastante pobres, en especial los Fielder —concluyó Ruth—. Guy lo sabría y, como le caían bien los chicos, querría hacer algo por ellos, algo que sus propios padres nunca serían capaces de hacer.

—Pero ¿por qué querría ocultárselo a usted, si es lo que hizo? —preguntó Saint James.

273

—No lo sé —dijo—. No lo entiendo.

—¿No habría estado usted de acuerdo?

—Tal vez le habría dicho que iba a causar muchos problemas.

—Dentro de su propia familia.

—Y en las de los chicos. Tanto Paul como Cynthia tienen hermanos.

—¿Que no son recordados en el testamento de su hermano?

—Que no son recordados en el testamento de mi hermano. Así que uno recibiría un legado y los otros no... Le habría dicho que existía la posibilidad de provocar una fractura en sus familias.

—¿Él la habría escuchado, señora Brouard?

Ella negó con la cabeza. Parecía infinitamente triste.

—Ése era el punto débil de mi hermano —le dijo—. Guy nunca escuchaba a nadie.

274

Margaret Chamberlain se vio en un apuro para recordar un momento en el que hubiera estado tan furiosa y hubiera sentido una necesidad tan apremiante de hacer algo respecto a su furia. Creía que era posible que hubiera estado igual de encolerizada el día que sus sospechas acerca de las aventuras amorosas de Guy dejaron de ser sospechas y se convirtieron en una realidad palpable que le sentó como un puñetazo en el estómago. Pero ese día quedaba tan lejos y habían sucedido tantas cosas en los años transcurridos —tres matrimonios más y tres hijos más, para ser concretos—, que ese momento se había transformado en un recuerdo deslustrado al que, por lo general, no sacaba brillo porque, igual que la plata antigua y pasada de moda, ya no lo utilizaba. Sin embargo, creía que lo que la consumía por dentro era similar a esa anterior provocación. ¿Y no era irónico que la semilla de lo que la consumió entonces y lo que la consumía ahora tuviera el mismo origen?

Cuando se sentía así, por lo general, le costaba trabajo decidir qué frente quería atacar primero. Sabía que tenía que hablar con Ruth, puesto que las provisiones del testamento de Guy eran tan absolutamente extrañas que sólo podían tener una explicación y Margaret estaba dispuesta a apostar su vida a que esa explicación se deletreaba R-U-T-H. Sin embargo, más allá de Ruth, la mitad de lo que pretendía ser todo el patrimonio de Guy tenía dos beneficiarios. Por nada en el mundo Margaret Chamberlain pensaba quedarse mirando cómo dos don nadie —que no estaban emparentados con Guy ni siquiera por la gotita más minúscula de sangre— se marchaban con más dinero que el propio hijo de ese cabrón.

Adrian no la ayudó demasiado con la información. Se había retirado a su dormitorio, y cuando lo abordó allí, exigiendo saber más de lo que Ruth estuvo dispuesta a divulgar sobre quién, dónde y por qué, sólo había dicho:

—Son unos chavales que miraban a papá como él creía que tenía que mirarle la carne de su carne. Nosotros no quisimos colaborar. Ellos estuvieron encantados. Eso es papá para ti, ¿no? Siempre recompensaba la devoción.

—¿Dónde están? ¿Dónde puedo encontrarlos?

—Él vive en Bouet —contestó—. No sé dónde. Es una especie de barrio de viviendas de protección oficial. Podría estar en cualquier parte.

—¿Y la otra?

Eso era mucho más fácil. Los Moullin vivían en La Corbière, al suroeste del aeropuerto, en una parroquia llamada Forest. Vivían en la casa más delirante de la isla. La gente la llamaba la Casa de las Conchas, y si uno estaba por los alrededores de La Corbière, era imposible que no la viera.

—Bien. Vamos —le dijo Margaret a su hijo.

En ese momento, Adrian dejó muy claro que él no iba a ninguna parte.

—¿Qué crees que vas a conseguir?

—Voy a que se enteren de con quién están tratando. Voy a dejar claro que si esperan robarte lo que te corresponde...

—No te molestes. —Adrian no paraba de fumar, se paseaba por la habitación, arriba y abajo por la alfombra persa como si estuviera resuelto a crear una depresión en ella—. Es lo que quería papá. Es su última... Ya sabes... La gran bofetada de despedida.

—Deja de regodearte en todo esto, Adrian. —No pudo remediarlo. Era demasiado tener que plantearse el hecho de que su hijo estuviera totalmente dispuesto a aceptar una derrota humillante sólo porque su padre así lo había decidido—. Aquí intervienen más factores que los deseos de tu padre. Están tus derechos como hijo suyo. Si quieres, también están los derechos de tus hermanas, y no me digas que JoAnna Brouard se quedará con los brazos cruzados cuando se entere de cómo ha tratado tu padre a sus hijas. Esto podría demorarse años en los tribunales si no hacemos algo. Así que primero nos enfrentaremos a esos dos beneficiarios. Y luego nos enfrentaremos a Ruth.

Adrian caminó hacia la cómoda, alterando su ruta por una vez, gracias a Dios. Apagó el cigarrillo aplastándolo en un cenicero que aportaba al dormitorio el noventa por ciento de su mal olor. Se encendió otro de inmediato.

—Yo no voy a ningún lado —le dijo—. Me quedo al margen, madre.

Margaret se negó a creerlo, al menos como condición permanente. Se dijo que Adrian simplemente estaba deprimido, Se sentía humillado. Estaba de luto; no por Guy, por supuesto, sino por Carmel, a quien había perdido a manos de Guy. Que Dios castigara su alma por traicionar a su propio, su único, hijo de ese modo tan inimitable suyo, el judas redomado. Pero se trataba de la misma Carmel que volvería corriendo y suplicando que Adrian la perdonara en cuanto ocupara el lugar que le correspondía a la cabeza de la fortuna de su padre. A Margaret no le cabía la menor duda.

—Muy bien —dijo Margaret, y Adrian no preguntó nada más mientras su madre hurgaba en sus cosas. No protestó cuando le cogió las llaves del coche de la chaqueta que había dejado en el asiento de la silla—. De acuerdo —añadió ella—. Quédate al margen de momento. —Y se marchó.

En la guantera del Range Rover, encontró un mapa de la isla, de esos que reparten las empresas de alquiler de coches, en los que sus locales están perfectamente señalados y todo lo demás se desvanece en la ilegibilidad. Pero como la empresa de alquiler de coches estaba en el aeropuerto y La Corbière no estaba lejos de allí, pudo localizar la aldea con exactitud cerca de la orilla sur de la isla, en un sendero que no parecía más ancho que el bigote de un gato.

Aceleró el motor como expresión de sus sentimientos y arrancó. ¿Qué dificultad podía tener, se dijo, retroceder por la ruta del aeropuerto y luego aventurarse a girar a la izquierda en la Rue de la Villiaze? No era estúpida. Podía leer los letreros de las calles. No se perdería.

Aquella creencia, naturalmente, presuponía que hubiera letreros en las calles. Margaret pronto descubrió que una parte de la naturaleza caprichosa de la isla residía en el modo en que estaban ocultas las señales: por lo general, a la altura de la cintura y detrás de unas hiedras. También descubrió enseguida que había que saber a qué parroquia se iba para no acabar en medio de Saint Peter Port, que, como Roma, era adonde, al parecer, llevaban todos los caminos.

Se había equivocado cuatro veces de salida y estaba sudada y nerviosa y, cuando por fin encontró el aeropuerto, pasó por delante de la Rue de la Villiaze sin darse cuenta, de tan pequeña que era la calle. Margaret estaba acostumbrada a Inglaterra, donde las carreteras principales parecían carreteras principales. En el mapa, la calle era roja, así que en su cabeza constaba de al menos dos carriles bien delimitados, por no mencionar un gran letrero que indicaría que había encontrado lo que buscaba. Por desgracia, se encontró rumbo a una intersección triangular en el centro de la isla, marcada por una iglesia medio escondida en una depresión del terreno, antes de plantearse que tal vez había ido demasiado lejos. Entonces se detuvo en lo que en teoría era el arcén, examinó el mapa y vio —cada vez más irritada—, que se había pasado de largo y que tendría que intentarlo de nuevo.

Fue entonces cuando finalmente maldijo a su hijo. Si no fuera tan idiota, tan patético... Pero no, no. Cierto, habría sido más práctico que la hubiera acompañado, haber tenido la capacidad de conducir directamente hasta su destino sin equivocarse de salida media docena de veces. Pero Adrian tenía que recuperarse del golpe que había supuesto el testamento de su padre —el maldito, maldito, maldito testamento de su padre—, y si quería tomarse una hora para hacerlo, adelante, pensó Margaret. Podía arreglárselas sola.

Sin embargo, se preguntó si aquello era, en parte, lo que le había sucedido a Carmel Fitzgerald: otro momento más para darse cuenta de que habría veces en que tendría que arreglárselas sola, en que Adrian se encerraría en su cuarto, o algo peor. Sabía Dios que Guy podía hundir a cualquiera que tuviera un carácter sensible, incluso lograr que se despreciara a sí mismo, y si era lo que le había pasado a Adrian mientras él y Carmel se alojaban en Le Reposoir, qué habría pensado la joven, cuán vulnerable pudo ser a las insinuaciones de un hombre que estaba como pez en el agua, tan viril y tan malditamente capaz. Muy vulnerable, pensó Margaret. Y, sin duda, Guy lo había visto y había actuado en consecuencia sin ningún tipo de remordimiento.

No obstante, iba a pagar por lo que había hecho. No podía pagarlo en vida. Pero lo pagaría ahora.

Tan ensimismada estaba Margaret en esta determinación que casi volvió a pasar de largo la Rue de la Villiaze. Pero en el último momento vio un sendero estrecho a la derecha en las inmediaciones del aeropuerto. Lo cogió ciegamente y se descubrió pasando por delante de un *pub* y luego un hotel y luego por la campiña, entre altos bancos y arbustos detrás de los cuales había granjas y campos en barbecho. A su alrededor, comenzaron a surgir carreteras secundarias que más bien parecían senderos de tractores, y justo cuando decidió probar con alguno de éstos con la esperanza de que la llevara a algún lugar identificable, llegó a un cruce en la carretera y encontró el milagro de un poste indicador que señalaba hacia la derecha y a La Corbière.

Margaret dio las gracias al dios de la conducción que la había guiado hasta este punto y entró en un sendero que no podía distinguirse de los otros. Si hubiera aparecido algún coche de frente, uno de los dos tendría que haber reculado hasta el principio del camino; pero la suerte no la abandonó y no vio ningún otro vehículo por la ruta que pasaba por delante de una granja encalada y dos casitas de piedra de color carne.

Lo que vio en una curva pronunciada era la Casa de las Conchas. Como había sugerido Adrian, sólo un ciego no la habría visto. El edificio era de estuco amarillo. Las conchas a las que debía el nombre decoraban el camino de entrada, remataban el muro divisorio y plagaban el gran jardín delantero.

Era la decoración más hortera que Margaret recordaba haber visto, parecía la colección de un loco. Caracolas, conchas de orejas de mar, de vieiras y algún abulón de vez en cuando formaban los arriates. También alineaban los parterres, donde más conchas —pegadas a las ramas, los brotes y el metal flexible— cercaban las flores. En medio del césped, se alzaban las paredes de un estanque poco profundo, con conchas incrustadas, que proporcionaba un medio de vida a los peces de colores, que no tenían conchas, gracias a Dios. Pero alrededor de este estanque había pedestales con conchas incrustadas, en los que ídolos de conchas posaban para ser adorados. En dos mesas grandes plegables con conchas y sus sillas correspondientes con conchas había dos juegos de té con conchas y marisco en los platos de sándwich. Y en el muro frontal había un parque de bomberos, un colegio, un granero y una iglesia en miniatura, todo de un blanco reluciente por los moluscos que habían dado su vida para crearlos. Aquello, pensó Margaret mientras se bajaba del Range Rover, bastaba para no volver a probar la bullabesa en la vida.

Se estremeció ante aquel monumento a la vulgaridad. Le traía muchos recuerdos desagradables: veraneos en la costa de Essex durante la infancia, el acento vulgar, las patatas fritas grasientas, la piel blanca enrojecida para proclamar al mundo que se había ahorrado el dinero suficiente para ir de vacaciones a la playa.

Margaret apartó ese pensamiento, la imagen de sus padres en las escaleras de una cabaña alquilada en la playa, abrazados, con la botella de cerveza en la mano. Sus besos babosos y luego las risitas de su madre y lo que seguía a esas risitas.

Basta, pensó Margaret. Avanzó con decisión por el camino de entrada. Gritó un «hola» confiado, luego una segunda vez y una tercera. Nadie salió de la casa. Sin embargo, había herramientas de jardinería expuestas en el camino delantero, aunque sabía Dios para qué estaban en este entorno. No obstante, sugerían que en casa había alguien y que estaba trabajando en el jardín, así que se acercó a la puerta de entrada. Mientras lo hacía, apareció un hombre de detrás de la casa con una pala. Iba mugriento con unos vaqueros azules tan sucios que podrían tenerse en pie por sí solos si no los llevara puestos. A pesar del frío, no lo protegía ninguna chaqueta, sino tan sólo una camisa de trabajo azul descolorida en la que alguien había bordado en rojo «Cristales Moullin». El hombre había llevado la indiferencia climática hasta los pies, puesto que sólo calzaba unas sandalias, aunque también llevaba calcetines. Sin embargo, éstos lucían más de un agujero y el dedo gordo derecho sobresalía por uno de ellos.

Vio a Margaret y se detuvo, pero no dijo nada. A ella le sorprendió reconocerle: era el Heathcliff sobrealimentado que había visto en la recepción del funeral de Guy. De cerca, vio que la oscuridad de su piel se debía a que tenía la cara tan curtida que parecía cuero sin enjabonar. El hombre la miraba con ojos hostiles y tenía las manos cubiertas de cortes curados y otros sin curar. Margaret pudo sentirse intimidada por el nivel de animadversión que desprendía el hombre, pero ya sentía la suya propia y, aunque no hubiera sido así, ella no era una mujer que se alarmara fácilmente.

—Estoy buscando a Cynthia Moullin —le dijo tan agradablemente como pudo—. ¿Puede decirme dónde podría encontrarla, por favor?

—¿Por qué? —El hombre llevó la pala al césped, donde empezó a cavar alrededor de la base de uno de los árboles.

Margaret se puso furiosa. Estaba acostumbrada a que cuando la gente escuchaba su voz —sabía Dios que había pasado años desarrollándola—, se asustaba.

—Creo que la respuesta es que sí o que no —dijo—. ¿Puede ayudarme a encontrarla o no? ¿Tiene algún problema para comprenderme?

—Tengo un problema para que me importe una cosa u otra. —Tenía un acento tan fuertemente influenciado por lo que Margaret supuso que era el dialecto de la isla, que parecía salido de una película de época.

—Necesito hablar con ella —dijo—. Es esencial que hable con ella. Mi hijo me ha dicho que vive en este lugar. —Intentó que «este lugar» no sonara como «este vertedero», pero decidió que se la podía perdonar si no lo conseguía—. Pero si se ha equivocado, le agradecería que me lo dijera. Y estaré encantada de dejar de darle la lata. —Y es que no quería quedarse más tiempo del necesario con aquel hombre que parecía tener el pelo sucio y lleno de piojos.

—¿Su hijo? ¿Quién es? —le preguntó.

—Adrian Brouard. Guy Brouard era su padre. Supongo que sabe quién es Guy Brouard, ¿verdad? Le he visto en la recepción de su funeral.

Estas últimas observaciones parecieron captar su atención, porque dejó de cavar y miró a Margaret de arriba abajo, tras lo cual cruzó el césped en silencio hasta el porche, donde cogió un cubo. Contenía una especie de bolitas que llevó al árbol y echó generosamente en la zanja que había cavado alrededor del tronco. Dejó el cubo en el suelo y avanzó al siguiente árbol, donde se puso a cavar.

—A ver —dijo Margaret—, estoy buscando a Cynthia Moullin. Me gustaría hablar con ella de inmediato, así que si sabe dónde puedo encontrarla... Vive aquí, ¿no? ¿Esto es la Casa de las Conchas? —Era la pregunta más absurda que podía hacer, pensó Margaret. Si aquélla no era la Casa de las Conchas, una pesadilla mayor la esperaba en algún lado, y eso le parecía difícil de creer.

—Así que usted es la primera —dijo el hombre señalándola con la cabeza—. Siempre me había preguntado cómo sería la primera. Dice mucho de un hombre la primera, ¿sabe? Explica por qué tomó el camino que tomó con las demás.

Margaret se esforzó por descifrar su acento. Entendió una de cada cuatro o cinco palabras y pudo llegar a la conclusión de que el bruto se refería de un modo menos que halagador a su vida sexual con Guy. No iba a consentirlo. Ella controlaría la conversación. Los hombres siempre lo reducían todo al metesaca si podían. Creían que era una maniobra eficaz para aturullar a cualquier mujer con la que hablaban. Pero Margaret Chamberlain no era cualquier mujer. Y estaba poniendo sus ideas en orden para dejárselo claro cuando sonó un móvil y el tipo se vio obligado a sacarlo del bolsillo, abrir la tapa y revelar el fraude.

—Henry Moullin —dijo al teléfono y escuchó durante casi un minuto. Y, luego, con una voz totalmente distinta de la que había utilizado para entretener a Margaret, dijo—: Primero tengo que tomar las medidas del lugar, señora. Es imposible decirle cuánto tiempo me llevará esa clase de proyecto hasta que vea con qué estoy trabajando. —Volvió a escuchar y enseguida sacó una libreta negra de otro bolsillo. En ella, anotó una cita con alguien y dijo—: Por supuesto. Encantado de hacerlo, señora Felix. —Se guardó el teléfono en el bolsillo y miró a Margaret como si no hubiera intentado engatusarla para que creyera que era un esquilador de ovejas de las afueras de Casterbridge.

—Vaya, ahora que hemos aclarado eso, tal vez me conteste a la pregunta y me diga dónde puedo encontrar a Cynthia Moullin —dijo Margaret con cortesía a pesar de todo—. Usted es su padre, ¿no?

El hombre no estaba arrepentido ni tampoco avergonzado.

—Cyn no está aquí, señora Brouard —dijo.

—Chamberlain —le corrigió Margaret—. ¿Dónde está? Es imprescindible que hable con ella enseguida.

—No es posible —dijo—. Se ha ido a Alderney, a ayudar a su abuela.

—¿Y la abuela no tiene teléfono?

—Cuando funciona, sí.

—Entiendo. Bueno, tal vez sea mejor así, señor Moullin. Usted y yo podemos solucionar esto, y ella no tiene por qué saber nada. Tampoco se llevará una decepción.

Moullin sacó de su bolsillo un tubo de alguna especie de pomada y se puso un poco en la palma. La miró mientras se untaba el preparado sobre los muchos cortes que tenía en las manos, como si no le importara lo más mínimo que también estuviera extendiéndose tierra del jardín.

—Será mejor que me diga qué quiere —dijo, y había en su actitud una franqueza masculina que era a la vez desconcertante y un tanto excitante. A Margaret le vino la imagen extraña de ella con aquel hombre, una relación puramente animal que no habría creído posible plantearse. Moullin dio un paso en su dirección, y ella retrocedió en un acto reflejo. Los labios de él se movieron como si aquello le divirtiera. Un escalofrío recorrió el cuerpo de Margaret. Se sintió como un personaje de una novela romántica mala, a un instante del éxtasis.

Eso bastó para enfurecerla y le permitió dominar la situación.

—Se trata de algo que seguramente podremos resolver entre nosotros, señor Moullin. No creo que quiera verse envuelto en una batalla legal prolongada. ¿Me equivoco?

—¿Una batalla legal por qué?

—Por los términos del testamento de mi ex marido.

Un brillo en los ojos desveló un interés mayor. Margaret lo vio y se dio cuenta de que un arreglo quizá funcionaría: acordar una suma inferior para evitar tener que gastarlo todo en abogados —o como los llamaran aquí— que alargarían el proceso en los tribunales durante años como si se tratara del juicio de los Jarndyce.

—No voy a mentirle, señor Moullin —le dijo—. Mi marido ha dejado una fortuna considerable a su hija en su testamento. Mi hijo, el hijo mayor de Guy y su único heredero varón, como sabrá, ha recibido mucho menos. Estoy convencida de que coincidirá conmigo en que se ha cometido una gran injusticia. Así que me gustaría arreglarlo sin recurrir a los tribunales.

Margaret no había pensado antes en la reacción que podría tener el hombre al conocer que su hija había recibido una herencia. De hecho, no le había importado demasiado cuál sería su reacción. Sólo había pensado en solucionar como pudiera aquella situación en beneficio de Adrian. Una persona razonable vería las cosas igual que ella cuando las expusiera matizándolas con alusiones a futuros litigios.

Al principio, Henry Moullin no dijo nada. Se dio la vuelta y se puso a cavar de nuevo. Sin embargo, su respiración era distinta. Era áspera y el ritmo era más rápido que antes. Pisó la pala y la introdujo en la tierra. Una, dos, tres veces. Mientras lo hacía, la nuca pasó del color del cuero sin enjabonar a un rojo tan intenso que Margaret Chamberlain temió que le diera un ataque allí mismo.

—Mi hija, maldita sea —dijo entonces, y dejó de cavar. Cogió el cubo de bolitas. Las echó en la segunda zanja sin fijarse en que se amontonaban y se derramaban por los lados—. ¿Se cree que puede...? —dijo—. Ni de coña... —Y antes de que Margaret pudiera decir otra palabra, antes de que pudiera simpatizar, aunque de manera artificial, con la angustia evidente que sentía el hombre porque Guy se había inmiscuido en su capacidad de mantener económicamente a su propia hija, Henry Moullin volvió a coger la pala. Sin embargo, esta vez se dio la vuelta hacia ella. La levantó y avanzó.

283

Margaret gritó, encogiéndose, odiándose por encogerse, odiándole por hacer que se encogiera, y buscó una escapatoria rápida. Pero su única opción de huir era saltar hacia la estación de bomberos de conchas, la *chaise longue* de conchas, la mesa plegable de conchas o —como si fuera un saltador de longitud— el estanque con conchas incrustadas. Sin embargo, cuando empezó a dirigirse hacia la *chaise longue*, Henry Moullin pasó a su lado y fue hacia la estación de bomberos de conchas. La golpeó ciegamente.

—Maldita sea.

Los fragmentos salieron volando en todas direcciones. La redujo a escombros con tres golpes brutales. Siguió con el granero y luego con la escuela, mientras Margaret observaba, atemorizada por el poder de su furia.

Moullin no dijo nada más. Se lanzó de una creación de conchas extravagante a la siguiente: la escuela, la mesa plegable, las sillas, el estanque, el jardín de flores artificiales de conchas. Nada parecía agotarle. No paró hasta recorrer todo el sendero que llevaba de la entrada a la puerta. Y una vez allí, arrojó la pala contra la casa amarilla. Por muy poco, no chocó contra una de las ventanas enrejadas y acabó aterrizando en el sendero con un ruido estrepitoso.

El hombre jadeaba. Algunos de los cortes en las manos se habían vuelto a abrir. Se había hecho tajos nuevos con los fragmentos de las conchas y el hormigón que las unía. Los vaqueros sucios estaban blancos por el polvo, y cuando se limpió las manos en ellos, la sangre dibujó rayas finas sobre el blanco.

—¡No! —dijo Margaret sin pensarlo siquiera—. No permita que le haga esto, Henry Moullin.

Él se quedó mirándola, respirando con dificultad, parpadeando como si aquello fuera a aclararle la cabeza. Se había liberado de toda la agresividad. Miró a su alrededor, a los destrozos que había ocasionado en la parte delantera de su casa, y dijo:

—El muy cabrón ya tenía dos.

Las niñas de JoAnna, pensó Margaret. Guy tenía hijas propias. Había tenido y perdido la oportunidad que le habían ofrecido de hacer de padre. Pero no se había tomado esa pérdida a la ligera, así que había sustituido a sus hijos abandonados por otros que sería mucho más probable que hicieran la vista gorda ante los defectos que eran tan patentes para los de su propia sangre. Porque eran pobres, y él era rico. El dinero compraba amor y lealtad allí donde podía hacerlo.

—Tiene que curarse las manos —dijo Margaret—. Se ha hecho cortes. Están sangrando. No, no las restriegue...

Pero el hombre lo hizo igualmente, añadiendo más rayas al polvo y la suciedad de los vaqueros y, cuando aquello no fue suficiente, también se las limpió en la camisa de trabajo llena de polvo.

—No queremos su maldito dinero —dijo—. No lo necesitamos. Por nosotros, puede prenderle fuego en Trinity Square.

Margaret pensó que podría haberlo dicho desde el principio y ahorrarles a los dos una escena aterradora, por no mencionar que también podría haber salvado el jardín.

—Me alegro mucho de oír eso, señor Moullin. Es justo que Adrian...

—Pero es el dinero de Cyn, ¿no? —continuó Henry Moullin, truncando sus esperanzas con la misma eficacia con la que había reducido a añicos las creaciones de conchas y cemento que los rodeaban—. Si Cyn quiere la recompensa... —Caminó hacia donde estaba la pala en el camino que llevaba a la puerta. La recogió. Hizo lo mismo con un rastrillo y un recogedor. Sin embargo, cuando los tuvo en la mano, miró a su alrededor, como si no estuviera seguro de qué había estado haciendo con ellos.

Miró a Margaret, y ésta vio que sus ojos estaban llenos de dolor.

—Venía aquí —dijo—. Yo iba allí. Trabajábamos codo con codo. Y me decía: «Eres un gran artista, Henry. No estás hecho para construir invernaderos toda la vida». Me decía: «Escapa, aléjate de esto, amigo. Yo creo en ti. Te ayudaré un poco. Deja que te contrate. Quien nada arriesga no gana una mierda». Y yo le creí, ¿sabe? Quería hacerlo, dejar esto de aquí. Lo quería por mis hijas, sí, por mis hijas. Pero también por mí. ¿Qué pecado hay en eso?

—Ninguno —dijo Margaret—. Todos queremos lo mejor para nuestros hijos, ¿verdad? Yo también lo quiero. Por eso estoy aquí, por Adrian, mi hijo y el de Guy. Por lo que le ha hecho. Le ha engañado y quitado lo que le correspondía, señor Moullin. Ve lo mal que está eso, ¿verdad?

—Nos engañó a todos —dijo Henry Moullin—. A su ex marido se le daba bien engañar. Se pasó años burlándose de nosotros, esperando el momento oportuno. Nuestro querido señor Brouard no era un hombre que se saltara las leyes. La moral sí, eso sí. Lo apropiado y lo correcto. Nos tenía a todos comiendo de su mano, y nosotros no sabíamos que estaba envenenada.

—¿No quiere contribuir a arreglarlo? —dijo Margaret—. Usted puede, y lo sabe. Puede hablar con su hija, puede explicárselo. No le pediríamos a Cynthia que renunciara a todo el dinero que le ha dejado. Sólo querríamos igualar las cosas, reflejar quién es familia de Guy y quién no.

—¿Es eso lo que quiere? —dijo Henry Moullin—. ¿Cree que eso equilibrará las cosas? Es usted igual que él, ¿verdad, señora? Cree que el dinero compensa cualquier pecado. Pero no es así, y nunca lo será.

—Entonces, ¿no hablará con ella? ¿No se lo explicará? ¿Vamos a tener que llevar esto a otro nivel?

—No lo entiende, ¿verdad? —le preguntó Henry Moullin—. Nadie va a hablar con mi hija. Nadie va a explicar nada.

Se dio la vuelta y se marchó con las herramientas por donde había aparecido con la pala hacía tan sólo unos minutos. Desapareció detrás de la casa.

Margaret se quedó allí un momento, inmóvil en el sendero, y por primera vez en su vida vio que se había quedado sin respuesta. Se sentía casi abrumada por la fuerza del odio que Henry Moullin había dejado tras él. Era como una corriente que la empujaba hacia una marea de la que prácticamente no había esperanza de escapar.

Donde menos esperaba encontrarla, sintió una afinidad con aquel hombre desaliñado. Comprendía por lo que estaba pasando. Tus hijos eran tus hijos, y a nadie le pertenecían del mismo modo que a ti. No eran lo mismo que un esposo, unos padres, unos hermanos, una pareja, un amigo. Los hijos nacían de tu cuerpo y de tu alma. Ningún intruso podía romper fácilmente ese vínculo creado a partir de ese tipo de sustancia.

No obstante, ¿si un intruso lo intentaba o, Dios no lo quisiera, lo conseguía...?

Nadie sabía mejor que Margaret Chamberlain hasta dónde podía llegar alguien para preservar la relación que tenía con su hijo.

Capítulo 13

Cuando Saint James regresó a Saint Peter Port, pasó primero por el hotel, pero la habitación estaba vacía y su mujer no había dejado ningún mensaje en recepción. Así que fue a la comisaría de policía, donde interrumpió al inspector en jefe Le Gallez mientras devoraba una baguete de ensalada de gambas. El inspector lo condujo a su despacho y le ofreció un trozo de bocadillo (que Saint James rechazó) y un café (que Saint James aceptó). También le ofreció galletas digestivas de chocolate; pero como parecía que el baño se hubiera derretido y solidificado demasiadas veces, Saint James declinó la invitación y se las arregló sólo con el café.

Informó a Le Gallez sobre los testamentos de los Brouard, el del hermano y el de la hermana. Le Gallez escuchó mientras masticaba, y tomó notas en una libreta que cogió de una bandeja de plástico de su mesa. Mientras Saint James hablaba, vio que el inspector subrayaba «Fielder» y «Moullin», y añadía un signo de interrogación junto al segundo nombre. Le Gallez interrumpió el torrente de información para explicar que conocía la relación del fallecido con Paul Fielder, pero que Cynthia Moullin era un nombre nuevo para él. También anotó los datos de los testamentos de los Brouard y escuchó con educación mientras Saint James planteaba una teoría que había contemplado de regreso a la ciudad.

El testamento anterior que Ruth Brouard conocía recordaba a personas que se habían borrado del documento más reciente: Anaïs Abbott, Frank Ouseley y Kevin y Valerie Duffy, además de los hijos de Guy Brouard, tal como exigía la ley. Dada la situación, Ruth había pedido a esas personas que estuvieran presentes en la lectura del testamento. Si cualquiera de estos beneficiarios, señaló Saint James a Le Gallez, conocía el testamento anterior, tenía un móvil claro para cargarse a Guy Brouard, con la esperanza de recoger antes y no después lo que les legaba.

—¿Fielder y Moullin no figuraban en el testamento anterior? —preguntó Le Gallez.

—Ella no los ha mencionado —contestó Saint James—, y como ninguno de los dos estaba presente cuando se ha leído el testamento esta tarde, creo que podemos concluir sin temor a equivocarnos que los legados que han recibido han sido una sorpresa para la señora Brouard.

—¿Y para ellos? —preguntó Le Gallez—. Puede que Brouard se lo contara. Lo cual los coloca en la lista porque también tendrían un móvil. ¿No le parece?

—Imagino que es posible. —No creía que fuera probable, teniendo en cuenta que los dos eran adolescentes, pero agradecía cualquier cosa que indicara que Le Gallez contemplaba, al menos de momento, algo más que la presunta culpabilidad de China River.

Al ver que el inspector tenía una forma de pensar más abierta que antes, Saint James detestaba hacer algo que pudiera recordar a Le Gallez su opinión anterior; pero sabía que su conciencia nunca se quedaría tranquila si no era totalmente sincero con el otro hombre.

—Por otro lado...

Saint James era reacio a continuar —parecía que la lealtad hacia su mujer exigía una lealtad similar hacia sus amigos— y, a pesar de saber cómo reaccionaría probablemente el inspector a aquella información, le entregó el material que Ruth Brouard le había dado durante su última conversación. El inspector hojeó el pasaporte de Guy Brouard primero y luego repasó los recibos de la tarjeta de crédito y las facturas. Dedicó un momento a examinar el recibo del Citrus Grille, golpeándolo con el lápiz mientras daba otro mordisco al bocadillo. Después de pensar, giró la silla y cogió una carpeta de papel manila. La abrió por un fajo de notas mecanografiadas que fue pasando hasta que, al parecer, encontró lo que buscaba.

—Códigos postales —le dijo a Saint James—. Los dos comienzan por nueve dos. Nueve dos ocho y nueve dos seis.

—Uno es el de Cherokee River, imagino.

—¿Ya lo sabía?

—Sé que vive por la zona que Brouard visitó.

—El segundo código es el de él —dijo Le Gallez—. El nueve dos seis. El otro es el de este restaurante: el Citrus Grille. ¿Qué le sugiere esto?

—Que Guy Brouard y Cherokee River pasaron algún tiempo en el mismo condado.

—¿Nada más, entonces?

—¿Qué más puede sugerir? California es un estado grande. Seguramente sus condados también son grandes. No sé si se puede extrapolar, a partir de unos códigos postales, que Brouard y River se conocieron antes de que River viniera a la isla con su hermana.

—¿No le parece mucha coincidencia, algo sospechosamente casual?

—Sí, en el caso de que sólo dispusiéramos de los datos que tenemos ahora aquí delante: el pasaporte, los recibos y la dirección de Cherokee River. Pero un abogado, sin duda con un código postal similar, contrató a River para que entregara unos planos arquitectónicos en Guernsey. Así que parece razonable suponer que Guy Brouard estuvo en California para reunirse con ese abogado, y con el arquitecto, quien seguramente también tendrá un código postal similar, y no para reunirse con Cherokee River. Imagino que no se conocieron hasta que River y su hermana llegaron a Le Reposoir.

—No obstante, ¿estará de acuerdo en que no podemos descartarlo?

—Diría que no podemos descartar nada.

Saint James sabía que eso incluía el anillo que él y Deborah habían encontrado en la bahía. Le preguntó al inspector en jefe Le Gallez por él, por la posibilidad de que hubiera huellas, o al menos una huella parcial que pudiera ser útil a la policía. Señaló que el estado del anillo sugería que no había estado en la playa durante un largo período de tiempo. Pero sin duda el inspector ya habría llegado a esa conclusión cuando lo había examinado.

Le Gallez dejó a un lado el bocadillo y se limpió los dedos con una servilleta de papel. Levantó una taza de café a la que no había hecho caso mientras comía y la sostuvo en la mano antes de hablar. Las dos palabras que dijo hicieron que a Saint James se le cayera el alma a los pies.

—¿Qué anillo?

De bronce, latón, algún metal de poca ley, le dijo Saint James. Tenía una calavera y dos huesos cruzados con los números treinta y nueve barra cuarenta en la frente de la calavera, junto con una inscripción en alemán. Había mandado a alguien a la comisaría con las instrucciones de que se lo entregara personalmente al inspector en jefe Le Gallez.

No añadió que su esposa era la mensajera, porque intentaba tranquilizarse para escuchar lo inevitable de la boca del inspector en jefe. Ya se estaba preguntando qué significaba lo inevitable, aunque creía que conocía la respuesta.

—No lo he visto —le dijo Le Gallez, y descolgó el teléfono y llamó a recepción para asegurarse de que el anillo no estaba esperando abajo. Habló con el agente de guardia y le describió el anillo como había hecho Saint James. Gruñó cuando el policía contestó y miró a Simon mientras escuchaba extensamente un relato acerca de un tema u otro. Al final, dijo—: Bueno, pues súbemelo, hombre. —Aquello hizo que Saint James volviera a respirar tranquilo. Le Gallez continuó—: Por el amor de Dios, Jerry. No es a mí a quien tienes que venir refunfuñando por el maldito fax. Soluciónalo y termínalo de una vez, ¿de acuerdo? —Y colgó el teléfono con violencia y una palabrota. Cuando volvió a dirigirse a Saint James, puso fin a su tranquilidad por segunda vez en tres minutos.

—No hay anillo. ¿Me habla de él?

—Será un malentendido. —O un accidente de coche, quiso añadir Saint James, aunque sabía que era imposible, puesto que había cogido el mismo camino de regreso que habría tomado su mujer y no había ni un faro roto en la carretera que sugiriera que un accidente de tráfico había impedido a Deborah cumplir con su encargo. Y en la isla la gente no conducía tan deprisa para tener un accidente. Un choque sin importancia quizá, los parachoques aplastados y los guardabarros abollados. Pero eso sería todo. Ni siquiera eso le habría impedido llevar el anillo a Le Gallez como le había indicado.

—Un malentendido. —Ahora Le Gallez habló con mucha

menos afabilidad—. Sí. Comprendo, señor Saint James. Ha habido un malentendido. —Alzó la vista cuando una figura apareció en la puerta, un agente de uniforme que llevaba unos papeles en la mano. Le Gallez le indicó que se fuera. Se levantó de su asiento y cerró la puerta del despacho. Miró a Saint James con los brazos cruzados sobre el pecho. Dijo—: No me importa demasiado que fisgonee, señor Saint James. Estamos en un país libre y bla, bla, bla, y si quiere hablar con alguien y a esa persona no le importa, por mí no hay problema. Pero cuando empieza usted a jugar con pruebas, la situación cambia completamente.

—Lo entiendo. Yo...

—Creo que no. Usted ha venido aquí con un objetivo, y si cree que no me doy cuenta y que no veo adónde nos puede llevar eso, será mejor que se replantee las cosas. Bien, quiero ese anillo. Y lo quiero ya. Ya nos ocuparemos después de dónde ha estado desde que lo cogió de la playa. Y de por qué lo cogió, por cierto. Porque usted sabe perfectamente qué tendría que haber hecho. ¿Me he expresado con claridad?

Saint James no había recibido una reprimenda desde que era adolescente, y la experiencia —tan parecida a un tirón de orejas de un director de colegio enfurecido— no era agradable. Estaba avergonzado porque sabía que se lo tenía bien merecido. Pero eso no hacía que aquel mal trago fuera menos aleccionador, ni tampoco suavizaba el revés que supondría aquel momento para su reputación si no era capaz de controlar la situación rápidamente.

—No estoy seguro de qué ha pasado —dijo—. Pero le presento mis más sinceras disculpas. El anillo...

—No quiero sus malditas disculpas —gritó Le Gallez—. Quiero el anillo.

—Lo tendrá enseguida.

—Más vale que así sea, señor Saint James. —El inspector se apartó de la puerta y la abrió.

Saint James no recordaba que lo hubieran despachado nunca con tan pocos miramientos. Salió al vestíbulo, donde el agente de uniforme esperaba con los papeles en la mano. El hombre apartó la mirada, como si se sintiera violento, y entró a toda prisa en el despacho del inspector.

Le Gallez cerró la puerta de un portazo. Pero no antes de espetarle, a modo de comentario de despedida:

—Maldito tullido.

Deborah vio que prácticamente todos los anticuarios de Guernsey estaban en Saint Peter Port. Como cabría esperar, se encontraban en la parte más vieja de la ciudad, no lejos del puerto. Sin embargo, en lugar de visitarlos todos, le sugirió a Cherokee que comenzaran llamando por teléfono. Así que volvieron sobre sus pasos hasta el mercado y de allí cruzaron a la iglesia. La cabina que necesitaban estaba a un lado, y mientras Cherokee esperaba y la observaba con seriedad, Deborah metió las monedas en el teléfono y llamó a las tiendas de antigüedades hasta que pudo aislar aquellas que vendían artículos militares. Parecía lógico comenzar por allí e ir ampliando la investigación si lo creían necesario.

Al final, resultó que en la ciudad sólo había dos tiendas que tenían objetos militares entre su mercancía. Las dos se encontraban en Mill Street, una calle peatonal adoquinada que ascendía por una ladera desde el mercado de carne y que, prudentemente, estaba cerrada al tráfico. Aunque un coche tampoco podría haber pasado por la calle sin correr el riesgo de arañar los edificios por ambos lados, pensó Deborah cuando la localizaron. Le recordó al Shambles de York: era un poco más ancha, pero también evocaba un pasado en el que el medio de transporte eran los coches de caballos.

Las tiendas pequeñas de Mill Street reflejaban un período más sencillo, definido por una decoración sobria y ventanas y puertas austeras. Ocupaban edificios que bien podrían haber sido casas, con tres plantas elegantes, buhardillas y chimeneas alineadas como si fueran escolares esperando en los tejados.

Había poca gente por la zona, que estaba a cierta distancia de los importantes distritos comercial y bancario de High Street y su prolongación, Le Pollet. En realidad, mientras ella y Cherokee buscaban el primer nombre y dirección que había garabateado en el dorso de un cheque, a Deborah le pareció que incluso el más optimista de los comerciantes tendría muchas probabilidades de fracasar si abriera una tienda en esa zona.

Muchos de los edificios estaban desocupados, con letreros de «Se alquila» o «En venta» en sus ventanas. Cuando localizaron la primera de las dos tiendas que buscaban, en el escaparate colgaba un cartel de «Se traspasa» que parecía haber cambiado de manos de un propietario a otro durante bastante tiempo.

Antigüedades John Steven Mitchell ofrecía pocos objetos militares de interés. Quizá debido a su cierre inmediato, la tienda contaba únicamente con un expositor con contenido de origen militar. Eran medallas, aunque las acompañaban tres dagas, cinco pistolas y dos gorras de la *Wehrmacht*. Si bien a Deborah le pareció una exposición decepcionante, decidió que como todo en aquel caso tenía un origen alemán, las cosas podían ser más esperanzadoras de lo que parecían en realidad.

Ella y Cherokee estaban inclinados sobre el expositor, examinando la mercancía, cuando el propietario de la tienda —probablemente el propio John Steven Mitchell— salió a su encuentro. Al parecer, le habían interrumpido mientras fregaba los platos después de comer, si el delantal manchado y las manos mojadas servían de indicio. Les ofreció su ayuda con simpatía mientras se secaba las manos con un paño desagradablemente sucio.

Deborah sacó el anillo que ella y Simon habían encontrado en la playa, procurando no tocarlo, y le pidió a John Steven Mitchell que tampoco lo tocara. Le preguntó si reconocía el anillo y si podía decirles algo sobre él.

Mitchell cogió unas gafas de encima de la caja y se inclinó sobre el anillo, que estaba en el expositor de objetos militares donde Deborah lo había dejado. También cogió una lupa y examinó la inscripción en la frente de la calavera.

—Baluarte occidental —murmuró—. Treinta y nueve, cuarenta. —Calló como considerando sus propias palabras—. Es la traducción de «*die Festung im Westen*». Y el año... En realidad, podría tratarse de un recuerdo de alguna clase de construcción defensiva. Pero podría ser una referencia metafórica al ataque contra Dinamarca. Por otro lado, la calavera y los huesos cruzados eran propios de las *Waffen-SS*, así que también está esa conexión.

—Pero ¿no pertenece a la ocupación? —preguntó Deborah.

—Pudieron dejarlo entonces, cuando los alemanes se rindieron a los aliados. Pero no estaría directamente relacionado con la ocupación. Las fechas no coinciden. Y el término «*die Festung im Westen*» no tiene ningún significado aquí.

—¿Por qué? —Cherokee no había apartado la vista del anillo mientras Mitchell lo examinaba, pero ahora la alzó.

—Por lo que implica —respondió Mitchell—. Construyeron túneles, naturalmente. Fortificaciones, emplazamientos de artillería, torres de observación, hospitales, de todo. Incluso un ferrocarril. Pero no un verdadero baluarte. Y aunque lo hubieran hecho, esto conmemora algo ocurrido un año antes de que comenzara la ocupación. —Se inclinó una segunda vez sobre el anillo con la lupa—. En realidad, nunca había visto nada parecido. ¿Se están planteando venderlo?

Deborah le dijo que no. Sólo trataban de averiguar de dónde había salido, puesto que por su estado era obvio que no había estado al aire libre desde 1945. Las tiendas de antigüedades parecían el lugar lógico donde empezar a recabar información.

—Entiendo —dijo Mitchell. Bueno, si era información lo que querían, sería aconsejable que hablaran con los Potter, justo calle arriba. Antigüedades Potter y Potter, Jeanne y Mark, madre e hijo, les aclaró. Ella era experta en porcelana y no podría ayudarlos demasiado. Pero había pocas cosas sobre el ejército alemán en la segunda guerra mundial que él no conociera.

Rápidamente, Deborah y Cherokee volvían a estar en Mill Street, esta vez subiendo la calle, pasando por delante de una abertura oscura entre dos edificios llamada Back Lane. Justo después de este callejón, encontraron Potter y Potter. A diferencia de la tienda anterior, ésta parecía un negocio viable.

Al entrar, vieron que la madre Potter estaba en la tienda. Estaba sentada en una mecedora con unas pantuflas en los pies, apoyados sobre un cojín mullido, y centraba su atención en la pantalla de un televisor no mayor que una caja de zapatos. Estaba viendo una película: Audrey Hepburn y Albert Finney circulaban por el campo en un MG antiguo. Un coche no muy distinto al de Simon, pudo observar Deborah, y por primera vez desde que había tomado la decisión de pasar de largo de la comisaría de policía para buscar a China River, sintió una punzada. Era como si algo le remordiera la conciencia, un hilo que podría desenredarse si se tiraba de él con demasiada fuerza. No podía llamarlo culpa exactamente, porque sabía que no había nada por lo que sentirse culpable. Pero se trataba, sin duda, de algo desagradable, un malestar psíquico del que quería deshacerse. Se preguntó por qué lo sentía. Qué exasperante era estar haciendo algo importante y que otra cosa intentara irracionalmente llamar tu atención.

Vio que Cherokee había encontrado la sección de objetos militares de la tienda, que era considerable. A diferencia de Antigüedades John Steven Mitchell, Potter y Potter ofrecía de todo, desde máscaras de gas antiguas a servilleteros nazis. Incluso tenían en venta un arma antiaérea, junto con un proyector de cine antiguo y una película llamada *Eine gute Sache*. Cherokee había ido directo a un expositor con baldas eléctricas que subían y bajaban alternativamente sobre un tambor giratorio que se accionaba con un botón. Allí, los Potter exhibían medallas, chapas e insignias de uniformes militares. El hermano de China estaba examinando todas las baldas. Los golpecitos que daba en el suelo con el pie transmitían su determinación por encontrar algo que pudiera ser útil para la situación de su hermana.

La madre Potter dejó a Audrey y Albert. Era una mujer rolliza y tenía los ojos saltones típicos de los problemas de tiroides, pero miró a Deborah con cordialidad cuando habló.

—¿Puedo ayudarla, querida?

—¿Con algún objeto militar?

—Tendrá que hablar con Mark. —La mujer se dirigió sin hacer ruido hacia la puerta entrecerrada, que, al abrirla, reveló una escalera. Caminaba como si necesitara un recambio de cadera y se ayudaba de cualquier cosa que encontrara a su paso. Llamó a su hijo al piso de arriba, y la voz incorpórea de éste contestó. La mujer le dijo que había clientes abajo y que tendría que dejar el ordenador de momento—. Internet —le dijo a Deborah en confianza—. Creo que es igual de malo que la heroína, sí, señor.

Mark Potter bajó las escaleras ruidosamente, y no tenía aspecto de ser adicto a nada. A pesar de la época del año, estaba muy moreno y sus movimientos irradiaban vitalidad.

Quiso saber qué podía hacer por ellos, qué estaban buscando. Recibía artículos nuevos constantemente —«La gente muere, pero sus colecciones perduran, tanto mejor para el resto de nosotros, en mi opinión»—, así que si buscaban algo que él no tenía, era bastante probable que pudiera conseguírselo.

Deborah volvió a sacar el anillo. A Mark Potter se le iluminó la cara cuando lo vio.

—¡Otro! —gritó—. ¡Es extraordinario! Sólo he visto uno igual en todos los años que llevo en el negocio. Y ahora otro. ¿De dónde lo ha sacado?

Jeanne Potter se reunió con su hijo al otro lado de la vitrina, donde Deborah había colocado el anillo pidiendo, como en la otra tienda, que no lo tocaran.

—Es igual que el que vendiste, ¿verdad, cariño? —dijo la mujer. Y luego a Deborah—: Lo tuvimos durante muchísimo tiempo. Era un poco deprimente, igual que éste. Nunca pensé que lo venderíamos. Este tipo de cosas no gustan a todo el mundo, ¿verdad?

—¿Lo vendieron hace poco? —preguntó Deborah.

Los Potter se miraron.

—¿Cuánto hará...? —dijo ella.

—¿Diez días? —dijo él—. ¿Dos semanas, quizá?

—¿Sabe quién lo compró? —preguntó Cherokee—. ¿Lo recuerda?

—Sí, claro —dijo Mark Potter.

—Claro, cariño —dijo su madre con una sonrisa—. Tú siempre fijándote.

—No es eso, y lo sabes. —Potter sonrió—. Deja de fastidiarme, vieja estúpida. —Entonces se dirigió a Deborah—. Una mujer americana. Me acuerdo porque no vienen muchos americanos a Guernsey, y ninguno en esta época del año. ¿Y por qué iban a venir? Tienen lugares más importantes en mente para visitar que las islas del canal, ¿verdad?

A su lado, Deborah oyó que Cherokee respiraba hondo.

—¿Está seguro de que era americana?

—Una mujer de California. Oí el acento y le pregunté. Mamá también lo hizo.

Jeanne Potter asintió.

—Hablamos de estrellas de cine —dijo—. Yo no he estado nunca, pero siempre he creído que si vivías en California, las veías paseando por la calle. Ella dijo que no, que no era así.

—Harrison Ford —dijo Mark Potter—. No seas mentirosilla, mamá.

Ella se rio y se puso nerviosa.

—Pues sigue tú, anda —dijo, y luego le comentó a Deborah—: Me gusta bastante Harrison. Esa pequeña cicatriz que tiene en la barbilla tiene algo muy viril.

—Qué traviesa —le dijo Mark—. ¿Qué habría pensado papá?

—¿Qué aspecto tenía la mujer americana? —le interrumpió Cherokee, esperanzado—. ¿Lo recuerda?

Resultó que no la vieron muy bien. Llevaba la cabeza cubierta con algo —Mark creía que era un pañuelo; su madre creía que era una capucha— que le tapaba el pelo y le caía sobre la frente. Como dentro de la tienda no había mucha luz, y como probablemente ese día llovía... No podían añadir mucho más sobre su aspecto. Sin embargo, iba vestida toda de negro, si eso servía de ayuda. Y llevaba unos pantalones de cuero, recordó Jeanne Potter. Se acordaba bien de los pantalones. Era justo el tipo de ropa que le habría gustado llevar a esa edad si entonces hubiera existido y hubiera tenido el tipo para ponérsela, que no era el caso.

Deborah no miró a Cherokee, pero no le hacía falta. Le había dicho dónde habían encontrado Simon y ella el anillo, así que sabía que estaba abatido por aquella nueva información. Sin embargo, el hermano de China intentó reponerse lo mejor que pudo, porque preguntó a los Potter si había algún otro lugar en la isla de donde pudiera haber salido un anillo como aquél.

Los Potter consideraron la pregunta y, al final, fue Mark quien respondió. Sólo había un lugar, les informó, de donde podría haber salido otro anillo como aquél. Mencionó el nombre, y cuando lo hizo, su madre secundó la idea de inmediato.

En Talbot Valley, dijo Mark, vivía un gran coleccionista de cachivaches de la guerra. Tenía más artículos que el resto de la isla junta.

Se llamaba Frank Ouseley, añadió Jeanne Potter, y vivía con su padre en un lugar llamado Moulin des Niaux.

Hablar con Nobby Debiere sobre el posible fin de los planes para construir un museo no había sido fácil para Frank. Sin embargo, lo había hecho por un sentido de la obligación para con el hombre al que había fallado en tantos sentidos cuando era adolescente. Ahora tendría que hablar con su padre. También le debía mucho a Graham Ouseley, pero era una locura pensar que podía fingir eternamente que sus sueños estaban cristalizando al final de la calle de la iglesia de Saint Saviour, como esperaba su padre.

Naturalmente, aún podía hablar con Ruth sobre el proyecto, o, en realidad, con Adrian Brouard, sus hermanas —siempre que pudiera encontrarlas— y también con Paul Fielder y Cynthia Moullin. El abogado no había mencionado la cantidad que llegarían a heredar estas personas, puesto que estaría en manos de banqueros, corredores de bolsa y peritos contables. Pero tenía que ser una cantidad enorme porque era imposible creer que Guy se hubiera ocupado de Le Reposoir, su contenido y sus otras propiedades sin asegurarse su propio futuro con una cuenta corriente abultada y una cartera de inversiones con la que reabastecer esa cuenta si era necesario. Era demasiado listo.

Hablar con Ruth sería el método más eficaz para conseguir que el proyecto prosperase. Era quien más probabilidades tenía de ser el propietario legal de Le Reposoir —independientemente de cómo se hubiera orquestado esta maniobra—, y si así era, tal vez se la podía manipular para que sintiera el deber de cumplir las promesas que su hermano había hecho a la gente y quizá accediera a construir una versión más humilde del Museo de la Guerra Graham Ouseley en los jardines de la propia Le Reposoir, lo que permitiría vender los terrenos que habían comprado para el museo cerca de Saint Saviour, lo que, a su vez, contribuiría a financiar el edificio. Por otro lado, podía hablar con los herederos de Guy e intentar obtener de ellos la financiación, convenciéndolos para construir lo que sería, en realidad, un monumento a la memoria de su benefactor.

Frank sabía que podía hacerlo, y que debía hacerlo. En efecto, si fuera un hombre completamente distinto, lo haría. Pero había que tener en cuenta otras consideraciones más allá de la creación de una estructura que albergara objetos militares coleccionados durante más de medio siglo. Por mucho que esta estructura pudiera ilustrar al pueblo de Guernsey, por mucho que pudiera consagrar a Nobby Debiere como arquitecto, la verdad era que el mundo personal de Frank sería un lugar mucho mejor sin un museo de la guerra.

Así que no hablaría con Ruth para que continuara la majestuosa obra de su hermano. Ni tampoco acorralaría al resto con la esperanza de sacarles una financiación. Para Frank, el tema estaba acabado. El museo estaba tan muerto como Guy Brouard.

Entró con su viejo Peugeot en el sendero que llevaba a Moulin des Niaux. Mientras recorría traqueteando los cincuenta metros hasta el molino, observó la maleza que había crecido en el camino. Las zarzas estaban invadiendo rápidamente el asfalto. Habría muchísimas moras el próximo verano, pero para entonces la carretera al molino o las casas habría desaparecido si no recortaba las ramas, las hiedras, los acebos y los helechos.

Sabía que ahora podría hacer algo con la maleza. Al tomar aquella decisión, al trazar por fin la línea metafórica en la arena inexistente, había comprado un grado de libertad que ni siquiera se había percatado de que echaba de menos. Esa libertad abrió su mundo, incluso para pensar en algo tan normal como podar los arbustos. Qué extraño era estar obsesionado, pensó. Cuando uno se sometía al abrazo restrictivo de una única fijación, el resto del mundo simplemente se desvanecía.

Giró en la verja justo después de la rueda y avanzó por la gravilla del camino de entrada. Aparcó al final de las casas, con el capó del Peugeot de cara al arroyo que podía escuchar pero no ver a través de unos olmos densos cubiertos de hiedras desde hacía ya tiempo que bajaban desde las ramas prácticamente hasta el suelo, como una invitación de la princesa Rapunzel. Proporcionaban un refugio a la carretera principal que atravesaba Talbot Valley, pero al mismo tiempo ocultaban un arroyo agradable y borboteante del jardín, donde unas sillas plegables en primavera y verano permitirían disfrutar de él. Frank se dio cuenta de que hacía falta trabajar más en los alrededores de las casas. Un indicio más de hasta qué punto había abandonado todo.

En la casa, encontró a su padre cabeceando en su silla con las páginas del *Guernsey Press* esparcidas como cartas enormes a su alrededor en el suelo. Al ver el periódico, Frank se dio cuenta de que no le había dicho a la señora Petit que no dejara que su padre lo leyera, así que pasó unos momentos de intranquilidad mientras recogía las páginas y las examinaba buscando una mención a la muerte de Guy. Respiró más tranquilo cuando vio que ese día no había ninguna. El día siguiente sería distinto, con la publicación del funeral. Por ese día, estaba a salvo.

Fue a la cocina, donde ordenó el periódico y empezó a preparar la cena. En su última visita a Graham, la señora Petit había tenido la amabilidad de llevarles un pastel y había colocado una etiqueta vistosa en el molde. En una tarjeta insertada entre los dientes de una horquilla de plástico clavada del revés en la corteza, ponía: «Pollo y puerros. ¡Que aproveche!».

Frank pensó que estaría muy buena. Llenó el hervidor y sacó la lata del té. Echó unas cucharadas de English Tea en la tetera.

Estaba poniendo los platos y los cubiertos en los manteles individuales cuando su padre se despertó en el salón. Primero, Frank oyó que emitía un bufido, seguido de una exclamación de sorpresa como si no hubiera planeado quedarse dormido.

—¿Qué hora es? —gritó Graham Ouseley—. ¿Eres tú, Frank?

Frank se acercó a la puerta. Vio que su padre tenía la barbilla húmeda y que un hilo de saliva había seguido un surco desde la boca y formaba una estalactita de flema en la mandíbula.

—Estoy preparando la cena —dijo.

—¿Cuánto hace que has llegado?

—Hace unos minutos. Estabas dormido. No he querido despertarte. ¿Cómo te ha ido con la señora Petit?

—Me ha ayudado a ir al baño. No me gusta que una mujer entre en el baño conmigo, Frank. —Graham tiró de la manta que le cubría las rodillas—. ¿Dónde has estado tantas horas? ¿Qué hora es?

Frank miró el viejo despertador de la cocina. Le sorprendió ver que eran más de las cuatro.

—Deja que llame a la señora Petit para que no crea que tiene que pasarse otra vez.

Después de hablar con la mujer, quiso responder a la pregunta de su padre, pero vio que cabeceaba de nuevo. La manta se había escurrido, así que Frank se la colocó bien, remetiéndola debajo de las piernas largas y flacas de Graham, y reclinó suavemente el sillón del anciano para evitar que la cabeza le cayera sobre el pecho huesudo. Con un pañuelo, limpió la barbilla de su padre y secó la saliva pegajosa de su mandíbula. La vejez, pensó, era muy jodida. En cuanto un hombre superaba los setenta, entraba en una pendiente resbaladiza hacia la incapacidad total.

Preparó la comida: una cena a la vieja usanza de los obreros. Calentó el pastel y lo cortó en trozos. Sacó una ensalada y untó el pan con mantequilla. Cuando la comida estuvo preparada y el té listo, fue a buscar a Graham y lo acompañó a la cocina. Podría haberle llevado una bandeja al sillón, pero quería que estuvieran cara a cara para la conversación que tenían que mantener. Cara a cara significaba de hombre a hombre: dos hombres hablando, no un padre y su hijo.

Graham comió el pastel de pollo y puerros agradecido. La ofensa que había supuesto que la señora Petit hubiera tenido que llevarle al baño quedó olvidada con el placer de su cocina. Incluso repitió, un gesto insólito en un hombre que, normalmente, comía menos que una adolescente.

Frank decidió permitirle disfrutar de la comida antes de comunicarle la noticia. Así que cenaron prácticamente en silencio, Frank meditando sobre la mejor manera de enfocar la conversación y Graham haciendo comentarios esporádicos sobre la comida, principalmente sobre la salsa, que era la mejor que había probado, declaró, desde que la madre de Frank había fallecido. Así se refería siempre al ahogamiento de Grace Ouseley. La tragedia en el embalse —Graham y Grace se adentraron en el agua y sólo uno de los dos salió con vida— se había perdido en el tiempo.

La comida fomentó que los pensamientos de Graham pasaran de su mujer a la guerra y, en concreto, a los paquetes de la Cruz Roja que los isleños al fin habían recibido cuando la falta de suministros en Guernsey provocó que la población tuviera que alimentarse de café de chirivía y sirope de remolacha. Graham informó a su hijo de que desde Canadá llegó un envío impensablemente generoso: galletas de chocolate, e incluso se dieron el gusto de incluir té de verdad, sardinas y leche en polvo, latas de salmón y ciruelas y jamón y carne en conserva. Ah, fue un día realmente estupendo, cuando los paquetes de la Cruz Roja demostraron a los habitantes de Guernsey que, por pequeña que fuera la isla, el resto del mundo no la había olvidado.

—Y necesitábamos verlo, sí —declaró Graham—. Puede que los nazis quisieran que creyéramos que su maldito *Führer* iba a caminar sobre las aguas y multiplicar los panes en cuanto dominara el mundo, pero habríamos muerto antes de que mandara una salchicha a la isla, Frankie.

Graham tenía salsa en la barbilla, y Frank se inclinó hacia delante y le limpió.

—Fue una época dura —dijo.

—Pero la gente no la conoce como debería, ¿verdad? Oh, piensan en los judíos y los gitanos, sí. Piensan en países como Holanda y Francia. Y en el *Blitz*. Maldita sea, vaya si piensan en el *Blitz* los nobles ingleses... Esos mismos ingleses cuyo maldito rey nos abandonó a los alemanes, sí, con un «Adiós y ya sé que haréis migas con el enemigo, chicos...» —Graham había pinchado un trozo de pastel de pollo con el tenedor y sostuvo el cubierto temblorosamente en el aire, donde se mantuvo suspendido como un ejemplo de los bombarderos alemanes, y con las mismas probabilidades de soltar la carga.

Frank se inclinó hacia delante y guió con delicadeza el tenedor hasta la boca de su padre. Graham aceptó el pollo, masticando y hablando a la vez.

—Esos ingleses aún lo viven, Frank. Bombardean Londres y el mundo no puede olvidarlo ni quince segundos, mientras que aquí... Dios mío. Podría haber sido algo insignificante, por los recuerdos que el mundo tiene de lo que sucedió. Qué más da que bombardearan el puerto, veintinueve muertos, Frankie, y nunca tuvimos ni una sola arma para defendernos, y esas pobres mujeres judías a las que enviaron a los campos y las ejecuciones de todo aquel que ellos dijeran que era un espía. Podría no haber pasado, por lo que sabe el mundo. Pero pronto vamos a hacer justicia, ¿verdad, chico?

Así que al fin había llegado el momento, pensó Frank. No

iba a tener que idear una forma de sacar la conversación que tenía que mantener con su padre. Lo único que tenía que hacer era aprovechar el momento, así que tomó la decisión antes de convencerse de lo contrario y dijo:

—Papá, me temo que ha pasado algo. No quería contártelo. Sé lo mucho que el museo significa para ti y supongo que no he tenido valor para acabar con el sueño.

Graham ladeó la cabeza y ofreció a su hijo su oído bueno, o eso afirmaba él.

—¿Cómo dices? —preguntó.

Frank sabía a ciencia cierta que su padre no tenía problemas de audición a menos que se dijera algo que él prefiriera no escuchar. Así que siguió. Le contó a su padre que Guy Brouard había fallecido hacía una semana. Su muerte había sido bastante repentina e inesperada, y era evidente que el hombre estaba sano como una manzana y no había pensado en la posibilidad de morir, puesto que no se había planteado cómo podría afectar su deceso a los planes para el museo de la guerra.

—¿Qué dices? —Graham sacudió la cabeza como si intentara despejarla—. ¿Que Guy ha muerto? No estás diciéndome eso, ¿verdad, hijo?

Por desgracia, dijo Frank, eso era exactamente lo que le estaba diciendo. Y el hecho era que, por algún motivo, Guy Brouard no se había ocupado de todas las eventualidades como cabría esperar en él. En su testamento, no dejaba dinero para el museo de la guerra, así que iban a tener que olvidarse de la idea de construirlo.

—¿Hacer qué? —dijo Graham mientras tragaba la comida y con la mano temblorosa levantaba el té con leche—. Colocaron minas, sí. *Schrapnellemine* 35. También cargas de demolición. Ponían banderas de advertencia, pero piensa cómo era. Unos cartelitos amarillos que nos decían que no pisáramos lo que era nuestro. El mundo tiene que saberlo, chico. Tiene que saber que utilizábamos carragenina para la gelatina.

—Ya lo sé, papá. Es importante que nadie lo olvide. —A Frank no le apetecía el resto de su trozo de pastel. Apartó el plato hacia el centro de la mesa y movió la silla para hablar directamente al oído de su padre. «No malinterpretes lo que te estoy diciendo. Escucha bien, papá. Las cosas han cambiado para siempre», decían sus acciones—. Papá, no va a haber museo —dijo—. No tenemos el dinero. Dependíamos de Guy para financiar el edificio y no ha dejado fondos en su testamento para hacerlo. Bien, sé que me oyes, papá, y lamento mucho decirlo, créeme. No te lo habría contado, en realidad no tenía pensado contarte que Guy había muerto; pero en cuanto escuché la lectura del testamento, sentí que no me quedaba otra alternativa. Lo siento. —Y se dijo a sí mismo que lo sentía, aunque sólo fuera una parte de la historia.

Al intentar llevarse la taza a los labios, Graham se echó té caliente por encima del pecho. Frank alargó el brazo para estabilizar su movimiento, pero Graham le apartó y derramó más. Llevaba un chaleco grueso totalmente abotonado sobre la camisa de franela, así que el líquido no le quemó. Y para él parecía más importante evitar el contacto con su hijo que mojarse la ropa.

—Tú y yo —murmuró Graham con los ojos empañados— teníamos un plan, Frankie.

Frank no pensaba que sentiría un dolor tan terrible al ver que las defensas de su padre se desmoronaban. La sensación, pensó, era parecida a contemplar cómo un Goliat caía de rodillas delante de él.

—Papá —dijo—, yo no te haría daño por nada del mundo. Si supiera cómo construir tu museo sin la ayuda de Guy, lo haría. Pero es imposible. Los costes son altísimos. No nos queda más remedio que olvidarnos de la idea.

—La gente tiene que saberlo —protestó Graham Ouseley, pero su voz era débil y el té y la comida dejaron de interesarle por completo—. Nadie debe olvidarlo.

—Estoy de acuerdo. —Frank revisó sus pensamientos para encontrar una manera de aliviar el dolor del golpe—. Tal vez, con el tiempo, encontremos un modo de hacerlo realidad.

Graham se encorvó y miró a su alrededor en la cocina, como un sonámbulo que se despierta y está confuso. Dejó caer las manos sobre el regazo y empezó a arrugar la servilleta convulsivamente. Su boca articulaba palabras que no pronunciaba. Su mirada asimilaba objetos familiares y parecía aferrarse a ellos por el consuelo que le proporcionaban. Se apartó de la mesa, y Frank también se levantó, pensando que su padre quería ir al baño, a su cama o a su silla en el salón. Pero al coger a Graham del codo, el anciano se resistió. Resultó que lo que quería estaba en la encimera donde Frank lo había dejado, perfectamente doblado en su forma de tabloide con el escudo de dos cruces impresas entre la palabra «Guernsey» y su compañera, «Press».

Graham cogió el periódico y lo apretó contra su pecho.

—Muy bien —le dijo a Frank—. La manera es distinta, pero el resultado es el mismo. Eso es lo que cuenta.

Frank intentó comprender la conexión que establecía su padre entre la desintegración de sus planes y el periódico de la isla.

—Supongo que el periódico publicará la historia —dijo sin convicción—. Quizá podamos interesar a un exiliado fiscal o dos para que hagan una donación. Pero conseguir el dinero suficiente gracias tan sólo a un artículo de periódico... No creo que podamos confiar en eso, papá. Aunque pudiéramos, ese tipo de cosas lleva años. —No añadió el resto: que a sus noventa y dos años, su padre no disponía de esos años, precisamente.

—Yo mismo les llamaré —dijo Graham—. Vendrán. Les interesará, sí. En cuanto lo sepan, vendrán corriendo. —Incluso dio tres pasos inseguros hacia el teléfono y descolgó el auricular como si pretendiera realizar la llamada inmediatamente.

—Creo que no podemos esperar que el periódico considere esta historia con la misma urgencia, papá. Seguramente la cubrirán. Es de interés humano, está claro. Pero creo que no deberías depositar todas tus esperanzas en...

—Es el momento —insistió Graham, como si Frank no hubiera hablado—. Me lo prometí a mí mismo. «Antes de que muera, lo haré», me dije. Están los que mantuvieron la fe y los que no. Y ha llegado el momento. Antes de que muera, Frank. —Revolvió las revistas que había en la encimera, debajo del correo de los últimos días—. ¿Dónde está el listín? ¿Qué número es, hijo? Vamos a llamar.

Sin embargo, Frank estaba centrado en cumplir su palabra y faltar a ella, y en qué quería decir su padre en realidad. En la vida, había mil formas distintas de hacer lo uno y lo otro —cumplir y faltar a la palabra dada—; pero en tiempos de guerra, cuando se ocupaba una tierra, sólo se podía hacer una cosa.

—Papá —dijo con cuidado—, no creo que... —Dios santo,

pensó, ¿cómo podía impedir que su padre cometiera una temeridad?—. Escucha, no es una buena forma de tratar esto. Y es demasiado pronto...

—El tiempo se acaba —dijo Graham—. El tiempo casi ha acabado. Me lo prometí. Lo prometí sobre sus tumbas. Murieron por la *G.U.L.A.* y nadie lo pagó. Pero ahora sí. Así son las cosas. —Rescató el listín de un cajón de paños de cocina y manteles individuales y, aunque no era un volumen pesado, lo dejó sobre la encimera con un gruñido. Empezó a pasar las hojas y a respirar más deprisa, como un corredor que se acerca al final de la carrera.

—Papá —dijo Frank en un último esfuerzo para detenerle—, tenemos que reunir las pruebas.

—Ya tenemos las malditas pruebas. Está todo aquí. —Se señaló la cabeza con un dedo torcido, mal curado durante la guerra mientras huía infructuosamente tras ser descubierto: la Gestapo perseguía a los hombres que había detrás de la *G.U.L.A.*, traicionados por alguien de la isla en quien habían depositado su confianza. Dos de los cuatro hombres responsables de la hoja informativa murieron en la cárcel. Otro murió al intentar escapar. Sólo Graham sobrevivió, pero no quedó ileso, y con el recuerdo de tres buenas vidas perdidas por la libertad y a manos de un soplón que había permanecido demasiado tiempo sin identificar. Cuando acabó la guerra, el acuerdo tácito entre los políticos de Inglaterra y los políticos de la isla impidió la investigación y el castigo. Se suponía que el pasado era el pasado, y como se consideró que las pruebas eran insuficientes para justificar el inicio de un procedimiento penal, aquellos cuyo interés personal había provocado la muerte de sus compañeros siguieron viviendo sin sufrir por su pasado, y caminando hacia un futuro que sus propios actos habían negado a hombres mucho mejores que ellos. Una parte del proyecto del museo serviría para aclarar los hechos. Sin la colaboración del museo, los acontecimientos pasarían a la historia tal como estaban: la traición quedaría encerrada en las mentes de los que la cometieron y de los que se vieron afectados por ella. El resto de la gente seguiría viviendo sin saber quién había pagado el precio de las libertades de las que ahora disfrutaban y quién les había impuesto ese destino.

307

—Pero, papá —dijo Frank, aunque sabía que hablaba en vano—, van a pedirte más pruebas aparte de tu palabra. Tienes que saberlo.

—Pues nos encargaremos de encontrarlas entre toda esa chatarra —dijo Graham señalando con la cabeza las casas de al lado, donde almacenaban su colección—. Las tendremos listas para cuando vengan. Empieza ya, hijo.

—Pero, papá...

—¡No! —Graham dio un golpe en el listín con su frágil puño y agitó el auricular hacia su hijo—. Empieza de una vez y hazlo ya. Basta de tonterías, Frank. Voy a dar nombres.

Capítulo 14

*D*eborah y Cherokee dijeron muy poco de regreso a los apartamentos Queen Margaret. Se había levantado viento y había empezado a lloviznar, lo que les proporcionó una excusa para estar en silencio, Deborah protegiéndose debajo de un paraguas y Cherokee con los hombros encorvados y el cuello del abrigo subido. Siguieron el camino anterior bajando por Mill Street y cruzaron la pequeña plaza. La zona estaba totalmente desierta, salvo por una furgoneta amarilla aparcada en medio de Market Street, en la que estaban cargando una vitrina vacía de uno de los puestos de carne vacantes. Era un indicio funesto de la muerte del mercado y, como si fuera un comentario a tales medidas, uno de los hombres de la mudanza tropezó y soltó su extremo de la vitrina. El cristal se rompió en pedazos; el lateral se abolló. Su compañero le insultó por ser tan estúpido y patoso.

—¡Nos va a caer una buena! —gritó.

La contestación del otro hombre se perdió cuando Deborah y Cherokee doblaron la esquina y comenzaron a subir Constitution Steps. Pero el pensamiento estaba allí, flotando entre los dos: que iba a caerles una buena por lo que habían hecho.

Cherokee fue quien rompió el silencio. A media colina, donde las escaleras giraban, se detuvo y pronunció el nombre de Deborah. Ella dejó de subir y le miró. Vio que la lluvia había cubierto su pelo rizado de minúsculas gotas que reflejaban la luz, y que tenía las pestañas puntiagudas por la humedad. Estaba temblando. Aquí estaban resguardados del viento, pero aunque no hubiera sido así, llevaba una chaqueta gruesa, así que Deborah sabía que no era una reacción al frío.

Sus palabras lo confirmaron.

—No significa nada.

Deborah no fingió necesitar una aclaración. Sabía lo improbable que era que estuviera pensando en otra cosa.

—Aún tenemos que preguntárselo —dijo.

—Dijeron que podía haber otros en la isla. Y ese tipo que han mencionado, el de Talbot Valle, tiene una colección de la guerra increíble. Yo mismo la he visto.

—¿Cuándo?

—Un día... Vino a comer y habló de ella con Guy. Se ofreció a enseñármela y Guy la elogió mucho, así que pensé: «¿Por qué no?», y fui. Los dos fuimos.

—¿Quién era el otro?

—El amigo de Guy, Paul Fielder.

—¿Y viste otro anillo como éste?

—No. Pero eso no significa que no lo hubiera. Ese tipo tenía cosas por todas partes, en cajas y bolsas, archivadores, estanterías. Lo guarda todo en un par de casas y está todo absolutamente desorganizado. Si tenía un anillo y acabó desapareciendo por alguna razón u otra... Dios santo, ni siquiera lo sabría. No puede tenerlo todo catalogado.

—¿Estás diciendo que Paul Fielder pudo robar un anillo mientras estuvisteis allí?

—Yo no digo nada. Sólo que tiene que haber otro anillo, porque es imposible que China... —Con torpeza, se metió las manos en los bolsillos y apartó la mirada de Deborah, colina arriba, en dirección a Clifton Street, los apartamentos Queen Margaret y a la hermana que le esperaba en el piso B—. Es imposible que China hiciera daño a nadie. Tú lo sabes. Yo lo sé. Este anillo... es de otra persona.

Lo dijo con determinación, pero Deborah no quiso preguntar a qué se debía esa seguridad. Sabía que no había modo de evitar las preguntas que tenían que hacerle a China. Independientemente de lo que pensaran ellos, había que hablar del tema del anillo.

—Vamos al piso —dijo—. Creo que empezará a diluviar dentro de nada.

Encontraron a China viendo un combate de boxeo en la televisión. Uno de los boxeadores estaba recibiendo una paliza bastante fea, y era obvio que había que poner fin al combate. Pero, evidentemente, la muchedumbre enfervorizada no iba a permitirlo. Sangre, declaraban sus gritos, sin duda tendría que haber sangre. China parecía ajena a todo aquello. Su cara carecía de expresión.

Cherokee se dirigió al televisor y cambió de canal. Encontró una carrera ciclista que pasaba por una tierra inundada por el sol que parecía Grecia, pero que podía ser cualquier país menos este lugar invernal. Apagó el sonido y dejó la imagen. Se acercó a su hermana.

—¿Estás bien? ¿Necesitas algo? —le preguntó, y le tocó el hombro tímidamente.

Entonces China reaccionó.

—Estoy bien —le dijo a su hermano. Le ofreció una media sonrisa—. Sólo estaba pensando.

Él le devolvió la sonrisa.

—Tienes que dejar de hacer eso. Mira adónde me ha llevado a mí. Siempre estoy pensando. Si no hubiera pensado, no estaríamos metidos en este lío.

Ella se encogió de hombros.

—Sí. Bueno.

—¿Has comido algo?

—Cherokee...

—Vale. De acuerdo. Olvida la pregunta.

China pareció darse cuenta de que Deborah también estaba. Volvió la cabeza y dijo:

—Creía que te habrías ido con Simon, para darle la lista de las cosas que he hecho en la isla.

Ésa era una forma sencilla de abordar el tema del anillo, así que Deborah la aprovechó.

—Pero no está del todo completa —dijo—. En la lista no está todo.

—¿Qué quieres decir?

Deborah dejó el paraguas en un paragüero cerca de la puerta y se acercó al sofá, donde se sentó al lado de su amiga. Cherokee cogió una silla y se unió a ellas.

—No mencionas Antigüedades Potter y Potter —señaló Deborah—, en Mill Street. Estuviste allí y compraste un anillo al hijo. ¿Se te olvidó?

China miró a su hermano como buscando una explicación, pero Cherokee no dijo nada. Se volvió hacia Deborah.

311

—En la lista no he anotado ninguna de las tiendas en las que entré. No pensé... ¿Por qué iba a ponerlo? Estuve en Boots varias veces, en un par de zapaterías. Compré el periódico una o dos veces, y unos caramelos de menta. Se me acabó la pila de la cámara, así que la cambié por una que compré en el centro comercial que está cerca de High Street. Pero no he escrito nada de eso y seguramente olvido otras tiendas. ¿Por qué? —Entonces, preguntó a su hermano—: ¿A qué viene todo esto, Cherokee?

Deborah contestó sacando el anillo. Abrió el pañuelo que lo envolvía y extendió la mano para que China pudiera verlo en su nido de lino.

—Estaba en la playa —dijo—, en la bahía donde murió Guy Brouard.

China no intentó tocar el anillo, como si supiera qué significaba que Deborah lo tuviera envuelto en un pañuelo y que lo hubieran encontrado en los alrededores de la escena de un crimen. Pero lo miró. Lo miró con detenimiento. Estaba ya tan blanca que Deborah no sabía si se había puesto pálida. Pero se mordió los labios por dentro con la boca cerrada, y cuando volvió a mirar a Deborah, sus ojos escondían un terror inconfundible.

—¿Qué me estás preguntando? —dijo—. ¿Si lo maté? ¿Quieres preguntármelo sin rodeos?

—El hombre de la tienda, el señor Potter, dice que una mujer americana le compró un anillo como éste. Era una americana de California, una mujer que llevaba unos pantalones de cuero y tal vez una capa, supongo, porque llevaba puesta una capucha. Ella y la madre de este hombre, la señora Potter, hablaron de estrellas de cine. Recuerdan que ella, la mujer de Estados Unidos, les dijo que normalmente no se ven estrellas de Hollywood por...

—De acuerdo —dijo China—. Tienes razón. Compré el anillo. Un anillo. Ese anillo. No lo sé. Les compré un anillo, ¿vale?

—¿Como éste?

—Bueno, es obvio —espetó China.

—Mira, Chine, tenemos que averiguar...

—¡Estoy colaborando! —gritó China a su hermano—. ¿De

acuerdo? Estoy colaborando como una niña buena. Fui a la ciudad y vi ese anillo y pensé que era perfecto, así que lo compré.

—¿Perfecto? —preguntó Deborah—. ¿Para qué?

—Para Matt, ¿vale? Lo compré para Matt. —China parecía avergonzada de reconocerlo, un regalo para un hombre con el que declaraba haber terminado. Como si supiera qué opinarían los demás, siguió hablando—: Era horrible y me gustó eso. Era como mandarle un muñeco de vudú, una calavera y unos huesos cruzados, veneno, muerte. Me pareció una buena forma de expresarle cómo me siento.

Cherokee se levantó y fue hacia el televisor, donde los ciclistas pasaban a toda velocidad por el borde de un acantilado. Más allá se veía el mar y el sol brillaba en él. Apagó el aparato y regresó a la silla. No miró a su hermana. No miró a Deborah.

Como si las acciones de su hermano comentaran lo que insinuaba su silencio, respondió China.

—Vale, fue una estupidez —dijo—. Hace que siga habiendo algo entre nosotros cuando no debería haberlo. Busca algún tipo de respuesta de su parte. Ya lo sé, ¿vale? Sé que es una estupidez. Quise hacerlo de todas formas. Así son las cosas. Es lo que pasó cuando lo vi. Lo compré y punto.

—¿Qué hiciste con él —preguntó Deborah— el día que lo compraste?

—¿Qué quieres decir?

—¿Te lo pusieron en una bolsa? ¿Metiste tú la bolsa dentro de otra? ¿Te lo guardaste en el bolsillo? ¿Qué pasó luego?

China consideró estas preguntas; Cherokee dejó de examinar sus zapatos y levantó la cabeza. Pareció darse cuenta de adónde quería llegar Deborah, porque dijo:

—Intenta recordar, Chine.

—No lo sé. Seguramente lo metí en el bolso —dijo—. Es lo que hago normalmente cuando compro algo pequeño.

—¿Y después, cuando volviste a Le Reposoir? ¿Qué hiciste con él entonces?

—Seguramente... No lo sé. Si estaba en el bolso, lo dejaría allí y me olvidaría. Si no, puede que lo guardara en la maleta, o en la cómoda hasta que hiciéramos el equipaje para marcharnos.

—Donde alguien pudo verlo —murmuró Deborah.

—Si es que se trata del mismo anillo —dijo Cherokee.

Había que planteárselo, pensó Deborah. Porque si este anillo sólo era un duplicado del anillo que China había comprado a los Potter, estaban ante una coincidencia extraordinaria. Por muy improbable que fuera esa coincidencia, había que aclarar la situación antes de seguir adelante.

—¿Guardaste el anillo en la maleta cuando os marchasteis? —preguntó—. ¿Está ahora entre tus cosas? Tal vez lo metiste en algún lugar y se te ha olvidado.

China sonrió, como si fuera consciente de la ironía que iba a revelar.

—No puedo saberlo, Debs. Ahora mismo la poli tiene todas mis pertenencias, al menos todas las que traje. Si metí el anillo en la maleta cuando regresé a Le Reposoir, estará con el resto de mis cosas.

—Pues habrá que comprobarlo —dijo Deborah.

Cherokee señaló con la cabeza el anillo que descansaba en la palma de la mano de Deborah.

—¿Qué haremos con él?

—Se lo daremos a la policía.

—¿Y qué harán ellos?

—Supongo que intentarán recoger huellas latentes. Tal vez logren encontrar una parcial.

—Si la consiguen, ¿qué pasa entonces? Quiero decir, si la huella es de Chine... Si el anillo es el mismo... ¿No sabrán que alguien lo dejó allí? El anillo, me refiero.

—Puede que barajen esa posibilidad —dijo Deborah. No añadió ningún comentario sobre lo que también sabía: que el interés de la policía siempre se centraba en evaluar la culpabilidad y cerrar el caso. El resto lo dejaban en manos de otros. Si China no tenía un anillo idéntico a éste entre sus pertenencias y si sus huellas estaban en el que Deborah había encontrado en la bahía, la policía sólo estaba obligada a documentar estos dos hechos y pasarlos a los fiscales. Sería decisión del abogado de China aportar otra interpretación sobre el anillo durante el juicio por asesinato.

Sin duda, pensó Deborah, China y Cherokee tenían que saberlo. No eran unos pardillos. Los problemas que había tenido el padre de China con la ley en California debían de haberles proporcionado cierta experiencia acerca de lo que sucedía cuando se cometía un delito.

—Debs —dijo Cherokee en un tono pensativo y alargando el diminutivo, por lo que éste sonó como una súplica—, ¿existe alguna posibilidad...? —Miró a su hermana como evaluando su reacción a algo que aún no había dicho—. Es difícil pedirte esto. ¿Existe la posibilidad de que pudieras perder el anillo?

—¿Perder...?

—Cherokee, no —dijo China.

—Tengo que pedírselo —le dijo—. Debs, si ese anillo es el que compró China... Y sabemos que existe esa posibilidad, ¿no? A ver, ¿por qué tiene que saber la policía que lo has encontrado? ¿No puedes tirarlo a un desagüe o algo así? —Pareció comprender la envergadura de lo que estaba pidiendo a Deborah que hiciera, porque se apresuró a decir—: Mira. La poli ya cree que ha sido ella. Si sus huellas están ahí, sólo lo utilizarán como otra forma más de trincarla. Pero si lo pierdes... Si se te cayera del bolsillo de camino al hotel, digamos... —La miró esperanzado, con una mano extendida, como si quisiera que dejara el anillo de la controversia en su palma.

Deborah se sintió atrapada por su mirada, franqueza y esperanza. Se sintió atrapada por lo que implicaba su mirada acerca de la historia que ella compartía con China River.

—A veces —le dijo Cherokee en voz baja—, el bien y el mal se confunden. Lo que parece bueno resulta ser malo, y lo que parece malo...

—Olvídalo —le interrumpió China—. Cherokee, olvídalo.

—Pero no tendría más importancia.

—He dicho que lo olvides. —China extendió la mano hacia la de Deborah y dobló sus dedos alrededor del anillo envuelto en el lino—. Haz lo que tengas que hacer, Deborah. —Y le dijo a su hermano—: Ella no es como tú. Para ella no es tan fácil.

—Están jugando sucio. Tenemos que hacer lo mismo.

—No —replicó China, y luego le dijo a Deborah—: Has venido a ayudarme. Y te lo agradezco. Haz lo que tengas que hacer.

Deborah asintió, pero notó que le costaba mucho trabajo decir:

—Lo siento.

No pudo evitar tener la sensación de que les había fallado.

315

ϒ

Saint James nunca se habría considerado un hombre que permitía que la inquietud le ganara la batalla. Desde el día en que se había despertado en la cama de un hospital —sin recordar nada aparte de un último chupito de tequila que no debería haber tomado— y había mirado la cara de su madre y visto en ella la noticia que él mismo confirmaría menos de una hora después con un neurólogo, se había controlado y había controlado sus reacciones con una disciplina que habría sido el orgullo de un militar. Se consideró un superviviente inquebrantable: había pasado lo peor y no se había hundido en la miseria del desastre personal. Había quedado lisiado, tullido, la mujer a quien amaba le había abandonado, y había superado todo aquello manteniendo intacta su esencia. «Si puedo sobrellevar esto, puedo sobrellevarlo todo.»

Así que no estaba preparado para el desasosiego que comenzó a sentir al saber que su mujer no había entregado el anillo al inspector Le Gallez. Y, al final, se sintió perdido al ver los niveles que alcanzaba ese desasosiego a medida que pasaban los minutos y Deborah no regresaba al hotel.

Primero paseó: por la habitación y por la pequeña terraza de la habitación. Luego se dejó caer en una silla durante cinco minutos y pensó qué podían significar las acciones de Deborah. Sin embargo, su ansiedad no hizo más que aumentar, así que cogió el abrigo y, al final, se marchó del edificio. Saldría a buscarla, decidió. Cruzó la calle sin una idea clara de qué dirección tomar, agradeciendo solamente que hubiera dejado de llover, lo que facilitaba la situación.

Bajar la colina parecía buena opción, así que empezó a caminar, bordeando el muro de piedra que rodeaba una especie de jardín hundido en el paisaje enfrente del hotel. Al final de todo, estaba el monumento a los caídos de la isla, y era allí donde Saint James se encontraba cuando vio a su mujer doblando la esquina donde la majestuosa fachada gris del Tribunal de Justicia se extendía a lo largo de la Rue du Manoir.

Deborah levantó la mano para saludarlo. Mientras se acercaba a él, Saint James hizo lo que pudo por tranquilizarse.

—Has conseguido volver —dijo ella con una sonrisa cuando llegó a donde estaba.

—Es bastante obvio —contestó él.

La sonrisa de Deborah se esfumó. Lo escuchó todo en su voz. Era lógico. Le conocía prácticamente de toda la vida, y Simon creía conocerla a ella. Pero estaba descubriendo deprisa que la distancia entre lo que creía y lo que realmente era empezaba a revelarse abismal.

—¿Qué pasa? —le preguntó ella—. Simon, ¿qué sucede?

Saint James la agarró del brazo con una fuerza que sabía que era excesiva, pero parecía que no podía soltarla. La condujo al jardín hundido y la obligó a bajar las escaleras.

—¿Qué has hecho con el anillo? —le preguntó.

—¿Qué he hecho con él? Nada. Lo tengo aquí...

—Tenías que llevárselo directamente a Le Gallez.

—Es lo que estoy haciendo. Ahora iba hacia allí. Simon, ¿qué diablos...?

—¿Ahora? ¿Ibas a llevarlo ahora? ¿Dónde has estado mientras tanto? Hace horas que lo hemos encontrado.

—No me has dicho... Simon, ¿por qué te comportas así? Para. Suéltame. Me haces daño. —Deborah se zafó con brusquedad y se colocó delante de él. Le ardían las mejillas. El jardín tenía un sendero que rodeaba el perímetro y empezó a recorrerlo, aunque en realidad no llevaba a ningún lado, salvo al muro. Aquí, la lluvia formaba charcos negros, donde se reflejaba un cielo que oscurecía rápidamente. Deborah los cruzó sin dudarlo, sin importarle que se le empaparan las perneras.

Saint James la siguió. Le enfurecía que se alejara de él de esa manera. Parecía una Deborah totalmente distinta, y no iba a consentirlo. Si aquello acababa en una persecución, ella ganaría, naturalmente. Si acababa en algo que no fueran palabras e intelecto, también ganaría ella. Era la maldición de su discapacidad, que le hacía más débil y lento que su esposa. Eso también le enfadó, imaginarse qué debían de parecer a los ojos de cualquiera que los viera desde la calle que daba al parque hundido: el paso seguro de Deborah alejándose cada vez más de él y la cojera patética de Simon persiguiéndola.

Deborah llegó al final del pequeño parque, al extremo más alejado. Se quedó en la esquina, donde un espino de fuego, lleno de bayas rojas, inclinaba sus cargadas ramas hacia delante

317

para tocar el respaldo de un banco de madera. No se sentó, sino que se quedó a poca distancia del banco, donde arrancó un puñado de bayas del arbusto y comenzó a lanzarlas mecánicamente entre el follaje.

Ese gesto tan infantil molestó aún más a Saint James. Sintió como si retrocediera en el tiempo y volviera a tener veintitrés años y ella doce, cuando, ante un incomprensible ataque de histeria preadolescente por culpa de un corte de pelo que Deborah detestaba, tuvo que arrebatarle las tijeras antes de que pudiera hacer lo que quería hacer: dejarse el pelo peor, tener un aspecto peor, castigarse por pensar que un peinado podría influir en cómo se sentía por culpa de los granos que le habían salido en la barbilla durante la noche y que señalaban su naturaleza siempre cambiante. «Ah, nuestra Deb es de armas tomar —le había dicho su padre—. Necesita el toque de una mujer». Sin embargo, nunca se lo dio.

Qué conveniente sería culpar de todo ello a Joseph Cotter, pensó Saint James, decidir que él y Deborah habían llegado a este punto en su matrimonio porque su padre no había vuelto a casarse después de enviudar. Aquello facilitaría las cosas, ¿verdad? No tendría que seguir buscando una explicación de por qué Deborah había actuado de un modo tan inconcebible.

Llegó a donde estaba ella. Como un tonto, dijo lo primero que le vino a la cabeza:

—No vuelvas a salir corriendo así, Deborah.

Ella se dio la vuelta con un puñado de bayas en el puño.

—No te atrevas a... ¡No te atrevas a hablarme así!

Simon intentó tranquilizarse. Sabía que el único resultado de este encuentro sería una discusión cada vez más intensa, a menos que uno de los dos hiciera algo por calmarse. También sabía que era improbable que fuera Deborah quien pusiera el freno.

—Quiero una explicación —dijo con tanta suavidad como pudo, aunque, había que reconocerlo, sólo se mostró ligeramente menos combativo que antes.

—¿Ah, sí? ¿Eso quieres? Bueno, pues perdona si no me apetece dártela. —Arrojó las bayas al sendero.

Como si fueran un guante, pensó. Si lo recogía, sabía muy bien que estallaría entre ellos una guerra total. Estaba enfadado, pero no deseaba esa guerra. Aún estaba lo bastante cuerdo para ver que esa clase de batalla sería inútil.

—Ese anillo es una prueba —dijo—. Las pruebas tienen que llevarse a la policía. Si no se entregan directamente a...

—Como si todas las pruebas se entregaran directamente a la policía —replicó ella—. Sabes que no. Sabes que, la mitad de las veces, la policía encuentra pruebas que, para empezar, nadie sabía siquiera que eran pruebas. Así que antes de llegar a la policía, pasan por muchas manos. Lo sabes bien, Simon.

—Eso no da derecho a nadie a ir pasándolas de mano en mano —respondió él—. ¿Dónde has ido con ese anillo?

—¿Me estás interrogando? ¿Tienes idea de cómo suena eso? ¿Te interesa saberlo?

—Lo que me interesa en este momento es que la prueba que yo suponía que estaba en poder de Le Gallez no estaba en su poder cuando he sacado el tema. ¿Te interesa saber a ti qué significa eso?

—Ah, ya entiendo. —Deborah levantó la barbilla. Su tono era triunfal, como suele mostrarse una mujer cuando un hombre penetra en un campo de minas que ella misma ha plantado—. Todo esto es por ti. Has quedado mal. Has hecho el ridículo.

—Obstruir una investigación policial no es hacer el ridículo —dijo lacónicamente—. Es un delito.

—Yo no he obstruido nada. Tengo el maldito anillo. —Metió la mano en el bolso, sacó el anillo envuelto en el pañuelo, cogió el brazo de Simon con la misma fuerza con la que él la había agarrado a ella antes y le plantó el anillo en la palma con un manotazo—. Aquí tienes. ¿Contento? Llévaselo a tu queridísimo inspector Le Gallez. Sabe Dios qué va a pensar de ti si no sales corriendo a entregárselo ahora mismo, Simon.

—¿Por qué te comportas así?

—¿Yo? Y tú ¿qué?

—Porque te dije que lo hicieras. Porque tenemos una prueba. Porque sabemos que es una prueba. Porque lo sabíamos entonces y...

—No —dijo ella—. Te equivocas. No lo sabíamos. Lo sospechábamos. Y basándonos en esa sospecha, me pediste que le llevara el anillo. Pero si era tan decisivo que la policía lo tuviera en su posesión enseguida, si el anillo tenía una importancia tan evidente, bien podrías haberlo llevado tú a la ciudad en lugar de pavonearte por donde decidieras pavonearte, lo cual, obviamente, era más importante para ti que el anillo.

Saint James escuchó cada vez más irritado.

—Y tú sabes muy bien que estaba hablando con Ruth Brouard. Teniendo en cuenta que es la hermana de la víctima, teniendo en cuenta que pidió verme, como bien sabes, diría que tenía algo ligeramente importante de lo que ocuparme en Le Reposoir.

—Bien. Por supuesto. Mientras que yo me ocupaba de algo insignificante.

—Supuestamente, tú tenías que ocuparte de...

—¡No insistas más con eso! —Su voz se transformó en un grito. Pareció darse cuenta, porque cuando siguió, habló más bajo, aunque no con menos ira—. Yo me estaba ocupando... —dio al verbo el equivalente auditivo a una burla— de esto. Lo ha escrito China. Ha pensado que te sería útil. —Rebuscó en su bolso por segunda vez y sacó una libreta doblada por la mitad—. También he descubierto cosas sobre el anillo —añadió, con una cortesía estudiada que era tan significativa como la burla anterior—. Cosas que te contaré si consideras que la información podría ser suficientemente importante, Simon.

Saint James cogió la libreta. La repasó y vio las fechas, las horas, los lugares y las descripciones, todo escrito con la que supuso que sería la letra de China River.

—Quería que la tuvieras —dijo Deborah—. En realidad, me ha pedido que te la diera. También compró el anillo.

Simon levantó la vista del documento.

—¿Qué?

—Creo que ya me has oído. El anillo o uno igual... China lo compró en una tienda en Mill Street. Cherokee y yo lo hemos averiguado. Luego le hemos preguntado a ella. Ha reconocido que lo compró para enviárselo a su novio. Su ex. Matt.

Deborah le contó el resto. Transmitió la información ceremoniosamente: las tiendas de antigüedades, los Potter, lo que China había hecho con el anillo, la posibilidad de que hubiera salido otro igual de Talbot Valley.

—Cherokee dice que vio la colección —dijo para concluir—. Y un chico llamado Paul Fielder estaba con él.

—¿Cherokee? —preguntó Saint James bruscamente—. ¿Estaba contigo cuando averiguaste lo del anillo?

—Creo que ya te lo he dicho.

—Entonces ¿lo sabe todo?

—Opino que tiene derecho.

Saint James maldijo en silencio: a él, a ella, toda esta situación, el hecho de que se hubiera implicado en ella por razones que no quería plantearse. Deborah no era estúpida, pero era evidente que no entendía nada. Decírselo acrecentaría las dificultades entre ellos. No decírselo —de algún modo, fuera diplomático o no— entrañaba el riesgo de poner en peligro toda la investigación. No tenía alternativa.

—No ha sido prudente, Deborah.

Ella oyó el tono de su voz. Su respuesta fue brusca.

—¿Por qué?

—Ojalá me lo hubieras dicho de antemano.

—Decirte ¿qué?

—Que tenías intención de revelar...

—Yo no he revelado...

—Has dicho que estaba contigo cuando averiguaste de dónde salió el anillo, ¿no?

—Quería ayudar. Está preocupado. Se siente responsable porque fue él quien quiso hacer este viaje y ahora es muy probable que su hermana tenga que enfrentarse a un juicio por asesinato. Cuando he dejado a China, Cherokee estaba... Está sufriendo con ella. Por ella. Quería ayudar y me ha parecido que no había nada de malo en dejarle.

—Es un sospechoso, Deborah, igual que su hermana. Si ella no mató a Brouard, alguien lo hizo. Él es una de las personas que estaba en la finca.

—No pensarás que... Él no... ¡Por el amor de Dios! Vino a Londres. Vino a vernos. Fue a la embajada. Accedió a ver a Tommy. Está desesperado por encontrar a alguien que demuestre la inocencia de China. ¿Sinceramente crees que haría todo esto, cualquiera de estas cosas, si fuera el asesino? ¿Por qué?

—No tengo respuesta para eso.

—Ah. Ya. Pero sigues insistiendo en...

—Aunque tengo esto —la interrumpió. Se odió a sí mismo

321

a la vez que permitía que un placer amargo recorriera su cuerpo. La había acorralado y ahora tenía el golpe para derrotarla, para establecer exactamente quién tenía razón y quién estaba equivocado. Le habló de los papeles que había entregado a Le Gallez y de lo que éstos revelaban sobre dónde había estado Guy Brouard durante un viaje a Estados Unidos que su propia hermana no sabía que había realizado. A Saint James no le importaba que, durante su conversación con Le Gallez, hubiera argumentado totalmente lo contrario de lo que ahora le contaba a su mujer sobre la posible conexión entre el viaje de Brouard a California y Cherokee River. Lo importante era recalcar su supremacía en temas relativos al asesinato. El mundo de ella era la fotografía, sugerían sus palabras: imágenes de celuloide manipuladas en un cuarto oscuro. El de él, por otro lado, era el mundo de la ciencia, el mundo de los hechos. Sin embargo, la fotografía era sinónimo de ficción. Deborah debería tenerlo muy presente la próxima vez que decidiera emprender un camino que él desconocía.

—Entiendo —dijo Deborah cuando Simon concluyó sus observaciones. Estaba tensa—. Entonces, lamento lo del anillo.

—Estoy seguro de que has hecho lo que creías correcto —le dijo Saint James, sintiendo toda la magnanimidad de un marido que ha recuperado el lugar que le corresponde en el matrimonio—. Se lo llevaré a Le Gallez ahora mismo y le explicaré lo que ha pasado.

—Bien —dijo ella—. Te acompañaré si quieres. Se lo explicaré encantada, Simon.

Le complació el ofrecimiento y lo que revelaba: que Deborah comprendía que había obrado mal.

—La verdad es que no hace falta —le dijo amablemente—. Yo me ocuparé, cariño.

—¿Estás seguro? —La pregunta era maliciosa.

Tendría que haber sabido lo que significaba aquel tono, pero falló estrepitosamente porque, como el tonto que cree que puede superar en lo que sea a una mujer, dijo:

—Lo haré encantado, Deborah.

—Qué curioso. Jamás lo habría dicho.

—¿Qué?

—Que dejarías pasar la oportunidad de ver a Le Gallez cantándome las cuarenta. Qué imagen tan divertida. Me sorprende que quieras perdértela.

Esbozó una sonrisa amarga y le empujó bruscamente para pasar. Corrió por el sendero en dirección a la calle.

El inspector en jefe Le Gallez estaba subiéndose a su coche en el patio de la comisaría de policía cuando Saint James cruzó la verja. Había empezado a llover otra vez cuando Deborah le dejó en el jardín hundido, y aunque con las prisas se había marchado del hotel sin paraguas, no siguió a Deborah para coger uno en la recepción. Seguir a Deborah parecía un acto de súplica. Como no tenía nada que suplicarle, no quería que lo pareciera.

Su mujer se estaba comportando de un modo indignante. Era cierto que había logrado recabar información que podía resultar valiosa: descubrir de dónde había salido el anillo ahorraba tiempo a todo el mundo, y conseguir encontrar un segundo origen para el mismo proporcionaba argumentos para que la policía pudiera dejar de creer en la culpabilidad de China River. Pero aquello no excusaba la manera furtiva y deshonesta con la que había acometido su propia investigación. Si iba a emprender un camino concebido solamente por ella, tenía que contárselo primero a él para que no quedara como un perfecto idiota delante del policía que llevaba el caso. Y aparte de lo que hubiera hecho ella, lo que hubiera descubierto y lo que hubiera averiguado a través de China River, seguía estando el hecho de que hubiera compartido con el hermano de la mujer muchísimos detalles valiosos. Había que enseñarle la total estupidez que encerraba una acción como aquélla.

Fin de la historia, pensó Saint James. Había hecho lo que tenía el derecho y el deber de hacer. Aun así, no quería seguirla. Se dijo que le daría tiempo para calmarse y reflexionar. Un poco de lluvia no vendría nada mal en pro de la educación de Deborah.

En los jardines de la comisaría de policía, Le Gallez le vio y se detuvo, con la puerta de su Escort abierta. En el asiento trasero del coche, vacío, había dos cinturones de seguridad idénticos para niños.

—Gemelos —dijo Le Gallez con brusquedad cuando Saint James los miró—. Tienen ocho meses. —Como si esos comentarios indicaran por casualidad un compañerismo con Saint James que no sentía, siguió hablando—: ¿Dónde está?

—Lo tengo. —Saint James añadió todo lo que Deborah le había contado sobre el anillo y acabó diciendo—: China River no recuerda dónde lo puso por última vez. Dice que si este anillo no es el que ella compró, ustedes tendrán el suyo entre sus pertenencias.

Le Gallez no pidió ver el anillo enseguida, sino que cerró la puerta del coche de un golpe.

—Acompáñeme, entonces —dijo, y volvió a entrar en la comisaría.

Saint James le siguió. Le Gallez subió primero las escaleras hasta una sala atestada de cosas que parecía servir de laboratorio forense. Fotografías en blanco y negro de pisadas colgaban de cuerdas flácidas en una pared y, debajo, estaba el equipo sencillo para recuperar huellas dactilares latentes con vapores de cianoacrilato. Detrás, en una puerta que decía «cuarto oscuro» había encendida una bombilla roja, lo que indicaba que estaba en uso. Le Gallez llamó tres veces a esta puerta.

—Huellas, McQuinn —ladró, y le dijo a Saint James—: Démelo.

Saint James le entregó el anillo. Le Gallez realizó el papeleo necesario. McQuinn salió del cuarto oscuro mientras el inspector en jefe firmaba con su nombre, añadiendo una rúbrica debajo. Rápidamente, todo el potencial del departamento forense de la isla se puso a trabajar en la prueba procedente de la bahía donde había fallecido Guy Brouard.

Le Gallez dejó a McQuinn con sus vapores de pegamento. Entonces, condujo a Saint James a la sala de pruebas. Solicitó al policía encargado los documentos donde figuraba una lista de las pertenencias de China River. Los revisó y comunicó a Saint James lo que él ya había comenzado a sospechar: no había ningún anillo entre los objetos que la policía había quitado a China River.

Saint James pensó que Le Gallez debía de estar muy satisfecho con aquello. La información, al fin y al cabo, hundía un clavo más en el ataúd de China River, que estaba cerrándose deprisa. Pero en lugar de gratificación, el rostro del inspector parecía reflejar enfado. Era como si una pieza del rompecabezas hubiera tomado una forma que él no esperaba.

Le Gallez le miró. Examinó la lista de pruebas otra vez.

—No está, Lou —dijo el agente—. No estaba antes y no está ahora. Lo he revisado todo dos veces. Está todo correcto. No hay nada.

Saint James comprendió que Le Gallez no sólo buscaba un anillo al examinar los papeles. Era obvio que el inspector pensaba en otra cosa, algo que no había revelado en su anterior reunión. Se quedó mirando a Saint James como si se planteara cuánto quería contarle.

—Maldita sea —murmuró, y luego dijo—: Venga conmigo.

Fueron a su despacho, donde cerró la puerta y señaló la silla que quería que ocupara Saint James. Separó la silla de su mesa y se desplomó en ella, se frotó la frente y alargó la mano hacia un teléfono. Pulsó unos números y, cuando alguien contestó al otro lado, dijo:

—Le Gallez. ¿Alguna novedad? Mierda. Seguid buscando, entonces. El perímetro. Al milímetro. Lo que haga falta... Sé muy bien cuánta gente ha tenido la oportunidad de contaminar la escena, Rosumek. Lo creas o no, saber contar es uno de los requisitos que exige mi rango. Ponte las pilas. —Colgó el teléfono.

—¿Está llevando a cabo un registro? —preguntó Saint James—. ¿Dónde? ¿En Le Reposoir? —No esperó la confirmación—. Pero lo habría suspendido ahora mismo si lo que buscaba era ese anillo. —Reflexionó sobre ese punto, vio que sólo podía sacar una conclusión de todo aquello y dijo—: Han recibido un informe de Inglaterra, imagino. ¿Los detalles de la autopsia han provocado el registro?

—No tiene usted un pelo de tonto, ¿verdad? —Le Gallez cogió una carpeta y sacó varias hojas grapadas. No las consultó mientras ponía a Saint James al corriente—. Toxicología —dijo.

—¿Han encontrado algo inesperado en la sangre?

—Un opiáceo.

—¿A la hora de la muerte? ¿Qué está diciendo, entonces? ¿Que estaba inconsciente cuando se ahogó?

325

—Eso parece.

—Pero eso sólo puede significar...

—Que lo que estaba cerrado no está cerrado. —Le Gallez no parecía satisfecho. No le sorprendió demasiado. Debido a esta nueva información, para atar todo bien atado, la propia víctima o la sospechosa número uno de la policía tenían que estar ahora relacionadas con el opio o con cualquiera de sus derivados. Si no podía establecerse esa conexión, el caso de Le Gallez contra China River se derrumbaría como un castillo de naipes.

—¿Cuál es el origen? —preguntó Saint James—. ¿Alguna posibilidad de que fuera consumidor?

—¿Que se chutara antes de salir a nadar? ¿Una visita temprana al camello de la ciudad? No es probable, a menos que quisiera ahogarse.

—¿No tiene marcas de pinchazos en los brazos?

Le Gallez le lanzó una mirada que decía: «¿Se cree que somos unos idiotas integrales?».

—¿Y si los restos en la sangre fueran de la noche anterior? Tiene razón, no tiene sentido que consumiera un narcótico antes de salir a nadar.

—No tiene sentido que lo consumiera en ningún otro momento.

—Entonces, ¿alguien le drogó aquella mañana? ¿Cómo?

Le Gallez parecía incómodo. Soltó los papeles sobre la mesa.

—El hombre se ahogó con la piedra —dijo—. Lo que había en su sangre no importa; murió de la misma forma, maldita sea. Se ahogó por culpa de esa piedra. No lo olvidemos.

—Pero al menos podemos entender cómo llegó a alojarse esa piedra en su garganta. Si estaba drogado, si se quedó inconsciente, ¿qué dificultad tendría meterle una piedra en la garganta y dejar que se ahogara? La única pregunta sería cómo consiguieron drogarle. No se quedaría sentado y dejaría que le pincharan. ¿Era diabético? ¿Le sustituyeron la insulina? ¿No? Entonces tuvo que... ¿qué? ¿Beberlo en una solución? —Saint James vio que Le Gallez entrecerraba ligeramente los ojos. Le dijo al inspector—: Entonces, cree que se lo bebió. —Y se dio cuenta de por qué el policía se mostraba de repente tan dispuesto a compartir nueva información con Saint James a pesar de las dificultades surgidas por la incapacidad de Deborah de llevar el anillo inmediatamente a la comisaría. Era una forma de quid pro quo: una disculpa tácita por haberle insultado y perdido los estribos a cambio de que Saint James se abstuviera de criticar la investigación de Le Gallez. Teniendo esto en cuenta, Saint James dijo lentamente mientras reflexionaba sobre lo que sabía del caso—: Debe de habérseles escapado algo en la escena, algo que parece inocente.

—No se nos ha escapado —dijo Le Gallez—. Lo analizamos junto con todo lo demás.

—¿El qué?

—El termo de Brouard. Su dosis diaria de té verde y ginkgo. La bebía todas las mañanas después de nadar.

—¿En la playa, quiere decir?

—En la maldita playa. Era bastante fanático de su dosis diaria de té verde y ginkgo, en realidad. Tuvieron que mezclar la droga con el té.

—Pero ¿no había restos cuando lo analizaron?

—Agua salada. Creemos que Brouard lo aclaró.

—Sin duda alguien lo hizo. ¿Quién encontró el cuerpo?

—Duffy. Bajó a la bahía porque Brouard no había regresado a la casa y la hermana llamó para ver si se había parado en su casa a tomar un té. Le encontró tieso y volvió corriendo para llamar a urgencias porque creyó que le había dado un infarto. Y, bueno, ¿por qué no? Brouard tenía casi setenta años.

—Entonces, entre que bajó a la bahía y volvió, Duffy pudo aclarar el termo.

—Pudo, sí. Pero si fue él quien mató a Brouard, o tuvo a su mujer de cómplice o lo hizo con su conocimiento, sea lo uno o lo otro, estaríamos ante la mejor embustera que he conocido en mi vida. Dice que él estaba arriba y que ella estaba en la cocina cuando Brouard fue a nadar. Dice que él, Duffy, no salió de casa hasta que bajó a la bahía a buscar a Brouard. Y yo la creo.

Saint James miró entonces el teléfono y pensó en la llamada que Le Gallez había realizado y en sus alusiones al registro que estaba en marcha.

—Entonces, si no está buscando cómo lo drogaron aquella mañana, si ya ha decidido que la droga estaba en el termo, debe

327

de estar buscando el recipiente que contuvo el opiáceo hasta que lo utilizaron, algo donde guardarlo para llevarlo a la finca.

—Si lo echaron en el té —dijo Le Gallez—, y no se me ocurre otra posibilidad, indica que se trata de una forma líquida, o de algún polvo soluble.

—Lo que a su vez indica una botella, un frasco, algún tipo de recipiente... con huellas, cabría esperar.

—Que podría estar en cualquier parte —reconoció el inspector en jefe Le Gallez.

Saint James percibió la dificultad en la que se encontraba el inspector: no sólo tenía que registrar una propiedad enorme, sino que ahora también tenía un gran número de sospechosos, puesto que la noche antes de la muerte de Guy Brouard, Le Reposoir estaba abarrotada de invitados a la fiesta, y cualquiera de ellos pudo ir a la celebración con un asesinato en mente. Porque pese a la presencia de un cabello de China River en el cuerpo de Guy Brouard, pese a la imagen de un acechador madrugador vestido con la capa de China River y pese al anillo con la calavera y los huesos cruzados perdido en la playa —un anillo comprado por la misma China River—, el opiáceo que había ingerido Guy Brouard contaba a gritos una historia que ahora Le Gallez se vería obligado a escuchar.

Pero no le gustaría demasiado el aprieto en el que se veía: hasta el momento, sus pruebas sugerían que China River era la asesina, pero la presencia del narcótico en la sangre de Brouard demostraba una premeditación que entraba en conflicto directo con el hecho de que la chica hubiera conocido a Brouard a su llegada a la isla.

—Si lo hizo China River —dijo Saint James—, tendría que haber traído el narcótico con ella desde Estados Unidos, ¿no? No podía esperar encontrarlo aquí en Guernsey. No sabía cómo era el lugar: cómo era de grande la ciudad, dónde pillar la droga. Y aunque tuviera la esperanza de comprar la sustancia aquí y la consiguiera preguntando por Saint Peter Port hasta encontrarla, aún queda una pregunta pendiente, ¿no? ¿Por qué lo hizo?

—Entre sus pertenencias no hay nada que pudiera utilizar para transportar la droga —dijo Le Gallez como si Saint James no acabara de plantear un tema sumamente convincente—. Ni botellas, ni tarros, ni frascos. Nada. Eso sugiere que lo tiró. Si lo encontramos, cuando lo encontremos, habrá resto, o huellas, aunque sólo sea una. Nadie contempla todas las posibilidades cuando mata. Todos creen que sí. Pero matar no sale de forma natural a menos que seas un psicópata, así que cuando cometes el asesinato, te desequilibras y te olvidas. Un detalle. En algún lugar.

—Pero estamos de nuevo en el porqué —argumentó Saint James—. China River no tiene ningún móvil. No gana nada con su muerte.

—Yo me encargo de encontrar el recipiente con sus huellas. Lo demás no es problema mío —replicó Le Gallez.

Aquella observación reflejaba lo peor del trabajo policial: esa predisposición deplorable de los investigadores a culpar a alguien primero e interpretar los hechos después para que encajaran. Cierto, la policía de Guernsey tenía una capa, un cabello en el cadáver e informes de testigos oculares que afirmaban haber visto a alguien siguiendo a Guy Brouard hacia la bahía. Y ahora tenían un anillo comprado por su principal sospechosa y hallado en la escena del crimen. Pero también tenían un elemento que debería fastidiarles el caso. Que el informe toxicológico no lo hubiera desbaratado explicaba por qué había inocentes en la cárcel y por qué la confianza de los ciudadanos en la justicia se había transformado en cinismo hacía ya mucho tiempo.

—Inspector Le Gallez —comenzó a decir Saint James con cuidado—, por un lado tenemos a un multimillonario que muere y a una sospechosa que no gana nada con su muerte. Por el otro, tenemos a varias personas en su vida que podían albergar expectativas en cuanto a la herencia. Tenemos a un hijo privado de un legado mayor, una pequeña fortuna para dos adolescentes no emparentados con el fallecido y a una serie de personas cuyos sueños se han truncado y que, al parecer, estaban relacionadas con los planes que tenía Brouard para construir un museo. Me parece a mí que nos salen los móviles de asesinato de debajo de las piedras. Obviarlos en favor de...

—Brouard estuvo en California. La conocería allí. El móvil viene de esa época.

—Pero ha comprobado los movimientos de los demás, ¿verdad?

—Ninguno fue a...

—No me refiero a que fueran a California —dijo Saint James—, sino a la mañana del asesinato. ¿Ha comprobado dónde estaban esas personas: Adrian Brouard, la gente relacionada con el museo, los adolescentes, los familiares de los adolescentes impacientes por cobrar, otros socios de Brouard, su amante, los hijos de ésta?

Le Gallez permaneció callado, lo cual fue respuesta suficiente.

Saint James siguió insistiendo.

—China River estaba en la casa, cierto. También es cierto que pudo conocer a Brouard en California, lo que está por ver. Tal vez su hermano le conoció y los presentó. Pero, aparte de esa conexión, que puede que ni siquiera exista, ¿se comporta China River como una asesina? ¿Se ha comportado alguna vez como una asesina? No intentó huir de la escena. Se marchó con su hermano esa mañana, como tenía previsto, y no se molestó en ocultar su rastro. No ganaba absolutamente nada con la muerte de Brouard. Carecía de motivos para querer que muriera.

—Que nosotros sepamos —añadió Le Gallez.

—Que nosotros sepamos —reconoció Saint James—. Pero acusarla a ella basándose en pruebas que cualquiera pudo dejar... Al menos tiene usted que ver que el abogado de China River va a desmontarle el caso.

—No lo creo —dijo simplemente Le Gallez—. Sé por experiencia, señor Saint James, que cuando el río suena, agua lleva.

Capítulo 15

*P*aul Fielder normalmente se levantaba con su despertador, una lata vieja y rota a la que daba cuerda religiosamente todas las noches y programaba con cuidado, siempre consciente de que alguno de sus hermanos menores podía haberlo toqueteado en algún momento del día. Pero la mañana siguiente fue el teléfono lo que le despertó, seguido del sonido de unos pies subiendo las escaleras. Reconoció los pasos fuertes y cerró los ojos con fuerza por si Billy entraba en el cuarto. Por qué su hermano estaba levantado tan temprano era un misterio para Paul, a menos que no se hubiera acostado la noche pasada. No sería extraño. A veces Billy se quedaba viendo la tele hasta que no había nada más por ver y luego se quedaba sentado en el salón fumando, poniendo discos en el viejo equipo de música de sus padres. Los ponía muy alto, pero nadie le decía que bajara el volumen para que el resto de la familia pudiera dormir. Los días en que alguien le decía algo a Billy que pudiera hacerle explotar hacía tiempo que habían pasado.

La puerta de su cuarto se abrió de golpe, y Paul mantuvo los ojos bien cerrados. En la pequeña habitación situada enfrente de su cama, su hermano menor gritó sobresaltado y, por un momento, Paul sintió el vergonzoso alivio de quien cree que va a eludir la tortura en favor de otra víctima. Pero sólo resultó ser un grito de sorpresa por el ruido repentino, porque inmediatamente después de que la puerta se abriera bruscamente, Paul notó una palmada en el hombro.

—Eh, estúpido —dijo la voz de Billy—. ¿Crees que no sé que estás fingiendo? Levántate. Vas a tener visita.

Paul siguió tercamente con los ojos cerrados, lo que podía o no haber impulsado a Billy a agarrarle del pelo y levantarle la cabeza. Le echó a Paul el aliento fétido de la mañana en la cara y dijo:

—¿Quieres una mamadita, capullo? ¿Te ayudaría a levantarte? Te gusta más si es un tío, ¿verdad? —Sacudió la cabeza de Paul y luego la soltó en la almohada—. Qué lerdo eres, sí. Apuesto a que la tienes dura y no sabes dónde meterla. Vamos a ver.

Paul notó las manos de su hermano en las mantas y reaccionó. La verdad era que sí la tenía dura. Siempre la tenía así por la mañana y, por conversaciones que había escuchado en la clase de educación física en el colegio, creía que era normal, lo que había supuesto un gran alivio para él, porque había comenzado a preguntarse qué significaba que se despertara diariamente con el miembro erecto.

Soltó un grito similar al de su hermano pequeño y agarró con fuerza la manta. Cuando se hizo evidente que Billy iba a salirse con la suya, saltó de la cama y salio corriendo al baño. Cerró la puerta de golpe y corrió el pestillo. Billy aporreó la madera.

—Ahora se la está pelando —dijo riéndose—. Pero no es tan divertido sin ayuda, ¿no? Una de esas pajitas mutuas que tanto te gustan.

Paul abrió el grifo de la bañera y tiró la cadena del inodoro. Cualquier cosa para neutralizar a su hermano.

Por encima del torrente de agua, oyó otras voces gritando detrás de la puerta, seguidas de la risa enloquecida de Billy, seguida de unos golpes en la puerta más suaves pero insistentes. Paul cerró el grifo y se quedó junto a la bañera. Oyó la voz de su padre.

—Abre, Paulie. Tenemos que hablar.

Cuando Paul abrió la puerta, vio a su padre allí, vestido para salir a trabajar con la cuadrilla de las obras. Llevaba unos vaqueros azules mugrientos y las botas sucias y una camisa de franela gruesa que apestaba a sudor fuerte. Tendría que llevar puesta la ropa de carnicero, pensó Paul, y la tristeza que le provocaba aquello era como un nudo en la garganta. Tendría que llevar la elegante chaqueta blanca y el distinguido delantal blanco encima de unos pantalones que estaban todos los días limpios. Tendría que ir a trabajar a donde había trabajado desde que Paul tenía memoria. Tendría que estar listo para colocar la carne en su tenderete al fondo del mercado, donde ahora no trabajaba nadie porque todo lo que en su día estaba allí había muerto como al final sucedía con todo.

Paul quería cerrarle la puerta en las narices a su padre: a la ropa sucia que nunca debería haber llevado, a su cara que nunca debería haber dejado sin afeitar. Pero antes de que tuviera la oportunidad de hacerlo, su madre también había aparecido en el umbral, llevando consigo el aroma a beicon frito, parte del desayuno que insistía en que su padre tomara todos los días para coger fuerzas.

—Vístete, Paulie —dijo desde detrás del hombro de su marido—. Va a venir a verte un abogado.

—¿Sabes de qué va todo esto, Paul? —le preguntó su padre.

Paul negó con la cabeza. ¿Un abogado? ¿A verle? Le extrañó y pensó que era un error.

—¿Has estado yendo al colegio como deberías? —dijo su padre.

Paul asintió, sin arrepentirse de mentir. Había estado yendo al colegio como él creía que debía, cuando otras cosas no interferían. Cosas como el señor Guy y lo que había sucedido. Lo que provocó que el dolor volviera deprisa.

Su madre pareció notarlo. Metió la mano en el bolsillo de su bata de cuadros y sacó un clínex que dejó en la mano de Paul.

—Date prisa, cielo —murmuró, y le dijo a su marido—: Ol, ve a desayunar. Ha ido abajo —añadió mirando a Paul mientras le dejaban para que se arreglara para la visita. Como para dar una explicación innecesaria, oyó el estruendo del televisor. Billy había pasado a otro interés.

Solo, Paul hizo lo que pudo por estar presentable para reunirse con un abogado. Se lavó la cara y las axilas. Se puso la ropa que había llevado el día anterior. Se cepilló los dientes y se peinó. Se miró en el espejo y se preguntó qué significaba todo aquello: la mujer, el libro, la iglesia y los obreros. Tenía la pluma en la mano y señalaba algo: la punta al libro y las plumas al cielo. Pero ¿qué significaba? Quizá nada, si bien no lo creía.

«¿Se te da bien guardar secretos, mi príncipe?»

Fue abajo, donde su padre estaba comiendo y Billy —tras

333

olvidar el televisor— fumando, repantigado en su silla con los pies sobre el cubo de la basura de la cocina. Tenía una taza de té junto al codo y la levantó cuando Paul entró en la habitación, saludándolo con una sonrisita.

—¿Ha estado bien la paja, Paulie? Espero que hayas limpiado la taza del inodoro.

—Esa boca —dijo Ol Fielder a su hijo mayor.

—Uh, qué miedo —fue la respuesta de Billy.

—¿Unos huevos, Paulie? —le preguntó su madre—. Puedo hacértelos fritos, o cocidos si quieres.

—La última comida antes de que se lo lleven —dijo Billy—. Si te haces pajas en la trena, todos querrán un poco, Paulie.

Los berreos de la menor de los Fielder en las escaleras interrumpieron su conversación. La madre de Paul dio la sartén al padre, le pidió que vigilara los huevos y fue a buscar a su única hija. Cuando ésta entró en la cocina sobre la cadera de su madre, no hubo forma de que dejara de llorar.

El timbre de la puerta sonó mientras los dos hermanos menores bajaban ruidosamente las escaleras y ocupaban su lugar en la mesa. Ol Fielder fue a abrir y, enseguida, llamó a Paul para que fuera al salón.

—Tú también, Mave —dijo a su mujer, lo que fue invitación suficiente para que Billy se uniera a ellos sin que le dijeran nada.

Paul se quedó en la puerta. No sabía mucho sobre abogados, y lo que sabía no hacía que estuviera impaciente por conocer a uno. Intervenían en juicios, y los juicios significaban gente en apuros. Y se mirara como se mirase, alguien en apuros bien podía significar Paul.

El abogado resultó ser un hombre llamado señor Forrest, que miró a Billy y a Paul con cierta confusión, preguntándose obviamente quién era quién. Billy resolvió el problema empujando a Paul hacia delante.

—Le busca a él. ¿Qué ha hecho?

Ol Fielder presentó a todo el mundo. El señor Forrest miró a su alrededor buscando un lugar donde sentarse. Mave Fielder apartó una pila de ropa limpia del sillón más grande y dijo:

—Por favor, siéntese. —Pero ella se quedó de pie. En realidad, nadie parecía saber qué hacer. Los pies cambiaban de posición, un estómago gruñó y la pequeña se retorció en los brazos de su madre.

El señor Forrest llevaba consigo un maletín, que colocó en una otomana de plástico. No se sentó porque nadie más lo hizo. Hurgó entre algunos papeles y se aclaró la garganta.

Informó a los padres y al hermano mayor de que Paul era uno de los principales beneficiarios del testamento del difunto Guy Brouard. ¿Conocían los Fielder las leyes de sucesión de Guernsey? ¿No? Bueno, entonces se las explicaría.

Paul escuchó, pero no entendió demasiado. Sólo observando las expresiones de sus padres y escuchando a Billy decir: «¿Qué? ¿Qué? ¡Mierda!», se dio cuenta de que estaba pasando algo extraordinario. Pero no supo qué le pasaba a él hasta que su madre gritó:

—¿Nuestro Paulie va a ser rico?

—¡Qué puta mierda! —dijo Billy, y se volvió hacia Paul. Podría haber dicho más, pero el señor Forrest comenzó a utilizar la expresión «nuestro joven señor Paul» en referencia al beneficiario al que había ido a visitar, y aquello pareció provocar un efecto profundo en Billy, algo que le hizo apartar a Paul y salir del salón. Se marchó de la casa dando un portazo tan fuerte que pareció que la presión del aire de la estancia cambiaba.

—Es una buena noticia, sí —le dijo su padre sonriendo—. Felicidades, hijo.

—Dios mío —murmuraba su madre.

El señor Forrest estaba diciendo algo sobre contables, sobre aclarar las cantidades exactas y sobre quién recibía cuánto y cómo se determinaba. Nombró a los hijos del señor Guy y también a la hija de Henry Moullin, Cyn. Habló de cómo había repartido el señor Guy su patrimonio y por qué, y dijo que si Paul necesitaba asesoramiento en lo referente a inversiones, ahorros, seguros, préstamos y cuestiones similares, podía llamar directamente al señor Forrest, y éste estaría encantado de ayudarle en todo lo que pudiera. Sacó unas tarjetas y plantó una en la mano de Paul y otra en la mano de su padre. Les dijo que podían llamarle en cuanto organizaran las preguntas que quisieran hacerle. Porque habría preguntas, dijo sonriendo. Siempre las había en situaciones así.

Mave Fielder hizo la primera. Se lamió los labios secos, miró a su marido nerviosa y recolocó al bebé sobre su cadera.

—¿Cuánto...? —dijo.

Tras soltar un «ah», el señor Forrest afirmó que aún no lo sabían exactamente. Había que repasar estados de cuentas, de acciones y pagos pendientes —un perito contable estaba ya ocupándose de ello—, y cuando acabara, tendrían la cifra correcta. Pero estaba dispuesto a aventurar una respuesta... Aunque no quería que contaran con ella o hicieran algo previendo el dinero que recibirían, añadió rápidamente.

—¿Quieres saberlo, Paulie —le preguntó su padre—, o prefieres esperar a que tengan la cantidad exacta?

—Supongo que querrá saberlo ya —dijo Mave Fielder—. Yo querría saberlo, ¿tú no, Ol?

—Que lo decida Paulie. ¿Qué dices, hijo?

Paul miró sus caras, radiantes y sonrientes. Sabía qué respuesta tenía que dar. Quería darla por lo que significaría para ellos oír una buena noticia. Así que asintió, un gesto rápido con la cabeza, un reconocimiento a un futuro que, de repente, se había expandido más allá de lo que ninguno de ellos había soñado jamás.

No podían estar absolutamente seguros hasta que se cerrara el ejercicio de contabilidad, les dijo el señor Forrest; pero como el señor Brouard era un lince para los negocios, podía decir sin temor a equivocarse que la parte del patrimonio que correspondería a Paul Fielder seguramente rondaría las setecientas mil libras.

—Santa madre de Dios —musitó Mave Fielder.

—Setecientas... —Ol Fielder meneó la cabeza con incredulidad, como si quisiera despejarse. Entonces, su cara, tan triste durante tanto tiempo debido a la tristeza de un hombre fracasado, se iluminó con una sonrisa inquebrantable—. ¿Setecientas mil libras? ¡Setecientas...! ¡Imagínate! Paulie, hijo, imagina todo lo que podrás hacer.

Paul articuló las palabras «setecientas mil», pero le resultaban incomprensibles. Se sentía como si estuviera pegado al suelo y bastante superado por el sentido del deber que ahora descansaba sobre él.

«Imagina todo lo que podrás hacer.»

Se acordó del señor Guy, de las palabras que le había dicho en lo alto de la mansión de Le Reposoir, mientras contemplaban los árboles desplegándose en el esplendor primaveral de abril y volviendo a la vida jardín tras jardín.

«A todo aquel a quien se haya dado mucho, mucho se le demandará, mi príncipe. Saberlo mantiene tu vida en equilibrio. Pero vivir conforme a ello, ésa es la verdadera prueba. ¿Podrías hacerlo, hijo, si te encontraras en esta situación? ¿Qué harías tú?»

Paul no lo sabía. No lo había sabido entonces y no lo sabía ahora. Pero tenía una ligera idea, porque el señor Guy se la había dado. No directamente, porque el señor Guy no hacía las cosas directamente, como había descubierto Paul. Pero a pesar de todo, la tenía.

Dejó a sus padres y al señor Forrest hablando de los cuándos y los maravillosos porqués de su milagrosa herencia. Regresó a su cuarto, donde, debajo de la cama, había dejado su mochila para guardarla en un lugar seguro. Se arrodilló —con el trasero subido y las manos en el suelo— para sacarla y, entonces, oyó las pezuñas de *Taboo* arañando el linóleo del pasillo. El perro entró resoplando y se quedó a su lado.

Aquello hizo que Paul se acordara de cerrar la puerta; por si acaso, colocó una de las dos cómodas de la habitación delante. *Taboo* subió a la cama de un salto, dio unas vueltas para echarse sobre el lugar que más oliera a Paul y, cuando lo encontró, se tumbó satisfecho y observó a su dueño sacar la mochila, quitar una bola de polvo y desabrochar las hebillas de plástico.

Paul se sentó junto al perro, y *Taboo* puso la cabeza encima de su pierna. El chico sabía que tenía que rascarle las orejas y lo hizo, pero le dedicó poco tiempo. Esa mañana tenía que preocuparse de otras cosas antes que acariciar a su mascota.

No sabía qué hacer con lo que tenía. Cuando lo desenrolló, vio que no era la clase de mapa del tesoro pirata que había imaginado; pero aun así, supo que era algún tipo de mapa porque el señor Guy no lo habría dejado allí para que él lo encontrara si hubiera sido otra cosa. Entonces, mientras estudiaba su hallazgo, había recordado que el señor Guy a menudo hablaba en clave: un pato rechazado por el grupo representaba a Paul y a sus compañeros de colegio, o un coche que emitía columnas de

337

gases negros representaba un cuerpo totalmente corrompido por la mala alimentación, el tabaco y el sedentarismo. El señor Guy se expresaba así porque no le gustaba sermonear a nadie. Sin embargo, lo que Paul no había previsto era que el señor Guy también enfocara una conversación útil a través de mensajes que había escondido.

La mujer que tenía delante sujetaba una pluma. ¿Era una pluma? Lo parecía. Tenía un libro abierto sobre la falda. Detrás de ella, se alzaba un edificio alto y enorme, y debajo, los obreros trabajaban en su construcción. A Paul le pareció una iglesia. Y ella parecía... No sabía decir. Abatida, tal vez. Infinitamente triste. Estaba escribiendo en el libro como si documentara... ¿Qué? ¿Sus pensamientos? ¿El trabajo? ¿Lo que pasaba detrás de ella? ¿Qué pasaba? Se construía un edificio. Una mujer con un libro y una pluma y un edificio en construcción, todo ello configuraba un último mensaje del señor Guy a Paul.

«Sabes muchas cosas que crees que no sabes, hijo. Puedes hacer lo que quieras.»

Pero ¿qué había que hacer con esto? Los únicos edificios asociados con el señor Guy que Paul conocía eran sus hoteles, su casa de Le Reposoir y el museo que él y el señor Ouseley querían construir. Las únicas mujeres asociadas con el señor Guy que Paul conocía eran Anaïs Abbott y la hermana del señor Guy. Parecía improbable que el mensaje que el señor Guy quería mandar a Paul estuviera relacionado con Anaïs Abbott. Y parecía aún más improbable que el señor Guy le transmitiera un mensaje sobre alguno de sus hoteles o incluso sobre su casa. Por lo que la esencia del mensaje tenía que ser la hermana de Guy y el museo del señor Ouseley. Ése era el significado del mensaje.

Tal vez el libro que la mujer tenía en el regazo era un informe que escribía sobre la construcción del museo. Y el hecho de que el señor Guy hubiera dejado este mensaje para que Paul lo encontrara —cuando claramente podría habérselo dejado a cualquier otra persona— encerraba las instrucciones del señor Guy para el futuro. Y la herencia que el señor Guy había dejado a Paul encajaba con el mensaje que había recibido: Ruth Brouard seguiría adelante con el proyecto, pero Paul era quien poseía el dinero para construirlo.

Tenía que ser eso. Paul lo sabía. Pero había más, lo sentía. Y el señor Guy le había hablado en más de una ocasión sobre sentimientos.

«Confía en tu interior, hijo mío. Ahí está la verdad.»

Paul vio, con una oleada de satisfacción, que «interior» significaba algo más que dentro del corazón y del alma. También significaba dentro del dolmen. Tenía que confiar en lo que había encontrado en el interior de la cámara oscura. Bueno, pues eso haría.

Abrazó a *Taboo* y sintió como si se quitara un enorme peso de encima. Había deambulado en la oscuridad desde que se enteró de la muerte del señor Guy. Ahora tenía una luz. Más que esto, en realidad. Tenía mucho más. Ahora sabía qué camino seguir.

Ruth no necesitaba escuchar el veredicto del oncólogo. Lo vio en su cara, en particular en su frente, que estaba incluso más arrugada de lo normal. Comprendió que estaba eludiendo los sentimientos que siempre acompañaban al fracaso inminente. Se preguntó cómo sería elegir ganarse la vida siendo testigo del fallecimiento de infinidad de pacientes. Al fin y al cabo, se suponía que los médicos tenían que curar y, luego, celebrar la victoria en la batalla contra las dolencias, los accidentes, las enfermedades. Pero los médicos que trataban el cáncer iban a la guerra con armas que a menudo eran insuficientes para combatir a un enemigo que no conocía restricciones y no entendía de reglas. Ruth pensó que el cáncer era como un terrorista. No había señales sutiles, únicamente devastación instantánea. La palabra sola bastaba para destruir.

—Ya hemos sacado el máximo a lo que estamos utilizando —dijo el médico—. Pero llega un momento en que es necesario un analgésico opiáceo más fuerte. Creo que sabe que hemos llegado a ese momento, Ruth. La hidromorfona ya no basta. No podemos aumentar la dosis. Tenemos que cambiar.

—Querría otra alternativa. —Ruth sabía que su voz era débil y odiaba lo que aquello revelaba sobre su mal. Se suponía que tenía que ser capaz de esconderse del dolor, y si no podía hacerlo, se suponía que tenía que esconder el dolor al mundo.

Se obligó a sonreír—. No sería tan malo sentir sólo los pinchazos. Habría un descanso entre uno y otro, ya me entiende. Tendría el recuerdo de qué sentía... durante esas pausas breves..., qué sentía antes.

—Otra sesión de quimio, entonces.

Ruth se mantuvo firme.

—Eso no.

—Entonces hay que pasar a la morfina. Es la única solución. —Se quedó mirándola desde el otro lado de la mesa, y pareció que el velo en los ojos que había estado protegiéndole caía un instante. Era como si el hombre estuviera desnudo ante ella, una criatura que sentía el dolor de demasiadas personas—. ¿De qué tiene miedo, exactamente? —Su voz era amable—. ¿De la quimio? ¿De los efectos secundarios?

Ella negó con la cabeza.

—¿De la morfina, entonces? ¿La idea de la adicción? ¿Heroinómanos, fumaderos de opio, adictos dando cabezadas en los callejones?

De nuevo, Ruth negó con la cabeza.

—Entonces, ¿del hecho de que la morfina sea lo último y lo que eso significa?

—No, en absoluto. Sé que me estoy muriendo. Eso no me da miedo. —Ver a *Maman* y a papá después de tanto tiempo, ver a Guy y poder decirle que lo sentía... ¿Por qué iba a darle miedo eso?, pensó Ruth. No obstante, quería tener el control y sabía cómo funcionaba la morfina: al final te arrebataba todo lo que tú mismo intentabas valerosamente liberar en un suspiro.

—Pero no es necesario morir con este sufrimiento, Ruth. La morfina...

—Quiero irme sabiendo que me voy —dijo Ruth—. No quiero ser un cadáver que respira en una cama.

—Ah. —El médico puso las manos encima de la mesa, las cruzó cuidadosamente y la luz se reflejó en su alianza—. Se ha hecho una imagen de la morfina, ¿verdad? La paciente comatosa y la familia reunida en torno a su cama observándola en su estado de máxima indefensión. Yace inmóvil y ni siquiera está consciente, es incapaz de comunicarse, piense en lo que piense.

Ruth sintió la llamada de las lágrimas, pero no contestó a

ella. Como temía echarse a llorar, simplemente asintió con la cabeza.

—Es una imagen muy antigua —le dijo el médico—. Naturalmente, podemos convertirla en una imagen actual si es lo que quiere el paciente: una caída en el coma cuidadosamente orquestada, la muerte esperando al final del descenso. O bien podemos controlar la dosis para aliviar el dolor y que el paciente siga alerta.

—Pero si el dolor es demasiado intenso, la dosis tiene que ser la adecuada. Y sé lo que hace la morfina. No puede fingir que no debilita.

—Si tiene algún problema, si está demasiado soñolienta, lo equilibraremos con otra cosa: metilfenidato, un estimulante.

—Más pastillas. —La amargura que Ruth oyó en su voz igualaba al dolor que sentía en los huesos.

—¿Qué alternativa hay aparte de lo que ya tiene, Ruth?

Ésa era la pregunta, y no tenía una respuesta fácil que pudiera aceptar de buen grado. Estaba morir por su propia mano, someterse a la tortura como un mártir cristiano o tomar morfina. Tendría que decidir.

Pensó en ello mientras tomaba un café en el Admiral de Saumarez Inn. Situado a sólo unos pasos de Berthelot Street, tenían la chimenea encendida, y Ruth encontró una mesa minúscula cerca que estaba vacía. Se sentó despacio en una silla y pidió el café. Se lo bebió lentamente, degustando su sabor amargo mientras contemplaba las llamas lamer ávidamente los troncos.

Ruth pensó cansinamente que no tendría que estar en semejante situación. De niña, pensaba que un día se casaría y formaría una familia, igual que otras niñas. Como mujer que había cumplido los treinta y luego los cuarenta sin que eso pasara, pensó que podría serle útil a su hermano, quien lo había sido todo para ella a lo largo de toda su vida. No estaba hecha para otras ocupaciones, se dijo. Viviría para Guy.

Pero con el paso del tiempo, vivir para Guy la puso cara a cara con la forma de vivir de Guy, y le había resultado una situación difícil de aceptar. Al final lo había conseguido, diciéndose que su hermano sólo reaccionaba a la pérdida prematura que había tenido que sufrir y a las responsabilidades infinitas que aquella pérdida había supuesto para él. Ella había sido una de esas responsabilidades, y él la había asumido con entusiasmo. Ruth le debía mucho, así que hizo la vista gorda hasta que sintió que no podía seguir haciéndolo.

Se preguntó por qué la gente reaccionaba como lo hacía a las dificultades con las que se topaba en la infancia. El reto de una persona se convertía en la excusa de otra; pero en cualquier caso, la infancia seguía siendo la razón que se escondía detrás de sus actos. Hacía tiempo que había comprendido este precepto sencillo cuando analizaba la vida de su hermano: sus ganas de triunfar y demostrar su valía estaban determinadas por la persecución y la pérdida prematuras; su forma de ir tras las mujeres incansable e interminablemente sólo era el reflejo de un niño privado del amor de su madre; su fracaso como padre solamente era el indicio de una relación paternal acabada antes de que pudiera florecer. Ruth sabía todo eso. Había reflexionado sobre ello. Pero en sus reflexiones, jamás había considerado cómo funcionaban los preceptos que gobernaban el papel de la infancia en las vidas de otras personas que no fueran Guy.

En la suya propia, por ejemplo: toda una existencia dominada por el miedo. La gente decía que volverían y nunca lo hicieron; ése era el telón de fondo frente al que había representado su papel en el drama en que se había convertido su vida. Sin embargo, no se podía funcionar en un clima de tanta inquietud, así que se buscaban formas para fingir que el miedo no existía. Un hombre podía marcharse, así que había que atarse al hombre que no pudiera hacerlo. Un niño podía crecer, cambiar y abandonar el nido, así que había que evitar esa posibilidad de la forma más sencilla: no teniendo hijos. El futuro podía traer retos que te adentraran en lo desconocido, así que había que vivir en el pasado: hacer de la vida un homenaje al pasado, convertirse en documentalista del pasado, celebrarlo, inmortalizarlo. En este sentido, vivir al margen del miedo tan sólo era, al fin y al cabo, otra forma de vivir al margen de la vida.

¿Tan malo era eso, sin embargo? Ruth creía que no, en especial cuando contemplaba adónde la habían llevado sus intentos de vivir dentro de la vida.

—Quiero saber qué piensas hacer —le había dicho Margaret aquella mañana—. A Adrian le han arrebatado lo que le correspondía (desde más de un frente, y lo sabes), y quiero saber qué piensas hacer. No me importa cómo se las arregló, sinceramente, qué tipo de argucia legal utilizó. Me da igual. Sólo quiero saber cómo piensas arreglarlo, no si piensas arreglarlo; Ruth, sino cómo. Porque sabes adónde conducirá todo esto si no haces algo.

—Guy quería...

—Me importa un pimiento lo que creas que quería Guy, porque yo sé lo que quería: lo que siempre quiso. —Margaret avanzó hacia el tocador, donde estaba sentada Ruth, intentando dar un color artificial a su rostro—. Podría ser su hija, Ruth. Es incluso más joven que sus propias hijas, si me apuras. Alguien que ni remotamente estaba a su alcance: eso es lo que buscaba esta vez. Y tú lo sabes, ¿verdad?

A Ruth le tembló tanto la mano que no pudo girar el tubo del pintalabios para que subiera la barra. Margaret lo vio y se agarró a eso, interpretándolo como la respuesta que Ruth no pensaba ofrecerle abiertamente.

343

—Dios mío, tú lo sabías. —Margaret tenía la voz ronca—. Sabías que pretendía seducirla y no hiciste nada por evitarlo. En tu opinión, siempre en tu opinión, el pequeño Guy no podía equivocarse, independientemente de a quién hiciera daño.

«Ruth, yo lo deseo. Ella también lo desea.»

—¿Qué importaba, al fin y al cabo, que simplemente fuera la última de una larguísima lista de mujeres que tenía que conseguir? ¿Qué importaba que, al conseguirla, llevara a cabo una traición de la que nadie se recuperaría? Siempre podía fingir que les estaba haciendo una especie de favor caballeroso. Ampliar su mundo, tomarlas bajo su protección, salvarlas de una mala situación, y las dos sabemos qué situación era ésa. Pero en realidad lo que siempre hizo fue alegrarse la vida de la forma más sencilla que encontró. Tú lo sabías. Lo viste. Dejaste que pasara, como si no tuvieras ninguna responsabilidad con nadie aparte de contigo misma.

Ruth bajó la mano. Le temblaba tanto que ya no podía utilizarla. Guy se había equivocado. Lo reconocía. Pero no era su intención. No lo había planeado de antemano... Ni siquiera había pensado en... No. No era esa clase de monstruo. Ella estaba allí un día, y a Guy se le abrió el cielo como le pasaba siempre que, de repente, se fijaba en alguien y, también de repente, sentía el deseo y pensaba que tenía que ser suya, porque «Es la definitiva, Ruth». Y siempre era «la definitiva» para Guy, ésa era su forma de justificar todo lo que hacía. Así que Margaret tenía razón. Ruth había visto el peligro.

—¿Mirabas? —le preguntó Margaret. Había estado observando a Ruth desde detrás, su reflejo en el espejo, pero ahora se puso a su lado para que Ruth tuviera que mirarla y, por si no lo hacía, Margaret le cogió el pintalabios de la mano—. ¿Era eso? ¿Tú participabas? Dejaste de estar en un segundo plano, la pequeña admiradora de Guy con sus bordados, y esta vez pasaste a ser una participante activa en la obra. ¿O quizá eras una mirona, un Polonio detrás del tapiz?

—¡No! —gritó Ruth.

—Oh. Entonces sólo eras alguien que no se implicaba, hiciera lo que hiciese él.

—Eso no es cierto. —Tenía que soportar demasiado: el dolor físico, la pena profunda por la muerte de su hermano, ser testigo de sueños truncados, querer a demasiada gente enfrentada entre sí, ver la rueda de la pasión equivocada de Guy girando a unas revoluciones que no cambiaron nunca, ni siquiera al final, ni siquiera después de decir por última vez: «Es la definitiva de verdad, Ruth». Porque no lo había sido, pero él tuvo que decirse que sí lo era, ya que si no lo hubiera hecho, habría tenido que enfrentarse a quién era él en realidad: un viejo que había tratado de recuperarse, sin conseguirlo, de toda una vida de dolor que nunca se había permitido sentir. No había ningún lujo en la frase «*Prends soin de ta petite soeur*», la orden que se convirtió en el lema de un escudo familiar que solamente existía en la cabeza de su hermano. Así pues, ¿cómo podía pedirle cuentas? ¿Qué exigencias podía plantearle, qué amenazas?

Ninguna. Sólo podía intentar hacerle entrar en razón. Cuando la razón fracasó, porque estaba condenada al fracaso desde el momento en que volvió a decir: «Es la definitiva», como si no hubiera hecho esa declaración miles de veces antes, Ruth supo que tendría que tomar otro camino para detenerle.

344

Sería un camino nuevo, que representaría un territorio aterrador e inexplorado para ella. Pero tenía que hacerlo.

Así que Margaret estaba equivocada, al menos en eso. No había interpretado el papel de Polonio, merodeando y escuchando, viendo que sus sospechas se confirmaban y, al mismo tiempo, obteniendo una satisfacción indirecta de algo que ella nunca tuvo. Lo supo. Intentó que su hermano entrara en razón. Cuando aquello no funcionó, actuó.

¿Y ahora...? Tenía que contemplar las consecuencias de lo que había hecho.

Ruth sabía que tenía que encontrar alguna forma de reparar aquello. Margaret querría que creyera que una indemnización adecuada era rescatar la herencia que le correspondía a Adrian del atolladero legal que Guy había creado para impedir que el joven la recibiera. Pero eso era porque Margaret quería una solución rápida a un problema que llevaba años gestándose. Como si una inyección de dinero en las venas de Adrian fuera la respuesta a lo que le afligía desde hacía tiempo, pensó Ruth.

En el Admiral de Saumarez Inn, Ruth se acabó el café y dejó el dinero en la mesa. Se puso el abrigo con cierta dificultad y, torpemente, se abrochó los botones y colocó la bufanda. Fuera lloviznaba, pero un rayo de sol en la dirección de Francia prometía una mejora en el tiempo a medida que transcurriera el día. Ruth esperaba que así fuera. Había ido a la ciudad y no había cogido paraguas.

Tuvo que subir la cuesta de Berthelot Street, y le costó trabajo. Se preguntó cuánto tiempo aguantaría y cuántos meses o incluso semanas le quedaban antes de verse postrada en la cama esperando la cuenta atrás definitiva. No mucho, confiaba.

Cerca del final de la subida, New Street giraba a la derecha en dirección al Tribunal de Justicia. Dominic Forrest tenía su despacho en esa zona.

Ruth entró y vio que el abogado acababa de regresar de algunas visitas. Podría atenderla si no le importaba esperar unos quince minutos. Tenía que devolver dos llamadas sumamente importantes. ¿Quería un café?

Ruth declinó el ofrecimiento. No se sentó porque no estaba

segura de si podría volver a levantarse sin ayuda. Así que cogió una ejemplar de *Country Life* que encontró y miró las fotos sin verlas realmente.

El señor Forrest fue a buscarla al cabo de los quince minutos prometidos. Estaba serio cuando pronunció su nombre, y Ruth se preguntó si había estado observándola desde la puerta y evaluando cuánto tiempo más sería capaz de aguantar. A Ruth le parecía que una gran parte del mundo que la rodeaba la observaba ahora de esta manera. Cuanto más hacía por aparentar normalidad y fingir que la enfermedad no la afectaba, más personas parecían mirarla como si esperaran a que la mentira saliera a la luz.

Ruth tomó asiento en el despacho de Forrest, pues sabía lo extraño que sería que se quedara de pie durante toda la reunión. El abogado le preguntó si le importaba que él tomara un café... Llevaba horas despierto, porque había comenzado el día temprano y sentía que ya necesitaba una inyección de cafeína. ¿Quería al menos un trozo de *gâche?*

Ruth dijo que no, que no quería nada, porque acababa de tomarse un café en el Admiral de Saumarez. Sin embargo, esperó a que el señor Forrest se terminara la infusión y la rebanada de pan típico de la isla antes de anunciar la razón de su visita.

Le transmitió al abogado su confusión respecto al testamento de Guy. Había atestiguado sus testamentos anteriores, como bien sabía el señor Forrest, y había sido una sorpresa escuchar los cambios que había realizado en los legados: nada para Anaïs Abbott y sus hijos, el museo de la guerra olvidado, los Duffy ignorados. Y ver que había dejado menos dinero a sus propios hijos que a sus dos..., no encontraba la palabra y se decidió por «protegidos locales»..., era una situación de lo más desconcertante.

Dominic Forrest asintió con solemnidad. Él se había preguntado qué sucedía cuando le pidieron que leyera el testamento delante de personas que no eran beneficiarias del mismo, admitió. Aquello era irregular —bueno, leer un testamento en una reunión así hoy en día era un poco irregular, ¿verdad?—, pero había pensado que tal vez Ruth quería rodearse de amigos y seres queridos en un momento difícil. Ahora veía que la propia Ruth desconocía el contenido del último testamento de su hermano, lo cual explicaba muchas cosas acerca de la singularidad de llevar a cabo una lectura formal.

—Sí que me extrañó que usted no viniera el día que firmó los documentos. Hasta entonces siempre le había acompañado. Pensé que tal vez no se encontrara bien, pero no le pregunté. Porque... —El abogado se encogió de hombros. Parecía comprensivo e incómodo a la vez. Ruth comprendió que él también lo sabía. Así que seguramente Guy también lo sabía. Pero como la mayoría de la gente, no sabía qué decir. «Lamento que se esté muriendo» parecía demasiado vulgar.

—Pero, verá, siempre me lo había comentado —dijo Ruth—, en todos los testamentos, todas las veces. Intento comprender por qué mantuvo en secreto esta versión final.

—Tal vez creía que se disgustaría —dijo Forrest—. Tal vez sabía que no estaría de acuerdo con los cambios en los legados, con sacar parte del dinero fuera de la familia.

—No. No puede ser por eso —dijo Ruth—. En los otros testamentos la situación era la misma.

—Pero no en un cincuenta-cincuenta. Y en las versiones anteriores sus hijos heredaban más que los otros beneficiarios. Tal vez Guy pensó que usted se molestaría. Sabía que entendería qué significaban los términos de su testamento en cuanto los escuchara.

—Habría protestado, sí —reconoció Ruth—. Pero eso no habría cambiado las cosas. Guy nunca tuvo en cuenta mis protestas.

—Sí, pero eso era antes de... —Forrest hizo un pequeño gesto con las manos. Ruth interpretó que se refería al cáncer.

Sí. Si Guy sabía que ella se estaba muriendo, tenía sentido. Escucharía los deseos de una hermana a quien le quedaba poco tiempo en este mundo. Incluso Guy haría eso. Y escucharla habría significado dejar a sus tres hijos un legado como mínimo igual —si no superior— al de los dos adolescentes isleños, que era precisamente lo que Guy no quería hacer. Sus hijas hacía tiempo que no querían saber nada de él; su hijo había sido una eterna decepción. Quería acordarse de las personas que habían correspondido a su amor de la forma como él había decidido que había que corresponder al amor. Así que había colaborado

347

con las leyes de sucesión y dejado a sus hijos el cincuenta por ciento que les correspondía, permitiéndose hacer lo que quisiera con el resto.

Pero no decírselo... Ruth se sentía como si estuviera perdida en el espacio, pero se trataba de un espacio azotado por tormentas en el que ya no había nada a lo que agarrarse. Porque había cosas que Guy, su hermano, su pilar, no le había contado. En menos de veinticuatro horas había descubierto un viaje a California que no le había mencionado y una artimaña deliberada para imponer un castigo a los jóvenes que le habían decepcionado y dar una recompensa a los que no.

—Tenía muy claro este testamento final —dijo el señor Forrest, como para tranquilizarla—. Y la forma como se redactó habría dejado a sus hijos una cantidad de dinero considerable, independientemente de lo que recibieran los otros beneficiarios. Empezó con dos millones de libras hace casi diez años, como recordará. Invertidos de manera inteligente, podrían haberse convertido en una fortuna suficientemente importante para contentar a todo el mundo, aunque sólo recibieran una parte.

Más allá del conocimiento desgarrador de lo que su hermano había hecho para herir a tantas personas, Ruth oyó los «habría» y «podría» en los comentarios del señor Forrest. De repente, el abogado parecía estar muy lejos de ella; el espacio al que la habían lanzado la separaba cada vez más del resto de la humanidad.

—¿Hay algo más que tenga que saber, señor Forrest?

Dominic Forrest pareció considerar la pregunta.

—¿Que tenga que saber? Yo no diría que tenga que saberlo. Pero, por otro lado, pensando en los hijos de Guy y en cómo van a reaccionar... Creo que es prudente estar preparados.

—¿Para qué?

El abogado cogió un papel que estaba junto al teléfono en la mesa.

—He recibido un mensaje del perito contable. ¿Recuerda las llamadas que tenía que hacer? Una era a él.

—¿Y? —Ruth vio la indecisión del abogado en el modo como Forrest miró el papel, el mismo tipo de indecisión que su médico empleaba cuando reunía fuerzas para comunicarle malas noticias. Por lo tanto, sabía que tenía que prepararse, aunque aquello no le quitó las ganas de salir corriendo de allí.

—Ruth, queda muy poco dinero: poco menos de doscientas cincuenta mil libras. Es una cantidad considerable según los parámetros normales, sí. Pero teniendo en cuenta que comenzó con dos millones... Guy era un lince para los negocios, no había nadie más astuto que él. Sabía cuándo, dónde y cómo invertir. En sus cuentas tendría que haber muchísimo más de lo que hay.

—¿Qué ha pasado...?

—¿...con el resto del dinero? —Forrest acabó la frase—. No lo sé. Cuando el perito contable me entregó su informe, le dije que tenía que haber algún error. Está investigándolo, pero me ha dicho que, según él, es un tema sencillo.

—¿Qué significa eso?

—Al parecer, hace diez meses Guy vendió una parte significativa de su cartera de valores: más de tres millones y medio de libras en ese momento.

—¿Los ingresó en un banco? ¿Con sus ahorros, quizá?

—Ahí no están.

—¿Compró algo?

—No consta.

—¿Entonces?

—No lo sé. Acabo de enterarme hace diez minutos de que el dinero había desaparecido, y lo único que puedo decirle es lo que queda: un cuarto de millón de libras.

—Pero, como abogado suyo, usted tiene que saber...

—Ruth, acabo de pasar parte de la mañana haciendo saber a sus beneficiarios que cada uno iba a heredar una cantidad que rondaba las setecientas mil libras, tal vez más. Créame, no sabía que el dinero había desaparecido.

—¿Ha podido robarlo alguien?

—No sé cómo.

—¿Alguien ha podido malversarlo en el banco o en la agencia de valores?

—De nuevo, ¿cómo?

—¿Pudo regalarlo?

—Pudo, sí. Ahora mismo el contable está buscando el rastro documental. Lo lógico es que la fortuna haya ido a parar a su hijo. Pero ¿de momento? —Se encogió de hombros—. No lo sabemos.

—Si Guy le dio a Adrian el dinero —dijo Ruth, más a sí misma que al abogado—, lo mantuvo en secreto. Los dos lo mantuvieron en secreto. Y su madre no lo sabe. Margaret, su madre —esto sí se lo dijo al abogado—, no lo sabe.

—Hasta que descubramos más, sólo podemos suponer que todo el mundo recibirá un legado mucho menor de lo previsible —dijo el señor Forrest—. Y debería prepararse para ser el blanco de bastante animadversión.

—Menor. Sí. No había pensado en eso.

—Pues empiece a pensarlo —le dijo el señor Forrest—. Tal como están las cosas ahora, los hijos de Guy van a heredar menos de sesenta mil libras cada uno, los otros dos recibirán alrededor de ochenta y siete mil libras y usted posee un patrimonio y unas pertenencias que valen millones. Cuando todo esto se aclare, recibirá usted una presión enorme para arreglar las cosas a ojos de los demás. Hasta que lo solucionemos todo, le sugiero que se mantenga firme en cuanto a los deseos de Guy respecto al patrimonio.

—Puede que queden más cosas por saber —murmuró Ruth.

Forrest dejó las notas del perito contable sobre la mesa.

—Créame, seguro que quedan más cosas por saber —reconoció.

Capítulo 16

Con el auricular pegado a la oreja, Valerie Duffy oía que el teléfono sonaba y sonaba.

—Contesta, contesta, contesta —susurró, pero los tonos siguieron. Aunque no quería colgar, al final se obligó a hacerlo. Un momento después, logró convencerse de que se había confundido de número al marcar, así que lo intentó de nuevo. La llamada se cursó; comenzaron a sonar los tonos. El resultado fue el mismo.

Fuera, veía a la policía llevando a cabo el registro. Habían sido tenaces pero meticulosos en la mansión y ahora habían pasado a los edificios anexos y los jardines. Valerie creía que pronto decidirían registrar también su casa. Formaba parte de Le Reposoir, y sus órdenes eran —según el sargento al mando— llevar a cabo un registro meticuloso y minucioso de las instalaciones, señora.

No quería plantearse qué estaban buscando, pero se hacía una idea. Un policía había bajado las escaleras con las medicinas de Ruth metidas en una bolsa y, sólo después de recalcar lo imprescindibles que eran los medicamentos para el bienestar de Ruth, Valerie había podido convencer al policía de que no se llevara de la casa todas y cada una de las pastillas. No iban a necesitarlas todas, ¿no? La señora Brouard tenía un dolor terrible, y sin sus medicinas...

—¿Dolor? —la había interrumpido el policía—. Entonces, ¿aquí dentro hay analgésicos? —Y sacudió la bolsa para enfatizar la pregunta, como si hiciera falta.

Bueno, por supuesto. No tenían más que leer las etiquetas y fijarse en las palabras «para el dolor», que sin duda habrían visto al coger los medicamentos del botiquín.

«Seguimos instrucciones, señora» fueron las palabras que utilizó el policía para responderle. Por esta declaración, Valerie supuso que tenían que llevarse todos los medicamentos que encontraran, independientemente de para qué sirvieran.

Le pidió si podían dejar la mayor parte de las pastillas allí.

—Cojan una muestra de cada frasco y dejen el resto —sugirió—. Seguro que pueden hacerlo por la señora Brouard. Lo pasará muy mal sin ellas.

El policía accedió, pero no se quedó satisfecho. Mientras Valerie se alejaba para volver a su trabajo en la cocina, sintió los ojos del policía en su espalda y supo que se había convertido en el blanco de sus sospechas. Por este motivo no quiso hacer la llamada desde la mansión. Se dirigió a su casa, y en lugar de telefonear desde la cocina, donde no habría visto lo que sucedía en los jardines de Le Reposoir, llamó desde el dormitorio de arriba. Se sentó en el lado de la cama de Kevin, más cerca de la ventana, y por eso, mientras observaba a la policía dispersarse y dirigirse hacia los jardines y los edificios de la propiedad, percibió el olor de Kev en una camisa de trabajo que había dejado colgada en el brazo de una silla.

«Contesta —pensó—. Contesta. Contesta.» Los tonos seguían.

Valerie dio la espalda a la ventana y se encorvó sobre el teléfono, concentrándose para enviar la fuerza de su voluntad a través del aparato. Si dejaba que la llamada se prolongara el tiempo suficiente, seguro que el irritante sonido forzaría una respuesta.

A Kevin no iba a gustarle aquello. Diría: «¿Por qué lo haces, Val?». Y ella no sería capaz de darle una respuesta directa y sincera, porque había demasiadas cosas en juego para ser directa y sincera acerca de nada.

«Contesta, contesta, contesta», pensó.

Kevin se había marchado bastante temprano. El tiempo estaba cada día peor, le había dicho, y tenía que ocuparse de esas filtraciones en las ventanas delanteras de la casa de Mary Beth. Con la orientación que tenía —pues daba directamente a Portelet Bay—, cuando llegaran las lluvias, iba a encontrarse con un gran problema entre manos. Las ventanas de abajo afectaban al salón y el agua destrozaría la moqueta, por no hablar del moho que saldría, y Val sabía que las dos niñas de Mary Beth eran alérgicas a la humedad. Arriba, aún era peor, porque las ventanas correspondían a las habitaciones de las niñas. No podía permitir que sus sobrinas estuvieran durmiendo en su cama mientras la lluvia se filtraba y se deslizaba por el papel de la pared. Como cuñado, tenía responsabilidades y no le gustaba descuidarlas.

Así que se había marchado a ocuparse de las ventanas de su cuñada. La pobre y desvalida Mary Beth Duffy, pensó Valerie, empujada a la viudedad prematura por un defecto en el corazón que había matado a su marido cuando iba de un taxi a la puerta de un hotel en Kuwait. Todo acabó para Corey en menos de un minuto. Kev compartía ese defecto en el corazón con su gemelo, pero ninguno de los dos lo supo hasta que Corey murió en esa calle, bajo ese sol infinito, en ese calor de Kuwait. Por lo tanto, Kevin debía su vida a la muerte de Corey. Un defecto congénito en un gemelo sugería la posibilidad de que el otro también tuviera ese defecto. Ahora Kevin llevaba magia en el pecho, un aparato que habría salvado a Corey si alguien hubiera sospechado que le pasaba algo a su corazón.

Valerie sabía que, por todo lo sucedido, su marido se sentía doblemente responsable de la mujer y las hijas de su hermano. Si bien intentaba recordar que Kevin sólo cumplía con un sentido de la obligación que ni siquiera existiría si Corey no hubiera muerto, no pudo evitar mirar el reloj de la mesita de noche y preguntarse cuánto se tardaba realmente en sellar cuatro o cinco ventanas.

Las niñas —las dos sobrinas de Kev— estarían en el colegio, y Mary Beth estaría agradecida. Su gratitud, combinada con el dolor, podía convertirse en un cóctel explosivo.

«Hazme olvidar, Kev. Ayúdame a olvidar.»

El teléfono seguía llamando, llamando, llamando. Valerie escuchó, con la cabeza agachada. Se presionó los ojos con los dedos.

Sabía muy bien cómo funcionaba la seducción. Lo había visto con sus propios ojos. Con miradas de reojo y de complicidad, un hombre y una mujer creaban una historia del mundo. Se definía a partir de momentos de contacto casual para los que existía una explicación: unos dedos que se tocan cuando se pasa

353

un plato; una mano en un brazo que simplemente enfatiza un comentario gracioso. Después de eso, un rubor en la tez presagiaba un deseo en la mirada. Al final, llegaban las razones para rondar, ver al amado, ser visto y deseado.

Se preguntó cómo habían llegado todos a esa situación y adónde conduciría todo eso si nadie hablaba.

Nunca había sido capaz de mentir de manera convincente. Si le hacían una pregunta, tenía que ignorarla, alejarse, fingir que no entendía, o responder la verdad. Mirar a alguien a los ojos y engañarle deliberadamente no estaba entre sus escasas dotes interpretativas. Cuando le preguntaban: «¿Qué sabes sobre esto, Val?», sus únicas opciones eran salir corriendo o hablar.

Estaba absolutamente convencida de lo que había visto desde la ventana la mañana que había muerto Guy Brouard. Seguía estándolo, incluso ahora. Estuvo segura entonces porque parecía encajar con cómo vivía Guy Brouard: se dirigió temprano a la bahía donde todos los días recreaba un baño que para él no suponía tanto un ejercicio como una reafirmación de una destreza y virilidad que finalmente el tiempo estaba arrebatándole y, luego, unos momentos después, apareció la figura que le seguía. Ahora Valerie estaba segura de quién era esa figura porque había visto cómo se comportaba Guy Brouard con la americana —encantador y encantado de ese modo suyo tan particular, mitad cortesía de la vieja escuela, mitad familiaridad de la nueva— y sabía cómo podía hacer que se sintiera una mujer y qué podía provocar en ella.

Pero ¿matar? Ése era el problema. Podía creer que China River le siguiera hasta la bahía, seguramente para una cita que habían concertado previamente. También podía creer que antes de esa mañana hubiera pasado mucho entre ellos, si no todo y luego algo más. Pero no podía creer que la americana hubiera matado a Guy Brouard. Matar a un hombre —y en especial matarle como le habían matado a él— no era propio de una mujer. Las mujeres mataban a sus rivales por el cariño de un hombre; no mataban al hombre.

Teniendo esto presente, era razonable pensar que era la propia China River la que había estado en peligro. A Anaïs Abbott no le habría gustado nada ver que su amante dirigía su atención hacia alguien que no era ella. Valerie se preguntó si existían otras personas que los habían visto a los dos —a China River y a Guy Brouard— y habían creído que la rápida comprensión surgida entre ellos era el nacimiento de una relación. No se trataba sólo de una desconocida que había ido a pasar unos días a Le Reposoir y que luego se iría, sino de una amenaza para los planes de futuro de alguien, planes que parecían, hasta la llegada de China River a Guernsey, estar a punto de cristalizar. Pero si así era, ¿por qué matar a Guy Brouard?

«Contesta, contesta», dijo Valerie al teléfono.

Y entonces oyó:

—Val, ¿qué hace aquí la policía?

Se le cayó el auricular en la falda. Se dio la vuelta y encontró a Kevin de pie en la puerta de su habitación. La camisa medio desabotonada sugería que tenía pensado cambiarse de ropa. Dedicó un momento fugaz a preguntarse por qué —«¿Llevas su olor encima, Kev?»—, pero entonces vio que elegía del armario algo más grueso para el frío: un jersey gordo de lana con el que poder trabajar a la intemperie.

Kevin miró el teléfono en su regazo, luego a ella. Débilmente, el auricular emitía el sonido de la llamada continuada al otro lado del hilo telefónico. Valerie lo cogió y lo colgó en la horquilla. Fue consciente de algo que antes no había advertido: un dolor punzante en las articulaciones de las manos. Movió los dedos, pero se estremeció al sentir el dolor sordo. Le extrañó no haberlo notado antes.

—Te duele, ¿verdad? —dijo Kevin.

—Viene y va.

—Estabas llamando al médico, ¿no?

—Como si eso fuera a cambiar algo. «No tiene nada», no deja de repetir. «No tiene artritis, señora Duffy.» Y esas pastillas... Imagino que sólo son azúcar, Kev. Me sigue la corriente. Pero el dolor es real. Hay días que ni siquiera puedo mover los dedos.

—¿Otro médico, entonces?

—Me resulta tan difícil encontrar a alguien en quien confiar. —Qué cierto era aquello, pensó. ¿Al lado de quién había aprendido a sospechar y dudar?

—Me refería al teléfono —dijo Kevin mientras se pasaba el jersey de lana por la cabeza—. ¿Vas a probar con otro médico? Si te está doliendo más, tienes que hacer algo.

—Oh. —Valerie miró el teléfono en la mesita de noche para evitar la mirada de su marido—. Sí. Sí. Intentaba... No he podido hablar con él. —Esbozó una sonrisa—. No sé adónde vamos a ir a parar; los médicos no cogen el teléfono, ni siquiera en su consulta. —Se dio una palmada en los muslos en un gesto terminante y se levantó de la cama—. Iré a por las pastillas. Si está todo en mi cabeza como cree el médico, tal vez logren engañar a mi cuerpo para que se lo crea.

Tomar las pastillas le dio tiempo para reponerse. Las cogió del baño y las bajó a la cocina para poder tomarlas como siempre tomaba los medicamentos: con zumo de naranja. Kevin no notaría nada fuera de lo normal.

Cuando su marido bajó las escaleras y se reunió con ella, Valerie estaba esperándole.

—¿Todo bien con Mary Beth? —le dijo alegremente—. ¿Le has arreglado las ventanas?

—Está preocupada porque se acerca la Navidad. La primera sin Corey.

—Es duro. Va a echarle de menos durante mucho, mucho tiempo. Como yo te he echado de menos a ti, Kev. —Valerie sacó un paño nuevo de un cajón y se puso a limpiar las encimeras. No les hacía falta, pero quería hacer algo para evitar que brotara la verdad. Mantenerse ocupada garantizaba que su voz, su cuerpo y sus expresiones no la traicionaran y eso era lo que quería: el consuelo de saber que estaba a salvo, que sus sentimientos estaban protegidos—. También será complicado verte, supongo. Te mira y ve a Corey.

Kevin no contestó. Se vio obligada a mirarle.

—Son las niñas las que le preocupan —dijo él—. Le piden a Papá Noel que les traiga de vuelta a su padre. A Mary Beth le preocupa qué pasará cuando eso no ocurra.

Valerie frotó la encimera, donde un cazo demasiado caliente había quemado la vieja superficie y dejado una mancha negra. Pero frotar no mitigaría el problema. Era demasiado antiguo y tendría que haberse ocupado de él en su momento.

—¿Qué hace aquí la policía, Val? —repitió Kevin.

—Un registro.

—¿Qué buscan?

—No lo dicen.

—¿Tiene que ver con...?

—Sí. ¿Con qué si no? Se han llevado las pastillas de Ruth...

—No pensarán que Ruth...

—No. No lo sé. No creo. —Valerie dejó de frotar y dobló el paño. La mancha seguía allí, sin cambios.

—No es normal que estés aquí a esta hora —dijo Kevin—. ¿No hay trabajo en la casa grande? ¿No tienes que preparar las comidas?

—Tenía que quitarme de en medio —dijo, refiriéndose al registro.

—¿Te lo han pedido?

—Es lo que me ha parecido.

—Si han registrado allí, también registrarán aquí. —Kevin miró hacia la ventana como si pudiera ver la mansión desde la cocina, pero no podía—. Me pregunto qué buscarán.

—No lo sé —volvió a decirle ella, pero notó un nudo en la garganta.

En la parte delantera de la casa, un perro comenzó a ladrar. El ladrido se transformó en un aullido. Alguien gritó. Valerie y su marido fueron al salón, donde las ventanas daban a un césped y, más allá, al tramo del sendero que rodeaba la escultura de bronce de los nadadores y los delfines. Allí, vieron que Paul Fielder y *Taboo* estaban teniendo un roce con la policía local, encarnada en la persona de un único agente, acorralado contra un árbol mientras el perro le mordía los pantalones. Paul dejó caer su bicicleta y comenzó a tirar del animal para apartarlo. El agente avanzó, con la cara roja y la voz alta.

—Será mejor que salga a ver —dijo Valerie—. No quiero que nuestro Paul acabe metido en un lío.

Cogió el abrigo, que había dejado en el respaldo de un sillón cuando había entrado en la casa, y se dirigió hacia la puerta.

Kevin no dijo nada hasta que Valerie tuvo la mano en el pomo, momento en el que sólo pronunció su nombre.

Ella se giró para mirarlo: las facciones duras, las manos curtidas, los ojos impenetrables. Cuando habló, Valerie escuchó su pregunta, pero no pudo responder:

357

—¿Hay algo que quieras decirme? —le preguntó.

Ella le sonrió alegremente y negó con la cabeza.

Deborah estaba sentada bajo el cielo plateado no muy lejos de la estatua imponente de Victor Hugo, cuya capa y bufanda de granito ondeaban eternamente al viento que soplaba desde su Francia natal. Estaba sola en la pendiente suave de Candie Gardens, tras subir la colina de Ann's Place directamente después de marcharse del hotel. Había dormido mal; era demasiado consciente de la proximidad del cuerpo de su marido y estaba decidida a no rodar inconscientemente hacia él durante la noche. Ese estado de ánimo no atraía a Morfeo: se levantó antes de que amaneciera y salió a dar un paseo.

Después de su encuentro tormentoso con Simon la noche anterior, había regresado al hotel. Pero allí se sintió como una niña acosada por la culpa. Furiosa consigo misma por permitir que el más mínimo remordimiento se colara en su conciencia cuando sabía que no había hecho nada malo, se marchó enseguida y no volvió hasta pasada la medianoche, cuando estaba razonablemente segura de que Simon estaría dormido.

Había ido a ver a China.

—Simon está imposible—le dijo.

—¿No es ésa la definición de hombre? —China hizo entrar a Deborah y cocinaron pasta, China en los fogones y Deborah apoyada en el fregadero—. Cuéntamelo todo —dijo China afablemente—. Tu tía está aquí para curarte las heridas.

—Es por ese estúpido anillo —dijo Deborah—. Se ha puesto como loco con él. —Le contó toda la historia mientras China vertía un tarro de salsa de tomate en la sartén y comenzaba a remover—. Ni que hubiera cometido un crimen.

—Igualmente fue una estupidez —dijo China cuando Deborah acabó—. Comprar el anillo, quiero decir. Fue algo impulsivo —ladeó la cabeza en dirección a Deborah—, el tipo de cosa que tú no harías nunca.

—Parece que Simon cree que traer el anillo aquí fue bastante impulsivo.

—¿Sí? —China miró un momento la pasta cociéndose antes de contestar con total naturalidad—: Bueno. Entonces ya entiendo por qué no se muere por conocerme precisamente.

—No es eso —protestó Deborah rápidamente—. No debes... Le conocerás. Tiene muchas ganas... Ha oído hablar mucho de ti todos estos años.

—¿Sí? —China alzó la vista de la pasta para mirar a Deborah sin alterarse. Ella sintió que empezaba a sudar bajo su mirada—. No pasa nada —dijo China—. Seguiste con tu vida. No tiene nada de malo. Los tres años de California no fueron tu mejor época. Entiendo por qué no querías recordarlos si podías evitarlo. Y mantener el contacto... Habría sido una forma de recordar, ¿no? Bueno, eso pasa a veces con las amistades. Las personas son amigas durante un tiempo y luego se distancian. Las cosas cambian. Las necesidades cambian. La gente sigue adelante. Así funciona. Pero te he echado de menos.

—Tendríamos que haber seguido en contacto —dijo Deborah.

—Es difícil si alguien no escribe, o llama, o lo que sea. —China le lanzó una sonrisa. Pero era triste, y Deborah lo notó.

—Lo siento, China. No sé por qué no escribí. Quise hacerlo, pero empezó a pasar el tiempo y luego... Tendría que haber escrito, enviado un correo electrónico o hecho una llamada.

—Señales de humo.

—Lo que fuera. Debiste de sentirte... No lo sé. Seguramente pensaste que me había olvidado de ti. Pero no. ¿Cómo podía olvidarme de ti después de todo lo que pasó?

—Me llegó la participación de boda. —«Pero no la invitación» quedó por decir.

Sin embargo, Deborah lo oyó. Buscó una manera de explicarse.

—Supongo que pensé que te parecería extraño, después de lo de Tommy. De repente, después de todo lo que había pasado, me caso con otro. Supongo que no sabía cómo explicártelo.

—¿Creías que tenías que hacerlo? ¿Por qué?

—Porque parecía... —Deborah buscaba una palabra para describir cómo había pasado de Tommy Lynley a Simon a alguien que no conocía toda su historia de amor con Simon y su distanciamiento de él. Mientras estaba en Estados Unidos, había sido un episodio demasiado doloroso para hablar de él con nadie. Y entonces apareció Tommy, que ocupó un vacío que ni siquiera él sabía que existía en ese momento. Era todo demasiado complicado. Tal vez por eso había mantenido a China como parte de una experiencia americana que incluía a Tommy y, por lo tanto, cuando acabó su historia con él, tuvo que relegarla al pasado—. Nunca te hablé mucho de Simon, ¿verdad? —dijo.

—Nunca mencionaste su nombre. Mirabas mucho el correo y parecías un perrito cuando sonaba el teléfono. Cuando la carta y la llamada que esperabas no llegaban, desaparecías un par de horas. Imaginé que había alguien en tu país a quien intentabas olvidar, pero no quise preguntar. Imaginé que me lo contarías cuando estuvieras preparada. No lo hiciste nunca.
—China vació la pasta hervida en un escurridor. Se apartó del fregadero, con el vapor elevándose detrás de ella—. Podríamos haberlo compartido —le dijo—. Siento que no confiaras lo suficiente en mí.

—Eso no es así. Piensa en todo lo que pasó, en todo lo que demuestra que confiaba en ti plenamente.

—El aborto, sí. Pero fue algo físico. La parte emocional no se la confiaste nunca a nadie. Ni siquiera cuando te casaste con Simon. Ni siquiera ahora, cuando te has peleado con él. Las amigas están para compartir, Debs. No son sólo algo práctico, como un clínex cuando necesitas sonarte.

—¿Eso crees que fuiste para mí, China, lo que eres para mí ahora?

China se encogió de hombros.

—Supongo que no estoy segura.

Ahora, en Candie Gardens, Deborah pensó en la noche con China. Cherokee no había hecho acto de presencia mientras ella estuvo allí —«Ha dicho que iba a ver una peli, pero seguramente estará en un bar engatusando a alguna mujer»—, así que no había ninguna distracción y ninguna forma de evitar revisar qué había pasado con su amistad.

En Guernsey se daba una inversión extraña de papeles, y aquello creaba incertidumbre entre ellas. China, que siempre fue la cuidadora en su relación, preocupándose a todas horas por una extranjera que había llegado a California herida por un amor no reconocido, se veía obligada por las presentes circunstancias a suplicar y depender de la atención de los demás.

Deborah, que siempre fue la receptora de la ayuda de China, había asumido la responsabilidad del samaritano. Esta alteración en la forma de interactuar la una con la otra las ponía en una situación incómoda, mucho peor de lo que sería si entre ellas sólo existiera el dolor causado por los años de incomunicación. Así que ninguna de las dos sabía muy bien qué hacer o decir. Pero, en el fondo, creía Deborah, las dos sentían lo mismo, independientemente de lo difícil que le resultara expresarlo: a las dos les preocupaba el bienestar de la otra y las dos se mostraban un poco a la defensiva respecto a ellas mismas. Estaban buscando la forma de tratarse, una forma de avanzar en su relación que, a la vez, era una forma de alejarse del pasado.

Deborah se levantó del banco cuando el sol blanquecino alcanzó el sendero de hormigón que conducía a la verja del jardín. Siguió este camino entre el césped y los arbustos y bordeó un estanque donde nadaban peces de colores, miniaturas delicadas de los peces del jardín japonés de Le Reposoir.

En la calle, el tráfico matutino aumentaba y los transeúntes se apresuraban hacia el centro de la ciudad. La mayoría cruzaba la carretera hacia Ann's Place. Deborah los siguió por la curva suave que llegaba al hotel.

Allí vio que Cherokee estaba apoyado en el muro bajo que cercaba el jardín hundido. Comía algo envuelto en una servilleta de papel y bebía una taza de algo caliente. Mantuvo su atención fija todo el tiempo en la fachada del hotel.

Deborah se acercó a él. Tan concentrado estaba observando el edificio del otro lado de la calle, que no la vio y se sobresaltó cuando ella pronunció su nombre. Entonces sonrió.

—Funciona —dijo—. Te estaba mandando un mensaje telepático para que salieras.

—Por lo general, el teléfono funciona mejor —contestó—. ¿Qué comes?

—Un cruasán de chocolate. ¿Quieres? —Se lo tendió.

Deborah le cogió la mano para que no se moviera.

—Está recién hecho. Qué rico. —Dio un bocado.

Cherokee le alargó la taza, de la que salía el aroma del café caliente. Dio un sorbo. Cherokee sonrió.

—Perfecto.

—¿Qué?

—Lo que acaba de pasar.

—¿Qué acaba de pasar?

—Nos hemos casado. En algunas de las tribus más primitivas del Amazonas, acabarías de convertirte en mi mujer.

—¿Qué supondría eso?

—Vente al Amazonas conmigo y descúbrelo. —Dio un mordisco al cruasán y la miró atentamente—. No sé qué me pasó entonces. Nunca me di cuenta de lo atractiva que eres. Sería porque estabas ocupada.

—Sigo estando ocupada —observó Deborah.

—Las mujeres casadas no cuentan.

—¿Por qué?

—Es bastante complicado de explicar.

Deborah se apoyó también en el muro, le quitó el café y se permitió beber otro sorbo.

—Inténtalo.

—Son cosas de chicos, reglas bastante básicas. Puedes acercarte a una mujer si está soltera o casada. Si está soltera, porque está disponible y, seamos claros, por lo general buscará a alguien que se sienta atraído físicamente por ella, así que aceptará el acercamiento. Si está casada, porque seguramente su marido ha pasado de ella demasiadas veces y, si no es así, te lo hará saber enseguida para que no pierdas el tiempo. Pero la mujer que está con un tío pero no está casada es totalmente inalcanzable. Es inmune a tus acercamientos y, si lo intentas, acabarás teniendo noticias de su chico.

—Habla lo voz de la experiencia —apuntó Deborah.

Cherokee esbozó una sonrisa extraña.

—Tu hermana cree que anoche saliste a engatusar a alguna mujer.

—Me dijo que te habías pasado. Me pregunté por qué.

—Anoche las cosas estaban un poco delicadas aquí.

—Lo que te hace disponible para un acercamiento. Una situación delicada es muy buena para un acercamiento. Coge más cruasán. Toma más café.

—¿Para sellar nuestro matrimonio amazónico?

—¿Lo ves? Ya empiezas a pensar como una sudamericana.

Se rieron amigablemente.

—Tendrías que haber venido más al condado de Orange. Habría estado bien.

—¿Y así podrías haberme engatusado a mí?

—No. Eso lo estoy haciendo ahora.

Deborah se rio. Le tomaba el pelo, por supuesto. No la deseaba más de lo que deseaba a su propia hermana. Pero tenía que reconocer que ese coqueteo entre ellos, esa carga hombre-mujer, era agradable. Se preguntó cuánto tiempo hacía que había desaparecido de su matrimonio. Se preguntó si había desaparecido. Simplemente se lo preguntó.

—Quería que me aconsejaras —dijo Cherokee—. No he podido dormir una mierda esta noche intentando decidir qué debo hacer.

—¿Acerca de qué?

—De llamar a mamá. China no quiere meterla en esto. No quiere que sepa nada. Pero yo creo que está en su derecho. Es nuestra madre. China dice que aquí no hará nada, y es verdad. Pero podría estar aquí, ¿no? La cuestión es que estaba pensando en llamarla. ¿Tú qué opinas?

Deborah lo pensó. En el mejor de los casos, la relación de China con su madre había sido como una tregua armada entre dos ejércitos enzarzados en una lucha sangrienta. En el peor, había sido una batalla campal. La aversión de China por su madre tenía sus raíces en una infancia de privación, la cual era fruto de la dedicación apasionada de Andromeda River a los temas sociales y medioambientales que habían provocado que desatendiera los temas sociales y medioambientales que afectaban directamente a sus propios hijos. En consecuencia, disponía de muy poco tiempo para Cherokee y China, quienes habían pasado sus años de formación en moteles de paredes finas donde el único lujo era una máquina de hielo junto al despacho del propietario. Desde que Deborah conocía a China, su amiga había acumulado un depósito profundo de ira contra su madre por las condiciones en las que había criado a sus hijos mientras no dejaba de agitar pancartas de protesta en favor de los animales en peligro, las plantas en peligro y los niños en peligro por condiciones no muy distintas a las que tenían que soportar sus dos hijos.

—Quizá deberías esperar unos días —sugirió Deborah—.

China está muy nerviosa... ¿Quién no lo estaría? Si no quiere que esté aquí, tal vez sería mejor respetar sus deseos, al menos por ahora.

—Crees que se va a poner peor, ¿verdad?

Deborah suspiró.

—Está el tema del anillo. Ojalá no lo hubiera comprado.

—Yo siento lo mismo.

—Cherokee, ¿qué pasó entre ella y Matt Whitecomb?

Cherokee miró hacia el hotel y pareció examinar las ventanas del primer piso, donde las cortinas aún estaban corridas.

—La relación no iba a ningún lado. Ella era incapaz de verlo. Tenían lo que tenían, que no era mucho, y ella quería que fuera a más. Así es como se obligó a verlo.

—¿Después de trece años no era mucho? —preguntó Deborah—. ¿Cómo puede ser?

—Puede ser porque los hombres somos unos cabrones. —Cherokee apuró el café y siguió hablando—. Será mejor que vuelva con ella, ¿vale?

—Claro.

—¿Y tú y yo, Debs? Tenemos que esforzarnos más para sacarla de este lío. Lo sabes, ¿verdad? —Alargó la mano hacia ella y, por un momento, pareció que quería acariciarle el pelo o la cara. Pero dejó caer la mano sobre su hombro y lo apretó. Entonces se marchó en dirección a Clifton Street, a cierta distancia del Tribunal de Justicia, donde China sería juzgada si no hacían algo pronto para evitarlo.

Deborah regresó a la habitación del hotel. Allí descubrió que Simon estaba llevando a cabo uno de sus rituales matutinos. Sin embargo, por lo general, ella o su padre le ayudaban, y ponerse los electrodos él solo era delicado. Aun así, parecía haber conseguido colocárselos con bastante precisión. Estaba tumbado en la cama con el *Guardian* del día anterior y leía la primera plana mientras la electricidad estimulaba los músculos inútiles de su pierna para evitar que se atrofiaran.

Deborah sabía que era su principal vanidad. Pero también representaba las últimas muestras de esperanza de que algún día se descubriría algo que le permitiría volver a caminar con normalidad. Cuando llegara ese día, quería que su pierna fuera capaz de hacerlo.

Sentía mucha lástima por Simon cuando le sorprendía en un momento así. Sin embargo, él lo sabía y, como no soportaba dar pena a nadie, Deborah siempre se esforzaba en fingir que aquella actividad era tan normal como verle lavándose los dientes.

—Cuando me he despertado y he visto que no estabas —dijo Simon—, lo he pasado mal. He pensado que no habías vuelto en toda la noche.

Deborah se quitó el abrigo y fue hacia el hervidor eléctrico, lo llenó de agua y lo conectó. Puso dos bolsitas en la tetera.

—Estaba furiosa contigo, pero no tanto como para dormir en la calle.

—Ni por un momento he pensado que hayas dormido en la calle, precisamente.

Deborah giró la cabeza para mirarle, pero Simon estaba estudiando una página interior del periódico.

—Hablamos de los viejos tiempos. Cuando volví, ya estabas dormido. Y luego no podía dormir. Ha sido una de esas noches en que no paras de dar vueltas y vueltas en la cama. Me he levantado temprano y he salido a dar un paseo.

—¿Hace buen día?

—Hace frío y está gris. Podríamos estar en Londres perfectamente.

—Diciembre —dijo él.

—Sí —contestó ella. Por dentro, sin embargo, estaba gritando: «¿Por qué diablos hablamos del tiempo? ¿Así acaban todos los matrimonios?».

Como si le leyera el pensamiento y quisiera demostrarle que se equivocaba, Simon dijo:

—Al parecer el anillo es suyo, Deborah. No había ningún otro entre sus cosas en la sala de pruebas de la comisaría. No pueden estar seguros, por supuesto, hasta que...

—¿Están sus huellas en el anillo?

—Aún no lo sé.

—Entonces...

—Habrá que esperar a ver.

—Crees que es culpable, ¿verdad? —Deborah percibió el resentimiento en su voz y, aunque intentó parecer como él (ser racional, reflexiva, centrarse en los hechos y no dejarse influir por sus sentimientos), no lo logró—. Nos estás ayudando muchísimo.

—Deborah —dijo Simon en voz baja—, ven aquí. Siéntate en la cama.

—Dios mío, no soporto que me hables así.

—Estás enfadada por lo de ayer. Mi forma de hablarte fue... Sé que fue equivocada, dura, cruel. Lo reconozco y te pido disculpas. ¿Podemos olvidarlo? Porque me gustaría contarte lo que he averiguado. Quería contártelo anoche. Te lo habría contado. Pero era una situación difícil. Me porté fatal y tú tenías derecho a largarte.

Era la primera vez que Simon reconocía haber dado un paso en falso en su matrimonio. Deborah se dio cuenta y se acercó a la cama, donde los músculos de las piernas de su marido vibraban por efecto de la actividad eléctrica. Se sentó en el borde del colchón.

—Puede que el anillo sea suyo, pero eso no significa que China estuviera allí, Simon.

—Estoy de acuerdo. —Pasó a explicarle en qué había empleado el tiempo desde que se separaron en el jardín hundido.

La diferencia horaria entre Guernsey y California había posibilitado contactar con el abogado que había contratado a Cherokee River para que llevara los planos arquitectónicos al otro lado del océano. William Kiefer comenzó su conversación citando la confidencialidad entre abogado y cliente, pero se mostró dispuesto a colaborar en cuanto supo que el cliente en cuestión había sido asesinado en una playa de Guernsey.

Kiefer explicó a Simon que Guy Brouard lo había contratado para poner en marcha una serie de tareas bastante insólitas. Quería que localizara a alguien de absoluta confianza que estuviera dispuesto a llevar unos planos arquitectónicos importantes del condado de Orange a Guernsey.

Al principio, le dijo Kiefer a Simon, el encargo le pareció una idiotez, aunque no pronunció esa palabra en concreto durante la breve reunión que tuvo con el señor Brouard. ¿Por qué no utilizar una de las empresas de mensajería convencionales que se encargaban de hacer exactamente lo que Brouard quería y con un coste mínimo: FedEx, DHL, incluso UPS? Pero resultó que el señor Brouard era una mezcla enigmática de autori-

dad, excentricidad y paranoia. Tenía el dinero para hacer las cosas a su manera, le dijo a Kiefer, y su manera era asegurarse de
conseguir lo que quería cuando lo quería. Llevaría él mismo los
planos, pero sólo había ido al condado de Orange para ocuparse de dar las instrucciones para que se trazaran. No podía quedarse hasta que estuvieran listos.

Quería a una persona responsable para el encargo, dijo. Estaba dispuesto a pagar lo que hiciera falta para conseguirla. No
confiaba en un hombre solo para el trabajo —al parecer, explicó Kiefer, Brouard tenía un hijo que era un fracasado, por lo
que creía que ningún joven merecía la confianza de nadie— y
no quería que una mujer viajara sola a Europa porque no le
gustaba la idea de que una mujer viajara sola y no quería sentirse responsable si le pasaba algo. Así de anticuado era. Por lo
tanto, acordaron que serían un hombre y una mujer juntos.
Buscarían a una pareja casada de cualquier edad que cumpliera
los requisitos.

Brouard, dijo Kiefer, era lo bastante excéntrico para ofrecer cinco mil dólares por el trabajo. Y era lo bastante tacaño
para ofrecer sólo billetes en clase turista. Como la pareja en
cuestión tendría que marcharse en cuanto los planos estuvieran listos, le pareció que la mejor fuente de potenciales mensajeros era la Universidad de California. Así que Kiefer puso
allí el anuncio para el trabajo y esperó a ver qué pasaba.

Mientras tanto, Brouard le pagó sus honorarios y añadió
los cinco mil dólares que se prometerían al mensajero. Ninguno de los dos cheques fue devuelto, y como Kiefer pensaba que
la situación era extraña, se aseguró de que no era nada ilegal
comprobando que el arquitecto era un arquitecto y no un fa-
bricante de armas, un vendedor de plutonio, un traficante de
drogas o un proveedor de productos químicos para una guerra
biológica.

Porque, obviamente, continuó diciendo Kiefer, ninguno de
ellos iba a enviar nada a través de un servicio de mensajería
legal.

Pero el arquitecto resultó ser un hombre llamado Jim
Ward, que incluso había ido al instituto con Kiefer y que le
confirmó toda la historia: estaba recopilando un conjunto de
planos arquitectónicos y alzados para el señor Guy Brouard, Le

367

Reposoir, Saint Martin, isla de Guernsey. Brouard quería los planos y los alzados lo antes posible.

Así que Kiefer puso en marcha los mecanismos para cumplir con su parte. Se presentaron un montón de personas para el trabajo, y de entre ellas eligió a un hombre llamado Cherokee River. Era mayor que los demás, le explicó Kiefer, y estaba casado.

—Fundamentalmente —concluyó Simon—, William Kiefer me confirmó la historia de los River hasta la última coma, signo de interrogación y punto final. Era una forma extraña de hacer las cosas, pero tengo la impresión de que a Brouard le gustaba hacer las cosas de forma extraña. Desconcertar a la gente le daba el control. Es algo importante para los ricos. En general, así es como se hicieron ricos, para empezar.

—¿Sabe la policía todo esto?

Simon negó con la cabeza.

—Pero Le Gallez tiene todos los papeles. Supongo que está a un paso de averiguarlo.

—Entonces, ¿la dejará libre?

—¿Porque la historia que ha contado China cuadra? —Simon alargó la mano hacia la caja de los electrodos. Apagó el aparato y comenzó a quitarse los cables—. No lo creo, Deborah, a menos que encuentre algo que señale claramente a otra persona. —Cogió las muletas del suelo y se levantó de la cama.

—¿Y hay algo que señale a otra persona?

En lugar de contestar, Simon se tomó su tiempo para colocarse el aparato ortopédico en la pierna, que estaba junto al sillón de debajo de la ventana. A Deborah le pareció que esa mañana los ajustes eran innumerables y que pasó un eternidad antes de que estuviera vestido, de pie y dispuesto a continuar la conversación.

—Pareces preocupada —dijo entonces.

—China se pregunta por qué no has... Bueno, da la impresión de que no quieres conocerla. Cree que tienes un motivo para guardar las distancias. ¿Lo tienes?

—A primera vista, tiene lógica que la eligieran a ella para tenderle una trampa y endilgarle el crimen: al parecer, ella y Brouard pasaron tiempo a solas; parece bastante fácil que alguien pudiera coger su capa, y cualquiera que tuviera acceso a su habitación también lo tendría a su pelo y a sus zapatos. Pero un asesinato premeditado requiere un móvil. Y se mire por donde se mire, ella no tenía móvil.

—Aun así, puede que la policía crea...

—No. Saben que no tiene móvil. Eso nos facilita las cosas.

—¿Para encontrar a alguien que lo tuviera?

—Sí. ¿Por qué alguien planea un asesinato? Por venganza, celos, chantaje o ganancia material. Yo diría que tenemos que dirigir nuestras energías hacia ahí.

—Pero el anillo... Simon, ¿y si finalmente se confirma que es de China?

—Hay que trabajar deprisa.

Capítulo 17

Margaret Chamberlain agarraba con fuerza el volante mientras regresaba a Le Reposoir. Eso le permitía concentrarse, consciente del esfuerzo que exigía ejercer la presión adecuada. Aquello, a su vez, le permitía mantenerse presente en el Range Rover para dirigirse hacia el sur por la bahía de Belle Greve sin pensar en su encuentro con lo que en teoría era la familia Fielder.

Encontrarlos había sido fácil: sólo aparecían dos Fielder en el listín, y uno de ellos vivía en Alderney. El otro residía en la Rue des Lierres, en una zona entre Saint Peter Port y Saint Sampson. Encontrar el lugar en el mapa no había supuesto ninguna dificultad. Encontrarlo en la realidad, sin embargo, había sido otro asunto, puesto que esta parte de la ciudad —llamada Bouet— estaba tan mal señalizada como mal diseñada.

A Margaret esta zona de Bouet le recordó demasiado a su lejano pasado en una familia con seis hijos que no sólo no llegaba a fin de mes, sino que no sabía qué era eso. En Bouet vivían los habitantes marginales de la sociedad de la isla, y las casas eran iguales a las que tenía este tipo de gente en todas las ciudades de Inglaterra. Aquí se veían viviendas adosadas horribles con puertas estrechas, ventanas de aluminio y revestimientos oxidados. En lugar de arbustos, había bolsas de basura a reventar, y en lugar de parterres, los pocos céspedes que había estaban cubiertos de escombros.

Mientras Margaret se bajaba del coche, dos gatos se bufaron por quedarse con un trozo de pastel de cerdo que había en una alcantarilla. Un perro hurgaba en un cubo de basura volcado. Unas gaviotas comían los restos de una barra de pan en un césped. Se estremeció al ver todo aquello, incluso sabiendo que sugería que dispondría de una clara ventaja en la conversación que se acercaba. Era evidente que los Fielder no estaban en posición de contratar a un abogado que les explicara sus derechos. No debería resultarle muy difícil, pensó, arrebatarles lo que correspondía a Adrian.

No había contado con la criatura que le abrió la puerta. Era una masa descomunal desarreglada y sucia de antagonismo masculino impropio.

—Buenos días. ¿Viven aquí los padres de Paul Fielder? —le preguntó Margaret con un tono agradable.

—Puede que sí, puede que no —fue su respuesta, y clavó la mirada en sus pechos con el propósito intencionado de ponerla nerviosa.

—Tú no eres el señor Fielder, ¿verdad? El padre... —dijo ella. Pero, naturalmente, no podía serlo. A pesar de su precocidad sexual intencionada, no parecía tener más de veinte años—. ¿Eres su hermano? Me gustaría hablar con tus padres, si están en casa. ¿Podrías decirles que vengo a hablar de tu hermano? Paul Fielder es tu hermano, ¿supongo bien?

El chico alzó la vista de sus pechos momentáneamente.

—Imbécil —dijo, y se alejó de la puerta.

Margaret interpretó aquello como una invitación a entrar y, cuando el patán desapareció al fondo de la casa, lo interpretó como una invitación a seguirle. Se encontró sola con él en una cocina minúscula que olía a beicon rancio, donde el chico se encendió un cigarrillo en el fogón y se dio la vuelta para mirarla mientras daba una calada.

—¿Qué ha hecho ahora? —preguntó el hermano de Paul Fielder.

—Ha heredado una cantidad importante de dinero de mi marido, de mi ex marido, para ser exactos. Lo ha heredado arrebatándosela a mi hijo, que es a quien le corresponde. Me gustaría evitar una larga batalla judicial por este asunto, y he pensado que sería mejor ver si tus padres pensaban lo mismo.

—¿Ah, sí? —preguntó el hermano de Paul Fielder. Se ajustó los sucios vaqueros azules en la cadera, cambió las piernas de posición y se tiró un sonoro pedo—. Perdón —dijo—. Disculpe mis modales en presencia de una dama. Se me olvidan.

—Tus padres no están, imagino. —Margaret se colocó el

bolso debajo del brazo para indicar que su encuentro estaba acercándose rápidamente a su fin—. Si puedes decirles...

—Podrían estar arriba. Les gusta hacerlo por la mañana, ¿sabe? Y a usted ¿cuándo le gusta hacerlo?

Margaret decidió que su conversación con aquel gamberro se había prolongado demasiado.

—Si puedes decirles que ha venido Margaret Chamberlain, antes Brouard... Les llamaré más tarde. —Se dio la vuelta para irse por donde había venido.

—Margaret Chamberlain, antes Brouard —repitió el hermano de Paul Fielder—. No sé si podré recordar tanto. Necesitaré algo de ayuda. Es demasiado largo.

Margaret detuvo su marcha hacia la puerta.

—Si me das un papel, te lo escribiré.

Estaba en el pasillo entre la puerta y la cocina, y el joven se acercó a ella. Tenerlo tan cerca en el estrecho pasillo hacía que pareciera más amenazante, y el silencio en la casa arriba y abajo pareció amplificarse de repente.

—No estaba pensando en un papel. No recuerdo mejor con papeles.

—Bueno, pues eso es todo, ¿no? Tendré que telefonearles y presentarme yo misma. —Aunque se resistía a dejarlo, se dio la vuelta y se dirigió a la puerta.

El chico la alcanzó en dos pasos y le agarró la mano que tenía ya en el pomo. Margaret sintió su aliento caliente en la mejilla. Se acercó a ella y la presionó contra la puerta. Cuando la tuvo allí, le soltó la mano y la toqueteó hasta que encontró su entrepierna. La cogió con fuerza y la apretó contra él. Con la otra mano le agarró el pecho izquierdo. Sucedió todo en un segundo.

—Esto me ayudará a recordarlo —murmuró.

Lo único en lo que podía pensar Margaret, por muy ridículo que fuera, era qué había hecho con el cigarrillo que había encendido ¿Lo tenía en la mano? ¿Iba a quemarla?

Aquellos pensamientos disparatados en unas circunstancias en las que quemarla era, evidentemente, lo último que tenía en la cabeza aquel animal la alentaron a liberarse del miedo. Le dio un codazo en las costillas y le clavó el tacón de la bota en todo el pie. En cuanto dejó de apretarla con tanta fuerza, le apartó de un empujón y salió por la puerta. Quiso quedarse y darle un rodillazo en las pelotas —Dios santo, se moría por hacerlo—; pero aunque era una tigresa cuando se enfurecía, nunca había sido estúpida, así que se dirigió al coche.

Mientras conducía en dirección a Le Reposoir, sintió que la adrenalina se disparaba por su cuerpo, y su reacción a la adrenalina era la ira. La dirigió hacia el ser infrahumano repugnante con el que había topado en Bouet. Cómo se atrevía... Quién coño se creía que... Qué pensaba... Podía haberlo matado perfectamente... Pero no le duró mucho. Perdió fuerza a medida que se dio cuenta de lo que podía haber pasado, y entonces redirigió su furia hacia un destinatario más adecuado: su hijo.

No la había acompañado. El día anterior había dejado que se ocupara ella sola de Henry Moullin, y esta mañana había hecho exactamente lo mismo.

Se había acabado, decidió Margaret. Juraba que se había acabado. Se había acabado orquestar la vida de Adrian sin que él la ayudara en lo más mínimo o ni siquiera le diera las gracias. Había librado sus batallas desde el día en que nació, y se había terminado.

En Le Reposoir, cerró de un portazo la puerta del Range Rover y se dirigió hacia la casa, donde abrió la puerta y también dio un portazo. Los portazos interrumpían el monólogo que tenía lugar en su cabeza. Se había acabado. Portazo. Ahora estaba solo. Portazo.

Ningún sonido respondió a las atenciones que dispensó a la robusta puerta de entrada. Aquello la enfureció de un modo inesperado, y cruzó el antiguo vestíbulo de piedra marcando un encolerizado ritmo con los tacones de las botas. Prácticamente subió volando las escaleras hasta el cuarto de Adrian. Las dos únicas cosas que le impidieron irrumpir en la habitación fueron la preocupación de que alguna señal de lo que acababa de pasarle pudiera reflejarse en su persona y el miedo de encontrarse a Adrian haciendo alguna actividad personal asquerosa.

Y, tal vez, pensó, era eso lo que había lanzado a Carmel Fitzgerald a los brazos siempre dispuestos del padre de su novio. Había conocido de primera mano algunos de los detesta-

373

bles métodos de autorrelajación de que se servía Adrian cuando se sentía presionado y había corrido confusa a los brazos de Guy, buscando consuelo y una explicación, y él estuvo encantadísimo de proporcionarle ambas cosas.

«Mi hijo es bastante raro; no es exactamente lo que cabría esperar de un hombre de verdad, querida.»

«Oh, sí, claro», pensó Margaret. Había arrebatado a Adrian la única oportunidad de ser normal. Y la culpa la tenía el propio Adrian, lo que la exasperó infinitamente. ¿Cuándo se convertiría su hijo en el hombre que ella quería que fuera?

En el pasillo de arriba, había un espejo dorado colgado encima de una cómoda de caoba, y Margaret se detuvo allí para comprobar su aspecto. Bajó la mirada a su busto, donde casi esperaba ver las huellas de los sucios dedos del hermano Fielder marcadas por todo el jersey amarillo de cachemira. Aún notaba sus manos. Aún olía su aliento. Monstruo. Cretino. Psicópata. Animal.

Llamó dos veces a la puerta de Adrian, y no suavemente. Dijo su nombre, giró el pomo y entró. Estaba en la cama. Sin embargo, no dormía. Yacía con la mirada clavada en la ventana, que estaba abierta de par en par y con las cortinas descorridas dejando al descubierto el día gris.

Margaret notó una sacudida en el estómago, y la ira desapareció. Una persona normal, pensó, no estaría en la cama en esas circunstancias.

Tembló. Fue a la ventana e inspeccionó el alféizar y el suelo de abajo. Se volvió hacia la cama. Adrian tenía el edredón subido hasta la barbilla; los bultos de debajo señalaban la posición de sus extremidades. Siguió aquella imagen hasta que su mirada llegó a los pies. Miraría, se dijo. Averiguaría lo peor.

Adrian no protestó cuando levantó el edredón y destapó sus piernas. No se movió mientras le examinaba las plantas de los pies en busca de señales que le dijeran que había salido durante la noche. Las cortinas y la ventana sugerían que había tenido un episodio. Nunca se había subido a un alféizar o un tejado en mitad de la noche, pero su subconsciente no siempre se regía por lo que hacían o dejaban de hacer las personas racionales.

—Por lo general, los sonámbulos no ponen en peligro su

vida —le habían dicho a Margaret—. Hacen de noche lo mismo que harían de día.

Ésa era la cuestión precisamente, pensó Margaret sombríamente.

Pero si Adrian había caminado por fuera de la habitación y no sólo por dentro, no había rastro de ello en sus pies. Tachó el sonambulismo de la lista de problemas potenciales en la evaluación psicológica de su hijo y pasó a comprobar la cama. No se esforzó por ser delicada cuando puso las manos alrededor de las caderas de Adrian, en busca de zonas mojadas en las sábanas y el colchón. Le alivió ver que no había ninguna. Así que ahora podía ocuparse del coma despierto. Así denominaba ella las caídas periódicas de su hijo en un trance diurno.

Hubo un tiempo en que lo hacía con delicadeza. Era su pobre niño, su queridísimo pequeñín, tan distinto a sus otros hijos robustos y triunfadores, tan sensible a todo lo que sucedía a su alrededor. Lo despertaba de su estado crepuscular acariciándole suavemente las mejillas. Le masajeaba la cabeza hasta que se despertaba y le hacía regresar a la tierra con murmullos.

Pero ahora no. El hermano de Paul Fielder le había exprimido la leche de la amabilidad y la preocupación maternales. Si Adrian hubiera ido con ella a Bouet, nada de lo que había tenido lugar allí habría sucedido. No importaba que como hombre fuera un inútil total, su presencia en la casa de los Fielder como ser humano —como testigo, al menos— habría servido sin duda para frenar la agresión del hermano de Paul Fielder.

Margaret cogió el edredón y destapó el cuerpo de su hijo de un tirón. Arrojó el edredón al suelo y luego quitó con brusquedad la almohada de debajo de la cabeza de su hijo.

—Ya basta. Hazte cargo de tu vida —le dijo cuando parpadeó.

Adrian miró a su madre, luego a la ventana, luego otra vez a su madre, luego al edredón en el suelo. No tembló de frío. No se movió.

—¡Sal de la cama! —gritó Margaret.

Entonces se despertó del todo.

—¿He...? —dijo, en referencia a la ventana.

—¿Tú qué crees? Sí y no —dijo Margaret, en referencia a la ventana y a la cama—. Vamos a contratar a un abogado.

—Aquí los llaman...

—Me importa un bledo cómo los llamen aquí. Voy a contratar a uno y quiero que vengas conmigo. —Fue al armario y encontró su batín. Se lo lanzó y cerró la ventana mientras Adrian se levantaba por fin de la cama.

Cuando se dio la vuelta, él la estaba mirando, y por su expresión supo que estaba plenamente consciente y que por fin reaccionaba al hecho de que hubiera invadido su habitación. Era como si la conciencia de que hubiera examinado su cuerpo y su entorno fuera filtrándose lentamente en su mente, y Margaret vio lo que se avecinaba: esa comprensión incipiente y lo que la acompañaba. Aquello dificultaría el trato con él, pero Margaret siempre había sabido que podía vencer fácilmente a su hijo.

—¿Has llamado antes de entrar? —le preguntó él.

—No seas ridículo. ¿Tú qué crees?

—Contéstame.

—No te atrevas a hablar así a tu madre. ¿Sabes por lo que he pasado esta mañana? ¿Sabes dónde he estado? ¿Sabes por qué?

—Quiero saber si has llamado.

—Escúchate. ¿Tienes idea de lo que pareces?

—No cambies de tema. Tengo derecho...

—Sí, tienes derecho. Y eso es lo que he estado haciendo desde primera hora: ocuparme de tus derechos, intentando recuperarlos, intentando, aunque ni siquiera me des las gracias, hacer entrar en razón a la gente que te los ha arrebatado.

—Quiero saber...

—Pareces un niño de dos años lloriqueando. Para ya. Sí, he llamado. He aporreado la puerta. He gritado. Y si crees que pensaba irme y esperar a que salieras de tu pequeño mundo de fantasía, ya puedes quitártelo de la cabeza. Estoy harta de esforzarme por ti cuando tú no muestras ningún interés en hacerlo. Vístete. Vas a hacer algo ahora, o se acabó.

—Pues que se acabe.

Margaret avanzó hacia su hijo, agradecida de que hubiera heredado la estatura de su padre y no la suya. Le sacaba seis centímetros, casi siete. Esta vez los aprovechó.

—Eres imposible. Te das por vencido. ¿Tienes idea de lo

poco atractivo que es eso, de cómo hace sentir a una mujer?

Adrian se acercó a la cómoda, donde había dejado un paquete de Benson and Hedges. Lo sacudió, sacó un cigarrillo y lo encendió. Dio una buena calada y no dijo nada durante un momento. La indolencia de sus movimientos era la provocación personificada.

—¡Adrian! —Margaret se oyó gritar, y experimentó el horror de parecer su madre: esa voz de mujer de la limpieza teñida de desesperanza y miedo, que había que ocultar con ira—. Contéstame, maldita sea. No voy a aceptarlo. He venido a Guernsey para asegurarte un futuro y no tengo ninguna intención de quedarme aquí parada permitiendo que me trates como...

—¿Qué? —Adrian se dio la vuelta hacia ella—. ¿Como qué? ¿Como un mueble que van moviendo de un lado a otro? ¿Como me tratas tú a mí?

—Yo no...

—¿Crees que no sé a qué viene todo esto, a qué ha venido siempre? Se trata de lo que tú quieres, de lo que tú planeas.

—¿Cómo puedes decir eso? He trabajado como una negra. He organizado. He dispuesto. Durante más de media vida, he vivido para que convirtieras la tuya en algo de lo que pudieras sentirte orgulloso, para que fueras igual que tus hermanos y hermanas, para que te convirtieras en un hombre.

—No me hagas reír. Has trabajado para convertirme en un inútil y, ahora que lo soy, estás trabajando para que te deje en paz. ¿Crees que no lo veo? ¿Crees que no lo sé? Es lo que has estado buscando desde que te bajaste del avión.

—Eso no es cierto. Peor aún, es despiadado, desagradecido, y lo dices para...

—No. Si quieres que participe en la obtención de lo que deseas que obtenga, vamos a asegurarnos de que hablamos el mismo idioma. Quieres que tenga ese dinero para poder librarte de mí. «Basta de excusas, Adrian. Ahora estás solo.»

—No es verdad.

—¿Crees que no sé que soy un perdedor, que da vergüenza tenerme cerca?

—No hables así de ti. ¡No hables así nunca!

—Con una fortuna en mis manos, se acabaron las excusas.

Desaparezco de tu casa y de tu vida. Incluso tengo dinero para ingresar en un manicomio, si de eso se trata.

—Quiero que tengas lo que te mereces. Dios santo, ¿acaso no lo ves?

—Lo veo —contestó—. Créeme. Lo veo. Pero ¿qué te hace pensar que no tengo lo que merezco? Ya lo tengo, madre. Ahora. Ya.

—Eres su hijo.

—Sí. Ésa es la cuestión: su hijo.

Adrian se quedó mirándola un buen rato. A Margaret se le ocurrió que le estaba mandando un mensaje, y sintió la intensidad del mismo en la mirada, por no decir en las palabras. De repente, le pareció que se convertían en dos extraños, dos personas con un pasado que no guardaba ninguna relación con el momento presente, en el que sus vidas se habían cruzado por casualidad.

No obstante, sentir esa extrañeza y distancia daba seguridad. Cualquier otra cosa entrañaba el peligro de fomentar que lo impensable invadiera sus pensamientos.

—Vístete, Adrian —dijo Margaret con calma—. Nos vamos a la ciudad. Tenemos que contratar a un abogado y no hay tiempo que perder.

—Soy sonámbulo —dijo él, y al fin pareció que, por lo menos, estaba ligeramente angustiado—. Hago todo tipo de cosas.

—Ahora no es momento de hablar de eso.

Saint James y Deborah se separaron después de su conversación en la habitación del hotel. Ella buscaría la posible existencia de otro anillo alemán como el que habían encontrado en la playa, y él buscaría a los beneficiarios del testamento de Guy Brouard. Sus objetivos eran esencialmente los mismos —intentar descubrir un móvil para el asesinato—, pero sus enfoques serían distintos.

Después de reconocer que los indicios claros de premeditación señalaban a cualquiera menos a los hermanos River como autores del asesinato, Saint James dio su consentimiento para que Cherokee acompañara a Deborah a hablar con Frank Ouseley sobre su colección de objetos de la guerra. Al fin y al cabo, estaría más segura con un hombre si se encontraba entrevistándose con un asesino. Por su parte, él iría solo a buscar a las personas más beneficiadas por el testamento de Guy Brouard.

Comenzó yendo a La Corbière, donde encontró la casa de los Moullin en la curva de uno de los senderos estrechos que serpenteaban por la isla entre setos desnudos y altos terraplenes llenos de hiedras y densas algas. Sólo sabía por qué zona vivían los Moullin —en el mismo La Corbière—, pero no le resultó difícil localizar el lugar exacto. Se detuvo en una granja grande y amarilla justo a las afueras de la minúscula aldea y preguntó a una mujer que con optimismo tendía la ropa en la neblina.

—Ah, está buscando la Casa de las Conchas, querido —le dijo, y señaló vagamente hacia el este. Había de seguir la carretera hasta después del desvío de la costa. No tenía pérdida.

Y demostró ser cierto.

Saint James se quedó de pie en el camino de entrada y examinó los jardines de la residencia Moullin un momento antes de seguir avanzando. Frunció el ceño al ver aquella imagen tan curiosa: restos de conchas y cables y hormigón donde, al parecer, antes había un jardín imaginativo. Quedaban algunos objetos que mostraban cómo había sido el lugar. Un pozo de los deseos formado por conchas permanecía intacto bajo un enorme castaño dulce, y había una *chaise longue* de fantasía de conchas y hormigón con un cojín de conchas en el que trocitos de cristal de color añil formaban las palabras «Papá dice...». Todo lo demás había quedado reducido a escombros. Era como si un huracán de mazos hubiera arrasado el jardín que rodeaba la pequeña casa achaparrada.

A un lado de la vivienda había un granero del que salía música: Frank Sinatra entonando una canción pop en italiano. Saint James se dirigió hacia allí. La puerta del granero estaba entreabierta, y vio que unos tubos fluorescentes que colgaban del techo blanqueaban e iluminaban el interior.

Gritó: «Hola», pero no contestó nadie. Entró y vio que estaba en el taller de un vidriero. Parecía ser el lugar donde se fabricaban dos clases de objetos completamente distintos. Una mitad estaba dedicada a la fabricación minuciosa de cristal para invernaderos y pabellones acristalados. La otra mitad parecía consagrada al vidrio como arte. En esta sección había amontonados grandes sacos de productos químicos a poca distancia de un horno que no estaba encendido. Apoyado en él, había cañas largas que servían para soplar el vidrio, y en las estanterías se exhibían los objetos ya elaborados, piezas decorativas de colores ricos: enormes platos sobre atriles, jarrones estilizados, esculturas modernas. Los objetos eran más apropiados para un restaurante Conran de Londres que para un granero de Guernsey. Saint James los contempló con sorpresa. Su estado impoluto y perfecto contrastaba con el estado del horno, las cañas y los sacos de productos químicos, que tenían una gruesa capa de mugre.

El vidriero no se percató de la presencia de nadie. Estaba trabajando en una mesa ancha en la sección del granero destinada al cristal para invernaderos y pabellones acristalados. Encima de él, colgaban los planos para un pabellón complicado. A cada lado de éstos y debajo, colgaban dibujos de otros proyectos aún más elaborados. Mientras realizaba un corte rápido en la placa transparente colocada sobre la mesa, el hombre no consultó ninguno de los planos, sino una simple servilleta de papel en la que, al parecer, había garabateadas algunas medidas.

Saint James pensó que aquél debía de ser Moullin, el padre de uno de los beneficiarios del testamento de Brouard. Dijo el nombre del señor, más alto esta vez. Moullin levantó la cabeza y se quitó unos tapones de cera de los oídos, lo que explicaba por qué no había oído a Saint James acercarse, pero no explicaba por qué Sinatra le daba la serenata.

Después, se acercó a la fuente de la música —un reproductor de CD— donde Sinatra había pasado a cantar *Luck Be a Lady Tonight*. Moullin le acalló a media frase. Cogió una toalla grande con dibujos de ballenas que expulsaban chorros de agua y tapó el reproductor de CD.

—Lo utilizo para que la gente sepa dónde encontrarme. Pero me pone de los nervios, así que utilizo tapones.

—¿En lugar de poner otra música?

—La odio toda, de modo que que no importa. ¿En qué puedo ayudarle?

Saint James se presentó y le dio su tarjeta. Moullin la leyó y la tiró sobre la mesa de trabajo, donde aterrizó junto a la servilleta con los cálculos. La cautela asomó inmediatamente a su rostro. Era evidente que se había fijado en la profesión de Saint James y que no se inclinaría a pensar que un científico forense de Londres había ido a visitarle porque tenía en mente la construcción de un pabellón acristalado.

—Parece que su jardín ha sufrido algunos daños. No creía que el vandalismo fuera un problema habitual en la isla —dijo Saint James.

—¿Ha venido a inspeccionarlo? —preguntó Moullin—. ¿Es lo que hace la gente como usted?

—¿Ha llamado a la policía?

—No ha sido necesario. —Moullin sacó un metro metálico del bolsillo y lo puso sobre la placa de cristal que había cortado. Marcó un «visto» junto a uno de los cálculos y con cuidado añadió el panel a una pila de una docena de cristales o más ya cortados—. Lo hice yo —dijo—. Había llegado el momento.

—Entiendo. Mejoras en casa.

—Mejoras en la vida. Mis hijas comenzaron a hacerlo cuando mi mujer nos dejó.

—¿Tiene más de una hija? —preguntó Saint James.

Moullin pareció sopesar la pregunta antes de contestar.

—Tengo tres.

Se dio la vuelta y cogió otra placa de cristal. La colocó en la mesa y se inclinó sobre ella: era un hombre al que no había que distraer de su trabajo. Saint James aprovechó la oportunidad para acercarse. Miró los planos y los dibujos que colgaban encima del banco. Las palabras «Yates», «Dobree Lodge», «Le Vallon» identificaban el lugar del pabellón complicado. Vio que los otros dibujos correspondían a ventanas estilizadas. Pertenecían al Museo de la Guerra Graham Ouseley.

Saint James observó a Henry Moullin trabajando antes de decir nada más. Era un hombre corpulento que parecía fuerte y sano. Tenía las manos musculosas, algo evidente incluso debajo de las tiritas que las cubrían caprichosamente.

—Se ha cortado —dijo Saint James—. Serán gajes del oficio, ¿no?

—Pues sí. —Moullin cortó el cristal y luego repitió la acción, con una pericia que desmentía su comentario.

—¿Hace ventanas además de pabellones acristalados?

—Los planos así lo indican. —Levantó la cabeza y señaló los dibujos de la pared—. Si es de cristal, lo hago, señor Saint James.

—¿Así conoció a Guy Brouard?

—Sí.

—¿Tenía que encargarse de las ventanas del museo? —dijo Saint James. Señaló los dibujos colgados en la pared—. ¿O sólo eran por si acaso?

—Me ocupaba de todos los trabajos de cristalería de los Brouard —contestó Moullin—. Desmonté los invernaderos originales de la finca, construí el pabellón acristalado, cambié las ventanas de la casa. Como ya le he dicho, si es de cristal, lo hago. Lo mismo sucedería con el museo.

—Pero usted no será el único vidriero de la isla. Con todos los invernaderos que he visto, no sería posible.

—No soy el único —reconoció Moullin—. Soy el mejor. Los Brouard lo sabían.

—¿Así que era lógico que le contrataran a usted para el museo de la guerra?

—Podría decirse que sí.

—Sin embargo, tengo entendido que nadie sabía qué diseño arquitectónico iba a tener el edificio, hasta la noche de la fiesta. Así que para que usted pudiera hacer los dibujos con antelación... ¿Los hizo según los planos del arquitecto local? He visto su maqueta, por cierto. Sus dibujos parecen adecuarse a su diseño.

Moullin tachó otra cifra de la lista de la servilleta de papel y dijo:

—¿Ha venido a hablar de ventanas?

—¿Por qué sólo una? —preguntó Saint James.

—¿Una qué?

—Hija. Usted tiene tres, pero Brouard sólo ha recordado a una en su testamento: Cynthia Moullin. Es... ¿qué? ¿Es la mayor?

Moullin cogió otra placa de cristal y realizó dos cortes más. Utilizó el metro para confirmar el resultado.

—Cyn es la mayor —dijo.

—¿Tiene idea de por qué la eligió a ella? ¿Cuántos años tiene, por cierto?

—Diecisiete.

—¿Ha acabado ya el colegio?

—Está estudiando un módulo en Saint Peter Port. Él le sugirió que fuera a la universidad. Es lista, pero aquí no hay. Tendría que ir a Inglaterra. Y eso cuesta dinero.

—Y usted no lo tenía, imagino. Y ella tampoco.

«Hasta que murió Brouard.» La frase flotó entre ellos como el humo de un cigarrillo invisible.

—Eso es. Era todo cuestión de dinero, sí. Qué suerte hemos tenido. —Moullin dio la espalda a la mesa para mirar a Saint James—. ¿Es todo lo que quería saber, o hay más?

—¿Tiene idea de por qué sólo se recuerda a una de sus hijas en el testamento?

—No.

—Las otras dos también se beneficiarían de una educación superior, ¿no?

—Cierto.

—¿Entonces...?

—No tenían la edad. Aún no iban a ir a la universidad. Todo a su debido tiempo.

Este comentario señaló la falta de lógica general de lo que estaba sugiriendo Moullin, y Saint James lo aprovechó.

—Sin embargo, el señor Brouard no podía imaginar que moriría, ¿no? Tenía sesenta y nueve años, por lo que no era un hombre joven; pero según todos los informes, gozaba de buena salud. ¿No es así? —No esperó a que Moullin respondiera—. Así que si Brouard quería que su hija mayor estudiara con el dinero que iba a dejarle... ¿Cuándo se supone que tenía que estudiar, según usted? A Brouard aún podían quedarle veinte años, o más.

—A menos que le matáramos nosotros, por supuesto —dijo Moullin—. ¿No es ahí adonde quiere ir a parar?

—¿Dónde está su hija, señor Moullin?

—Oh, vamos, hombre. Tiene diecisiete años.

—Entonces, ¿está aquí? ¿Podría hablar con...?

—Está en Alderney.

—¿Haciendo qué?

—Cuidando a su abuela, o escondiéndose de la poli. Lo que usted prefiera. A mí me da igual. —El hombre reanudó su trabajo, pero Saint James vio que le latía una vena en la sien, y cuando realizó el siguiente corte en la placa de cristal, se pasó de la marca. Soltó un taco y tiró las piezas inútiles en un cubo de basura.

—En su trabajo no puede permitirse cometer muchos errores —observó Saint James—. Imagino que le saldría caro.

—Bueno, me está usted distrayendo, ¿no? —replicó Moullin—. Así que si no hay nada más, tengo trabajo que hacer y poco tiempo.

—Entiendo por qué el señor Brouard dejó dinero a un chico llamado Paul Fielder —dijo Saint James—. Brouard era su mentor, a través de una organización de la isla, AAPG. ¿Ha oído hablar de ella? Así que había un acuerdo formal para su relación. ¿Su hija también le conoció así?

—Cyn no tenía ninguna relación con él, ni a través de AAPG ni a través de nada —dijo Henry Moullin. Y, al parecer, decidió no seguir trabajando, a pesar de lo que había dicho antes. Comenzó a guardar las herramientas y el metro en su lugar correspondiente, cogió una escobilla y barrió los minúsculos fragmentos de cristal de la mesa de trabajo—. Tenía sus caprichos, y eso era Cyn: un capricho hoy, otro mañana; una especie de «puedo hacer esto, puedo hacer aquello y puedo hacer lo que me plazca porque tengo el dinero para disfrazarme de Papá Noel en Guernsey si me da la gana». Cyn tuvo suerte, como si fuera el juego de las sillas y ella estuviera en el lugar adecuado cuando paró la música. Otro día, y podría haberle tocado a una de sus hermanas. Otro mes, y es lo que habría pasado seguramente. Así fue la cosa. La conocía mejor que a las otras chicas porque ella andaba por los jardines cuando yo trabajaba, o pasaba a ver a su tía.

—¿Su tía?

—Val Duffy, mi hermana. Me ayuda con las niñas.

—¿Cómo?

—¿Qué quiere decir «cómo»? —preguntó Moullin. Era evidente que el hombre estaba llegando a su límite—. Las niñas necesitan a una mujer en su vida. ¿Quiere que le explique por qué, o se lo puede imaginar usted solito? Cyn iba a verla y hablaban. De cosas de chicas, ¿vale?

—¿Cambios en su cuerpo? ¿Problemas con los chicos?

—No lo sé. Yo no meto las narices en lo que no debo; me ocupo de lo mío, no de sus asuntos. Agradecía que Cyn tuviera una mujer con quien hablar y que esa mujer fuera mi hermana.

—¿Una hermana que le informaría si surgía algún problema?

—No había ningún problema

—Pero tenía caprichos.

—¿Qué?

—Brouard. Ha dicho que tenía sus caprichos. ¿Cynthia era uno de ellos?

Moullin se puso violeta. Avanzó un paso hacia Saint James.

—Maldita sea. Debería... —Se contuvo. Pareció hacer un gran esfuerzo—. Está hablando de una niña —dijo—. No es una mujer hecha y derecha. Es una niña.

—No sería la primera vez que un viejo se encapricha de una chica.

—Está tergiversando mis palabras.

—Pues acláremelas.

Moullin se tomó su tiempo. Se apartó. Miró hacia el otro lado del granero, a sus creativas piezas de cristal.

—Ya se lo he dicho. Tenía caprichos. Algo llamaba su atención y lo tocaba con su varita mágica. Hacía que se sintiera especial. Entonces, otra cosa llamaba su atención y movía la varita mágica hacia otro lado. Así era él.

—¿La varita mágica era el dinero?

Moullin negó con la cabeza.

—No siempre.

—Entonces, ¿qué?

—La confianza —dijo él.

—¿Qué clase de confianza?

—La confianza en ti mismo. Se le daba bien. El problema era que empezabas a pensar que con un poco de suerte tal vez su confianza en ti generaría algo.

—Dinero.

—Una promesa. Como si te dijeran: «Puedo ayudarte si trabajas mucho; pero primero tienes que hacerlo, trabajar mucho, y luego ya veremos qué hacemos». Sólo que nadie lo dijo nunca, no exactamente. Sin embargo, de algún modo, aquel pensamiento se instalaba en tu mente.

—¿En la suya también?

—En la mía también —dijo Moullin suspirando.

Saint James pensó en lo que había averiguado sobre Guy Brouard, sobre los secretos que tenía, sobre sus planes de futuro, sobre lo que cada persona parecía creer sobre él y sobre esos planes. Tal vez, pensó Saint James, estos aspectos del difunto —que, por otro lado, podían ser simples reflejos del capricho de un emprendedor adinerado— eran en realidad síntomas de una conducta más amplia y perjudicial: un juego de poder estrambótico. En este juego, un hombre influyente que ya no estaba al frente de un negocio de éxito seguía ejerciendo una forma de control sobre las personas, y el ejercicio de ese control era el objetivo final del juego. Las personas se convertían en piezas de ajedrez, y el tablero representaba sus vidas. Y el jugador principal era Guy Brouard.

¿Bastaría eso para matar a alguien?

Saint James supuso que la respuesta a esa pregunta residía en lo que cada persona hacía a raíz de la confianza que Brouard supuestamente había depositado en ella. Examinó el granero una vez más y vio parte de la respuesta en las piezas de cristal cuidadas diligentemente y en el horno y las cañas que no recibían las mismas atenciones.

—Imagino que le hizo tener confianza en usted mismo como artista —observó—. ¿Fue eso lo que pasó? ¿Brouard le animó a vivir su sueño?

De repente, Moullin empezó a caminar hacia la puerta del granero, donde apagó las luces y su silueta quedó recortada en la luz del día. Era una figura enorme, definida no sólo por la ropa abultada que llevaba, sino también por su fuerza de toro. Imaginó que no le habría costado mucho trabajo destruir la labor de sus hijas en el jardín.

Saint James lo siguió. Fuera, Moullin cerró de golpe la puerta del granero y pasó el candado por la aldabilla gruesa de metal.

—Hacer que las personas se creyeran más de lo que son, eso hacía. Si decidían dar pasos que tal vez no habrían dado si él no los hubiera convencido... Bueno, supongo que eso es cosa de cada uno. Si uno decide esforzarse y arriesgarse, no hay que ir culpando a los demás, ¿no?

—La gente no se esfuerza si no cree que la empresa tendrá éxito —dijo Saint James.

Henry Moullin miró hacia el jardín, donde las conchas destrozadas cubrían el césped como si fuera nieve.

—Se le daban bien las ideas, tenerlas y darlas. Y nosotros... A nosotros se nos daba bien confiar.

—¿Conocía usted los términos del testamento del señor Brouard? —preguntó Saint James—. ¿Los conocía su hija?

—¿Me está preguntando si le matamos? ¿Nos lo cargamos antes de que cambiara de opinión? —Moullin se metió la mano en el bolsillo. Sacó un juego de llaves que parecían pesadas. Empezó a caminar por el sendero que llevaba a la casa, pisando la gravilla y las conchas. Saint James caminaba a su lado, no porque esperara que Moullin se explayara en el tema que él mismo había sacado, sino porque había vislumbrado algo entre las llaves del hombre y quería asegurarse de que era lo que creía que era.

—El testamento —dijo—. ¿Conocía sus términos?

Moullin no contestó hasta que llegaron al porche e insertó la llave en la cerradura de la puerta. Se dio la vuelta para contestar.

—No sabíamos nada del testamento de nadie —dijo Moullin—. Que pase usted un buen día.

Se giró de nuevo hacia la puerta, entró y el cerrojo de la puerta chasqueó ruidosamente tras él. Pero Saint James había visto lo que quería ver. Una pequeña piedra agujereada colgaba del llavero que sujetaba las llaves de Henry Moullin.

Simon Saint James se alejó de la casa. No era tan estúpido para creer que había oído todo lo que tenía que decir Henry Moullin, pero sabía que en esos momentos no podía seguir presionando. Aun así, se detuvo un momento en el sendero y miró la Casa de las Conchas: las cortinas corridas para evitar la luz del sol, la puerta cerrada a cal y canto, el jardín destrozado. Reflexionó sobre qué quería decir tener caprichos. Pensó en el poder que daba a alguien conocer los sueños de otra persona.

Mientras miraba, sin centrarse en nada en especial, un movimiento en la casa llamó su atención. Buscó dónde y se fijó en una ventana pequeña.

Dentro de la casa, una figura en el cristal recolocó rápidamente la cortina en su lugar, aunque no antes de que Saint James vislumbrara un pelo rubio y viera desaparecer una forma diáfana. En otras circunstancias, tal vez habría pensado que se trataba de un fantasma. Pero una luz dentro de la habitación iluminó brevemente el cuerpo inconfundible de una mujer mucho más corpórea.

Capítulo 18

*P*aul Fielder se sintió tremendamente aliviado al ver a Valerie Duffy cruzando el césped a toda velocidad. El abrigo negro que llevaba se abría mientras corría, y el que no se lo hubiera abrochado le demostró a Paul que estaba de su parte.

—Eh, usted —gritó la mujer mientras el policía agarraba a Paul del hombro y *Taboo* agarraba al policía de la pierna—. ¿Qué le está haciendo? Es nuestro Paul. Es de aquí.

—Entonces, ¿por qué no quiere identificarse? —El policía llevaba un bigote muy poblado, observó Paul, y se le había quedado pegado un trozo de cereal del desayuno, que temblaba cuando hablaba. Paul miró fascinado cómo el copo de maíz se movía de un lado para otro como si fuera un escalador colgado de un acantilado peligroso.

—Ya le he dicho yo quién es —dijo Valerie Duffy—. Se llama Paul Fielder y es de aquí. *Taboo*, para. Suelta al hombre malo. —Encontró el collar del perro y lo apartó de la pierna del policía.

—Debería detenerlos a los dos por agresión. —El hombre soltó a Paul con un empujón que lo mandó hacia Valerie. Aquello hizo que *Taboo* empezara a ladrar otra vez.

Paul se arrodilló junto al perro y enterró la cara en el pelo apestoso de su cuello. Con aquel gesto, *Taboo* dejó de ladrar. Sin embargo, siguió gruñendo.

—La próxima vez —dijo el hombre del bigote—, te identificas cuando te lo pidan, chico. Si no, te meteré en la cárcel en un santiamén... Y al perro lo sacrifico. Es lo que tendría que pasarle por lo que me ha hecho. Mira los pantalones. Tengo un agujero. ¿Lo ves? Podría haber sido la pierna. La piel, chico. Sangre. ¿Está vacunado? ¿Dónde tienes los papeles? Quiero que me los enseñes ahora mismo.

—No seas estúpido, Trev Addison —dijo Valerie con voz severa—. Sí, sé quién eres. Fui al colegio con tu hermano. Y sabes tan bien como yo que nadie va por ahí con los papeles de su perro encima. De acuerdo, te has llevado un susto y el chico también. El perro también. Dejémoslo ahí y no empeoremos las cosas.

Paul se percató de que escuchar su nombre pareció tranquilizar al policía, porque lo miró a él y al perro y a Valerie y luego se ajustó el uniforme y se limpió los pantalones.

—Tenemos nuestras órdenes —dijo.

—Sí —dijo Valerie—, y queremos que las sigas. Pero ven conmigo y te zurciré los pantalones. Puedo arreglártelos en un abrir y cerrar de ojos, y podemos olvidarnos del resto.

Trev Addison miró hacia el sendero, donde uno de sus compañeros estaba inclinado sobre los arbustos, apartándolos. Parecía un trabajo tedioso del que cualquiera querría tomarse diez minutos de descanso.

—No lo sé, porque debería...

—Ven conmigo —dijo Valerie—. Puedes tomar un té.

—¿En un abrir y cerrar de ojos, dices?

—Tengo dos hijos hechos y derechos, Trev. Tardo menos en zurcirte el pantalón que tú en tomarte un té.

—No se hable más —contestó, y le dijo a Paul—: Y tú vete de aquí, ¿me oyes? La policía está trabajando en estos jardines.

—Ve a la cocina de la casa grande, cariño —le dijo Valerie a Paul—. Prepárate un chocolate caliente. También hay galletas de jengibre recién hechas. —Se despidió de él asintiendo con la cabeza y se marchó cruzando el césped, con Trev Addison detrás de ella.

Paul esperó, clavado donde estaba, hasta que desaparecieron en la casa de los Duffy. Notó que el corazón le latía con fuerza y apoyó la frente en el lomo de *Taboo*. El olor a humedad del perro era tan bien recibido y familiar como cuando de niño tenía fiebre y su madre le acariciaba la mejilla.

Cuando por fin se le tranquilizó el corazón, levantó la cabeza y se frotó la cara. Al agarrarle el policía, se le había caído la mochila del hombro, y ahora yacía tirada en el suelo. La recogió y se marchó hacia la casa.

Fue detrás, como siempre. Había mucha actividad. Paul

nunca había visto a tantos policías juntos en un mismo sitio —aparte de en la tele— y se detuvo justo pasado el pabellón acristalado e intentó entender qué estaban haciendo. Un registro, sí. Eso sí lo veía. Pero no imaginaba por qué. Pensó que alguien habría perdido algo de valor el día del funeral, cuando todo el mundo fue a Le Reposoir para asistir al entierro y luego a la recepción. Sin embargo, aunque parecía probable, no lo parecía que la mitad del cuerpo de policía estuviera buscando ese algo. Tendría que pertenecer a alguien tremendamente importante, y la persona más importante de la isla era la que había muerto. ¿De quién podía tratarse? Paul no lo sabía y no podía imaginárselo. Entró en la casa.

Utilizó la puerta del pabellón, que no estaba cerrada con llave, como siempre. *Taboo* entró correteando tras él, arañando con las uñas los ladrillos del suelo. Dentro, el ambiente era agradablemente cálido y húmedo, y el agua que goteaba del sistema de irrigación tenía un ritmo tan hipnotizador que Paul habría querido quedarse a escuchar un rato. Pero no podía porque le habían dicho que se preparara un chocolate caliente. Y, por encima de todo, cuando estaba en Le Reposoir, a Paul le gustaba hacer exactamente lo que le decían que hiciera. Así era como lograba que el privilegio de ir a la finca fuera eso: un privilegio precioso.

«Pórtate bien conmigo y yo me portaré bien contigo. Es la base de lo que verdaderamente importa, mi príncipe.»

Y ésa era una razón más por la que Paul sabía qué debía hacer, no sólo respecto al chocolate caliente y a las galletas de jengibre, sino también respecto a la herencia. Cuando el abogado se marchó, sus padres subieron a su cuarto y llamaron a su puerta.

—Paulie, tenemos que hablar, hijo —dijo su padre.

—Eres un chico rico, cielo —dijo su madre—. Piensa en lo que podrás hacer con todo ese dinero.

Los dejó entrar, y ellos hablaron con él y entre ellos; pero aunque veía perfectamente que sus labios se movían y oía una palabra o una frase de vez en cuando, él ya había decidido qué tenía que hacer. Fue directamente a Le Reposoir para empezar cuanto antes.

Se preguntó si la señora Ruth se encontraría en la casa. No

se le había ocurrido mirar si su coche estaba fuera. Era la persona a la que había ido a ver. Si no estaba, pensaba esperarla.

Se dirigió a la cocina: cruzó el vestíbulo de piedra, la puerta y atravesó otro pasillo. La mansión estaba en silencio, aunque un crujido en el piso de arriba le dijo que seguramente la señora Brouard estaría en casa. Aun así, era lo bastante sensato para saber que no se andaba por la casa de los demás buscándolos, aunque se hubiera ido expresamente a verlos. Así que cuando llegó a la cocina, entró. Se tomaría el chocolate caliente y las galletas, y cuando acabara, Valerie estaría allí y lo llevaría arriba a ver a la señora Ruth.

Paul había estado en la cocina de Le Reposoir las veces suficientes para saber dónde estaba todo. Tumbó a *Taboo* debajo de la mesa que había en el centro de la estancia, dejó la mochila a su lado para que apoyara la cabeza en ella y fue a la despensa.

Como el resto de Le Reposoir, era un lugar mágico, lleno de olores que era incapaz de identificar, así como de cajas y latas de comida de la que nunca había oído hablar. Le encantaba que Valerie lo mandara a la despensa a buscar algo mientras ella cocinaba si él andaba por allí. Le gustaba prolongar la experiencia tanto como podía, absorbiendo la mezcla de extractos, especias, hierbas y otros ingredientes. Se adentraba en un universo totalmente distinto al que conocía.

Se entretuvo allí. Abrió una serie de frascos y los olió uno a uno. Vainilla, leyó en una etiqueta. Naranja, almendra, limón. Las fragancias eran tan embriagadoras que, cuando las inhaló, notó que el aroma se alojaba detrás de sus ojos.

De los extractos pasó a las especias y, primero, olió la canela. Cuando llegó al jengibre, cogió un pellizco, no más que la punta de la uña del dedo meñique. Se lo puso en la lengua y notó que se le hacía la boca agua. Sonrió y pasó a la nuez moscada, el comino, el curry, el clavo. Después, llegó a las hierbas, luego a los vinagres, y más tarde a los aceites. Y de ahí se confundió entre la harina, el azúcar, el arroz y las judías. Cogió unas cajas y leyó lo que decía detrás. Se acercó paquetes de pasta a la mejilla y frotó los envoltorios de celofán contra su piel. Nunca había visto tanta abundancia como la que había en aquel lugar. Para él era una auténtica maravilla.

Al final suspiró saciado de placer y cogió la lata de cacao. La llevó a la encimera y sacó la leche del frigorífico. De encima de los fogones, bajó un cazo y midió con cuidado una taza de leche, no más, y la vertió con más cuidado aún en el cazo para calentarla. Era la primera vez que le permitían utilizar la cocina, y quería que Valerie Duffy se sintiera orgullosa de la diligencia que empleaba para llevar a cabo tan extraño privilegio.

Encendió el fogón y buscó una cuchara para medir el cacao. Las galletas de jengibre estaban encima de la mesa, recién salidas del horno sobre unas rejillas para que se enfriaran. Cogió una para *Taboo* y se la dio al perro. Para él cogió dos y se metió una en la boca. La otra quería saborearla con el chocolate caliente.

En algún lugar de la casa, un reloj dio la hora. Como acompañándolo, unas pisadas recorrieron el pasillo que tenía justo encima. Se abrió una puerta, se encendió una luz y alguien empezó a descender las escaleras traseras hacia la cocina.

Paul sonrió. Se trataba de la señora Ruth. Como Valerie no estaba, tendría que irse a buscar ella misma el café de media mañana si le apetecía tomarlo. Y allí estaba, humeando en la jarra de cristal. Paul cogió otra taza, una cuchara y el azúcar, para dejárselo todo preparado. Se imaginó la conversación que seguiría: ella abriría mucho los ojos, sus labios dibujarían una exclamación de sorpresa y murmuraría: «Paul, mi querido niño», cuando comprendiera qué era lo que pensaba hacer exactamente.

Se agachó y cogió con cuidado la mochila de debajo de la cabeza de *Taboo*. El perro alzó la mirada y movió las orejas hacia las escaleras. Un gruñido suave retumbó en su garganta. Le siguió un aullido y luego un ladrido.

—¿Qué diablos...? —dijo alguien desde las escaleras.

No era la voz de la señora Ruth. Una mujer del tamaño de una vikinga asomó en la puerta.

—¿Quién demonios eres tú? —preguntó al ver a Paul—. ¿Qué haces aquí? ¿Dónde está la señora Duffy?

Demasiadas preguntas en una, y había sorprendido a Paul con una galleta de jengibre en la mano. El chico notó que levantaba muchísimo las cejas y abría los ojos tanto como la señora Ruth habría abierto la boca. En ese mismo instante, *Taboo*

393

salió disparado de debajo de la mesa, ladrando como un dóberman y mostrando los dientes. Tenía las patas separadas y las orejas hacia atrás. Nunca le había gustado que la gente gritara.

La vikinga retrocedió. *Taboo* avanzó hacia ella antes de que Paul tuviera ocasión de agarrarlo del collar.

—¡Cógelo! —empezó a chillar la mujer como si creyera que el perro quería hacerle daño de verdad—. ¡Cógelo, maldita sea! ¡Cógelo!

Sus gritos sólo consiguieron que *Taboo* ladrara más fuerte. Y justo en ese momento, la leche que estaba calentándose en el fogón hirvió y se derramó.

Eran demasiadas cosas juntas: el perro, la mujer, la leche, la galleta en la mano que parecía robada, pero que no lo era, porque Valerie le había dicho que cogiera una, y aunque hubiera cogido tres, que eran dos más de las que le había dicho que cogiera, no pasaba nada, de verdad, daba igual, no era ningún crimen.

Fssssshhh. Debajo del cazo, la leche se convirtió en espuma sobre el fogón. El olor que desprendió al entrar en contacto con el fuego llenó el aire como una bandada de pájaros. *Taboo* ladraba. La mujer gritaba. Paul era un bloque de cemento.

—¡Estúpido! —La voz de la vikinga sonó como un chirrido—. No te quedes ahí parado, por el amor de Dios.

Y la leche seguía quemándose detrás de él. La mujer retrocedió hasta la pared. Giró la cabeza como si no quisiera contemplar su propia destrucción bajo los dientes de un animal que en realidad estaba más aterrorizado que ella; pero en lugar de desmayarse o intentar escapar, empezó a gritar:

—¡Adrian! ¡Adrian! ¡Por el amor de Dios, Adrian!

Y como la mujer ya no centraba su atención ni en él ni en el perro, Paul notó que sus extremidades reaccionaban y empezaban a moverse.

Se lanzó hacia *Taboo* y lo cogió, dejando caer la mochila al suelo. Arrastró al perro hacia los fogones y tocó los controles para apagar el fuego. Mientras tanto, el perro seguía ladrando, la mujer seguía chillando y alguien bajaba las escaleras de la parte de atrás.

Paul apartó el cazo del fuego para llevarlo al fregadero; pero como sujetaba con una mano al perro, que intentaba escapar, no tenía mucho equilibrio. Se le volcó el cazo, el líquido caliente acabó en el suelo y *Taboo* acabó donde estaba al principio: a unos centímetros de la vikinga, como si quisiera merendársela. Paul fue a por él y lo alejó de allí a rastras. *Taboo* siguió ladrando como un poseso.

Adrian Brouard irrumpió en la cocina.

—¿Qué diablos...? —dijo ante aquel alboroto. Y luego gritó—: ¡*Taboo*! ¡Basta! ¡Calla!

—¿Conoces a este animal? —gritó la vikinga. Y a Paul no le quedó claro si se refería a él o al perro.

Tampoco le importaba, porque Adrian Brouard conocía a los dos.

—Es Paul Fielder, el chico que papá...

—¿Éste? —La mujer miró a Paul—. Este mugriento... —Parecía que no encontraba la palabra que describiera al intruso de la cocina.

—Éste —dijo Adrian. Había bajado sólo con el pantalón del pijama y las zapatillas de andar por casa, como si lo hubieran sorprendido vistiéndose por fin. Paul no podía imaginar que alguien no estuviera arreglado y activo a esas horas.

«Aprovecha el día, mi príncipe. Nunca se sabe si habrá otro.»

A Paul se le llenaron los ojos de lágrimas. Podía escuchar su voz. Podía notar su presencia con la misma intensidad que si estuviera en la cocina. Él habría solucionado aquello en un momento: habría tendido una mano a *Taboo* y la otra a Paul y habría dicho con su voz tranquilizadora: «¿Qué está pasando aquí?».

—Dile a ese animal que se calle —le dijo Adrian a Paul, aunque los ladridos de *Taboo* se habían transformado en gruñidos—. Si muerde a mi madre, tendrás problemas.

—Más de los que ya tienes —le espetó la vikinga—. Que son muchos, permíteme que te diga. ¿Dónde está la señora Duffy? ¿Te ha dejado entrar ella? —Y entonces gritó—: ¡Valerie! ¡Valerie Duffy! Ven aquí inmediatamente.

A *Taboo* no le gustaban los gritos, pero la estúpida mujer aún no lo había entendido. En cuanto alzó la voz, el perro empezó a ladrar de nuevo. No quedaba más remedio que sacarlo de la cocina enseguida, pero Paul no podía hacer eso, limpiar la

395

leche derramada y coger la mochila simultáneamente. Sintió un retortijón de angustia. Notó que le estallaba la cabeza. Sabía que iba a explotar de un momento a otro,así que tomó una decisión.

Detrás de Adrian y su madre, había un pasillo que acababa en una puerta que daba al huerto. Paul empezó a tirar de *Taboo* en aquella dirección mientras la vikinga decía:

—Ni se te ocurra marcharte sin limpiar este desastre, jovencito repugnante.

Taboo gruñó. Los Brouard retrocedieron. Paul logró arrastrar al perro por el pasillo sin que volviera a ladrar —a pesar de que la vikinga chilló: «¡Vuelve aquí de inmediato!»— y lo echó fuera, al huerto en barbecho. Cerró la puerta y sacó fuerzas de flaqueza cuando *Taboo* aulló para protestar.

Paul sabía que el perro sólo intentaba protegerle. También sabía que cualquier persona con dos dedos de frente lo habría entendido. Pero el mundo no era un lugar donde pudiera esperarse que la gente tuviera dos dedos de frente, ¿verdad? Este hecho la hacía peligrosa porque despertaba en ella el miedo y la astucia.

Así que tenía que alejarse de ellos. Como no había ido a ver a qué se debía todo aquel alboroto, Paul supo que era imposible que la señora Ruth estuviera en casa. Tendría que regresar cuando fuera seguro hacerlo. Pero no podía dejar allí los restos de su desastroso encuentro con los otros Brouard. Eso, por encima de todo, no estaría bien.

Volvió a la cocina y se detuvo en la puerta. Vio que, a pesar de las palabras de la vikinga, ella y Adrian ya estaban fregando el suelo y limpiando los fogones. Sin embargo, aún olía a leche quemada.

—... un final a esta tontería —estaba diciendo la madre de Adrian—. Voy a meterle en cintura, que te quede claro. Si se cree que puede entrar aquí como Pedro por su casa..., como si viviera aquí..., como si no fuera lo que evidentemente es, un inútil que no...

—Madre. —Adrian, se percató Paul, le había visto junto a la puerta y, con esa única palabra, también le vio la vikinga. Había estado limpiando los fogones, pero ahora hizo una bola con el paño que tenía entre sus dedos largos y llenos de anillos. Le examinó de pies a cabeza tan rigurosamente y con tanto asco, que Paul sintió que un escalofrío le recorría el cuerpo y supo que tenía que marcharse de allí enseguida. Pero no se iría sin la mochila y el mensaje que contenía sobre el plan y el sueño.

—Puedes informar a tus padres de que vamos a contratar a un abogado por todo este asunto del testamento —le dijo la vikinga—. Si tu imaginación te ha llevado a creer que te vas a quedar con un solo centavo del dinero de Adrian, estás muy equivocado. Tengo pensado luchar en todos los tribunales que encuentre, y cuando acabe, el dinero que tramabas sacar del testamento del padre de Adrian habrá desaparecido. ¿Lo entiendes? No vas a ganar. Ahora, lárgate. No quiero volver a ver tu cara. Si la veo, mandaré a la policía a por ti. Y en cuanto a ese maldito chucho tuyo, haré que lo sacrifiquen.

Paul no se movió. No se marcharía sin su mochila, pero no sabía cómo cogerla. Estaba donde la había dejado, junto a la pata de la mesa en el centro de la cocina. Pero entre él y la bolsa estaban los dos Brouard. Y estar próximo a ellos auguraba cierto peligro para él.

—¿Me has oído? —le preguntó la vikinga—. He dicho que te largues. Aquí no tienes amigos, a pesar de lo que piensas, por lo visto. No eres bien recibido en esta casa.

Paul vio que la única forma de coger la mochila era meterse debajo de la mesa, así que lo hizo. Antes de que la madre de Adrian acabara de hablar, estaba a cuatro patas avanzando por el suelo.

—¿Adónde va? —preguntó la mujer—. ¿Qué hace ahora?

Adrian pareció darse cuenta de las intenciones de Paul. Agarró la mochila en el mismo momento en que los dedos de Paul se cerraban en torno a ella.

—Dios mío, ¡el muy bruto ha robado algo! —gritó la vikinga—. Es el colmo. Detenlo, Adrian.

Adrian lo intentó. Pero todas las imágenes que la palabra «robado» despertó en la cabeza de Paul —la mochila registrada, el hallazgo, las preguntas, la policía, una celda, la preocupación, la vergüenza— le dieron una fuerza que, de lo contrario, no habría encontrado. Tiró con tanta fuerza que Adrian Brouard perdió el equilibrio. El hombre se estrelló contra la mesa, cayó de rodillas y se golpeó la barbilla contra la madera.

397

Su madre gritó, y Paul vio la oportunidad que necesitaba. Agarró la mochila y se puso de pie de un salto.

Salió corriendo en dirección al pasillo. El huerto estaba cercado, pero la verja daba a los jardines de la finca. Había lugares donde esconderse en Le Reposoir que seguro que ninguno de los Brouard conocía, por lo que sabía que si llegaba al huerto en barbecho, estaría totalmente a salvo.

Se lanzó al pasillo y oyó que la vikinga gritaba:

—Cielo, ¿estás bien? —Y luego—: ¡Síguele, por el amor de Dios! ¡Adrian! Cógele. —Pero Paul fue más rápido que la madre y el hijo. Lo último que escuchó antes de que la puerta se cerrara tras él y escapara con *Taboo* hacia la verja del jardín fue—: ¡Tiene algo en esa mochila!

Talbot Valley sorprendió a Deborah. Parecía un valle en miniatura sacado de Yorkshire, donde ella y Simon habían pasado su luna de miel. Un río lo había esculpido eones atrás y, en una ladera, había pendientes verdes onduladas donde pacía el ganado de color beis de la isla, protegido por olmedos del sol y las inclemencias del tiempo. La carretera corría por el otro lado, una ladera empinada contenida por los muros de granito. A lo largo de ella, crecían fresnos y olmos y, más allá, la tierra se elevaba hacia los pastos de las cumbres. La zona era tan distinta al resto de la isla como Yorkshire respecto a los South Downs.

Buscaban un pequeño camino llamado Les Niaux. Cherokee estaba relativamente seguro de dónde estaba, pues ya lo había visitado. Sin embargo, tenía un mapa extendido sobre las rodillas, e hizo de copiloto del viaje. Casi pasaron de largo al acercarse.

—¡Aquí! Gira —dijo cuando llegaron a una abertura en un seto—. Te lo juro —añadió—. Estas calles parecen las entradas de las casas de Estados Unidos.

Llamar «calle» a ese trozo de asfalto sin duda era excesivo. Salía de la carretera principal como la entrada a otra dimensión, una dimensión definida por la vegetación densa, la humedad y la imagen del agua escurriéndose por entre las grietas de las rocas de las inmediaciones. A menos de cincuenta metros por este sendero, apareció a la derecha un viejo molino de agua. Se encontraba a menos de cinco metros de la carretera, rematado por una vieja acequia cubierta de vegetación.

—Es aquí —dijo Cherokee, que dobló el mapa y lo guardó en la guantera—. Viven en la casa del final. El resto... —Señaló los edificios por los que pasaron a medida que avanzaban por el amplio patio delante del molino—. Ahí es donde guarda todas las cosas de la guerra.

—Debe de tener muchas —dijo Deborah, porque había dos casas más aparte de la que Cherokee había señalado como vivienda de Frank Ouseley.

—Te quedas corta —contestó Cherokee—. Ahí está el coche de Ouseley. Puede que tengamos suerte.

Deborah sabía que la necesitarían. La presencia de un anillo en la playa donde había muerto Guy Brouard —idéntico al que había comprado China River, idéntico también al anillo que al parecer había desaparecido ahora de entre sus pertenencias— no contribuía a la causa de su anunciada inocencia. Ella y Cherokee necesitaban que Frank Ouseley reconociera una descripción de ese anillo. Además, necesitaban que se diera cuenta de que alguien había robado un anillo igual de su colección.

399

Cerca, ardía un fuego de leña. Deborah y Cherokee percibieron el olor a medida que se acercaban a la puerta de la casa de Ouseley.

—Me recuerda al cañón —dijo Cherokee—. En pleno invierno, ni siquiera dirías que estás en el condado de Orange. Todas las cabañas y las hogueras. A veces hay nieve en Saddleback Mountain. Es lo mejor. —Miró a su alrededor—. Creo que hasta ahora no lo sabía.

—¿Estás replanteándote lo de vivir en un pesquero? —dijo Deborah.

—Joder —dijo arrepentido—, me lo replanteé quince minutos después de estar en la cárcel de Saint Peter Port. —Se detuvo en el cuadro de hormigón que formaba el porche de la casa—. Sé que todo esto es culpa mía. He puesto a China en esta situación porque siempre he buscado el dinero fácil, y lo sé. Así que tengo que sacarla de este lío. Si no lo consigo... —Suspiró, y su aliento formó una bocanada de niebla en el aire—. Tiene miedo, Debs. Y yo también. Supongo que por eso quería llamar a mamá. No nos habría ayudado mucho, puede que incluso hubiera empeorado las cosas; pero aun así...

—Sigue siendo mamá. —Deborah acabó la frase por él. Le apretó el brazo—. Todo va a salir bien. Ya verás.

Cherokee puso la mano encima de la suya.

—Gracias —dijo—. Eres... —Sonrió—. Da igual.

Deborah levantó una ceja.

—¿Estabas pensando en hacer uno de tus movimientos conmigo, Cherokee?

Él se rio.

—Me has pillado.

Llamaron a la puerta y luego al timbre. A pesar de las voces de un televisor dentro y la presencia de un Peugeot fuera, nadie contestó. Cherokee señaló que tal vez Frank estuviera trabajando en su inmensa colección y fue a comprobar las otras dos casas mientras Deborah volvía a llamar a la puerta. Oyó que una voz temblorosa gritaba:

—¡Un momento, hombre!

—Viene alguien —le dijo a Cherokee.

Él volvió a la puerta, y cuando llegó, se oyeron llaves y cerrojos al otro lado.

Un anciano muy mayor les abrió. Sus gruesas gafas brillaban, y se apoyaba en la pared con una mano frágil. Parecía mantenerse en pie gracias a esa pared y a la fuerza de voluntad, aunque parecía que le costaba un esfuerzo tremendo. Debería ayudarse de un andador o al menos de un bastón, pero no tenía ninguna de las dos cosas.

—Vaya, aquí estáis —dijo efusivamente—. Un día antes, ¿no? Bueno, da igual. Tanto mejor. Entrad. Entrad.

Evidentemente, el hombre esperaba a otra persona. La propia Deborah esperaba a alguien mucho más joven. Pero Cherokee le aclaró la situación cuando dijo:

—Señor Ouseley, ¿está Frank en casa? Hemos visto su coche fuera.

Aquello dejó claro que el anciano era el padre de Frank Ouseley.

—No buscáis a Frank —dijo el hombre—, sino a mí: Graham. Frank ha ido a la granja Petit a devolver el molde del pastel. Si tenemos suerte, nos preparará otro de pollo y puerros antes de que acabe la semana. Cruzo los dedos, sí, señor.

—¿Frank va a regresar pronto? —preguntó Deborah.

—Oh, tenemos tiempo suficiente para hablar de lo nuestro antes de que vuelva —declaró Graham Ouseley—. No os preocupéis por eso. A Frankie no le gusta lo que quiero hacer, tengo que advertíroslo. Pero me prometí a mí mismo que, antes de morir, haría lo correcto. Y pienso hacerlo, con o sin la bendición de mi hijo.

Entró con paso inseguro en el salón caluroso, donde cogió un mando a distancia del reposabrazos de un sillón, lo enfocó hacia el televisor, donde un chef cortaba hábilmente en rodajas unos plátanos, y apagó la imagen.

—Hablemos en la cocina. Hay café —dijo el anciano.

—En realidad, hemos venido...

—Tranquilos. —El anciano interrumpió lo que, evidentemente, creía que sería una protesta de Deborah—. Me gusta ser hospitalario.

No quedaba más remedio que seguirle a la cocina. Era una estancia pequeña, empequeñecida aún más por todas las cosas que la abarrotaban: fajos de periódicos, cartas y documentos compartían espacio con utensilios de cocina, platos, cubiertos y alguna que otra herramienta de jardín descolocada.

—Sentaos —les dijo Graham Ouseley mientras se acercaba a una cafetera de émbolo que contenía cinco dedos de un líquido grasiento que tiró sin miramientos en el fregadero junto con los posos. De un estante bajó un bote y con la mano temblorosa echó café nuevo: tanto en la cafetera de émbolo como al suelo. Pisó los granos y cogió el hervidor de los fogones. Lo llenó de agua del grifo y la puso a hervir. Cuando acabó de hacer todo esto, sonrió con orgullo—. Ya está —anunció, frotándose las manos, y luego, frunciendo el ceño, dijo—: ¿Por qué diablos seguís de pie?

Estaban de pie porque, obviamente, no eran los invitados que el anciano pensaba recibir en su casa. Pero como su hijo no estaba —aunque iba a volver pronto si su recado y la presencia del coche servían de indicio—, Deborah y Cherokee intercambiaron una mirada que decía: «Bueno, ¿por qué no?». Disfrutarían de un café con el anciano y esperarían.

Sin embargo, a Deborah le pareció justo decir:

—Señor Ouseley, ¿Frank va a volver pronto?

A lo que el hombre respondió de mala manera:

—Escuchad. No tenéis que preocuparos por Frank. Sentaos. ¿Tenéis lista la libreta? ¿No? Dios santo. Debéis de tener una memoria de elefante. —Se sentó en una de las sillas y se aflojó la corbata. Deborah se fijó por primera vez en que iba vestido muy elegante con un traje de *tweed* y un chaleco y los zapatos lustrados—. Frank —les informó Graham Ouseley— es un sufridor nato. No le gusta pensar en lo que puede provocar esta entrevista entre ustedes y yo. Pero a mí no me preocupa. ¿Qué pueden hacerme que no me hayan hecho ya diez veces? Es mi deber con los muertos responsabilizar a los vivos, sí. Es obligación de todos, y yo pienso cumplir con la mía antes de morir. Tengo noventa y dos años. Nueve décadas más dos. ¿Qué os parece?

Deborah y Cherokee mostraron su asombro con un murmullo. En los fogones, el hervidor silbó.

—Permítame —dijo Cherokee, y antes de que Graham Ouseley pudiera protestar, se levantó—. Cuente su historia, señor Ouseley. Yo prepararé el café. —Le ofreció una sonrisa conmovedora.

Aquello pareció bastar para calmarle, porque Graham se quedó donde estaba mientras Cherokee se ocupaba del café, moviéndose por la cocina para buscar tazas, cucharas y azúcar. Cuando llevó las cosas a la mesa, Graham Ouseley se acomodó en su silla.

—Es una historia tremenda —dijo—. Dejad que os la cuente. —Y pasó a relatarla.

Su historia los hizo retroceder más de cincuenta años, a la ocupación alemana de las islas del canal. Cinco años viviendo bajo ese yugo sangriento, como lo llamó él, cinco años intentando burlar a los malditos nazis y vivir con dignidad a pesar de aquella situación tan degradante. Confiscaron todos los vehículos, incluso las bicicletas; las radios estaban *verboten*; deportaron a personas que llevaban años viviendo allí y ejecutaron a aquellos tildados de «espías». Crearon campos de esclavos, donde prisioneros rusos y ucranianos trabajaron para construir fortificaciones para los nazis. Hubo muertos en campos de trabajo europeos, donde mandaban a los que desafiaban el dominio alemán. Examinaron documentos de la época de los abuelos para determinar si había que eliminar sangre judía entre la población. Y surgieron colaboracionistas a patadas entre las personas honradas de Guernsey: esos diablos dispuestos a vender su alma —y a sus compatriotas isleños— por lo que fuera que los alemanes les prometían.

—Celos y rencores —declaró Graham Ouseley—. También nos vendieron por eso. Cuentas pendientes que se ajustaron susurrando un nombre a los malvados nazis.

Se mostró encantado de explicar que la mayoría de las veces era un extranjero quien traicionaba a alguien: un holandés residente en Saint Peter Port que se enteraba de que alguien tenía una radio escondida, un pescador irlandés de Saint Sampson que veía atracar una embarcación británica a medianoche cerca de la bahía de Petit Port. Aunque no era excusable, y menos aún perdonable, el que el colaboracionista fuera extranjero hacía que la traición fuera menos mala que cuando se trataba de un natural de la isla. Pero también había casos en los que quien traicionaba a sus conciudadanos era un habitante de Guernsey. Eso fue lo que pasó con la gula.

—¿Gula? —preguntó Deborah—. ¿Los alemanes tenían gula?

Gula no, la *G.U.L.A*, el acrónimo de Guernsey Unida y Libre de Alemanes, les informó Graham Ouseley. Era la hoja informativa clandestina de la isla y la única fuente que tenía la gente para saber la verdad sobre las actividades de los aliados durante la guerra. Estas noticias se recababan meticulosamente de noche a través de los receptores de radio de contrabando sintonizados para escuchar la BBC. Los sucesos de la guerra se imprimían de madrugada a la luz de las velas tras las ventanas tapadas de la sacristía de Saint Pierre-du-Bois, y luego se distribuían las hojas a mano a personas de confianza tan ávidas de noticias del mundo exterior que se arriesgaban a un interrogatorio nazi y sus consecuencias con tal de leerlas.

—Algunos eran colaboracionistas —declaró Graham Ouseley—. Los demás tendríamos que haberlo sabido. Tendríamos que haber tomado más precauciones. Nunca tendríamos que habernos fiado. Pero eran de los nuestros. —Se dio un gol-

403

pe en el pecho con el puño—. ¿Me entendéis? Eran de los nuestros.

Les contó que los cuatro hombres responsables de la *G.U.L.A.* fueron detenidos por el chivatazo de uno de esos colaboracionistas. Tres de esos hombres murieron a consecuencia de esa detención, dos en la cárcel y otro intentando escapar. Sólo uno de los hombres —el propio Graham Ouseley— sobrevivió a dos años infernales en prisión antes de ser liberado, con cuarenta y cinco kilos de carne, huesos, piojos y tuberculosis.

Sin embargo, esos colaboracionistas que los traicionaron no sólo destruyeron a los creadores de la *G.U.L.A.* Delataron a quienes acogían a espías británicos, a los que escondían a prisioneros rusos fugados, a aquellos cuyo único «delito» era escribir con tiza la «V» de victoria en los asientos de las motos de los soldados nazis mientras éstos pasaban la noche tomando copas en los bares de los hoteles. Pero nunca se obligó a los colaboracionistas a pagar por sus fechorías, y los que habían sufrido por su culpa no podían perdonarlo. Hubo gente que murió, que fue ejecutada, que acabó en la cárcel y no regresó jamás. Durante más de cincuenta años, nadie había hecho públicos los nombres de los responsables.

—Tienen las manos manchadas de sangre —declaró Graham Ouseley—. Y pienso hacérselo pagar. Se resistirán, claro. Lo negarán por activa y por pasiva. Pero cuando enseñemos las pruebas... Y así es como quiero hacerlo, como quiero que lo hagáis. Primero publicaremos los nombres en el periódico y dejaremos que lo nieguen todo y que se busquen a un abogado para defenderse. Entonces sacaremos las pruebas y los veremos avergonzarse como tendrían que haberlo hecho cuando los nazis por fin se rindieron a los aliados. Todo esto tendría que haber salido a la luz entonces. Los colaboracionistas, los malditos especuladores, los alemanes y sus retoños asquerosos.

El anciano estaba muy encendido, tenía los labios llenos de babas. Deborah temió que le diera un infarto cuando empezó a ponerse azul. Supo que había llegado el momento de hacerle comprender que no eran quienes él creía: unos periodistas, al parecer, que iban a escuchar su historia y publicarla en el periódico local.

—Señor Ouseley —dijo—. Siento muchísimo...

—¡No! —El hombre separó la silla de la mesa con una fuerza sorprendente que hizo que el café de las tazas y la leche de la jarra se agitaran—. Venid conmigo si no creéis mi historia. Mi hijo Frank y yo hemos conseguido las pruebas, ¿me oís?

—Se esforzó por levantarse, y Cherokee acudió a ayudarle. Sin embargo, Graham rechazó la asistencia y se dirigió con paso lento e inseguro hasta la puerta de la casa. Una vez más, parecía no quedar más remedio que seguirle, calmarle y esperar que su hijo regresara al molino antes de que el anciano se resintiera de sus esfuerzos.

Saint James se detuvo primero en la casa de los Duffy. No le sorprendió no encontrar a nadie. En plena jornada laboral, tanto Valerie como Kevin sin duda estarían trabajando: él, en alguna parte de los jardines de Le Reposoir, y ella, en la mansión. Con ella era con quien quería hablar. El trasfondo que había percibido durante su conversación anterior con ella necesitaba algunas aclaraciones ahora que sabía que era la hermana de Henry Moullin.

405

La encontró, como esperaba, en la casa grande, a la que le permitieron acercarse en cuanto se identificó a los policías que seguían registrando los jardines. La mujer le abrió la puerta con un fardo de sábanas arrugadas debajo del brazo.

Saint James no perdió el tiempo con formalidades. Eso le arrebataría la ventaja del factor sorpresa y le permitiría a Valerie organizar sus pensamientos. Así que dijo:

—¿Por qué cuando hablamos el otro día no mencionó que hay otra mujer rubia?

Valerie Duffy no contestó, pero Simon vio la confusión en sus ojos, seguida de las preguntas que se hacía su cabeza. Apartó la mirada de él como si buscara a su marido. Le habría gustado tener su apoyo, supuso Saint James, y él estaba decidido a no dárselo.

—No le entiendo —dijo ella con voz débil. Dejó las sábanas en el suelo junto a la puerta y se retiró al interior de la casa.

Saint James la siguió al vestíbulo de piedra, donde el ambiente era glacial y estaba impregnado del olor de un fuego apagado. Valerie se detuvo junto a la enorme mesa del refectorio que presidía la estancia y se puso a recoger las hojas secas y las bayas caídas de un arreglo floral de otoño decorado con largas velas blancas.

—Afirma que vio a una mujer rubia siguiendo a Guy Brouard hasta la bahía la mañana que murió.

—La americana...

—Eso ha querido hacernos creer.

La mujer alzó la vista de las flores.

—La vi.

—Vio a alguien. Pero existen otras posibilidades, ¿verdad? Simplemente se le olvidó nombrarlas.

—La señora Abbott es rubia.

—Igual que su sobrina Cynthia, creo.

En su favor había que decir que Valerie no apartó la mirada del rostro de Saint James, y también que no dijo nada hasta que se aseguró de cuánto sabía él. No tenía ni un pelo de tonta.

—He hablado con Henry Moullin —dijo Saint James—. Creo que he visto a su sobrina. Henry quería que pensara que está en Alderney con su abuela; pero algo me dice que si esa abuela existe, no la encontraría en Alderney. ¿Por qué su hermano ha escondido a Cynthia en casa, señora Duffy? ¿También la tiene encerrada en su cuarto?

—Está pasando una mala etapa —dijo al fin Valerie Duffy, y continuó ocupándose de las flores, las hojas y las bayas mientras hablaba—. A las chicas de su edad les pasa continuamente.

—¿Qué clase de etapa requiere un encierro?

—Aquella en la que resulta imposible hablar con ellas. Hablar con ellas para que entren en razón, quiero decir. No escuchan.

—¿Entrar en razón respecto a qué?

—Respecto al capricho que tengan en ese momento.

—¿Y el de ella es...?

—¿Cómo iba a saberlo?

—Según su hermano, debería —señaló Saint James—. Dice que la chica confiaba en usted. Me ha dado la impresión de que ustedes dos tienen una relación muy íntima.

—No lo suficiente. —Valerie llevó un puñado de hojas a la chimenea y las echó dentro. De un bolsillo del delantal que llevaba, sacó un paño y lo utilizó para limpiar el polvo de la mesa.

—Entonces, ¿aprueba que la tenga encerrada en casa mientras pasa esta etapa suya?

—Yo no he dicho eso. Ojalá Henry no... —Calló, dejó de limpiar el polvo y pareció intentar organizar de nuevo sus pensamientos.

—¿Por qué el señor Brouard le ha dejado dinero a ella y no a las otras niñas? ¿Una chica de diecisiete años recibe una pequeña fortuna a costa de los hijos del benefactor y de sus propias hermanas? ¿Para qué?

—Ella no ha sido la única. Si sabe lo de Cyn, le habrán hablado de Paul. Los dos tienen hermanos. Él tiene incluso más que Cyn. Ninguno ha sido recordado en el testamento. No sé por qué el señor Brouard hizo lo que hizo. Tal vez le atraía la idea del trastorno que esa cantidad de dinero podía causar entre los jóvenes de una familia.

—No es lo que sostiene el padre de Cynthia. Él dice que el dinero era para su educación.

Valerie limpió una zona impoluta de la mesa.

—También dice que Guy Brouard tenía otros caprichos. Me pregunto si alguno de ellos lo llevó a la muerte. ¿Sabe lo que es una rueda mágica, señora Duffy?

La mano que limpiaba el polvo ralentizó el movimiento.

—Folclore.

—Folclore de esta isla, imagino —dijo Saint James—. Usted y su hermano nacieron aquí, ¿verdad?

Valerie alzó la cabeza.

—No lo hizo Henry, señor Saint James. —Lo dijo con voz tranquila. Le latía el pulso en la garganta, pero no daba más muestras de estar molesta por la dirección que tomaban las palabras de Saint James.

—En realidad no pensaba en Henry —dijo Simon—. ¿Tenía él alguna razón para querer que Guy Brouard muriera?

Se puso completamente roja al oír aquello y reanudó su innecesaria tarea de limpieza.

—He observado que participaba en el proyecto del museo del señor Brouard, en el proyecto original, por lo que vi en los dibujos que hay en su granero. Me pregunto si también iba a participar en el proyecto revisado. ¿Usted lo sabe?

—Henry es bueno con el cristal —fue su respuesta—. Así

se conocieron. El señor Brouard necesitaba a alguien que construyera un pabellón acristalado. Es grande, complicado. Uno prefabricado no serviría. También necesitaba a alguien para los invernaderos. Y para las ventanas, ya puestos. Le hablé de Henry. Conversaron y vieron que tenían puntos en común. Desde entonces, Henry ha trabajado para él.

—¿Es así como el señor Brouard se interesó por Cynthia?

—El señor Brouard se interesaba por mucha gente —dijo Valerie pacientemente—: Paul Fielder, Frank Ouseley, Nobby Debiere, Henry y Cynthia. Incluso mandó a Jemima Abbott a una academia de modelos en Londres y echó una mano a su madre cuando lo necesitó. Se implicaba. Invertía en las personas. Así era él.

—Normalmente, la gente espera que sus inversiones generen beneficios —señaló Saint James—, y no siempre de carácter económico.

—Entonces le aconsejo que pregunte a cada uno de ellos qué esperaba el señor Brouard a cambio —dijo con mucha intención—. Y tal vez pueda empezar por Nobby Debiere. —Hizo una bola con el paño y se lo guardó en el bolsillo del delantal. Caminó en dirección a la puerta principal. Allí, recogió las sábanas que había dejado en el suelo, las apoyó en la cadera y miró a Saint James—. Si no quiere nada más...

—¿Por qué Nobby Debiere? —preguntó Saint James—. Es el arquitecto, ¿verdad? ¿El señor Brouard le pidió algo especial?

—Si lo hizo, Nobby no parecía muy dispuesto a dárselo la noche antes de que el señor Brouard muriera —anunció Valerie—. Discutieron cerca del estanque de los patos después de los fuegos artificiales. «No permitiré que me destruyas», le dijo Nobby. Me pregunto que querría decir con eso.

Hacía un esfuerzo demasiado obvio para alejar a Saint James de sus parientes, pero él no iba a dejar que se saliera con la suya tan fácilmente.

—¿Cuánto tiempo llevan usted y su marido trabajando para los Brouard, señora Duffy? —le preguntó.

—Desde el principio. —Se pasó la ropa de cama de un brazo al otro y miró su reloj de manera significativa.

—Entonces, estaba familiarizada con sus costumbres.

La mujer no contestó inmediatamente, pero entrecerró un milímetro los ojos mientras repasaba las posibilidades que implicaba aquella afirmación.

—¿Costumbres? —dijo.

—Como el baño matutino del señor Brouard.

—Todo el mundo sabía lo del baño.

—¿También lo de su bebida ritual, el té verde con ginkgo? ¿Dónde lo guardaba, por cierto?

—En la cocina.

—¿Dónde?

—En el armario de la despensa.

—Y usted trabaja en la cocina.

—¿Insinúa que yo...?

—¿Es a donde su sobrina iba a charlar con usted? ¿A donde su hermano también iba a charlar con usted, mientras trabajaba en el pabellón acristalado, tal vez?

—Todo aquel que fuera conocido del señor Brouard entraba y salía de la cocina. Ésta no es una casa formal. No distinguimos entre los que trabajan tras la puerta de servicio y los que holgazanean al otro lado. No tenemos puerta de servicio ni nada que se le parezca en realidad. Los Brouard no son así y nunca lo fueron. Razón por la cual... —Se calló. Agarró las sábanas con más fuerza.

—¿Razón por la cual...? —repitió Saint James con tranquilidad.

—Tengo trabajo —dijo Valerie—. No obstante, ¿me permite una sugerencia? —No esperó a que Simon aceptara los pensamientos que deseara compartir con él—. Nuestros asuntos familiares no tienen nada que ver con la muerte del señor Brouard, señor Saint James. Pero imagino que si escarba un poco más, descubrirá que los asuntos familiares de otros sí tienen que ver.

Capítulo 19

*F*rank no había podido devolver el molde del pastel a Betty Petit y regresar a Moulin des Niaux con la presteza que esperaba. La granjera viuda y sin hijos recibía pocas visitas, y cuando alguien se pasaba, el café y los *brioches* recién hechos estaban a la orden del día. El único motivo que permitió a Frank escapar al cabo de menos de una hora fue su padre. «No puedo dejar a papá solo mucho tiempo» le servía a la perfección cuando lo necesitaba.

Cuando giró en el patio del molino, lo primero que vio fue el Escort aparcado junto a su Peugeot. Una pegatina grande de un arlequín en la luna trasera lo identificaba como un coche de alquiler de la isla. Miró inmediatamente a la casa, donde la puerta estaba abierta. Frunció el ceño y aceleró el paso.

—¿Papá? ¿Hola? —dijo cuando llegó al umbral.

Pero le bastó un momento para saber que no había nadie.

Así que sólo había una alternativa. Frank se dirigió a toda prisa hacia la primera de las casas en las que almacenaban los objetos de la guerra. Al pasar por delante de la ventana del salón, lo que vio dentro hizo que oyera el ruido de una cascada dentro de su cabeza. El hermano de China River estaba junto al archivador con una mujer pelirroja al lado. El cajón superior estaba abierto, y el padre de Frank estaba delante. Graham Ouseley se agarraba al lateral del cajón con una mano para mantenerse erguido. Con la otra, se peleaba con un fajo de documentos que intentaba sacar.

Frank avanzó sin detenerse. Con tres zancadas se plantó en la puerta y la abrió de golpe. La madera hinchada chirrió contra el suelo viejo.

—Demonios —dijo con brusquedad—. ¿Qué diablos haces

aquí? ¡Papá! ¡Detente! ¡Esos documentos son delicados! —Un hecho que, por supuesto, planteaba la pregunta que cualquier persona razonable tendría en mente sobre qué hacían apretujados en el archivador sin orden ni concierto. Sin embargo, no era momento de preocuparse por eso.

Mientras Frank avanzaba por la habitación, Graham alzó la vista.

—Ha llegado el momento, hijo —anunció—. Lo he dicho una y otra vez. Sabes lo que tenemos que hacer.

—¿Te has vuelto loco? —preguntó Frank—. ¡Aparta de ahí! —Cogió a su padre del brazo y, con cuidado, intentó hacerle retroceder un paso.

Su padre se zafó.

—¡No! Se lo debo a esos hombres. Hay deudas que pagar, y pienso pagarlas. Yo sobreviví, Frank. Tres de ellos murieron, y yo sigo vivo, todos estos años en los que ellos también podrían estarlo. Abuelos, Frank; bisabuelos ya. Pero todo quedó en nada por culpa de un maldito colaboracionista que tiene que afrontar las consecuencias. ¿Lo entiendes, hijo? Ha llegado el momento de que la gente pague.

Se enfrentó a Frank como un adolescente al que estaban reprendiendo, pero sin la agilidad juvenil de un adolescente. Al ver su fragilidad, Frank dudó si tenía que ser tan duro con él. Al mismo tiempo, sin embargo, dificultaba el esfuerzo por controlarlo.

—Creo que piensa que somos periodistas —dijo la pelirroja—. Hemos intentado decírselo... En realidad, hemos venido a hablar con usted.

—Salgan —dijo Frank girando la cabeza hacia ella. Suavizó la orden añadiendo—: Un momento, por favor.

Cherokee y la pelirroja salieron de la casa. Frank esperó a que estuvieran fuera. Entonces, apartó a su padre del archivador y cerró de golpe el cajón.

—Serás estúpido —dijo entre dientes.

Este improperio llamó la atención de Graham. Frank rara vez insultaba a nadie, y nunca a su padre. La devoción que sentía por el hombre, las pasiones que compartían, la historia que los unía y la vida que habían pasado juntos siempre habían eliminado cualquier tendencia al enfado o la impaciencia cuando

411

su padre se ponía terco. Pero esta circunstancia suponía el límite absoluto de lo que Frank estaba dispuesto a tolerar. Una compuerta se abrió en su interior —a pesar de haberla mantenido cerrada cuidadosamente durante los dos últimos meses—, y soltó un torrente de injurias que no sabía que formaran parte de su vocabulario.

Graham retrocedió encogido al escucharlas. Encorvó los hombros, con los brazos caídos a los lados y, detrás de las gafas gruesas, lágrimas de frustración y miedo asomaron a sus ojos distraídos.

—Yo quería... —Se le formó un hoyuelo en la barbilla sin afeitar—. Mis intenciones eran buenas.

Frank hizo de tripas corazón.

—Escúchame, papá —dijo—. Esos dos no son periodistas. ¿Me entiendes? No son periodistas. Ese hombre... Es... —Dios santo, ¿cómo podía explicárselo? ¿Y qué sentido tendría hacerlo?—. Y la mujer... —Ni siquiera sabía quién era. Creía haberla visto en el entierro de Guy, pero qué hacía en el molino... y con el hermano de China River... Necesitaba la respuesta a esa pregunta de inmediato.

Graham lo miraba absolutamente confundido.

—Han dicho... Han venido... —Y tras descartar de lleno ese argumento, cogió a Frank del hombro y dijo llorando—: Es el momento, Frank. Podría morir cualquier día de éstos, sí. Soy el único que queda. Lo entiendes, ¿verdad? Dime que lo entiendes. Dime que lo sabes. Y si no vamos a tener nuestro museo... —Le agarraba más fuerte de lo que Frank habría creído posible—. Frankie, no puedo permitir que mueran en vano.

Aquel comentario le llegó al alma, como si le rajara el espíritu y también la piel.

—Papá, por el amor de Dios —dijo, pero no pudo acabar. Atrajo a su padre hacia sí y abrazó con fuerza al anciano. Graham dejó escapar un sollozo en el hombro de su hijo.

Frank quería llorar con él, pero no le brotaban las lágrimas. Y aunque hubiera tenido un pozo lleno almacenado en su interior, no habría podido permitir que ese pozo se desbordara.

—Tengo que hacerlo, Frankie —dijo gimoteando su padre—. Es importante.

—Ya lo sé —dijo Frank.

—Entonces... —Graham se apartó de su hijo y se secó las mejillas con la manga de su chaqueta de *tweed*.

Frank pasó el brazo alrededor de los hombros de su padre y dijo:

—Ya hablaremos de eso después, papá. Encontraremos la forma. —Le instó a ir hacia la puerta y, al no ver a los «periodistas», Graham cooperó como si se hubiera olvidado de ellos del todo, aunque seguramente eso era lo que le pasaba en realidad. Frank le llevó de nuevo a su casa, donde la puerta seguía abierta. Ayudó a su padre a entrar y a sentarse en su sillón.

Graham se apoyó totalmente en él cuando Frank lo colocó en el cómodo asiento. Se le cayó la cabeza hacia delante, como si se hubiera vuelto extremadamente pesada, y se le deslizaron las gafas hasta la punta de la nariz.

—Estoy algo indispuesto, hijo —murmuró—. Tal vez sea mejor que me eche una siestecita.

—Te has pasado —le dijo Frank a su padre—. No te dejaré solo nunca más.

—No soy un niño de pañales, Frank.

—Pero no te portas bien si no estoy aquí para vigilarte. Eres terco como una mula, papá.

Graham sonrió al oír la comparación, y Frank le dio el mando del televisor.

—¿Puedes estar cinco minutos sin meterte en ningún lío? —le preguntó amablemente Frank a su padre—. Quiero ver qué pasa ahí fuera. —Ladeó la cabeza y señaló la ventana del salón y, por lo tanto, el exterior de la casa.

Cuando su padre se quedó ensimismado de nuevo con la tele, Frank fue a buscar a River y a la pelirroja. Estaban cerca de las hamacas ruinosas que había sobre el césped abandonado de detrás de las casas. Parecían estar en plena discusión. Cuando Frank se les acercó, su conversación terminó.

River presentó a su compañera como una amiga de su hermana. Se llamaba Deborah Saint James, dijo, y ella y su marido habían venido desde Londres para ayudar a China.

—Se ocupa de asuntos como éste continuamente —dijo River.

La principal preocupación de Frank era su padre y no dejar-

413

le solo y que se levantara para ocasionar más daños, así que contestó a la presentación con toda la cortesía de que fue capaz.

—¿En qué puedo ayudarlos?

Le respondieron conjuntamente. Su visita, al parecer, se debía a un anillo asociado a la ocupación. Lo identificaba una inscripción en alemán, una fecha y su diseño poco habitual de una calavera y unos huesos cruzados.

—¿Tiene alguno igual en su colección? —River parecía impaciente.

Frank lo miró con curiosidad y luego miró a la mujer, que le observaba con una seriedad que le transmitió la importancia que tenía la información para ellos. Pensó en aquel hecho y en todas las posibles implicaciones de todas las posibles respuestas que pudiera dar.

—Creo que nunca he visto ningún anillo así —dijo al fin.

A lo que River contestó:

—Pero no puede estar seguro, ¿verdad? —Cuando Frank no se lo confirmó, siguió hablando, señalando las otras dos casas edificadas junto al molino—. Tiene un montón de material ahí dentro. Recuerdo que dijo que aún no estaba todo catalogado. Es lo que estaban haciendo, ¿verdad? Usted y Guy estaban preparando todo el material para exponerlo, pero primero debían confeccionar listas de lo que tiene y dónde lo tiene y dónde iban a ponerlo en el museo, ¿no?

—Sí, es lo que estábamos haciendo.

—Y el chico, Paul Fielder, los ayudaba. Guy lo traía con él de vez en cuando.

—Y también trajo a su hijo una vez y al chico de Anaïs Abbott —dijo Frank—. Pero qué tiene que ver eso con...

River se volvió hacia la pelirroja.

—¿Ves? Hay otras posibilidades: Paul, Adrian, el chico de Abbott. La poli quiere creer que todo apunta a China, pero no es así, y aquí está la prueba.

—No necesariamente —dijo la mujer con cuidado—. No a menos que... —Parecía pensativa y dirigió sus comentarios a Frank—. ¿Es posible que catalogara un anillo como el que le hemos descrito y simplemente se haya olvidado, o que alguien aparte de usted lo catalogara, o incluso que tenga uno entre su colección y haya olvidado que lo tiene?

Frank admitió que la posibilidad existía, pero se permitió dudarlo porque conocía la petición que seguramente le haría entonces la mujer y no quería acceder a ella. La pelirroja, sin embargo, se lo preguntó de inmediato. ¿Podían echar un vistazo a su material de la guerra, entonces? Oh, sabía que no era realista pensar que pudieran revisarlo todo; pero siempre cabía una pequeña posibilidad de que tuvieran suerte...

—Al menos echemos un vistazo a los catálogos —dijo Frank—. Si hay un anillo, alguno de nosotros lo registraría siempre y cuando ya nos hubiéramos encontrado con él.

Los llevó a donde los había llevado el padre y sacó la primera de las libretas. De momento, había cuatro, cada una destinada a registrar una categoría de objetos de la guerra en particular. Hasta la fecha, tenía una libreta para vestimenta, otra para medallas e insignias, una tercera para munición y armas y la última para documentos y papeles. Un examen de la libreta para medallas e insignias mostró a River y a la señora Saint James que aún no había salido a la luz ningún anillo como el que habían descrito. Sin embargo, no significaba que el anillo no estuviera en algún lugar de la inmensa colección de material que aún quedaba por revisar. Al cabo de un minuto, se hizo bastante evidente que los dos visitantes lo sabían.

Deborah Saint James quiso saber si el resto de medallas y demás insignias estaban guardadas en un mismo lugar, o estaban repartidas por toda la colección. Se refería a las medallas e insignias que aún no estaban catalogadas. Frank dijo que sí.

Les contó que no estaban en un único lugar. Les explicó que los únicos objetos que estaban almacenados con objetos similares eran los que ya habían desembalado, revisado y catalogado. Ese material, les dijo, estaba en contenedores organizados que se habían etiquetado cuidadosamente para facilitar el acceso a ellos cuando llegara el momento de exhibir las piezas en el museo de la guerra. Cada artículo estaba registrado en la libreta correspondiente, donde se le había asignado un número de objeto y un número de contenedor hasta el día en que lo requirieran.

—Puesto que no se menciona ningún anillo en el catálogo... —dijo Frank con pesar, y dejó que un silencio elocuente completara su comentario: seguramente no existía tal anillo, a menos que estuviera escondido entre el nudo gordiano de objetos del que aún había que ocuparse.

—Pero sí que han catalogado anillos —señaló River.

—Por lo que durante el período de clasificación —añadió su compañera—, alguien incluso pudo robar un anillo con una calavera y dos huesos cruzados sin que usted lo supiera, ¿no es así?

—Y esa persona podría ser cualquiera que hubiera venido con Guy en un momento u otro —añadió River—: Paul Fielder, Adrian Brouard, el chico de Abbott.

—Tal vez —contestó Frank—, pero no sé por qué alguien haría eso.

—O podrían haberle robado el anillo en cualquier otro momento, ¿no? —dijo Deborah Saint James—. Porque si le robaran algo del material sin catalogar, ¿lo echaría usted en falta?

—Supongo que depende de lo que cogieran —contestó Frank—. Si fuera algo grande, algo peligroso..., seguramente lo sabría. Pero algo pequeño...

—Como un anillo —insistió River.

—... se me podría pasar por alto. —Frank vio las miradas de satisfacción que intercambiaron. Dijo—: Pero díganme, ¿por qué es tan importante?

—Fielder, Brouard y Abbott. —Cherokee River hablaba con la pelirroja, no con Frank, y al rato, los dos se marcharon. Dieron las gracias a Frank por su ayuda y se dirigieron a toda prisa hacia el coche. Oyó que River contestaba algo que la mujer le había dicho—: Todos ellos podrían quererlo por motivos distintos. Pero China no. De ningún modo.

Al principio, Frank creyó que River se refería al anillo de la calavera y los huesos cruzados. Pero pronto se dio cuenta de que hablaban del asesinato: querer que Guy muriera y, tal vez, necesitar que muriera, y, aparte de eso, saber que la muerte podía ser la única respuesta a un peligro inminente.

Se estremeció y deseó profesar una religión que le proporcionara las respuestas que necesitaba y el camino a seguir. Cerró la puerta de la casa a la mera idea de la muerte —prematura, innecesaria, o no— y dirigió su mirada a la mezcolanza de objetos de la guerra que había definido su propia vida y la vida de su padre a lo largo de los años.

Hacía mucho tiempo que oía: «¡Mira lo que tengo, Frankie!».

Y «Feliz Navidad, papá. Adivina dónde lo he encontrado».

O «Piensa en las manos que dispararon esta pistola, hijo. Piensa en el odio que apretó el gatillo».

Todo lo que ahora poseía lo había acumulado para crear un vínculo irrompible con un gigante, un coloso de espíritu, dignidad, coraje y fuerza. Uno no podía ser como él —ni siquiera podía aspirar a ser como él, vivir como él había vivido, sobrevivir a todo lo que había sobrevivido—, así que compartía lo que él amaba y, de ese modo, aportaba su granito de arena al granito de arena de su padre, que siempre sería enorme, audaz y soberbio.

Así había empezado, por esa necesidad de ser como él, tan básica y arraigada que a menudo Frank se preguntaba si los hijos de algún modo estaban programados desde su concepción para intentar con todas sus fuerzas emular a los padres en la perfección. Si no era posible —porque el padre era una figura hercúlea, nunca oscurecida por la debilidad o los años—, había que crear otra cosa, algo que significara la prueba irrefutable de que la valía del hijo estaba a la altura de la de su padre.

Dentro de la casa, Frank contempló el testimonio concreto de su valía personal. La idea de coleccionar objetos de la guerra y los años dedicados a buscar todo tipo de cosas, desde balas o vendas, habían crecido como la densa vegetación que rodeaba el molino: indisciplinados, exuberantes e incontrolados. Había plantado la semilla en un baúl de objetos que había guardado la madre del propio Graham: cartillas de racionamiento, precauciones contra ataques aéreos, licencias para comprar velas. Tras verlos y revisarlos, aquellos objetos inspiraron el gran proyecto que había marcado la vida de Frank Ouseley y ejemplificaban el amor que sentía por su padre. Había utilizado aquellos artículos para expresar todas las palabras de devoción, admiración y puro deleite que desde siempre le había resultado imposible pronunciar.

«El pasado nos acompaña siempre, Frankie. Nos corresponde a aquellos que formamos parte de él transmitir la experiencia a los que nos seguirán. Si no, ¿cómo podemos evitar que el mal se extienda? ¿Cómo podemos reconocer lo bueno?»

417

¿Y qué mejor forma de preservar ese pasado y aceptarlo plenamente que educando a los demás no sólo en las aulas, como había hecho durante años, sino también mostrando las reliquias que habían definido una época muy lejana ya? Su padre tenía hojas de la *G.U.LA.*, alguna que otra declaración nazi, una gorra de la *Luftwaffe*, una chapa de pertenencia al partido, una pistola oxidada, una máscara de gas y una lámpara de carburo. De niño, Frank había tenido aquellos objetos en las manos y se había entregado a la causa de recopilar material desde los siete años.

«Empecemos una colección, papá. ¿Quieres? Sería muy divertido, ¿verdad? Tiene que haber un montón de cosas en la isla.»

«No fue un juego, hijo. Nunca debes pensar que fue un juego. ¿Me entiendes?»

Y lo entendía, sí. Ése era su tormento. Lo entendía. Nunca había sido un juego.

Frank apartó de su cabeza la voz de su padre, pero otro sonido la sustituyó, una explicación del pasado y del futuro que surgía de la nada y que comprendía palabras cuya fuente presentía que conocía bien, pero que no sabría identificar: «Es la causa, es la causa, mi alma». Gimoteó como un niño atrapado en un mal sueño y se obligó a adentrarse en la pesadilla.

Vio que el archivador no se había cerrado del todo al empujarlo. Se acercó cautelosamente, como un soldado bisoño que cruza un campo de minas. Cuando llegó a él ileso, rodeó con sus dedos el tirador del cajón, casi esperando que le chamuscara la piel al abrirlo.

Al fin formaba parte de la guerra a la que tanto había anhelado servir con distinguida valentía. Al fin sabía lo que era querer huir como un loco del enemigo, a un lugar seguro donde poder esconderse, un lugar que, en realidad, no existía.

Cuando regresó a Le Reposoir, Ruth Brouard vio que un grupo de policías habían pasado de los jardines de la finca a la carretera y avanzaban por el atajo que los llevaría hasta la bahía. Al parecer, habían acabado el trabajo en Le Reposoir. Ahora registrarían el terraplén y los setos —y, quizá, las zonas boscosas y los campos que había detrás— para localizar aquello que demostrara lo que tenían que demostrar sobre aquello que sabían o creían que sabían o suponían sobre la muerte de su hermano.

No les prestó atención. El tiempo que había estado en Saint Peter Port había agotado prácticamente toda su reserva de energía y amenazaba con robarle aquello que la había sustentado desde hacía tiempo en una vida marcada por la huida y el miedo y la pérdida. A lo largo de todo lo que podría haber destrozado por completo a otro niño —esos cimientos asentados cuidadosamente por unos padres afectuosos, por abuelos y tías y tíos complacientes—, había sido capaz de mantenerse fiel a sí misma. La razón había sido Guy y lo que Guy representaba: la familia y la sensación de «provenir» de algún lugar, aunque ese lugar hubiera dejado de existir para siempre. Pero a Ruth le parecía ahora que la idea del propio Guy como ser humano que había vivido y respirado y al que ella había conocido y querido estaba a punto de desaparecer. Si sucedía, no sabía cómo podría recuperarse o si lo lograría. Es más, ni siquiera creía que quisiese hacerlo.

Avanzó lentamente por el sendero de los castaños y pensó en lo agradable que sería poder dormir. Todos los movimientos que realizaba le suponían un gran esfuerzo y así era desde hacía semanas, y sabía que el futuro inmediato no reservaba ningún paliativo para lo que padecía. La morfina administrada con prudencia tal vez mitigaría el sufrimiento que habitaba sin cesar en sus huesos, pero únicamente perder el conocimiento eliminaría de su mente las sospechas que comenzaban a acosarla.

Se dijo que lo que acababa de conocer tenía miles de explicaciones. Pero saberlo no alteraba el hecho de que algunas de esas explicaciones pudieran haberle costado la vida a su hermano. No importaba que lo que había descubierto sobre los últimos meses de la vida de Guy pudiera aliviar la culpa que sentía por su responsabilidad en las circunstancias hasta el momento desconocidas que rodeaban su asesinato. Lo importante era que no había sabido lo que había estado haciendo su hermano, y ese no saber bastaba para iniciar el proceso de despojamiento de las creencias que poseía desde hacía tanto tiempo. Sin embargo, eso llevaría más y más horror a la vida de Ruth. Por lo

419

tanto, sabía que tenía que defenderse de la posibilidad de perder aquello que había definido su mundo. Pero no sabía cómo.

Después de salir del despacho de Dominic Forrest, había ido a ver al corredor de bolsa de Guy y luego a su banquero. Gracias a ellos, había visto el viaje que había emprendido su hermano en los diez meses anteriores a su muerte. Había vendido enormes paquetes de valores, había retirado e ingresado dinero de su cuenta corriente de tal modo que las huellas de la ilegalidad parecían manchar todas sus acciones. Los rostros impasibles de los consejeros financieros de Guy le habían sugerido muchas cosas, pero los únicos hechos que le ofrecieron eran tan exiguos que pedían a gritos que los revistiera de sus más oscuras sospechas.

Cincuenta mil libras aquí, setenta y cinco mil libras allí, sumando y sumando hasta alcanzar la inmensa cantidad de doscientas cincuenta mil libras a principios de noviembre. Habría algún rastro documental, por supuesto, pero por ahora no quería intentar seguirlo. Lo único que quería hacer era confirmar los resultados del examen del perito contable sobre la situación económica de Guy que le había comunicado Dominic Forrest. Había invertido y reinvertido con cuidado e inteligencia, como acostumbraba, a lo largo de los nueve años que llevaban viviendo en la isla; pero, de repente, en los últimos meses, el dinero se había escapado por entre sus dedos como la arena... o se lo habían extraído como la sangre... o le habían pedido... o lo había donado... o... ¿qué?

No lo sabía. Por un momento hilarante, se dijo que no le importaba. No era importante —el dinero en sí— y era verdad. Pero lo que representaba el dinero, lo que sugería la ausencia de dinero en una situación en la que el testamento de Guy parecía indicar que había mucho para repartir entre sus hijos y sus otros dos beneficiarios... Ruth no podía dejarlo estar tan fácilmente, porque pensar en todo aquello la llevaba ineluctablemente al asesinato de su hermano y a si estaba relacionado con ese dinero.

Le dolía la cabeza. Se agolpaban demasiadas informaciones allí arriba y parecían presionarle el cráneo, para disputarse un lugar donde recibir más atención. Pero no quería ocuparse de ninguna. Sólo quería dormir.

Llevó el coche a la parte de atrás de la casa, pasado el jardín de las rosas, donde los arbustos pelados ya estaban podados para el invierno. Justo después de este jardín, el sendero describía otra curva y conducía a los viejos establos donde guardaba el coche. Cuando frenó delante, supo que carecía de fuerzas para abrir la puerta. Así que simplemente giró la llave, apagó el motor y apoyó la cabeza en el volante.

Sintió que el frío se filtraba en el Rover, pero permaneció donde estaba, con los ojos cerrados mientras escuchaba el silencio reconfortante. Aquello la alivió como nada podría haberlo hecho. En el silencio, no había nada más que descubrir.

Pero sabía que no podía quedarse allí mucho tiempo. Necesitaba sus medicinas. Y descansar. Dios santo, cuánto necesitaba descansar.

Tuvo que utilizar el hombro para abrir la puerta del coche. Cuando estuvo de pie, le sorprendió ver que se sentía incapaz de acometer la tarea de cruzar la gravilla en dirección al pabellón acristalado, por donde podría entrar en la casa. Así que se apoyó en el coche, y fue entonces cuando advirtió un movimiento en la zona del estanque de los patos.

421

Pensó de inmediato que sería Paul Fielder, y aquello la llevó a pensar que alguien tendría que darle la noticia de que su herencia no iba a ser tan inmensa como Dominic Forrest le había hecho creer anteriormente. Tampoco es que importara demasiado. Su familia era pobre, el negocio de su padre se había ido a pique por las presiones implacables de la modernización y la comodidad de la isla. Cualquier cantidad que cayera en sus manos iba a ser una suma mucho mayor de lo que jamás habría esperado tener... si hubiera conocido el testamento de Guy. Pero ésa era otra especulación que Ruth no quería contemplar.

El paseo hasta el estanque de los patos le exigió un esfuerzo de voluntad. Pero cuando llegó, surgiendo de entre dos rododendros de manera que el estanque se desplegaba ante ella como un plato de color peltre que absorbía su tono del cielo, vio que no se trataba de Paul Fielder, atareado construyendo los refugios de los patos para sustituir los que habían destruido. Era el hombre de Londres quien estaba junto al estanque. Se encontraba a un metro de unas herramientas tiradas por el suelo. Pero parecía centrar su atención en el cementerio de patos situado al otro lado del agua.

Ruth se habría dado la vuelta para regresar a la casa con la esperanza de que no la viera, pero el hombre miró en su dirección y luego otra vez a las tumbas.

—¿Qué pasó? —preguntó.

—Alguien a quien no le gustaban los patos —contestó ella.

—¿A quién no iban a gustarle los patos? Son inofensivos.

—Es lo que cabría pensar. —No dijo más, pero cuando el hombre la miró, sintió que podía leer la verdad en su rostro.

—¿También destruyeron los refugios? —dijo—. ¿Quién los estaba reconstruyendo?

—Guy y Paul. Ellos habían construido los originales. Todo el estanque era uno de sus proyectos.

—Tal vez hubiera alguien a quien no le gustaba eso. —Dirigió su mirada a la casa.

—No se me ocurre quién —dijo Ruth, aunque pudo escuchar lo artificiales que sonaban sus palabras y supo (y temió) que el hombre no iba a creerla en absoluto—. Como ha dicho usted, ¿a quién no le gustarían los patos?

—¿Alguien a quien no le gustara Paul o la relación que Paul tenía con su hermano?

—Está pensando en Adrian.

—¿Es probable que estuviera celoso?

Con Adrian, todo era probable, pensó Ruth. Pero no pensaba hablar de su sobrino ni con ese hombre ni con nadie. Así que dijo:

—Aquí hay mucha humedad. Le dejo con sus meditaciones, señor Saint James. Voy adentro.

El hombre la acompañó, sin que ella se lo pidiera. Avanzó cojeando a su lado en silencio, y a Ruth no le quedó más remedio que permitirle que la siguiera a través de los arbustos y hasta el interior del pabellón acristalado, cuya puerta, como siempre, no estaba cerrada con llave.

El hombre se fijó en ese detalle. Le preguntó si siempre era así.

Sí, siempre. Vivir en Guernsey no era como vivir en Londres. Aquí la gente se sentía más segura. Cerrar con llave era innecesario.

Mientras hablaba, Ruth sintió la mirada de Saint James, sintió sus ojos azules perforando su nuca mientras recorría el sendero de ladrillos en el ambiente húmedo del pabellón acristalado. Sabía lo que pensaba de una puerta que no se cerraba con llave: entrada y salida para cualquiera que quisiera hacer daño a su hermano.

Al menos, prefería que sus pensamientos siguieran esa dirección que la que habían tomado cuando habló de la muerte de los patos inocentes. Ruth no creía ni por un instante que un intruso desconocido tuviera algo que ver con la muerte de su hermano. Pero permitiría aquella especulación si evitaba que el londinense pensara en Adrian.

—Antes he hablado con la señora Duffy —dijo—. ¿Ha ido usted a la ciudad?

—He ido a ver al abogado de Guy —dijo Ruth—; también a sus banqueros y corredores de bolsa. —Entraron en el salón de mañana. Vio que Valerie ya había estado allí. Las cortinas estaban descorridas para dejar entrar la luz blanquecina de diciembre, y la estufa estaba encendida para aplacar el frío. Había una jarra de café en una mesa junto al sofá, con una única taza y su platito. La caja de labores estaba abierta en previsión de su trabajo con el nuevo tapiz, y el correo estaba apilado en el escritorio.

Todo en aquella estancia señalaba que era un día normal. Pero no lo era. Ya ningún otro día volvería a ser normal.

Aquel pensamiento la alentó a hablar. Le contó a Saint James lo que había averiguado en Saint Peter Port. Se sentó en el sofá mientras hablaba y le indicó que ocupara una de las sillas. El hombre escuchó en silencio y, cuando Ruth Brouard acabó, le ofreció una serie de explicaciones. Ella ya había contemplado la mayoría mientras regresaba de la ciudad. ¿Cómo no iba a hacerlo cuando al final del rastro que parecían dejar había un asesinato?

—Indica un chantaje, por supuesto —dijo Saint James—. Una disminución de fondos como ésta, con cantidades que van aumentando con el tiempo...

—No había nada en su vida por lo que pudieran chantajearle.

—Es lo que podría parecer en un principio. Pero, por lo

visto, tenía secretos, señora Brouard. Lo sabemos por su viaje a Estados Unidos cuando usted creía que estaba en otra parte, ¿verdad?

—No tenía ningún secreto que pudiera provocar esto. Lo que Guy hizo con el dinero tiene una explicación sencilla, una explicación del todo honrada. Simplemente aún no sabemos cuál es. —Mientras hablaba, no se creía sus propias palabras, y por la expresión escéptica del rostro de Saint James, vio que él tampoco.

—Imagino que en el fondo usted sabe que esta forma de mover el dinero seguramente no era legal —dijo el hombre, y Ruth vio que intentaba ser delicado.

—No, no sé...

—Y si quiere encontrar a su asesino, que creo que es lo que quiere, sabe que tenemos que plantearnos posibilidades.

Ruth no respondió. Pero la compasión en el rostro de Saint James agravaba el sufrimiento que sentía. Lo detestaba: dar lástima a la gente. Siempre lo había detestado. «Pobre niña, ha perdido a su familia a manos de los nazis. Debemos ser caritativos. Debemos aceptar sus momentos de terror y dolor.»

—Tenemos a la asesina. —Ruth pronunció la declaración con frialdad—. La vi aquella mañana. Sabemos quién es.

Saint James siguió en sus trece, como si ella no hubiera dicho nada.

—Puede que realizara alguna liquidación, o una compra enorme. Tal vez incluso fuera una compra ilegal. ¿Armas? ¿Drogas? ¿Explosivos?

—Qué estupidez —dijo ella.

—Si simpatizaba con alguna causa...

—¿Árabes? ¿Argelinos? ¿Palestinos? ¿Los irlandeses? —se burló Ruth—. Mi hermano tenía las inclinaciones políticas de un enanito de jardín, señor Saint James.

—Entonces, la única conclusión es que diera el dinero a alguien de forma voluntaria. Y si es así, tenemos que estudiar los receptores potenciales de esta cantidad ingente de dinero. —Saint James miró hacia la puerta, como si pensara en lo que había detrás—. ¿Dónde está su sobrino esta mañana, señora Brouard?

—Esto no tiene nada que ver con Adrian.

—Sin embargo...

—Imagino que habrá llevado a su madre a algún sitio con el coche. Ella no conoce la isla. Las carreteras están mal señalizadas. Necesitaría su ayuda.

—¿Visitaba a su padre con frecuencia, entonces? ¿A lo largo de los años? Conoce...

—¡Esto no tiene nada que ver con Adrian! —Su voz sonó estridente incluso a sus oídos. Sintió que cientos de pinchos le atravesaban los huesos. Tenía que deshacerse de ese hombre, independientemente de las intenciones que tuviera con ella y su familia. Tenía que tomar sus medicinas, las suficientes para sumir su cuerpo en la inconsciencia, si es que era posible—. Señor Saint James —dijo Ruth—, habrá venido por alguna razón, imagino. Sé que no se trata de una visita social.

—He ido a ver a Henry Moullin —le dijo.

La cautela se extendió por su cuerpo.

—¿Sí?

—No sabía que la señora Duffy era su hermana.

—No hay ninguna razón para que alguien se lo contara.

Saint James sonrió brevemente al reconocer la verdad que encerraba el comentario. Continuó explicándole que había visto los dibujos de Henry de las ventanas del museo. Dijo que le habían hecho pensar en los planos arquitectónicos que el señor Brouard tenía en su poder. Se preguntaba si podría echarles un vistazo.

Ruth se sintió tan aliviada por que la petición fuera tan sencilla, que se la concedió al instante sin contemplar todas las direcciones que su decisión pudiera tomar. Le comentó que los planos estaban arriba, en el estudio de Guy. Iría a buscarlos de inmediato.

Saint James le dijo que, si no le importaba, la acompañaría. Quería echar otro vistazo a la maqueta del museo que Bertrand Debiere había construido para el señor Brouard. Le aseguró que no tardaría.

No le quedaba más remedio que acceder. Estaban en las escaleras cuando el londinense volvió a hablar.

—Parece que Henry Moullin ha encerrado a su hija Cynthia en casa —dijo—. ¿Tiene idea de cuánto tiempo hace que dura esto, señora Brouard?

Ruth siguió subiendo, fingiendo que no había escuchado la pregunta.

Sin embargo, Saint James era implacable.

—¿Señora Brouard...? —dijo.

Ruth respondió deprisa mientras recorría el pasillo hacia el estudio de su hermano, agradecida por el día apagado que hacía fuera y la oscuridad que reinaba en el corredor, lo que ocultaría su expresión.

—No sé nada de nada —contestó—. No tengo por costumbre meterme en los asuntos de mis conciudadanos, señor Saint James.

—Así que no aparece registrado ningún anillo en el resto de su colección —le dijo Cherokee River a su hermana—. Pero eso no significa que no lo robara alguien sin que él se enterara. Dice que Adrian, Steve Abbott y el chico Fielder han estado allí alguna que otra vez.

China negó con la cabeza.

—El anillo de la playa es el mío. Lo sé. Lo noto. ¿Tú no?

—No digas eso —dijo Cherokee—. Habrá otra explicación.

Estaban en el piso de los apartamentos Queen Margaret, reunidos en el dormitorio, donde Deborah y Cherokee habían encontrado a China sentada junto a la ventana en una silla de madera que había cogido de la cocina. Hacía un frío tremendo en la habitación, ya que la ventana estaba abierta, encuadrando una panorámica del Castle Cornet a lo lejos.

—He pensado que es mejor que me vaya acostumbrando a ver el mundo desde una pequeña habitación cuadrada con una sola ventana —les había dicho China con ironía cuando fueron a su encuentro.

No se había puesto un abrigo, ni siquiera un jersey. La carne de gallina de su piel tenía su propia carne de gallina, pero no parecía ser consciente de ello.

Deborah se quitó el abrigo. Quería tranquilizar a su amiga con un fervor idéntico al de Cherokee, pero tampoco quería darle falsas esperanzas. La ventana abierta proporcionaba una excusa perfecta para evitar una conversación sobre el creciente pesimismo en torno a la situación de China.

—Estás helada. Ponte esto —le dijo, y le echó el abrigo sobre los hombros.

Cherokee pasó a su lado y cerró la ventana.

—Vamos a sacarla de aquí —le dijo a Deborah y señaló con la cabeza hacia el salón, donde la temperatura era un poco más alta.

Cuando tuvieron a China sentada y Deborah encontró una manta para cubrirle las piernas, Cherokee le dijo a su hermana:

—Tienes que cuidarte mejor, ¿sabes? Nosotros podemos hacer algunas cosas por ti, pero eso no.

—Cree que lo hice, ¿verdad? —le dijo China a Deborah—. No ha venido porque cree que lo hice.

—¿Qué estás...? —dijo Cherokee.

Deborah, que comprendía a qué se refería, la interrumpió.

—Simon no trabaja así. Examina pruebas continuamente. Y tiene que hacerlo sin prejuicios. Es así como se plantea esto. No tiene ningún prejuicio.

—Entonces, ¿por qué no ha venido? Ojalá lo hiciera. Si viniera, si pudiéramos conocernos y pudiera hablar con él... Podría decirme si necesita alguna explicación.

—No hay nada que explicar —dijo Cherokee—, porque tú no le has hecho nada a nadie.

—Ese anillo...

—Llegó allí, a la playa. Llegó allí de algún modo. Si es tuyo y no recuerdas haberlo llevado en el bolsillo alguna de las veces que bajaste a la bahía, es que te están tendiendo una trampa. Fin de la historia.

—Ojalá no lo hubiera comprado nunca.

—Pues sí, tienes toda la razón. Dios mío, creía que habías pasado página con Matt. Decías que se había terminado.

China miró a su hermano sin alterarse y durante tanto rato que él apartó la mirada.

—Yo no soy como tú —dijo al fin.

Deborah vio que hermano y hermana se habían comunicado algo más. Cherokee se inquietó y cambió de posición. Se pasó los dedos por el pelo y dijo:

—Dios santo, China. Vamos.

—Cherokee aún hace surf —le dijo China a Deborah—. ¿Lo sabías, Debs?

427

—Me habló del surf, pero creo que en realidad no me comentó que... —dijo Deborah. Dejó que su voz se apagara. Era muy evidente que su amiga no estaba hablando de surf.

—Le enseñó Matt. Así fue como se hicieron amigos. Cherokee no tenía tabla de surf, pero Matt estaba dispuesto a enseñarle. ¿Cuántos años tenías? —le preguntó China a su hermano—. ¿Catorce?

—Quince —respondió entre dientes.

—Quince, sí. Pero no tenías tabla. —Y entonces le dijo a Deborah—: Para mejorar, tienes que tener tu propia tabla. No puedes estar siempre cogiendo la tabla de otro porque tienes que practicar continuamente.

Cherokee se acercó al televisor y cogió el mando. Lo examinó, lo apuntó hacia el aparato. Lo encendió y, con la misma rapidez, lo apagó.

—Vamos, Chine —dijo.

—En un principio, Matt fue amigo de Cherokee; pero se distanciaron cuando él y yo comenzamos a salir. Me pareció triste, y una vez le pregunté a Matt por qué había pasado. Me dijo que a veces las cosas cambiaban entre la gente y nunca me comentó nada más. Creía que era porque tenían intereses distintos. Matt se metió en el mundo del cine, y Cherokee simplemente siguió siendo Cherokee: tocó en un grupo, elaboró cerveza, montó su tenderete de artículos indios falsos. Decidí que Matt era un adulto, mientras que Cherokee quería tener diecinueve años toda la vida. Pero las amistades nunca son tan sencillas, ¿verdad?

—¿Quieres que me vaya? —le preguntó Cherokee a su hermana—. Puedo irme, ¿sabes? Volver a California. Puede venir mamá. Ella puede estar aquí contigo en mi lugar.

—¿Mamá? —China soltó una risa ahogada—. Sería perfecto. Ya me la imagino inspeccionando la habitación, por no decir mi ropa, y quitando todo lo que tenga que ver remotamente con los animales; asegurándose de que tomo mi ración diaria de vitaminas y tofu; comprobando que el arroz es descascarillado y el pan, integral. Qué detalle. Por lo menos sería una gran distracción.

—¿Pues qué? —preguntó Cherokee. Parecía desesperado—. Dime, ¿qué?

Estaban frente a frente. Cherokee seguía de pie y su hermana, sentada; pero él parecía mucho más pequeño comparado con ella. Tal vez, pensó Deborah, se trataba de un reflejo de sus personalidades que hacía que China pareciera una figura relativamente grande.

—Haz lo que tengas que hacer —le dijo China.

Fue él quien apartó la mirada que los dos se sostuvieron fijamente. Durante su silencio, Deborah pensó fugazmente en la naturaleza de las relaciones entre hermanos. Ella se sentía perdida cuando se trataba de comprender lo que sucedía entre hermanos y hermanas.

—¿Alguna vez has deseado dar marcha atrás en el tiempo, Debs? —preguntó China con la mirada todavía clavada en su hermano.

—Creo que todo el mundo lo desea de vez en cuando.

—¿Qué época escogerías?

Deborah se lo pensó.

—Hubo una Semana Santa antes de que muriera mi madre... Una fiesta en un parque. Había paseos en poni por cincuenta peniques, y yo tenía justo ese dinero. Sabía que si me lo gastaba, me quedaría sin nada; tres minutos en un poni y no tendría más dinero para gastar en otras cosas. No me decidía. Me puse muy nerviosa porque temía que, decidiera lo que decidiese, me equivocaría y me arrepentiría y me sentiría fatal. Así que mamá y yo hablamos del tema. Me dijo que no existían las decisiones equivocadas, sino sólo lo que decidimos y lo que aprendemos de esa decisión. —Deborah sonrió al recordarlo—. Regresaría a ese momento y volvería a vivir mi vida otra vez si pudiera, salvo que en esta ocasión ella no moriría.

—¿Y qué hiciste? —le preguntó Cherokee—. ¿Montaste en poni, o no?

Deborah pensó en la pregunta.

—¿No es extraño? No me acuerdo. Supongo que el poni no era tan importante, ni siquiera entonces. Lo que me dijo mi madre fue lo que se me quedó grabado. Era su forma de ser.

—Qué afortunada —dijo China.

—Sí —contestó Deborah.

Entonces, llamaron a la puerta y luego al timbre, de manera insistente. Cherokee fue a ver quién era.

429

Abrió la puerta y se encontró con dos policías de uniforme. Uno de ellos miraba a su alrededor con inquietud, como si comprobara las posibilidades de una emboscada, y el otro había sacado la porra, que golpeaba ligeramente contra la palma de su mano.

—¿El señor Cherokee River? —dijo el policía de la porra. No esperó ninguna respuesta, puesto que sabía perfectamente con quién hablaba—. Tendrá que acompañarnos, señor.

—¿Qué? ¿Adónde? —dijo Cherokee.

China se levantó.

—¿Cherokee? ¿Qué...? —Pero, al parecer, no le hizo falta terminar la pregunta.

Deborah se acercó a ella y rodeó con el brazo la cintura de su vieja amiga.

—Por favor, ¿qué ocurre? —dijo Deborah.

Y entonces Cherokee River recibió la orden formal de la policía de los estados de Guernsey.

Habían traído esposas, pero no las utilizaron.

—Si hace el favor de acompañarnos, señor —dijo uno de los agentes.

El otro cogió a Cherokee del brazo y se lo llevó enérgicamente.

Capítulo 20

Las casas secundarias del molino de agua tenían una iluminación escasa porque, por lo general, Frank no trabajaba en ellas cuando caía la noche. De todas maneras, no necesitaba demasiada luz para encontrar lo que buscaba entre los papeles del archivador. Sabía dónde estaba el documento, y su infierno personal se debía a que también sabía qué decía ese documento.

Lo sacó. Una carpeta de papel manila lo cubría como una capa de piel suave. Su esqueleto, sin embargo, era un sobre ruinoso con las esquinas arrugadas, que hacía tiempo que había perdido el cierre metálico.

Durante los últimos días de la guerra, las fuerzas de ocupación que estaban en la isla mostraron un orgullo desmedido que resultó sorprendente, teniendo en cuenta las derrotas que acumulaba el ejército alemán en otras zonas. En Guernsey incluso se negaron a rendirse al principio, tan resueltos estaban a no creer que su plan para dominar Europa y alcanzar la perfección eugenésica quedara en nada. Cuando el general Heine subió al fin al *Bulldog* de la Armada de Su Majestad para negociar los términos de su rendición, hacía veinticuatro horas que se había declarado la victoria y que ésta se celebraba en el resto de Europa.

Por aferrarse a lo poco que les quedaba en esos últimos días, y tal vez por querer dejar su huella en la isla como habían hecho todas las presencias anteriores en Guernsey a lo largo del tiempo, los alemanes no habían destruido todo lo que habían creado. Algunas obras —como emplazamientos de artillería— eran inmunes a una demolición sencilla. Otras —como la que Frank tenía en sus manos— transmitían el mensaje tácito de que había isleños cuyos intereses superaban sus sentimientos de hermandad y cuyas acciones, en consecuencia, llevaban el disfraz del apoyo a la causa alemana. Que este disfraz no fuera del todo fiel a la verdad no habría importado a los ocupantes. Lo que contaba era la fuerza de la imagen vinculada a la traición patente: escrita a mano con letra puntiaguda, en blanco y negro.

La maldición de Frank era su respeto por la historia, que lo había llevado primero a estudiarla en la universidad y luego a enseñarla durante casi treinta años a adolescentes a quienes, en su mayoría, dejaba indiferentes. Era el mismo respeto que su padre le había inculcado. Era el mismo respeto que le había animado a reunir una colección que, había esperado, serviría para recordar cuando él ya no estuviera.

Siempre había creído en la verdad que encerraba el aforismo que decía que quien no recordaba su pasado estaba condenado a repetirlo. En las luchas armadas de todo el mundo había visto el fracaso del hombre por reconocer la futilidad de la agresión. La invasión y la dominación ocasionaban opresión y rencor. De ellos nacía la violencia en todas sus formas. Y lo que no nacía era el bien inherente. Frank lo sabía y lo creía fervientemente. Era un misionero que intentaba transmitir a su pequeño mundo el conocimiento que le habían enseñado a tener en tan alta estima, y su púlpito estaba construido con los objetos de la guerra que había coleccionado a lo largo de los años. Había decidido que estos artículos hablaran por sí mismos. Que la gente los viera. Que no los olvidara nunca.

Así que, igual que los alemanes que lo habían precedido, no había destruido nada. Había reunido un material tan amplio, que había perdido la cuenta de todo lo que poseía hacía tiempo. Si estaba relacionado con la guerra o la ocupación, había querido tenerlo.

En realidad, ni siquiera sabía qué había en su colección. Durante muchísimo tiempo, simplemente pensó en todo aquello de un modo muy genérico: pistolas, uniformes, puñales, documentos, balas, herramientas, gorras. Sólo la llegada de Guy Brouard había provocado que comenzara a pensar de manera distinta.

«De hecho, podría ser una especie de monumento, Frank; algo que sirviera para honrar la isla y a las personas que sufrieron, por no hablar de las que perdieron la vida.»

Ahí estaba la ironía. Ahí estaba la causa.

Frank llevó el sobre viejo y fino a una silla cuyo asiento de mimbre estaba en muy mal estado. Al lado, había una lámpara de pie, con la pantalla descolorida y la cadena con la borla colgando; la encendió y se sentó. Proyectó una luz amarilla sobre su regazo, que fue donde colocó el sobre, y se quedó mirándolo un minuto antes de abrirlo y sacar un fajo de catorce páginas frágiles.

De la mitad del fajo, extrajo una. La alisó sobre sus muslos y dejó el resto en el suelo. Examinó la hoja con tal intensidad, que alguien que no supiera nada del tema hubiera pensado que era la primera vez que la miraba. ¿Y por qué no, en realidad? Era un papel de lo más inofensivo.

«6 *Würstchen* —leyó—. *1 Dutzend Eier, 2 kg Mehl, 6 kg Kartoffeln, 1 kg Bohnen, 200 g Tabak.*»

Era una lista sencilla, en realidad, metida entre los registros de compras de todo tipo de productos, desde gasolina a pintura. Era un documento que carecía de importancia en el esquema de las cosas, la clase de hoja que podría haberse traspapelado sin que nadie se diera cuenta. Sin embargo, a Frank le decía muchas cosas, y no precisamente sobre la arrogancia de los ocupantes, quienes documentaban todos los movimientos que realizaban y luego guardaban esos papeles para cuando llegara el momento de una victoria a cuyos defensores querrían identificar.

Si Frank no hubiera pasado todos y cada uno de sus años de formación hasta que se convirtió en un adulto solitario aprendiendo el valor inestimable de todo lo remotamente relacionado con aquel momento de la historia de Guernsey, tal vez esa hoja se le habría traspapelado a propósito y nadie se habría enterado. Pero él seguiría sabiendo que había existido, y nada borraría ese hecho jamás.

En efecto, si los Ouseley no hubieran contemplado la idea del museo, seguramente ese papel seguiría oculto, incluso para el propio Frank. Pero en cuanto él y su padre aceptaron el ofrecimiento de Guy Brouard de construir el Museo de la Guerra Graham Ouseley para la educación y el mejoramiento de los ciudadanos presentes y futuros de Guernsey, comenzó la clasificación, la criba y la organización fundamentales en una em-

433

presa como ésta. En el proceso, salió a la luz la lista. «*6 Würst-chen* —en 1943—. *1 Dutzend Eier, 2 kg Mehl, 6 kg Kartoffeln, 1 kg Bohnen, 200 g Tabak.*»

Fue Guy quien la encontró.

—Frank, ¿qué pone aquí? —le había preguntado, puesto que el hombre no sabía alemán.

El propio Frank se lo tradujo, de manera mecánica y automática, sin detenerse a leer todas las líneas, sin detenerse a pensar en las ramificaciones. Se dio cuenta de lo que significaba cuando la última palabra —«*Tabak*»— salió de sus labios. Al ser consciente de las implicaciones, subió la vista a la parte superior del papel y luego miró a Guy, quien ya lo había leído. Guy, quien había perdido a sus padres por culpa de los alemanes, perdido una familia entera, una herencia.

—¿Qué vas a hacer? —le preguntó Guy.

Frank no contestó.

—Vas a tener que hacer algo —dijo Guy—. No puedes olvidarlo. Dios santo, Frank. No pensarás olvidarlo, ¿verdad?

Ése había sido el color y el sabor de sus días desde entonces. «¿Lo has hecho ya, Frank? ¿Le has sacado el tema?»

Frank había pensado que ahora no haría falta, puesto que Guy estaba muerto y enterrado y era el único que lo sabía. En efecto, había pensado que nunca haría falta. Pero los últimos días le habían enseñado lo contrario.

Quien olvida su pasado lo repite.

Se levantó. Metió los otros papeles en el sobre y lo devolvió a la carpeta. Cerró el archivador y apagó la luz. Cerró la puerta al salir.

Dentro de su casa, vio que su padre se había quedado dormido en su sillón. En la televisión ponían una serie policíaca estadounidense: dos agentes con las siglas de la policía de Nueva York en la espalda de los impermeables estaban posicionados —pistolas en ristre— para derribar una puerta cerrada y reaccionar con violencia. En otro momento, Frank habría despertado a su padre y le habría llevado arriba. Pero esta vez pasó por delante de él y subió a refugiarse en la soledad de su cuarto.

Encima de la cómoda había dos marcos de fotos. En una estaban sus padres el día de su boda después de la guerra. En la otra, Frank y su padre posaban en la base de la torre de observación alemana situada no muy lejos del final de la Rue de la Prevote. Frank no recordaba quién había sacado la fotografía, pero sí recordaba el día en sí. Estaba lloviendo, pero fueron de excursión al acantilado de todos modos, y cuando llegaron, el sol los recibió de repente. Graham dijo que era la aprobación de Dios a su peregrinaje.

Frank apoyó la lista del archivador en el segundo marco y retrocedió como un sacerdote que no quiere dar la espalda a la hostia consagrada. Alargó las manos hacia atrás para tocar el borde de la cama y se sentó. Se quedó mirando fijamente el frágil documento e intentó no escuchar el desafío de esa voz.

«No puedes olvidarlo.»

Y sabía que no podía. Porque «Es la causa, mi alma».

La experiencia que Frank tenía del mundo era limitada, pero no era un ignorante. Sabía que la mente humana es una criatura curiosa que a menudo puede comportarse como un espejo distorsionador cuando se trata de detalles demasiado dolorosos de recordar. La mente puede negar, remodelar u olvidar. Puede crear un universo paralelo si es necesario. Puede inventar una realidad distinta para cualquier situación que le parezca demasiado difícil de soportar. Al hacer aquello, Frank sabía que la mente no mentía. Simplemente ideaba una estrategia para seguir adelante.

El problema surgía cuando la estrategia borraba la verdad en lugar de protegerle a uno de ella temporalmente. Cuando ocurría eso, nacía la desesperación, reinaba la confusión, aparecía el caos.

Frank sabía que estaban en la cúspide del caos. Había llegado el momento de actuar, pero se sentía paralizado. Había entregado su vida al servicio de una quimera y, a pesar de saberlo desde hacía dos meses, vio que aún no se había recuperado del impacto.

Hacerlo público acabaría con más de medio siglo de devoción, admiración y confianza. Convertiría a un héroe en un villano. Sometería toda una vida a la vergüenza pública.

Frank sabía que podía evitar todo aquello. Sólo un papel, al fin y al cabo, se interponía entre la fantasía de un anciano y la verdad.

435

Υ

En Fort Road, una mujer atractiva aunque en avanzado estado de gestación abrió la puerta de la casa de Bertrand Debiere. Informó a Saint James de que era la mujer del arquitecto. Bertrand estaba trabajando en el jardín trasero con los niños. La estaba liberando de ellos unas horas mientras ella escribía un rato. Era así de bueno, un marido ejemplar. No sabía cómo o por qué había tenido la fortuna de convertirse en su esposa.

Caroline Debiere se fijó en el fajo de papeles grandes que Saint James llevaba enrollados debajo del brazo. Le preguntó si venía por negocios. En su voz se filtró lo mucho que deseaba que así fuera. Le dijo a Saint James que su marido era un buen arquitecto. Cualquier persona que quisiera un edificio nuevo, reformar uno viejo o ampliar una estructura existente no se equivocaría contratando a Bertrand Debiere para el proyecto.

Saint James le dijo que estaba interesado en que el señor Debiere examinara unos planos ya diseñados. Se había pasado por su despacho, pero su secretaria le había dicho que se había marchado. Había buscado en el listín telefónico y se había tomado la libertad de visitar al arquitecto en su casa. Esperaba no ser inoportuno...

En absoluto. Caroline iría a buscar a Bertrand al jardín si al señor Saint James no le importaba esperar en el salón.

Un grito de alegría llegó desde fuera, desde el fondo de la casa. Lo siguió un golpeteo: el sonido de un martillo aporreando un clavo en la madera. Al oír aquello, Saint James dijo que no quería interrumpir lo que el señor Debiere estuviera haciendo, así que si a la mujer del arquitecto no le importaba, saldría al jardín con él y sus hijos.

Caroline Debiere pareció aliviada. Sin duda se alegraba de poder continuar con su trabajo sin tener que hacerse cargo de los niños. Le mostró el camino a Saint James hacia la puerta trasera y dejó que fuera a buscar a su marido.

Bertrand Debiere resultó ser uno de los dos hombres que Saint James había visto dejar la procesión hacia la tumba de Guy Brouard y mantener una intensa conversación en los jardines de Le Reposoir el día anterior. Era un hombre espigado, tan alto y desgarbado que parecía un personaje sacado de una novela de Dickens, y en estos momentos se encontraba en las ramas más bajas de un sicomoro, poniendo los cimientos de lo que, evidentemente, iba a ser una casita en el árbol para sus hijos. Tenía dos y ayudaban como hacen los niños pequeños: el mayor le pasaba a su padre los clavos que sacaba de una bolsa de cuero colgada al hombro, mientras que el menor golpeaba un trozo de madera con un martillo de plástico en la base del árbol, en cuclillas y gritando: «Golpeo y clavo», y sin ser de ninguna ayuda a su padre.

Debiere vio a Saint James cruzando el césped, pero acabó de golpear el clavo antes de saludarlo. Se fijó en que la mirada del arquitecto registraba su cojera y se centraba en su causa —el aparato ortopédico de la pierna cuyo travesaño recorría el tacón del zapato—, pero luego alzó la vista y miró, como había hecho su mujer, el rollo de papeles que Saint James llevaba debajo del brazo.

Debiere bajó de las ramas del árbol y le dijo al hijo mayor:

—Bert, llévate a tu hermano adentro, por favor. Mamá ya tendrá listas esas galletas. Pero comed sólo una cada uno. Hay que cenar.

—¿Las de limón?—preguntó el mayor—. ¿Ha hecho las de limón, papá?

—Supongo. Son las que pedisteis, ¿no?

—¡Las de limón! —Bert musitó las palabras a su hermano pequeño.

La promesa de esas galletas provocó que los dos niños dejaran lo que estaban haciendo y corrieran hacia la casa gritando:

—¡Mami! ¡Mamá! ¡Queremos nuestras galletas! —Y así pusieron fin a la soledad de su madre. Debiere los miró con afecto y cogió la bolsa de los clavos que Bert había dejado tirada de cualquier manera, con la mitad de su contenido esparcido sobre la hierba.

Mientras el hombre recogía los clavos, Saint James se presentó y le explicó su relación con China River. Le contó a Debiere que estaba en la isla a petición del hermano de la mujer acusada, y la policía sabía que estaba realizando una investigación independiente.

—¿Qué clase de investigación? —preguntó Debiere—. La policía ya tiene a la asesina.

Saint James no quería entrar en el tema de la inocencia o la culpabilidad de China River, así que señaló el rollo de planos que llevaba debajo del brazo y le preguntó al arquitecto si le importaría echarles un vistazo.

—¿Qué son?

—Los planos del proyecto que seleccionó el señor Brouard para el museo de la guerra. Aún no los ha visto, ¿verdad?

Debiere le informó de que sólo había visto lo mismo que el resto de los isleños asistentes a la fiesta de Brouard: el dibujo tridimensional detallado de la versión del edificio del arquitecto estadounidense.

—Una caca —dijo Debiere—. No sé en qué estaría pensando Guy cuando lo eligió. Es tan adecuado para un museo en Guernsey como un trasbordador espacial. Enormes ventanas en la parte delantera. Techos altísimos. Habría que invertir una fortuna para calentar el lugar, por no hablar de que toda la estructura parece diseñada para edificarse en un acantilado y aprovechar las vistas.

—¿Mientras que la localización del museo es...?

—Al final de la carretera de la iglesia de Saint Saviour, justo al lado de los túneles subterráneos; es decir, en el interior y lo más lejos posible de cualquier acantilado en una isla de este tamaño.

—¿Y las vistas?

—No valen una mierda. A menos que considere que el aparcamiento de los túneles es una vista que merezca la pena contemplar.

—¿Compartió sus preocupaciones con el señor Brouard?

La expresión de Debiere se volvió cautelosa.

—Hablé con él. —Sostuvo la bolsa de los clavos en la mano como si pensara en colgársela y reanudar el trabajo en la casita del árbol. Una mirada rápida al cielo, para valorar la luz que quedaba, pareció instarle a renunciar. Comenzó a recoger las tablas de madera que había apilado en el césped junto al árbol. Las llevó hasta una gran lona azul de plástico que había en un lado del jardín, donde las amontonó con cuidado.

—Me han dicho que hicieron algo más que hablar —dijo Saint James—. Al parecer, discutió con él justo después de los fuegos artificiales.

438

Debiere no contestó. Simplemente siguió apilando la madera, cual leñador resignado a su tarea.

—Iba a-a-a darme el encargo —dijo en voz baja cuando completó la tarea—. Todo el mundo lo sabía. Así que-que-que cuando se lo dio a otro... —Regresó junto al sicomoro, donde Saint James esperaba, y colocó una mano en el tronco moteado. Se tomó un minuto, durante el cual pareció esforzarse por controlar su repentino tartamudeo—. Una casa en un árbol —dijo al fin, desdeñando su tarea—. Aquí estoy. Una maldita casa en un árbol.

—¿El señor Brouard le había dicho que le daría el encargo? —preguntó Saint James.

—¿Directamente? No. Él... —Parecía afligido. Cuando estuvo listo, volvió a intentarlo—. Guy no era así. Nunca prometía nada. Sólo sugería. Hacía que creyeras que tenías posibilidades. «Hazlo, amigo mío, y lo siguiente que te propongas, sucederá.»

—En su caso, ¿qué significaba eso?

—Independencia; crear mi propia empresa; dejar de ser un subalterno o un mandado, dejar de trabajar para la gloria de otro y llevar a cabo mis propias ideas. Sabía que era lo que yo quería y me animó. Al fin y al cabo, él era un emprendedor. ¿Por qué no deberíamos serlo también el resto? —Debiere examinó la corteza del sicomoro y soltó una risita amarga—. Así que dejé el trabajo y me establecí por mi cuenta, monté mi propia empresa. Él se había arriesgado en su vida. Yo también lo haría. Por supuesto, para mí era más fácil, puesto que pensaba que tenía la seguridad de un encargo importantísimo.

—Le dijo que no permitiría que le destruyera —le recordó Saint James.

—¿Alguien oyó esas palabras en la fiesta? —dijo Debiere—. No recuerdo lo que dije. Sólo recuerdo haber echado un vistazo al dibujo en lugar de mirarlo babeando como todos los demás. Vi lo mal planteado que estaba y no entendí por qué lo había elegido cuando había dicho... cuando había... cuando prácticamente me lo había prometido. Y recuerdo que me-me sentí... —Se calló. Tenía los nudillos blancos por la fuerza con la que agarraba el árbol.

—¿Qué pasa ahora que ha muerto? —preguntó Saint James—. ¿El museo va a construirse igualmente?

—No lo sé —dijo—. Frank Ouseley me ha dicho que en el testamento no se menciona el museo. No me imagino a Adrian interesándose en financiarlo, así que supongo que todo dependerá de Ruth, si quiere seguir adelante con el proyecto.

—Estará dispuesta a escuchar sugerencias.

—Guy dejó claro que el museo era importante para él. Ella lo sabrá sin que nadie tenga que decírselo, créame.

—No me refería a la construcción del edificio —dijo Saint James—, sino a que estará dispuesta a introducir cambios en el proyecto; dispuesta como no lo estaba su hermano, tal vez. ¿Ha hablado con ella? ¿Tiene pensado hacerlo?

—Lo tengo pensado —dijo Debiere—. No me queda más remedio.

—¿Por qué lo dice?

—Mire a su alrededor, señor Saint James. Tengo dos hijos y otro en camino; una mujer a la que convencí para que dejara su trabajo y escribiera una novela; una hipoteca aquí y un despacho nuevo en Trinity Square, donde mi secretaria espera que le pague de vez en cuando. Necesito el encargo y si no lo consigo... Así que hablaré con Ruth, sí. Le expondré mi caso. Haré lo que haga falta.

Al parecer, reconoció la abundancia de significados que encerraba su último comentario, porque se apartó del árbol bruscamente y regresó a la pila de maderas situada al final del jardín. Cogió las puntas de la lona azul y cubrió las tablas, que dejaron al descubierto una cuerda perfectamente enrollada. La cogió y la utilizó para atar la lona de plástico en torno a la madera, tras lo cual, empezó a recoger las herramientas.

Saint James le siguió cuando el arquitecto cogió el martillo, los clavos, el nivel, la cinta métrica y los guardó en un bonito cobertizo al principio del jardín. Debiere colocó estos objetos encima de una mesa de trabajo y fue en esta mesa donde Saint James extendió los planos que había cogido de Le Reposoir. Su principal intención era saber si las elaboradas ventanas de Henry Moullin podrían utilizarse en el proyecto que Guy Brouard había elegido, pero ahora comprendía que Moullin no era la única persona que consideraba de suma importancia su participación en la construcción del museo de la guerra.

—Éstos son los planos que el arquitecto estadounidense envió al señor Brouard. Me temo que yo no entiendo de dibujo arquitectónico. ¿Puede echarles un vistazo y decirme qué opina? Parece que los hay de varios tipos.

—Ya le he dado mi opinión.

—Quizá quiera añadir algo más cuando los vea.

Los planos eran grandes, de más de un metro de largo y casi igual de anchos. Debiere accedió con un suspiro a examinarlos y cogió un martillo para sujetar los bordes.

No eran cianotipos. Debiere le informó de que los cianotipos habían seguido el mismo camino que el papel carbón y las máquinas de escribir. Se trataba de documentos en blanco y negro que parecían sacados de una copiadora mastodóntica, y mientras los revisaba, Debiere identificó qué era cada uno: el esquema de cada planta del edificio; los documentos de construcción con etiquetas que indicaban el plano del techo, el plano de las instalaciones eléctricas, el plano de fontanería, las secciones del edificio; el plano de la obra que mostraba dónde se levantaría el edificio en la localización escogida; los alzados.

441

Debiere meneó la cabeza con desaprobación mientras iba repasándolos.

—Ridículo —murmuró—. ¿En qué piensa este idiota? —Y señaló el tamaño absurdo de las salas que contendría la estructura. Indicando una de las estancias con un destornillador, preguntó—: ¿Cómo va a ser esto una galería, o una sala de exposiciones, o lo que esté proyectado que sea? Fíjese. En una sala así, cabrían tranquilamente tres personas, no más. Tiene el tamaño de una celda. Y todas son así.

Saint James examinó los esquemas que señalaba el arquitecto. Se fijó en que en el dibujo no estaba nada identificado y le preguntó a Debiere si era normal.

—Por lo general, ¿no se indicaría qué va a ser cada sala? —preguntó—. ¿Por qué estos dibujos no dicen nada?

—Vaya usted a saber —dijo Debiere con desdén—. Es una chapuza. No me sorprende, teniendo en cuenta que presentó el proyecto sin molestarse siquiera en visitar la localización. Y mire esto... —Había sacado una de las hojas y la había colocado

encima del fajo. Dio unos golpecitos encima con el destornillador—. ¿Es esto es un patio con una piscina? Por el amor de
Dios. Me encantaría tener una charla con este idiota. Seguramente diseña casas en Hollywood y cree que ningún lugar está
completo si las veinteañeras en bikini no tienen dónde tomar el
sol. Qué desperdicio de espacio. Es todo un desastre. No puedo
creer que Guy... —Debiere frunció el ceño. De repente, se inclinó sobre el dibujo y lo miró con más detenimiento. Parecía estar buscando algo; pero fuera lo que fuese, no formaba parte del
edificio en sí, porque miró las cuatro esquinas del papel y luego repasó los bordes—. Esto sí que es raro. —Entonces, apartó
el primer papel para mirar el que había debajo. Luego pasó a los
dos siguientes, sucesivamente. Al final, levantó la cabeza.

—¿Qué? —preguntó Saint James.

—Tendrían que estar firmados —dijo Debiere—. Todos.
Pero ninguno lo está.

—¿Qué quiere decir?

Debiere señaló los planos.

—Cuando están acabados, el arquitecto los sella. Y luego
firma con su nombre encima del sello.

—¿Es una formalidad?

—No. Es indispensable. Así se sabe que los planos son válidos. Ninguna comisión de planificación o construcción puede
aprobarlos si no están sellados, y puede estar seguro de que
tampoco encontrará ningún constructor dispuesto a aceptar el
trabajo.

—Entonces, si no son válidos, ¿qué son? —le preguntó
Saint James al arquitecto.

Debiere miró a Saint James y luego a los planos. Y después
volvió a mirar a Saint James.

—Son robados —contestó.

Se quedaron en silencio, los dos mirando los documentos,
los esquemas y los dibujos extendidos sobre la mesa. Fuera del
cobertizo, se oyó el ruido de una puerta y una voz gritó:

—¡Papá! Mamá también ha hecho tortas para ti.

Debiere reaccionó. Tenía el ceño fruncido mientras, al parecer, intentaba comprender lo que parecía tan claramente incomprensible: una gran reunión de habitantes de la isla y otros
invitados en Le Reposoir, una noche de gala, un anuncio sor-

prendente, un castillo de juegos artificiales para celebrar la ocasión, la presencia de todas las personas importantes de Guernsey, la cobertura informativa en el periódico y la televisión locales.

—¡Papá! ¡Papá! —gritaban sus hijos—. ¡Entra a cenar!

—Pero pareció que Debiere no los oía.

—¿Qué pensaba hacer, entonces? —murmuró el arquitecto.

Saint James pensó que la respuesta a esa pregunta tal vez arrojaría más luz sobre el asesinato.

Resultó sencillo encontrar un abogado. Margaret se negaba a llamarlo defensor porque no tenía pensado contratarlo por más tiempo del que hiciera falta para intimidar a los beneficiarios de su ex marido y quitarles su herencia. Después de dejar el Range Rover en el aparcamiento de un hotel en Ann's Place, ella y su hijo bajaron una pendiente y subieron otra. La ruta los llevó a pasar por delante del Tribunal de Justicia, lo que garantizó a Margaret que iba a ser bastante fácil toparse con abogados en esa zona de la ciudad. Al menos, Adrian conocía este dato. Ella sola únicamente habría sido capaz de buscar en la guía y en un callejero de Saint Peter Port. Tendría que haber telefoneado y realizado su asedio sin ver la situación en la que era recibida su llamada. Sin embargo, no le había hecho falta llamar. Podía asaltar la ciudadela que eligiera y controlar satisfactoriamente la contratación de un profesional de la ley para lo que se le antojara.

443

Se decidió por el bufete de Gibbs, Grierson y Godfrey. La aliteración era un fastidio, pero la puerta era imponente y la rotulación de la placa de latón tenía una severidad que sugería la falta de piedad necesaria para la misión de Margaret. Sin cita previa, pues, entró con su hijo y pidió ver a uno de los miembros epónimos del despacho. Al hacer su petición, contuvo las ganas de decirle a Adrian que se irguiera, convenciéndose a sí misma de que ya era suficiente que se hubiera enfrentado —para su beneficio y protección— con ese bruto de Paul Fielder.

Quiso la fortuna que ninguno de los fundadores estuviera en su despacho esta tarde. Al parecer, uno de ellos había muerto hacía cuatro años y los otros dos estaban atendiendo algún asunto legal de cierta importancia, según el recepcionista. Pero uno de los abogados júnior podía atender a la señora Chamberlain y al señor Brouard.

—¿Muy júnior? —quiso saber Margaret.

—Tan sólo es una categoría —le aseguró la mujer.

La abogada júnior resultó ser júnior sólo por el título. Era una mujer de mediana edad llamada Juditha Crown —«señorita Crown», les dijo— y tenía una verruga debajo del ojo izquierdo y un ligero problema de halitosis provocado, al parecer, por un sándwich de salami que descansaba en un plato de papel sobre su mesa.

Con Adrian encorvado a su lado, Margaret reveló la razón de su visita: un hijo a quien habían estafado su herencia y una herencia de la que, como mínimo, habían desaparecido tres cuartas partes del patrimonio que debería tener.

Con un tono de superioridad que Margaret consideró demasiado condescendiente para su gusto, la señorita Crown les informó de que eso era sumamente improbable. El señor Chamberlain había...

El señor Brouard, la interrumpió Margaret. El señor Guy Brouard de Le Reposoir, parroquia de Saint Martin. Ella era su ex mujer, y aquél era su hijo, Adrian Brouard, le anunció a la señorita Crown, y añadió significativamente que se trataba del hijo mayor del señor Guy Brouard y su único heredero varón.

A Margaret le satisfizo ver que Juditha Crown se erguía y tomaba nota al oír aquello, aunque sólo fuera metafóricamente. Las pestañas de la abogada temblaron detrás de sus gafas de montura dorada, y miró a Adrian con mayor interés. Durante ese momento, Margaret vio que por fin tenía que agradecer a Guy su incansable búsqueda de logros personales. Por lo menos había conseguido reconocimiento y, por asociación, también lo había conseguido su hijo.

Margaret explicó la situación a la señorita Crown: un patrimonio dividido en dos, dos hijas y un hijo se repartían la primera mitad y dos extraños —extraños, sí, dos adolescentes de la isla prácticamente desconocidos para la familia— compartían la otra mitad. Había que hacer algo.

La señorita Crown asintió sabiamente y esperó a que Margaret continuara. Cuando no lo hizo, la señorita Crown le preguntó si existía una esposa actual. ¿No? Bien —y entonces juntó las manos sobre la mesa y sus labios esbozaron una sonrisa glacialmente educada—, pues no parecía haber ninguna irregularidad en el testamento. Las leyes de Guernsey dictaban la forma como había que legar un patrimonio. Una mitad tenía que ir a la progenie legal del testador. En aquellos casos en que la esposa no hubiera sobrevivido al difunto, la otra mitad podía repartirse según el capricho del fallecido. Al parecer, era lo que había hecho el caballero en cuestión.

Margaret se fijó en Adrian, sentado a su lado, y en la inquietud que le instó a hurgar en su bolsillo y sacar una caja de cerillas. Creyó que iba a fumar a pesar de que en la sala no había ningún cenicero, pero lo que hizo fue utilizar el borde de la caja para limpiarse las uñas. Al ver aquello, la señorita Crown hizo una mueca de asco.

Margaret quiso reprender a su hijo, pero decidió darle un puntapié. Adrian apartó la pierna. Ella carraspeó.

El reparto de la herencia ordenado por el testamento sólo era una de sus preocupaciones, le dijo a la abogada. Estaba el asunto más urgente de todo lo que había desaparecido de lo que tendría que ser legalmente la herencia, la recibiera quien la recibiera. En el testamento no se mencionaba la finca: la casa, los muebles y las tierras que comprendían Le Reposoir. No se mencionaban las propiedades de Guy en España, Inglaterra, Francia y las Seychelles y sabía Dios dónde más. No se mencionaban posesiones personales como coches, barcos, un avión, un helicóptero, ni tampoco detallaba el importante número de miniaturas, antigüedades, objetos de plata, obras de arte, monedas y cosas por el estilo que Guy había coleccionado a lo largo de los años. Era evidente que todo aquello tenía que figurar en el testamento de un hombre que, al fin y al cabo, había sido un empresario multimillonario. Sin embargo, su testamento consistía en una única cuenta de ahorro, una cuenta corriente bancaria y una cuenta de inversiones. Margaret preguntó qué cuentas echaba la señorita Crown de eso, con un juego de palabras intencionado.*

445

---

*En el original, el juego de palabras al que se hace referencia se establece entre el apellido *Crown* y el término *account* («cuentas»), de pronunciación similar. *(N. de la T.)*

La señorita Crown parecía pensativa, pero sólo durante unos tres segundos, pasados los cuales preguntó a Margaret si estaba segura de esos datos. Margaret le contestó malhumorada que por supuesto que estaba segura. No iba por ahí intentando contratar abogados...

—Defensores —murmuró la señorita Crown.

... sin asegurarse primero de que sus datos eran correctos. Como había dicho al principio, al menos tres cuartas partes del patrimonio de Guy Brouard habían desaparecido, y ella pensaba hacer algo al respecto por Adrian Brouard, el descendiente, el hijo mayor, el único varón que había tenido su padre.

Entonces, Margaret miró a Adrian esperando alguna clase de murmullo de aprobación o entusiasmo. Su hijo apoyó el tobillo derecho en la rodilla izquierda, mostrando un trozo de pierna blanca como el papel, y no dijo nada. Su madre se percató de que no se había puesto calcetines.

Juditha Crown miró la pierna sin vida de su cliente potencial y tuvo la gentileza de no estremecerse. Volvió a centrar su atención en Margaret y dijo que si la señora Chamberlain esperaba un momento, creía que tal vez tenía algo que podría ayudarla.

Lo que la ayudaría sería determinación, pensó Margaret. Determinación que infundir a la poca sangre que ahora corría por las venas de Adrian. Pero le dijo a la abogada que sí, cualquier cosa que pudiera ayudarlos sería muy bien recibida, y si la señorita Crown estaba demasiado ocupada para aceptar su caso, tal vez estaría dispuesta a recomendar...

La señorita Crown se marchó mientras Margaret hacía su solicitud. Cerró la puerta delicadamente al salir y, al hacerlo, oyó que hablaba con el recepcionista en la antesala.

—Edward, ¿dónde tienes esa explicación del *Retrait Linager* que envías a los clientes?

No escuchó la respuesta del recepcionista.

Margaret utilizó este receso en la reunión para decirle furiosa a su hijo:

—Podrías participar. Podrías facilitar las cosas. —Por un momento, en la cocina de Le Reposoir, realmente había pensado que su hijo empezaba a reaccionar. Había forcejeado con Paul Fielder como un hombre de verdad, y ella había sentido brotar la esperanza..., antes de tiempo, sin embargo. No había cristalizado—. Incluso podrías parecer interesado en tu futuro —añadió.

—Es imposible superar tu interés —contestó Adrian lacónicamente.

—Eres exasperante, Adrian. No me extraña que tu padre...
—Se calló.

Adrian ladeó la cabeza y le ofreció una sonrisa sarcástica. Pero no dijo nada mientras Juditha Crown regresaba con ellos. Traía unas hojas mecanografiadas en la mano. Les dijo que explicaban las leyes del *Retrait Linager*.

Margaret no estaba interesada en nada más que no fuera obtener el consentimiento de la abogada o su negativa a trabajar para ellos a fin de poder ocuparse del resto de sus asuntos. Había mucho que hacer, y quedarse sentada en el despacho de un abogado analizando explicaciones sobre leyes antiquísimas no encabezaba su lista de prioridades. Aun así, cogió los papeles que le dio la mujer y buscó sus gafas en el bolso. Mientras lo hacía, la señorita Crown informó a Margaret y a su hijo de las ramificaciones legales de la posesión o el reparto de un gran patrimonio mientras se residía en Guernsey.

Les contó que en esa isla del canal en concreto, la ley no se tomaba a la ligera que alguien desheredara a sus hijos. Nadie podía dejar el dinero sin tener en cuenta a la descendencia, ni tampoco podía vender todo su patrimonio antes de fallecer y esperar eludir la ley de esa forma. Les explicó que los hijos eran los primeros en tener derecho a comprar el patrimonio por la misma cantidad que pediría si decidiera venderlo. Naturalmente, si no podían permitírselo, el progenitor se libraba y, entonces, podía venderlo y regalar hasta el último centavo o gastarlo antes de morir. Pero en cualquier caso, tenía que informar primero a los hijos de que pensaba deshacerse de lo que, en caso contrario, sería su herencia. Aquello salvaguardaba la posesión del patrimonio dentro de una misma familia siempre que la familia pudiera permitirse conservarlo.

—Deduzco que su padre no le informó de su intención de vender en algún momento antes de morir —le dijo directamente la señorita Crown a Adrian.

—¡Por supuesto que no le informó! —dijo Margaret.

447

La señorita Crown esperó a que Adrian confirmara su declaración. Dijo que si en efecto así era, sólo había una explicación para la desaparición de una parte tan importante de la herencia. Sólo había una explicación muy sencilla, en realidad.

Margaret preguntó educadamente cuál era esa explicación.

Que el señor Brouard nunca hubiera tenido el patrimonio que sospechaban que tenía, contestó la señorita Crown.

Margaret miró fijamente a la mujer.

—Eso es absurdo —dijo—. Claro que lo tenía. Lo tuvo durante años. Eso y todo lo demás. Ha tenido... A ver si lo entiende. No vivía de alquiler.

—No sugiero que lo hiciera —contestó la señorita Crown—. Simplemente sugiero que aquello que parecía pertenecerle (de hecho, lo que sin duda compró a lo largo de los años o al menos durante los años que vivió en la isla) en realidad lo compró a nombre de otra persona, o lo compró otra persona siguiendo sus indicaciones.

Al oír aquello, Margaret sintió nacer en ella un horror que no quería reconocer, y menos aún afrontar. Se escuchó a sí misma diciendo con la voz quebrada:

—¡Es imposible!

Y notó que su cuerpo se levantaba como si sus piernas y sus pies hubieran declarado la guerra a su capacidad de controlarlos. Antes de darse cuenta, estaba inclinada sobre la mesa de Juditha Crown, hablándole directamente en la cara.

—Es una locura, ¿me oye? Es una idiotez. ¿Sabe usted quién era? ¿Tiene usted idea de la fortuna que amasó? ¿Ha oído hablar alguna vez de Chateaux Brouard? En Inglaterra, Escocia, Gales, Francia, sabe Dios cuántos hoteles tenía. ¿Qué era todo eso sino el imperio de Guy? ¿De quién podía ser sino era de Guy?

—Madre... —Adrian también estaba de pie. Margaret se giró y vio que se estaba poniendo la chaqueta de piel para marcharse—. Hemos descubierto que...

—¡No hemos descubierto nada! —gritó Margaret—. Tu padre te ha estafado toda la vida, y no voy a permitir que te estafe una vez muerto. Tiene cuentas bancarias ocultas y propiedades no declaradas, y pienso encontrarlas. Mi intención es que las tengas y nada, ¿me oyes?, nada va a impedirlo.

—Fue más listo que tú, madre. Él sabía...

—Nada. Él no sabía nada. —Se volvió hacia la abogada como si Juditha Crown fuera la persona que hubiera frustrado sus planes—. Entonces, ¿quién? —preguntó—. ¿Quién? ¿Una de sus putitas? ¿Es lo que está sugiriendo?

Al parecer, la señorita Crown sabía de qué hablaba sin que nadie se lo contara, porque dijo:

—Tendría que ser alguien en quien pudiera confiar, diría yo; alguien en quien pudiera confiar incondicionalmente; alguien que haría lo que él quería que se hiciera con el patrimonio, independientemente de a nombre de quién figurara.

Sólo había una persona, naturalmente. Margaret lo supo sin que nadie la identificara, e imaginaba que lo había sabido desde el instante en que escuchó el testamento en el salón del primer piso. Sólo había una persona sobre la faz de la tierra en la que Guy confiara para entregarle todo lo que compraba y que no habría hecho nada con ello más que conservarlo y repartirlo según sus deseos cuando ella muriera..., o antes, si así se lo pedía él.

Margaret se preguntó por qué no se le había ocurrido.

Sin embargo, la respuesta era muy sencilla. No se le había ocurrido porque no conocía la ley.

Se marchó del despacho muy seria y salió a la calle, furiosa de los pies a la cabeza. Pero no se sentía derrotada. No se sentía derrotada ni mucho menos, y quería dejárselo claro a su hijo. Se dio la vuelta y la emprendió con él.

—Vamos a hablar con ella ahora mismo. Es tu tía. Sabe lo que es correcto. Si todavía no ha visto lo injusto que es todo esto... Siempre le consideró una especie de dios. Guy estaba desequilibrado y se lo ocultó. Se lo ocultó a todo el mundo, pero demostraremos...

—La tía Ruth lo sabía —dijo Adrian sin rodeos—. Comprendía lo que quería papá y colaboró con él.

—No es posible. —Margaret le agarró el brazo con una fuerza diseñada para hacerle ver y comprender. Había llegado el momento de prepararse para luchar, y si no podía hacerlo, ella lo haría por él—. Debió de decirle... —Se preguntó qué le había dicho Guy a su hermana para que creyera que lo que pensaba hacer era lo mejor: para él, para ella, para sus hijos, para todo el mundo.

—Lo hecho hecho está —dijo Adrian—. No podemos cambiar el testamento. No podemos cambiar la forma como ideó todo esto. No podemos hacer nada salvo olvidarnos. —Se metió la mano en el bolsillo y volvió a sacar la caja de cerillas, junto con un paquete de tabaco. Encendió un cigarrillo y se rio, aunque no estaba divirtiéndose—. El bueno de papá —dijo mientras meneaba la cabeza con incredulidad—. Nos ha jodido a todos.

Margaret se estremeció al oír su tono impasible. Adoptó otra táctica.

—Adrian, Ruth es buena. Tiene muy buen corazón. Si sabe que todo esto te ha hecho daño...

—No me lo ha hecho. —Adrian se sacó una hebra de tabaco de la lengua, la examinó en la punta del pulgar y la tiró a la calle.

—No digas eso. ¿Por qué tienes que fingir siempre que tu padre...?

—No finjo. No estoy ofendido. ¿Qué sentido tendría? Y aunque estuviera dolido, no importaría. No cambiaría nada.

—¿Cómo puedes decir...? Es tu tía. Te quiere.

—Ella estaba allí —dijo Adrian—. Sabe cuáles eran sus intenciones. Y, créeme, no cederá ni un milímetro, no cuando ya sabe qué quería él de esta situación.

Margaret frunció el ceño.

—«Ella estaba allí.» ¿Dónde? ¿Cuándo? ¿En qué situación?

Adrian se alejó del edificio. Se subió el cuello de la chaqueta para protegerse del frío y avanzó en dirección al Tribunal de Justicia. Margaret interpretó aquello como un modo de evitar contestar a sus preguntas, y se le encendieron todas las alarmas. También se apoderó de ella una sensación de terror perniciosa. Detuvo a su hijo a los pies del monumento a los caídos y lo abordó debajo de la mirada sombría de aquel soldado melancólico.

—No me dejes así. Aún no hemos acabado. ¿Qué situación? ¿Qué es lo que no me has contado?

Adrian tiró el cigarrillo hacia un grupo de motos aparcadas en filas desorganizadas no muy lejos del monumento.

—Papá no quería que yo tuviera dinero —dijo—, ni ahora ni nunca. La tía Ruth lo sabía. Así que aunque se lo pidamos, aunque apelemos a su sentido de la lealtad, juego limpio o como quieras llamarlo, va a recordar lo que él quería y actuará en consecuencia.

—¿Cómo podía saber lo que Guy quería en el momento de su muerte? —se burló Margaret—. Bueno, entiendo que supiera lo que quería cuando organizó todo esto. Tenía que saberlo para colaborar con él entonces. Pero eso es todo. Entonces. Es lo que quería entonces. La gente cambia. Sus deseos cambian. Créeme, tu tía Ruth lo entenderá cuando se lo expongamos.

—No. No fue sólo entonces —dijo Adrian, y se dispuso a pasar a su lado, a avanzar hacia el aparcamiento donde habían dejado el Range Rover.

—Maldita sea —dijo Margaret—. Quédate donde estás, Adrian. —Oyó la inquietud en su voz, cosa que la irritó y, a su vez, hizo que dirigiera su irritación hacia él—. Tenemos que elaborar un plan y preparar un enfoque. No vamos a aceptar esta situación que creó tu padre, como buenos cristianos que ponen la otra mejilla. Desde nuestro punto de vista, hizo todos los preparativos con Ruth un día motivado por el rencor y luego se arrepintió, pero no pensaba que moriría antes de poder arreglarlo. —Margaret cogió aire y contempló las implicaciones de lo que estaba diciendo—: Alguien lo sabía —dijo—. Tiene que ser eso. Alguien sabía que Guy pensaba cambiarlo todo, para favorecerte como correspondía. Por eso había que eliminarle.

—No iba a cambiar nada —dijo Adrian.

—¡Para ya! ¿Cómo puedes saberlo?

—Porque se lo pedí, ¿vale? —Adrian se metió las manos en los bolsillos. Su aspecto era deprimente—. Se lo pedí —repitió—. Y ella, la tía Ruth, estaba allí, en la habitación. Nos escuchó. Me oyó pedírselo.

—¿Que cambiara el testamento?

—Que me diera dinero. Lo escuchó todo. Se lo pedí. Me dijo que no tenía la cantidad que yo necesitaba, que no tenía tanto. No le creí. Nos peleamos. Me marché furioso, y ella se quedó con él. —Entonces, Adrian volvió a mirarla, resignado—. No pensarás que no hablaron del tema después de eso. Ella diría: «¿Qué hacemos con Adrian?». Y él contestaría: «Lo dejaremos todo como está».

451

Margaret escuchó como si se hubiera levantado un viento frío.

—¿Volviste a pedirle a tu padre...? —le preguntó—. ¿Después de septiembre? ¿Volviste a pedirle dinero después de septiembre?

—Se lo pedí. Y se negó.

—¿Cuándo?

—La noche antes de la fiesta.

—Pero me dijiste que no se lo habías pedido... desde septiembre... —Margaret vio que Adrian volvía a darle la espalda, con la cabeza agachada como la había agachado tantas veces en su infancia ante una legión de decepciones y fracasos. Quería rebelarse furiosamente ante ellos, pero en particular ante el destino que había hecho que Adrian tuviera una vida tan difícil. Sin embargo, más allá de esa reacción maternal, Margaret sentía algo más que no quería sentir. Tampoco quería arriesgarse a identificarlo—. Adrian, me dijiste... —Mentalmente, repasó la cronología de los hechos. ¿Qué le había dicho? Que Guy había muerto antes de tener ocasión de pedirle por segunda vez el dinero que necesitaba para montar su empresa: acceso a Internet, el negocio del futuro; un negocio que podía hacer que su padre se sintiera orgulloso de tener un hijo tan visionario—. Dijiste que no habías tenido oportunidad de pedirle el dinero en esta visita.

—Te mentí —contestó Adrian con rotundidad. Encendió otro cigarrillo y no la miró.

Margaret notó que se le secaba la garganta.

—¿Por qué?

Adrian no contestó.

Quería zarandearle. Necesitaba sacarle una respuesta porque sólo con una respuesta tendría la posibilidad de descubrir el resto de la verdad y saber a qué se enfrentaba para actuar deprisa y planear el siguiente paso. Pero debajo de esa necesidad de intrigar, de justificar, de hacer lo que fuera para proteger a su hijo, Margaret era consciente de una sensación más profunda.

Si le había mentido acerca de haber hablado con su padre, también había mentido sobre otras cosas.

Después de su conversación con Bertrand Debiere, Saint James llegó al hotel muy pensativo. La joven recepcionista le entregó un mensaje; pero no lo abrió mientras subía las escaleras hasta su habitación, sino que se preguntó qué significaba que Guy Brouard se hubiera tomado tantas molestias y hubiera gastado tanto dinero para obtener unos documentos arquitectónicos que, al parecer, no tenían validez. ¿Estaba al corriente, o un hombre de negocios americano sin escrúpulos lo había engañado quedándose con su dinero y entregándole un proyecto para un edificio que nadie sería capaz de construir porque no era un proyecto oficial? ¿Y qué significaba que no fuera un proyecto oficial? ¿Se trataba de un plagio? ¿Se podía plagiar un diseño arquitectónico?

En la habitación, se acercó al teléfono mientras sacaba del bolsillo la información que había obtenido anteriormente de Ruth Brouard y el inspector en jefe Le Gallez. Encontró el número de Jim Ward y pulsó las teclas mientras organizaba sus pensamientos.

En California, aún era por la mañana y, al parecer, el arquitecto acababa de llegar a su despacho.

—Justo está entrando... —dijo la mujer que respondió al teléfono. Y después—: Señor Ward, alguien con un acento muy chulo pide por usted... —Y luego dijo al teléfono—: ¿De dónde llama? ¿Qué nombre me ha dicho?

Saint James lo repitió. Llamaba de Saint Peter Port, un lugar de la isla de Guernsey, en el canal de la Mancha, explicó.

—Guau. Espere un segundín, ¿de acuerdo? —Y justo antes de que le dejara en espera, Saint James oyó que decía—: Eh, chicos, ¿dónde está el canal de la Mancha?

Pasaron cuarenta y cinco segundos, durante los cuales una música *reggae* alegre que sonaba a través del auricular del teléfono entretuvo a Saint James. Entonces, la música se cortó de repente y la voz agradable de un hombre dijo:

—Jim Ward. ¿En qué puedo ayudarle? ¿Se trata otra vez de Guy Brouard?

—Entonces, ya ha hablado con el inspector en jefe Le Gallez —dijo Saint James. A continuación le explicó quién era él y cuál era su participación en la situación de Guernsey.

—Creo que no puedo ayudarle demasiado —dijo Ward—.

Como le dije a ese policía cuando llamó, sólo me reuní una vez con el señor Brouard. Su proyecto parecía interesante, pero sólo llegué a enviarle las muestras. Estaba esperando a tener noticias de si quería algo más. Le mandé por correo algunas fotos nuevas para que viera varios edificios más que estoy proyectando en el norte de San Diego. Pero eso fue todo.

—¿A qué se refiere con «pruebas»? —preguntó Saint James—. Lo que tenemos aquí, y he estado mirándolo hoy, parece ser un conjunto muy completo de dibujos. Los he revisado con un arquitecto de la isla...

—Son completos, sí. Reuní todo el material de un proyecto de principio a fin: un gran balneario que vamos a construir aquí en la costa. Lo incluí todo, menos los veintidós por veintiocho, el libro del proyecto. Le dije que le darían una idea de cómo trabajo, que era lo que quería el señor Brouard antes de pedirme algo más. Era una forma extraña de proceder, en mi opinión. Pero no me supuso ningún problema complacerle, y así ahorraba tiempo para...

Saint James le interrumpió.

454

—¿Está diciendo que lo que le envió no eran los planos para un museo?

Ward se rio.

—¿Un museo? No. Es un balneario de lujo: tratamientos completos para personas que se hacen la cirugía estética. Cuando me pidió una muestra de mi trabajo, los planos más completos que pudiera enviarle, ésos fueron los más fáciles de conseguir. Se lo dije. Le dije que el material que iba a mandarle no reflejaría lo que proyectaría para un museo. Pero me dijo que le parecía bien, que cualquier cosa serviría, siempre que fuera completo y pudiera entender lo que tenía delante.

—Por eso estos planos no son oficiales —dijo Saint James, más para sí mismo que para Ward.

—Exacto. Tan sólo son copias que tenemos en el despacho.

Saint James dio las gracias al arquitecto y colgó. Luego se sentó a los pies de la cama y se miró la punta de los zapatos.

Estaba experimentando un momento de ofuscación. Cada vez parecía más evidente que Brouard estaba utilizando el museo de tapadera. Pero ¿una tapadera para qué? Y, en cualquier caso, la pregunta que seguía en el aire era: ¿Había sido una tapadera desde el principio? Y si así era, ¿alguna de las personas más implicadas en la construcción del museo lo había descubierto y se había vengado por sentirse utilizada por Brouard? ¿Alguien, tal vez, que dependiera de su creación y que hubiera invertido en ella en diversos sentidos?

Saint James se presionó la frente con los dedos y exigió a su cerebro que pusiera todo en orden. Pero como al parecer le sucedía a toda persona asociada con la víctima, Guy Brouard estaba un paso por delante de él. Era una sensación exasperante.

Había dejado la nota doblada de la recepción encima del tocador, y la vislumbró al levantarse de la cama. Vio que era un mensaje de Deborah, que parecía haberlo escrito deprisa y corriendo.

«¡Han detenido a Cherokee! —había garabateado—. Por favor, ven en cuanto leas esto.» La expresión «por favor» estaba subrayada dos veces, y Deborah había añadido un mapa, dibujado apresuradamente, de cómo llegar a los apartamentos Queen Margaret en Clifton Street, adonde Saint James se dirigió de inmediato.

Apenas había llamado con los nudillos a la puerta del piso B cuando Deborah le abrió.

—Gracias a Dios —le dijo—. Me alegro de que estés aquí. Entra, cariño. Al fin conocerás a China.

China River estaba sentada en el sofá con las piernas cruzadas y una manta sobre los hombros como si fuera un chal.

—Creía que no iba a conocerte nunca —le dijo a Saint James—. Creía que no... —Se le desencajó la cara. Se llevó el puño a la boca.

—¿Qué ha pasado? —le preguntó Saint James a Deborah.

—No lo sabemos —contestó ella—. La policía no quiso decírnoslo cuando se lo llevaron. El abogado de China..., el defensor de China..., ha ido a hablar con ellos en cuanto le hemos llamado; pero aún no hemos tenido noticias suyas. Sin embargo, Simon... —Y entonces bajó la voz—. Creo que tienen algo..., que han encontrado algo. ¿Qué podría ser si no?

—¿Sus huellas en el anillo?

—Cherokee no sabía nada del anillo. Nunca lo había visto. Se quedó tan sorprendido como yo cuando lo llevamos a la tienda de antigüedades y nos dijeron...

—Deborah —la interrumpió China desde el sofá. Los dos se volvieron hacia ella. Parecía notablemente indecisa, y luego igual de arrepentida—. Yo... —Pareció buscar en su interior la determinación para continuar—. Deborah, le enseñé el anillo a Cherokee justo cuando lo compré.

—¿Estás segura de que no...? —le dijo Saint James a su mujer.

—Debs no lo sabía. No se lo dije. No quise hacerlo porque cuando me enseñó el anillo, aquí en el piso, Cherokee no dijo nada. Ni siquiera actuó como si lo reconociera. No imaginé..., ya sabes, por qué él... —Nerviosa, se mordió la cutícula del pulgar—. Él no lo dijo... Y yo no pensé...

—También se llevaron sus cosas —le dijo Deborah a Saint James—. Tenía una bolsa de viaje y una mochila. Estaban especialmente interesados. Eran dos, dos policías, quiero decir, y preguntaron: «¿Es todo? ¿Es todo lo que tiene?». Después de llevárselo, volvieron y revisaron todos los armarios. También debajo de los muebles. Y hurgaron en la basura.

Saint James asintió.

—Hablaré directamente con el inspector en jefe Le Gallez —le dijo a China.

—Alguien lo planeó todo desde el principio —dijo China—. Buscamos a dos americanos estúpidos que nunca hayan salido de su país, que seguramente ni siquiera hayan tenido nunca el dinero suficiente para salir de California si no es haciendo autoestop. Les ofrecemos una oportunidad única en la vida. Les parecerá un buen trato, demasiado bueno para ser verdad, y se lanzarán sin pensárselo dos veces. Y entonces serán nuestros. —Le tembló la voz—. Nos han tendido una trampa. Primero a mí y ahora a él. Van a decir que lo planeamos juntos antes de salir incluso de Estados Unidos. ¿Y cómo podemos demostrar que no fue así, que ni siquiera conocíamos a estas personas, a ninguna? ¿Cómo podemos demostrarlo?

Saint James se resistió a decir lo que había que decirle a la amiga de Deborah. La mujer hallaba un consuelo extraño en pensar que ella y su hermano se encontraban ahora juntos en terreno pantanoso, pero la verdad del asunto estaba en lo que dos testigos habían visto la mañana del asesinato y en los indicios de la escena del crimen. La otra verdad residía en a quién habían detenido ahora y por qué.

—Me temo que está bastante claro que sólo hubo un asesino, China —dijo—. Vieron a una persona siguiendo a Brouard hasta la bahía, y junto a su cadáver sólo había un tipo de huellas.

La iluminación de la estancia era tenue, pero alcanzó a ver que China tragaba saliva.

—Entonces no daba igual a quién de los dos acusaran, a mí o a él. Pero no hay duda de que nos necesitaban a los dos para tener el doble de posibilidades de que señalaran a uno de los dos. Estaba todo planeado, nos han tendido una trampa desde el principio. Lo ves, ¿no?

Saint James se quedó callado. Sí veía que alguien había pensado en todo. Sí veía que el crimen no era fruto de un momento aislado. Pero también veía que, por lo que sabía de momento, sólo cuatro personas conocían la información de que dos estadounidenses —dos posibles cabezas de turco de un asesinato— viajarían a Guernsey para realizar una entrega a Guy Brouard: el propio Brouard, el abogado al que había contratado en California y los dos hermanos River. Ahora que Brouard estaba muerto y el abogado estaba controlado, los River eran los únicos que podían haber planeado el asesinato, o más bien uno de los River.

—La dificultad es que, al parecer —dijo con cuidado—, nadie sabía que ibais a venir.

—Alguien debía de saberlo. Porque la fiesta ya estaba organizada..., la fiesta para el museo...

—Sí. Lo entiendo. Pero parece que Brouard hizo creer a varias personas que el proyecto que había elegido iba a ser el de Bertrand Debiere. Eso sugiere que vuestra llegada, vuestra presencia en Le Reposoir, fue una sorpresa para todo el mundo menos para el propio Brouard.

—Debió de decírselo a alguien. Todo el mundo confía en alguien. ¿Qué me dices de Frank Ouseley? Eran buenos amigos. ¿O Ruth? ¿No se lo habría contado a su propia hermana?

—No parece. Y aunque se lo contara, ella no tenía razón alguna para...

—¿Y nosotros sí? —China elevó la voz—. Venga ya. Le

457

contó a alguien que íbamos a venir. Si no fue a Frank o a Ruth... Alguien lo sabía. Hazme caso. Alguien lo sabía.

—Puede que se lo dijera a la señora Abbott, a Anaïs, la mujer con la que salía —dijo Deborah.

—Y ella pudo correr la voz —dijo China—. Cualquiera pudo saberlo, entonces.

Saint James tenía que reconocer que era posible. Tenía que reconocer que hasta era probable. El problema era, naturalmente, que el que Brouard le hubiera hablado a alguien de la llegada de los River pasaba por alto un detalle importante que aún había que aclarar: la autenticidad cuestionable de los planos arquitectónicos. Brouard había presentado la acuarela del alzado como si fuera auténtica, el futuro museo de la guerra, cuando sabía desde el principio que no lo era. Así que si le había contado a alguien que los River iban a traer unos planos de California, ¿también le había dicho que los planos eran falsos?

—Tenemos que hablar con Anaïs, cariño —le instó Deborah—, y con su hijo también. El chico... Estaba muy nervioso, Simon.

—¿Lo ves? —dijo China—. Hay otros, y uno de ellos sabía que íbamos a venir. Uno de ellos lo planeó todo a partir de esa información. Y tenemos que encontrar a esa persona, Simon, porque la policía no va a hacerlo.

Fuera, vieron que lloviznaba, y Deborah cogió a Simon del brazo, acurrucándose a su lado. Quería pensar que interpretaría su gesto como el de una mujer que busca refugio en la fuerza de su hombre, pero sabía que Simon no era de los que se sentían halagados con esas cosas. Sabría que lo hacía para asegurarse de que no patinara en un adoquín resbaladizo por culpa del agua y, dependiendo de su estado de ánimo, le seguiría la corriente o no.

Pareció elegir seguirle la corriente por la razón que fuera. No hizo caso de los motivos de su mujer y le dijo:

—El que no dijera nada sobre el anillo... Ni siquiera que lo había comprado su hermana o que había mencionado haberlo comprado o haberlo visto o algo por el estilo... No tiene buena pinta, cariño.

—No quiero ni pensar en lo que significa —reconoció Deborah—. Especialmente si las huellas de China están en el anillo.

—Hum. Ya he pensado que ibas en esa dirección hacia el final, a pesar de tu comentario sobre la señora Abbott. Parecías... —Deborah notó que Simon la miraba—. Parecías... afligida, supongo.

—Es su hermano —dijo ella—. No soporto pensar que su propio hermano... —Quería descartar por completo la idea, pero no podía. Estaba allí, igual que estaba desde el momento en que su marido señaló que nadie sabía que los hermanos River iban a ir a Guernsey. A partir de ese instante, sólo había podido pensar en las innumerables veces a lo largo de los años que había oído hablar de las proezas de Cherokee River a este lado de la ley. Era el auténtico hombre con un plan, y el plan siempre implicaba ganar dinero fácil. Era lo que había sucedido cuando Deborah vivía con China en Santa Barbara y escuchaba las historias de las proezas de Cherokee: desde alquilar su cama cuando era un adolescente, permitiendo que se utilizara su habitación por horas para citas entre jóvenes, hasta la próspera granja de cannabis a los treinta y pocos. El Cherokee River que Deborah conocía era un oportunista nato. La única cuestión era cómo definía cada uno la oportunidad que pudiera haber visto y aprovechado con la muerte de Guy Brouard.

—Lo que no soporto pensar es lo que significa acerca de China —dijo Deborah—, acerca de lo que quería que le pasara a ella... Es decir, que ella fuera la que... Entre toda la gente. Es horrible, Simon. Su propio hermano. ¿Cómo pudo...? Quiero decir, si lo hizo él, claro; porque, en realidad, tiene que haber otra explicación. No quiero creerme ésta.

—Siempre podemos buscar otra —dijo Simon—. Podemos hablar con los Abbott, y también con todos lo demás. Pero, Deborah...

Ella levantó la cabeza y vio preocupación en su rostro.

—Tienes que prepararte para lo peor —dijo.

—Lo peor sería que juzgaran a China —dijo—. Lo peor habría sido que China hubiera ido a la cárcel. Cargar con la culpa de... Cargar con la culpa de... de alguien... —Sus palabras se extinguieron al darse cuenta de que su marido tenía razón. Sin previo aviso, sin tiempo para adaptarse, se sentía atrapada entre una mala alternativa y la peor. En primer lugar, le debía lealtad a su vieja amiga. Así que sabía que debía alegrarse por que, en el último momento, se cancelaran una detención errónea y una acusación incorrecta que podrían haber motivado el encarcelamiento de China. Pero si el precio que tenía que pagar por su rescate era saber que su propio hermano había orquestado los hechos para provocar su detención... ¿Cómo podía alegrarse alguien de la liberación de China tras presentarse con esa información? ¿Y cómo podría China recuperarse de semejante traición?—. No va a creer que Cherokee le haya hecho esto —dijo al fin Deborah.

—¿Y tú? —preguntó Simon en voz baja.

—¿Yo? —Deborah se paró. Habían llegado a la esquina de Berthelot Street, que descendía abruptamente hasta High Street y el muelle. La estrecha carretera estaba resbaladiza, y la lluvia que bajaba serpenteando hacia el puerto empezaba a formar riachuelos considerables que prometían crecer en las próximas horas. Para un hombre con paso inestable, no era prudente caminar por allí; sin embargo, Simon avanzó con decisión mientras Deborah pensaba en su pregunta.

Vio que, hacia la mitad de la pendiente, las ventanas del Admiral de Saumarez Inn parpadeaban intensamente en la penumbra, sugiriendo refugio y comodidad. Pero sabía que eran ofrecimientos engañosos incluso en el mejor de los tiempos, no más permanentes que la lluvia que caía sobre la ciudad. Sin embargo, su marido se dirigió hacia ellas. Deborah no contestó a su pregunta hasta que estuvieron a salvo en el refugio de la puerta del hotel.

—No me lo había planteado, Simon —le dijo entonces—. De todos modos, no estoy muy segura de qué quieres decir.

—Simplemente lo que he dicho. ¿Tú puedes creerlo? —le preguntó—. ¿Serás capaz de creerlo? Cuando llegue el momento, si llega, ¿estás dispuesta a creer que Cherokee River le tendió una trampa a su propia hermana? Porque probablemente significará que fue a Londres a buscarte expresamente a ti, o a mí, o a los dos, en realidad. Pero no fue sólo para ir a la embajada.

—¿Por qué?

—¿Por qué fue a buscarnos, quieres decir? Para que su hermana creyera que la estaba ayudando, para asegurarse de que China no pensara en nada que pudiera provocar que le mirara con recelo o, peor, que dirigiera la atención de la policía hacia él. Yo diría que también aplacaba su conciencia trayendo a alguien que estuviera aquí con China; aunque si quería que su hermana cargara con el asesinato, no creo que tenga mucha conciencia.

—No te gusta, ¿verdad? —preguntó Deborah.

—No es cuestión de que me guste o no. Es cuestión de estudiar los hechos, considerarlos por lo que son y explicarlos detalladamente.

Deborah vio la verdad que encerraba aquello. Comprendía que la valoración desapasionada que hacía Simon de Cherokee River tenía dos orígenes: su experiencia en una ciencia que se empleaba con regularidad en investigaciones criminales y el poco tiempo que hacía que conocía al hermano de China. En resumen, Simon no apostaba nada ni por la inocencia de Cherokee ni por su culpabilidad. Pero ella no se encontraba en la misma situación.

—No, no puedo creer que lo haya hecho. Sencillamente, no puedo.

461

Simon asintió con la cabeza. Deborah pensó que su expresión era inexplicablemente sombría, pero se dijo que podía ser por la luz.

—Sí, es lo que me preocupa —dijo él, y la precedió al interior del hotel.

«Sabes lo que significa, ¿verdad, Frank? Lo sabes.»

Frank no recordaba si aquéllas habían sido las palabras exactas de Guy Brouard o si simplemente habían aparecido en su rostro. En cualquier caso, sabía que habían existido entre ellos de una forma u otra. Eran tan reales como el nombre G. H. Ouseley y la dirección Moulin des Niaux que algún ario arrogante había escrito en la parte superior de un recibo de comida: salchichas, harina, huevos, patatas, judías. Y tabaco, para que el judas no tuviera que seguir fumando las hojas que pudiera recoger de los arbustos que crecían al borde de la carretera, secarlas y liarlas en un papel finísimo.

Sin tener que preguntar, Frank sabía el precio que se había pagado por estos productos. Lo sabía porque tres de los hombres insensatos que habían escrito a máquina la *G.U.L.A* a la luz débil y peligrosa de unas velas en la sacristía de Saint Pierre du Bois habían acabado en campos de trabajo por sus actos, mientras que el cuarto simplemente fue a una cárcel de Francia. Los tres habían muerto en (o por culpa de) esos campos de trabajo. El cuarto sólo había estado encerrado un año. Cuando hablaba de ese año, relataba la experiencia en la cárcel francesa como algo cruel, lleno de enfermedades y tremendamente inhumano; pero Frank comprendió que necesitaba describir así ese período. Seguramente incluso lo recordaba de esa manera porque recordarlo como un traslado lógico y necesario fuera de Guernsey por su propia seguridad en cuanto se consumara la traición a sus compañeros... Recordarlo como una forma de protección a su regreso por haber sido un espía que debía mucho a los nazis... Recordarlo como una recompensa por un acto cometido porque tenía hambre, por el amor de Dios, y no porque creyera en nada en particular... ¿Cómo podía sobrellevar un hombre ser el responsable de la muerte de sus amigos por llenarse la barriga con comida decente?

Con el tiempo, la mentira según la cual Graham Ouseley había sido uno de los traicionados por un colaboracionista se había convertido en su realidad. No podía permitirse que fuera de otra forma, y el hecho de que el colaboracionista fuese él —y tuviera sobre su conciencia la muerte de tres hombres buenos— sin duda sumiría su mente preocupada en la más absoluta confusión si le exponía la verdad. Sin embargo, la verdad quedaría expuesta en cuanto los periodistas comenzaran a hojear los documentos que solicitarían para confirmar los nombres que les diera.

Frank imaginaba cómo sería la vida cuando se destapara la historia. La prensa la cubriría durante días, y la televisión y las radios de la isla recogerían el testigo inmediatamente. Para acallar las protestas de los descendientes de los colaboracionistas —así como de aquellos colaboracionistas que, como Graham, aún estaban vivos—, la prensa proporcionaría las pruebas pertinentes. La historia no se publicaría si no se ofrecían de antemano esas pruebas, así que entre los colaboracionistas nombrados por el periódico aparecería el nombre de Graham Ouseley. Y qué ironía deliciosa encontrarían los distintos medios: que el hombre decidido a señalar a los sinvergüenzas que habían provocado detenciones, deportaciones y muertes fuera él mismo un villano de primer orden, un leproso al que había que apartar.

Guy le había preguntado a Frank qué pensaba hacer tras conocer la perfidia de su padre, y Frank no había sabido qué responder. Igual que Graham Ouseley no podía enfrentarse a la verdad de sus actos durante la ocupación, Frank había comprendido que no podía enfrentarse a la responsabilidad de aclarar las cosas. Así que había maldecido la tarde que había conocido a Guy Brouard en aquella conferencia en la ciudad y se arrepentía amargamente del momento en que había visto que el otro hombre tenía un interés por la guerra que igualaba el suyo. Si no lo hubiera visto y actuado de manera impulsiva, todo sería distinto. Ese recibo, guardado entre otros por los nazis para identificar a aquellos que los ayudaban, habría permanecido enterrado entre la inmensa montaña de documentos que formaban parte de la colección que había reunido, pero que no había clasificado, etiquetado ni identificado cuidadosamente.

La llegada de Guy Brouard a sus vidas había cambiado eso. Su sugerencia entusiasta de encontrar una instalación adecuada para la colección y el amor que sentía por la isla que se había convertido en su hogar se habían acoplado para crear un monstruo. Ese monstruo era el saber, y saber exigía reconocer y actuar. Éste era el atolladero al que Frank intentaba encontrar una salida infructuosamente.

Se acababa el tiempo. Con la muerte de Guy, Frank pensaba que habían comprado el silencio; pero acababa de ver que no era así. Graham estaba decidido a emprender el camino de su propia destrucción. Aunque había logrado esconderse durante más de cincuenta años, su refugio había desaparecido y ahora no había dónde ocultarse de lo que iba a ocurrirle.

Mientras se acercaba a la cómoda de su cuarto, Frank sintió como si sus piernas arrastraran unos grilletes. Cogió la lista de donde la había dejado y, mientras bajaba las escaleras, la sostuvo delante de él como si fuera una ofrenda ritual.

En el salón, el televisor mostraba a dos médicos con bata

463

verde, inclinados sobre un paciente en un quirófano. Frank lo apagó y se volvió hacia su padre. Seguía dormido, con la boca abierta, un hilito de saliva formándose en la cavidad de su labio inferior.

Frank se encorvó sobre él y le puso la mano en el hombro.

—Papá, despierta —le dijo—. Tenemos que hablar. —Y lo sacudió con suavidad.

Graham abrió los ojos tras los cristales gruesos de sus gafas. Parpadeó confundido y dijo:

—Debo de haberme quedado algo traspuesto, Frankie. ¿Qué hora es?

—Tarde —dijo Frank—. Es hora de irse a dormir a la cama.

—Ah, de acuerdo, hijo —dijo Graham, e hizo un movimiento para levantarse.

—Pero aún no —dijo Frank—. Primero mira esto, papá. —Y sostuvo el recibo de la comida delante de él, a la altura de la vista defectuosa de su padre.

Graham frunció el ceño al tiempo que su mirada recorría el papel.

—¿Y qué es? —preguntó.

—Dímelo tú. Lleva tu nombre. ¿Lo ves? Aquí arriba. También hay una fecha: dieciocho de agosto de 1943. Está casi todo escrito en alemán. ¿Qué opinas, papá?

Su padre negó con la cabeza.

—Nada. No sé lo que es. —Su declaración parecía sincera, porque no había duda de que para él lo era.

—¿Sabes lo que pone? Lo que está escrito en alemán, quiero decir. ¿Puedes traducirlo?

—No sé alemán. Nunca he sabido. Nunca sabré. —Graham se movió impaciente en su sillón, se inclinó hacia delante y colocó las manos en los reposabrazos.

—Aún no, papá —dijo Frank para detenerle—. Deja que te lo lea.

—Has dicho que era hora de acostarse. —La voz de Graham sonaba cautelosa.

—Lo primero es lo primero. Pone: «Seis salchichas, una docena de huevos, dos kilos de harina, seis kilos de patatas, un kilo de judías y doscientos gramos de tabaco». Tabaco de verdad. Es lo que los alemanes te dieron.

—¿Los alemanes? —dijo Graham—. Tonterías. De dónde sacas... Déjame ver. —Hizo un débil intento de coger la lista.

Frank la apartó y dijo:

—Esto es lo que pasó, papá. Estabas harto de ir buscando aquí y allí sólo para sobrevivir. Los víveres escaseaban. Luego se acabaron. Zarzas para el té. Pieles de patata para hacer pasteles. Tenías hambre y estabas cansado y absolutamente harto de comer raíces y hierbajos. Así que les diste los nombres...

—Yo nunca...

—Les diste los que querían porque tú querías fumarte un cigarrillo en condiciones. Y carne. Dios mío, querías comer carne. Y sabías cómo conseguirla. Eso es lo que pasó. Tres vidas a cambio de seis salchichas; un trato justo cuando te ves obligado a comer gatos.

—¡No es verdad! —protestó Graham—. ¿Te has vuelto loco o qué?

—Éste es tu nombre, ¿verdad? Ésta es la firma del *Feldkommandant* al pie de la página: Heine. Justo aquí. Mírala, papá. Recibiste la aprobación de las altas esferas para obtener un trato de favor. Te pasaban alimentos de vez en cuando para que subsistieras durante la guerra. Si echo un vistazo al resto de documentos, ¿cuántos más voy a encontrar?

—No sé de qué me hablas.

—No. No lo sabes. Te has obligado a olvidar. ¿Qué otra cosa podías hacer cuando murieron? No te lo esperabas, ¿verdad? Creías que sólo los meterían en la cárcel y volverían a casa. Eso te lo reconozco.

—Te has vuelto loco, chico. Déjame levantarme del sillón. Apártate. Apártate, te digo, o te vas a enterar.

Esta amenaza paterna que había escuchado de niño, tan infrecuente que casi la había olvidado, ahora surtió efecto. Frank retrocedió un paso. Contempló cómo su padre se esforzaba por levantarse del sillón.

—Me voy a dormir, sí —le dijo Graham a su hijo—. Basta ya de bobadas. Tengo cosas que hacer mañana y quiero descansar. Y te lo advierto, Frank —añadió señalando con un dedo tembloroso el pecho de su hijo—, no intentes impedírmelo. ¿Me oyes? Hay historias que contar, y pienso contarlas.

—¿Acaso no me escuchas? —le preguntó Frank con angustia—. Fuiste uno de ellos. Delataste a tus compañeros. Acudiste a los nazis. Llegaste a un acuerdo con ellos. Y te has pasado los sesenta años siguientes negándolo.

—¡Yo nunca...! —Graham avanzó un paso hacia él, con las manos cerradas en puños decididos—. Murió gente, desgraciado. Hombres buenos, más de lo que tú llegarás a ser jamás, encontraron la muerte porque no quisieron rendirse. Oh, les dijeron que no lo hicieran, ¿verdad? «Colaborad, no os inmutéis, aguantad como podáis. El rey os ha abandonado, pero le importáis, sí, y algún día, cuando todo esto haya acabado, le veréis y se descubrirá ante vosotros. Mientras tanto, actuad como si hicierais lo que os dicen los nazis.»

—¿Eso te decías? ¿Que simplemente actuabas como lo haría alguien que colaboraba? ¿Delatando a tus amigos, viendo cómo los detenían, viviendo la farsa de tu propia deportación cuando sabías desde el principio que sólo era una impostura? ¿Dónde te mandaron en realidad, papá? ¿Dónde te escondieron durante tu «año de cárcel»? Cuando volviste, ¿nadie se fijó en que estabas demasiado sano para haber pasado un año en la cárcel durante la guerra?

—¡Tuve tuberculosis! Tuve que seguir un tratamiento.

—¿Quién te la diagnosticó? No fue un médico de Guernsey, imagino. Y si ahora pidiéramos análisis, la clase de análisis que demuestran que has tenido tuberculosis, ¿qué resultado darían? ¿Positivo? Lo dudo.

—No digas tonterías —gritó Graham—. Tonterías, tonterías, tonterías. Dame ese papel. ¿Me oyes, Frank? Dámelo.

—No te lo daré —dijo Frank—. Y no hablarás con la prensa. Porque si lo haces... Papá, si lo haces... —Al fin sintió que el horror absoluto de todo aquello caía sobre él: la vida que era una mentira y el papel que él, sin quererlo pero de manera entusiasta, había jugado en su creación. Había idolatrado la valentía de su padre durante los cincuenta y tres años de su vida, sólo para acabar descubriendo que su religión de un solo miembro se arrodillaba ante algo más insignificante que un becerro de oro. El dolor que le provocaba este saber no deseado era insoportable. La rabia que lo acompañaba bastaba para envolver y fracturar su mente. Con angustia dijo—: Yo era pequeño. Creí... —Y su voz se rompió con aquella declaración.

Graham se subió los pantalones.

—¿Qué es eso? ¿Lágrimas? ¿Es lo único que tienes dentro? Nosotros teníamos mucho por lo que llorar, en aquella época. Cinco largos años de infierno, Frankie. Cinco años, hijo. ¿Nos oíste llorar? ¿Nos viste retorciéndonos las manos y preguntándonos qué hacer? ¿Nos viste esperando con paciencia de santo a que alguien expulsara a los nazis de esta isla? No fue así. Resistimos, sí, señor. Pintamos la «V». Escondimos nuestras radios en el estiércol. Cortamos las líneas telefónicas y arrancamos los letreros de las calles y ocultábamos a los esclavos cuando escapaban. Acogíamos a soldados británicos cuando desembarcaban como espías, y nos podrían haber matado en cualquier momento por hacerlo. Pero ¿llorar como niños? ¿Lloramos alguna vez? ¿Lloriqueamos y gimoteamos? De ningún modo. Lo asumimos como hombres, porque es lo que éramos. —Se dirigió hacia las escaleras.

Frank le observó asombrado. Vio que la versión de la historia de Graham estaba tan arraigada en su mente que no iba a ser tarea fácil extirparla. La prueba que Frank tenía en las manos no existía para su padre. En realidad, no podía permitirse dejar que existiera. Admitir que había traicionado a hombres buenos equivaldría a reconocer que era un homicida. Y no lo haría. Nunca lo haría. ¿Por qué había creído que lo haría?, pensó Frank.

En las escaleras, su padre se agarró al pasamano. Frank estuvo a punto de acudir en su ayuda, pero vio que no podía tocar al anciano como solía hacer. Tendría que haber colocado la mano derecha en el brazo de Graham y rodearle la cintura con el brazo izquierdo, y no podía soportar la idea de ese contacto. Así que se quedó inmóvil y contempló el esfuerzo del anciano para subir siete de los peldaños.

—Van a venir —dijo Graham, más a sí mismo que a su hijo esta vez—. Les llamé, sí. Ha llegado la hora de que se cuente la verdad, y pienso hacerlo. Saldrán nombres. Se impondrá el castigo.

—Pero, papá, no puedes... —La voz de Frank era la de un niño impotente.

—¡No me digas qué puedo y qué no puedo hacer! —gritó su padre desde las escaleras—. No te atrevas nunca a decirle a tu padre lo que tiene que hacer. Nosotros sufrimos. Algunos murieron. Y ellos pagarán, Frank. Fin de la historia. ¿Me oyes? Fin de la historia.

Se dio la vuelta y se agarró con más firmeza al pasamano. Se tambaleó al levantar el pie para subir un peldaño más. Empezó a toser.

Entonces, Frank se movió, porque, en el fondo, la respuesta era sencilla. Su padre contaba la única verdad que conocía. Pero la verdad que compartían —padre e hijo— era la verdad que decía que alguien debía pagar.

Llegó a las escaleras y las subió deprisa. Se detuvo cuando tuvo a Graham a su alcance.

—Papá. Oh, papá —dijo mientras cogía a su padre por el dobladillo de los pantalones. Dio un tirón, rápido y fuerte, y se apartó cuando Graham cayó hacia delante.

El golpe que se dio en la cabeza con el último peldaño fue fuerte. Graham soltó un grito asustado al caer. Pero después de eso, mientras su cuerpo se deslizaba deprisa escaleras abajo, no emitió absolutamente ningún sonido.

Capítulo 21

$\mathcal{A}$ la mañana siguiente, Saint James y Deborah tomaron el desayuno junto a una ventana que daba al pequeño jardín del hotel, donde los nudos indisciplinados de los pensamientos formaban una frontera colorista alrededor del césped. Estaban sumidos en la preparación de los planes para el día cuando China se reunió con ellos. Que fuera vestida de negro de los pies a la cabeza realzaba su imagen espectral.

Les ofreció una sonrisa rápida que transmitía una disculpa por ir a su encuentro tan temprano.

—Necesito ponerme en marcha, hacer algo —les dijo—. No puedo quedarme sentada. Antes tenía que hacerlo, pero ahora no tengo por qué y estoy histérica. Tiene que haber algo... —Pareció advertir el desorden de sus palabras porque se calló y entonces dijo con ironía—: Lo siento. Me he tomado unos cincuenta cafés. Llevo despierta desde las tres.

—Toma un zumo de naranja —le ofreció Saint James—. ¿Has desayunado?

—No puedo comer —contestó—, pero gracias de todos modos. Ayer no os las di. Quería hacerlo. Sin vosotros dos aquí... Simplemente, gracias. —Se había sentado en una silla de una mesa adyacente y la acercó hacia Saint James y su mujer. Miró a las otras personas presentes en el comedor: hombres de negocios con teléfonos móviles al lado de los cubiertos, maletines en el suelo junto a las sillas y periódicos abiertos. Reinaba el mismo silencio que en un club de caballeros de Londres.

—Esto parece una biblioteca —dijo China en voz baja.

—Banqueros —dijo Saint James—. Tienen mucho en que pensar.

—Son unos estirados —dijo Deborah, y ofreció a su amiga una sonrisa afectuosa.

China se tomó el zumo que Saint James le había servido.

—No puedo dejar de pensar en condicional. Yo no quería venir a Europa, y si me hubiera mantenido firme... Si me hubiera negado a volver a hablar del tema... Si hubiera tenido el trabajo suficiente para quedarme en casa... Tal vez él tampoco habría venido. Nada de esto habría sucedido.

—No te hace ningún bien pensar en eso —dijo Deborah—. Las cosas pasan porque pasan y ya está. Nuestro trabajo no es «despasarlas» —sonrió al oír su palabra inventada—, sino seguir adelante.

China le devolvió la sonrisa.

—Creo que ya he oído eso antes.

—Dabas buenos consejos.

—En su momento no te gustaron.

—No. Supongo que me parecían..., bueno, crueles, en realidad. Es lo que parecen las cosas cuando lo que quieres es que tus amigos se revuelvan contigo en la desgracia.

China arrugó la nariz.

—No seas tan dura contigo misma.

—Pues tú haces lo mismo.

—De acuerdo. Trato hecho.

Las dos mujeres se miraron con cariño. Saint James observó a una y luego a la otra y reconoció que se había establecido una comunicación femenina, una comunicación que él no podía comprender. Concluyó cuando Deborah le dijo a China River:

—Te he echado de menos.

Y China le respondió con una risa suave, ladeó la cabeza y dijo:

—Bueno, chica, así aprenderás.

Entonces su conversación terminó.

El intercambio le sirvió a Saint James para recordar que Deborah tenía una vida que se expresaba más allá del tiempo que hacía que él la conocía. Tras entrar en su mundo consciente cuando tenía siete años, su esposa siempre le había parecido una parte permanente del mapa de su universo particular. Aunque el hecho de que ella tuviera un universo propio no era una sorpresa para él, le resultó desconcertante tener que aceptar que poseía una riqueza de experiencias en las que él no participaba. El que en realidad hubiera podido participar era un pensamiento para otra mañana, cuando hubiera menos cosas en juego.

—¿Ya has hablado con el abogado?

China dijo que no con la cabeza.

—No está. Pero se habría quedado en comisaría mientras lo interrogaban. Como no me ha llamado... —Cogió una tostada de la cesta como si pensara comérsela, pero la apartó—. Imagino que acabaron bien entrada la noche. Es lo que pasó cuando hablaron conmigo.

—Entonces empezaré por ahí —le dijo Saint James—. Y vosotras dos... Creo que tenéis que pasaros a ver a Stephen Abbott. Habló contigo el otro día, cariño —le dijo a Deborah—, así que supongo que estará dispuesto a hablar contigo otra vez.

Acompañó a las dos mujeres afuera hasta el aparcamiento. Allí extendieron un mapa de la isla sobre el capó del Escort y trazaron una ruta hasta Le Grand Havre, una entrada ancha en la costa norte de la isla que constaba de tres bahías y un puerto, encima del cual una red de senderos daba acceso a torres militares y fuertes abandonados. Actuando de copiloto, China guiaría a Deborah hasta ese lugar, donde Anaïs Abbott tenía una casa en La Garenne. Mientras tanto, Saint James iría a la comisaría de policía y averiguaría a través del inspector en jefe Le Gallez toda la información que pudiera sobre la detención de Cherokee.

Una vez establecida la ruta, observó partir a su mujer y a su amiga. Bajaron por Hospital Lane y siguieron la carretera en dirección al puerto. Vio la curva de la mejilla de Deborah cuando el coche giró hacia Saint Julian's Avenue. Sonreía por algo que acababa de decir su amiga.

Se quedó quieto un momento y pensó en todas las formas en que podría advertir a su mujer si estuviera dispuesta a escucharle y fuera capaz de hacerlo. «No se trata de lo que yo piense —le habría dicho para explicarse—. Se trata de todo lo que aún no sé.»

Simon esperaba que Le Gallez llenaría las lagunas en la información que tenía. Saint James fue a buscarle.

El inspector en jefe acababa de llegar a la comisaría. Aún llevaba puesto el abrigo cuando salió a su encuentro. Lo dejó sobre una silla en el centro de operaciones y condujo a Saint James a una pizarra, donde un agente de uniforme colgaba una hilera de fotografías en color.

—Mírelas —dijo Le Gallez señalándolas con la cabeza. Parecía bastante ufano.

Saint James pudo ver que las fotos mostraban un frasco marrón de tamaño medio, de los que a menudo contienen jarabe para la tos. Descansaba sobre lo que parecían hierbas muertas y hierbajos, con una madriguera a cada lado. Una de las fotografías mostraba su tamaño en comparación con una regla de plástico. Otras revelaban su localización respecto a la flora viva más cercana, al campo en el que descansaba, al seto que ocultaba el campo de la carretera y a la propia carretera rodeada de bosques que Saint James reconoció, puesto que la había recorrido personalmente.

—La carretera que conduce a la bahía —dijo.

—El lugar es ése, sí —admitió Le Gallez.

—¿Qué es?

—¿El frasco? —El inspector en jefe se acercó a una mesa, cogió un papel y lo leyó—: *Eschscholtzia californica.*

—¿Que es?

—Aceite de adormidera.

—Ya tiene su opiáceo, entonces.

Le Gallez sonrió.

—Pues sí.

—Y *californica* significa...

—Lo que cabría esperar. Las huellas de él están en el frasco, inconfundibles, claras y estupendas; una visión para unos ojos doloridos de tanto trabajar, si me permite el comentario.

—Maldita sea —murmuró Saint James, más para sí mismo que para el inspector en jefe.

—Tenemos al asesino. —Le Gallez parecía estar totalmente seguro de sus hechos, como si no hubiera estado igual de seguro hacía veinticuatro horas de que tenían a la asesina.

—Entonces, ¿qué explicación le da?

Le Gallez utilizó un lápiz para señalar las fotografías mientras hablaba.

—¿Cómo llegó allí, quiere decir? Imagino que fue así: no echaría el opiáceo en el termo la noche anterior o incluso a primera hora de la mañana. Siempre existía la posibilidad de que Brouard lo limpiara antes de utilizarlo para el té, así que lo siguió hasta la bahía y vertió el aceite en el termo mientras Brouard nadaba.

—¿Y se arriesgó a que lo vieran?

—¿Qué clase de riesgo suponía? Ni siquiera había amanecido, así que no esperaba que nadie estuviera levantado. Pero por si había alguien, se puso la capa de su hermana. Por su parte, Brouard estaba nadando en la bahía y no prestaba atención a la playa. No supondría ningún problema para River esperar a que empezara a nadar. Entonces, se acercó sigilosamente al termo (había seguido a Brouard, así que sabría dónde lo dejaba) y echó el aceite dentro. Luego, se marchó a donde fuera: entre los árboles, detrás de una roca, cerca del hotelito. Esperó a que Brouard saliera del agua y se bebiera el té como hacía todas las mañanas y como todo el mundo sabía que hacía. Té verde y ginkgo: te deja como nuevo y, lo más importante, te pone caliente, que es lo que Brouard quería para mantener contenta a su novia. River esperó a que el opiáceo hiciera efecto. Y, entonces, fue a por él.

—¿Y si no le hubiera hecho efecto en la playa?

—A él le daba igual, ¿no? —Le Gallez se encogió de hombros elocuentemente—. Tampoco habría amanecido aún, y el opiáceo haría efecto en algún momento mientras Brouard regresaba a casa. Podría ir a por él independientemente de dónde pasara. Cuando sucedió en la playa, le metió la piedra garganta abajo y fin de la historia. Creyó que etiquetaríamos la causa de la muerte como asfixia por objeto extraño y, en efecto, es lo que pasó. Se deshizo del frasco de aceite de adormidera lanzándolo entre los arbustos mientras volvía a la casa. No pensó que realizaríamos análisis toxicológicos independientemente de cuál pareciera que había sido la causa de la muerte.

Aquello tenía sentido. Los asesinos siempre cometían algún error de cálculo en algún punto; en gran parte, era así como se los atrapaba. Si las huellas de Cherokee River estaban en el frasco que contenía el opiáceo, tenía sentido que Le Ga-

473

llez pusiera su punto de mira en él. Pero todos los demás detalles del caso carecían de explicación. Saint James eligió uno.

—¿Cómo explica el anillo? ¿También tiene sus huellas?

Le Gallez negó con la cabeza.

—No hemos podido extraer una huella decente; sólo una parcial de una parcial, pero no más.

—¿Entonces?

—Lo llevaría con él. Puede que incluso pensara en metérselo garganta abajo a Brouard en lugar de la piedra. La piedra nos despistó un poco, lo que sería perfecto, a su modo de ver. Al fin y al cabo, ¿hasta qué punto quería que resultara tan descarado que su hermana fuera la asesina? No querría ponérnoslo tan fácil. Querría que nos lo trabajáramos un poco antes de llegar a esa conclusión.

Saint James pensó en todo aquello. Era bastante razonable —pese a las lealtades de su mujer hacia los River—, pero había algo más que Le Gallez no contaba en sus prisas por cerrar el caso sin colgar el crimen a un conciudadano de la isla.

—Imagino que verá que lo que sirve para Cherokee River también sirve para otros —dijo—. Y hay otras personas que tenían motivos para querer que Brouard muriera. —No esperó a que Le Gallez se lo rebatiera, apresurándose a decir—: Henry Moullin lleva una rueda mágica en sus llaves y soñaba con ser un artista del cristal, a instancias de Brouard, lo que, según parece, quedó en nada. Al parecer, Bertrand Debiere se ha endeudado porque dio por sentado que conseguiría el encargo del museo.

Le Gallez le interrumpió haciendo un gesto con la mano.

—Moullin y Brouard eran muy amigos. Hacía años que lo eran. Trabajaron juntos para transformar la vieja Thibeault Manor en Le Reposoir. No me cabe la menor duda de que Henry Moullin le daría la piedra en un momento u otro como muestra de amistad; una forma de decir: «Ahora eres uno de los nuestros, amigo mío». En cuanto a Debiere, no veo a Nobby matando al hombre a quien esperaba hacer cambiar de opinión, ¿y usted?

—¿Nobby?

—Bertrand. —Le Gallez tuvo la cortesía de parecer avergonzado—. Es un apodo. Fuimos juntos al colegio.

A ojos del inspector en jefe, eso probablemente convertía a Debiere en un candidato al asesinato aún menos potencial de lo que sería si fuera un simple habitante de Guernsey. Saint James buscó una forma de ampliar las miras del inspector, aunque fuera sólo un poquito.

—Pero ¿por qué? ¿Qué móvil podía tener Cherokee River? ¿Qué móvil podía tener su hermana cuando era su sospechoso principal?

—El viaje de Brouard a California, hace unos meses. River lo planeó todo allí.

—¿Por qué?

Le Gallez perdió la paciencia.

—Escuche, amigo, no lo sé —dijo acaloradamente—. No tengo que saberlo. Sólo tengo que encontrar al asesino de Brouard y es lo que he hecho. Primero detuve a su hermana, cierto; pero la detuve por las pruebas que dejó él, igual que ahora le he detenido a él por las pruebas que tenemos.

—Sin embargo, las pudo dejar otra persona.

—¿Quién? ¿Por qué? —Le Gallez se bajó de la mesa y avanzó hacia él con bastante más agresividad de la que justificaba el momento, y Saint James supo que estaba a un paso de que le echara de la comisaría sin ningún miramiento.

—Ha desaparecido dinero de la cuenta de Brouard, inspector —dijo en voz baja—, una gran cantidad de dinero. ¿Lo sabía?

La expresión de Le Gallez cambió. Saint James aprovechó la ventaja.

—Ruth Brouard me lo contó. Según parece, fue desembolsándolo a lo largo de un período de tiempo.

Le Gallez pensó en aquello. Con menos convicción que antes, dijo:

—River pudo...

Saint James lo interrumpió.

—Si quiere creer que River estaba implicado en eso, en una especie de chantaje, digamos, ¿por qué iba a matar a la gallina de los huevos de oro? Pero si así era, si River estaba chantajeando a Brouard, ¿por qué Brouard aceptó que precisamente él, entre todas las personas, fuera el mensajero escogido por su abogado en Estados Unidos? Kiefer tendría que haberle comunicado el nombre antes de la llegada de River; si no, ¿cómo iba a saber a quién recoger en el aeropuerto? Cuando se lo dijo, al ver que el nombre era River, habría anulado el trato de inmediato.

—No lo supo a tiempo —replicó Le Gallez, pero parecía mucho menos seguro de sí mismo.

Saint James siguió insistiendo.

—Inspector, Ruth Brouard no sabía que su hermano estaba dilapidando su fortuna. Imagino que nadie más lo sabía; al menos, no al principio. Por lo tanto, ¿no tiene sentido que alguien lo matara tal vez para impedir que se puliera el dinero? Si no es eso, ¿no sugiere que estaba involucrado en algo ilegal? ¿Y no sugiere eso un móvil para el asesinato mucho más sólido que cualquiera que tengan los River?

Le Gallez permaneció en silencio. Saint James vio por su expresión que el inspector en jefe estaba desconcertado por recibir una información sobre la víctima que debería haber conocido. Miró la pizarra, donde las fotografías del frasco que contenía el opiáceo manifestaban que habían encontrado a su asesino. Volvió a mirar a Saint James y pareció meditar el reto que el otro hombre le había planteado.

—Bien —dijo al fin—. Acompáñeme, pues. Tenemos que hacer algunas llamadas.

—¿A quién? —preguntó Saint James.

—A las únicas personas que pueden conseguir que un banquero hable.

China era una copiloto excelente. Donde había letreros, decía los nombres de las calles que iban pasando mientras avanzaban hacia el norte por el paseo marítimo, y las llevó sin equivocarse de desvío ni una sola vez a Vale Road, en el extremo norte de la bahía de Belle Greve.

Atravesaron un pequeño barrio con su supermercado, su peluquería y su taller de reparación, y en un semáforo —uno de los pocos que había en la isla— torcieron hacia el noroeste. Siguiendo la pauta que tenía Guernsey de cambiar continuamente su paisaje, se encontraron en una zona agrícola tras recorrer menos de un kilómetro de carretera. Estaba definida por algunas hectáreas de invernaderos que parpadeaban al sol y, más allá, se extendían los campos. Cuando se habían adentrado en esta zona unos cuatrocientos metros, Deborah la reconoció y se preguntó por qué no se había fijado antes. Miró con cautela a su amiga en el asiento del copiloto y vio por la expresión de China que ella también se había dado cuenta de dónde estaban.

—Para aquí, ¿vale? —dijo de repente China cuando llegaron al desvío de la penitenciaría de los estados. Cuando Deborah frenó en un apartadero que había a unos veinte metros, China se bajó del coche y se acercó a una maraña de espinos y endrinos que servían de seto. Por encima y a lo lejos, se alzaban dos de los edificios que constituían la prisión. Con su exterior amarillo pálido y tejado de rojo, podría haber sido una escuela o un hospital. Sólo las ventanas —con barrotes de hierro— indicaban lo que era.

Deborah se acercó a su amiga. China parecía ensimismada, y Deborah no se decidió a interrumpir sus pensamientos. Así que se quedó a su lado en silencio y sintió la frustración de su propia incompetencia, en especial cuando la comparaba con la ternura que había recibido de aquella mujer cuando ella la había necesitado.

Fue China la que habló.

—Cherokee no podría soportarlo. Imposible.

—No creo que nadie pudiera. —Deborah pensó en las puertas de la cárcel cerrándose y las llaves girando y el tiempo de condena: días que se transformaban lentamente en semanas y luego en meses hasta que pasaban los años.

—Para Cherokee sería peor —dijo China—. Para los hombres siempre es peor.

Deborah la miró. Recordó que China le había descrito, hacía años, la única vez que había ido a visitar a su padre a la cárcel.

—Sus ojos —le había dicho—. No podía mantenerlos fijos. Estábamos sentados a una mesa, y cuando alguien pasaba muy cerca de él, se daba la vuelta deprisa como si esperara que le apuñalaran, o algo peor.

En aquella ocasión, había estado encerrado cinco años. China le contó que el sistema penitenciario de California siempre tenía los brazos abiertos para recibir a su padre.

477

ELIZABETH GEORGE

—Dentro no sabe con qué se va a encontrar —dijo ahora
China.

—No va a llegar a tanto —le dijo Deborah—. Lo solucio-
naremos pronto, y los dos podréis volver a casa.

—¿Sabes? Yo solía quejarme de ser tan pobre, de juntar la
calderilla con la esperanza de tener un rinconcito algún día. Lo
odiaba: trabajar durante el instituto sólo para poder pagarme
unos zapatos en un sitio como Kmart; hacer de camarera durante años para reunir el dinero suficiente para estudiar en
Brooks, y luego ese apartamento en Santa Bárbara, esa humedad que tuvimos, Debs. Dios mío, lo odiaba todo. Pero lo reti-
raría todo ahora mismo con tal de salir de aquí. La mayoría de
las veces me vuelve loca. Me daba pavor coger el teléfono
cuando sonaba porque siempre temía que fuera Cherokee y me
dijera: «¡Chine! Espera a oír el plan que tengo», y yo sabía que
sería algo turbio o algo que quería que le ayudara a financiar.
Pero ahora mismo..., en este mismo instante..., lo daría casi
todo por tener a mi hermano conmigo y estar con él en el muelle de Santa Bárbara mientras me cuenta su último chanchullo.

Impulsivamente, Deborah abrazó a su amiga. Al principio,
China estaba rígida; pero Deborah se mantuvo firme hasta que
se relajó.

—Vamos a sacarle de ésta —le dijo—. Os vamos a sacar a
los dos. Volveréis a casa.

Regresaron al coche. Mientras Deborah salía marcha atrás
del apartadero y se incorporaba de nuevo a la carretera principal, China dijo:

—Si hubiera sabido que después iban a ir a por él... Suena
como si quisiera hacerme la mártir. No es eso. Pero creo que
preferiría cumplir yo la condena.

—Nadie va a ir a la cárcel —dijo Deborah—. Simon se en-
cargará de ello.

China tenía el mapa abierto encima de las rodillas y lo miró
como si comprobara la ruta.

—Él no es... —dijo con cautela—. Es muy distinto... Nunca
habría pensado... —Se calló. Y luego dijo—: Parece muy majo,
Deborah.

Deborah la miró y acabó su pensamiento:

—Pero no se parece en nada a Tommy, ¿no?

478

—En nada. Pareces..., no sé..., ¿menos libre con él? Menos libre de lo que eras con Tommy, en cualquier caso. Recuerdo cómo te reías con él, y las aventuras que compartíais, y que eras alocada. Por alguna razón, no te veo así con Simon.

—¿No? —Deborah sonrió, pero era una sonrisa forzada. Lo que decía su amiga era la pura verdad. Su relación con Simon no podía ser más distinta de la que mantuvo con Tommy. Pero, de algún modo, percibió la observación de China como una crítica a su marido, y esa crítica provocó que quisiera defenderle, y no le gustó la sensación—. Tal vez sea porque nos ves en una situación bastante seria.

—No creo que sea eso —dijo China—. Como has dicho, es distinto a Tommy. Quizá sea porque es... ya sabes. ¿Por la pierna? ¿Se toma más en serio la vida por eso?

—Tal vez sea que tiene más motivos para ser serio. —Deborah sabía que aquello no era necesariamente verdad: como inspector de homicidios, Tommy tenía preocupaciones profesionales que pesaban más que las de Simon. Pero buscó una forma de explicar a su amiga cómo era su marido, una forma que le permitiera comprender que querer a un hombre que vivía casi todo el tiempo encerrado en sí mismo no era tan distinto a querer a un hombre que era directo, apasionado y que se implicaba a fondo en la vida. «Es porque Tommy puede permitirse ser así —quiso decir Deborah en defensa de su marido—. No porque sea rico, sino porque es su forma de ser y punto. Es una persona segura, de una forma en que otros hombres no lo son.»

—¿Por su discapacidad, quieres decir? —dijo China al cabo de un momento.

—¿Qué?

—Por eso Simon es más serio.

—En realidad, nunca pienso en su discapacidad —le dijo Deborah. Mantuvo la vista fija en la carretera para que su amiga no pudiera ver la mentira en su rostro.

—Ah, vale. ¿Eres feliz con él?

—Mucho.

—Entonces, mejor para ti. —Volvió a centrar su atención en el mapa—. Justo delante del cruce —dijo de repente—. Luego tuerce a la derecha en el siguiente.

479

China las guió hasta el norte de la isla, una zona completamente distinta de la de las parroquias que comprendían Le Reposoir y Saint Peter Port. Los acantilados de granito del sur de Guernsey daban paso a dunas en el norte. Una costa arenosa sustituía las pendientes pronunciadas y boscosas que llegaban hasta las bahías, y allí donde la vegetación protegía la tierra del viento, crecían barrones y correhuelas en las dunas móviles y cañuelas y lechetreznas marinas en las dunas fijas.

La ruta las llevó por el extremo sur de Le Grand Havre, una extensa bahía abierta en cuya orilla había barcas pequeñas varadas al ser invierno. En un lado de esa parte del agua, las humildes casitas blancas de Le Picquerel definían la parte baja de Guernsey. En el otro lado, La Garenne se desviaba a la izquierda, una carretera que recibía el nombre de las madrigueras de conejos que en su día habían dado cobijo al manjar por excelencia de la isla. Era una franja delgada de asfalto que seguía la pendiente este de Le Grand Havre.

En el punto donde La Garenne describía una curva a lo largo de la costa, encontraron la casa de Anaïs Abbott. Se alzaba en un terreno grande separado de la carretera por los mismos bloques grises de granodiorita que se habían utilizado para construir la casa. Delante se había plantado un jardín extenso atravesado por un sendero que llevaba a la puerta de la casa. Anaïs Abbott estaba allí, con los brazos cruzados debajo de los pechos. Estaba conversando con un hombre bastante calvo, que llevaba un maletín y parecía tener dificultades para mirarla más arriba del cuello.

Mientras Deborah aparcaba en el arcén de la carretera enfrente de la casa, el hombre extendió la mano a Anaïs. Se dieron un apretón para concluir algún tipo de trato, y el hombre bajó por el sendero de piedra entre hebes y lavandas. Anaïs se quedó mirándole desde el escalón y, como su coche estaba aparcado justo delante del de Deborah, vio a sus dos próximas visitantes cuando se bajaron del Escort. Su cuerpo se tensó visiblemente, y su expresión —que había estado relajada y seria en presencia del hombre— se alteró y entrecerró los ojos con una conjetura rápida mientras Deborah y China subían por el sendero hacia ella.

Se llevó la mano a la garganta en un gesto protector.

—¿Quién eres tú? —le dijo a Deborah; y a China—: ¿Por qué no estás en la cárcel? ¿Qué significa esto? ¿Qué hacéis aquí? —les preguntó a las dos.

—Han soltado a China —dijo Deborah y se presentó, explicándole su presencia con las imprecisas palabras «intento solucionar las cosas».

—¿Que la han soltado? —dijo Anaïs—. ¿Qué significa eso?

—Significa que China es inocente, señora Abbott —dijo Deborah—. No mató al señor Brouard.

Al oír el nombre, se le enrojecieron los párpados inferiores.

—No puedo hablar con vosotras —dijo Anaïs—. No sé qué queréis. Dejadme en paz. —Se movió hacia la puerta.

—Anaïs, espera —dijo China—. Tenemos que hablar...

Anaïs se dio la vuelta.

—No hablaré contigo. No quiero verte. ¿No has hecho ya suficiente? ¿Aún no estás contenta?

—Nosotras...

—¡No! Vi cómo te comportabas con él. ¿Creías que no? Pues sí, te vi. Sé lo que querías.

—Anaïs, sólo me enseñó la casa. Me enseñó la finca. Quería que viera...

—Quería, quería... —se burló Anaïs, pero le tembló la voz y las lágrimas que inundaban sus ojos se derramaron—. Sabías que era mío. Lo sabías, lo viste, todo el mundo te lo dijo y, aun así, fuiste a por él. Decidiste seducirle y dedicaste cada minuto a...

—Sólo sacaba fotos —dijo China—. Vi la oportunidad de hacer fotografías para una revista de mi país. Se lo conté y le gustó la idea. No tuvimos...

—¡No te atrevas a negarlo! —Su voz se transformó en un grito—. Se alejó de mí. Decía que no podía, pero sé que no quería... Ahora lo he perdido todo. Todo.

Su reacción fue tan extrema de repente, que Deborah comenzó a preguntarse si habían salido del Escort para adentrarse en otra dimensión y decidió intervenir.

—Necesitamos hablar con Stephen, señora Abbott. ¿Está en casa?

Anaïs retrocedió hacia la puerta.

—¿Qué queréis de mi hijo?

—Fue con el señor Brouard a ver la colección de la ocupación de Frank Ouseley. Queremos preguntarle sobre eso.

—¿Por qué?

Deborah no iba a decirle nada más y, sin duda, no iba a decirle nada que la llevara a pensar que su hijo tenía algún tipo de responsabilidad en el asesinato de Guy Brouard. Probablemente haría que saltara del precipicio en el que sin duda se tambaleaba.

—Necesitamos saber qué recuerda haber visto allí —contestó Deborah, recorriendo una línea delgada entre la verdad, la manipulación y la evasiva.

—¿Por qué?

—¿Está su hijo en casa, señora Abbott?

—Stephen no ha hecho daño a nadie. ¿Cómo os atrevéis a sugerir siquiera...? —Anaïs abrió la puerta—. Salid de mi propiedad. Si queréis hablar con alguien, podéis hablar con mi abogado. Stephen no está. No va a hablar con vosotras ni ahora ni nunca.

Entró y dio un portazo; pero antes de hacerlo, su mirada la traicionó. Miró en la dirección por la que habían venido, donde en una cuesta a menos de un kilómetro de la casa se elevaba el campanario de una iglesia.

Se dirigieron hacia allí. Deshicieron la ruta de La Garenne y se guiaron por el campanario. En breve, se encontraron frente a un cementerio cercado con un muro que se alzaba en una pequeña ladera en la cima de la cual estaba la iglesia de Saint Michel de Vale, cuyo campanario apuntado tenía un reloj de esfera azul sin minutero cuya manecilla de las horas señalaba —permanentemente, al parecer— el número seis. Como pensaban que Stephen Abbott podía estar dentro, abrieron la puerta de la iglesia.

Dentro, sin embargo, reinaba el silencio. Cerca de una pila bautismal de mármol colgaban inmóviles las cuerdas de la campana, y una vidriera de colores de Jesucristo crucificado presidía un altar con su ramita decorativa de acebo. No había nadie en la nave y tampoco en la capilla de los arcángeles situada a un lado del altar principal, donde una vela encendida indicaba la presencia del Santísimo Sacramento.

Regresaron al cementerio.

—Seguramente fingía para que nos fuéramos. Apuesto a que está en casa —estaba diciendo China cuando Deborah vio un estanque al otro lado de la calle. Unos juncos lo ocultaban de la carretera; pero desde la posición estratégica que proporcionaba la pequeña cima de la colina, vieron que se extendía a poca distancia de una casa de tejado rojo. Una figura lanzaba ramas al agua; a su lado, había un perro indiferente. Mientras observaban, el chico empujó al perro hacia el estanque.

—Stephen Abbott —dijo Deborah con gravedad—. Sin duda está entretenido.

—Es un buen chico —fue la respuesta de China mientras seguían el sendero de regreso al coche y cruzaban la carretera.

Stephen estaba tirando otra rama más al agua cuando salieron de entre la densa vegetación que rodeaba el estanque.

—Vamos —le decía al perro, que estaba agachado no muy lejos, mirando melancólicamente el agua con la paciencia de un mártir cristiano—. ¡Vamos! —gritó Stephen Abbott—. ¿No sabes hacer nada? —Lanzó otra rama y luego otra más, como si estuviera decidido a demostrarse que era el amo de un animal al que ya no le importaban la sumisión o las recompensas que implicaba.

—Imagino que no quiere mojarse —dijo Deborah. Y luego añadió—: Hola, Stephen. ¿Te acuerdas de mí?

Stephen se giró para mirarla. Entonces, su mirada se posó en China. Abrió más los ojos, pero sólo un momento antes de que su rostro se volviera impenetrable y su mirada, severa.

—Perro estúpido —dijo—. Igual que esta estúpida isla. Igual que todo. Malditos estúpidos.

—Parece que tiene frío —dijo China—. Está temblando.

—Cree que voy a darle una paliza. Y se la daré si no mete el culo en el agua. ¡*Biscuit!* —gritó—. Vamos. Métete ahí dentro y coge la puta rama.

El perro se dio la vuelta.

—El muy imbécil está sordo —dijo Stephen—. Pero sabe qué significa. Sabe lo que quiero que haga. Y si sabe lo que le conviene, lo hará. —Miró a su alrededor y encontró una pie-

483

dra, que sostuvo en su mano a fin de valorar su potencial para hacer daño.

—¡Eh! —dijo China—. Déjale en paz.

Stephen la miró y torció el gesto. Entonces, arrojó la piedra y gritó:

—¡*Biscuit*! ¡Pedazo de inútil de mierda! ¡Lárgate de aquí!

La piedra golpeó al perro justo en un lado de la cabeza. El animal soltó un aullido, se levantó y se metió entre los juncos, donde le oyeron revolverse y gimotear.

—De todos modos, es el perro de mi hermana —dijo Stephen con desdén. Se dio la vuelta para lanzar piedras al agua, pero Deborah alcanzó a ver que tenía los ojos llenos de lágrimas.

China avanzó un paso hacia él. Estaba furiosa.

—Mira, niñato asqueroso —le dijo, pero Deborah alargó la mano para detenerla.

—Stephen —dijo con delicadeza, pero el chico la interrumpió antes de que pudiera seguir.

—«Llévate al perro de aquí», me dice —murmuró con amargura—. «Sácalo a pasear, cariño.» Yo le he dicho que se lo dijera a Jemima, el perro es suyo. Pero no; no puede hacerlo. Pato está demasiado ocupada berreando en su cuarto porque no quiere marcharse de este agujero de mierda, ¿os lo podéis creer?

—¿Os marcháis? —dijo Deborah.

—Nos vamos de aquí. El agente inmobiliario estaba en el salón intentando controlarse para no sobar con sus manos grasientas las tetas de mamá. Hablaba de llegar a «algún acuerdo mutuamente beneficioso», como si en realidad no quisiera decir que lo que quería era tirársela cuanto antes. El perro no dejaba de ladrarle y Pato se ha puesto histérica porque el último lugar donde quiere ir a vivir es a Liverpool con la abuela, pero a mí no me importa. Yo haría cualquier cosa, lo que fuera, para largarme de este estercolero. Así que he traído a ese perro estúpido aquí, pero yo no soy Pato, ¿no?, y él sólo la quiere a ella.

—¿Por qué os vais? —Deborah captó en la voz de China las deducciones que hacía su amiga. Ella también estaba haciendo algunas, la menos importante de las cuales no era la secuencia de hechos que había llevado a la familia Abbott hasta ese momento.

—Es bastante obvio —contestó Stephen. Entonces, antes de que pudieran ahondar más en el asunto, añadió—: Bueno, ¿qué queréis? —Y miró hacia los juncos y carrizos donde *Biscuit* guardaba silencio, como si hubiera encontrado un refugio.

Deborah le preguntó por Moulin des Niaux. ¿Había ido alguna vez con el señor Brouard?

Una vez.

—A mamá le pareció muy importante, pero sólo fui porque ella insistió. —Soltó una risita—. Se suponía que teníamos que intimar. Zorra estúpida. Como si él fuera a... Menuda estupidez. Guy, Frank, el padre de Frank (que tendrá como dos millones de años), y todos esos trastos por todas partes. Qué pérdida de tiempo.

—¿Qué hicisteis allí?

—¿Qué hicimos? Estaban revisando los sombreros. Sombreros, gorras, cascos, lo que sea. Quién llevaba qué, cuándo, por qué y cómo. Era tan estúpido... Una estúpida pérdida de tiempo. Así que salí a dar un paseo por el valle.

—Entonces, ¿tú no revisaste el material de la guerra? —preguntó China.

Stephen pareció captar algo en su voz, porque dijo:

—¿Por qué quieres saberlo? ¿Qué haces tú aquí? ¿No tendrías que estar encerrada?

Deborah intervino una vez más.

—¿Había alguien más el día que fuiste a ver la colección de la guerra?

—No —dijo—, sólo Guy y yo. —Volvió a centrar su atención en Deborah y en el tema que, al parecer, dominaba sus pensamientos—. Ya te lo he dicho, se suponía que era nuestra gran oportunidad para intimar. Se suponía que yo tenía que tirar cohetes de alegría porque él quería hacerme de padre durante quince minutos. Se suponía que tenía que decidir que yo sería mucho mejor hijo que Adrian, puesto que él es un imbécil patético y, en comparación, como mínimo yo tengo la posibilidad de ir a la universidad sin derrumbarme porque mi mamá no está para cogerme de la mano. Era todo tan estúpido, tan rematadamente estúpido. Como si fuera a casarse con ella algún día.

—Bueno, ahora ha terminado todo —le dijo Deborah—. Vais a volver a Inglaterra.

—Sólo porque no consiguió lo que quería de Brouard —dijo el chico, que miró con desdén en dirección a La Garenne—. Como si fuera a conseguirlo. Mira que pensar que iba a sacarle algo. Intenté decírselo, pero nunca escucha. Cualquiera con un mínimo de cerebro podía ver qué quería.

—¿Qué? —preguntaron China y Deborah a la vez.

Stephen las miró con el mismo desdén que había dirigido hacia su casa y su madre.

—Tenía a otra —dijo sucintamente—. Intenté decírselo una y otra vez, pero no quería escucharme. No podía pensar que se hubiera tomado tantas molestias para atraparle, operarse y todo eso, aunque fuera él quien pagara, y que él estuviera tirándose a otra todo el tiempo. «Son imaginaciones tuyas», me decía. «Cariño, no te estarás inventando todo esto porque no has tenido suerte, ¿verdad? Algún día tendrás novia. Ya lo verás. Un chico alto, guapo, robusto como tú.» Dios mío, qué imbécil es.

Deborah examinó toda aquella información para comprenderla bien: el hombre, la mujer, el chico, la madre y todas las razones para lanzar esa acusación.

—¿Conoces a la otra mujer, Stephen? —le preguntó mientras China daba un paso inquieto hacia él. Por fin estaban llegando a algo, y Deborah hizo un gesto a su amiga para impedir que asustara al chico y lo sumiera en el silencio con sus ansias por llegar al fondo de la cuestión.

—Claro que la conozco. Es Cynthia Moullin.

Deborah miró a China, quien negó con la cabeza.

—¿Cynthia Moullin? —le preguntó Deborah a Stephen—. ¿Quién es?

Resultó ser una compañera de estudios, una chica de la Escuela de Educación Superior.

—Pero ¿cómo lo sabes? —le preguntó Deborah, y cuando el chico puso los ojos en blanco expresivamente, vio la verdad—. ¿Te la quitó el señor Brouard? ¿Es eso?

—¿Dónde está ese estúpido perro? —fue la respuesta del chico.

Υ

Cuando su hermano no contestó al teléfono por tercera mañana consecutiva, Valerie Duffy no pudo aguantarlo más. En cuanto Kevin se puso a trabajar en la finca, Ruth acabó de desayunar y ella encontró una hora libre en sus tareas en la casa, cogió el coche y condujo hasta La Corbière. Sabía que nadie la echaría de menos.

Lo primero que advirtió Valerie al llegar a la Casa de las Conchas fueron los destrozos en el jardín delantero, y se asustó al instante, puesto que eran una muestra elocuente del temperamento de su hermano. Henry era un buen hombre —un hermano considerado y un padre afectuoso con sus hijas—; pero tenía un genio que, cuando despertaba, explotaba en cuestión de segundos. De mayor, nunca había visto su temperamento en acción, pero sí la devastación que causaba su exteriorización. Sin embargo, aún no lo había dirigido nunca contra un ser humano, y Valerie se había agarrado a eso el día que fue a visitar a Henry, lo encontró preparando los bollos preferidos de su hija pequeña y le dijo que su jefe y querido amigo Guy Brouard estaba teniendo relaciones sexuales de manera habitual con su hija mayor.

Fue la única manera que se le ocurrió de poner fin a la aventura. Hablar con Cynthia no había tenido el más mínimo efecto en sus encuentros.

—Estamos enamorados, tía Val —le había dicho la niña con la inocencia cándida de una virgen desflorada reciente y placenteramente—. ¿Es que tú nunca has estado enamorada?

Nada pudo convencer a la niña de que los hombres como Guy Brouard no se enamoraban. Ni siquiera le importó lo más mínimo ser plenamente consciente de que se estaba tirando a Anaïs Abbott al mismo tiempo que gozaba de ella.

—Oh, ya hemos hablado de eso. Tiene que hacerlo —dijo Cynthia—, o la gente podría creer que se acuesta conmigo.

—¡Pero es que se está acostando contigo! ¡Tiene sesenta y ocho años! Dios santo, podrían meterle en la cárcel.

—Oh, no, tía Val. Esperamos hasta que tuve la edad.

—¿Esperasteis...?

Y, en un instante, Valerie vio pasar ante ella los años que su

487

hermano llevaba trabajando para Guy Brouard en Le Reposoir. Alguna de las niñas le acompañaba de vez en cuando porque para Henry era importante pasar tiempo con ellas por separado, para compensar el hecho de que su madre los hubiera abandonado para irse a vivir con una estrella de *rock* cuyo brillo celestial se había extinguido hacía tiempo.

Cynthia había sido la compañera más frecuente de su padre. Valerie no había pensado nada hasta que vio por primera vez las miradas que se cruzaban la niña y Guy Brouard, hasta que observó el contacto casual entre ellos —sólo una mano rozando un brazo—, hasta que los siguió una vez y los observó y esperó y luego se enfrentó a la niña para descubrir lo peor.

Tuvo que decírselo a Henry. No le quedó más remedio cuando le resultó imposible convencer a Cynthia de que lo dejara. Y allí estaban las consecuencias de habérselo contado, acechándola como la cuchilla de una guillotina que espera una señal para descender.

Empezó a caminar entre los tristes restos del imaginativo jardín. El coche de Henry estaba aparcado a un lado de la casa, no muy lejos del granero donde elaboraba el cristal; pero el propio granero estaba cerrado a cal y canto, así que se dirigió a la puerta de la casa. Allí, se detuvo un momento para tranquilizarse antes de llamar.

«Es mi hermano», se dijo. No tenía nada de lo que preocuparse y menos aún que temer. Habían sobrellevado juntos una infancia difícil en la casa de una madre amargada que —como el propio Henry en una repetición de la historia— había sido abandonada por un esposo infiel. Por esta razón compartían algo más que sangre. Compartían recuerdos tan poderosos que nada podría ser nunca más importante que la forma como habían aprendido a apoyarse el uno en el otro, a criarse el uno al otro ante la ausencia física de uno de los progenitores y la desaparición emocional del otro. Habían logrado que no importara. Juraron que no empañaría sus vidas. Que hubieran fracasado ahora no era culpa de nadie y, sin duda, no se debía a la falta de determinación y esfuerzo.

La puerta se abrió de repente antes de que pudiera llamar, y su hermano apareció ante ella con un cesto de ropa sucia en la cadera. Estaba tan ceñudo como siempre.

—Val, ¿qué coño quieres? —Tras lo cual, se marchó a la cocina, donde había construido un cobertizo que servía de lavadero.

Cuando le siguió, no pudo evitar fijarse en que Henry hacía la colada como ella le había enseñado: la ropa blanca, la oscura y la de color cuidadosamente separadas, y las toallas en otro montón.

Henry vio que le observaba, y un gesto de odio hacia sí mismo cruzó su rostro.

—Algunas lecciones no se olvidan fácilmente —le dijo.

—He estado llamando —dijo ella—. ¿Por qué no has contestado? Estabas en casa, ¿verdad?

—No quería. —Abrió la lavadora, donde la ropa estaba lista, y empezó a pasarla a la secadora. Cerca, en un fregadero, el agua goteaba rítmicamente sobre algo que estaba en remojo. Henry lo examinó, echó un chorro de lejía y lo removió enérgicamente con una larga cuchara de madera.

—No es bueno para el negocio —dijo Val—. Podría llamarte alguien para contratarte.

—Al móvil sí he contestado —le dijo—. Las llamadas de negocios las recibo ahí.

En silencio, Valerie soltó un taco al oír aquella información. No había pensado en el móvil. ¿Por qué? Porque estaba demasiado asustada y preocupada y atormentada por los remordimientos como para pensar en otra cosa que no fuera calmar sus nervios destrozados.

—Ah, el móvil. No había pensado en el móvil.

—Bien —dijo él, y empezó a meter el siguiente fardo de ropa sucia en la lavadora. Era la ropa de las niñas: vaqueros, jerséis y calcetines—. No habías pensado, Val.

El desprecio en su voz la hirió, pero se negó a consentir que la intimidara para que se fuera.

—¿Dónde están las niñas, Harry? —le preguntó.

Su hermano la miró cuando utilizó el diminutivo. Por un instante, Valerie pudo ver más allá de la máscara de odio que llevaba puesta y Henry volvió a ser el niño pequeño a quien cogía de la mano cuando cruzaban el paseo marítimo para ir a bañarse a las piscinas de Havelet Bay. «No puedes esconderte de mí, Harry», quería decirle. Pero en lugar de eso, esperó a que le contestara.

—En el colegio. ¿Dónde iban a estar si no?

—Supongo que me refería a Cyn —reconoció.

Henry no contestó.

—Harry, no puedes tenerla encerrada... —dijo.

—Nadie está encerrado en ningún lado —le dijo él señalándola con el dedo—. ¿Me oyes? Nadie está encerrado.

—Entonces, la has dejado salir. Ya he visto que has quitado las rejas de las ventanas.

En lugar de contestar, cogió el detergente y lo vertió en la ropa. No lo midió y se quedó mirándola mientras el líquido caía y caía, como si la desafiara a darle un consejo. Pero lo había hecho una vez, sólo una vez, que Dios la perdonara. Y estaba allí para asegurarse de que su frase «Henry, tienes que tomar medidas» no había tenido consecuencias.

—Entonces, ¿ha ido a algún sitio?

—No sale de su cuarto.

—¿Has quitado el candado de la puerta?

—Ya no hace falta.

—¿No hace falta? —Valerie sintió un escalofrío. Se abrazó el cuerpo, aunque en la casa no hacía nada de frío.

—No hace falta —repitió Henry y, como si quisiera ilustrar su observación, se acercó al fregadero donde goteaba el agua y utilizó la cuchara de madera para pescar algo.

Sacó unas braguitas y dejó que el agua chorreara y formara un charco en el suelo. Valerie vio la mancha tenue que aún tenían a pesar del remojo y la lejía. Le entraron náuseas al entender exactamente por qué su hermano había encerrado a su hija en su cuarto.

—No lo está —dijo Valerie.

—Una brisa en el infierno. —Señaló los dormitorios con la cabeza—. No quiere salir. Puedes hablar con ella si quieres. Pero ahora se ha encerrado por dentro y llora como una gata separada de sus gatitos. Será estúpida. —Cerró de golpe la tapa de la lavadora, pulsó algunos botones y dejó trabajar a la máquina.

Valerie fue a la habitación de su sobrina. Llamó a la puerta, dijo su nombre, y añadió:

—Soy la tía Val, cielo. ¿Me abres? —Pero Cynthia guardaba un perfecto silencio. Entonces, Valerie pensó lo peor. Gritó—: ¿Cynthia? ¡Cynthia! Quiero hablar contigo. Abre la puerta, por favor. —De nuevo, el silencio, un silencio sepulcral e inhumano, fue la única respuesta. A Valerie le pareció que sólo había una forma de que una niña de diecisiete años pasara de llorar como una gata al mutismo más absoluto. Fue corriendo a buscar a su hermano—. Tenemos que entrar en ese cuarto —dijo—. Puede que se haya...

—Tonterías. Saldrá cuando esté lista. —Soltó una risotada—. Tal vez se haya acostumbrado a estar ahí dentro.

—Henry, no puedes dejar que...

—¡No me digas lo que puedo y lo que no puedo hacer! —gritó—. Nunca vuelvas a decirme nada más. Ya me has dicho suficiente. Ya has cumplido con tu obligación. Me enfrentaré al resto como yo quiera.

Ahí estaba su mayor miedo: cómo se enfrentaría a ello su hermano. Porque tenía que enfrentarse a algo mucho mayor que la actividad sexual de su hija. Si hubiera sido algún chico del pueblo, del colegio, tal vez Henry habría advertido a Cynthia de los peligros, tal vez se habría preocupado de que tomara las precauciones necesarias para protegerla de las secuelas de un sexo que era esporádico pero a la vez muy intenso, porque todo era nuevo para ella. Pero esto era más que el despertar sexual de una hija. Se trataba de una seducción y una traición tan profundas, que cuando Valerie se las reveló a su hermano, él no la creyó. No podía creerlo. Se había alejado de la información como un animal aturdido por un golpe en la cabeza.

—Escúchame, Henry —le había dicho Valerie—. Es la verdad, y si no haces algo, sabe Dios qué le pasará a la niña.

Aquéllas habían sido las palabras fatídicas: «Si no haces algo». Ahora la aventura había terminado, y quería saber a toda costa qué había sido ese «algo».

Henry se quedó mirándola después de hablar, con las palabras «como yo quiera» resonando entre ellos como las campanas de la iglesia de Saint Martin. Valerie se llevó la mano a los labios y los apretó contra los dientes como si aquel gesto pudiera impedirle decir lo que pensaba, lo que más temía.

Henry le leyó el pensamiento con la misma facilidad de siempre. La miró de arriba abajo.

—¿Te sientes culpable, Val? —le dijo—. No te preocupes, mujer.

—Oh, Harry, gracias a Dios, porque yo... —empezó a decir aliviada, pero su hermano la interrumpió para completar su confesión.

—No fuiste la única que me lo contó.

Capítulo 22

*R*uth entró en el cuarto de su hermano por primera vez desde su muerte. Decidió que había llegado el momento de revisar su ropa. No tanto porque fuera una necesidad inmediata, sino porque revisar su ropa le permitía mantenerse ocupada, que era lo que quería. Quería hacer algo relacionado con Guy, algo que la acercara a sentir su presencia reconfortante, pero al mismo tiempo, la alejara lo suficiente para impedir averiguar nada más respecto a las muchas formas en que la había engañado.

Fue al armario y cogió su chaqueta de *tweed* preferida de la percha. Tras tomarse un momento para absorber el aroma familiar de su loción de afeitar, deslizó la mano en cada bolsillo y sacó un pañuelo, un tubo de caramelos de menta, un bolígrafo y un papel arrancado de una libreta pequeña de espiral, con los bordes desiguales aún intactos. Con una letra inequívocamente adolescente decía: «C + G = ¡ ♥ xa smpre!». Ruth arrugó el papel deprisa y se descubrió mirando a derecha e izquierda como si alguien pudiera observarla, algún ángel vengador que buscara el tipo de prueba que ella acababa de encontrar.

Sin embargo, Ruth ya no necesitaba ninguna prueba. Tampoco la había necesitado nunca. No necesitaba pruebas para lo que sabía que era un hecho monstruoso porque había visto la verdad con sus propios ojos...

Ruth sintió las mismas náuseas que la embargaron el día que regresó inesperadamente temprano de su reunión con los samaritanos. Aún no tenía el diagnóstico para su dolencia. Al decirse que era artritis, había estado tomando aspirinas y esperando lo mejor. Pero ese día, la intensidad del dolor la inutilizó para cualquier cosa que no fuera irse a casa y meterse en la cama. Así que se marchó de la reunión mucho antes de que acabara y volvió a Le Reposoir.

Le costó mucho esfuerzo subir las escaleras: su voluntad enfrentada a la realidad de su debilidad. Ganó la batalla y avanzó lentamente por el pasillo hasta su cuarto, que se encontraba al lado del de Guy. Tenía la mano en el pomo de la puerta cuando oyó una risa. Luego la voz de una niña gritó:

—¡Guy, no! ¡Me haces cosquillas!

Ruth se quedó quieta como una estatua de sal porque conocía la voz y, como la conocía, no se movió de la puerta. No podía moverse porque no podía creerlo. Por esta razón, se dijo que seguramente había una explicación muy sencilla para que su hermano estuviera con una adolescente en su cuarto.

Si se hubiera marchado rápidamente del pasillo, habría sido capaz de aferrarse a esa creencia. Pero antes incluso de que se le ocurriera esfumarse, la puerta del cuarto de su hermano se abrió. Guy salió, cubriendo su cuerpo desnudo con una bata mientras decía hacia el interior del cuarto:

—Pues entonces utilizaré uno de los pañuelos de Ruth. Te va a encantar.

Se dio la vuelta y vio a su hermana. Dicho sea en su honor —en su único honor—, sus mejillas pasaron de coloradas a céreas en un instante. Ruth avanzó un paso hacia él, pero Guy cogió el pomo de la puerta y la cerró. Detrás, mientras él y su hermana se miraban, Cynthia Moullin gritó:

—¿Qué pasa? ¿Guy?

—Apártate, *frère* —dijo Ruth.

—Dios mío, Ruth. ¿Por qué estás en casa? —dijo Guy al mismo tiempo con la voz quebrada.

—Para ver, supongo —contestó ella, y pasó a su lado para llegar a la puerta.

Guy no intentó detenerla, y ahora Ruth se preguntaba por qué. Era casi como si quisiera que lo viera todo: la niña en la cama —esbelta, hermosa, desnuda, lozana y tan nueva— y la borla con la que había estado acariciándola, sobre su muslo, donde la había utilizado por última vez.

—Vístete —le dijo a Cynthia Moullin.

—Creo que no —contestó la niña.

Se quedaron allí, los tres, como unos actores esperando un

pie que no llegaba: Guy junto a la puerta, Ruth cerca del armario, la niña en la cama. Cynthia miró a Guy y levantó una ceja, y Ruth se preguntó cómo era posible que una adolescente sorprendida en una situación así pareciera tan segura de lo que iba a suceder después.

—Ruth —dijo Guy.

—No —dijo ella. Y luego se dirigió a la chica—: Vístete y vete de esta casa. Si tu padre te viera...

Y no llegó a decir más porque Guy se acercó a ella y pasó un brazo alrededor de sus hombros. Volvió a pronunciar su nombre. Entonces, en voz baja —y de manera increíble— le dijo al oído:

—Ruthie, ahora queremos estar solos, si no te importa. Obviamente, no sabíamos que volverías a casa.

Fue la racionalidad absoluta de la declaración de Guy en unas circunstancias en las que lo que menos se esperaba era racionalidad lo que la impulsó a salir de la habitación. Salió al pasillo.

—Hablamos luego —le dijo Guy mientras entornaba la puerta.

Antes de que la cerrara completamente, Ruth oyó que le decía a la chica:

—Supongo que de momento tendremos que arreglárnoslas sin el pañuelo. —Y entonces, el viejo suelo crujió debajo de él mientras avanzaba hacia Cynthia y la vieja cama crujió al echarse con ella.

Después —parecieron horas, aunque seguramente fueron veinticinco minutos—, el agua corrió durante un rato y se encendió un secador. Ruth se tumbó en su cama y escuchó los sonidos, tan domésticos y naturales que casi pudo fingir que se había equivocado con lo que había visto.

Sin embargo, Guy no lo permitió. Fue a su encuentro en cuanto Cynthia se marchó. Ya había anochecido, y Ruth aún no había encendido ninguna luz. Habría preferido permanecer a oscuras indefinidamente, pero él no la dejó. Se acercó a la mesita de noche y encendió la lámpara.

—Sabía que no estarías dormida —le dijo.

Se quedó mirándola un rato y murmuró:

—*Ma soeur chérie.* —Y parecía tan sumamente preocupado que, al principio, Ruth creyó que quería disculparse. Estaba equivocada.

Fue al pequeño sillón mullido y se hundió en él. Ruth pensó que parecía «transportado» de algún modo.

—Es la definitiva —dijo en un tono que podría utilizar un hombre para identificar una reliquia sagrada—. Al fin la he encontrado. ¿No te parece increíble, Ruth, después de todos estos años? Es la definitiva de verdad. —Se levantó como si no pudiera contener la emoción que sentía. Empezó a caminar por la habitación. Mientras hablaba, tocó las cortinas de las ventanas, el borde del primer tapiz de Ruth, la esquina de la cómoda, el encaje que decoraba el borde de un tapete—. Pensamos casarnos —dijo—. No te lo digo porque nos hayas encontrado... hoy de esa forma. Pensaba decírtelo después de su cumpleaños. Los dos pensábamos decírtelo, juntos.

Su cumpleaños. Ruth miró a su hermano. Se sentía atrapada en un mundo que no reconocía, gobernada por la máxima «Si te apetece, hazlo; ya te explicarás luego, pero sólo si te descubren».

—Cumplirá los dieciocho dentro de tres meses. Hemos pensado celebrar una cena de cumpleaños... Tú, su padre y sus hermanas. Tal vez Adrian venga de Inglaterra también. Hemos pensado que pondré el anillo entre sus regalos, y cuando lo abra... —Sonrió. Parecía un chaval, Ruth tenía que admitirlo—. Menuda sorpresa se llevará. ¿Puedes guardar el secreto hasta entonces?

—Todo esto es... —dijo Ruth, pero no pudo seguir hablando. Sólo podía imaginar, y lo que imaginaba era demasiado terrible de afrontar, así que giró la cabeza.

—Ruth, no tienes nada que temer —le dijo Guy—. Tu hogar sigue estando conmigo, como siempre. Cyn lo sabe, y ella también quiere que sea así. Te quiere como a... —Pero no completó la frase.

Lo que le permitió a ella completarla.

—Una abuela —dijo—. Y eso ¿en qué te convierte a ti?

—El amor no tiene edad.

—Dios mío, eres cincuenta años...

—Sé cuántos años le saco —le espetó su hermano. Se acercó de nuevo a la cama y la miró. Su expresión era de perplejidad—. Creía que te alegrarías por los dos, porque nos queremos, porque queremos compartir nuestras vidas.

—¿Cuánto tiempo? —le preguntó ella.

—Nadie sabe cuántos años va a vivir.

—Me refiero a cuánto tiempo. Lo de hoy... No ha podido ser... Estaba demasiado cómoda.

Al principio, Guy no respondió, y a Ruth empezaron a sudarle las manos porque se daba cuenta de qué implicaba exactamente su reticencia a contestar.

—Dímelo. Si no me lo dices tú, me lo dirá ella.

—Desde el día que cumplió los dieciséis, Ruth.

Era peor de lo que pensaba porque sabía lo que significaba: que su hermano había tomado a la chica el mismo día que fue totalmente legal hacerlo. Eso significaría que se había fijado en ella hacía tiempo, sabía Dios cuánto. Lo había planeado todo y había orquestado cuidadosamente su seducción. Dios mío, pensó, cuando Henry lo descubriera... Cuando lo averiguara todo como acababa de hacer ella...

—Pero ¿qué pasa con Anaïs Abbott? —le preguntó como atontada.

—¿Qué pasa con Anaïs?

—Me dijiste lo mismo sobre ella. ¿No te acuerdas? Me dijiste: «Es la definitiva». Y entonces lo creías. ¿Qué te hace pensar que ahora...?

—Esto es distinto.

—Guy, siempre es distinto. Es distinto en tu mente, pero sólo porque se trata de algo nuevo.

—No lo entiendes. ¿Cómo podrías entenderlo? Nuestras vidas han seguido caminos muy distintos.

—He visto todos los pasos que has dado en el tuyo —dijo Ruth—, y esto es...

—Más importante —la interrumpió—, profundo, transformador. Si estoy tan loco para alejarme de ella y de lo que tenemos, entonces merezco estar solo para siempre.

—Pero ¿qué pasa con Henry?

Guy apartó la mirada.

Entonces, Ruth vio que Guy sabía muy bien que, para llegar a Cynthia, había utilizado calculadamente a su amigo Henry Moullin. Vio que frases del tipo «Llamemos a Henry para que le eche un vistazo al problema» en referencia a un tema u otro de la finca había sido la fórmula empleada por Guy para tener acceso a la hija de Henry. E igual que sin duda racionalizaría esta maquinación si se la planteaba, también seguiría racionalizando lo que ella sabía que, en realidad, era una falsa ilusión más acerca de una mujer que aparentemente se había ganado su corazón. Oh, claro que creía que Cynthia Moullin era la definitiva. Pero también lo había creído de Margaret y luego de JoAnna y de todas las Margarets y las JoAnnas que vinieron después, hasta incluir a Anaïs Abbott. Hablaba de casarse con esta última Margaret-y-JoAnna sólo porque tenía dieciocho años y ella le deseaba y a él le gustaba lo que despertaba eso en su ego de anciano. Con el tiempo, sin embargo, perdería interés, o lo perdería ella. Pero en cualquier caso, había gente que iba a sufrir, que iba a quedar destrozada. Ruth tenía que hacer algo para evitarlo.

Así que habló con Henry. Ruth se dijo que lo hacía para salvar a Cynthia de un desengaño amoroso, y necesitaba creerlo incluso ahora. Miles de cosas distintas hacían que el romance entre su hermano y la adolescente fuera moral y éticamente reprobable. Si Guy carecía de la sensatez y el valor para ponerle fin con delicadeza y dejar libre a la chica para que tuviera una vida plena y real —una vida con un futuro—, ella debía tomar las medidas necesarias para imposibilitarle que siguiera adelante.

Su decisión fue contarle a Henry Moullin solamente una verdad a medias: que tal vez Cynthia estaba encariñándose demasiado con Guy, que iba demasiado por Le Reposoir en lugar de dedicar tiempo a sus amigos o a los estudios, que buscaba excusas para pasarse por la finca y hablar con su tía, que empleaba demasiadas de sus horas libres siguiendo a Guy. Ruth lo calificó de amor pueril y dijo que quizá Henry quisiera hablar con la chica...

El hombre lo hizo, y Cynthia respondió con una franqueza que Ruth no esperaba. Le dijo apaciblemente a su padre que no era un enamoramiento de colegiala ni un amor pueril. En realidad, no había nada de lo que preocuparse. Pensaban casarse, porque ella y el amigo de su padre eran amantes hacía ya casi dos años.

Así que Henry irrumpió en Le Reposoir y encontró a Guy dando de comer a los patos al final del jardín tropical. Stephen

Abbott estaba con él, pero a Henry no le importó lo más mínimo.

—¡Asqueroso de mierda! —le gritó, y avanzó hacia Guy—. Voy a matarte, cabrón. Te cortaré la polla y te la meteré en la boca. Te pudrirás en el infierno. ¡Has tocado a mi hija!

Stephen fue corriendo a buscar a Ruth, balbuceando. Ella entendió el nombre de Henry Moullin y las palabras «gritando por Cyn» y dejó lo que estaba haciendo y siguió al chico afuera. Mientras cruzaban apresuradamente el campo de cróquet, escuchó por sí misma los gritos furiosos. Miró a su alrededor frenéticamente, buscando a alguien que pudiera intervenir; pero no vio el coche de Kevin y Valerie y sólo estaban ella y Stephen para detener aquella violencia.

Porque habría violencia; Ruth se percató de ello. Qué estúpida había sido al pensar que un padre se enfrentaría al hombre que había seducido a su hija y no querría estrangularle, no querría matarle.

Cuando llegó al jardín tropical, escuchó los golpes. Henry gruñía enfurecido y los patos parpaban; en cambio, Guy estaba absolutamente mudo, como una tumba. Ruth soltó un grito y atravesó los arbustos.

499

Había cuerpos por todas partes: sangre, plumas y muerte. Henry estaba entre los patos que había golpeado con la tabla que aún sostenía. Respiraba agitadamente, y las lágrimas deformaban su cara.

Levantó un brazo tembloroso y señaló a Guy, que estaba paralizado junto a una palmera, con una bolsa de comida derramándose a sus pies.

—Aléjate de ella —le dijo Henry entre dientes—. Si vuelves a tocarla, te mato.

Ahora, en el cuarto de Guy, Ruth lo revivió todo. Sintió el peso tremendo de su responsabilidad en lo que había ocurrido. Tener buenas intenciones no había bastado. No había protegido a Cynthia. No había salvado a Guy.

Dobló el abrigo de su hermano lentamente. Se giró con la misma lentitud y fue al armario para sacar la siguiente prenda.

Mientras cogía unos pantalones de una percha, la puerta del cuarto se abrió bruscamente y Margaret Chamberlain dijo:

—Quiero hablar contigo, Ruth. Conseguiste evitarme anoche en la cena: un día largo, la artritis, la necesidad de descansar... Qué oportuno. Pero ahora no vas a evitarme.

Ruth dejó lo que estaba haciendo.

—No te he estado evitando.

Margaret resopló con desdén y entró en el cuarto. Ruth vio que estaba muy desmejorada. Llevaba el moño torcido, con mechones de pelo que se deslizaban del recogido. Las joyas que lucía no complementaban su ropa como ocurría siempre, y había olvidado las gafas de sol que, lloviera o hiciera sol, habitualmente llevaba en la cabeza.

—Adrian y yo hemos ido a ver a un abogado —le anunció—. Sabías que lo haríamos, naturalmente.

Con cuidado, Ruth dejó los pantalones sobre la cama de Guy.

—Sí —dijo.

—Él también lo sabía, evidentemente; razón por la cual se aseguró de que no nos sirviera para nada.

Ruth no habló.

Los labios de Margaret se volvieron más finos.

—¿No es eso, Ruth? —dijo con una sonrisa maligna—. ¿No sabía Guy cómo reaccionaría yo exactamente cuando desheredara a su único hijo varón?

—Margaret, no ha desheredado...

—No finjamos lo contrario. Estudió las leyes de esta mierda de isla y descubrió qué pasaría con su patrimonio si no lo ponía todo a tu nombre al comprarlo. Ni siquiera podía venderlo sin decírselo primero a Adrian, así que se aseguró de no poseer nada. Menudo plan, Ruthie. Espero que hayas disfrutado destruyendo los sueños de tu único sobrino. Porque ésas han sido las consecuencias.

—No tenía nada que ver con destruir a nadie —le dijo Ruth en voz baja—. Guy no dispuso las cosas así porque no quisiera a sus hijos ni tampoco porque quisiera hacerles daño.

—Bueno, pues no es lo que ha pasado, ¿no te parece?

—Escúchame, por favor, Margaret. Guy no... —Ruth dudó. Intentaba decidir cómo explicar los actos de su hermano a su ex mujer, cómo decirle que las cosas nunca eran tan sencillas como parecían, cómo hacer que comprendiera que Guy quería que sus hijos fueran, en parte, como había sido él—. No creía en los derechos adquiridos. Es eso. Él era un hombre que se hizo a sí mismo y quería que sus hijos vivieran esa misma experiencia: la riqueza que aporta, la clase de confianza que sólo...

—Menuda chorrada —se burló Margaret—. Se contradice absolutamente con todo lo que... Ya lo sabes, Ruth. Lo sabes muy bien, maldita sea. —Calló como si quisiera recobrar la compostura y poner en orden sus pensamientos, como si creyera que realmente podía basar su caso en algo, un argumento que forzara un cambio en una circunstancia inalterable—. Ruth —dijo haciendo un esfuerzo obvio por tranquilizarse—, el propósito de construir una vida es justamente dar a tus hijos más de lo que tú mismo has tenido. No se trata de ponerlos en la misma posición desde la que tú tuviste que luchar para salir adelante. ¿Por qué iba alguien a intentar tener un futuro mejor que su presente si supiera que todo sería en balde?

—No es en balde. Se trata de aprender, de crecer, de afrontar retos y superarlos. Guy creía que labrarte tu propia vida fortalece el carácter. Él lo hizo y es admirable. Y es lo que quería para sus hijos. No quería que estuvieran en una posición en la que no tuvieran que volver a trabajar nunca más. No quería que se enfrentaran a la tentación de no hacer nada con sus vidas.

—Ah. Sin embargo, eso no sirve para los demás. Tentar a los demás está bien, porque por algún motivo no tienen que luchar. ¿Es así?

—Las hijas de JoAnna se encuentran en la misma situación que Adrian.

—No hablo de las hijas de Guy, y lo sabes —dijo Margaret—. Hablo de los otros dos, Fielder y Moullin. Teniendo en cuenta sus circunstancias, les ha dejado una fortuna a ambos. ¿Qué tienes que decir sobre eso?

—Son casos especiales. Son distintos. No han tenido las ventajas...

—Oh, no. No las han tenido. Pero ahora las van a aprovechar, ¿verdad, Ruthie? —Margaret se rio y se acercó al armario abierto. Tocó una pila de jerséis de cachemira, que Guy prefería a las camisas y corbatas.

—Eran especiales para él —dijo Ruth—; nietos adoptivos, supongo que podríamos llamarlos. Era una especie de mentor para ellos, y ellos eran...

—Ladronzuelos —dijo Margaret—. Pero nos aseguraremos de que se llevan su recompensa a pesar de tener las manos largas.

Ruth frunció el ceño.

—¿Ladronzuelos? ¿De qué hablas?

—Sorprendí al protegido de Guy (¿o debería seguir pensando en él como su nieto, Ruth?) robando en esta casa, ayer por la mañana, en la cocina.

—Seguramente Paul tendría hambre. A veces Valerie le da de comer. Cogería una galleta.

—¿Y se la guardó en la mochila? ¿Y me echó a su perro encima cuando intenté ver qué había cogido? Adelante, Ruth, deja que se lleve la plata, o una de las antigüedades de Guy, o alguna joya, o lo que fuera que cogió. Salió corriendo cuando nos vio a Adrian y a mí, y si tú no crees que sea culpable de nada, podrías preguntarle por qué agarró la mochila y se enfrentó a nosotros cuando intentamos arrebatársela.

—No te creo —dijo Ruth—. Paul no nos robaría nada.

—¿Ah, no? Entonces sugiero que le pidamos a la policía que registre su mochila.

Margaret fue a la mesita de noche y descolgó el teléfono. Lo sostuvo provocadoramente hacia su cuñada.

—¿Llamo yo, o lo harás tú, Ruth? Si el chico es inocente, no tiene nada que temer.

El banco de Guy Brouard estaba en Le Pollet, una prolongación de High Street paralela a la parte baja del muelle norte. Era una vía relativamente corta en la que prácticamente no daba el sol, pero que estaba flanqueada por edificios que tenían casi trescientos años de antigüedad. Era un recordatorio de la naturaleza cambiante de las ciudades de todo el mundo: una magnífica mansión antigua del siglo XVIII —de granito labrado y esquinas muy marcadas— había sido transformada durante el siglo XX en un hotel, mientras que, en las inmediaciones, un par de casas de piedra del siglo XIX eran ahora tiendas de ropa. Los escaparates de cristal en las fachadas eduardianas de las tiendas situadas tan cerca de la mansión hablaban de la vida comercial que había florecido en esta zona en la época anterior a la primera guerra mundial, mientras que, detrás, se alzaba imponente el edificio absolutamente moderno de una institución financiera londinense.

El banco que buscaban Le Gallez y Saint James estaba al final de Le Pollet, no muy lejos de una parada de taxis que daba paso al muelle. Se dirigieron allí acompañados del sargento Marsh del Departamento de Fraudes, un hombre más bien joven con patillas de boca de hacha anticuadas.

—Todo esto es un poco exagerado, ¿no cree, señor? —le comentó Marsh.

Le Gallez contestó mordazmente:

—Dick, quiero darles una razón para que colaboren desde el principio. Así ahorramos tiempo.

—Diría que una llamada del SIF habría servido, señor —señaló Marsh.

—Tengo por costumbre cubrirme, chico. Y no soy un hombre que se olvide de sus costumbres. Los de Inteligencia Financiera tal vez les aflojarían la lengua, pero una visita de Fraudes... les aflojará los intestinos.

El sargento Marsh sonrió y puso los ojos en blanco.

—Vosotros los de Homicidios no os divertís lo suficiente —dijo.

—Nos divertimos cuando podemos, Dick. —Le Gallez abrió la pesada puerta de cristal del banco y condujo a Saint James adentro.

El director era un hombre llamado Robilliard, y resultó que ya conocía bastante a Le Gallez. Cuando entraron en su despacho, el hombre se levantó de su silla.

—Louis, ¿cómo estás? —dijo, y extendió la mano al inspector en jefe. Prosiguió diciendo—: Te hemos echado de menos en el fútbol. ¿Cómo va el tobillo?

—Recuperado.

—Pues te esperamos en el campo el fin de semana. A ese cuerpo no le vendría mal un poco de ejercicio.

—Los cruasanes por la mañana me están matando —reconoció Le Gallez.

Robilliard se rio.

—Sólo los gordos mueren jóvenes.

Le Gallez le presentó a sus acompañantes y añadió:

—Hemos venido a charlar sobre Guy Brouard.

—Ah.

—Vosotros llevabais sus asuntos bancarios, ¿verdad?

—Y también los de su hermana. ¿Hay algún problema con sus cuentas?

—Eso parece, David. Lo siento. —Le Gallez pasó a explicarle lo que sabían: la desinversión de una cartera de acciones y bonos importante seguida de una serie de reintegros de su cuenta bancaria, realizados durante un período de tiempo relativamente corto. En última instancia, parecía que su cuenta había quedado sustancialmente reducida. Ahora el hombre estaba muerto, como seguramente ya sabría Robilliard si había estado al tanto las últimas semanas, y como su muerte era un homicidio...—. Tenemos que echar un vistazo a todo —concluyó Le Gallez.

Robilliard parecía pensativo.

—Por supuesto que sí —dijo—. Pero para poder utilizar cualquier dato del banco como prueba, necesitarás una orden del juez. Imagino que ya lo sabes.

—Lo sé —dijo Le Gallez—. Pero lo único que queremos de momento es información: adónde fue ese dinero, por ejemplo, y cómo fue a parar ahí.

Robilliard consideró su petición. Los otros esperaron. Antes, Le Gallez le había explicado a Saint James que una llamada del Servicio de Inteligencia Financiera bastaría para obtener información general del banco, pero que él prefería el contacto personal. No sólo sería más eficaz, le dijo, sino también más rápido. Las instituciones financieras estaban obligadas por ley a revelar las transacciones sospechosas al FIS cuando el FIS se lo solicitaba. Pero no tenían que ponerse de inmediato precisamente. Había miles de formas de retrasarlo. Por este motivo, había requerido la asistencia del Departamento de Fraudes en la persona del sargento Marsh. Hacía ya demasiados días que Guy Brouard había muerto para tener que esperar con impaciencia mientras el banco mareaba la perdiz con algo que la ley le exigía con bastante claridad que hiciera.

—Siempre que entiendas la situación respecto a las pruebas... —dijo al fin Robilliard.

Le Gallez se dio unos golpecitos en la sien.

—Lo tengo todo aquí, David. Danos lo que puedas.

El director procedió a hacerlo personalmente mientras los dejaba disfrutando de las vistas del puerto y del muelle de Saint Julian que se abrían ante la ventana.

—Con un buen telescopio, se puede ver Francia desde aquí —comentó Le Gallez.

A lo que Marsh respondió:

—Pero ¿quién querría verla? —Y los dos hombres se rieron como dos vecinos cuya hospitalidad hacia los turistas se había agotado tiempo atrás.

Cuando Robilliard regresó unos cinco minutos después, traía unos listados de ordenador. Señaló una pequeña mesa de reuniones, a la que se sentaron. Colocó el listado sobre la mesa, delante de él.

—Guy Brouard tenía una cuenta importante —dijo—; no tanto como la de su hermana, pero importante al fin y al cabo. Ha habido pequeños movimientos de ingresos y reintegros en la de ella durante los últimos meses; pero teniendo en cuenta quién era el señor Brouard (el alcance del negocio de Chateaux Brouard cuando lo dirigía él), no existía ningún motivo real para pensar en movimientos sospechosos.

—Mensaje recibido —dijo Le Gallez. Y luego preguntó a Marsh—: ¿Lo tienes, Dick?

—De momento, estamos colaborando —reconoció Marsh.

Saint James admiró el juego provinciano que tenía lugar entre los dos hombres. Imaginaba cuánto podían complicarse los trámites si las partes comenzaban a exigir consejo legal, órdenes del jefe de la judicatura o un mandamiento judicial del SIF. Esperó a que se produjeran más avances entre ellos, y éstos fueron inmediatos.

—Ha realizado una serie de transacciones a Londres —les contó Robilliard—, todas al mismo banco, a la misma cuenta. Empiezan —consultó el listado— hace poco más de ocho meses. Prosiguieron a lo largo de la primavera y del verano en cantidades cada vez mayores y culminan en una última transferencia el 1 de octubre. La transferencia inicial es de cinco mil libras. La última es de doscientas cincuenta mil libras.

—¿Doscientas cincuenta mil libras? ¿Todo a la misma cuenta cada vez? —dijo Le Gallez—. Dios santo, David. ¿Quién vigila el negocio?

Robilliard se ruborizó levemente.

—Ya os lo he dicho. Los Brouard son titulares de cuentas importantes. Él dirigía un negocio con propiedades en todo el mundo.

—Estaba retirado, maldita sea.

—Así es. Pero, verás, si las transferencias las hubiera hecho alguien que no conociéramos tan bien, si fueran ingresos y reintegros realizados por un ciudadano extranjero, por ejemplo, habrían saltado todas las alarmas de inmediato. Sin embargo, no había nada que sugiriera una irregularidad. Sigue sin haber nada que lo sugiera. —Arrancó un *post-it* de la parte superior del listado y prosiguió diciendo—: El nombre de la cuenta receptora es International Access. Tiene una dirección en Bracknell. Imagino que será una empresa nueva en la que Brouard estaba invirtiendo. Si lo investigáis, apuesto a que es exactamente lo que descubriréis.

506

—Lo que a ti te gustaría que descubriéramos —dijo el inspector Le Gallez.

—Es lo único que sé —replicó Robilliard.

Le Gallez no aflojó.

—¿Lo único que sabes, o lo único que quieres decirnos, David?

A esta pregunta, Robilliard dio una palmada en el listado y dijo:

—Mira, Louis, no hay nada que me diga que esto no es lo que parece.

Le Gallez cogió el papel.

—De acuerdo. Ya lo veremos.

Fuera, los tres hombres se detuvieron delante de una panadería, donde Le Gallez miró con nostalgia unos cruasanes de chocolate en el escaparate.

—Hay que investigarlo, señor —dijo el sargento Marsh—; pero como Brouard está muerto, no sé si habrá alguien en Londres que pierda el culo por llegar al fondo de este asunto.

—Podría tratarse de una transacción legal —señaló Saint James—. Tengo entendido que el hijo, Adrian Brouard, vive en Inglaterra. Y también tenía otros hijos. Cabe la posibilidad de que alguno de ellos sea el propietario de International Access y que Brouard estuviera haciendo lo que pudiera para apoyarla.

—Capital de inversión —dijo el sargento Marsh—. Tenemos que enviar a alguien a Londres para que trate con el banco de allí. Llamaré a la ASF y daré las instrucciones, pero yo diría que van a pedir una orden judicial. El banco, quiero decir. Si llamáis a Scotland Yard...

—Tengo a alguien en Londres —le interrumpió Saint James—: alguien en Scotland Yard. Tal vez pueda ayudarnos. Le llamaré. Pero mientras tanto... —Pensó en todo lo que había averiguado durante los últimos días. Siguió los posibles rastros que había ido dejando cada información—. Deje que me ocupe de la vertiente londinense del caso —le dijo a Le Gallez—. Después de eso, diría que ha llegado el momento de hablar con franqueza con Adrian Brouard.

507

Capítulo 23

—*A*sí son las cosas, hijo —le dijo a Paul su padre. Le cogió el tobillo y sonrió con afecto, pero Paul podía ver la pena en sus ojos. La vio antes de que su padre le pidiera que subiera a su cuarto para «tener una charla íntima y sincera, Paulie». El teléfono sonó—. Sí, señor Forrest, el chico está aquí mismo —contestó Ol Fielder, y escuchó largamente. Su cara pasó lentamente del placer a la preocupación y a la decepción disimulada—. Ah, bueno —dijo al término de los comentarios de Dominic Forrest—, sigue siendo una buena cantidad y nuestro Paul no va a rechazarla, se lo aseguro.

Después, le había pedido a Paul que le acompañara arriba, haciendo caso omiso a Billy, que dijo:

—¿Qué ha pasado? ¿Al final nuestro Paulie no va a ser el nuevo Richard Branson?

Subieron al cuarto de Paul, donde el chico se sentó dando la espalda a la cabecera de la cama. Su padre se sentó en el borde y le explicó que su parte de la herencia, que el señor Forrest había pensado que ascendería a unas setecientas mil libras, en realidad era una cantidad que rondaba las sesenta mil: bastante menos de lo que el señor Forrest les había inducido a esperar, cierto, pero seguía siendo una suma nada despreciable. Paul podía utilizarla de muchas formas distintas, ¿verdad?: un instituto de formación profesional, la universidad, viajes. Podía comprarse un coche y así ya no tendría que depender más de esa bici vieja.

Podía montar un pequeño negocio si quería. Incluso podía comprarse una casita; no muy bonita, cierto, ni siquiera muy grande, pero una casa en la que podía trabajar, que podría arreglar, embellecer de verdad con el tiempo para que cuando algún día se casara... Ah, bueno, todo eran sueños, ¿verdad? Pero los sueños eran buenos. Todos los tenemos, ¿no?

—No te habrás gastado todo ese dinero mentalmente, ¿verdad, hijo? —le preguntó Ol Fielder a Paul con dulzura cuando acabó su explicación. Le dio una palmadita en la pierna—. ¿No? Ya pensaba que no lo habrías hecho, hijo. Tú eres prudente con estas cosas. Qué bien que te lo haya dejado a ti, Paulie, y no a... Bueno, ya me entiendes.

—Así que ésa es la noticia, ¿no? Qué divertido, joder.

Paul miró y vio que su hermano se había unido a ellos, sin que lo hubieran invitado, como siempre. Billy estaba en la puerta, apoyado en la jamba. Lamía el glaseado de un Pop-Tart sin tostar.

—Parece que nuestro Paulie no va a pegarse la gran vida después de todo. Bueno, lo único que puedo decir es que me mola, sí. No sé qué sería de este lugar sin Paulie meneándosela todas las noches en la cama.

—Ya basta, Bill. —Ol Fielder se levantó y estiró la espalda—. Supongo que tendrás cosas que hacer esta mañana, como el resto de nosotros.

—Lo supones, ¿no? —dijo Billy—. Pues no. No tengo nada que hacer. Yo no soy como vosotros, ¿vale? Para mí no es tan fácil conseguir trabajo.

—Podrías intentarlo —dijo Ol Fielder a Billy—. Es la única diferencia que hay entre nosotros, Bill.

Paul repartió su mirada entre su hermano y su padre. Entonces, bajó la vista para observar las rodillas de sus pantalones. Vio que estaban tan gastadas que se rasgarían con el mínimo roce. Demasiado usados, pensó, sin nada más para escoger.

—Oh, es eso, ¿verdad? —preguntó Billy. Paul se estremeció al oír el tono de voz, porque sabía que la declaración de su padre, aunque bienintencionada, era la invitación que Billy quería para discutir. Llevaba meses con su ira a cuestas, esperando a tener una excusa para darle salida. No había hecho más que empeorar cuando su padre entró a trabajar con la cuadrilla de obras, dejando a Billy atrás lamiéndose las heridas—. Ésa es la única diferencia, ¿verdad, papá? Nada más, ¿no?

—Ya sabes cómo son las cosas, Billy.

Billy dio un paso hacia el interior de la habitación. Paul se encogió en la cama. Su hermano era igual de alto que su padre y, aunque Ol era más corpulento, era demasiado afable. Además, no podía desperdiciar energía con discusiones. Necesitaba todos los recursos que tuviera para contribuir a la cuadrilla de obras todos los días y, aunque no fuera así, nunca había sido un hombre que buscara pelea.

Naturalmente, a los ojos de Billy ése era el problema: el que su padre no tuviera ganas de luchar. Todos los puestos del mercado de Saint Peter Port habían recibido la comunicación de que no iban a renovarles los contratos de arrendamiento, porque iba a cerrarse el lugar para llevar a cabo un proyecto de reurbanización que albergaría *boutiques*, tiendas de antigüedades, cafés y tiendas de recuerdos. Serían reemplazados —todas las carnicerías, pescaderías y verdulerías— y podían ir yéndose a medida que expiraran los contratos de arrendamiento, o podían marcharse ya. A los mandamases no les importaba, siempre que se hubieran ido cuando les habían ordenado que se fueran.

—Nos enfrentaremos a ellos —había jurado Billy mientras cenaban. Noche tras noche, hacía sus planes. Si no podían ganar, quemarían el lugar, porque nadie arrebataba a la familia Fielder su negocio sin pagar un precio.

Sin embargo, no había tenido en cuenta a su padre. Ol Fielder siempre había sido un hombre de paz.

Igual que en estos momentos, con Billy delante de él, muriéndose por pelear con alguien y buscando su oportunidad.

—Tengo que irme a trabajar, Billy —le dijo el padre—. Harías bien en encontrar un trabajo.

—Ya tenía un trabajo —le dijo Billy—. Igual que tú. Igual que mi abuelo y mi bisabuelo.

Ol meneó la cabeza con incredulidad.

—Esa época ha pasado, hijo. —Empezó a ir hacia la puerta.

Billy lo agarró del brazo.

—Eres un inútil de mierda —espetó Billy a su padre. Y cuando Paul dio un grito ahogado de protesta, Billy dijo gruñendo—: Y tú no te metas, mamón de mierda.

—Me voy a trabajar, Billy —dijo su padre.

—Tú no vas a ningún sitio. Vamos a hablar de esto, sí, ahora mismo. Y vas a fijarte en lo que has hecho.

—Las cosas cambian —le dijo Ol Fielder a su hijo.

—Tú dejas que cambien —dijo Billy—. Era nuestro: nuestro trabajo, nuestro dinero, nuestro negocio. El abuelo te lo dejó. Su padre lo levantó y se lo dejó a él. Pero ¿tú luchaste para conservarlo? ¿Intentaste salvarlo?

—No había motivos para salvarlo. Ya lo sabes, Billy.

—Tenía que ser mío igual que fue tuyo. Se suponía que tenía que dedicarme a eso, maldita sea.

—Lo siento —dijo Ol.

—¿Lo sientes? —Billy sacudió el brazo de su padre—. Que lo sientas no me sirve de nada. No va a cambiar las cosas.

—¿Y qué va a cambiarlas? —preguntó Ol Fielder—. Suéltame el brazo.

—¿Por qué? ¿Te da miedo un poco de dolor? ¿Por eso no quisiste enfrentarte a ellos? ¿Te daba miedo meterte en líos? ¿Recibir algunos golpes, tal vez? ¿Algunos moratones?

—Tengo que irme a trabajar, hijo. Suéltame. No insistas, Billy.

—Insistiré cuando quiera insistir. Y tú te irás cuando yo te diga que puedes irte. Ahora mismo estamos hablando.

—De nada servirá hablar. Las cosas son así.

—¡No digas eso! —Billy alzó la voz—. No me digas eso, joder. He trabajado de carnicero desde que tenía diez años. Aprendí el negocio. Se me daba bien. Así fue durante todos esos años, papá. Me manchaba las manos y la ropa de sangre, el olor era tan fuerte que me llamaban Perro de Presa. ¿Lo sabías, papá? Pero no me importaba, porque tenía una vida. Es lo que me estaba construyendo: una vida. Ese puesto era mío y ahora no tengo nada y es lo que me queda. Dejaste que nos lo robaran todo porque no querías despeinarte. Así que, dime, ¿qué me queda, papá?

—Son cosas que pasan, Billy.

—¡A mí no! —gritó Billy. Soltó el brazo de su padre y le empujó. Le empujó una vez, luego otra, luego una tercera, y Ol Fielder no hizo nada para detenerle—. Pelea conmigo, cabrón —gritó Billy con cada empujón—. Pelea conmigo. Pelea conmigo.

Desde la cama, Paul observó todo aquello con la vista borrosa. Vagamente, en algún lugar de la casa, oyó ladrar a *Taboo*

511

y algunas voces. La tele, pensó. Y ¿dónde estaba mamá? ¿No les oía? ¿No vendría a detenerle?

Tampoco podría. Nadie podría, ni ahora ni nunca. A Billy le gustaba la violencia de la carnicería, aunque fuera implícita. Le gustaban los cuchillos y los golpes en la carne que la separaban del hueso o despedazaban el propio hueso. Cuando aquello desapareció de su vida, fue acumulando durante meses las ansias de volver a sentir el poder de diezmar algo, de destrozar algo hasta que no quedara nada. Dentro tenía reprimida esa necesidad de hacer daño, e iba a satisfacerla.

—No voy a pelear contigo, Billy —dijo Ol Fielder cuando su hijo le dio un último empujón. Tenía la parte posterior de las piernas contra el lateral de la cama y se dejó caer en ella—. No voy a pelear contigo, hijo.

—¿Te da miedo perder? Vamos. Levanta. —Y Billy dio un manotazo brusco a su padre en el hombro. Ol Fielder hizo una mueca de dolor. Billy sonrió sin alegría—. Sí, eso es. ¿Te ha gustado? Levanta, capullo. Levanta. Levanta.

Paul se acercó a su padre, para llevarle a una seguridad que no existía. Entonces, Billy arremetió contra él.

—Aléjate, mamón. No te metas, ¿me oyes? Es asunto nuestro, mío y suyo. —Cogió a su padre de la mandíbula y la apretó, le giró la cabeza hacia un lado de forma que Paul pudiera ver claramente la cara de su padre—. Mírale el careto —le dijo Billy—. Es patético. No peleará con nadie.

Los ladridos de *Taboo* se hicieron más fuertes. Se acercaban unas voces.

Billy volvió a girar la cara de su padre. Le pellizcó la nariz y le agarró las dos orejas.

—¿Qué hará falta? —se burló—. ¿Qué te convertirá en un hombre, papá?

Ol apartó las manos de su hijo con la cabeza.

—¡Basta! —Habló con voz fuerte.

—¿Ya? —se rio Billy—. Papá, papá, acabamos de empezar.

—¡He dicho que basta! —gritó Ol Fielder.

Aquello era lo que quería Billy, que se apartó bailando encantado. Cerró los puños y se rio, dando puñetazos al aire. Se volvió hacia su padre e imitó los saltitos elegantes de un boxeador.

—¿Dónde quieres que sea, aquí o fuera?

Avanzó hacia la cama, lanzando ganchos y derechazos. Pero sólo uno alcanzó el cuerpo de su padre —un golpe en la sien— antes de que el cuarto se llenara de gente. Unos hombres de uniforme azul cruzaron la puerta, seguidos de Mave Fielder con los dos hermanos pequeños de Paul. Detrás de ella iban los dos medianos, con la cara llena de mermelada y una tostada en la mano.

Paul pensó que venían a separar a su padre y a su hermano mayor. Alguien había llamado a la policía y estaban por los alrededores, tan cerca que habían logrado llegar en un tiempo récord. Se encargarían de la situación y se llevarían a Billy. Lo encerrarían y por fin reinaría la paz en casa.

Sin embargo, lo que sucedió fue muy distinto.

—¿Paul Fielder? ¿Eres Paul Fielder? —le preguntó uno a Billy mientras el segundo avanzaba hacia el hermano de Paul.

—¿Qué pasa aquí, señor? —preguntó el segundo policía al padre de Paul—. ¿Hay algún problema?

Ol Fielder dijo que no. No, no había ningún problema, tan sólo una riña familiar que estaban solucionando.

—Éste es su hijo Paul —quiso saber el policía.

—Buscan a nuestro Paulie —dijo Mave Fielder a su marido—. No quieren decir por qué, Ol.

Billy soltó un grito de placer.

—Por fin te han pillado, gilipollas —le dijo a Paul—. ¿Has estado montando el espectáculo en los baños públicos? Ya te advertí que no merodearas por allí.

Paul tembló contra la cabecera de la cama. Vio que uno de sus hermanos menores agarraba a *Taboo* del collar. El perro seguía ladrando, y uno de los policías dijo:

—¿Puede hacer que se calle?

—¿Tiene una pistola? —preguntó Billy riéndose.

—¡Bill! —gritó Mave. Y luego dijo—: ¿Ol? ¿Qué pasa?

Pero, naturalmente, Ol Fielder no sabía más que los otros.

Taboo siguió ladrando. Se retorció, intentando zafarse del hermano menor de Paul.

—¡Hagan algo con este puto animal! —dijo el policía.

Paul sabía que *Taboo* sólo quería que lo soltaran. Sólo quería asegurarse de que Paul no estaba herido.

—A ver, déjame... —dijo el otro policía, y cogió el collar de *Taboo* para sacarlo fuera.

El perro enseñó los dientes. Le mordió. El agente gritó y le dio una patada fuerte. Paul saltó de la cama hacia su perro, pero *Taboo* ya estaba bajando las escaleras entre aullidos.

Paul intentó seguirlo, pero notó que alguien tiraba de él.

—¿Qué ha hecho? ¿Qué ha hecho? —decía su madre llorando, mientras Billy se reía como un loco.

Los pies de Paul buscaban agarrarse al suelo y, sin querer, le dio una patada al agente. El hombre gruñó y soltó a Paul, lo que le dio tiempo al chico para coger la mochila y salir hacia la puerta.

—¡Detenedle! —gritó alguien.

No costó mucho hacerlo. La habitación estaba tan abarrotada de gente, que no había adónde ir y, sin duda, ningún lugar en el que esconderse. Enseguida estaban bajando a Paul por las escaleras y conduciéndole afuera.

A partir de ese momento, le envolvió un torbellino de imágenes y sonidos. Oía a su madre preguntando sin cesar qué querían de su pequeño Paulie, y a su padre diciendo: «Mave, mujer, intenta calmarte». Oía a Billy riéndose y, en alguna parte, los ladridos de *Taboo*, y fuera vio una hilera de vecinos. Arriba, vio que el cielo estaba azul por primera vez en muchos días y, recortados en él, los árboles que bordeaban el aparcamiento de tierra parecían impresiones dibujadas al carboncillo.

Antes de saber qué le estaba pasando, se encontró en la parte trasera de un coche de policía, agarrando la mochila contra su pecho. Notaba frío en los pies, se los miró y vio que no llevaba zapatos. Aún tenía puestas las destrozadas zapatillas de andar por casa, y nadie había pensado en darle tiempo para ponerse una chaqueta.

La puerta del coche se cerró de un portazo y el motor rugió. Paul oyó que su madre seguía gritando. Giró la cabeza cuando el coche empezó a moverse y vio cómo su familia desaparecía.

Entonces, de detrás de la muchedumbre, *Taboo* salió corriendo hacia ellos. Ladraba con furia y las orejas se le movían arriba y abajo.

—Estúpido perro —murmuró el agente que conducía—. Si no vuelve a casa...

—No es problema nuestro —dijo el otro.

Salieron de Bouet y entraron en Pitronnerie Road. Cuando llegaron a Le Grand Bouet y ganaron velocidad, *Taboo* seguía corriendo frenéticamente tras ellos.

Deborah y China tuvieron algunos problemas para encontrar la casa de Cynthia Moullin en La Corbière. Les habían dicho que todo el mundo la conocía como la Casa de las Conchas y que no les pasaría inadvertida a pesar de estar en una calle que tenía aproximadamente la anchura de una rueda de bicicleta, que a su vez era el ramal de otra calle que serpenteaba entre terraplenes y setos. Al tercer intento, cuando por fin vieron un buzón de conchas de ostras, decidieron que tal vez habían encontrado el lugar que buscaban. Deborah metió el coche en el sendero, lo que les permitió ver un enorme despliegue de conchas rotas en el jardín.

—La casa antes llamada de las Conchas —murmuró Deborah—. No me extraña que no la hayamos visto.

El lugar parecía desierto: ningún coche en el sendero, un granero cerrado, las cortinas corridas sobre las ventanas con forma de diamante. Pero mientras salían del coche a la entrada llena de conchas esparcidas, vieron a una chica agachada al fondo de lo que quedaba del imaginativo jardín. Abrazaba la parte superior de un pequeño pozo de los deseos de hormigón con conchas incrustadas, con su cabeza rubia apoyada en el borde. Parecía una estatua de Viola después del naufragio y no se movió mientras Deborah y China se acercaban a ella.

Sin embargo, sí habló.

—Vete. No quiero verte. He llamado a la abuela, y dice que puedo ir a Alderney. Quiere que vaya, y pienso ir.

—¿Eres Cynthia Moullin? —preguntó Deborah a la chica.

Ésta levantó la cabeza, sobresaltada. Miró a China y luego a Deborah como si intentara entender quiénes eran. Entonces miró detrás de ellas, tal vez para ver si las acompañaba alguien más. Como no había nadie con ellas, dejó caer el cuerpo. Su cara volvió a adoptar una expresión de desesperación.

—Creía que era mi padre —dijo sin ánimo y volvió a bajar la cabeza hacia el borde del pozo de los deseos—. Quiero morirme. —Se agarró al lateral del pozo de nuevo como si pudiera imponer su voluntad a su cuerpo.

—Sé lo que se siente —dijo China.

—Nadie sabe lo que se siente —replicó Cynthia—. Nadie lo sabe porque es mi dolor. Él se alegra. «Ahora puedes dedicarte a tus cosas. El daño está hecho, y lo pasado pasado está.» Pero las cosas no son así. Él cree que se ha terminado. Pero nunca se terminará. Para mí no. Nunca lo olvidaré.

—¿Te refieres a tu relación con el señor Brouard? —preguntó Deborah—. ¿Por qué ha muerto?

La niña volvió a levantar la cabeza al oír que mencionaba a Brouard.

—¿Quiénes sois?

Deborah se lo explicó. En el trayecto desde Le Grand Havre, China le contó que no había oído ni una palabra sobre Guy Brouard y una mujer llamada Cynthia Moullin mientras había estado en Le Reposoir. Por lo que ella sabía, Anaïs Abbott era la única pareja de Guy Brouard. «Los dos se comportaban como si así fuera», dijo China. Por lo tanto, era evidente que esta chica había desaparecido del mapa antes de la llegada de los River a Guernsey. Quedaba por ver por qué estaba fuera del mapa y a instancias de quién.

A Cynthia comenzaron a temblarle los labios, se le curvaron hacia abajo mientras Deborah hacía las presentaciones y exponía las razones de su visita a la Casa de las Conchas. Cuando acabó de contarle todo, las primeras lágrimas resbalaban por sus mejillas. No hizo nada para detenerlas. Cayeron en la sudadera gris que llevaba, manchándola con pequeñas marcas ovaladas de su dolor.

—Yo quería —dijo sollozando—. Él también quería. Nunca lo dijo y yo tampoco, pero los dos lo sabíamos. Simplemente me miró esa vez antes de hacerlo y supe que todo había cambiado entre nosotros. Lo vi en su cara (lo que significaría para él y todo eso) y le dije: «No utilices nada». Y él sonrió de esa forma que significaba que sabía lo que estaba pensando y que le parecía bien. Al final, lo habría hecho todo más fácil. Habría hecho que fuera más lógico casarnos.

Deborah miró a China, que reaccionó moviendo los labios para expresar: «guau».

—¿Estabas prometida con Guy Brouard? —le preguntó Deborah a China.

—Lo habría estado —contestó ella—. Y ahora... Guy. Oh, Guy. —Lloraba sin avergonzarse, como una niña pequeña—. No queda nada. Si hubiera un bebé, tendría algo. Pero ahora Guy está muerto de verdad y no lo soporto y le odio. Le odio. Le odio. Me ha dicho: «Vamos. Sigue con tu vida. Eres libre para seguir como antes», y se comporta como si no hubiera rezado para que sucediera todo esto, como si no pensara que me habría escapado si hubiera podido y me habría escondido hasta tener al bebé y entonces ya sería demasiado tarde y él no podría evitarlo. Dice que me habría destrozado la vida, pero es ahora cuando mi vida está destrozada. Y él se alegra. Se alegra. Se alegra. —Abrazó el pozo de los deseos, sollozando contra el borde granuloso.

Deborah pensó que era obvio que tenían la respuesta a su pregunta. Difícilmente podía haber una sombra de duda acerca de qué tipo de relación tenía Cynthia Moullin con Guy Brouard. Y ese «él» al que odiaba tenía que ser su padre. Deborah no podía imaginarse quién más habría albergado las preocupaciones que atribuía a ese «él» que tanto despreciaba.

—Cynthia, ¿quieres que te llevemos adentro? —le dijo—. Aquí fuera hace frío, y como sólo llevas esa sudadera...

—¡No! ¡No volveré a entrar ahí dentro! Me quedaré aquí hasta que me muera. Quiero morirme.

—No creo que tu padre vaya a permitir que eso suceda.

—Él lo desea tanto como yo —afirmó la chica—. Me dijo: «Dame la rueda. No te mereces su protección, niña». Como si eso fuera a hacerme daño. Como si fuera a entender qué quería decir. Está diciendo: «No eres hija mía», y se supone que tengo que oírlo sin que lo diga. Pero me importa una mierda, ¿sabéis? Me da igual.

Deborah miró a China confundida. China se encogió de hombros para expresar su propia perplejidad. Estaban adentrándose en un terreno demasiado peligroso. Obviamente, necesitaban algún tipo de salvavidas.

—Ya se la había dado a Guy de todos modos —dijo Cynthia—, hace meses. Le dije que la llevara siempre encima. Era una estupidez, lo sé. No era más que una estúpida piedra. Pero

517

le dije que le protegería, y supongo que me creyó... porque le dije... le dije... —Empezó a llorar de nuevo—. Pero no le protegió, ¿verdad? Sólo era una piedra estúpida.

La chica era una mezcla fascinante de inocencia, sensualidad, ingenuidad y vulnerabilidad. Deborah vio la atracción que podía sentir por un hombre que quería enseñarle el mundo, protegerla de él simultáneamente e iniciarla en algunos de sus placeres. Cynthia Moullin ofrecía una especie de relación «todo incluido», una tentación definitiva para un hombre que necesitaba mantener a todas horas un aura de superioridad. En realidad, Deborah se vio a sí misma en la joven que tenía delante: la persona que habría sido si no se hubiera marchado tres años a Estados Unidos.

Al darse cuenta, Deborah se arrodilló junto a la chica y le puso la mano con delicadeza en la nuca.

—Cynthia —dijo—, siento muchísimo que estés pasando por todo esto. Pero, por favor, deja que te llevemos adentro. Ahora quieres morirte, pero no siempre va a ser así. Créeme. Lo sé.

—Yo también lo sé —dijo China—. En serio, Cynthia. Te está diciendo la verdad.

La idea de hermandad que implicaban sus declaraciones pareció llegar a la chica. Permitió que la ayudaran a ponerse de pie, y cuando se hubo levantado, se secó los ojos con las mangas de la sudadera y dijo con voz lastimera:

—Tengo que sonarme.

—Habrá algo en la casa que puedas utilizar —dijo Deborah.

Por lo tanto, la llevaron del pozo de los deseos a la puerta. Allí, se sorbió la nariz y, por un momento, Deborah pensó que no iba a entrar; pero cuando gritó: «¡Hola!», y preguntó si había alguien en casa y nadie contestó, Cynthia estuvo dispuesta a pasar. Allí, utilizó un paño de cocina como pañuelo. Después, fue al salón y se acurrucó en un viejo sillón mullido, apoyó la cabeza en el reposabrazos y se tapó con una manta de punto que había en el respaldo.

—Dijo que tendría que abortar. —Ahora hablaba como atontada—. Me dijo que me tendría encerrada hasta que supiera que ya no era necesario. No iba a consentir que escapara a ningún sitio para tener al bastardo de ese cabrón. Le dije que no iba a ser el bastardo de nadie porque nos casaríamos mucho antes de que naciera, y entonces se puso como loco. Dijo: «Te quedarás aquí hasta que vea la sangre. En cuanto a Brouard, ya nos ocuparemos de él». —Cynthia tenía los ojos clavados en la pared de enfrente, donde colgaban una serie de fotografías familiares. En el centro, había una foto grande de un hombre sentado (su padre, seguramente) rodeado por tres chicas. Parecía formal y bienintencionado. Ellas parecían serias y necesitadas de diversión—. No veía lo que yo deseaba —dijo Cynthia—. No le importaba. Y ahora no hay nada. Si al menos tuviera al bebé...

—Créeme, te entiendo —dijo Deborah.

—Estábamos enamorados, pero él no lo entendía. Decía que me había seducido, pero no fue así.

—No —dijo Deborah—. Las cosas no ocurren así, ¿verdad?

—No. No ocurrió así. —Cynthia arrugó la manta con los puños cerrados y se la subió hasta la barbilla—. Vi que yo le gustaba desde el principio, y él también me gustó a mí. Eso fue. Y él me veía de verdad. No estaba ahí en la habitación para él, como una silla o algo así. Yo era real. Él mismo me lo dijo. Y con el tiempo pasó el resto. Pero no pasó nada que yo no estuviera dispuesta a hacer. No hubo ni una sola cosa que yo no quisiera que pasara. Él lo destrozó. Hizo que pareciera feo y repugnante, que pareciera que Guy lo hacía para divertirse, como si hubiera apostado con alguien que él sería el primero y necesitara las sábanas para demostrarlo.

—Los padres son así de protectores —dijo Deborah—. Seguramente no pretendía...

—Claro que sí. Y, de todas formas, Guy era así.

—¿Te llevó a la cama por una apuesta? —China intercambió una mirada ilegible con Deborah.

Cynthia se apresuró a corregirla.

—Quería enseñarme cómo podía ser. Sabía que yo nunca... Se lo dije. Me habló de lo importante que era para una mujer que la primera vez fuera... exultante. Y lo fue, todas las veces. Lo fue.

—Entonces, te sentías muy unida a él —dijo Deborah.

—Quería que viviera eternamente, conmigo. No me im-

519

portaba que fuera mayor. ¿Qué importaba eso? No éramos dos cuerpos follando en una cama. Éramos dos almas que se habían encontrado y querían estar juntas, pasara lo que pasara. Y así habría sido si él no hubiera... no hubiera... —Cynthia volvió a apoyar la cabeza en el reposabrazos y se echó a llorar de nuevo—. Yo también quiero morir.

Deborah se acercó a ella. Le acarició la cabeza y dijo:

—Lo siento mucho. Perderle y luego no tener a su bebé... Debes de estar muy triste.

—Estoy destrozada —dijo entre sollozos.

China se quedó donde estaba, a cierta distancia. Cruzó los brazos como para protegerse de la avalancha de emociones de Cynthia.

—Seguramente ahora no te ayudará saberlo —dijo—, pero lo superarás. Llegará un día que incluso te sentirás mejor. En el futuro, te sentirás totalmente distinta.

—No quiero.

—No. Nunca queremos. Amamos como locas y nos parece que si perdemos ese amor, nos marchitaremos y moriremos, lo cual sería una bendición. Pero ningún hombre merece que muramos por él, sea quien sea. Y, de todos modos, las cosas no suceden así en el mundo real. Seguimos adelante. Al final lo superamos. Y, entonces, volvemos a sentirnos completas.

—¡Yo no quiero sentirme completa!

—Ahora no —dijo Deborah—. Ahora quieres llorarle. La fuerza de tu dolor marca la fuerza de tu amor. Y dejar atrás ese dolor cuando llegue el momento será una forma de honrar ese amor.

—¿De verdad? —La voz de la chica era la de una niña, y parecía tan vulnerable que Deborah se descubrió queriendo lanzarse a protegerla. De repente, comprendió perfectamente cómo debió de sentirse el padre de la chica cuando supo que Guy Brouard se había acostado con ella.

—Es lo que creo —dijo Deborah.

Dejaron a Cynthia Moullin con aquel último pensamiento, acurrucada debajo de la manta, con la cabeza apoyada en un brazo a modo de almohada. Llorar la había dejado exhausta, pero tranquila. Ahora dormiría, les dijo. Tal vez sería capaz de soñar con Guy.

Fuera, en el sendero lleno de conchas donde estaba el coche, al principio China y Deborah no dijeron nada. Se detuvieron y contemplaron el jardín. Parecía como si un gigante descuidado lo hubiera pisoteado, y China afirmó cansinamente:

—Qué horror.

Deborah la miró. Sabía que su amiga no se refería al destrozo de los ornamentos crujientes que habían decorado el césped y los parterres.

—Sembramos nuestras vidas de minas —comentó.

—Más bien de bombas nucleares, diría yo. Tenía como setenta años. Y ella tiene... ¿Cuántos? ¿Diecisiete? Tendría que ser abuso de menores, por el amor de Dios. Pero no, claro, tuvo mucho cuidado, ¿no? —Se pasó la mano por el pelo corto con un gesto duro, brusco y muy similar al que hacía su hermano—. Los hombres son unos cerdos —dijo—. Si hay alguno que sea decente por ahí, te aseguro que estaría encantada de conocerle algún día. Sólo para estrecharle la mano. Sólo para decirle: «Encantadísima, joder». Todo ese rollo de «Eres la definitiva» y «Te quiero». ¿Por qué coño las mujeres nos lo seguimos creyendo? —Miró a Deborah y, antes de que ésta pudiera responder, siguió hablando—: Bah, olvídalo. Da igual. Siempre se me olvida. A ti los hombres no te han pisoteado.

—China...

China hizo un gesto con la mano para disculparse.

—Lo siento. Lo siento. No tendría que... Es sólo que verla a ella... Escuchar eso... Da igual. —Se dirigió deprisa al coche.

Deborah la siguió.

—A todos nos toca sufrir y tenemos que superarlo. Es lo que pasa, es como una consecuencia de estar vivos.

—No tiene por qué ser así. —China abrió la puerta y se dejó caer dentro del coche—. Las mujeres no tenemos que ser tan estúpidas.

—Nos preparan para creer en los cuentos de hadas —dijo Deborah—. ¿Un hombre atormentado salvado por el amor de una mujer buena? Lo mamamos desde la cuna.

—Pero en esta situación no teníamos a un hombre atormentado precisamente —señaló China con un gesto hacia la casa—. ¿Por qué se enamoraría de él? Ah, claro, era encantador. No estaba mal. Se mantenía en forma, así que no parecía

521

que tuviera setenta años. Pero convencerla para... para la primera vez... Lo mires por donde lo mires, podría ser su abuelo; su bisabuelo, incluso.

—En cualquier caso, parece que le quería.

—Apuesto a que su cuenta bancaria tuvo algo que ver. Una casa bonita, una finca bonita, un coche bonito, lo que sea. La promesa de ser la señora de la casa. Vacaciones fabulosas por todo el mundo con sólo pedirlo. Toda la ropa que quieras. ¿Te gustan los diamantes? Son tuyos. ¿Cincuenta mil pares de zapatos? Podemos arreglarlo. ¿Quieres un Ferrari? Ningún problema. Apuesto a que eso hizo que Guy Brouard le pareciera mucho más sexy. Mira este lugar. Mira de dónde viene. Era una chica fácil. Cualquier chica que viniera de un lugar así sería fácil. Claro, las mujeres siempre se han sentido atraídas por el hombre atormentado. Pero promételes una fortuna y sentirán una atracción de la hostia.

Mientras Deborah escuchaba todo esto, el corazón le latía suave y deprisa en la garganta.

—¿De verdad crees eso, China? —le preguntó.

—Claro que lo creo. Y los hombres lo saben. Enseña la pasta y mira qué ocurre. Vendrán como moscas. Para la mayoría de las mujeres, el dinero importa más que si el hombre puede tenerse en pie. Si respira y está forrado, no hay más que hablar. ¿Dónde hay que firmar? Pero primero lo llamamos amor. Diremos que somos la mar de felices cuando estamos con él. Afirmaremos que cuando estamos juntos, los pájaros cantan y la tierra tiembla y las estaciones pasan. Pero quita eso y todo se reduce al dinero. Podemos querer a un hombre con mal aliento, una sola pierna, sin polla, siempre que pueda mantenernos como nos gustaría.

Deborah no pudo responder. Las declaraciones de China podían aplicarse a ella en demasiados sentidos, no sólo en lo referente a su relación con Tommy, que había empezado muy poco después de que, tras un desengaño amoroso, abandonara Londres por California años atrás, sino también a su matrimonio, que se produjo dieciocho meses después de que se acabara su romance con Tommy. A primera vista, parecía un retrato fiel de lo que China había descrito: la fortuna considerable de Tommy estaba disfrazada de un atractivo inicial; la riqueza mucho menor de Simon aún servía para permitirle las libertades que la mayoría de las mujeres de su edad nunca tenían. El hecho de que nada de eso fuera lo que parecía... Que el dinero y la seguridad que ofrecía se asemejaran a veces a una red tejida para tenerla atrapada... No ser una mujer independiente... No tener nada con que contribuir a nada... ¿Cómo podía decirse que eso importaba comparado con la gran fortuna de haber tenido en su día un amante adinerado y ahora un marido que podía mantenerla?

Deborah se tragó todo aquello. Sabía que su vida tan sólo era responsabilidad suya. Y sabía que China conocía muy poco su vida.

—Sí. Bueno. Lo que para una mujer es el amor verdadero para otra es una fuente de ingresos. Volvamos a la ciudad. Simon ya habrá hablado con la policía.

523

Capítulo 24

$\mathcal{U}$na de las ventajas de ser amigo íntimo del comisario en funciones del Departamento de Investigación Criminal era tener acceso inmediato a él. Saint James sólo tuvo que esperar un momento antes de oír la voz de Tommy al otro lado del hilo telefónico diciéndole:

—Debs consiguió que fueras a Guernsey, ¿eh? Ya me lo imaginaba.

—En realidad no quería que fuera —contestó Saint James—. Logré convencerla de que jugar a la señorita Marple en Saint Peter Port no le convenía a nadie.

Lynley se rio.

—¿Y cómo va...?

—Adelante, pero con más complicaciones de las que querría. —Saint James puso al día a su amigo sobre la investigación independiente que él y Deborah intentaban llevar a cabo mientras, a la vez, trataban de no interferir en el trabajo de la policía local.

—No sé hasta cuándo podré seguir investigando basándome en el dudoso poder de mi reputación —concluyó.

—¿Por eso me llamas? —dijo Lynley—. Hablé con Le Gallez cuando Deborah vino a Scotland Yard. Me lo dejó muy claro: no quiere que la Met se inmiscuya en su caso.

—No es eso —se apresuró a tranquilizarle Saint James—. Es sólo si puedes hacer un par de llamadas por mí.

—¿Qué clase de llamadas? —Lynley parecía cauteloso.

Saint James se lo explicó. Cuando acabó, Lynley le contó que, en realidad, el cuerpo que se ocupaba en el Reino Unido de las cuestiones sobre los bancos ingleses era la Autoridad de Servicios Financieros. Haría lo que pudiera para obtener información del banco que había recibido la transferencia de Guernsey; pero tal vez le requirieran una orden judicial, lo que podría llevar un poco más de tiempo.

—Puede que se trate de algo totalmente legal —le dijo Saint James—. Sabemos que el dinero fue a parar a un grupo llamado International Access en Bracknell. ¿Puedes intentarlo por ahí?

—Puede que tengamos que hacerlo. Veré qué puedo sacar.

Cuando colgó, Saint James bajó al vestíbulo del hotel, donde reconoció que tendría que haberse comprado un móvil hacía tiempo mientras intentaba recalcarle a la recepcionista la importancia de que le localizara si entraba alguna llamada de Londres para él. La mujer anotó la información, y cuando estaba asegurándole de mala gana que le transmitiría cualquier mensaje, Deborah y China regresaron de su excursión a Le Grand Havre.

Los tres se dirigieron al bar del hotel, donde pidieron un café e intercambiaron información. Saint James vio que Deborah había llegado a una serie de conclusiones realistas con los datos que había recabado. Por su parte, China no utilizó estos hechos para intentar moldear la opinión de Saint James respecto al caso, y él tuvo que admirarla por ello. Si estuviera en su situación, dudaba que pudiera ser tan cauto.

—Cynthia Moullin nos ha hablado de una piedra —dijo Deborah para concluir—. Y ha dicho que le había dado esa piedra a Guy Brouard para protegerle. Y su padre quería que se la devolviera. Por lo que me pregunto si no será la misma piedra que se utilizó para ahogarle. El padre tiene un móvil clarísimo. Incluso la encerró hasta que le vino el período para comprobar que no estaba embarazada de Guy Brouard.

Saint James asintió.

—La conjetura de Le Gallez es que alguien pensara utilizar el anillo de la calavera y los huesos cruzados para ahogar a Brouard, pero cambió de idea cuando vio que Brouard llevaba la piedra encima.

—¿Y ese alguien sería Cherokee? —China no esperó una respuesta—. No tienen más móvil que el que tenían cuando me detuvieron a mí. Y necesitan un móvil para que todo encaje, ¿verdad, Simon?

—En el mejor de los mundos, sí. —Quiso añadir el resto de lo que sabía, que la policía había encontrado algo que sería tan importante como un móvil, pero no estaba dispuesto a compartir esa información con nadie. No era que sospechara que China River o su hermano hubieran cometido el crimen. Más bien sospechaba de todo el mundo y la cautela le decía que no soltara prenda.

Antes de que pudiera seguir —eligiendo entre ganar tiempo y mentir descaradamente—, Deborah habló.

—Cherokee no sabría que Guy Brouard tenía esa piedra.

—A menos que viera que la tenía —dijo Saint James.

—¿Y cómo pudo verlo? —replicó Deborah—. Cynthia ha dicho que Brouard la llevaba encima. ¿No sugiere eso que la llevaba en un bolsillo y no en la mano?

—Podría ser, sí —dijo Saint James.

—Sin embargo, Henry Moullin sí sabía que la tenía. Le pidió explícitamente a su hija que se la devolviera, es lo que nos ha dicho ella. Si le contó que había dado su amuleto de la suerte o protección para el mal de ojo o lo que sea al hombre con el que estaba furioso, ¿por qué no iba a ir a buscarle y exigirle que se la devolviera?

—No hay nada que nos diga que no lo hiciera —señaló Saint James—. Pero hasta que lo sepamos seguro...

—Le cargamos el muerto a Cherokee —concluyó China con rotundidad. Miró a Deborah como diciendo: «¿Lo ves?».

A Saint James no le gustó la idea de «chicas contra chicos» que implicaba aquella mirada.

—No descartamos nada. Eso es todo —dijo Saint James.

—Mi hermano no lo hizo —insistió China—. Mira: Anaïs Abbott tiene un móvil. Henry Moullin también tiene móvil. Incluso Stephen Abbott tiene móvil si quería ligarse a Cynthia o quería separar a su madre de Brouard. ¿Dónde encaja Cherokee? En ningún sitio. ¿Y por qué? Porque no lo hizo. No conocía a estas personas más que yo.

—No puedes desechar todo lo que señala a Henry Moullin, no para centrarte en Cherokee, ¿verdad? —añadió Deborah—. No cuando ni siquiera hay nada que indique que podría estar implicado en la muerte de Guy Brouard. —Al parecer, sin embargo, leyó algo en el rostro de Saint James mientras hacía su último comentario, porque dijo—: A menos que sí haya algo. Y debe de haberlo, porque, si no, ¿por qué habrían detenido a Cherokee? Así pues, hay algo, naturalmente. ¿En qué estaría pensando? Has hablado con la policía. ¿Qué te han dicho? ¿Tiene que ver con el anillo?

Saint James miró a China, quien se inclinó hacia él con atención, y luego a su mujer.

—Deborah —dijo negando con la cabeza, y acabó con un suspiro que transmitía su disculpa—. Lo siento, cariño.

Deborah abrió más los ojos al darse cuenta, al parecer, de lo que su marido estaba diciendo y haciendo. Apartó la mirada, y Saint James vio que apretaba las manos en su regazo como si ese gesto fuera a contener su temperamento. Evidentemente, China también lo captó porque se levantó, a pesar de no haberse acabado el café.

—Creo que voy a ver si me dejan hablar con mi hermano, o si puedo encontrar a Holberry y hacer que le dé un mensaje, o... —Dudó. Miraba hacia la puerta del bar, donde dos mujeres cargadas con bolsas de Marks & Spencer entraban para tomarse un descanso en las compras matutinas. Después de ver que se acomodaban, de escuchar su risa tranquila y su charla, China se quedó triste.

—Os busco luego, ¿vale? —dijo mirando a Deborah. Se despidió de Saint James con un movimiento de cabeza y cogió su abrigo.

Deborah gritó su nombre mientras su amiga se marchaba deprisa de la sala, pero China no se dio la vuelta. Deborah sí se giró, hacia su marido.

—¿Era necesario? —le preguntó—. Casi le has llamado asesino. Y crees que ella también está implicada, ¿verdad? Por eso no has querido decir lo que sabes, no delante de ella. Crees que lo hicieron ellos, juntos, o bien uno de los dos. Es lo que crees, ¿verdad?

—No sabemos que no lo hicieran —contestó Saint James, aunque, en realidad, no era lo que quería decirle a Deborah. En lugar de contestar, sabía que estaba reaccionando al tono de acusación de su mujer, pese a darse cuenta de que esa reacción nacía de la irritación y que era un primer paso para acabar discutiendo con ella.

—¿Cómo puedes decir eso? —preguntó Deborah.

—¿Y cómo no puedes decirlo tú, Deborah?

—Porque acabo de contarte lo que hemos averiguado, y no hay nada que tenga que ver con Cherokee o con China.

—No —reconoció—. Lo que has averiguado tú no tiene nada que ver con ellos.

—Pero lo que tú tienes, sí. Es lo que estás diciendo. Y como un buen detective, te lo guardas para ti. Bueno, muy bien. Mejor me vuelvo a Inglaterra. Mejor dejo que...

—Deborah.

—... te ocupes de todo tú solo, ya que estás tan decidido a hacerlo. —Igual que había hecho China, empezó a ponerse el abrigo. Sin embargo, le costó y fue incapaz de hacer la salida dramática que sin duda deseaba hacer.

—Deborah. Siéntate y escucha —dijo Saint James.

—No me hables así. No soy una niña.

—Pues no te comportes como si fueras... —Se calló y levantó las manos, con las palmas hacia ella en un gesto que decía: «Vamos a poner freno a eso». Se obligó a tranquilizarse y obligó a su voz a sonar razonable—. Lo que yo crea no es importante.

—Entonces, sí que...

—Y —la interrumpió con decisión— lo que tú creas tampoco es importante. Lo único importante son los hechos. Los sentimientos no pueden inmiscuirse en una situación como ésta.

—Dios mío, has tomado una decisión, ¿verdad? ¿Basada en qué?

—No he tomado ninguna decisión. No me corresponde a mí hacerlo, y aunque así fuera, nadie está pidiéndome que tome una decisión.

—¿Entonces?

—La cosa no pinta bien. Eso es lo que pasa.

—¿Qué sabes? ¿Qué tienen? —Cuando Saint James no respondió de inmediato, Deborah dijo—: Madre de Dios, ¿no confías en mí? ¿Qué crees que voy a hacer con la información?

—¿Qué harías si implicara al hermano de tu amiga?

—¿Qué pregunta es ésa? ¿Qué crees que haría, decírselo?

—El anillo... —Saint James detestaba decirlo, pero había que hacerlo—. Y Cherokee lo reconoció desde el principio; pero aun así, no dijo nada de nada. ¿Cómo explicas eso, Deborah?

—No tengo que explicarlo yo, sino él. Él lo explicará.

—¿Tanto confías en él?

—No es un asesino.

Sin embargo, los hechos sugerían lo contrario, aunque Saint James no podía arriesgarse a revelárselos: *Eschscholtzia californica*, un frasco en un campo, huellas en el frasco y todo lo que había pasado en el condado de Orange, California.

Se quedó pensando un momento. Todo señalaba a River, con una sola excepción: el movimiento de dinero de Guernsey a Londres.

Margaret estaba junto a la ventana y soltaba una exclamación brusca cada vez que un pájaro pasaba volando más o menos cerca de la casa. Había realizado dos llamadas más a la policía de los estados, exigiendo saber cuándo esperaban hacer algo respecto a ese «ladronzuelo miserable», y estaba aguardando la llegada de alguien que escuchara su historia y tomara las medidas oportunas. Por su parte, Ruth intentaba concentrarse en su bordado.

Sin embargo, Margaret la distraía profundamente. Decía: «Tendrás que tragarte tus protestas sobre su inocencia dentro de una hora» y «Te enseñaré lo que son la verdad y la honradez», y otros comentarios editoriales, mientras esperaban. Ruth no sabía qué esperaban, porque lo único que su cuñada había dicho fue: «Se van a ocupar enseguida», tras realizar la primera llamada a la policía.

A medida que ese «enseguida» se alargaba, Margaret fue inquietándose. Estaba a punto de convencerse para llamar otra vez y exigir medidas por parte de las autoridades, cuando un coche de policía se detuvo enfrente de la casa y gritó:

—¡Lo tienen!

Fue corriendo a la puerta, y Ruth hizo lo que pudo para seguirla, levantándose de su silla y cojeando detrás de Margaret. Como un huracán, su cuñada salió afuera, donde uno de los dos agentes de uniforme estaba abriendo la puerta trasera del coche. Se metió entre el policía y el ocupante del asiento trasero. Cuando Ruth llegó al fin, Margaret se había montado en el vehículo para agarrar a Paul Fielder del cuello de la camisa y estaba sacándolo con violencia del coche.

—Creías que te habías salido con la tuya, ¿verdad? —le dijo.

—A ver, señora —dijo el agente.

—Dame esa mochila, ¡ladronzuelo!

Paul se revolvió y agarró con fuerza la mochila contra su pecho. Le dio patadas en los tobillos a Margaret.

—Intenta escapar —gritó ella, y le dijo a los policías—: Hagan algo, maldita sea. Quítenle la mochila. La tiene ahí dentro.

El segundo policía llegó del otro lado del coche.

—Está interfiriendo en...

—¡No tendría que hacerlo si alguno de ustedes hiciera su trabajo!

—Apártese, señora —dijo el primer policía.

—Margaret —dijo Ruth—, sólo le estás asustando. Paul, cielo, ¿puedes entrar en casa? Agentes, ¿pueden ayudarle a entrar, por favor?

Margaret soltó al chico a regañadientes, y Paul fue corriendo hacia Ruth. Tenía los brazos extendidos, y el significado estaba claro. Ella, y nadie más que ella, cogería su mochila.

Ruth condujo al chico y a los agentes al interior de la casa, con la mochila en una mano y el brazo entrelazado con el de Paul. Lo convirtió en un gesto de cordialidad. El chico temblaba como una hoja, y Ruth quiso decirle que no tenía nada que temer. La idea de que hubiera robado algo de Le Reposoir era absurda.

Lamentaba que estuviera pasando por aquella angustia y sabía que la presencia de su cuñada no haría más que agravarla. Ruth se dio cuenta de que tendría que haber hecho algo para evitar que Margaret llamara a la policía. Pero salvo encerrarla en el ático o cortar la línea telefónica, no sabía qué podría haber hecho.

Sin embargo, ahora que el daño estaba hecho, al menos podía impedir que Margaret estuviera presente en el que, sin duda, iba a ser un interrogatorio aterrador para el chico. Así que cuando entraron en el vestíbulo de piedra, dijo:

—Por aquí. ¿Paul, agentes? Si quieren pasar al salón del desayuno... Lo encontrarán bajando los dos escalones después de la chimenea. —Y cuando vio que Paul tenía los ojos clavados en la mochila, le dio una palmadita y le dijo con dulzura—: Ahora la traigo. Ve con ellos, cielo. Estarás a salvo.

Cuando los agentes se llevaron a Paul al salón del desayuno y cerraron la puerta, Ruth se volvió hacia su cuñada.

—He dejado que lo hicieras a tu manera, Margaret. Ahora déjame hacerlo a la mía.

Margaret no tenía un pelo de tonta. Vio por dónde iban los tiros que acabarían con sus planes de enfrentarse al chico que había robado el dinero destinado a su hijo.

—Abre esa mochila y verás la verdad—dijo.

—Lo haré delante de la policía —dijo Ruth—. Si se ha llevado algo...

—Le excusarás —dijo Margaret con amargura—. Naturalmente que lo harás. Excusas a todo el mundo. Es tu forma de vivir, Ruth.

—Podemos hablar después, si es que hay algo más que decir.

—No vas a excluirme de esto. No puedes.

—Es cierto. Pero la policía sí. Y lo hará.

La espalda de Margaret se tensó. Ruth vio que la había derrotado, pero que su cuñada buscaba un último comentario que ilustrara todo lo que había sufrido y seguía sufriendo por culpa de los deleznables Brouard. Sin embargo, al no encontrarlo, se dio la vuelta bruscamente. Ruth esperó hasta que oyó sus pasos en las escaleras.

Cuando se reunió con los dos agentes y Paul Fielder en el salón del desayuno, ofreció al chico una sonrisa llena de ternura.

—Siéntate, cielo —le dijo. Y luego se dirigió a los agentes—: Por favor. —Y señaló dos sillas y el sofá. Paul eligió el sofá, y ella se sentó a su lado. Le dio una palmadita en la mano y murmuró—: Lo siento muchísimo. Me temo que Margaret se sobreexcita.

—Veamos. Han acusado a este chico de robar...

Ruth levantó la mano para frenar al agente.

—Imagino que será cosa de la imaginación febril de mi cuñada. Si ha desaparecido algo, no sé qué es. Este chico tiene mi confianza para moverse tranquilamente por mi casa, con todas mis posesiones dentro. —Para demostrar que así era, devolvió la mochila sin abrir a Paul y dijo—: Sólo lamento haber ocasionado tantas molestias a todo el mundo. Margaret está muy afectada por la muerte de mi hermano. No se comporta de manera racional.

Creía que con aquello terminaría todo, pero se equivocaba. Paul volvió a darle la mochila.

—Vaya, Paul, no te entiendo —dijo ella.

Entonces Paul desabrochó los cierres y sacó un objeto cilíndrico: algo que estaba enrollado.

Ruth miró el rollo y luego al chico, perpleja. Los dos agentes se pusieron de pie. Paul puso la ofrenda en la mano de Ruth y, cuando ésta no supo exactamente qué hacer, él se ocupó. La desenrolló y la extendió sobre sus rodillas.

Ruth se quedó mirando.

—Oh, Dios mío —dijo y, de repente, lo comprendió.

Se le nubló la vista y, en un instante, le perdonó todo a su hermano: los secretos que le había ocultado y las mentiras que le había contado, su forma de utilizar a otras personas, la necesidad de ser viril y la obligación de seducir. Una vez más, volvía a ser esa niña pequeña que se agarraba de la mano de su hermano mayor. «N'aie pas peur —le había dicho—. N'aie jamais peur. On rentrera à la maison.»

Uno de los policías estaba hablando, pero Ruth sólo era vagamente consciente de su voz. Apartó miles de recuerdos de su mente y se las apañó para decir:

—Paul no robó esto. Lo estaba guardando para mí. Siempre ha querido que lo tuviera. Diría que lo estaba cuidando hasta que llegara mi cumpleaños. Guy habría querido que estuviera en un sitio seguro. Y sabía que podía confiar en Paul. Imagino que eso fue lo que pasó.

No podía decir nada más. Se sintió embargada por la emoción, pasmada por la importancia de lo que su hermano había hecho —y los problemas inimaginables que había pasado— para honrarla a ella, a su familia y su herencia.

—Les hemos ocasionado muchas molestias —murmuró a los policías—. Les pido disculpas. —Aquello bastó para animarlos a marcharse.

Ruth se quedó en el sofá con Paul. Él se deslizó a su lado.

Señaló el edificio que el dibujante había retratado, los minúsculos obreros que trabajaban en él, la mujer etérea sentada en
primer plano con los ojos clavados en el enorme libro que descansaba en su regazo. Tenía el cabello hacia atrás como si una
brisa lo meciera. Estaba igual de hermosa que cuando Ruth la
había visto por última vez hacía más de sesenta años: eternamente joven e intacta, congelada en el tiempo.

Ruth buscó a Paul y le cogió la mano. Ahora era ella quien
temblaba y no podía hablar. Pero podía actuar y eso hizo. Acercó la mano del chico a sus labios y luego se levantó.

Le indicó que la acompañara. Lo llevaría arriba para que
pudiera ver por sí mismo y comprendiera totalmente la naturaleza del extraordinario regalo que acababa de darle.

Valerie encontró la nota tras regresar de La Corbière.
Constaba de tres palabras escritas con la letra disciplinada de
Kevin: «Recital de Cherie». El que no hubiera escrito nada más
transmitía su disgusto.

Sintió una pequeña puñalada. Había olvidado el concierto de Navidad del colegio de la niña. Se suponía que tenía
que acompañar a su marido para aplaudir los esfuerzos vocales
de su sobrina de seis años; pero con el temor de necesitar saber qué nivel de responsabilidad tenía en la muerte de Guy
Brouard, no había podido pensar en nada más. Tal vez Kevin le
había recordado el concierto en el desayuno, pero no lo habría
oído. Ya estaba planeando el día: cómo y cuándo podría escabullirse para ir a la Casa de las Conchas sin que la echaran en falta, qué le diría a Henry cuando llegara.

Cuando éste regresó a casa, Valerie estaba quitando la grasa de la superficie de una olla para preparar un caldo de pollo.
A su lado, sobre la encimera, descansaba una nueva receta para
la sopa. La había recortado de una revista con la esperanza de
tentar a Ruth para que comiera.

Kevin entró por la puerta y se quedó observándola con la
corbata aflojada y el chaleco desabrochado. Valerie vio que iba
demasiado elegante para una fiesta de Navidad presentada por
niños menores de diez años y sintió una segunda puñalada al
verle: estaba guapo; tendría que haber ido con él.

ELIZABETH GEORGE

La mirada de su marido se posó en la nota que había dejado colgada en la nevera.

—Lo siento —dijo Valerie—. Se me olvidó. ¿Cherie estuvo bien?

Kevin asintió. Se quitó la corbata, la enrolló en su mano y la dejó en la mesa junto a un cuenco de nueces. Se despojó de la chaqueta y luego del chaleco. Separó una silla y se sentó.

—¿Mary Bell está bien? —preguntó Valerie.

—Todo lo bien que cabría esperar, son las primeras navidades sin él.

—También son tus primeras navidades sin él.

—Para mí es distinto.

—Supongo. Pero es bueno que las niñas te tengan a ti.

Se hizo un silencio entre ellos. El caldo de pollo borboteó. Se oyó el crujido de unos neumáticos en el sendero de gravilla, a poca distancia de la ventana de la cocina. Valerie miró fuera y vio que un coche de policía abandonaba los jardines de la finca. Frunció el ceño, regresó a la olla del caldo y añadió el apio cortado. Echó un puñado de sal y esperó a que su marido hablara.

—El coche no estaba cuando lo he necesitado para ir a la ciudad —dijo—. He tenido que coger el Mercedes de Guy.

— Con lo arreglado que ibas, habrá encajado a la perfección en el cuadro. ¿Le gustó a Mary Beth ir en un coche tan elegante?

—He ido solo. Cuando he salido, ya era demasiado tarde para pasar a buscarla. He llegado cuando ya había empezado el concierto. He estado esperándote. Pensaba que habrías salido un momento a algún sitio, a la farmacia a recoger medicamentos para la mansión o algo así.

Valerie repasó otra vez la superficie del caldo, quitando una capa de grasa inexistente. Ruth no se comería una sopa con demasiada grasa. Vería las delicadas manchas ovales y apartaría el tazón. Así que Valerie tenía que estar alerta y poner toda su atención en el caldo de pollo.

—Cherie te ha echado de menos —insistió Kevin—. Tenías que ir.

—Pero Mary Beth no ha preguntado dónde estaba, ¿verdad?

Kevin no respondió.

—Bien... —dijo Valerie en un tono tan agradable como pudo—. Ahora ya tiene las ventanas de su casa bien selladas, ¿no, Kev? ¿No hay más filtraciones?

—¿Dónde estabas?

Valerie fue a la nevera y miró dentro, intentando pensar qué podía decirle. Fingió examinar el contenido, pero sus pensamientos daban vueltas en su cabeza como mosquitos en torno a la fruta pasada.

Kevin arañó el suelo con la silla cuando se levantó. Se acercó a la nevera y cerró la puerta. Valerie regresó a los fogones, y Kevin la siguió hasta allí. Cuando cogió la cuchara para ocuparse del caldo, él se la arrebató y la dejó con cuidado en el escurrecubiertos.

—Es hora de hablar.

—¿De qué?

—Creo que ya lo sabes.

Valerie no iba a admitir nada. No podía permitírselo. Así que llevó la conversación por otro lado, aun sabiendo el terrible riesgo que corría de repetir el sufrimiento de su madre: esa maldición del abandono que parecía perseguir a su familia. Había vivido su infancia y su adolescencia bajo su sombra, y había hecho todo lo que había estado en su mano para asegurarse de que nunca tendría que ver la espalda de su esposo mientras se marchaba. Le había sucedido a su madre y a su hermano. Pero había jurado que a ella nunca le pasaría. Creía que, cuando trabajamos y luchamos, nos sacrificamos y amamos, merecemos recibir devoción a cambio. La había tenido durante años y sin ningún atisbo de duda. Aun así, tenía que arriesgarse a perderla para ofrecer protección donde más se necesitaba ahora.

Se preparó y dijo:

—Echas de menos a los chicos, ¿verdad? Es una parte de lo que ha pasado. Hicimos un buen trabajo con ellos, pero ahora tienen su vida y tú echas de menos hacer de padre. Ahí empezó. Vi la añoranza que sentiste la primera vez que las niñas de Mary Beth vinieron a cenar.

No miró a su marido, y él no dijo nada. En cualquier otra situación, podría haber interpretado su silencio como un sí y

535

haber olvidado el resto de la conversación. Pero en esta situación no podía hacerlo, porque olvidar una conversación significaba correr el riesgo de que empezara otra. Llegados a este punto, había pocos temas seguros que escoger, así que eligió ése, diciéndose que al final también habría salido.

—¿No es verdad, Kev? ¿No es así como empezó todo? —A pesar de haber elegido el tema deliberadamente, de haberlo escogido con la cabeza fría para mantener a salvo para siempre otro conocimiento mucho más terrible, se acordó de su madre y de cómo había sido para ella: las súplicas y las lágrimas y los «No me dejes, haré lo que sea, seré lo que sea, seré ella si me lo pides». Se prometió a sí misma que si llegaban a ese punto, no reaccionaría igual que su madre.

—Valerie. —La voz de Kevin sonó ronca—. ¿Qué ha pasado con nosotros?

—¿No lo sabes?

—Dímelo tú.

Ella lo miró.

—¿Hay un nosotros?

Kevin parecía tan perplejo que, por un instante, Valerie quiso dejarlo ahí, en el punto al que habían llegado, tan cerca del límite, pero sin llegar a cruzarlo. Pero no podía hacerlo.

—¿De qué estás hablando? —le preguntó.

—De las decisiones —dijo ella—, de alejarse de ellas cuando hay que tomarlas, o de tomar unas cuando hay que alejarse de otras. Es lo que ha pasado. He visto cómo pasaba. Lo he visto del derecho, del revés, he intentado no verlo. Pero da igual, tienes razón. Ha llegado el momento de hablar.

—Val, ¿le contaste...?

Lo detuvo antes de que siguiera por esa dirección.

—Los hombres no se alejan a menos que haya una carencia, Kev —le dijo.

—¿Alejarse?

—Una carencia, en algún lugar, en lo que ya tienen. Primero pensé: «Bueno, puede comportarse como si fuera su padre sin convertirse en su padre, ¿no? Puede darles lo que un padre da a sus hijas, y sabremos llevarlo bien. Puede ocupar el lugar de Corey en sus vidas. Puede hacer eso. Estará bien si lo hace». —Tragó saliva y deseó no tener que decirlo. Pero sabía que, como su hermano, en realidad no podía elegir—. Pensé, cuando pensaba en ello, Kev: «No tiene que hacer lo mismo por la mujer de Corey».

—Espera —dijo Kevin—. Has estado pensando... Mary Beth... ¿Y yo?

Parecía horrorizado. Valerie se habría sentido aliviada si no hubiera necesitado seguir hablando para asegurarse de que borraba de la mente de Kevin cualquier otro pensamiento que no estuviera relacionado con la sospecha de que se había enamorado de la viuda de su hermano.

—¿No fue así? —le preguntó—. ¿No es así? Quiero que me digas la verdad, Kev. Creo que la merezco.

—Todos queremos la verdad —dijo Kevin—. No sé si la merecemos.

—¿En un matrimonio? —dijo ella—. Dímelo, Kevin. Quiero saber qué está pasando.

—Nada —dijo—. No sé cómo has podido creer que pasaba algo.

—Sus hijas, sus llamadas, el que necesitara que hicieras esto o lo otro. Estás ahí para ayudarla y echas de menos a los chicos y quieres... Sé que echas de menos a los chicos, Kev.

—Claro que los echo de menos. Soy su padre. ¿Por qué no iba a echarlos de menos? Pero eso no significa... Val, debo a Mary Beth lo que un hermano le debe a su hermana, nada más y nada menos. Imaginaba que tú más que nadie lo comprenderías. ¿A eso venía todo?

—¿Qué?

—El silencio. Los secretos. Como si estuvieras escondiéndome algo. Es así, ¿verdad? ¿Me ocultas algo? Siempre hablas, pero últimamente no lo haces. Las veces que te he preguntado... —Hizo un gesto con la mano y luego la dejó caer a su lado—. No me has dicho nada. Así que pensaba... —Kevin apartó la mirada, y se puso a examinar el caldo de pollo como si fuera una poción mágica.

—¿Qué pensabas? —le preguntó Valerie, porque al final tenía que saberlo y él tenía que hablar para que ella pudiera negarlo y, al negarlo, dar por zanjado el asunto.

—Al principio —dijo Kevin—, decidí que se lo habías contado a Henry a pesar de prometer que callarías. Pensé: «Dios santo, le ha contado a su hermano lo de Cyn y cree que se ha cargado a Brouard y no me lo dirá porque yo le advertí que no lo hiciera». Pero entonces decidí que era otra cosa, algo peor. Peor para mí, quiero decir.

—¿Qué?

—Le conocía, Val. Tenía a Anaïs, pero ella no era para él. Tenía a Cyn, pero es sólo una cría. Quería a una mujer que fuera una mujer de verdad y que tuviera los conocimientos de una mujer, una que fuera tan necesaria para él como él lo era para ella. Y tú eres esa clase de mujer, Val. Él lo sabía. Me di cuenta de que lo sabía.

—¿Así que pensaste que el señor Brouard y yo...? —Valerie apenas podía creerlo: no sólo que su marido creyera lo que creía, por muy irracional que fuera, sino también la suerte que tenía de que lo creyera. Parecía tan abatido, que sintió una alegría inmensa. Quería reírse por lo disparatado que era pensar que, de entre todas las mujeres, Guy Brouard pudiera fijarse en ella, con sus manos ásperas de trabajar y su cuerpo de madre, que ningún bisturí de cirujano plástico había arreglado. Quiso decirle a su marido que el estúpido Guy perseguía la juventud y la belleza para sustituir su propia decadencia. Pero en lugar de eso, dijo—: ¿Por qué diablos ibas a pensar eso, cariño?

—Tú no eres reservada —dijo—. Si no era por Henry...

—Y no era por él —dijo mientras sonreía a su marido y permitía que la mentira la poseyera como fuera.

—Entonces, ¿qué podía ser?

—Pero creer que el señor Brouard y yo... ¿Cómo se te ocurre pensar que me interesaría por él?

—No pensaba. Sólo veía. Él era quien era y tú tenías secretos. Él era rico y Dios sabe que nosotros nunca lo seremos y tal vez eso podía influirte. Mientras que tú... Ésa era la parte fácil.

—¿Por qué?

Kevin abrió las manos. Su rostro le transmitió que lo que estaba a punto de decir era la parte más razonable de la fantasía que había estado viviendo.

—¿Quién no lo intentaría si tenía la más mínima posibilidad de conseguirlo?

Valerie sintió, por la pregunta que había hecho, por la expresión de su cara y el movimiento de sus brazos, que todo su cuerpo se enternecía. Sintió que la ternura acudía a sus ojos y a sus facciones. Fue hacia él.

—Sólo ha habido un hombre en mi vida, Kevin —le dijo—. Hay pocas mujeres que puedan decirlo, y menos aún que lo digan orgullosas. Yo puedo decirlo y estoy orgullosa de decirlo. Siempre fuiste y has sido el único.

Valerie notó cómo los brazos de Kevin la rodeaban. Éste la atrajo hacia él sin delicadeza. La abrazó sin deseo. Lo que buscaba era seguridad, y lo sabía porque ella también la buscaba.

Afortunadamente, Kevin no le preguntó nada más.

Así que ella no dijo nada de nada.

Margaret abrió su segunda maleta sobre la cama y empezó a sacar más ropa de la cómoda. La había doblado con cuidado cuando llegó, pero ahora no le preocupaba cómo iba a guardarla. Había terminado con aquel lugar y terminado con los Brouard. No sabía cuándo salía el siguiente vuelo a Inglaterra, pero pensaba estar en él.

Había hecho lo que había podido: por su hijo, por su ex cuñada, por todo el mundo, maldita sea. Pero la forma en que Ruth la rechazó fue la gota que colmó el vaso, más aún que su última conversación con Adrian.

—Te diré lo que cree —había anunciado. Había ido a su cuarto a buscarle y no le había encontrado. Al final, lo localizó en el piso de arriba, en la galería donde Guy guardaba parte de las antigüedades que había coleccionado a lo largo de los años junto con la mayoría de las obras de arte. El hecho de que todo aquello pudiera haber sido de Adrian, debiera ser de Adrian... Daba igual que todos los lienzos fueran tonterías modernas, manchas de pintura y figuras que parecían cortadas por un robot de cocina; seguramente eran valiosos, tendrían que haber sido de su hijo, y la idea de que Guy hubiera pasado sus últimos años negando deliberadamente a su hijo lo que le correspondía... Margaret estaba furiosa. Prometió que se vengaría.

Adrian no hacía nada en la galería. Apoltronado en un sillón, simplemente se dedicaba a ser Adrian. Hacía frío allí y, para abrigarse, se había puesto la chaqueta de piel. Tenía las piernas extendidas delante de él y las manos en los bolsillos. La

539

suya podría ser la postura de alguien que ve a su equipo de fútbol humillado en el terreno de juego, pero Adrian no tenía los ojos clavados en un televisor, sino en la repisa de la chimenea. En ella había media docena de fotografías familiares, entre las cuales había una de Adrian con su padre, otra de Adrian con sus hermanastras, y una más de Adrian con su tía.

Margaret dijo su nombre, y luego:

—¿Me has oído? Ruth cree que no tienes derecho al dinero de tu padre. Él también lo creía, según ella. Dice que no creía en «derechos adquiridos». Ésas han sido sus palabras. Como si tuviéramos que tragarnos ese cuento. Si tu padre hubiera tenido la suerte de que alguien le dejara una herencia, ¿crees que la habría despreciado? ¿Habría dicho: «Oh, Dios santo. No, gracias. No es bueno para mí. Mejor déjasela a alguien cuya pureza no se estropee con dinero inesperado». No es muy probable. Los dos son unos hipócritas. Lo que hizo, lo hizo para castigarme a través de ti, y ella está feliz como una perdiz de seguir adelante con su plan. ¡Adrian! ¿Me escuchas? ¿Has oído una palabra de lo que te he dicho?

Se preguntó si había escapado a uno de sus estados crepusculares, algo que sería típico de él. «Sumérgete en tu interior durante un período prolongado de catatonia falsa, jovencito. Deja que mamá se ocupe de los detalles difíciles de tu vida.»

Finalmente, Margaret había llegado al límite: la historia de llamadas de las escuelas en las que Adrian fracasaba, los orientadores diciéndole en confianza que realmente al chico no le pasaba nada; los psicólogos con sus expresiones comprensivas informándole de que tenía que dejar volar a su hijo si quería que mejorara; los maridos que consideraban que sus alas protectoras no eran lo suficientemente grandes para amparar a un hijastro con tantos problemas; los hermanos castigados por atormentarle; los profesores sermoneados por entenderle mal; los médicos con los que discutía por ser incapaces de ayudarle; los animales de compañía rechazados por ser incapaces de satisfacerle; los empleados a quienes pedía tres y cuatro oportunidades; los caseros ante los que intercedió; las posibles novias presionadas y manipuladas... Y todo aquello la había condu-cido a este momento cuando, como mínimo, se suponía que Adrian tenía que escuchar, murmurar una única palabra de agradecimiento, decirle: «Has hecho lo que has podido, mamá», o tal vez incluso gruñir; pero no, eso era pedirle demasiado, ¿verdad?, era pedirle un pequeño esfuerzo, era pedirle sentido común, que se preocupara de tener una vida que fuera una vida y no sólo una prolongación de la suya porque, Dios santo, Dios santo, una madre debía tener algunas garantías, ¿no? ¿No debía tener al menos la garantía de saber que sus hijos tendrían la voluntad de sobrevivir si los dejaba solos?

Pero la maternidad no le había dado ninguna garantía en absoluto acerca de su hijo mayor. Al ver aquello, Margaret sintió que su determinación al fin se agrietaba.

—¡Adrian! —dijo, y cuando no le contestó, le dio un fuerte bofetón en la mejilla—. ¡No soy un mueble! —gritó—. ¡Contéstame! Adrian, si no... —Volvió a levantar la mano.

Adrian la detuvo justo cuando empezaba a bajar hacia su cara. La cogió con fuerza y siguió agarrándola mientras se levantaba. Entonces, la apartó como si fuera basura y dijo:

—Siempre empeoras las cosas. No quiero que estés aquí. Vete a casa.

—Dios mío —dijo ella—. ¿Cómo te atreves a...? —Pero no logró decir más.

—Basta —dijo Adrian, y la dejó en la galería.

Por lo tanto, se había marchado a su habitación, donde sacó las maletas de debajo de la cama. Había llenado la primera y ahora estaba con la segunda. Ahora sí que se iría a casa. Lo dejaría a su suerte. Le daría la oportunidad que al parecer buscaba para ver cómo se las arreglaba él solo.

En el sendero, dos puertas de un coche se cerraron una detrás de la otra, y Margaret fue a la ventana. Había oído marcharse a la policía hacía menos de cinco minutos y había visto que no se habían llevado a Fielder con ellos. Esperaba que hubieran regresado a buscarle, que hubieran encontrado un motivo para encerrar al pequeño animal. Pero vio un Ford Escort azul marino, y el conductor y el pasajero estaban enzarzados en una conversación junto al capó.

Reconoció al pasajero de la recepción posterior al entierro de Guy: el hombre discapacitado de aspecto asceta que había visto merodeando cerca de la chimenea. Su acompañante, el conductor, era una mujer pelirroja. Margaret se preguntó qué querrían, a quién habían ido a ver.

Pronto tuvo su respuesta. Porque Adrian apareció en el sendero, procedente de la bahía. El hecho de que los recién llegados estuvieran girados hacia él le dijo a Margaret que seguramente le habían visto en la carretera al entrar con el coche y que estaban esperándole.

Se le encendieron todas las luces de alarma. Independientemente de su determinación anterior de dejar a Adrian a su suerte, que su hijo hablara con unos desconocidos mientras el asesinato de su padre seguía sin esclarecerse significaba que Adrian estaba en peligro.

Margaret sostenía un camisón que iba a guardar en la maleta. Lo lanzó sobre la cama y salió corriendo de su cuarto.

Oyó el murmullo de la voz de Ruth en el estudio de Guy mientras se dirigía a las escaleras. Anotó mentalmente que debía ocuparse más tarde de la negativa de su cuñada a dejar que se enfrentara con ese vándalo en potencia mientras estaba presente la policía. Ahora había que atender una situación más urgente.

Una vez fuera, vio que el hombre y su acompañante pelirroja iban al encuentro de su hijo.

—¿Hola? —dijo—. ¿Hola? Eh, hola. ¿Puedo ayudarlos en algo? Soy Margaret Chamberlain.

Vio el leve temblor en el rostro de Adrian y lo interpretó como un ligero desprecio. Estuvo a punto de dejarle allí con ellos —bien sabía Dios que se merecía tener que arreglárselas solo—, pero descubrió que no podía hacerlo sin saber primero qué querían exactamente.

Alcanzó a los visitantes y volvió a presentarse. El hombre dijo que se llamaba Simon Allcourt-Saint James, que su acompañante era su mujer, Deborah, y que habían venido a ver a Adrian Brouard. Saint James señaló con la cabeza al hijo de Margaret mientras comunicaba esta información; era uno de esos gestos que decía: «Sé que eres tú», y que impedía que Adrian escapara en caso de que se lo estuviera planteando.

—¿Qué desean? —dijo Margaret en un tono agradable—. Soy la madre de Adrian, por cierto.

—¿Tiene unos minutos? —le preguntó Allcourt-Saint James a Adrian como si Margaret no hubiera hablado claro.

La mujer notó que se encrespaba por dentro, pero intentó mantener el mismo tono de voz agradable de antes.

—Lo siento. No tenemos tiempo para charlas. He de marcharme a Inglaterra, y como Adrian tiene que llevarme a...

—Pasen —dijo Adrian—. Podemos hablar dentro.

—Adrian, cariño —dijo Margaret. Lo miró larga e intensamente, telegrafiando su mensaje: «Deja de comportarte como un estúpido. No tenemos ni idea de quiénes son estas personas».

Adrian no le hizo caso y los guió hasta la puerta. A Margaret no le quedó más remedio que seguirlos.

—Bueno, sí. Supongo que sí tenemos unos minutos, ¿no? —dijo esforzándose por representar un frente unido.

Margaret les habría obligado a mantener la charla de pie en el vestíbulo de piedra donde hacía frío y sólo había sillas duras contra las paredes para sentarse: lo mejor para hacer que su visita fuera breve. Sin embargo, Adrian los llevó al salón de arriba. Una vez allí, tuvo la sensatez de no pedirle que se fuera, y Margaret se acomodó en el centro de uno de los sofás para asegurarse de que su presencia no pasaba inadvertida.

A Saint James —puesto que así fue como le pidió que lo llamara cuando utilizó su apellido compuesto— no pareció importarle que fuera a presenciar lo que tuviera que decirle a su hijo. Tampoco su mujer, que se sentó junto a Margaret en el sofá sin que nadie se lo pidiera y se mantuvo vigilante como si le hubieran dicho que estudiara a todos los participantes en la conversación. Por su parte, Adrian no parecía preocupado porque dos desconocidos hubieran ido a hablar con él. Tampoco se inquietó cuando Saint James comenzó a hablar sobre un dinero —una gran cantidad de dinero— que había desaparecido del patrimonio de su padre.

Margaret tardó un momento en digerir las implicaciones de lo que Saint James estaba revelando y darse cuenta de hasta qué punto la herencia de Adrian acababa de quedar diezmada. Con lo mísera que era ya, considerando lo que tendría que haber sido si Guy no hubiera impedido ingeniosamente que su hijo se beneficiara de su fortuna, ahora parecía que la cantidad era mucho menor de lo que incluso había imaginado.

—¿Nos está diciendo que en realidad...? —empezó a decir Margaret.

543

—Madre —la interrumpió Adrian—. Siga —le dijo entonces a Saint James.

Al parecer, el londinense había venido para algo más que para comunicar simplemente el cambio en las expectativas de Adrian. Les dijo que durante los últimos ocho o nueve meses, Guy había enviado dinero fuera de Guernsey, y Saint James estaba allí para ver si Adrian sabía algo acerca de por qué su padre había transferido grandes cantidades de dinero a una cuenta en Londres con una dirección en Bracknell. Contó a Adrian que tenía a alguien en Londres que se ocupaba de esa información, pero si el señor Brouard pudiera facilitarles el trabajo proporcionándoles detalles que tuviera...

Lo que significaba eso estaba claro como el agua y, antes de que Adrian pudiera hablar, Margaret dijo:

—¿Cuál es su trabajo exactamente, señor Saint James? Sinceramente, y, por favor, comprenda que no es mi intención ser maleducada, no veo por qué mi hijo tendría que responder a sus preguntas, sean las que sean. —Aquello debería haber bastado para advertir a Adrian de que cerrara el pico; pero naturalmente, no fue así.

—No sé por qué mi padre tendría que mandar dinero a ningún sitio —dijo Adrian.

—¿No se lo mandaba a usted? ¿Por motivos personales? ¿Algún negocio? ¿O por cualquier otro motivo? ¿Algún tipo de deuda?

Adrian sacó un paquete de tabaco arrugado del bolsillo de los vaqueros. Cogió un cigarrillo y lo encendió.

—Mi padre no apoyaba mis negocios —dijo—, ni nada que yo hiciera. Yo quería, pero no lo hizo. Eso es todo.

Margaret se estremeció por dentro. Su hijo no podía oír cómo sonaba eso. No podía saber qué parecía. Y les ofrecería más de lo que pedían. ¿Por qué no cuando le brindaban una ocasión tan maravillosa de herirla? Se habían peleado y ahí estaba la oportunidad de igualar el resultado, que él aprovecharía sin molestarse en pensar en las ramificaciones de lo que decía. Su hijo era exasperante.

—Entonces, ¿no tiene usted ninguna relación con International Access, señor Brouard? —le preguntó Saint James.

—¿Qué es eso? —preguntó Margaret con cautela.

—El destinatario de todas las transferencias del padre del señor Brouard. Más de dos millones de libras en transacciones, al final.

Margaret intentó parecer interesada más que horrorizada, pero sintió como si le dieran una patada en la boca del estómago. Se obligó a no mirar a su hijo. Y si Guy realmente le había enviado dinero, pensó, y si Adrian también le había mentido acerca de esto... Porque ¿no era International Access el nombre que Adrian había contemplado para la empresa que deseaba montar? Qué típico de él era dar un título al plan antes de ponerlo en marcha. Pero ¿no se llamaba así su invento y la idea brillante que le haría ganar millones si su padre asumía el papel de socio capitalista? Sin embargo, Adrian afirmaba que su padre no había invertido nada en su idea, ni siquiera cincuenta peniques. ¿Y si no era así? ¿Y si Guy había estado dándole dinero todo este tiempo?

Había que ocuparse enseguida de cualquier cosa que hiciera que Adrian pareciera culpable de algo.

—Señor Saint James —dijo Margaret—, puedo asegurarle que si Guy envió dinero a Inglaterra, no se lo envió a Adrian.

—¿No? —Saint James parecía tan agradable como ella intentaba serlo; pero a Margaret no se le escapó la mirada que intercambió con su mujer, ni tampoco malinterpretó su significado. Como mínimo, les resultaba curioso que hablara por su hijo adulto que parecía perfectamente capaz de hablar por sí mismo. En el peor de los casos, pensaban que era una zorra entrometida. Bueno, que pensaran lo que quisieran. Tenía cosas más importantes de las que preocuparse que la opinión que dos desconocidos tuvieran de ella.

—Imagino que mi hijo me lo habría contado. Me lo cuenta todo —dijo—. Como no me ha dicho que su padre le mandaba dinero, Guy no le mandó dinero. Ahí lo tienen.

—Por supuesto —dijo Saint James, y miró a Adrian—. ¿Señor Brouard? ¿Tal vez por otros motivos que no eran empresariales?

—Ya se lo ha preguntado —señaló Margaret.

—Creo que no ha respondido —dijo la mujer de Saint James educadamente—. No del todo, quiero decir.

Era exactamente el tipo de mujer que Margaret despreciaba: sentada allí tan apaciblemente con el pelo alborotado y la piel perfecta. Seguramente estaba encantada de que la miraran y no la escucharan, como una esposa victoriana que había aprendido a recostarse y contemplar Inglaterra.

—A ver... —dijo Margaret.

—Mi padre no me dio dinero —la interrumpió Adrian— por ningún motivo.

—Ahí lo tiene —dijo Margaret—. Ahora, si no hay nada más, tenemos mucho que hacer antes de que me vaya. —Empezó a levantarse.

La siguiente pregunta de Saint James la detuvo.

—Entonces, ¿hay alguien más, señor Brouard? ¿Sabe si hay alguien en Inglaterra a quien podría querer ayudar de alguna forma, alguien que podría estar asociado con un grupo llamado International Access?

Aquello era el colmo. Ya le habían dado al hombre lo que quería, maldita sea. Ahora lo que ellos querían era que se marchara.

—Si Guy estaba mandando dinero a algún sitio —dijo Margaret—, seguramente había alguna mujer de por medio. Yo, por lo pronto, les sugiero que investiguen en esa dirección. Adrian, cariño, ¿me ayudas con las maletas? Es hora de irse ya.

—¿Alguna mujer en particular? —preguntó Saint James—. Conozco su relación con la señora Abbott, pero como está aquí en Guernsey... ¿Hay alguien en Inglaterra con quien deberíamos hablar?

Margaret vio que tendrían que darle el nombre si querían deshacerse de él. Y era mucho mejor que le dieran ellos el nombre y no que lo averiguara y pudiera utilizarlo más adelante para emplumar a su hijo. Si lo sabía por ellos, aún podría parecer inocente. Por otra persona, parecería que tenían algo que esconder. Intentando que su tono fuera informal aunque ligeramente impaciente para mostrar a los intrusos que estaban abusando de su tiempo, le dijo a Adrian:

—Oh... Estaba esa joven con la que viniste a visitar a tu padre el año pasado: tu amiguita ajedrecista. ¿Cómo se llamaba? ¿Carol? ¿Carmen? No, Carmel. Eso es: Carmel Fitzgerald. A Guy le cayó bastante bien, ¿verdad? Incluso tuvieron una aventurilla, creo recordar. En cuanto tu padre supo que tú y ella no erais..., bueno, ya sabes. ¿No se llamaba así, Adrian?

—Papá y Carmel...

Margaret siguió hablando, para asegurarse de que los Saint James lo comprendían.

—A Guy le gustaban las mujeres, y como Carmel y Adrian no eran pareja... Cariño, tal vez se quedó más prendado de Carmel de lo que pensabas. A ti te pareció divertido; me acuerdo. «Papá ha elegido a Carmel como sabor del mes», eso dijiste. Recuerdo que nos reímos con el juego de palabras. Pero ¿existe la posibilidad de que tu padre se encariñara con ella más de lo que pensabas? Me contaste que Carmel hablaba del tema como una aventura para pasar el rato, pero quizá para Guy fuera algo más importante... No sería muy propio de él comprar el afecto de alguien, pero tal vez fuera porque nunca le hizo falta. Y en el caso de ella... Cariño, ¿tú qué crees?

Margaret aguantó la respiración. Sabía que se había extendido demasiado, pero no le quedó más remedio. Tenía que darle las pistas para que supiera cómo tenía que describir la relación entre su padre y la mujer con la que él había pensado casarse. Lo único que tenía que hacer era recoger el testigo y decir: «Oh, sí, papá y Carmel. Qué risa. Tienen que hablar con ella si buscan adónde ha ido a parar ese dinero»; pero no lo dijo.

En lugar de eso, contestó:

—No sería Carmel. Apenas se conocían. Papá no estaba interesado. No era su tipo.

—Pero me dijiste... —dijo Margaret a su pesar.

Adrian la miró.

—Creo que no. Lo diste por sentado. ¿Y por qué no? Era muy lógico, ¿no?

Margaret vio que los otros dos no tenían ni idea de acerca de qué hablaban madre e hijo, pero no había duda de que les interesaba averiguarlo. Sin embargo, estaba tan desconcertada por la noticia que acababa de darle su hijo, que no pudo asimilarla lo suficientemente deprisa para decidir el daño que provocaría tener delante de ellos la conversación que necesitaba tener con Adrian. Dios santo, ¿acerca de qué más le había mentido? Y si se le ocurría musitar siquiera la palabra «mentira» en presencia de estos londinenses, ¿cómo diablos la utilizarían? ¿Adónde los llevaría eso?

—Me precipité en mis conclusiones. Tu padre siempre... Bueno, ya sabes cómo era con las mujeres. Supuse... Debí de entenderlo mal... Pero sí que dijiste que ella se lo tomó como una aventura para pasar el rato, ¿verdad? Tal vez te referías a otra persona y yo pensé que era Carmel...

Adrian sonrió irónicamente, disfrutando del espectáculo que ofrecía su madre al retractarse de lo que acababa de decir. La dejó con la incertidumbre un poco más antes de intervenir.

—No sé de nadie en Inglaterra —les dijo a los demás—, pero papá se estaba tirando a alguien de la isla. No sé quién era, pero mi tía sí lo sabe.

—¿Se lo contó?

—Les oí discutir sobre ello. Lo único que puedo decirles es que se trata de alguien joven, porque Ruth amenazó con contárselo al padre de ella. Dijo que si era la única forma de impedir que papá siguiera con una niña, lo haría. —Adrian sonrió sin alegría y añadió—: Mi padre era un mal bicho. No me sorprende que al final alguien lo matara.

Margaret cerró los ojos, deseó fervientemente que algo se la llevara de allí y maldijo a su hijo.

Capítulo 25

Saint James y su mujer no tuvieron que ir a buscar a Ruth Brouard. Ella misma los encontró. Entró en el salón radiante de emoción.

—Señor Saint James, qué suerte tan increíble. He llamado a su hotel y me han dicho que estaba aquí. —Hizo caso omiso de su cuñada y de su sobrino y le pidió a Saint James que la acompañara porque de repente todo estaba claro y quería explicárselo enseguida.

—¿Debo...? —preguntó Deborah señalando el exterior de la casa.

Cuando supo quién era, Ruth le dijo que ella también podía ir.

—¿A qué viene todo esto, Ruth? —protestó Margaret Chamberlain—. Si tiene que ver con la herencia de Adrian...

Pero Ruth siguió sin hacerle caso, hasta el punto de cerrar la puerta mientras continuaba hablando.

—Tiene que perdonar a Margaret —le dijo a Saint James—. Es bastante... —Se encogió de hombros significativamente y prosiguió diciendo—: Acompáñenme. Estoy en el estudio de Guy.

Una vez allí, no perdió el tiempo con preámbulos.

—Ya sé qué hizo con el dinero —les dijo—. Venga. Mire. Véalo usted mismo.

Saint James vio que, en la mesa de su hermano, había un óleo. Medía unos sesenta centímetros de alto por cuarenta y cinco de ancho y estaba sujeto en las esquinas con libros de las estanterías. Ruth lo tocó con indecisión, como si fuera un objeto de culto.

—Guy por fin lo recuperó.

—¿Qué es? —preguntó Deborah, de pie al lado de Ruth y mirando el dibujo.

—La señora hermosa con el libro y la pluma —dijo Ruth—. Pertenecía a mi abuelo, y antes, a su padre, y al padre de su padre, y a todos los padres que hubo antes. Con el tiempo tenía que ser de Guy. Y supongo que gastó todo ese dinero para encontrarla. No hay nada más... —Se le quebró la voz, y Saint James levantó la cabeza del cuadro y vio que, detrás de sus gafas redondas, Ruth Brouard tenía los ojos llenos de lágrimas—. Ahora es lo único que queda de ellos. ¿Comprende?

Se quitó las gafas y, secándose los ojos con la manga de su grueso jersey, se acercó a una mesa que había entre dos sillones en un extremo de la estancia. Allí, cogió una fotografía y regresó con ellos.

—Aquí está —dijo—. Pueden verlo en la fotografía. *Maman* nos la dio la noche que nos separamos porque estamos todos. Aquí pueden verlos. *Granpère, Grandmère, Tante* Esther, *Tante* Becca, sus flamantes maridos, nuestros padres, nosotros. Dijo: «*Gardez-la...*». —Ruth pareció darse cuenta de que se había transportado a otro lugar y otra época. Cambió de idioma—. Disculpen. Dijo: «Guardadla hasta que volvamos a encontrarnos, así nos reconoceréis cuando nos veáis». No sabíamos que eso no sucedería nunca. Y miren la fotografía. Aquí está, encima del aparador, la señora hermosa con el libro y la pluma, donde estuvo siempre. Vean las figuritas que hay detrás de ella a lo lejos, atareadas en la construcción de esa iglesia. Un enorme edificio gótico que tardaron cien años en acabar y aquí está ella, sentada tan..., bueno, tan serena, como si supiera algo sobre esa iglesia que el resto de nosotros nunca conoceremos. —Ruth sonrió mirando afectuosamente el cuadro, aunque le brillaban los ojos—. *Très cher frère* —murmuró—. *Tu n'as jamais oublié.*

Saint James se había acercado a Deborah para mirar la fotografía mientras Ruth Brouard hablaba. Vio que, en efecto, el cuadro que tenían delante en la mesa era el mismo que aparecía en la fotografía, y que la fotografía era la que él había contemplado la última vez que estuvo en esta habitación. En ella, una familia estaba reunida en torno a una mesa para la cena de Pascua. Todos sonreían contentos a la cámara, en paz con un mundo que pronto los destrozaría.

—¿Qué pasó con el cuadro?

—Nunca lo supimos —contestó Ruth—. Sólo podíamos hacer conjeturas. Cuando terminó la guerra, esperamos. Durante un tiempo pensamos que nuestros padres vendrían a buscarnos. No lo sabíamos, al menos al principio. Durante algún tiempo no perdimos la esperanza... Bueno, los niños hacen eso, ¿no? No lo supimos hasta más adelante.

—Que habían muerto —murmuró Deborah.

—Que habían muerto —dijo Ruth—. Se quedaron demasiado tiempo en París. Huyeron al sur pensando que allí estarían a salvo, y ya no volvimos a saber nada de ellos. Habían ido a Lavaurette. Pero allí no estaban a salvo de Vichy. Traicionaron a los judíos cuando se lo pidieron. Eran peores que los nazis, en realidad, porque al fin y al cabo los judíos eran franceses, la propia gente de Vichy. —Alargó la mano para coger la fotografía que aún sostenía Saint James y la miró mientras seguía hablando—. Cuando acabó la guerra, Guy tenía doce años y yo, nueve. Pasaron años antes de que pudiera ir a Francia y averiguar qué le había pasado a nuestra familia. Por la última carta que recibimos, sabíamos que habían abandonado todas sus pertenencias, excepto la ropa que les cupo en una maleta para cada uno. Así que dejaron a la señora hermosa con el libro y la pluma, junto al resto de sus cosas, en casa de un vecino, Didier Bombard, para que se las guardara. Él le dijo a Guy que los nazis se lo llevaron todo porque era propiedad de judíos. Pero podría estar mintiendo, naturalmente. Lo sabíamos.

551

—Entonces, ¿cómo logró encontrarlo su hermano? —preguntó Deborah—. ¿Después de tantos años?

—Mi hermano era un hombre muy decidido. Habría contratado a la gente que hiciera falta: primero para buscarlo y luego para adquirirlo.

—International Access —observó Saint James.

—¿Qué es eso? —dijo Ruth.

—Es adonde fue a parar su dinero, el dinero que transfirió de su cuenta en Guernsey. Es una empresa en Inglaterra.

—Ah, entonces es eso. —Alargó la mano hacia una pequeña lámpara, que iluminó la mesa de su hermano, y la acercó para alumbrar mejor el cuadro—. Supongo que lo encontraron ellos. Tiene sentido, ¿verdad?, cuando uno piensa en las enormes colecciones de arte que se compran y venden todos los días en Inglaterra. Cuando hable con ellos, imagino que le contarán cómo lo localizaron y quién se encargó de devolvérnoslo: detectives privados, lo más probable; tal vez una galería también. Tuvo que comprarlo, naturalmente. No se lo darían sin más.

—Pero si es suyo... —dijo Deborah.

—¿Cómo podíamos demostrarlo? Sólo teníamos esta única fotografía familiar como prueba, y ¿quién miraría una foto de una cena familiar y decidiría que el cuadro que colgaba en la pared del fondo es el mismo que éste? —Señaló la pintura que tenían delante en la mesa—. No teníamos otros documentos. Siempre estuvo en la familia, la señora hermosa con el libro y la pluma, y, aparte de esta única foto, no había forma de demostrarlo.

—¿Y los testimonios de las personas que la habían visto en la casa de su abuelo?

—Ahora ya han muerto todos, supongo —dijo Ruth—. Y aparte del señor Bombard, tampoco sabría quiénes eran. Así que Guy no tenía otro modo de recuperarlo que comprándoselo a quien lo tuviera, y es lo que hizo, ténganlo por seguro. Imagino que era su regalo de cumpleaños para mí: devolver a la familia lo único que quedaba de la familia, antes de que yo muriera.

En silencio, miraron el lienzo extendido sobre la mesa. El cuadro era antiguo, no cabía la menor duda. A Saint James le parecía holandés o flamenco, y era una obra fascinante, un ejemplo de belleza eterna que en su época sin duda fue una alegoría para el artista y para su mecenas.

—Me pregunto quién será —dijo Deborah—. Por su vestido parece una especie de aristócrata. Es magnífico, ¿verdad? Y el libro es muy grande. Tener un libro así... Incluso saber leer en esa época... Debía de ser bastante rica. Tal vez fuera una reina.

—La señora con el libro y la pluma —dijo Ruth—. Para mí basta.

Saint James salió de su contemplación del dibujo y le dijo a Ruth Brouard:

—¿Cómo ha topado con él esta mañana? ¿Estaba en la casa, entre las cosas de su hermano?

—Lo tenía Paul Fielder.

—¿El chico al que su hermano hacía de mentor?

—Me lo ha dado él. Margaret creía que había robado algo de la casa porque no quería que nadie se acercara a su mochila. Pero lo que tenía dentro era esto, y me lo ha entregado inmediatamente.

—¿Cuándo ha sido?

—Esta mañana. La policía le ha traído desde Bouet.

—¿Aún está aquí?

—Imagino que estará por los jardines. ¿Por qué? —La expresión de Ruth se volvió seria—. No creerá que lo ha robado, ¿verdad? Porque, en serio, él no haría algo así. No es propio de Paul.

—¿Podría dejármelo un rato, señora Brouard? —Saint James tocó el borde del cuadro—. Lo guardaré bien.

—¿Por qué?

—Si no le importa —dijo solamente a modo de respuesta—. No tiene que preocuparse. Se lo devolveré pronto.

Ruth miró el cuadro como si se resistiera a separarse de él, que sin duda era lo que le pasaba. Sin embargo, al cabo de un momento, asintió con la cabeza y apartó los libros de cada esquina del lienzo.

—Hay que enmarcarlo. Hay que colgarlo como es debido.

Le tendió la pintura a Saint James. Él la cogió y le dijo:

—Imagino que sabe que su hermano tenía un romance con Cynthia Moullin, ¿verdad, señora Brouard?

Ruth apagó la lámpara de la mesa y la colocó en su lugar original. Por un momento, Saint James creyó que no iba a contestarle, pero al fin dijo:

—Los sorprendí juntos. Me dijo que iba a contármelo. Dijo que quería casarse con ella.

—¿No le creyó?

—En demasiadas ocasiones, señor Saint James, mi hermano afirmó haberla encontrado al fin. «Esta mujer, Ruth, es la definitiva de verdad», decía. Siempre lo creía en el momento... porque siempre confundía ese escalofrío de la atracción sexual con el amor, como le sucede a mucha gente. El problema de Guy era que parecía incapaz de estar por encima de estas sensaciones. Y cuando el sentimiento se apagaba, como suele suceder con estas cosas, siempre imaginaba que era la muerte del amor y no simplemente la oportunidad de comenzar a amar.

553

—¿Se lo contó al padre de la chica? —preguntó Saint James.

Ruth fue de la mesa a la maqueta del museo de la guerra en el centro del estudio. Limpió el polvo inexistente del tejado.

—No me dejó otra alternativa. No quiso ponerle fin. Y estaba mal.

—¿Por qué?

—Es una cría, prácticamente una niña. No tiene experiencia. Estuve dispuesta a hacer la vista gorda cuando eran mayores. Ellas sabían lo que hacían, independientemente de lo que pensaran que hacía Guy. Pero Cynthia... Fue demasiado. Llevó las cosas demasiado lejos. No me dejó otra alternativa que acudir a Henry. Era la única forma que se me ocurrió para salvarlos a los dos, a ella de un desengaño amoroso y a él de la censura.

—No funcionó, ¿verdad?

Ruth dio la espalda a la maqueta.

—Henry no mató a mi hermano, señor Saint James. No le puso la mano encima. Cuando tuvo ocasión de hacerlo, no pudo. Créame. No es de esa clase de hombres.

Saint James vio lo mucho que Ruth Brouard necesitaba creer aquello. Si permitía que sus pensamientos fueran en cualquier otra dirección, la responsabilidad que tendría que afrontar sería atroz. Y ya tenía que soportar suficientes atrocidades.

—¿Está segura de lo que vio desde la ventana la mañana que murió su hermano, señora Brouard? —dijo.

—La vi —dijo—. La vi siguiéndole.

—Vio a alguien —la corrigió Deborah con delicadeza—. Alguien de negro. De lejos.

—No estaba en casa. Le siguió. Lo sé.

—Han detenido a su hermano —dijo Saint James—. Parece que la policía cree que antes cometió un error. ¿Existe alguna posibilidad de que viera a su hermano en lugar de a China River? Él tendría acceso a la capa, y si alguien que hubiera visto antes a la mujer con ella lo vio después a él llevándola... Sería natural suponer que se trataba de China. —Saint James evitó mirar a Deborah mientras hablaba, puesto que sabía cómo reaccionaría a la insinuación de que cualquiera de los River estaba implicado en este caso. Pero aún quedaban temas de los que ocuparse, independientemente de los sentimientos de Deborah—. ¿También registró la casa buscando a Cherokee River? —le preguntó—. ¿Miró en su habitación como dice que hizo con la de China?

—Sí que miré en la de ella —protestó Ruth Brouard.

—¿Y el cuarto de Adrian? ¿Miró ahí? ¿Y en el de su hermano? ¿Buscó a China allí?

—Adrian no... Guy y esa mujer no... Guy no... —Las palabras de Ruth se extinguieron.

Saint James no necesitaba otra respuesta.

Cuando la puerta del salón se cerró tras los visitantes, Margaret no tardó ni un segundo en abordar a su hijo para llegar al fondo de la cuestión. Adrian también había empezado a marcharse de la estancia, pero ella llegó a la puerta antes que él y le cerró el paso.

—Siéntate, Adrian —dijo—. Tenemos que hablar. —Percibió la amenaza en su voz y deseó poder retirarla, pero estaba rematadamente harta de tener que explotar sus reservas finitas de devoción maternal, y ahora ya no quedaba más remedio que afrontar los hechos: Adrian había sido un chico difícil desde el día en que nació, y los niños difíciles a menudo se convertían en adolescentes difíciles que, a su vez, se convertían en adultos difíciles.

Hacía tiempo que veía a su hijo como una víctima de las circunstancias y había utilizado esas circunstancias para encontrar una explicación convincente a todas sus rarezas. La inseguridad provocada por la presencia de hombres en su vida que claramente no le comprendían era su forma de racionalizar años de sonambulismo y estados de ausencia de los que sólo un tornado podría haber despertado a su hijo. El miedo a ser abandonado por una madre que se había vuelto a casar no una sino tres veces era su forma de excusar la incapacidad de Adrian para crearse una vida propia. Un trauma infantil aclaraba aquel único y terrible incidente de defecación en público que había provocado que lo expulsaran de la universidad. A los ojos de Margaret, siempre había habido una razón. Pero no se le ocurría ninguna para que su hijo mintiera a la única mujer que había entregado su vida para hacer la suya más llevadera. Si no podía conseguir la venganza que anhelaba, una explicación serviría.

—Siéntate —repitió—. No vas a ningún lado. Tenemos que hablar.

—¿Qué? —dijo, y a Margaret le enfureció que su voz no sonara cautelosa sino irritada, como si abusara de su valioso tiempo.

—Carmel Fitzgerald —dijo—. Pienso llegar al fondo de esto.

Los ojos de Adrian se clavaron en los de ella, y Margaret vio que su hijo cometía la temeridad de mirarla con insolencia, como un adolescente sorprendido haciendo algo que tenía prohibido, algo que deseaba fervientemente que le sorprendieran haciendo para, de este modo, consumar un acto de rebeldía que se negaba a verbalizar. Margaret notó en las palmas de las manos el deseo de borrar de un bofetón esa expresión de la cara de Adrian: ese labio superior ligeramente levantado y esos resoplidos por la nariz. Se contuvo y fue hacia una silla.

Adrian se quedó junto a la puerta, pero no se marchó de la habitación.

—Carmel —dijo—. De acuerdo. ¿Qué pasa con ella?

—Me dijiste que ella y tu padre...

—Lo diste por sentado. Yo no te dije una mierda.

—No te atrevas a utilizar esa clase de...

—Una mierda —repitió—. Una auténtica mierda, madre. Una puta mierda.

—¡Adrian!

—Lo diste por sentado. Te has pasado la vida comparándome con él. Así que ¿por qué alguien iba a preferir al hijo antes que al padre?

—¡Eso no es cierto!

—Sin embargo, curiosamente, ella sí me prefería a mí. Incluso cuando estuvimos aquí con él. Se notaba porque Carmel no era su tipo y ella lo sabía. No era rubia, no era sumisa tal como le gustaban a él, no se sentía intimidada por su dinero y su poder. Pero la cuestión es que a ella no le impresionó, daba igual el encanto que desprendiera. Ella sabía que sólo era un juego, y lo era, ¿no?: la conversación inteligente, las anécdotas, las preguntas sagaces mientras centraba toda la atención en una mujer. Él no la deseaba, en realidad no, pero si ella hubiera querido, lo habría intentado porque siempre lo intentaba. Era un acto reflejo. Ya lo sabes. ¿Quién iba a saberlo mejor? Sólo que ella no quiso.

—Entonces, ¿por qué diablos me dijiste...? ¿Insinuaste...? Y no puedes negarlo. Lo insinuaste. ¿Por qué?

—Ya te lo habías imaginado todo en tu cabeza. Carmel y yo rompimos después de venir aquí a verle, ¿y qué otra razón podía haber? Le sorprendí bajándole las bragas...

—¡Basta!

—Y me vi obligado a romper con ella. O ella rompió conmigo, porque le gustaba más él que yo. Es lo único que se te ocurrió, ¿verdad? Porque si no era eso, si no me había dejado por él, entonces tenía que ser por otro motivo y no querías pensar eso porque esperabas que por fin todo hubiera quedado atrás.

—No digas tonterías.

—Te contaré lo que pasó, madre. Carmel estaba dispuesta a aceptarlo casi todo. No era guapa y tampoco tenía mucha chispa. No era probable que tuviera más de una relación en su vida, así que estaba dispuesta a conformarse. Y después de haberse conformado, no era probable que persiguiera a otros hombres. En resumen, era perfecta. Tú lo viste. Yo lo vi. Todo el mundo lo vio. Carmel también lo vio. Éramos el uno para el otro. Pero sólo había un problema: un compromiso que no fue capaz de asumir.

—¿Qué clase de compromiso? ¿A qué te refieres?

—Un compromiso nocturno.

—¿Nocturno? ¿Te vio sonámbulo? ¿Se asustó? No comprendió que estas cosas...

—Me meé en la cama —la interrumpió. Su cara ardía de humillación—. ¿Vale? ¿Contenta? Me meé en la cama.

Margaret intentó que el asco no se le notara en su voz.

—Podría haberle pasado a cualquiera. Una noche que bebes demasiado... Una pesadilla, incluso... La confusión de estar en una casa que no es la tuya...

—Todas las noches que pasamos aquí —dijo—. Todas las

noches. Fue comprensiva, pero ¿quién puede culparla por cortar conmigo? Incluso una ajedrecista menudita sin la más mínima posibilidad de tener a ningún otro hombre en su vida pone límites. Estuvo dispuesta a soportar el sonambulismo, los sudores nocturnos, las pesadillas, incluso mis estados de ensimismamiento; pero el límite fue tener que dormir con mi pis, y no puedo culparla. Yo llevo durmiendo con él treinta y siete años, y es muy desagradable.

—¡No! Lo habías superado. Sé que lo habías superado. Pasara lo que pasase aquí, en casa de tu padre, fue una anomalía. No volverá a pasar porque tu padre ha muerto. Así que la llamaré. Se lo contaré.

—¿Tanto lo deseas?

—Te mereces...

—No mientas. Carmel era tu mejor oportunidad de librarte de mí, madre. Las cosas no salieron como tú esperabas.

—¡No es cierto!

—¿No? —Meneó la cabeza con un desdén complacido—. Y yo que creía que no querías más mentiras. —Se volvió hacia la puerta, ya no había ninguna madre que le impidiera marcharse de la habitación. Abrió. Mientras se iba del salón, dijo girando la cabeza—: He acabado con todo esto.

—¿Con qué? Adrian, no puedes...

—Sí puedo —dijo—. Y lo haré. Soy quien soy, que es exactamente lo que tú querías que fuera, reconozcámoslo. Mira adónde nos ha llevado eso, madre, a este preciso momento: a tener que aguantarnos mutuamente.

—¿Me echas la culpa a mí? —le preguntó Margaret horrorizada por cómo decidía interpretar sus gestos de amor. No le daba las gracias por protegerle, no le agradecía que lo orientara, no reconocía que hubiera intercedido por él. Dios santo, como mínimo, al menos merecía un gesto de agradecimiento por interesarse incansablemente por sus asuntos—. Adrian, ¿me echas la culpa a mí? —repitió cuando no le contestó.

Pero la única respuesta que recibió fue una risotada. Adrian cerró la puerta y siguió su camino.

—China dijo que no se había liado con él —le dijo Deborah a su marido en cuanto salieron al sendero. Midió todas las palabras—. Pero pudo... Tal vez no quiso decírmelo. Tal vez le avergonzara haber tenido un rollo con él, porque lo hizo por despecho después de lo de Matt. No puede estar orgullosa de ello; no por motivos morales, sino porque... Bueno, es bastante triste. Es... Es bastante desesperado, en cierto modo. Y detestaría ver eso en ella: estar desesperada. Detestaría lo que dice eso de ella.

—Explicaría por qué no estaba en su cuarto —reconoció Simon.

—Y da a otra persona, alguien que supiera dónde estaba, la oportunidad de coger la capa, el anillo, algunos cabellos suyos, sus zapatos... Sería fácil.

—Sin embargo, sólo una persona pudo hacerlo —señaló Saint James—. Lo ves, ¿no?

Deborah apartó la mirada.

—No puedo creer eso de Cherokee. Simon, hay más gente, otras personas tuvieron la oportunidad y, mejor aún, tenían un móvil: Adrian, por ejemplo, y también Henry Moullin.

Simon guardó silencio y observó a un pajarito que cruzó a toda velocidad las ramas desnudas de uno de los castaños. Musitó su nombre —fue casi un suspiro—, y Deborah percibió plenamente la diferencia en las posiciones que ocupaban. Él tenía información. Ella no. Evidentemente, Simon vinculaba esa información a Cherokee.

Por todo eso, Deborah sintió que se endurecía bajo la ternura de su mirada.

—¿Y ahora qué? —dijo con cierta formalidad.

Saint James aceptó el cambio de tono y de humor sin protestar y dijo:

—Kevin Duffy, creo.

El corazón le dio un brinco ante aquel cambio de dirección.

—Entonces, crees que hay alguien más.

—Creo que vale la pena hablar con él. —Simon tenía el lienzo que le había dado Ruth Brouard y en ese momento lo miró—. Mientras tanto, ¿puedes localizar a Paul Fielder, Deborah? Estará por aquí cerca, supongo.

—¿Paul Fielder? ¿Por qué?

559

—Me gustaría saber de dónde sacó el cuadro. ¿Se lo dio Guy Brouard para que lo guardara, o el chico lo vio, lo cogió y se lo llevó a Ruth sólo cuando lo pillaron con él en la mochila?

—No puedo imaginar que lo robara. ¿Para qué lo querría? No es el tipo de cosas que roba un adolescente, ¿no crees?

—No. Pero, por otro lado, no parece un adolescente normal y corriente. Y tengo la impresión de que la familia pasa apuros. Tal vez pensó que podía vender la pintura a alguna de las tiendas de antigüedades de la ciudad. Merece la pena investigarlo.

—¿Crees que me lo dirá si le pregunto? —dijo Deborah sin mucha convicción—. No puedo acusarle de haberse llevado el cuadro.

—Creo que sabes cómo conseguir que la gente hable de lo que sea —contestó su marido—, incluido Paul Fielder.

Entonces se separaron; Simon se dirigió hacia la casa de los Duffy, y Deborah se quedó en el coche, intentando decidir en qué dirección saldría a buscar a Paul Fielder. Teniendo en cuenta por lo que había pasado ese mismo día el chico, supuso que querría un poco de paz y tranquilidad. Se figuró que estaría en uno de los jardines. Tendría que comprobarlos uno por uno.

Empezó por el jardín tropical, puesto que era el más próximo a la casa. Allí, algunos patos nadaban apaciblemente en un estanque y un coro de alondras cotorreaba en un olmo; pero no había nadie observando ni escuchando, así que pasó al jardín de las esculturas. Aquí se encontraba la tumba de Guy Brouard, y cuando Deborah encontró la verja oxidada abierta, supo con bastante seguridad que encontraría al chico dentro.

Así fue. Paul Fielder estaba sentado en el suelo frío junto a la tumba de su mentor. Daba suaves palmaditas en la base de un grupo de pensamientos que habían plantado alrededor de la tumba.

Deborah se adentró en el jardín para acercarse al chico. Sus pasos crujieron en la gravilla y no hizo nada para disminuir el ruido que hacía al aproximarse. Sin embargo, el chico no alzó la cabeza de las flores.

Vio que no llevaba calcetines, que calzaba unas zapatillas de andar por casa en lugar de zapatos. Uno de sus delgados tobillos estaba manchado de tierra, y los bajos de los vaqueros estaban sucios y deshilachados. No iba vestido adecuadamente para el frío que hacía. Deborah no podía creer que no estuviera temblando.

Subió los peldaños bordeados de musgo que conducían a la tumba. Sin embargo, en lugar de sentarse junto al chico, se acercó a la pérgola que se alzaba más adelante, donde había un banco de piedra debajo de un jazmín de invierno. Las flores amarillas desprendían una fragancia suave en el aire. La absorbió y contempló al chico cuidar de los pensamientos.

—Imagino que le echas muchísimo de menos —dijo finalmente—. Es terrible perder a alguien a quien quieres. En especial, a un amigo. Nunca nos cansamos de estar con ellos. Al menos, es lo que siempre me ha parecido a mí.

Paul se inclinó sobre un pensamiento y arrancó una flor mustia. La hizo rodar entre el pulgar y el índice.

Sin embargo, por un parpadeo, Deborah vio que la estaba escuchando. Siguió hablando.

—Creo que lo más importante de la amistad es la libertad que te da para ser quien eres. Los amigos de verdad te aceptan tal como eres, con todos tus defectos. Están contigo en los buenos momentos y en los malos. Siempre puedes confiar en que te dirán la verdad.

Paul tiró el pensamiento y se puso a arrancar hierbajos inexistentes entre el resto de plantas.

—Desean lo mejor para nosotros —continuó Deborah—, incluso cuando no sabemos qué es lo mejor para nosotros. Supongo que el señor Brouard era esa clase de amigo para ti. Has sido muy afortunado al tenerlo. Debe de ser horrible que ya no esté.

Paul se levantó al oír aquello. Se limpió las palmas de las manos en los pantalones. Temerosa de que saliera corriendo, Deborah siguió hablando, intentando encontrar un modo de ganarse la confianza del silencioso chico.

—Cuando alguien se va así, de esa forma tan terrible..., haríamos lo que fuera para que volviera con nosotros. Y cuando no podemos y sabemos que no podemos, queremos tener algo suyo para aferrarnos a él un poquito más de tiempo hasta que podamos dejarlo marchar.

Paul arrastró el pie por la gravilla. Se secó la nariz con la manga de la camisa de franela y le lanzó una mirada cautelosa.

Volvió la cabeza rápidamente y clavó los ojos en la verja, a unos treinta metros de distancia. Deborah la había cerrado al entrar y se reprendió en silencio por hacerlo. El chico se sentiría atrapado. En consecuencia, no sería muy probable que hablara.

—Los victorianos tuvieron la idea perfecta —dijo Deborah—. Hacían joyas con los cabellos de los muertos. ¿Lo sabías? Suena macabro; pero si lo piensas, seguramente encontraban un gran consuelo en tener un broche o un relicario con una parte pequeña de alguien a quien querían. Es triste que ya no lo hagamos, porque seguimos queriendo algo, y si una persona muere y no nos deja una parte de ella, ¿qué podemos hacer sino coger lo que podamos encontrar?

Paul dejó de mover los pies. Se quedó absolutamente quieto, como una de las esculturas; pero una mancha de color apareció en su mejilla como una huella en su piel blanca.

—Me pregunto —dijo Deborah— si es lo que pasó con el cuadro que le has dado a la señora Brouard. Me pregunto si el señor Brouard te lo enseñó porque quería darle una sorpresa a su hermana. Tal vez te dijo que era un secreto que sólo compartiríais vosotros dos. Así que estabas seguro de que nadie más sabía que lo tenía.

Las manchas de color se extendieron de manera irregular hacia las orejas del chico. Miró a Deborah y luego apartó la mirada. Sus dedos agarraron el faldón de su camisa, que caía lánguidamente a un lado encima de los vaqueros y que estaba tan gastada como los pantalones.

—Entonces, cuando el señor Brouard murió tan repentinamente, tal vez pensaste en quedarte el cuadro de recuerdo. Al fin y al cabo, sólo él y tú conocíais su existencia. ¿Qué mal podía haber? ¿Es lo que ocurrió?

El chico se estremeció como si le hubieran pegado. Soltó un sollozo inarticulado.

—No pasa nada —dijo Deborah—. Has devuelto el cuadro. Pero lo que me pregunto...

El chico se dio la vuelta y salió corriendo. Bajó los peldaños a toda prisa y recorrió el sendero de gravilla mientras Deborah se levantaba del banco de piedra y gritaba su nombre. Creyó que lo había perdido; pero a medio camino, Paul se detuvo en el jardín junto a una enorme escultura de bronce de una mujer desnuda agachada, en avanzado estado de gestación y con una expresión melancólica y los pechos grandes y caídos. Se volvió hacia Deborah, y ella vio que se mordía el labio inferior y la miraba. Ella dio un paso adelante, y Paul no se movió. Comenzó a caminar hacia él como se aproximaría a un cervatillo asustado. Cuando estaba a unos diez metros, el chaval empezó a andar de nuevo. Pero entonces se detuvo en la verja del jardín y volvió a girarse para mirarla. Tiró de la verja y la dejó abierta. Empezó a andar hacia el este, pero no corrió.

Deborah comprendió que quería que lo siguiera.

Capítulo 26

Saint James encontró a Kevin Duffy en la parte de atrás de la casa, trabajando en lo que parecía ser un huerto sin sembrar. Araba la tierra con una horca pesada, pero dejó lo que estaba haciendo cuando vio a Saint James.

—Val está en la mansión —le dijo—. La encontrará en la cocina.

—En realidad, quería hablar con usted —dijo Saint James—. ¿Tiene un momento?

La mirada de Kevin se posó en el lienzo que tenía Saint James; pero si lo reconoció, no dio muestras de ello.

—Ahora tengo un momento —dijo.

—¿Sabía que Guy Brouard era amante de su sobrina?

—Mis sobrinas tienen seis y ocho años, señor Saint James. Guy Brouard era muchas cosas para mucha gente, pero la pederastia no le interesaba.

—Me refiero a la sobrina de su mujer: Cynthia Moullin —dijo Saint James—. ¿Sabía que Cynthia tenía una relación con Brouard?

No contestó, pero desvió la mirada hacia la mansión, lo cual fue respuesta suficiente.

—¿Habló con Brouard del tema? —preguntó Saint James. De nuevo, no respondió.

—¿Y con el padre de la chica?

—No puedo ayudarle con este tema —dijo Duffy—. ¿Es todo lo que ha venido a preguntarme?

—En realidad, no —dijo Saint James—. He venido a preguntarle acerca de esto. —Con cuidado, desenrolló el lienzo antiguo.

Kevin Duffy clavó las púas de la horca en la tierra, de forma que la herramienta quedó de pie. Se acercó a Saint James, limpiándose las manos en el trasero del pantalón. Miró la pintura y dejó escapar un largo silbido entre los labios.

—Al parecer, el señor Brouard se tomó muchísimas molestias para recuperarlo —dijo Saint James—. Su hermana me ha dicho que desapareció de la familia en los años cuarenta. No sabe cuál es su procedencia original, dónde ha estado desde la guerra ni cómo lo recuperó su hermano. Me preguntaba si usted podría arrojar un poco de luz.

—¿Por qué iba yo...?

—Tiene dos estanterías llenas de libros y vídeos de arte en el salón, señor Duffy, y un título en historia del arte colgado en la pared. Eso sugiere que podría saber más sobre este cuadro que el típico encargado de mantenimiento.

—No sé dónde ha estado —contestó—. Y no sé cómo lo recuperó.

—Queda una cuestión —señaló Saint James—. ¿Sabe entonces cuál es su procedencia original?

Kevin Duffy no había dejado de mirar el cuadro.

—Venga conmigo —dijo al cabo de un momento, y entró en la casa.

Junto a la puerta, se quitó de una patada las botas llenas de barro y llevó a Saint James al salón. Encendió una hilera de luces en el techo que iluminaron directamente sus libros y cogió unas gafas que descansaban en el reposabrazos de un sillón raído. Repasó su colección de volúmenes de arte hasta que encontró el que quería. Lo cogió de la estantería, se sentó y abrió el libro por el índice. Al dar con lo que buscaba, pasó las páginas hasta llegar a la adecuada. La miró durante un largo rato antes de girar el volumen sobre sus rodillas para ponerlo de cara a Saint James.

—Véalo usted mismo —dijo.

Lo que Saint James vio no era una fotografía de la pintura —como creía que vería, teniendo en cuenta la reacción anterior de Duffy—, sino un dibujo, un mero estudio para un futuro cuadro. Estaba parcialmente coloreado, como si el artista quisiera comprobar qué tonos combinarían mejor en la obra final. Sin embargo, sólo había terminado el vestido de la dama y el azul que había elegido era el mismo que había acabado utili-

565

zando en el cuadro. Tal vez, tras tomar una decisión rápida sobre el resto de la obra y considerar innecesario seguir coloreando el dibujo, el artista había pasado al lienzo final, que Saint James tenía en las manos en esos momentos.

La composición y las figuras del dibujo del libro eran idénticas a la pintura que Paul Fielder había entregado a Ruth Brouard. En ambos, la señora hermosa con el libro y la pluma estaba sentada apaciblemente en primer plano, mientras que detrás un grupo de obreros cargaban las piedras que formaban una enorme catedral gótica. La única diferencia entre el estudio y la obra acabada era que alguien había dado un título al primero: se llamaba *Santa Bárbara*, y cualquiera que quisiera verlo lo encontraría entre los maestros holandeses en el Museo Real de Bellas Artes de Amberes.

—Ah —dijo Saint James lentamente—, sí. Cuando lo vi, pensé que era importante.

—¿Importante? —El tono de Kevin Duffy era una mezcla de veneración e incredulidad—. Lo que tiene en las manos es un Pieter de Hooch del siglo XVII. Hasta hoy, no creo que nadie supiera que el cuadro existía realmente.

Saint James miró el lienzo.

—Dios santo —dijo.

—Consulte todos los libros de historia del arte que caigan en sus manos y no encontrará este cuadro —dijo Kevin Duffy—; sólo el dibujo, el estudio, y nada más. Por lo que se sabe, de Hooch nunca llegó a realizar la pintura. Los temas religiosos no eran su especialidad, así que siempre se ha dado por sentado que sólo fue un pasatiempo y que luego abandonó la obra.

—Por lo que se sabe. —Saint James vio que la aseveración de Kevin Duffy corroboraba la afirmación de Ruth, quien había dicho que el cuadro siempre había estado en su familia, desde que tenía memoria. Generación tras generación, cada padre lo había legado a sus hijos: una reliquia familiar. Por esta razón, seguramente nadie había pensado en llevar el cuadro a un experto para saber qué era exactamente. Sólo era, como había dicho la propia Ruth, la pintura familiar de la señora hermosa con el libro y la pluma. Saint James le dijo a Kevin Duffy cómo lo llamaba Ruth Brouard.

—No es una pluma —dijo Kevin Duffy—. Sostiene una

palma. Es el símbolo de un mártir. Aparece en cuadros de temática religiosa.

Saint James examinó la pintura más detenidamente y vio que, en efecto, parecía ser una hoja de palma, pero también comprendió que un niño, que no estaba educado en los símbolos que se utilizaban en las pinturas de esa época y que miraba el cuadro a lo largo de los años, podía haber interpretado que era una pluma larga y elegante.

—Ruth me habló de que su hermano fue a París cuando tuvo la edad suficiente —dijo Saint James—, después de la guerra. Fue a recoger las pertenencias de la familia, pero todo lo que poseían había desaparecido. Supongo que el cuadro también.

—Es lo primero que desaparecería —reconoció Duffy—. Los nazis estaban decididos a apropiarse de lo que consideraban arte ario. «Repatriación», lo llamaban. La verdad es que esos cabrones se quedaban con todo lo que podían.

—Parece que Ruth cree que el vecino de la familia, un tal señor Didier Bombard, tenía acceso a sus pertenencias. Como no era judío, si el cuadro lo tenía él, ¿por qué iba a acabar en manos de los alemanes?

—Las obras de arte acabaron en manos de los nazis por muchas vías. No era un robo directo. Había intermediarios franceses, marchantes de arte que las adquirían, y comerciantes alemanes que ponían anuncios en los periódicos de París para pedir que se llevaran obras de arte a uno u otro hotel y las mostraban a posibles compradores. El tal señor Bombard pudo vender el cuadro por esta vía. Si no sabía qué era, tal vez lo llevó a uno de estos comerciantes y estuvo agradecido de recibir doscientos francos a cambio.

—¿Y luego? ¿Dónde pudo ir a parar después?

—¿Quién sabe? —dijo Duffy—. Cuando acabó la guerra, los aliados crearon unidades de investigación para devolver las obras de arte a sus propietarios; pero estaban por todas partes. Göring solo tenía muchísimas. Habían muerto millones de personas, familias enteras exterminadas sin que nadie reclamara sus posesiones. Y si quedaba alguien vivo, pero no podía demostrar que algo le pertenecía, estaba perdido. —Meneó la cabeza con indignación—. Supongo que es lo que pasó en este caso. O alguien con las manos largas en alguno de los ejércitos aliados se lo guardó en su talego y se lo llevó a casa de recuerdo, o alguien en Alemania, un único propietario tal vez, se lo compró a un comerciante francés durante la guerra y pudo esconderlo cuando entraron los aliados. El tema es que si la familia había muerto, ¿quién sabía qué pertenecía a quién? ¿Y cuántos años tenía Guy Brouard entonces? ¿Doce? ¿Catorce? Cuando acabó la guerra, no pensaría en recuperar las pertenencias de su familia. Pensaría en ello años después, pero para entonces el cuadro llevaría ya tiempo desaparecido.

—Y se habrían necesitado años para encontrarlo —dijo Saint James—; por no mencionar un ejército de historiadores del arte, conservadores, museos, casas de subastas e investigadores. —«Más una pequeña fortuna», añadió para sí mismo.

—Tuvo suerte de encontrarlo —dijo Duffy—. Hubo obras que desaparecieron durante la guerra, y nunca volvió a saberse nada. Hay otras sobre las que aún se discute. No sé cómo demostró el señor Brouard que el cuadro era suyo.

—Parece que no intentó demostrar nada, sino que lo compró —explicó Saint James—. Ha desaparecido una gran cantidad de dinero de sus cuentas. Lo han transferido a Londres.

Duffy levantó una ceja.

—¿En serio? —Kevin parecía tener dudas—. Supongo que pudo conseguirlo en una subasta, o pudo aparecer en una tienda de antigüedades de un pueblo o en un mercadillo. No obstante, resulta difícil creer que nadie supiera qué era.

—Pero ¿cuántas personas son expertas en historia del arte?

—No lo digo por eso —dijo Duffy—. Cualquiera puede ver que es antiguo. Cabría pensar que lo llevarían a algún lugar para que lo tasaran.

—Pero ¿y si alguien lo robó cuando acabó la guerra...? Un soldado lo coge... ¿Dónde? ¿En Berlín? ¿Múnich?

—¿Berchtesgaden? —sugirió Duffy—. Todos los peces gordos alemanes tenían casas allí. Se llenó de soldados aliados cuando acabó la guerra. Todo el mundo fue a por las sobras.

—De acuerdo. Berchtesgaden —reconoció Saint James—. Un soldado coge el cuadro durante el saqueo. Se lo lleva a Hackney y lo cuelga encima del sofá en su casa pareada y se olvida. Se queda allí hasta que muere y pasa a sus hijos. Nunca han pensado gran cosa de las posesiones de sus padres, así que lo venden todo en una subasta o un mercadillo, lo que sea. Venden el cuadro. Acaba en un tenderete; en Portobello Road, por ejemplo, o en Bermondsey, o en una tienda de Camden Passage, o incluso en un pueblo, como ha sugerido usted. Brouard tuvo personas buscándolo durante años, y cuando lo vieron, lo compraron.

—Supongo que pudo ser así —dijo Duffy—. No. La verdad es que tuvo que ser así.

A Saint James le intrigó la contundencia de la afirmación de Duffy.

—¿Por qué? —preguntó.

—Porque es la única manera que tuvo el señor Brouard de recuperarlo. No tenía forma de demostrar que era suyo. No pudo adquirirlo a través de Christie's o Sotheby's, ¿verdad? Así que tuvo que ser...

—Espere —le interrumpió Saint James—. ¿Por qué no a través de Christie's o Sotheby's?

—Alguien habría superado sus pujas: algún Getty con una fortuna ilimitada, algún magnate del petróleo árabe. Quién sabe quiénes más.

—Sin embargo, Brouard tenía dinero...

—Pero no en estas cantidades. No tenía el dinero suficiente. No si Christie's o Sotheby's sabían exactamente lo que tenían en su poder y todo el mundo del arte pujaba para adquirirlo.

Saint James miró el cuadro: cuarenta y cinco por sesenta centímetros de lienzo, óleo y una genialidad indiscutible.

—Exactamente —dijo con lentitud—, ¿de cuánto dinero estamos hablando, señor Duffy? ¿Qué valor calcula que tiene?

—Diez millones de libras como mínimo, diría yo —dijo Kevin Duffy—. Y ésa sería la puja inicial.

Paul llevó a Deborah hacia la parte de atrás de la casa, y al principio ella creyó que se dirigían a los establos. Pero el chico ni los miró, sino que cruzó el patio que separaba las cuadras de la casa y daba paso a los arbustos, que también atravesó.

Al seguirlo, se encontró en una ancha extensión de césped

tras la cual se alzaba un bosque de olmos. Paul penetró en él, y Deborah aceleró el paso para no perderlo. Cuando llegó a los árboles, vio que había un sendero fácil de seguir; la tierra estaba esponjosa por la gruesa capa de hojas caídas. Lo recorrió hasta que delante de ella, a lo lejos, vislumbró un muro de piedra rugoso. Vio que Paul trepaba por él. Pensó que esta vez iba a perderle definitivamente; pero cuando el chico llegó arriba, se detuvo y esperó a que alcanzara el muro, momento en que le tendió la mano y la ayudó a pasar al otro lado.

Allí, Deborah vio que las formas y detalles cuidadosos de Le Reposoir daban paso a un prado grande pero abandonado, donde las malas hierbas, los arbustos y las zarzas crecían exuberantes hasta casi la altura de la cintura y un sendero abierto entre ellos conducía a un curioso montículo de tierra. No se sorprendió cuando Paul saltó del muro y corrió por el sendero. En el túmulo, se dirigió hacia la derecha y bordeó la base. Deborah se apresuró a seguirle.

Estaba preguntándose cómo podía ser que un extraño montículo de tierra escondiera un cuadro cuando vio las piedras cuidadosamente colocadas que bordeaban la parte inferior del túmulo. Entonces se dio cuenta de que no estaba mirando una loma natural, sino algo construido por el hombre en la prehistoria.

El sendero de la derecha estaba abierto en la vegetación, igual que el acceso desde el muro; y a poca distancia por el perímetro del túmulo, se topó con Paul Fielder, que estaba introduciendo la combinación de un candado que cerraba una puerta de roble torcida y desgastada que les permitiría entrar. Al parecer, Paul oyó que se acercaba, porque utilizó el hombro para ocultarle la combinación del candado. Con un clic y un chasquido lo abrió y con el pie empujó la puerta mientras se guardaba con cuidado el candado en el bolsillo. La abertura resultante en el túmulo no tenía más de un metro de altura. Paul se agachó, entró arrastrándose y desapareció rápidamente en la oscuridad.

No le quedaba más remedio que ir corriendo a avisar a Simon como una mujercita obediente, o seguir al chico. Deborah se decidió por lo último.

Al otro lado de la puerta, un pasadizo estrecho y mohoso la

encerró; del suelo al techo de piedra había menos de un metro y medio. Pero unos seis metros más adelante, el pasadizo se abría y elevaba a una cueva central, vagamente iluminada por la luz del exterior. Deborah se irguió, parpadeó y esperó a que sus ojos se acostumbraran. Entonces, se dio cuenta de que estaba dentro de una cámara grande. Era totalmente de granito —tanto el suelo como las paredes y el techo—, y a un lado había lo que parecía una piedra vigilante en la que, con imaginación, casi podía verse la escultura antigua de un guerrero con su arma lista para ahuyentar a los intrusos. Había otra pieza de granito que se alzaba sobre el suelo unos diez centímetros y que parecía ser una especie de altar. Cerca había una vela, pero no estaba encendida. El chico no estaba allí dentro.

Deborah tuvo un mal momento. Se imaginó encerrada en aquel lugar sin que nadie supiera exactamente dónde estaba. Se permitió soltar un taco fervoroso por haber seguido alegremente a Paul Fielder, pero entonces se tranquilizó y le llamó. Como respuesta, oyó el roce de una cerilla. La luz se filtró por la grieta de una pared de piedra deforme situada a su derecha. Vio que indicaba la presencia de otra cámara más y fue en esa dirección.

571

La abertura que encontró no tendría más de veinticinco centímetros de ancho. Se deslizó a través de ella, rozando la fría humedad de la pared exterior, y vio que esta segunda cámara estaba equipada con velas y un pequeño catre de tijera. En la cabecera había una almohada; a los pies, una caja de madera tallada; en el centro, Paul Fielder estaba sentado con una caja de cerillas en una mano y una vela encendida en la otra. Empezó a colocarla en un hueco formado por dos de las piedras de la pared externa. Cuando lo consiguió, encendió una segunda vela y echó unas gotas de cera en el suelo para pegarla allí.

—¿Éste es tu lugar secreto? —le preguntó Deborah en voz baja—. ¿Es aquí donde encontraste el cuadro, Paul?

No parecía probable. Parecía más razonable suponer que se trataba de un escondite destinado a algo completamente distinto, y estaba bastante segura de a qué. El catre era un testimonio mudo de ello, y cuando Deborah cogió la caja de madera al pie de la cama y la abrió, obtuvo la confirmación de lo que había imaginado.

La caja contenía preservativos de varios tipos: estriados, lisos, de colores y de sabores. Había bastantes para sugerir que aquel lugar se utilizaba de manera regular para el sexo. Era el sitio perfecto para una cita: oculto, seguramente olvidado y convenientemente imaginativo para una chica que consideraba que ella y su hombre eran unos desventurados. Así que este lugar sería adonde Guy Brouard llevaba a Cynthia Moullin para sus encuentros. La única pregunta era por qué, al parecer, también había llevado a Paul Fielder.

Deborah miró al chico. A la luz de las velas, no pudo evitar fijarse en el aspecto angelical de su tez suave y en los rizos rubios de su pelo, como salidos de un cuadro renacentista. Tenía un aspecto marcadamente femenino, que enfatizaban sus delicadas facciones y su cuerpo delgado. Si bien parecía que Guy Brouard era un hombre a quien le interesaban las mujeres, Deborah sabía que no podía descartar la posibilidad de que Paul Fielder también hubiera sido objeto de los caprichos de Guy Brouard.

El chico contemplaba la caja que Deborah tenía sobre las rodillas. Lentamente, cogió un puñado de los pequeños envoltorios y se quedó mirando la palma de su mano. Entonces, Deborah dijo con delicadeza:

—Paul, ¿erais amantes tú y el señor Brouard?

Paul metió los preservativos en la caja y cerró de golpe la tapa tallada.

Deborah lo miró y repitió su pregunta.

El chico se dio la vuelta bruscamente, apagó las velas y desapareció por la abertura por la que acababan de entrar.

Paul se dijo a sí mismo que no lloraría, porque no significaba nada. Nada en realidad. Era un hombre y, por lo que había aprendido por Billy, su propio padre, la tele, algún que otro *Playboy* robado y los chicos del cole —cuando iba al cole—, un hombre hacía esas cosas continuamente. Que lo hubiera hecho en su lugar especial... Porque tuvo que hacerlo allí, ¿verdad? ¿Qué significaban esos envoltorios relucientes sino que había llevado a alguien más allí, a una mujer, a otra persona lo suficientemente importante para él para compartir su lugar secreto con ella?

«¿Puedes guardar nuestro secreto especial, Paul? Si te llevo dentro, ¿me prometes que nunca le dirás a nadie que existe este lugar? Supongo que con el tiempo ha quedado olvidado. Me gustaría que siguiera siendo así tanto tiempo como sea posible. ¿Estás dispuesto a...? ¿Puedes prometérmelo?»

Naturalmente que podía. Podía y lo hizo.

Había visto el catre de tijera, pero había pensado que el señor Guy lo utilizaba para echarse una siestecita, para acampadas, tal vez para meditar o rezar. También había visto la caja de madera, pero no la había abierto porque había aprendido desde pequeño y a base de dura experiencia a no poner las manos en algo que no era suyo. En realidad, estuvo a punto de impedir a la mujer pelirroja que la abriera. Pero la tenía sobre las rodillas y, antes de que pudiera quitársela, levantó la tapa. Cuando vio lo que había dentro...

Paul no era estúpido. Sabía qué significaba aquello. Los cogió de todos modos porque pensó que tal vez desaparecerían como cuando uno intenta tocar algo en un sueño. Pero siguieron siendo reales, pequeñas declaraciones concretas de lo que aquel lugar significaba en realidad para el señor Guy.

573

La mujer habló, pero él no escuchó las palabras, sólo el sonido de su voz mientras la sala daba vueltas a su alrededor. Tenía que escapar sin que lo viera, así que apagó las velas y salió corriendo.

Pero, naturalmente, no podía marcharse. Tenía el candado y, en cualquier caso, él era un chico responsable. No podía dejar la puerta abierta. Tenía que cerrar porque había prometido al señor Guy...

Y no lloraría porque llorar era una estupidez. El señor Guy era un hombre, y un hombre tenía sus necesidades y las llevaba a cabo en alguna parte. Aquello no tenía nada que ver con Paul o con su amistad con el hombre. Eran amigos desde el principio hasta el final, y ni siquiera el hecho de que hubiera compartido aquel lugar con otra persona cambiaba eso, ¿verdad? ¿Verdad?

Al fin y al cabo, ¿qué había dicho el señor Guy? «Entonces, será nuestro secreto.»

¿Había dicho que nadie más compartiría nunca ese secreto? ¿Había indicado que nadie sería nunca tan importante para incluirle en el grupo que conocía este lugar? No, ¿verdad? No había mentido. Así que disgustarse ahora, ponerse nervioso...

«¿Te gusta, mariquita? ¿Te la mete bien?»

Era lo que pensaba Billy. Pero nunca había pasado. Si alguna vez Paul había deseado intimar más, se trataba de un deseo que nacía de querer ser como él, no de querer estar con él. Y ser como él se conseguía a través de compartir, y eso era lo que habían hecho allí.

Lugares secretos, pensamientos secretos. Un sitio donde hablar y donde estar. «Este lugar es para eso, mi príncipe. Para eso lo uso.»

Al parecer, lo había usado para algo más. Pero no por eso tenía que ser menos sagrado si él no lo permitía.

—¿Paul? ¿Paul?

Oyó que la mujer salía de la cámara interior. Avanzaba a tientas como tendría que hacer al haber apagado las velas de repente. Sin embargo, estaría bien en cuanto accediera a la cámara principal. Allí no había ninguna vela encendida; pero la claridad se filtraba del exterior, proyectando un haz de luz sobre el pasadizo principal como si fuera un banco de niebla invasor que alcanzaba el interior del túmulo.

—¿Estás ahí? —preguntó la mujer—. Ah, aquí estás. Me has dado un susto de muerte. Pensaba... —Soltó una risita, pero Paul vio que estaba nerviosa y que se avergonzaba de estarlo. Sabía cómo se sentía.

—¿Por qué me has traído aquí? —le preguntó—. ¿Es...? Bueno, ¿es por el cuadro?

Casi lo había olvidado. Al ver la caja abierta que dejaba a la vista su contenido y le decía cosas..., casi lo había olvidado. Había querido que lo supiera y comprendiera, porque alguien tenía que hacerlo. La señora Ruth no creía que él hubiera robado nada de Le Reposoir, pero los demás siempre tendrían sus sospechas si no explicaba de algún modo de dónde había sacado la pintura. No podía soportar ver esas sospechas porque Le Reposoir era su único refugio en la isla y no quería perderlo, no podía soportar perderlo, no podía enfrentarse a tener que estar en casa con Billy o en el colegio escuchando los insultos y las burlas sin ninguna esperanza de escapar y nada en el mundo con lo que volver a ilusionarse. Pero hablarle de este lugar a alguien de la finca sería traicionar el secreto que había jurado guardar para siempre: dónde se encontraba el dolmen. No podía, así que la única posibilidad era contárselo a un desconocido, alguien a quien no le importaría y que no volvería allí nunca más.

Sólo que ahora... No podía mostrarle el lugar exacto. Tenía que proteger su propio secreto. Sin embargo, necesitaba enseñarle algo, así que fue hasta la piedra baja del altar y se arrodilló justo delante de la grieta que había detrás de la base y que recorría la longitud de la misma. Señaló hacia abajo para que la mujer la viera.

—¿Aquí? —dijo ella—. ¿El cuadro estaba aquí? —Miró el hueco poco profundo y luego a él, y Paul notó que examinaba su cara, así que asintió con solemnidad. Le demostró cómo estaría colocado el lienzo en el hueco y que, si estuviera allí, nadie lo habría visto a menos que se acercara al fondo del altar y se arrodillara como Paul hacía ahora.

—Qué curioso —dijo la mujer en voz baja. Sin embargo, le ofreció una sonrisa amable—. Gracias, Paul —dijo—. ¿Sabes? No creo que quisieras quedarte con ese cuadro, ¿verdad? Tengo la sensación de que no eres esa clase de persona.

—Señor Ouseley, nuestro trabajo consiste en hacerle más llevadera esta transición —le dijo la chica a Frank. Parecía más comprensiva de lo que habría esperado en alguien de su edad—. Estamos aquí para ayudarle a afrontar esta pérdida. Así que cualquier cosa que quiera dejar en manos de la funeraria, puede dejarla. Estamos aquí para facilitarle las cosas. Le animo a que lo aproveche.

Lo que Frank pensaba de todo aquello era que la chica era demasiado joven para encargarse de recibir, saludar, organizar y vender los talentos que ofrecían Pompas Fúnebres Markham y Swift. Aparentaba unos dieciséis años, aunque seguramente rondaba los veinte y se había presentado como Arabella Agnes Swift, bisnieta mayor del fundador. Le había estrechado la mano afectuosamente y lo había conducido a su despacho, que, pensando en las personas acongojadas con las que se reunía habitualmente, se parecía lo menos posible a un despacho. Estaba decorado como el salón de una abuelita, con un juego de sofá y dos sillones, una mesita de café y fotografías familiares sobre la repisa de una chimenea falsa en la que estaba encendida una estufa eléctrica. Arabella aparecía en una de las fotografías, vestida con la toga de una licenciada universitaria. De ahí había deducido Frank la edad de la joven.

La chica estaba esperando educadamente a que le contestara. Con discreción, había colocado un volumen encuadernado en piel sobre la mesita de café, en el que sin duda habría fotografías de ataúdes para que la familia del difunto pudiera elegir. Tenía una libreta de espiral horizontal sobre las rodillas, pero no cogió el bolígrafo que había dejado cuidadosamente encima cuando se había sentado a su lado en el sofá. Era una profesional moderna a todos los efectos y no se asemejaba en absoluto al lúgubre personaje dickensiano que Frank había supuesto que encontraría tras las puertas de Pompas Fúnebres Markham y Swift.

—También podemos celebrar la ceremonia en nuestra capilla, si lo prefiere —comentó en un tono bastante amable—. Algunas personas no son practicantes habituales. Hay quien prefiere un funeral más agnóstico.

—No —dijo Frank al fin.

—Entonces, ¿celebrará el servicio en una iglesia? Si pudiera proporcionarme el nombre..., y el del ministro también.

—No habrá ceremonia —dijo Frank—. No habrá entierro. Él no querría. Quiero que... —Frank se calló. «Querer» no era el verbo correcto—. Prefería que lo incineraran. Puede ocuparse, ¿verdad?

—Sí. Por supuesto —le aseguró Arabella—. Nos encargaremos de todos los preparativos y transportaremos el cuerpo al crematorio. Usted sólo tendrá que recoger la urna. Permítame que le enseñe... —Se inclinó hacia delante, y Frank percibió el aroma de su perfume, una fragancia agradable que sabía que seguramente sería un consuelo para aquellos que lo necesitaban. Incluso a él, que no necesitaba sus condolencias, le recordó al contacto con el pecho de su madre. Se preguntó cómo sabían los perfumistas qué olor produciría ese rápido viaje en la memoria.

—Las hay de distintas clases —continuó Arabella—. Puede tomar su decisión en función de lo que desee hacer con las cenizas. Hay personas a quienes les consuela guardarlas, mientras que hay otras...

—No quiero urna —la interrumpió Frank—. Cogeré las cenizas como me las den: en una caja, en una bolsa; como me las den.

—Ah. Bien, por supuesto. —Su rostro era sumamente desapasionado. No le correspondía a ella comentar qué hacían los seres queridos del difunto con los restos de éste, y tenía experiencia suficiente para saberlo. La decisión de Frank no proporcionaría a Markham y Swift el negocio al que seguramente estaban acostumbrados, pero ése no era su problema.

Así que los preparativos se realizaron deprisa y con el menor alboroto posible. Al cabo de muy poco tiempo, Frank estaba sentado tras el volante del Peugeot, bajando por Brock Road y, después, subiendo hacia el puerto de Saint Sampson.

Había sido un proceso más fácil de lo que esperaba. Primero había salido de casa y había ido a las otras dos casitas adyacentes para comprobar el contenido y cerrar la puerta con llave durante la noche. Luego había regresado y se había acercado a su padre, que estaba tirado inmóvil al pie de las escaleras.

—¡Papá! ¡Dios mío! Te tengo dicho que nunca subas... —había gritado entonces mientras corría a su lado. Vio que la respiración de su padre era superficial, casi inexistente. Paseó por la sala y miró la hora. Al cabo de diez minutos, fue al teléfono y marcó el número de emergencias. Explicó la situación. Luego esperó.

Graham Ouseley murió antes de que la ambulancia llegara a Moulin des Niaux. Mientras su alma pasaba de la tierra al Juicio, Frank se descubrió llorando por los dos y por lo que habían perdido, y así fue como lo encontraron los técnicos: llorando como un crío y sosteniendo contra su pecho la cabeza de su padre, donde un único moratón señalaba el lugar exacto de la frente que había recibido el golpe con las escaleras.

El médico personal de Graham llegó deprisa y agarró con fuerza a Frank por el hombro. No debía de haber sufrido, le informó el doctor Langlois. Seguramente tuvo un ataque al corazón al intentar subir las escaleras. Demasiado esfuerzo, ya se sabe. Pero teniendo en cuenta lo pequeño que era el moratón de la cara... Todo apuntaba a que estaba inconsciente cuando se golpeó con el peldaño de madera y que murió poco después sin saber siquiera qué le había pasado de repente.

—Sólo he ido a cerrar con llave las casas —explicó Frank, que notaba que las lágrimas se le secaban en las mejillas y le quemaban la piel agrietada alrededor de los ojos—. Cuando he vuelto... Siempre le decía que nunca intentara...

—Estos viejecitos son independientes —dijo Langlois—. Lo veo continuamente. Saben que no son unos chavales; pero no quieren ser una carga para nadie, así que no piden lo que necesitan cuando lo necesitan. —Le apretó el hombro—. Poco podías hacer para cambiarlo, Frank.

El médico se quedó mientras los técnicos de la ambulancia entraban la camilla e incluso hasta después de que se llevaran el cadáver. Frank se sintió obligado a ofrecerle un té.

—No le haría ascos a un whisky —le confió el hombre, así que Frank sacó el whisky de malta Oban, sirvió dos dedos y observó cómo el médico los apuraba agradecido—. Impresiona mucho que un padre muera de manera inesperada —dijo Langlois antes de marcharse—, independientemente de que nos hayamos preparado para ello. Pero tenía... ¿Cuántos? ¿Noventa años?

—Noventa y dos.

—Noventa y dos. Estaría preparado. Ellos, los mayores, lo están, ¿sabes? Tuvieron que prepararse hace medio siglo. Supongo que creía que cada día que vivía después de los años cuarenta era un regalo de Dios.

Frank deseaba con todas sus fuerzas que el hombre se fuera, pero Langlois siguió parloteando, contándole lo que menos quería oír: que el molde con el que hicieron a hombres como Graham Ouseley hacía tiempo que se había roto; que Frank debería alegrarse inmensamente de haber tenido un padre como él y durante tantísimos años, hasta la vejez del propio Frank en realidad; que Graham estaba orgulloso de tener un hijo con quien pudo vivir en paz y armonía hasta su muerte; que la dedicación tierna e incesante de Frank había significado muchísimo para Graham...

—Valóralo —le dijo Langlois con solemnidad. Entonces se

marchó, y Frank subió las escaleras hasta su cuarto, se sentó en la cama, se tumbó al final y esperó con los ojos secos a que llegara el futuro.

Ahora, tras alcanzar South Quay, se encontró atrapado en Saint Sampson. Detrás de él, se extendía el tráfico de The Bridge mientras la gente salía del barrio comercial de la ciudad y se dirigía a casa y, delante, la caravana llegaba hasta Bulwer Avenue. Allí, en el cruce, parecía que un camión articulado había realizado un giro demasiado cerrado en South Quay y estaba plegado en una posición imposible con demasiados vehículos que intentaban pasar, muy poco espacio para maniobrar y demasiadas personas alrededor ofreciendo consejos. Al ver aquello, Frank giró el volante del Peugeot a la izquierda. Salió despacio del tráfico y se dirigió al borde del muelle, donde aparcó mirando al agua.

Se bajó del coche. El granito labrado de las paredes del puerto albergaba pocos barcos en aquella época del año, y el agua de diciembre que lamía las piedras tenía la ventaja de estar libre de las manchas de gasolina que, en el apogeo del verano, dejaban los navegantes descuidados que eran la pesadilla constante de los pescadores locales. Enfrente del agua, en el extremo norte de The Bridge, el muelle de carga emitía su cacofonía de martilleos, soldaduras, chirridos y palabrotas mientras se ponían a punto para la próxima temporada las embarcaciones que en invierno estaban fuera del agua. Si bien Frank sabía a qué correspondía cada sonido y cómo estaba relacionado cada uno con el trabajo que se realizaba en las embarcaciones del muelle, dejó que ocuparan el lugar de otra cosa bien distinta, transformando los martilleos en los pasos firmes de las botas sobre los adoquines; los chirridos en el ruido áspero del percutor de un fusil, las palabrotas en las órdenes dadas cuando llegaba el momento de disparar, comprensibles en cualquier idioma.

No podía borrar las historias de su cabeza, ni siquiera ahora, cuando más lo necesitaba: cincuenta y tres años de historias, contadas una y otra vez, pero que nunca se habían agotado y nunca habían sido inoportunas hasta este momento. Aun así, acudían a su mente, quisiera o no: 28 de junio de 1940, 18:55, el zumbido de un avión al acercarse y el miedo y la con-

579

fusión que aumentaban entre aquellos que se habían reunido en el muelle de Saint Peter Port para ver zarpar el buque correo, como solían hacer normalmente, y entre aquellos cuyos camiones hacían cola para depositar las cajas de tomates en las bodegas de los cargueros... Había demasiada gente en la zona, y cuando llegaron los seis aviones, dejaron tras de sí muertos y heridos. Las bombas incendiarias cayeron sobre los camiones, y los explosivos de alta potencia los hicieron volar por los aires, mientras las ametralladoras acribillaban a la multitud sin miramientos: hombres, mujeres y niños.

Después, vinieron las deportaciones, los interrogatorios, las ejecuciones y esclavizaciones, y también la separación inmediata de las personas de sangre judía y las incontables proclamas y órdenes; trabajos forzosos por esto y fusilamientos por esto otro; control de la prensa, control del cine, control de la información, control de las mentes.

Aparecieron contrabandistas que se lucraban con la miseria de sus conciudadanos. Los granjeros con receptores de radio escondidos en sus graneros se convirtieron en héroes inverosímiles. Un pueblo, obligado a andar buscando comida y combustible en las basuras, se vio sumido en unas circunstancias que parecían olvidadas por el resto del mundo mientras la Gestapo se movía entre la gente, observando, escuchando y esperando a abalanzarse sobre cualquiera que diera un solo paso en falso.

«La gente moría, Frankie. Aquí mismo, en esta isla, la gente sufría y moría por culpa de los alemanes. Y algunas personas lucharon contra ellos del único modo que podían. Así que no lo olvides nunca, hijo. Camina con orgullo. Provienes de una familia que conoció la peor de las épocas y vivió para contarlo. No todos los chavales de esta isla pueden decir lo mismo sobre lo que pasó aquí, Frank.»

La voz y los recuerdos. La voz que inculcaba recuerdos continuamente. Frank no podía acallarlos, ni siquiera ahora. Sentía que le perseguirían el resto de su vida. Podía ahogarse en el Leteo, pero eso no bastaría para reiniciar su cerebro.

Se suponía que los padres no mentían a sus hijos. Si elegían ser padres, tendría que ser para transmitir las verdades de la vida que habían aprendido a través de la experiencia. ¿En quién podía confiar el hijo de un hombre sino en el propio hombre?

A eso se reducía todo para Frank mientras solo, en el muelle, contemplaba el agua, pero viendo en su lugar un reflejo de la historia que había moldeado sin piedad a una generación de isleños. Todo se reducía a la confianza. Él la había entregado como único regalo que un niño puede dar a la figura distante y reverencial de su padre. Graham había cogido esta confianza y había abusado de ella de una manera atroz. Lo que quedó después fue el esqueleto delicado de una relación construida con paja y pegamento. El viento áspero de la revelación la había destruido. La propia estructura insustancial podría no haber existido nunca.

Haber vivido más de medio siglo fingiendo que no era responsable de las muertes de hombres buenos... Frank no sabía cómo construir un sentimiento de cariño hacia su padre con los desechos repugnantes que Graham Ouseley había dejado tras de sí con ese único dato. Sabía que ahora no podía. Tal vez algún día... Si llegaba a su misma edad... Si entonces veía la vida de otra forma...

Detrás de él, escuchó que al fin el tráfico comenzaba a moverse. Se dio la vuelta y vio que el camión del cruce había logrado salir de su situación. Volvió a subir al coche y se incorporó al flujo de vehículos que abandonaban Saint Sampson. Avanzó con ellos hacia Saint Peter Port, acelerando al fin cuando dejó atrás la zona industrial de Bulwer Avenue y accedió a la carretera que seguía la calle alargada en forma de media luna de la bahía de Belle Greve.

Tenía que hacer otra parada antes de regresar a Talbot Valley, así que siguió hacia el sur con el agua a la izquierda y Saint Peter Port que se alzaba como una fortaleza gris de terrazas a la derecha. Serpenteó a través de los árboles de Le Val des Terres y entró en Fort Road con menos de quince minutos de retraso sobre la hora que había quedado que pasaría por casa de los Debiere.

Habría preferido evitar otra conversación con Nobby; pero cuando el arquitecto lo llamó y se mostró tan insistente, su habitual sentimiento de culpa fue motivación suficiente para que Frank dijera:

—Muy bien, me pasaré. —Y mencionó la hora en que probablemente iría a verle.

Nobby abrió él mismo la puerta y llevó a Frank a la cocina, donde ante la aparente ausencia de su mujer, estaba preparando la cena de los chicos. En la habitación hacía un calor insoportable, y Nobby tenía la cara grasienta de sudor. El aire estaba muy cargado por el olor a palitos de pescado quemados. Del salón llegaba el ruido de un juego de ordenador en funcionamiento, con las convenientes explosiones resonando rítmicamente a medida que el jugador eliminaba con habilidad a los malos.

—Caroline está en la ciudad. —Nobby fue a inspeccionar una bandeja que extrajo lentamente del horno. Los palitos de pescado humeaban y desprendían otro olor nauseabundo. Hizo una mueca—. ¿Cómo puede gustarles esto?

—Basta con que lo detesten sus padres —observó Frank.

Nobby los puso en la encimera y utilizó una cuchara de madera para pasarlos a un plato. Cogió una bolsa de patatas congeladas del frigorífico y las echó sobre la bandeja, que volvió a meter en el horno. Mientras tanto, en el fogón, una olla hervía con entusiasmo. Enviaba una nube de vapor que flotaba sobre ellos en el aire como el fantasma de la señora Beeton.

Nobby la removió y sacó la cuchara llena de guisantes. Tenían un color verde artificial, como si estuvieran secos. Los miró con recelo, luego volvió a dejarlos en el agua hirviendo.

—Tendría que estar aquí para encargarse de esto. Se le da mejor. Yo soy un desastre —dijo Nobby.

Frank sabía que su ex alumno no le había llamado para que le diera lecciones de cocina, pero también sabía que no soportaría estar en la calurosa cocina mucho rato más. Así que asumió el control y, mientras se cocinaban las patatas, buscó un colador, echó los guisantes y luego los tapó con papel de plata, igual que los odiosos palitos de pescado. Hecho esto, abrió la ventana de la cocina.

—¿Por qué querías verme, Nobby? —preguntó entonces al otro hombre, que había puesto la mesa para sus hijos.

—Caroline está en la ciudad —dijo.

—Ya me lo has dicho.

—Ha ido a pedir trabajo. Pregúntame dónde.

—De acuerdo. ¿Dónde?

Nobby soltó una carcajada, absolutamente carente de alegría.

—En la Oficina de Asesoramiento al Ciudadano. Pregúntame qué hará.

—Nobby... —Frank estaba cansado.

—Escribir sus malditos folletos —dijo Nobby con otra carcajada, esta vez más fuerte y desmedida—. Ha pasado de *Architectural Review* a Asesoramiento al Ciudadano, gracias a mí. Le dije que dimitiera, que escribiese su novela, persiguiera su sueño, como he hecho yo.

—Lamento lo que ha pasado —dijo Frank—. No te imaginas cuánto.

—Supongo que no. Pero así es la mala suerte. Todo ha sido en vano desde el principio. ¿Te has dado cuenta? ¿O lo sabías desde siempre?

Frank frunció el ceño.

—¿Cómo? ¿Qué iba...?

Nobby llevaba uno de los delantales de su mujer. Se lo quitó y lo dejó en el respaldo de una silla de la cocina. Parecía una locura, pero era como si disfrutara con aquella charla, y su placer aumentó con su siguiente revelación. Dijo que los planos que Guy dispuso que le enviaran de Estados Unidos eran falsos. Los había visto personalmente y no tenían validez. En su opinión, ni siquiera eran los planos para un museo. ¿Qué opinaba Frank de eso?

—No tenía ninguna intención de construir un museo —le informó Nobby—. Fue todo un juego que consistía en ponernos por las nubes y luego echarnos por tierra. Y nosotros éramos los bolos: tú, yo, Henry Moullin y cualquiera que estuviera involucrado en el proyecto. Infló nuestras expectativas con grandes planes y luego se quedó mirando cómo nos retorcíamos y suplicábamos mientras nos deshinchábamos: ésa es la historia. Pero el juego sólo llegó hasta mí. Entonces se cargaron a Guy y el resto de vosotros os quedasteis preguntándoos cómo sacar adelante el proyecto ahora que él no estaba ahí para dar su bendición. Pero quería que lo supieras. No tiene sentido que yo sea el único que coseche los frutos del insólito sentido del humor de Guy.

Frank se esforzó por digerir la información. Se contradecía con todo lo que sabía de Guy y todo lo que había experimentado como amigo suyo. Su muerte y los términos de su testamento habían acabado con el museo, pero que nunca hubiera tenido intención de construirlo... Frank no podía permitirse pensar en eso ahora; ni nunca, en realidad. El precio era demasiado alto.

—Los planos... —dijo—. Los planos que trajeron los americanos...

—Falsos como un billete de tres libras —dijo Nobby en un tono agradable—. Los he visto. Un tipo de Londres me los trajo. No sé quién los dibujó ni para qué son, pero lo que sí sé es que no son para construir un museo en la calle de la iglesia de Saint Saviour.

—Pero tenía que haber... —¿Qué?, se preguntó Frank. Tenía que haber ¿qué? ¿Sabido que alguien estudiaría con detenimiento los planos? ¿Cuándo? ¿Aquella noche? Había descubierto un dibujo especializado de un edificio que anunció que era el proyecto seleccionado, pero nadie pensó en preguntarle por los planos—. Debieron de engañarle —dijo Frank—. Porque sí que pensaba construir ese museo.

—¿Con qué dinero? —preguntó Nobby—. Como bien señalaste, en su testamento no dejó ni un céntimo para construir nada, Frank, y no dejó ninguna indicación para que Ruth lo financiara si le ocurría algo. No, Guy no se dejaba timar por nadie; pero nosotros sí. Todos nosotros le seguimos el juego.

—Tiene que haber algún error, un malentendido. Quizá hizo alguna mala inversión últimamente y perdió los fondos con los que pensaba construir el museo. No querría admitirlo... No querría quedar mal, así que siguió adelante como si no hubiera cambiado nada para que nadie supiera...

—¿Eso crees? —Nobby no se esforzó por disimular la incredulidad en su voz—. ¿De verdad crees eso?

—¿Cómo explicas entonces...? El proyecto estaba en marcha, Nobby. Se sentiría responsable. Tú habías dejado tu empleo y te estableciste por tu cuenta. Henry había invertido en la fabricación del vidrio. Salían artículos en el periódico y la gente se había creado sus expectativas. Si había perdido el dinero, tenía que confesar o fingir que seguía adelante, con la esperanza de que, si iba dando largas al asunto, la gente perdiera interés con el tiempo.

En la mesa, Nobby cruzó los brazos.

—¿De verdad piensas eso? —Su tono sugería que el ex alumno se había convertido ahora en el maestro—. Sí, por supuesto. Ya veo por qué necesitarías aferrarte a esa creencia.

Frank creyó percibir en el rostro de Nobby que, de repente, el arquitecto lo había comprendido todo: el propio Frank, poseedor de miles de objetos de la guerra aparentemente queridos, no deseaba que ese material viera nunca la luz del día. Y si bien aquélla era la verdad de la cuestión, era imposible que Nobby Debiere lo supiera. Era un tema demasiado complicado para que se diera cuenta. Para él, Frank Ouseley sólo era otro miembro decepcionado del grupo que confió en un plan que había quedado en agua de borrajas.

—Supongo que no me he recuperado de todo esto —dijo Frank—. No puedo creer... Tiene que haber alguna explicación.

—Acabo de dártela. Ojalá Guy estuviera aquí para poder disfrutar del resultado de sus maquinaciones. Mira, deja que te lo enseñe. —Nobby se dirigió a un rincón de la encimera, donde parecía que la familia guardaba el correo del día. A diferencia del resto de la casa, era una zona desordenada, con fajos de cartas, revistas, catálogos y listines telefónicos amontonados todos juntos. De debajo de este montón, Nobby sacó un papel y se lo entregó.

Frank vio que era el texto y las ilustraciones para un anuncio. En ella, un Nobby Debiere dibujado estaba junto a una mesa de delineante en la que descansaba una especie de boceto. Alrededor de sus pies había pergaminos desenrollados en los que aparecían otros bocetos. La copia presentaba la nueva empresa como Arreglos, Reformas y Restauraciones Bertrand Debiere, y la dirección del local estaba justo allí, en Ford Road.

—He tenido que despedir a mi secretaria, naturalmente —dijo Nobby con una alegría forzada que helaba la sangre—. Así que ella también se ha quedado sin trabajo, lo que le habría encantado a Guy si hubiera vivido para verlo.

—Nobby...

—Y trabajaré desde casa, como ves, lo cual es magnífico, naturalmente, puesto que Caroline probablemente pasará la mayor parte del tiempo en la ciudad. Quemé las naves con la empresa cuando dimití, pero no hay duda de que con el

585

tiempo podré entrar en otra si no me hacen el vacío. Sí, ¿verdad que es maravilloso ver cómo ha acabado todo? —Le quitó a Frank el anuncio y lo metió arrugado debajo del listín telefónico.

—Siento —dijo Frank— que las cosas hayan acabado así...

—Es lo mejor, sin duda —dijo Nobby—, para alguien.

586

Capítulo 27

Saint James encontró a Ruth Brouard en el pabellón acristalado. Era mayor de lo que le pareció cuando la vio por primera vez el día del entierro. El ambiente en el interior era húmedo y cálido. En consecuencia, el cristal del pabellón estaba lleno de gotas de condensación. El agua de las ventanas y de un sistema de irrigación trazaba un dibujo constante de salpicaduras a medida que las gotas caían sobre las anchas hojas de las plantas tropicales y sobre el camino de baldosas que serpenteaba entre ellas.

Ruth Brouard estaba en el centro del invernadero, donde las baldosas se ensanchaban y formaban una zona circular de asientos lo bastante grande para acomodar una *chaise longue*, una silla de mimbre blanca, una mesa similar y un pequeño estanque en el que flotaban unos nenúfares. Estaba en el sofá con las piernas sobre un cojín bordado. Una bandeja de té descansaba en la mesa a su lado. Tenía un álbum de fotografías sobre las rodillas.

—Disculpe el calor —le dijo Ruth señalando la estufa eléctrica que había sobre las baldosas y que añadía calor al pabellón—. Me consuela. No altera mucho el rumbo de las cosas, en realidad, pero yo siento que sí. —Su mirada se posó en el cuadro que Saint James llevaba enrollado; pero no comentó nada sobre él, sino que le invitó a acercar una silla para poder enseñarle «quiénes éramos».

El álbum documentaba los años de los Brouard en Inglaterra. En él, las fotografías mostraban a un niño y una niña en el Londres de la guerra y la posguerra, siempre juntos, siempre mirando serios al objetivo de la cámara. Se hacían mayores, pero sus expresiones solemnes apenas cambiaban, posando delante de una puerta, de una verja, en un jardín, delante de una chimenea.

—Nunca se olvidó de mí —dijo Ruth Brouard mientras pasaba las páginas—. Nunca estuvimos juntos con la misma familia, y yo estaba aterrada cada vez que se marchaba por si no volvía, por si le pasaba algo y no me lo decían, o por si dejaba de venir algún día. Pero me dijo que no pasaría nada de eso y que aunque pasara, yo lo sabría. Lo presentiría, dijo. Sentiría un cambio en el universo, así que a menos que sintiera eso, no debía preocuparme. —Cerró el álbum y lo dejó a un lado—. Pero no lo sentí, ¿verdad? Cuando bajó a la bahía, no sentí nada en absoluto, señor Saint James.

Saint James le entregó el cuadro.

—Pero qué suerte haber encontrado esto —dijo la mujer en voz baja mientras lo cogía—. En menor medida, me devuelve a mi familia. —Dejó la pintura encima del álbum y lo miró—. ¿Qué más? —le preguntó.

Saint James sonrió.

—¿Está segura de que no es usted bruja, señora Brouard?

—Absolutamente —contestó—. Necesita algo más de mí, ¿verdad?

Le reconoció que sí. Por sus palabras y acciones, era evidente que no tenía ni idea del valor del cuadro que su hermano había logrado encontrar para ella. De momento, no hizo nada por cambiarlo. De algún modo, sabía que la importancia que tenía para ella no se vería alterada por conocer que era la obra de un maestro.

—Puede que tuviera razón y su hermano gastara la mayor parte de su dinero en localizarlo, pero me gustaría comprobar sus cuentas para estar seguros. Tiene documentos aquí, ¿verdad?

Ruth dijo que sí, que Guy llevaba sus cuentas en su estudio. Si el señor Saint James quería seguirla, estaría encantada de enseñarle dónde. Se llevaron el cuadro y el álbum de fotos con ellos, aunque era bastante obvio que Ruth Brouard habría dejado los dos inocentemente en el pabellón acristalado hasta que regresara a por ellos.

En el estudio de su hermano, recorrió la estancia encendiendo lámparas al ver que estaba oscureciendo. Sorprendentemente, de un armario junto a la mesa, sacó un libro de cuentas encuadernado en piel de los que uno esperaría que utilizara Bob Cratchit. Vio la reacción de Saint James y sonrió.

—El negocio hotelero estaba informatizado —dijo—. Pero Guy era muy tradicional en cuanto a sus finanzas personales.

—Sí que parece... —Saint James buscó un eufemismo.

Ella se lo proporcionó.

—Anticuado. Muy raro en Guy. Pero nunca llegó a entender los ordenadores. Nunca pasó de los teléfonos de botones y los microondas antes de que perdiera el tren de la tecnología. Pero son fáciles de seguir, ya lo verá. Guy llevaba bien las cuentas.

Mientras Saint James se sentaba a la mesa y abría el libro de contabilidad, Ruth sacó dos más. Cada uno, le explicó, abarcaba tres años de gastos de su hermano. No eran elevados, ya que la inmensa mayoría del dinero estaba a nombre de ella y la finca siempre se había mantenido con sus cuentas.

Saint James examinó el libro más reciente, para ver cómo habían sido los tres últimos años para Guy Brouard. No tardó en identificar un patrón en la forma de gastar su dinero durante este período, y se deletreaba A-n-a-ï-s A-b-b-o-t-t. Brouard había sacado dinero para su amante una y otra vez, para pagarle de todo: desde operaciones de cirugía estética a impuestos sobre la propiedad, la hipoteca de su casa, vacaciones en Suiza y Belice y clases de modelo para su hija. Aparte, había anotado los gastos correspondientes a un Mercedes-Benz, diez esculturas identificadas por artista y título, un préstamo a Henry Moullin que había descrito como «horno» y lo que parecían ser créditos adicionales o regalos a su hijo. Más recientemente, al parecer, había comprado un terreno en Saint Saviour y había realizado pagos a Bertrand Debiere, así como al Gabinete de Diseño De Carteret, Instalaciones Eléctricas Tissier y Fontanería Burton-Terry.

A partir de aquellos datos, Saint James concluyó que, al principio, Brouard sí pensaba construir el museo de la guerra, incluso contratar a Debiere para diseñarlo. Pero todos los pagos que pudieran relacionarse aunque fuera remotamente con la creación de un edificio público habían cesado hacía nueve meses. Entonces, en lugar de la contabilidad meticulosa que había estado llevando Brouard, una lista de números terminaba la página, comenzaba otra y se sumaba al final, pero no se identificaba al destinatario. Sin embargo, Saint James intuía quién era: International Access. Las cifras se correspondían con las que el banco había proporcionado a Le Gallez. Observó que el pago final —el mayor de todos— se había realizado, al parecer, el mismo día que los hermanos River habían llegado a la isla.

Saint James le pidió a Ruth Brouard una calculadora, que la mujer sacó de un cajón de la mesa de su hermano y le entregó. Sumó la lista de pagos realizados al destinatario sin identificar. Ascendían a más de dos millones de libras.

—¿Con cuánto dinero empezó su hermano cuando se trasladaron a vivir aquí? —le preguntó a Ruth—. Me dijo que lo puso casi todo a su nombre, pero que se quedó con una cantidad para sus gastos, ¿verdad? ¿Sabe cuánto?

—Varios millones de libras —dijo—. Pensó que podría vivir bastante bien de los intereses en cuanto invirtiera el dinero adecuadamente. ¿Por qué? ¿Hay algún...?

No añadió la palabra «problema», puesto que no era necesario. Desde el principio, el análisis de las finanzas de su hermano había dado pocas alegrías.

El teléfono salvó a Saint James de tener que responder de inmediato. Ruth contestó desde la extensión de la mesa y le pasó el auricular.

—No te has ganado el cariño de la recepcionista del hotel —le dijo Thomas Lynley desde Londres—. Te anima a que te compres un móvil. Te transmito el mensaje.

—Recibido. ¿Has descubierto algo?

—La verdad es que sí. Es una situación intrigante, aunque supongo que no te va a gustar lo que vas a oír. Va a fastidiarlo todo.

—Déjame adivinar. No existe ningún International Access en Bracknell.

—Exacto. He llamado a un viejo compañero de Hendon. Trabaja en Antivicio en esa zona. Se pasó por la dirección que figura para International Access y encontró un centro de bronceado. Llevan ocho años en ese local, parece que el negocio del bronceado funciona bastante bien en Bracknell...

—Lo tendré en cuenta para el futuro.

—... y afirman no tener la menor idea de lo que les hablaba mi hombre. Así que he tenido otra charla con el banco. Les he mencionado la ASF y se han mostrado dispuestos a soltar información sobre la cuenta de International Access. Según parece, el dinero transferido desde Guernsey a esa cuenta se transfirió unas cuarenta y ocho horas después a un lugar llamado Jackson Heights, en Queens, Nueva York.

—¿Jackson Heights? ¿Se trata de...?

—Es un lugar, no el nombre de la cuenta.

—¿Les sacaste el nombre?

—Vallera e Hijo.

—¿Es alguna clase de negocio?

—Eso parece; pero no sabemos de qué clase, y el banco tampoco. No es cosa suya preguntar por qué, etcétera. No obstante, parece... Bueno, ya sabes lo que parece: algo que podría despertar las ganas de investigar del gobierno estadounidense.

Saint James examinó el dibujo de la alfombra debajo de sus pies. Percibió la presencia de Ruth Brouard a su lado, levantó la cabeza y vio que la mujer le estaba mirando. Estaba seria; pero aparte de eso, no pudo interpretar nada en su rostro.

591

Colgó después de que Lynley le asegurara que se encargaría de intentar que alguien de Vallera e Hijo se pusiera al teléfono, aunque advirtió a Saint James que no esperara ninguna colaboración desde el otro lado del Atlántico.

—Si esto es lo que parece ser, puede que nos encontremos en un callejón sin salida, a no ser que involucremos a algún organismo estadounidense que tenga mano dura: Hacienda, el FBI o la policía de Nueva York.

—Eso serviría —comentó Saint James en un tono mordaz.

Lynley se rio.

—Volveré a llamarte. —Y se despidió.

Cuando colgó el teléfono, Saint James se tomó un momento para pensar en lo que implicaba la información de Lynley. La contrapuso a todos los datos que conocía y no le gustó demasiado el resultado que obtuvo.

—¿Qué sucede? —le preguntó al fin Ruth Brouard.

Salió de su ensimismamiento.

—Me preguntaba si conserva el embalaje en el que llegaron los planos del museo, señora Brouard.

Υ

Al principio, Deborah Saint James no vio a su marido cuando salió de entre los arbustos. Había anochecido y pensaba en lo que había visto dentro del túmulo prehistórico al que la había llevado Paul Fielder. Es más, pensaba en qué significaba que el chico conociera la combinación del candado y se hubiera esforzado tanto en taparla para que no la viera.

Así que no vio a Simon hasta que casi lo tuvo delante. Tenía un rastrillo y estaba al otro lado de tres anexos más próximos a la mansión. Revisaba las basuras de la finca y, al parecer, ya había vertido el contenido de cuatro cubos.

Dejó lo que estaba haciendo cuando ella lo llamó.

—¿Vas a hacerte detective de basuras? —le preguntó.

—Me lo estoy pensando, aunque me limitaré a la basura de cantantes y políticos —respondió Simon—. ¿Qué has descubierto?

—Todo lo que necesitas saber y más.

—¿Te ha hablado Paul del cuadro? Bien hecho, cariño.

—En realidad, no sé si Paul habla alguna vez —admitió—. Pero me ha llevado al lugar donde lo encontró, aunque al principio pensaba que iba a encerrarme dentro. —Pasó a describirle el lugar y la naturaleza del túmulo al que Paul la había llevado, incluyendo la información sobre el candado y el contenido de las dos cámaras de piedra. Acabó diciendo—: Los preservativos..., el catre... Era obvio para qué lo utilizaba Guy Brouard, Simon. Aunque, para serte sincera, no acabo de entender por qué no tenía sus aventuras en la casa.

—Su hermana estaba allí casi siempre —le recordó Saint James—. Y como las aventuras eran con una adolescente...

—En plural, si contamos también a Paul Fielder. Supongo que sería por eso. Es todo tan sucio, ¿verdad? —Deborah giró la cabeza y miró hacia los arbustos, el césped, el sendero que cruzaba el bosque—. Bueno, allí no los veía nadie, créeme. Hay que saber dónde está el dolmen exactamente para encontrarlo.

—¿Te enseñó en qué lugar del dolmen?

—¿En qué lugar encontró el cuadro? —Cuando Simon asintió, Deborah se lo contó.

Su marido escuchó, apoyando el peso de su cuerpo en el rastrillo como un peón que está descansando. Cuando terminó de describir el altar y la grieta que había detrás y aclaró que la grieta estaba en el mismo suelo, Simon negó con la cabeza.

—No puede ser, Deborah. Ese cuadro vale una fortuna. —Le contó todo lo que había averiguado a través de Kevin Duffy. Acabó diciendo—: Y Brouard lo sabría.

—¿Que era un De Hooch? Pero ¿cómo? Si el cuadro perteneció durante años a su familia, si había pasado de padres a hijos como reliquia familiar..., ¿cómo iba a saberlo? ¿Tú lo habrías sabido?

—No. Pero Brouard sabría lo que se había gastado para recuperar el cuadro, una cifra que ronda los dos millones de libras. No me creo que después de desembolsar tanto dinero y de los problemas que le supuso encontrar el lienzo, lo depositara aunque sólo fueran cinco minutos dentro de un dolmen.

—Pero ¿si estaba cerrado...?

—No es por eso, cariño. Estamos hablando de un cuadro del siglo XVII. No iba a dejarlo en un escondite donde el frío o la humedad podrían haberlo dañado.

—Entonces, ¿crees que Paul miente?

—No digo eso. Sólo digo que es improbable que Brouard pusiera el cuadro en una cámara prehistórica. Si quería esconderlo, a la espera de que llegara el cumpleaños de su hermana, como sostiene ella, o por cualquier otro motivo, hay cientos de lugares dentro de su propia casa donde podría haberlo guardado arriesgándose mucho menos a que se dañara.

—Entonces, ¿otra persona...? —dijo Deborah.

—Me temo que es lo único que tiene sentido. —Simon se puso a trabajar de nuevo con el rastrillo.

—Y tú ¿qué estás buscando? —Deborah escuchó la inquietud en su voz y supo que Simon también la había notado, porque cuando la miró, sus ojos estaban más oscuros, como siempre que estaba preocupado.

—La forma como llegó a Guernsey —contestó.

Se volvió hacia la basura y siguió esparciéndola hasta encontrar lo que al parecer buscaba. Era un tubo de unos noventa centímetros de largo y veinte centímetros de diámetro. En ambos extremos, la circunferencia estaba rodeaba por una

593

arandela metálica robusta con los lados hacia abajo para poder cerrar el tubo herméticamente.

Simon lo sacó rodando de entre la basura y se encorvó para recogerlo. En un lado, vio que la superficie del tubo estaba rajada de arriba abajo. Habían ensanchado la abertura hasta crear un hueco, cuyos bordes estaban raídos, donde el cartón externo del tubo se abría para revelar su estructura real. Lo que tenían era un tubo escondido dentro de otro tubo, y no hacía falta ser un científico nuclear para deducir para qué se había utilizado este espacio interior oculto.

—Vaya —murmuró Simon y miró a Deborah.

Ella sabía qué pensaba porque, aunque no quería, también ella lo pensaba.

—¿Puedo mirar...? —dijo, y cogió el tubo agradecida cuando Simon se lo entregó sin comentar nada.

Una vez inspeccionado, el tubo reveló lo que Deborah consideró el detalle más importante: el único modo de llegar al compartimento interior era claramente a través de la estructura exterior, ya que las arandelas estaban fijadas tan herméticamente en cada extremo del tubo que levantarlas habría dañado de manera irreversible toda la estructura. También habría alertado a cualquiera que examinara el tubo —concretamente, al destinatario, por no decir a los agentes de aduanas— de que alguien había intentado forzarlo. Sin embargo, no había ni una sola marca en las arandelas de metal en ninguno de los dos extremos. Deborah señaló este hecho a su marido.

—Lo veo —dijo—. Pero comprendes lo que significa, ¿verdad?

Deborah se puso nerviosa ante la intensidad de la mirada de Simon y de su pregunta.

—¿Qué? —dijo—. ¿Que quien lo trajo a Guernsey no sabía...?

—No lo abrió antes —la interrumpió—. Pero eso no significa que esa persona no supiera lo que había dentro, Deborah.

—¿Cómo puedes decir eso? —Estaba abatida. Su voz interior y todos sus instintos gritaban que no.

—Por el dolmen, porque estaba en el dolmen. Guy Brouard fue asesinado por culpa de ese cuadro, Deborah. Es el único móvil que explica todo lo demás.

—Es demasiado oportuno —replicó ella—. También es lo que alguien quiere que creamos. No —dijo cuando Simon empezó a hablar—, escúchame, Simon. Dices que sabían lo que había dentro.

—Digo que uno de los dos lo sabía, no los dos.

—De acuerdo. Uno de los dos. Pero si es así, si querían...

—Quería. Si él quería —terció su marido en voz baja.

—Sí, vale. Eres muy testarudo. Si él...

—Cherokee River, Deborah.

—Sí. Cherokee. Si quería el cuadro, si sabía que estaba dentro del tubo, ¿por qué diablos lo trajo a Guernsey? ¿Por qué no desapareció con él y punto? No tiene sentido que lo trajera hasta aquí y después lo robara. Hay otra explicación completamente distinta.

—¿Cuál?

—Creo que ya la sabes. Guy Brouard abrió el paquete y le enseñó el cuadro a alguien. Y ésa es la persona que le mató.

Adrian conducía demasiado deprisa y demasiado pegado al centro de la carretera. Adelantaba a otros coches sin criterio y frenaba sin motivo. En resumen, conducía con el propósito deliberado de ponerla nerviosa, pero Margaret estaba decidida a no dejarse provocar. Su hijo no entendía de sutilezas. Quería que le exigiera que condujera de un modo distinto para continuar conduciendo exactamente como le viniera en gana y, por lo tanto, demostrarle de una vez por todas que carecía de soberanía sobre él. Era justo el tipo de comportamiento que cabría esperar en un niño de diez años que piensa: «Ahora verás».

Adrian ya la había enfurecido bastante. Margaret tuvo que recurrir a todo su autocontrol para no emprenderla a golpes con él. Lo conocía suficientemente bien para comprender que no iba a darle ninguna información que hubiera decidido no revelarle, porque llegados a este punto creería que proporcionarle lo que fuera sería un indicio de que había ganado ella. Qué había ganado, no lo sabía, ni sabría decirlo. Lo único que ella había querido siempre para su hijo mayor era una vida normal con una carrera de éxito, una mujer e hijos.

¿Era esperar y planear demasiado? Margaret creía que no,

por supuesto. Pero los últimos días le habían demostrado que todos sus esfuerzos por allanar el camino para Adrian, todas las veces que había intercedido en su favor, las excusas que había ofrecido por todo, desde el sonambulismo al control inadecuado de los intestinos, eran demasiadas margaritas en un comedero frecuentado por cerdos.

Muy bien, pensó. Así sería. Pero no iba a marcharse de Guernsey hasta que hubiera aclarado una cosa con él. Las evasivas estaban bien. En algunos casos, incluso podían interpretarse como una señal agradable de madurez retardada. Pero las mentiras descaradas eran inaceptables, ahora y siempre. Porque las mentiras eran propias de las personas sin carácter.

Ahora veía que Adrian seguramente llevaba mintiéndole la mayor parte de su vida, tanto por acción como por omisión. Pero había estado tan absorta en sus esfuerzos por alejarle de la maligna influencia de su padre, que había aceptado su versión de todo lo que le había sucedido: desde el ahogamiento supuestamente accidental de su perrito la noche antes de que ella se casara por segunda vez, hasta la última razón de la ruptura de su compromiso.

Que aún seguía mintiéndole era algo que Margaret daba por hecho. Y ese negocio de International Access hablaba de la mayor falsedad que había pronunciado.

Así que dijo:

—Te mandó ese dinero meses atrás, ¿verdad? Lo que me pregunto es en qué te lo has gastado.

—¿De qué hablas? —contestó Adrian, como era de esperar. Parecía indiferente. No; en realidad, parecía aburrido.

—¿Apuestas? ¿Cartas? ¿Jugando a la bolsa de manera irresponsable? Sé que International Access no existe, porque durante más de un año sólo has salido de casa para ir a visitar a tu padre o a ver a Carmel. Pero quizá sea eso. ¿Te lo gastaste en Carmel? ¿Le compraste un coche? ¿Joyas? ¿Una casa?

Adrian puso los ojos en blanco.

—Por supuesto. Es exactamente lo que hice. Accedió a casarse conmigo, y debió de ser porque le solté pasta por un tubo.

—No estoy bromeando —dijo Margaret—. Me has mentido sobre lo del dinero que le pediste a tu padre, me has mentido acerca de Carmel y su relación con Guy, has permitido que

596

creyera que vuestro compromiso se rompió porque tú querías «cosas distintas» de las que quería la mujer que antes había dicho que se casaría contigo... ¿Cuándo me has mentido exactamente?

Adrian la miró.

—¿Qué más da?

—¿Qué más da qué?

—Las verdades o las mentiras. Sólo ves lo que quieres ver. Simplemente te lo pongo más fácil. —Adelantó a toda velocidad a un monovolumen que avanzaba lentamente delante de ellos. Tocó el claxon con insistencia al adelantarlo y volvió a su carril sólo a unos centímetros de un autobús que se aproximaba hacia ellos.

—¿Cómo diablos puedes decir eso? —preguntó Margaret—. He pasado la mayor parte de mi vida...

—Viviendo la mía.

—No es cierto. Me he implicado como haría cualquier madre. Me he preocupado.

—Para asegurarte de que las cosas iban como tú querías.

—Y —se atrevió Margaret a continuar, decidida a que Adrian no controlara el rumbo de su conversación— la gratitud que he recibido por mis esfuerzos ha llegado en la forma de falsedades descaradas, lo cual es inaceptable. Merezco y exijo toda la verdad. Y pienso obtenerla ahora mismo.

—¿Porque te lo debo?

—Exacto.

—Por supuesto. Pero no porque te interese, naturalmente.

—¡Cómo te atreves a decir eso! He venido aquí por ti. Me expongo a la angustia absoluta de los recuerdos que tengo de ese matrimonio...

—Oh, por favor —se burló Adrian.

—... por ti. Para asegurarme de que recibes lo que mereces del testamento de tu padre, porque sabía que haría lo que fuera para negártelo. Era la única forma que le quedaba de castigarme.

—¿Y por qué tendría interés en castigarte?

—Porque creía que yo había ganado. Porque no soportaba perder.

—¿Qué habías ganado, según él?

—A ti. Te mantuve alejado de él por tu bien, pero él no lo vio. Sólo lo interpretó como un acto de venganza, porque interpretarlo de otra forma habría significado tener que analizar su vida y valorar el efecto que podía tener en su único hijo varón estar con él. Y Guy no quería hacer eso. No quería analizar. Así que me culpó a mí de alejarte.

—Y no era tu intención, por supuesto —señaló Adrian sarcásticamente.

—Claro que era mi intención. ¿Qué habrías querido que hiciera? Una novia tras otra; una amante tras otra cuando estaba casado con JoAnna. Sabe Dios qué más: orgías, seguramente, drogas, alcohol, necrofilia y bestialismo, hasta donde yo sé. Sí, te protegí de eso. Volvería a hacer lo mismo. Hice bien.

—Y por eso te lo debo —dijo Adrian—. Ya lo capto. Entonces, dime —la miró cuando se detuvieron para girar en una intersección que los conduciría al aeropuerto—, ¿qué es exactamente lo que quieres saber?

—¿Qué ha pasado con su dinero? No el dinero con el que compró todo lo que puso a nombre de Ruth, sino el otro dinero, su dinero, porque debía de tener una fortuna. No podía permitirse sus aventurillas y mantener a una mujer tan cara como Anaïs Abbott con el dinero que Ruth le fuera dando. Es demasiado crítica para financiar el estilo de vida de la amante de tu padre. Así pues, ¿qué ha pasado con su dinero, por el amor de Dios? O te lo dio a ti o está escondido en algún lugar, y la única forma de saber si debo continuar con esto es diciéndome la verdad. ¿Te dio dinero?

—No continúes —fue su lacónica respuesta. Estaban llegando al aeropuerto, donde un avión realizaba la aproximación para aterrizar, seguramente el mismo avión que repostaría y, al cabo de una hora, llevaría a Margaret de vuelta a Inglaterra. Adrian cogió el carril hacia la terminal y se detuvo delante en lugar de aparcar en una de las plazas de enfrente—. Olvídate —dijo.

Margaret intentó interpretar la expresió de su rostro.

—¿Significa eso...?

—Significa lo que significa —dijo—. El dinero ha desaparecido. No lo encontrarás. No lo intentes.

—¿Cómo lo...? Te lo dio, ¿verdad? ¿Lo has tenido desde el

principio? Pero si es así, ¿por qué no dijiste...? Adrian, quiero que por una vez me digas la verdad.

—Pierdes el tiempo —dijo él—. Ésa es la verdad.

Abrió su puerta y fue a la parte trasera del Range Rover. Abrió atrás, y el aire frío penetró en el coche mientras sacaba sus maletas y las dejaba sin más miramientos en la acera. Fue hacia la puerta de Margaret. Parecía que su conversación había terminado.

Margaret se bajó y se acurrucó dentro del abrigo. En esa zona desprotegida de la isla, soplaba un viento frío. Esperaba que facilitara su vuelo de regreso a Inglaterra. En su momento, también haría lo mismo por su hijo. Eso era algo que sí sabía sobre Adrian, a pesar de lo que pensara él de la situación y de cómo se estaba comportando ahora. Volvería. Así eran las cosas en el mundo en que vivían, el mundo que ella había creado para los dos.

—¿Cuándo vuelves a casa? —le preguntó.

—No es asunto tuyo, madre. —Sacó sus cigarrillos e intentó cinco veces encender uno. Cualquier otra persona se habría rendido después de la segunda cerilla, pero su hijo no. Al menos en este sentido, era clavado a su madre.

—Adrian —dijo Margaret—, se me está agotando la paciencia.

—Vete a casa —dijo él—. No tendrías que haber venido.

—¿Qué piensas hacer exactamente si no vuelves a casa conmigo?

Adrian sonrió sin alegría antes de dirigirse a su lado del coche. Le contestó desde detrás del capó.

—Créeme, algo se me ocurrirá —dijo.

Saint James se separó de Deborah mientras subían la cuesta que llevaba del aparcamiento al hotel. Había estado pensativa durante todo el trayecto de regreso de Le Reposoir. Había conducido prestando atención como siempre, pero Simon sabía que no tenía la cabeza puesta en el tráfico, ni siquiera en el camino que habían tomado. Sabía que estaba pensando en la explicación que había planteado sobre por qué un cuadro valiosísimo estaba escondido en un túmulo de tierra prehistórico rodeado de piedras. No podía culparla, naturalmente. Él también pensaba en su explicación, sencillamente porque no podía descartarla. Sabía que, igual que la preferencia de Deborah por ver el bien en todas las personas podía llevarla a pasar por alto verdades básicas sobre ellas, la tendencia de él a desconfiar de todo el mundo también podía llevarle a ver las cosas como no eran en realidad. Así que ninguno de los dos habló mientras regresaban a Saint Peter Port. Sólo cuando se acercaban a los escalones de la entrada del hotel, Deborah se volvió hacia él como si hubiera tomado alguna clase de decisión.

—Aún no voy a entrar. Primero daré un paseo.

Simon dudó antes de contestar. Sabía cuán peligroso era decir las palabras equivocadas. Pero también era consciente de que aún era más peligroso no decir nada en una situación en la que Deborah sabía más de lo que debería saber como parte no desinteresada.

—¿Adónde vas? —dijo—. ¿No prefieres tomar una copa, un té o algo?

La expresión de sus ojos cambió. Deborah sabía qué estaba diciendo en realidad, a pesar de sus esfuerzos por fingir.

—Quizá necesite un guardia armado, Simon —contestó.

—Deborah...

—Volveré pronto —dijo, y se marchó, no por donde habían venido, sino hacia Smith Street, que bajaba hasta High Street y, más allá, al puerto.

No tenía más remedio que dejarla marchar, puesto que reconocía que, en esos momentos, él no sabía mejor que ella cuál era la verdad acerca de la muerte de Guy Brouard. Lo único que tenía era una sospecha, que Deborah estaba convencida y decidida a no compartir.

Después de entrar en el hotel, oyó que gritaban su nombre y vio que la recepcionista le extendía un papel desde detrás del mostrador.

—Un mensaje de Londres —le dijo al entregárselo junto con la llave de su habitación. Vio que había escrito «Lin.com» para referirse al cargo de su amigo en New Scotland Yard, una fórmula que, sin embargo, habría divertido al comisario en funciones, pese a haber abreviado mal su apellido—. Dice que se compre un móvil —añadió la mujer de manera significativa.

Arriba en la habitación, Saint James no devolvió la llamada de Lynley de inmediato, sino que se acercó a la mesa junto a la ventana y marcó un número distinto.

Cuando su llamada fue atendida, Saint James supo que en California, Jim Ward estaba en una «reunión de socios». Por desgracia, ésta no se celebraba en el despacho, sino en el hotel Ritz Carlton.

—En la costa —le dijo dándose importancia una mujer que se había identificado como «Southby, Strange, Willow y Ward. Al habla Crystal»—. Están todos incomunicados —añadió—. Pero puede dejar un mensaje.

Saint James no tenía tiempo para esperar a que el arquitecto recibiera el mensaje, así que le pidió a la joven —que parecía estar comiendo apio— si podía ayudarle ella.

—Haré lo que pueda —dijo alegremente—. Estoy estudiando arquitectura.

La buena fortuna sonrió a Saint James cuando le preguntó por los planos que Jim Ward había enviado a Guernsey. No hacía tanto tiempo que los documentos habían salido del despacho de Southby, Strange, Willow y Ward, y resultaba que Crystal era la encargada de todos los envíos por correo convencional, UPS, FedEx, DHL, e incluso de mandar planos por Internet. Puesto que esta situación en concreto había sido radicalmente distinta al procedimiento que solían seguir, se acordaba bien y estaría encantada de explicárselo... si podía esperar un momento «porque me entra una llamada por la otra línea».

Esperó, y a su debido tiempo, volvió a escuchar la voz alegre de la joven. Le contó que, en condiciones normales, los planos habrían pasado al otro lado del océano a través de la red y llegado a otro arquitecto, que asumiría el proyecto desde allí. Pero en este caso, los planos sólo eran una muestra del trabajo del señor Ward y no corría prisa enviarlos. Así que los embaló como siempre y los entregó a un abogado que fue a buscarlos. Descubrió que se trataba de un acuerdo al que habían llegado el señor Ward y el cliente de Europa.

—¿Un tal señor Kiefer? —preguntó Saint James—. ¿El señor William Kiefer? ¿Fue él quien acudió a buscarlos?

Crystal dijo que no recordaba el nombre, pero creía que no

era Kiefer. Aunque, después de pensarlo un momento, se dio cuenta de que no recordaba que el tipo hubiera dado ningún nombre. Simplemente había dicho que iba a recoger los planos que había que mandar a Guernsey, así que se los dio.

—Llegaron, ¿verdad? —preguntó con cierta preocupación. Él respondió que sí.

—¿Cómo estaban embalados? —preguntó Saint James.

La joven le contestó que de la forma habitual: dentro de un tubo de envío grande de cartón duro.

—No se dañó por el camino, ¿verdad? —preguntó ella con la misma preocupación.

Saint James le respondió que no de la forma que ella pensaba. Le dio las gracias a Crystal y colgó pensativamente. Marcó el siguiente número, y el éxito fue inmediato cuando preguntó por William Kiefer: en menos de treinta segundos, el abogado californiano se puso al teléfono.

Cuestionó la versión de los hechos de Crystal. Dijo que no había enviado a nadie a recoger los dibujos arquitectónicos. El señor Brouard le había dicho explícitamente que alguien del estudio de arquitectura entregaría los planos en su despacho cuando estuvieran listos. Entonces, él tenía que encargarse de los preparativos para que los mensajeros transportaran los planos de California a Guernsey. Es lo que pasó y es lo que hizo.

—¿Recuerda a la persona que entregó los planos del arquitecto, entonces? —preguntó Saint James.

—No lo vi. O no la vi. No sé si era hombre o mujer —contestó Kiefer—. La persona simplemente dejó los planos a nuestra secretaria. Los recibí cuando volví de comer. Estaban embalados, etiquetados y listos para salir. Pero tal vez ella recuerde... Espere un momento, ¿quiere?

Transcurrió más de un minuto, durante el cual Saint James estuvo entretenido con el hilo musical: Neil Diamond destrozando la lengua inglesa para mantener una rima horrorosa. Cuando la línea telefónica cobró vida de nuevo, Saint James se encontró hablando con una tal Cheryl Bennett.

Le contó a Saint James que la persona que llevó los planos arquitectónicos al despacho del señor Kiefer era un hombre. Y a la pregunta de si recordaba algo especial sobre él, la mujer se rio tontamente.

—Claro. No es habitual verlas en el condado de Orange.

—¿Verlas?

—Rastas. —Reveló que el hombre que llevó los planos tenía aspecto caribeño—. Unas rastas largas hasta ya sabe dónde; sandalias, pantalones cortos vaqueros y camisa hawaiana: un aspecto bastante raro para un arquitecto, pensé. Pero tal vez sólo se encargaba de hacer sus entregas o algo así.

Concluyó diciendo que no había apuntado su nombre. No hablaron. Llevaba puestos unos auriculares y escuchaba música. Le recordó a Bob Marley.

Saint James dio las gracias a Cheryl Bennett y colgó.

Se acercó a la ventana y examinó las vistas de Saint Peter Port. Pensó en lo que le había dicho la secretaria y en lo que podría significar todo aquello. Después de meditarlo, sólo podía llegarse a una conclusión: nada de lo que habían descubierto hasta la fecha era lo que parecía.

603

Capítulo 28

*L*a desconfianza de Simon espoleó a Deborah, y también el hecho de que su marido seguramente justificara esa desconfianza diciéndose a sí mismo que ella era quien no había entregado el anillo con la calavera y los dos huesos cruzados a la policía cuando debía. Sin embargo, sus dudas actuales no eran un reflejo de lo que sucedía realmente. La verdad era que Simon desconfiaba de ella porque siempre había desconfiado de ella. Era su reacción instintiva a todo lo que exigiera de ella una opinión adulta, algo de lo que, al parecer, la creía incapaz. Y esa reacción era en sí misma la ruina de su relación, el resultado de haberse casado con un hombre que en su día tuvo el papel de segundo padre. No recuperaba siempre ese papel en momentos de conflicto. Pero la mortificaba que lo adoptara cuando fuera y bastaba para animarla a hacer lo que él no quería que hiciera por nada del mundo.

Por eso se dirigió a los apartamentos Queen Margaret cuando podría haber ido a mirar tiendas en High Street, subido la cuesta hasta Candie Gardens, caminado hasta Castle Cornet o curioseado en las joyerías del centro comercial. Pero no obtuvo ningún resultado de su visita a Clifton Street. Así que bajó las escaleras que llevaban al mercado y se dijo que en realidad no estaba buscando a China y que, aunque así fuera, ¿qué más daba? Eran viejas amigas, y China estaría esperando a que alguien la tranquilizara y le dijera que la situación en la que se encontraban ella y su hermano estaba camino de resolverse.

Deborah quería ofrecerle esa tranquilidad. Era lo mínimo que podía hacer.

China no estaba en el viejo mercado al pie de las escaleras, y tampoco en la tienda de comida donde Deborah había encontrado a los River la otra vez. Cuando había abandonado por completo la idea de dar con su amiga, la localizó al doblar la esquina de High Street con Smith Street.

Había empezado a subir la cuesta, resignada a regresar al hotel. Se detuvo a comprar un periódico en un quiosco y, cuando estaba guardándolo en el bolso, vislumbró a China hacia la mitad de la colina. Salía de una tienda y siguió subiendo hacia el lugar donde Smith Street se abría a una explanada donde se erigía el monumento a los caídos en la primera guerra mundial.

Deborah gritó el nombre de su amiga. China se giró y examinó a los transeúntes que también subían, hombres y mujeres de negocios bien vestidos que habían acabado su jornada laboral en los muchos bancos de la calle de abajo. Levantó la mano para saludarla y esperó a que Deborah la alcanzara.

—¿Cómo va? —preguntó cuando estuvo lo bastante cerca para oírla—. ¿Alguna novedad?

—No lo sabemos muy bien —contestó Deborah. Y entonces, para dirigir la conversación hacia otro tema, uno con el que no corriera el peligro de querer ofrecer detalles para tranquilizarla, dijo—: ¿Qué haces?

—Dulces —dijo.

Al principio, Deborah pensó en pasteles, lo cual no tenía sentido porque a China no le gustaban demasiado. Pero luego su cerebro hizo el pequeño salto que había aprendido en Estados Unidos y tradujo rápidamente la palabra de China a su inglés.

—Ah, dulces —dijo.

—Estaba buscando Baby Ruths o Butterfingers. —China dio unas palmaditas a su amplio bolso en el que, al parecer, había guardado las chucherías—. Son sus preferidas. Pero no hay en ningún sitio, así que le he comprado lo que he podido. Espero que me dejen verle.

China le contó que la primera vez que había acudido al hospital Lane no la habían dejado. Cuando antes se había despedido de Deborah y su marido, había ido directamente a la comisaría de policía, pero no le habían permitido ver a su hermano. La habían informado de que, durante el período de interrogatorio a un sospechoso, sólo su abogado estaba autorizado a verlo. Tendría que saberlo, naturalmente, puesto que a ella tam-

605

bién la habían retenido para interrogarla. Había llamado a Holberry. Le había dicho que haría todas las gestiones posibles para que pudiera ver a su hermano, y por eso había salido a buscar las chucherías. Iba hacia allí para dárselas. Miró hacia la explanada y el cruce de calles a poca distancia de donde estaban.

—¿Quieres venir?

Deborah contestó que sí. Así que caminaron juntas hasta la comisaría, a dos minutos escasos de donde se habían encontrado.

En la recepción, un agente antipático les comunicó que no permitirían a la señorita River ver a su hermano. Cuando China le dijo que Roger Holberry había hecho las gestiones oportunas para que la dejaran pasar, el policía le informó de que él, personalmente, no sabía nada de Roger Holberry, por lo que si a las señoras no les importaba, seguiría con su trabajo.

—Llame al tipo que está al mando —le dijo China—, el inspector Le Gallez. Seguramente Holberry se habrá puesto en contacto con él. Ha dicho que haría las gestiones... Mire. Sólo quiero ver a mi hermano, ¿vale?

El hombre se mostró inflexible. Informó a China de que si Roger Holberry había hecho las gestiones oportunas a través de quien fuera, entonces esa persona —se llamara el inspector en jefe Le Gallez o la reina de Saba— se habría asegurado de que la información llegaba a recepción. A menos que se diera esa situación, no se permitía a nadie, salvo al abogado del sospechoso, entrar a verlo.

—Pero Holberry es su abogado —protestó China.

El hombre sonrió con absoluta antipatía.

—No veo que esté aquí con usted —contestó, y miró ostensiblemente detrás de ella.

China se dispuso a hacer un comentario acalorado que empezaba así:

—Escúchame, maldito...

Sin embargo, Deborah intervino.

—Tal vez pueda llevarle unas chucherías al señor River... —le dijo con calma al policía.

—Olvídalo —dijo entonces China, y salió hecha una furia de la comisaría sin realizar su entrega.

Deborah encontró a su amiga en el patio que servía de aparcamiento, sentada en el borde de una jardinera, tirando ferozmente de los arbustos que contenía. Cuando Deborah se acercó a ella, China dijo:

—Cabrones. ¿Qué creen que voy a hacer? ¿Ayudarle a fugarse?

—Quizá podamos contactar nosotras con Le Gallez.

—Seguro que estará encantado de darnos una oportunidad. —China tiró el puñado de hojas al suelo.

—¿Le has preguntado al abogado cómo lo lleva Cherokee?

—Todo lo bien que cabría esperar, teniendo en cuenta las circunstancias —contestó China—. Se suponía que tendría que hacerme sentir mejor, pero podría significar cualquier cosa y lo sé perfectamente. Esas celdas son una mierda, Deborah. No hay nada en las paredes ni en el suelo; tienen un banco de madera que, muy amablemente, sólo convierten en cama si te ves obligado a pasar la noche allí, un retrete de acero inoxidable, una pila de acero inoxidable y esa puerta azul grande que no se mueve. No hay ni una revista, ni un libro, ni un póster, ni una radio, ni un crucigrama, ni una baraja de cartas. Se va a volver loco. No está preparado... No está hecho para... Dios mío. Yo me alegré tanto de poder salir. No podía respirar ahí dentro. Incluso la cárcel me parecía mejor. Y es imposible que él... —Pareció que se obligaba a tranquilizarse—. Tengo que avisar a mamá para que venga. Él querría que estuviera aquí. Si hago eso, tendré menos remordimientos por sentirme aliviada de no ser yo quien está encerrada. Dios santo, ¿en qué me convierte eso?

—Sentir alivio por estar fuera es humano —dijo Deborah.

—Si pudiera entrar a verle, comprobar que está bien.

Se movió sobre el borde de la jardinera, y Deborah creyó que pensaba atacar de nuevo la fortaleza de la comisaría. Pero Deborah sabía que sería inútil, así que se levantó.

—Vamos a dar un paseo.

Dio media vuelta por donde habían venido, dejaron atrás el monumento a los caídos y cogieron la ruta directa a los apartamentos Queen Margaret. Deborah se dio cuenta demasiado tarde de que aquel camino pasaba justo por delante del Tribunal de Justicia, en cuyas escaleras China se detuvo dubitativa para mirar hacia arriba, a la fachada imponente del edificio que albergaba la maquinaria legal de la isla. En lo alto, ondeaba la bandera de Guernsey, tres leones sobre fondo rojo, mecida por la brisa.

Antes de que Deborah pudiera sugerir que continuaran caminando, China empezó a subir las escaleras hacia las puertas del edificio. Entró, así que no le quedaba más remedio que seguirla, y eso hizo.

Encontró a China en el vestíbulo, consultando un directorio. Cuando la alcanzó, su amiga le dijo:

—No tienes por qué quedarte conmigo. Estoy bien. Seguramente Simon te estará esperando.

—Quiero quedarme contigo —dijo Deborah—. China, todo saldrá bien.

—¿Sí? —dijo China. Cruzó el vestíbulo a grandes zancadas, pasando por delante de las puertas de madera y cristal translúcido en las que estaban grabados los diversos departamentos que podían encontrarse dentro. Se dirigió a una escalera espectacular que subía tras una pared de roble, en la que figuraban los nombres de las viejas familias de la isla escritos en oro, y en la planta de arriba encontró lo que al parecer buscaba: la sala donde se celebraban los juicios.

No parecía el mejor lugar para que China recuperara el ánimo, y aquella elección servía para subrayar las diferencias entre ella y su hermano. En la misma situación, con su hermana inocente detenida, Cherokee se había mostrado muy activo, en consonancia con su naturaleza inquieta: era un hombre con un plan. Deborah vio que, a pesar de que sacaba de quicio a su hermana, el carácter emprendedor de Cherokee tenía sus ventajas, una de las cuales era no ceder nunca al derrotismo.

—Ahora mismo no te hace ningún bien estar aquí —dijo Deborah a su amiga cuando China se sentó al final de la sala, lejos del estrado del juez.

—Holberry me ha explicado cómo son los juicios aquí —dijo China como si Deborah no hubiera hablado—. Cuando creía que me juzgarían a mí, quise saber cómo es el procedimiento, así que le pregunté. —Tenía la vista clavada al frente, como si pudiera ver la escena delante de ellas mientras la describía—. Funciona así: no tienen jurado. No como nosotros;

como en casa, quiero decir. No sientan a unas personas en la tribuna del jurado y les formulan preguntas para asegurarse de que no han tomado ya la decisión de mandar a alguien a la silla eléctrica. Aquí utilizan a jurados profesionales. Es su trabajo. Pero no entiendo cómo se puede conseguir un juicio justo con este método. ¿No significa que cualquiera puede hablar con ellos antes? Y pueden leer acerca del caso si quieren, ¿no? Seguramente incluso pueden llevar a cabo su propia investigación, me imagino. Pero no es como en casa.

—Da miedo —reconoció Deborah.

—En casa, tendría una idea de qué hacer ahora, porque sabría cómo funcionan las cosas. Podríamos encontrar a alguien que supiera cómo estudiar a los miembros del jurado y elegir a los mejores. Podríamos conceder entrevistas a la prensa. Podríamos hablar con periodistas de la televisión o algo así. Podríamos moldear la opinión de la gente de alguna forma para que si acabara celebrándose un juicio...

—Pero no habrá ningún juicio —dijo Deborah con firmeza—. No lo habrá. Me crees, ¿verdad?

—... al menos habríamos hecho algún avance respecto a lo que siente y piensa la gente. Tiene amigos. Yo estoy aquí. Tú estás aquí. Simon está aquí. Podríamos hacer algo, ¿verdad? Si las cosas fueran iguales, si fueran como en casa...

«Como en casa», pensó Deborah. Sabía que su amiga tenía razón. Enfrentarse a todo eso sería mucho menos terrible si estuviera en casa, donde conocía a la gente, conocía los objetos que la rodeaban y, lo más importante, conocía el proceso en sí, o, como mínimo, lo que lo precedía.

Deborah se dio cuenta de que no podía ofrecer a China la sensación de tranquilidad que daba lo conocido, no en este lugar que hablaba de un futuro aterrador. Sólo podía sugerir un ambiente ligeramente menos horrible donde tal vez sería capaz de consolar a la mujer que tanto la había consolado a ella.

Tras el silencio que siguió a los comentarios de China, dijo con dulzura:

—Eh, amiga...

China la miró.

Deborah sonrió y eligió las palabras que la propia China tal

609

vez habría dicho y que el hermano de China seguro que habría dicho.

—Esto es deprimente. Larguémonos de este antro.

A pesar de su estado de ánimo, la vieja amiga de Deborah le devolvió la sonrisa.

—Sí. De acuerdo. Guay —dijo.

Cuando Deborah se levantó y tendió la mano a China, ella la cogió. Y no la soltó hasta que salieron de la sala, bajaron las escaleras y abandonaron el edificio.

Saint James, pensativo, terminó su segunda conversación telefónica del día con Lynley. No había sido complicado obtener información de Vallera e Hijo, por lo que le dijo el comisario de New Scotland Yard. Quien hubiera respondido a la llamada de Lynley al parecer no jugaba con todas las cartas de la baraja de la inteligencia. No sólo el individuo en cuestión había gritado a alguien: «¡Papá! ¡Eh! ¡Una llamada de Escocia! ¿Te lo puedes creer?», cuando Lynley se identificó después de localizar el negocio en Jackson Heights, Nueva York, sino que también se había mostrado muy locuaz cuando Lynley le preguntó por la naturaleza exacta del objetivo profesional de Vallera e Hijo.

En un acento digno de *El Padrino*, el hombre —Danny Vallera, dijo que se llamaba— informó a Lynley de que Vallera e Hijo era una empresa que cobraba talones, ofrecía préstamos y enviaba dinero «a todo el mundo si lo desea. ¿Por qué? ¿Quiere mandar unos pavos? Podemos encargarnos. Podemos cambiar la pasta a dólares. ¿Qué tienen ustedes en Escocia? ¿Utilizan francos? ¿Coronas? ¿Tienen el euro? Lo hacemos todo. Naturalmente, le costará dinero».

Afable hasta el final y sin pizca de sentido común —mucho menos de recelo—, le contó con una sonrisa que él y su padre hacían transferencias de hasta nueve mil novecientos noventa y nueve dólares —«Y puede añadir los noventa y nueve centavos si quiere, pero sería forzar demasiado las cosas, ¿verdad?»—, para distinguir a las personas que no querían que los federales llamaran a su puerta, cosa que seguramente acabaría ocurriendo si Vallera e Hijo informaba de transferencias por valor de diez mil dólares o más, tal como exigían «el Tío Sam y los capullos de Washington». Así que si alguien de Escocia quería enviar a alguien de los Estados Unidos de América una cantidad inferior a diez mil pavos, Vallera e Hijo estarían encantados de ser los intermediarios de la operación, por un módico precio, claro. En los Estados Unidos de América, centro de políticos que aceptaban sobornos, grupos de presión que los ofrecían, elecciones amañadas y capitalismo exacerbado, siempre había que pagar un módico precio.

Y si la cantidad para transferir era superior a nueve mil novecientos noventa y nueve dólares y noventa y nueve centavos, ¿qué pasaba?, preguntó Lynley.

Oh, entonces Vallera e Hijo tenía que informar de la cantidad a los federales.

¿Y qué hacían los federales?

Se interesaban cuando decidían interesarse. Si te llamabas Gotti, se interesaban volando. Si eras un americanito normal que había ganado pasta últimamente, tal vez tardaban más.

—Ha sido todo bastante esclarecedor —le había dicho Lynley a Saint James al concluir su informe—. El señor Vallera quizá habría seguido hablando indefinidamente, porque parecía encantado de tener una llamada de Escocia.

Saint James se rio.

—Pero ¿no siguió?

—Al parecer, el señor Vallera padre ha aparecido en escena. He oído algunos ruidos de fondo que sugerían que alguien estaba enfadado, y la llamada se ha cortado poco después.

—Te debo una, Tommy —dijo Saint James.

—El señor Vallera padre no diría lo mismo.

Ahora, en la habitación del hotel, Saint James pensó en su siguiente movimiento. Sin la participación de una u otra agencia del gobierno de Estados Unidos, llegó a la conclusión ineludible de que estaba solo, que tendría que descubrir como pudiera más hechos y utilizarlos para desenmascarar al asesino de Guy Brouard. Se planteó varias formas de abordar el problema, tomó una decisión y bajó al vestíbulo.

Allí preguntó si podía utilizar el ordenador del hotel. La recepcionista, cuyo cariño no se había ganado antes al tener que localizarle por la isla, no recibió su petición con entusiasmo desenfrenado. Se mordió el labio inferior con los dientes superiores prominentes y le informó de que tendría que consultarlo con el señor Alyar, el director del hotel.

—Normalmente no damos acceso a los huéspedes... Por lo general, la gente trae el suyo. ¿No tiene un portátil? —No añadió: «¿O un móvil?», pero la insinuación estaba ahí. «Espabile», le dijo su expresión justo antes de ir a buscar al señor Alyar.

Saint James esperó con impaciencia en el vestíbulo durante casi diez minutos antes de que un hombre rechoncho que vestía un traje cruzado saliera de una puerta que daba a las dependencias interiores del hotel y se acercara a él. Se presentó como el señor Alyar —Felix Alyar, dijo— y le preguntó en qué podía ayudarle.

Saint James explicó su petición más detalladamente. Le entregó su tarjeta de visita mientras hablaba y mencionó el nombre del inspector en jefe Le Gallez en un intento por parecer una parte legítima de la investigación en curso.

Con más cortesía de la que había mostrado la recepcionista, el señor Alyar accedió a permitirle utilizar el ordenador del hotel. Le hizo pasar detrás del mostrador de recepción y luego a un despacho que había detrás. Allí, dos empleados más del establecimiento trabajaban en sus terminales y un tercero introducía documentos en un fax.

Felix Alyar dirigió a Saint James a un tercer terminal.

—Penelope, este caballero utilizará tu ordenador —le dijo a la mujer del fax antes de marcharse «con la gentileza del hotel» y una sonrisa que rayaba en la insinceridad más flagrante. Saint James le dio las gracias y, acto seguido, entró en Internet.

Empezó con el *International Herald Tribune*, accediendo a su página electrónica, donde descubrió que cualquier artículo que tuviera más de dos semanas de antigüedad sólo podía consultarse desde el sitio del que había surgido el artículo en cuestión. No le sorprendía, teniendo en cuenta la naturaleza de lo que estaba buscando y las posibilidades limitadas del periódico. Así que pasó al *USA Today*, pero allí las noticias tenían que cubrir una zona demasiado extensa y, por lo tanto, se limitaban a grandes historias en prácticamente todos los casos: temas gu-

bernamentales, sucesos internacionales, asesinatos sensaciona-
listas, heroicidades audaces.

Su siguiente elección fue el *New York Times*, donde primero tecleó: «PIETER DE HOOCH», y cuando no obtuvo nada, escri-
bió: «SANTA BÁRBARA». Pero, de nuevo, no consiguió ningún
resultado útil, y empezó a dudar de la hipótesis que había ela-
borado tras escuchar por primera vez el nombre Vallera e Hijo
de Jackson Heights, Nueva York, y tras escuchar luego cuál era
la naturaleza exacta del negocio de Vallera e Hijo.

La única opción que quedaba, teniendo en cuenta lo que sabía, era *Los Angeles Times*, así que entró en la página electrónica de este periódico e inició la búsqueda de sus archivos.
Como antes, introdujo el período de tiempo que había estado
utilizando —los últimos doce meses—, seguido del nombre
Pieter de Hooch. Menos de cinco segundos después, la pantalla
del monitor se alteró y apareció una lista de artículos relevan-
vantes, cinco en una página y una indicación de que seguían
más.

Escogió el primer artículo y esperó a que el ordenador lo
descargara. Lo primero que apareció en la pantalla fue el titu-
lar: «Un padre recuerda».

Saint James repasó el artículo. Las frases destacaban ante él
como si estuvieran escritas en una letra más gruesa que el resto. Cuando vio las palabras «veterano condecorado de la
segunda guerra mundial», ralentizó la lectura del artículo.
Hablaba de un transplante triple —corazón, pulmones y ri-
ñones— realizado tiempo atrás en el hospital Saint Clare de
Santa Ana, California, una operación sin precedentes hasta entonces. El receptor había sido un chico de quince años llamado
Jerry Ferguson. Su padre, Stuart, era el veterano condecorado
que mencionaba el artículo.

Al parecer, el vendedor de coches Stuart Ferguson —pues
ésa era la profesión del hombre— había dedicado el resto de
sus días a buscar una forma de agradecer al Saint Clare el haber salvado la vida a su hijo. Al ser un hospital benéfico cuya
política era no rechazar a nadie, el Saint Clare no había exigido el pago de una factura que había ascendido a más de doscientos mil dólares. Un vendedor de coches con cuatro hijos tenía pocas esperanzas de reunir esa cantidad de dinero, así que

613

al morir, Stuart Ferguson había legado al Saint Clare la única posesión que tenía con un valor potencial: un cuadro.

—No teníamos ni idea... —había comentado la viuda—. Stu nunca supo... Lo consiguió durante la guerra, dijo... Un recuerdo... Es lo único que yo sabía.

—Creía que sólo era un cuadro viejo cualquiera —comentó Jerry Ferguson después de que la pintura fuera tasada por expertos del Museo Getty—. Papá y mamá lo tenían en su habitación. Ya sabe, nunca pensé demasiado en él.

Por lo tanto, las encantadas Hermanas de la Misericordia que dirigían el hospital Saint Clare con un presupuesto muy reducido y dedicaban la mayor parte de su tiempo a recaudar fondos simplemente para mantenerlo a flote se habían encontrado, según parecía, en poder de una obra de arte valiosísima. Una fotografía que acompañaba el artículo mostraba a un adulto, Jerry Ferguson, y a su madre entregando el cuadro de *Santa Bárbara* de Pieter de Hooch a la hermana Monica Casey, una mujer de aspecto adusto que en el momento de la entrega no tenía la menor idea de qué estaban sujetando sus devotas manos.

Cuando más adelante les preguntaron si se arrepentían de haberse desprendido de algo tan valioso, la madre y el hijo Ferguson dijeron: «Fue una sorpresa pensar que había estado colgado en casa todos esos años» y «Caray, era lo que papá quería y a mí es lo que me vale». Por su parte, la hermana Monica Casey reconocía haber tenido palpitaciones y explicaba que subastarían el De Hooch en cuanto estuviera limpio y restaurado como correspondía. Mientras tanto, le había contado al periodista, las Hermanas de la Misericordia guardarían el cuadro en un lugar seguro.

Pero no lo bastante seguro, pensó Saint James. Ese hecho había puesto en marcha los acontecimientos.

Hizo clic sobre los siguientes artículos, y no le sorprendió demasiado la manera en que se habían desarrollado los acontecimientos en Santa Ana, California. Los leyó deprisa —puesto que no necesitó más tiempo para determinar de qué manera el *Santa Bárbara* de Pieter de Hooch había realizado el viaje desde el hospital Saint Clare a la casa de Guy Brouard— e imprimió los más relevantes.

Los juntó con un clip y subió a la habitación para estudiar su siguiente movimiento.

Deborah preparó un té mientras China levantaba el auricular del teléfono y lo colgaba alternativamente, a veces marcaba algunos números, a veces ni siquiera llegaba tan lejos. En el camino de regreso a los apartamentos Queen Margaret, al final había decidido llamar a su madre. Había dicho que tenía que informarla de lo que estaba sucediendo con Cherokee. Pero ahora que se enfrentaba al momento de la verdad, como lo llamó ella, no podía hacerlo. Así que había marcado los números del prefijo internacional. Había marcado el 1 para Estados Unidos. Incluso había llegado a marcar el prefijo de Orange, California. Pero entonces se había echado atrás.

Mientras Deborah calculaba la cantidad de té, China le explicó sus dudas, que resultaron ser fruto de su superstición.

—Es como si fuera a gafarle si llamo.

Deborah recordaba haberle oído esa expresión antes. Piensa que te saldrá bien un trabajo fotográfico o tal vez un examen y sacarás un suspenso, porque al pensarlo antes, lo gafas. Dices que esperas una llamada de tu novio y gafas la posibilidad de que te llame. Comenta lo fluido que está el tráfico en una de las enormes autopistas de California y seguro que te encuentras un accidente y una caravana de siete kilómetros al cabo de diez minutos. Deborah había denominado esta clase de pensamiento sesgado «la ley de Chinalandia» y se había acostumbrado bastante a tener cuidado para no gafar ninguna situación mientras vivió con China en Santa Bárbara.

—Pero ¿cómo iba a gafar las cosas? —dijo.

—No lo tengo claro. Es la sensación que tengo, simplemente: que si la llamo y le cuento lo que está pasando, vendrá y entonces todo irá a peor.

—Pero me parece que eso infringe la ley básica de Chinalandia —observó Deborah—. Al menos como la recuerdo yo. —Encendió el hervidor eléctrico.

Al oír que Deborah utilizaba el término de los viejos tiempos, China sonrió, a su pesar, al parecer.

—¿Por? —preguntó.

—Bueno, según el recuerdo que tengo de cómo funcionaban las cosas en Chinalandia, el objetivo es diametralmente opuesto a lo que en realidad se quiere conseguir. No hay que dejar que el destino sepa lo que uno tiene en mente para que no se inmiscuya y fastidie las cosas. Vas por la puerta de atrás. Persigues lo que quieres a escondidas.

—Despistas al muy cabrón —murmuró China.

—Exacto. —Deborah sacó unas tazas del armario—. En este caso en particular, me parece que debes llamar a tu madre. No tienes alternativa. Si la llamas e insistes en que venga a Guernsey...

—Ni siquiera tiene pasaporte, Debs.

—Tanto mejor. Tendrá que tomarse muchas molestias para llegar aquí.

—Por no mencionar los gastos.

—Hum. Sí. El éxito está prácticamente garantizado. —Deborah se apoyó en la encimera—. Tendrá que sacarse el pasaporte deprisa. Lo que significa ir hasta... ¿dónde?

—Los Ángeles, un edificio federal; por la autopista de San Diego.

—¿Pasado el aeropuerto?

—Mucho después; incluso pasado Santa Mónica.

—Perfecto: un tráfico espantoso y muchas dificultades. Así que primero tendrá que ir hasta allí y sacarse el pasaporte, hacer todos los preparativos para el viaje, volar a Londres y luego a Guernsey. Y después de haberse tomado todas estas molestias, en un estado de ansiedad desgarrador...

—Llegará aquí y ya se habrá resuelto todo.

—Seguramente una hora antes de que llegue. —Deborah sonrió—. Voilà! La ley de Chinalandia en acción. Tantas molestias, tantos gastos... para nada, al final. —Detrás de ella, el hervidor se apagó. Vertió el agua en una tetera verde pesada, la llevó a la mesa y le hizo un gesto a China para que se sentara con ella—. Pero si no la llamas...

China dejó el teléfono y fue a la cocina. Deborah esperó a que concluyera la frase; en lugar de hacerlo, sin embargo, China se sentó y tocó una de las tazas, girándola despacio entre las manos.

—Abandoné esa manera de pensar hace un tiempo. De todas formas, siempre fue sólo un juego. Pero dejó de funcionar. O tal vez yo dejé de funcionar. No lo sé. —Apartó la taza—. Empezó con Matt, cuando éramos adolescentes. ¿Te lo he contado alguna vez? Pasaba por delante de su casa, y si no miraba para ver si estaba en el garaje o cortando el césped para su madre o algo así, si ni siquiera pensaba en él cuando pasaba, estaría allí. Pero si miraba o pensaba en él, incluso si pensaba en su nombre, entonces no estaría. Siempre funcionaba. Así que seguí haciéndolo. Si actuaba con indiferencia, él se interesaría por mí. Si no quería quedar con él, él querría quedar conmigo. Si pensaba que nunca querría darme ni un beso de buenas noches, lo haría. Se moriría de ganas de hacerlo. A cierto nivel, siempre supe que las cosas no funcionaban realmente así, pensando y diciendo exactamente lo contrario a lo que quería en realidad; pero en cuanto empecé a ver el mundo de esa forma, a jugar a ese juego, continué haciéndolo. Acabó significando: planifica una vida con Matt y no sucederá nunca; sigue adelante tú sola y ahí estará él, suspirando por comprometerse para siempre.

Deborah sirvió el té y acercó con delicadeza una taza a su amiga.

—Siento que las cosas acabaran de este modo —le dijo—. Sé lo que sentías por él, lo que querías, anhelabas, esperabas..., lo que sea.

—Sí, lo que sea. Ése es el tema, de acuerdo. —El azúcar estaba en un tarro en el centro de la mesa. China le dio la vuelta, y los gránulos blancos cayeron como copos de nieve en la taza. Cuando a Deborah empezaba a parecerle que la infusión estaría imbebible, China dejó el tarro.

—Ojalá hubiera salido como tú querías —dijo Deborah—. Pero tal vez aún pueda pasar.

—¿Como pasó con tu vida? No. Yo no soy como tú. A mí no me salen las cosas redondas. Nunca me han salido y nunca me saldrán.

—No sabes...

—Rompí con un hombre, Deborah —la interrumpió China con impaciencia—. Créeme, ¿vale? En mi caso no había otro hombre, cojo o no, esperando a que la cosa se fastidiara para entrar él en acción y sustituir al otro.

Deborah se estremeció al oír las palabras hirientes de su vieja amiga.

—¿Es así como ves mi vida..., lo que pasó? ¿Es lo que...? China, no es justo.

—¿No? Ahí estaba yo, luchando por mi relación con Matt desde el principio, rompiendo y empezando otra vez. Volvíamos a juntarnos con la promesa de que esta vez todo sería distinto. Nos metíamos en la cama y follábamos como locos. Rompíamos tres semanas después por una estupidez: decía que llegaría a las ocho y no aparecía hasta las once y media y ni siquiera se molestaba en llamar para decirme que llegaría tarde, y yo no podía soportarlo ni un segundo más, así que le decía que se había acabado, que se fuera, que habíamos terminado, que ya había tenido suficiente. Luego, diez días después, me llamaba. Me decía: «Eh, nena, dame otra oportunidad, te necesito». Y yo le creía porque era muy estúpida o estaba muy desesperada, y empezábamos de nuevo otra vez. Y durante todo este tiempo, tú estabas follándote a un duque, nada más y nada menos, o lo que fuera. Y cuando se esfuma para siempre, diez minutos después, aparece Simon. Lo dicho: a ti siempre te salen las cosas redondas.

—Pero no fue así —protestó Deborah.

—¿Ah, no? Cuéntame cómo fue. Haz que suene como mi situación con Matt. —China cogió la taza de té, pero no bebió—. No puedes, ¿verdad? Porque tu situación nunca ha sido como la mía.

—Los hombres no son...

—No estoy hablando de los hombres. Estoy hablando de mi vida: de cómo es para mí, y de cómo ha sido siempre para ti, maldita sea.

—Sólo ves las cosas desde fuera —argumentó Deborah—. Comparas la parte superficial con cómo te sientes por dentro, y no tiene sentido. China, yo ni siquiera tengo madre. Ya lo sabes. Crecí en la casa de otra persona. Durante la primera parte de mi vida, me daba terror hasta mi propia sombra, me acosaban en el colegio por ser pelirroja y tener pecas, era demasiado tímida para pedir nada a nadie, ni siquiera a mi padre. Era patéticamente agradecida si alguien me daba una palmadita en la cabeza como a un perro. Los únicos compañeros que tuve hasta los catorce años fueron los libros y una cámara de tercera mano. Vivía en la casa de otra persona, donde mi padre era poco más que un criado, y siempre pensaba: «¿Por qué no podría ser alguien? ¿Por qué no tiene una carrera, como la de médico o dentista o banquero o algo así? ¿Por qué no tiene un trabajo normal como los padres de los otros niños? ¿Por qué...?».

—Mi padre estaba en la cárcel —dijo China—. Es donde está ahora. Y es donde estaba entonces. Es camello, Deborah. ¿Me oyes? ¿Lo captas? Es un puto camello. Y mi madre... ¿Qué te parecería tener como madre a Miss Secuoya Estados Unidos? Salvad al mochuelo de los bosques o a la ardilla terrestre de tres patas. Evitad la construcción de una presa o una carretera o un pozo de petróleo; pero no os acordéis nunca, nunca, de un cumpleaños, del bocadillo para el colegio, de comprobar que vuestros hijos tengan un par de zapatos decentes. Y, por el amor de Dios, nunca vayáis a un partido de la Liga Infantil o a una reunión de las exploradoras o a una tutoría con el maestro o a nada, en realidad, porque Dios sabe que la pérdida de los dientes de león en peligro de extinción podría alterar todo el puto ecosistema. Así que no intentes comparar tu pobre vida en una mansión, la hija llorica de un criado, con la mía.

Deborah dejó escapar un suspiro tembloroso. Parecía que no había nada más que decir.

China bebió un trago de té, con la cabeza girada.

Deborah quería argumentar que nadie en el mundo pedía tener las cartas que le tocaban en la vida, que era la forma como se jugaban las cartas lo que contaba, no las cartas en sí; pero no lo dijo. Tampoco comentó que, hacía mucho tiempo, había aprendido con la muerte de su madre que de las malas experiencias podían surgir cosas buenas, porque decir eso olería a autosatisfacción y sermoneo arrogante, y también las conduciría, inevitablemente, a su matrimonio con Simon, que nunca se habría producido si la familia de él no hubiera creído necesario alejar de Southampton a su apenado padre. Si no hubieran puesto a Joseph Cotter al cargo de la reforma de una casa familiar abandonada en Chelsea, nunca habría llegado a vivir, aprender a amar y, al final, casarse con el hombre con el que ahora compartía su vida. Pero era peligroso adentrarse en

619

ese terreno con China. Ahora mismo, tenía que enfrentarse a demasiadas cosas.

Deborah sabía que tenía información que podría aliviar algunas de las preocupaciones de China —el dolmen, el candado con combinación de la puerta, el cuadro que habían encontrado dentro, el estado del tubo de envío en el que, sin saberlo, Cherokee River había entrado el cuadro en el Reino Unido y luego en Guernsey, qué implicaba dicho estado—, pero también sabía que le debía a su marido no mencionar nada de esto. Así que dijo:

—Sé que tienes miedo, China. Pero no le pasará nada. Tienes que creerme.

China giró más la cabeza. Deborah vio que le costaba tragar saliva.

—Desde el momento en que aterrizamos en esta lista, nos convertimos en los cabezas de turco de alguien —dijo su amiga—. Ojalá hubiéramos entregado esos estúpidos planos y nos hubiéramos ido. Pero no. Yo pensé que sería genial hacer un reportaje de la casa. Y tampoco habría podido venderlo. Fue una tontería, una estupidez. Fue la típica cagada de China. Y ahora... He provocado que nos pase esto a los dos, Deborah. Él se habría marchado. Habría estado encantado de marcharse. Es lo que quería. Pero yo pensé: «Tengo la oportunidad de sacar algunas fotos, realizar un reportaje por mi cuenta». Lo cual fue aún más estúpido, porque ¿cuándo he sido yo capaz de hacer un reportaje por mi cuenta y venderlo? Nunca. Dios santo, soy una fracasada.

Aquello era demasiado. Deborah se puso de pie y se acercó a la silla de su amiga. Se quedó detrás y abrazó a China. Apretó la mejilla en su cabeza y dijo:

—Para. Para. Te juro que...

Antes de que pudiera terminar la frase, la puerta del piso se abrió de golpe y el frío aire de las noches de diciembre se coló en la habitación. Se dieron la vuelta, y Deborah dio un paso para apresurarse a cerrarla. Sin embargo, se quedó quieta cuando vio quién estaba allí.

—¡Cherokee! —gritó.

Parecía absolutamente agotado —sin afeitar y con la ropa arrugada—, pero sonrió a pesar de todo. Levantó una mano para contener sus exclamaciones y preguntas y volvió a desaparecer un momento fuera. Al lado de Deborah, China se levantó despacio.

Cherokee reapareció. Llevaba en cada mano una bolsa de viaje, que arrojó dentro del piso. Entonces, del interior de la chaqueta, sacó dos cuadernitos de color azul oscuro, cada uno con grabados dorados en las tapas. Lanzó uno a su hermana y dio un beso al otro.

—Nuestro pasaporte para salir de aquí —dijo—. Nos largamos de este sitio, Chine.

Ella se quedó mirándolo y luego miró el pasaporte que tenía en las manos.

—¿Qué...? —dijo. Y mientras corría a abrazarle, añadió—: ¿Qué ha pasado? Cherokee, ¿qué ha pasado?

—No lo sé y no he preguntado —contestó su hermano—. Ha venido un policía a mi celda con nuestras cosas hará unos veinte minutos. Me ha dicho: «Eso es todo, señor River. Mañana por la mañana los queremos fuera de esta isla», o algo así. Incluso me ha dado unos billetes para Roma; si nos parece bien, me ha dicho. Con las disculpas de los estados de Guernsey por las molestias, por supuesto.

—¿Eso ha dicho? ¿Por las molestias? Tendríamos que demandar a estos cabrones mil veces y...

—Guau —dijo Cherokee—. Lo único que me interesa es irme de aquí. Si saliera algún avión esta noche, créeme, estaría en él. La única pregunta es: ¿quieres ir a Roma?

—Quiero irme a casa —contestó China.

Cherokee asintió y le dio un beso en la frente.

—Tengo que reconocerlo. Mi choza en el cañón nunca me había parecido tan bonita.

Deborah contempló la escena entre hermano y hermana y sintió una alegría inmensa. Sabía quién era el responsable de la puesta en libertad de Cherokee River y se lo agradeció infinitamente. Simon había acudido en su ayuda en más de una ocasión a lo largo de su vida, pero nunca de un modo tan gratificante como ahora. Había oído su interpretación de los hechos; pero no sólo eso: por fin la había escuchado.

621

Ruth Brouard completó su meditación y se sintió más en paz de lo que se había sentido en meses. Desde la muerte de Guy, se había saltado sus treinta minutos diarios de contemplación silenciosa, y notaba las consecuencias en una mente que pasaba de un tema a otro a toda velocidad y en un cuerpo que se dejaba llevar por el pánico con cada arremetida de dolor. Había ido a ver a abogados, banqueros y corredores de bolsa cuando no estaba ocupada revisando los papeles de su hermano para buscar algún indicio de cómo y por qué había modificado su testamento. Si no, había ido al médico para intentar cambiar su medicación y poder manejar el dolor con mayor eficacia. Sin embargo, durante todo el tiempo, las respuestas y las soluciones que necesitaba se encontraban en su interior.

Esta sesión demostraba que aún era capaz de hacer una contemplación prolongada. Sola en su habitación, con una única vela encendida en la mesa a su lado, se había sentado y concentrado en su respiración. Alejó de sí toda la ansiedad que la asediaba. Durante media hora, consiguió liberarse de la pena.

Cuando se levantó de la silla, vio que el día había dado paso a la noche. En la casa, reinaba el silencio más absoluto. Los ruidos que le habían hecho compañía durante tanto tiempo, viviendo con su hermano, dejaban con su muerte un vacío en el que se sentía como una criatura lanzada al espacio inesperadamente.

Así sería hasta que muriera ella. Sólo podía desear que fuera pronto. Se había mantenido bastante entera mientras había compartido la casa con invitados, encargándose de los preparativos del funeral de Guy y llevándolos a cabo. Pero lo había pagado caro, con dolor y fatiga. La soledad de que gozaba ahora le proporcionaba la oportunidad de recuperarse de lo que había sucedido. También le permitía relajarse.

Pensó que ya no había nadie ante quien fingir estar sana. Guy había muerto, y Valerie ya lo sabía a pesar de que Ruth nunca se lo hubiera contado. Pero no importaba, porque Valerie no había dicho ni pío. Ruth nunca lo reconoció, así que Valerie no comentó nada. No podía pedirse más a una mujer que pasaba tanto tiempo en su casa.

De la cómoda, Ruth cogió el frasco y echó dos pastillas en su mano. Se las tomó con agua de una botella que tenía junto a la cama. Se quedaría adormilada; pero como no había nadie en la casa, no tenía que estar muy despierta. Podía quedarse dormida mientras cenaba si quería. Podía quedarse dormida frente al televisor. Si le apetecía, podía quedarse dormida ahí mismo, en su cuarto, y no despertarse hasta que amaneciera. Con unas pastillas más, lo conseguiría. Era una idea tentadora.

Sin embargo, abajo, oyó el crujido en la gravilla de un coche que avanzaba por el sendero. Se acercó a la ventana a tiempo para ver la parte trasera de un vehículo que desaparecía detrás de la casa. Frunció el ceño. No esperaba a nadie.

Fue al estudio de su hermano, a la ventana. Al otro lado del patio, vio que alguien había metido un coche grande en uno de los viejos establos. Las luces de freno seguían encendidas, como si el conductor estuviera pensando qué hacer.

Ruth se quedó mirando y esperando, pero no pasó nada. Parecía como si la persona que estaba en el coche esperara a que ella diese el siguiente paso. Así que lo hizo.

Salió del estudio de Guy y fue hacia las escaleras. Tenía el cuerpo entumecido de estar sentada meditando tanto rato, así que las bajó despacio. Le llegó el olor de su cena, que Valerie había dejado sobre los fogones de la cocina. Se dirigiría hacia allí, no porque tuviera hambre, sino porque parecía lo más razonable.

Como el estudio de Guy, la cocina estaba en la parte trasera de la casa. Podía utilizar la excusa de estar sirviéndose la cena para ver quién había llegado a Le Reposoir.

Obtuvo su respuesta cuando por fin acabó de descender las escaleras. Recorrió el pasillo hacia la parte de atrás, donde había una puerta entreabierta y un haz de luz dibujaba una línea en diagonal en la moqueta. Empujó la puerta y vio a su sobrino en los fogones, removiendo enérgicamente lo que fuera que Valerie hubiera dejado hirviendo a fuego lento.

—¡Adrian! —dijo—. Creía que...

Su sobrino se dio la vuelta.

—Creía que... —dijo Ruth—. Estás aquí. Pero cuando tu madre ha dicho que se iba...

—Has creído que yo también me marchaba. Tiene sentido. A donde va ella, por lo general voy yo; pero esta vez no, tía Ruth. —Le tendió una cuchara larga de madera para que probara lo que parecía buey *bourguignon*—. ¿Estás lista? —le dijo—. ¿Quieres cenar en el comedor, o aquí?

—Gracias, pero no tengo mucha hambre. —Lo que tenía eran mareos, tal vez por haber tomado los analgésicos con el estómago vacío.

—Es obvio —le dijo Adrian—. Has perdido mucho peso. ¿No te lo dice nadie? —Fue al aparador y cogió una fuente—. Pero esta noche vas a comer.

Empezó a pasar la carne al recipiente. Cuando estuvo lleno, lo tapó y sacó de la nevera una ensalada verde que Valerie también había preparado. Del horno, sacó otro cuenco —éste de arroz— y comenzó a colocarlo todo en la mesa que había en el centro de la cocina. Siguió con una copa de agua, platos y cubiertos para uno.

—Adrian, ¿por qué has vuelto? —dijo Ruth—. Bueno, supongo que tu madre no lo ha dicho literalmente; pero cuando me ha dicho que se iba, he imaginado... Sé que estás decepcionado por el testamento de tu padre, cariño, pero se mantuvo bastante inflexible. Y pase lo que pase, siento que debo respetar...

—No espero que hagas nada —le dijo Adrian—. Papá ya dijo lo que quería decir. Siéntate, tía Ruth. Iré a buscarte un poco de vino.

Ruth estaba preocupada y confusa. Esperó mientras su sobrino buscaba en la despensa que Guy había convertido hacía tiempo en su bodega particular. Oyó a Adrian eligiendo entre las caras botellas de su padre. Una de ellas tintineó al chocar con la vieja estantería de mármol donde en su día se guardaban las carnes y los quesos. Al cabo de un momento, oyó que servía el líquido.

Ruth pensó en las acciones de su sobrino y se preguntó qué tramaba. Cuando regresó unos instantes después, llevaba una botella de borgoña en una mano y una única copa de vino en la otra. Ruth vio que la botella era vieja y que la etiqueta estaba llena de polvo. Guy no la habría abierto para una comida tan poco importante.

—Creo que no... —dijo Ruth, pero Adrian pasó a su lado y separó una silla de la mesa con mucha ceremonia.

—Siéntese, señora —dijo—. La cena está servida.

—¿Tú no vas a comer?

—He comido algo cuando volvía del aeropuerto. Mamá se ha ido, por cierto. Seguramente ya habrá aterrizado. Por fin nos hemos librado el uno del otro, algo que William, que es su marido actual, por si lo habías olvidado, sin duda agradecerá enormemente. Bueno, ¿qué se puede esperar? Cuando se casó con ella, no contaba con tener un inquilino permanente en la persona de su hijastro, ¿verdad?

Si Ruth no conociera a su sobrino, habría interpretado su comportamiento y su conversación como una prueba de su estado maníaco. Pero en los treinta y siete años que tenía, jamás había presenciado nada en él que pudiera describirse ni remotamente como maníaco. Por lo tanto, lo que estaba viendo era algo distinto. Sólo que no sabía cómo catalogarlo, ni qué significaba, ni qué debería sentir al respecto, en realidad.

—¿No es extraño? —murmuró Ruth—. Estaba convencida de que te habías marchado. No he visto las maletas, pero... Es extraño, verdad, lo que parecen las cosas cuando ya hemos tomado una decisión al respecto.

—Cuánta razón tienes. —Adrian le sirvió el arroz y puso encima la carne. Dejó el plato delante de ella—. Es un problema que tenemos: miramos la vida con ideas preconcebidas. Miramos a la gente con ideas preconcebidas. No estás comiendo, tía Ruth.

—Mi apetito... Es difícil.

—Entonces, voy a facilitarte las cosas.

—No sé cómo.

—Lo sé —dijo—. Pero en realidad no soy tan inútil como parece.

—No quería...

—No pasa nada. —Adrian alzó la copa—. Bebe un poco de vino. Una cosa, seguramente la única, que aprendí de papá fue elegir un vino. —Levantó el vino contra la luz y lo miró—. Me complace anunciar que esta selección tiene unas lágrimas excepcionales, una persistencia espléndida, un buqué excelente, un poco fuerte al final... ¿Cincuenta libras la botella, quizá? ¿Más? Bueno, da igual. Es perfecto para lo que estás comiendo. Pruébalo.

Ruth le sonrió.

—Si no te conociera, pensaría que quieres emborracharme.

—Envenenarte más bien —dijo Adrian—, y heredar la fortuna inexistente. Imagino que tampoco soy tu beneficiario.

—Lo siento mucho, cariño —le dijo Ruth. Y entonces, cuando Adrian le acercó el vino, añadió—: No puedo. Mis medicinas... Mezclar no me sentaría bien, me temo.

—Ah. —Dejó la copa en la mesa—. Entonces, ¿no quieres vivir un poquito peligrosamente?

—Eso se lo dejaba a tu padre.

—Y mira cómo ha acabado —dijo Adrian.

Ruth bajó la mirada y tocó los cubiertos.

—Le echaré de menos.

—Me lo imagino. Come un poco de carne. Está muy buena.

Ruth levantó la cabeza.

—¿La has probado?

—Nadie cocina como Valerie. Come, tía Ruth. No dejaré que te marches de la cocina hasta que te comas al menos la mitad de la cena.

A Ruth no se le escapó el hecho de que no había respondido a la pregunta. Aquello, combinado con su regreso a Le Reposoir cuando suponía que se iría con su madre, le dio que pensar. Pero no veía ninguna razón real para recelar de su sobrino. Conocía el testamento de su padre y acababa de hablarle del suyo. Aun así, dijo:

—Te preocupas tanto por mí... Me siento... muy halagada por ello, supongo.

Se miraron sentados a la mesa, con los cuencos humeantes de carne y arroz en medio. Sin embargo, el silencio entre ellos era distinto al que había vivido antes, y Ruth se alegró cuando sonó el teléfono, que rompió el momento con su doble timbre insistente.

Empezó a levantarse para ir a contestar.

Adrian se lo impidió.

—No —dijo—. Quiero que comas, tía Ruth. Llevas como mínimo una semana descuidándote. Ya volverán a llamar. Mientras tanto, come algo.

Ruth levantó el tenedor, aunque le pareció que pesaba demasiado.

—Sí. Bueno, si insistes, cariño... —dijo, porque se dio cuenta de que en realidad no importaba si lo hacía o no. El final iba a ser el mismo—. Pero si me permites la pregunta... ¿Por qué haces esto, Adrian?

—Lo único que nadie entendió nunca es que yo le quería, aunque parezca mentira —contestó Adrian—. A pesar de todo. Y él quería que yo estuviera aquí, tía Ruth. Tú también lo sabes. Quería que me ocupara de todo hasta el final, porque es lo que él habría hecho.

Dijo una verdad que Ruth no podía negar. Por esta razón, se llevó el tenedor a la boca.

Capítulo 29

Cuando Deborah se marchó de los apartamentos Queen Margaret, Cherokee y China estaban revisando sus pertenencias para asegurarse de que lo tenían todo antes de dejar la isla. Sin embargo, Cherokee le pidió a China su bolso y hurgó en él ruidosamente para coger su cartera. Anunció que buscaba dinero para salir todos a cenar fuera e irse de juerga.

—¿Cuarenta libras, Chine? —acabó diciendo cuando vio la escasez de fondos de su hermana. Entonces, declaró—: Dios mío. Supongo que tendré que pagar yo la cena.

—Vaya, eso sí que es todo un cambio —observó China.

—Espera. —Cherokee levantó un dedo como un hombre alcanzado de repente por la inspiración—. Apuesto a que en High Street habrá un cajero que puedas utilizar.

—Y si no lo hay —añadió China—, da la casualidad de que tengo la tarjeta de crédito.

—Cielos. Hoy es mi día de suerte.

Hermano y hermana se rieron juntos amigablemente. Abrieron sus bolsas de viaje para revisarlo todo. En ese momento, Deborah se despidió de ellos. Cherokee fue quien la acompañó a la puerta. Fuera, la detuvo bajo la luz tenue del umbral.

Entre las sombras, se parecía más al joven que en el fondo seguramente siempre sería.

—Debs, gracias —le dijo—. Sin ti... Sin Simon... Yo... Gracias.

—En realidad no creo que hayamos hecho demasiado.

—Habéis hecho mucho. Y, de todas formas, estabais aquí, ofreciéndonos vuestra amistad. —Soltó una risa breve—. Ojalá hubiera llegado a más. Maldita sea. ¿Lo sabías? Apuesto a que sí. Mujer casada. Nunca tuve suerte contigo.

Deborah parpadeó. Se puso colorada, pero no dijo nada.

—El momento equivocado, el lugar equivocado —continuó Cherokee—. Pero si las cosas hubieran sido distintas, entonces o ahora... —Miró detrás de ella al minúsculo patio y, más allá, a las farolas de la calle—. Sólo quería que lo supieras. Y no es por esto, no es por lo que has hecho por nosotros. Siempre fue así.

—Gracias —dijo Deborah—. Gracias. Lo recordaré, Cherokee.

—Si alguna vez...

Deborah le puso la mano en el brazo.

—No la habrá —dijo—. De todas maneras, gracias.

—Sí, bueno —dijo él, y le dio un beso en la mejilla. Entonces, antes de que Deborah pudiera apartarse, la cogió de la barbilla y le dio un beso en la boca. Su lengua tocó sus labios, los separó, se entretuvo y se retiró—. He querido hacerlo desde la primera vez que te vi —dijo—. ¿Cómo tuvieron tanta suerte esos chicos ingleses?

629

Deborah se retiró, pero seguía notando su sabor. Sintió que el corazón le latía con suavidad, rápido y puro. Sin embargo, no sería así si se quedaba un rato más con Cherokee River en la penumbra.

—Los ingleses siempre tenemos suerte —dijo, y lo dejó junto a la puerta.

Quería pensar en ese beso y todo lo que lo había precedido mientras regresaba al hotel. Así que no regresó directamente, sino que bajó Constitution Steps y se dirigió hacia High Street.

Había muy poca gente por la calle. Las tiendas estaban cerradas, y los restaurantes estaban más adelante, hacia Le Pollet. Tres personas hacían cola en el cajero de Cherokee delante de un Nat West, y un grupo de cinco chicos adolescentes compartían una ruidosa conversación de móvil que resonaba en los edificios de la estrecha calle. Un gato delgaducho subió los escalones del muelle y salió corriendo, avanzando por delante de una zapatería mientras cerca, en alguna parte, un perro ladraba ferozmente y la voz de un hombre lo mandaba callar.

Donde High Street giraba hacia la derecha y se convertía en Le Pollet, descendiendo hacia el puerto en una pendiente de adoquines pulcramente colocados, Smith Street marcaba un pasadizo colina arriba. Deborah torció ahí y empezó a subir, pensando en cómo los acontecimientos podían dar un giro radical en tan sólo doce horas. Lo que había comenzado con preocupación y creciente desesperación había acabado en jolgorio, también en confesión. No obstante, lo descartó rápidamente. Sabía que las palabras de Cherokee eran fruto de la satisfacción eufórica del momento, de experimentar la libertad que a punto había estado de perder. Nada que se dijera en pleno júbilo podía tomarse en serio.

Sin embargo, el beso... Sí podía tomárselo en serio, interpretarlo por lo que era: un simple beso, nada más. Le había gustado la sensación. Más aún, le había gustado la emoción. Pero tuvo la prudencia de no confundir la emoción con otra cosa. Y no sentía deslealtad a Simon ni tampoco culpa. Al fin y al cabo, sólo había sido un beso.

Sonrió al revivir los momentos que lo habían precedido. Esa alegría infantil siempre había sido una característica del hermano de China. Este intervalo en Guernsey había sido una excepción en sus treinta y tres años de edad, no la regla.

Ahora los hermanos podían reanudar sus viajes o regresar a casa. En cualquier caso, se llevaban una parte de Deborah con ellos, la niña que se había convertido en mujer en los tres años que pasó en California. Sin duda, Cherokee seguiría exasperando a su hermana y China seguiría frustrando a su hermano. Seguirían discutiendo como lo harían dos personalidades complejas. Pero al final siempre acabarían juntos. Así eran los hermanos.

Mientras pensaba en su relación, Deborah pasó por delante de las tiendas de Smith Street, apenas consciente de lo que había a su alrededor. Sólo cuando llegó a la mitad se detuvo, a unos treinta metros del quiosco donde antes había comprado el periódico. Miró los edificios a cada lado de la calle: la Oficina de Asesoramiento al Ciudadano, Marks & Spencer, Viajes Davies, Panadería Fillers, Galería Saint James, Librería Buttons... Al ver todos aquellos comercios y otros más, frunció el ceño. Volvió sobre sus pasos hasta el principio de la calle y luego caminó un poco más despacio —más atentamente— otra vez hacia el final. Se detuvo cuando llegó al monumento a los caídos. «Tendré que pagarme yo la comida.»

Regresó deprisa al hotel.

No encontró a Simon en su habitación sino en el bar. Estaba leyendo el *Guardian* mientras disfrutaba de un whisky, que descansaba junto a su codo. Un contingente de hombres de negocios compartía el bar con él, tomando ruidosamente sus *gintonics* mientras picoteaban palomitas de unos cuencos. El ambiente estaba enrarecido por el humo del tabaco y el sudor de demasiados cuerpos sin asear al final de un largo día de finanzas en un paraíso fiscal.

Deborah pasó entre ellos para reunirse con su marido. Vio que Simon se había arreglado para cenar.

—Iré a cambiarme.

—No hace falta —dijo él—. ¿Quieres que entremos ya, o te apetece tomar una copa antes?

A Deborah le extrañó que no le preguntara dónde había estado. Simon dobló el periódico y cogió el whisky, esperando a que contestara.

—Yo... ¿Un jerez, quizá? —respondió.

—Iré a buscártelo —dijo, y fue a la barra, pasando por entre los demás clientes del bar.

—He estado con China —le dijo Deborah cuando regresó con su bebida—. Han soltado a Cherokee. Les han dicho que podían irse. De hecho, les han dicho que tenían que irse en cuanto hubiera un vuelo disponible que saliera de la isla. ¿Qué ha pasado?

Simon pareció examinarla durante un rato tan prolongado, que hizo asomar el calor a sus mejillas.

—Cherokee River te cae bastante bien, ¿verdad? —le dijo.

—Me caen bastante bien los dos. Simon, ¿qué ha pasado? Cuéntamelo, por favor.

—El cuadro era robado, no comprado —dijo, y añadió sin alterarse—: Lo robaron en el sur de California.

—¿En el sur de California? —Deborah sabía que su voz transmitiría preocupación al instante, pero no pudo evitarlo, a pesar de los acontecimientos de las últimas dos horas.

—Sí, en el sur de California. —Simon le contó la historia

631

del cuadro. La miró durante todo el rato, una mirada larga que empezó a irritarla, porque hacía que se sintiera como una niña que ha decepcionado a su padre de algún modo. Odiaba aquella mirada suya, siempre la había odiado; pero no dijo nada, esperando a que completara su explicación—. Las buenas monjas del hospital Saint Clare tomaron precauciones con el cuadro cuando supieron lo que tenían, pero no las suficientes. Alguien de dentro averiguó o ya conocía la ruta, la forma de traslado y el destino. La furgoneta era blindada y los guardias iban armados, pero estamos hablando de Estados Unidos, tierra de la libertad y la compra fácil de cualquier cosa, desde AK-47 a explosivos.

—Entonces, ¿asaltaron la furgoneta?

—Cuando volvía de ser restaurado. Tan fácil como eso. Asaltada por algo insospechado en una autopista de California.

—Una caravana. Obras en la carretera.

—Ambas cosas.

—Pero ¿cómo lo hicieron? ¿Cómo pudieron escapar?

—La furgoneta se recalentó en la aglomeración, ayudada por una pequeña filtración en el radiador, como se descubrió luego. El conductor se detuvo en el arcén. Tuvo que bajarse para mirar el motor. Un motorista se ocupó del resto.

—¿Delante de tantos testigos como había en todos los demás coches y camiones?

—Sí, pero ¿qué vieron en realidad? Un motorista que primero se para a ayudar a un vehículo averiado y que luego se va serpenteando por entre los carriles llenos de coches que avanzan lentamente...

—Incapaces de seguirle. Sí, ya veo cómo pasó. Pero ¿dónde...? ¿Cómo sabría Guy Brouard que...? ¿Hasta el sur de California?

—Llevaba años buscando el cuadro, Deborah. Si yo he encontrado el artículo en Internet, ¿qué dificultad supondría para él hacer lo mismo? Y en cuanto tuvo la información, su dinero y una visita en California hicieron el resto.

—Pero si no sabía que era una obra tan importante... ni quién era el artista...; nada, en realidad... Simon, eso significa que durante años tuvo que seguir todos los artículos sobre arte que pudo encontrar.

—Disponía del tiempo para hacerlo. Y esta historia era extraordinaria. Un veterano de la segunda guerra mundial dona en su lecho de muerte un recuerdo de la guerra al hospital que le salvó la vida a su hijo cuando era pequeño. El regalo resulta ser una obra de arte valiosísima que nadie sabía que el artista hubiera pintado. Vale muchos millones, y las monjas van a subastarla para financiar su hospital. Es una gran historia, Deborah. Sólo era cuestión de tiempo que Guy Brouard la viera y decidiera actuar.

—Así que fue allí personalmente...

—Para organizar los preparativos, sí. Eso fue todo. Para organizar los preparativos.

—Entonces... —Deborah sabía cómo podría interpretar Simon su siguiente pregunta; pero la hizo de todos modos porque necesitaba saberlo, porque había algo que no iba bien y lo notaba. Lo había notado en Smith Street. Lo notaba ahora—. Si todo esto pasó en California, ¿por qué el inspector Le Gallez ha soltado a Cherokee? ¿Por qué les ha dicho a los dos, a Cherokee y a China, que se fueran de la isla?

—Imagino que tendrá nuevas pruebas —contestó Simon—, algo que señala a otra persona.

—¿No le has contado...?

—¿Lo del cuadro? No, no se lo he contado.

—¿Por qué?

—La persona que entregó el cuadro al abogado de Tustin para que lo transportara a Guernsey no era Cherokee River, Deborah. No se parecía en nada a él. Cherokee River no estuvo implicado.

Antes de que Paul Fielder llegara a poner la mano en el pomo, Billy abrió la puerta de su casa adosada en Bouet. Obviamente, había estado esperando a que Paul regresara, sin duda sentado en el salón con el televisor a todo volumen, fumando y bebiendo cerveza, gritando a los pequeños que le dejaran en paz si se acercaban demasiado. Estaría mirando por la ventana desde el momento en que Paul apareció en el sendero irregular. Cuando le vio caminando en dirección a la puerta, se colocó donde sería el primero en encontrarse con él.

Paul aún no había entrado en la casa cuando Billy dijo:

—Bueno, míralo. La bola de pelo por fin ha vuelto a casa. ¿La policía te ha soltado, mamón? ¿Te han metido un buen rato en la trena? Dicen que es lo que mejor hace la pasma.

Paul le empujó al pasar.

—¿Es nuestro Paulie? —oyó que su padre gritaba desde arriba.

—¿Paulie? ¿Eres tú, cielo? —dijo su madre desde la cocina.

Paul miró hacia las escaleras y luego hacia la cocina y se preguntó qué hacían sus padres en casa. Cuando caía la noche, su padre siempre regresaba de la cuadrilla de obras; pero su madre trabajaba hasta tarde en la caja de Boots y siempre hacía horas extras si podía, lo que pasaba la mayoría de los días. Por lo tanto, cada cual se arreglaba la cena como podía. Se calentaba una lata de sopa o de judías. Tal vez comía unas tostadas. Todos se preparaban lo suyo, excepto los pequeños. Por lo general, era Paul quien se ocupaba de ellos.

Fue hacia las escaleras, pero Billy le detuvo.

—Eh. ¿Dónde está el perro, mamón? —le dijo—. ¿Dónde está tu fiel com-pa-ñe-ro?

Paul dudó. De inmediato, sintió que el miedo se apoderaba de él. No había visto a *Taboo* desde la mañana, cuando había venido la policía. En la parte trasera del coche patrulla, se había dado la vuelta porque *Taboo* los seguía. El perro ladraba. Corría tras ellos, decidido a alcanzarlos.

Paul miró a su alrededor. ¿Dónde estaba *Taboo*?

Juntó los labios para silbar, pero tenía la boca demasiado seca. Oyó que su padre bajaba las escaleras. Al mismo tiempo, su madre salió de la cocina. Llevaba un delantal manchado de kétchup. Se limpió las manos en un paño.

—Paulie —dijo su padre con voz sombría.

—Cariño —dijo su madre.

Billy se rio.

—Lo han atropellado. Al estúpido perro lo han atropellado. Primero un coche y luego un camión, y el tío siguió corriendo. Ha acabado ladrando como una hiena en el arcén de la carretera, esperando a que llegara alguien y le pegara un tiro.

—Ya basta, Billy —dijo Ol Fielder bruscamente—. Vete al pub o a donde te apetezca.

—No quiero... —dijo Billy.

—¡Haz caso a tu padre! —chilló Mave Fielder. Era algo tan extraño en la dócil madre de Paul, que su hijo mayor se quedó mirándola con la boca abierta como un hipopótamo antes de dirigirse a la puerta arrastrando los pies, donde cogió su chaqueta vaquera.

—Bobo de mierda —le dijo a Paul—. No puedes cuidar de nada, ¿verdad? Ni siquiera de un perro estúpido. —Salió a la noche y cerró de un portazo. Paul oyó que soltaba una carcajada nauseabunda y decía—: Que os den por el culo, fracasados.

Pero nada de lo que dijera o hiciera Billy podía afectarle. Entró en el salón tambaleándose, pero no veía nada excepto la imagen de *Taboo*: *Taboo* corriendo detrás del coche de policía; *Taboo* en el arcén de la carretera, herido de muerte, pero ladrando y gruñendo enloquecido para que nadie se acercara por temor a sus dientes. Era todo culpa suya por no gritar a los policías que pararan el tiempo suficiente para que su perro subiera al coche, o al menos, el tiempo suficiente para llevar al chucho a casa y atarlo.

Notó que sus rodillas chocaban con el viejo y raído sofá y se desplomó en él con la vista borrosa. Alguien cruzó la habitación para acercarse a él y sintió que un brazo le rodeaba los hombros. Se suponía que tenía que ser un consuelo, pero era como una barra de metal caliente. Paul gritó e intentó zafarse.

—Sé que estás afectado, hijo —le dijo su padre al oído, por lo que no se le escaparon sus palabras—. El pobre está en el veterinario. Nos han llamado enseguida. Han localizado a tu madre en el trabajo, porque alguien sabía de quién era el animal.

«Animal.» Su padre había llamado a *Taboo* «animal». Paul no podía soportar el sonido de esa palabra tan vacía para referirse a su amigo, la única persona que lo conocía realmente de verdad. Porque ese perro sarnoso era una persona. No era más animal que el propio Paul.

—Así que iremos enseguida. Nos están esperando —acabó su padre.

Paul lo miró, confundido, asustado. ¿Qué había dicho?

Mave Fielder parecía saber lo que Paul estaba pensando.

—Aún no lo han sacrificado, cariño —dijo—. Les he dicho que no. Les he dicho que esperaran. Les he dicho: «Nuestro Paulie tiene que estar allí para despedirse, así que hagan lo que puedan para que esté cómodo y déjenlo ahí hasta que Paul esté a su lado». Papá te llevará. Los niños y yo... —Señaló hacia la cocina, donde sin duda los hermanos y la hermana de Paul estaban cenando; era todo un lujo tener a su madre en casa para prepararles la comida por una vez—. Nosotros te esperaremos aquí, cielo. —Paul y su padre se levantaron, y cuando Paul pasó por delante de ella, añadió—: Lo siento mucho, Paul.

Fuera, el padre de Paul no dijo nada más. Caminaron hasta la vieja furgoneta cuyas letras rojas descoloridas aún visibles en el lateral decían: «Carnicería Fielder, mercado de carne». Se subieron en silencio, y Ol Fielder arrancó.

Tardaron muchísimo en llegar desde Bouet, porque la consulta abierta las veinticuatro horas estaba al otro lado de la isla, en Route Isabelle, y no había un camino recto para ir. Así que tuvieron que cruzar Saint Peter Port a la peor hora del día y, durante todo el viaje, Paul estuvo sufriendo una enfermedad que convirtió en líquido su estómago. Le sudaban las manos y tenía la cara helada. Veía al perro, pero no podía ver nada más: sólo su imagen corriendo y ladrando detrás de ese coche patrulla porque lo estaban alejando de la única persona a la que quería en el mundo. Paul y *Taboo* nunca se habían separado. Incluso cuando Paul estaba en el colegio, el perro le esperaba allí, con paciencia de santo y sin alejarse.

—Aquí, hijo. Pasa adentro, ¿de acuerdo?

La voz de su padre era dulce, y Paul dejó que le condujera a la puerta de la consulta. Lo veía todo borroso. Olía la mezcla de animales y medicamentos. Oía las voces de su padre y del ayudante del veterinario. Pero en realidad no veía nada y no lo vio hasta que lo llevaron al fondo, al rincón silencioso y poco iluminado donde una estufa eléctrica daba calor a un bulto tapado y un gota a gota enviaba un calmante a las venas de ese pequeño bulto.

—No siente dolor —le murmuró el padre de Paul al oído justo antes de que alargara la mano hacia el perro—. Les hemos dicho eso, hijo: que estuviera cómodo, que no lo sacrificaran porque queríamos que supiera que su Paulie estaba con él. Y es lo que han hecho.

Otra voz se unió a él.

—¿Eres el dueño? ¿Eres Paul?

—Sí, es él —dijo Ol Fielder.

Hablaron por encima de la cabeza de Paul mientras el chico se inclinaba sobre el perro y retiraba la manta para ver a *Taboo*, que estaba con los ojos medio cerrados, jadeando superficialmente y con una aguja insertada en una franja afeitada de la pata. Paul bajó la cabeza hacia la del perro. Respiró en el hocico de regaliz de *Taboo*. El perro gimoteó y movió los ojos cansinamente. Sacó la lengua —con un movimiento muy débil— y acarició la mejilla de Paul para saludarle tímidamente.

¿Quién podía saber lo que compartían, lo que eran y lo que sabían juntos? Nadie. Porque lo que tenían, eran y sabían era sólo suyo. Cuando la gente pensaba en un perro, pensaban en un animal. Pero Paul nunca había pensado en *Taboo* de esa manera. El perro era una criatura de Dios. Estar con un perro era estar con el amor y la esperanza.

637

«Estúpidos, estúpidos, estúpidos», habría dicho su hermano.

«Estúpidos, estúpidos, estúpidos», habría dicho todo el mundo.

Pero a Paul y *Taboo* les daba igual. Compartían un alma. Eran parte del mismo ser.

—... procedimientos quirúrgicos —estaba diciendo el veterinario. Paul no sabía si hablaba con su padre o con otra persona—. ... el bazo, pero no tiene por qué ser mortal... el mayor reto... las piernas traseras... podría ser un esfuerzo inútil al final... es difícil saberlo... es complicado.

—Me temo que será imposible —dijo Ol Fielder con pesar—. El coste... No quiero que se ofenda...

—Lo entiendo... Por supuesto.

—Quiero decir, esto de hoy... Lo que ha hecho... —Suspiró impetuosamente—. Costará...

—Sí. Entiendo... Por supuesto... Igualmente, es una posibilidad muy remota, con la cadera aplastada... una ortopedia importante...

Paul levantó la cabeza al darse cuenta de lo que estaban comentando su padre y el veterinario. Desde su posición, inclinado sobre el perro, ambos parecían gigantes: el veterinario con su larga bata blanca y Ol Fielder con su ropa de trabajo llena de polvo. Pero, de repente, eran gigantes de promesa para Paul. Le daban esperanzas, y eso era lo único que necesitaba.

Se irguió y cogió a su padre del brazo. Ol Fielder le miró, entonces negó con la cabeza.

—Es más de lo que podemos pagar, hijo mío, más de lo que podemos permitirnos tu madre y yo. Y aunque pudiéramos, el pobre *Taboo* probablemente no volvería a ser el mismo.

Paul centró su mirada angustiada en el veterinario. Llevaba una placa de plástico que lo identificaba como Alistair Knight, veterinario colegiado.

—Será más lento —dijo el hombre—, es verdad. Con el tiempo, también tendrá artritis. Y como he dicho, existe la posibilidad de que nada de esto lo mantenga con vida. Aunque así fuera, la convalecencia duraría meses.

—Demasiado —dijo Ol Fielder—. Lo entiendes, ¿verdad, Paulie? Tu madre y yo... No podemos, hijo... Estamos hablando de una fortuna. No tenemos... Lo siento mucho, Paul.

El señor Knight se agachó y pasó la mano por el pelo alborotado de *Taboo*.

—Pero es un buen perro. ¿Verdad que lo eres, chico? —Y como si lo entendiera, *Taboo* volvió a sacar la lengua pálida. Temblaba y resollaba. Sus patas delanteras se movían—. Tendremos que sacrificarlo, entonces —dijo el señor Knight, levantándose—. Prepararé la inyección. —Y le dijo a Paul—: Será un consuelo para los dos si lo sujetas.

Paul volvió a inclinarse sobre el perro, pero no cogió a *Taboo* en sus brazos como habría hecho en otras circunstancias. Levantarlo le haría más daño, y Paul no quería hacerle más daño.

Ol Fielder arrastró los pies mientras esperaban a que regresara el veterinario. Paul arropó el cuerpo de su herido *Taboo* con cuidado. Alargó la mano y acercó la estufa eléctrica, y cuando el veterinario volvió con dos agujas en la mano, Paul al fin estaba preparado.

Ol Fielder se agachó, y también el veterinario. Paul alargó la mano y detuvo al médico.

—Yo tengo dinero —le dijo al señor Knight tan claramente que podría estar pronunciando las primeras palabras de la historia entre dos personas—. No me importa lo que cueste. Salve a mi perro.

Deborah y su marido estaban acabando el primer plato de la cena cuando el metre se acercó a ellos respetuosamente y se dirigió a Simon. Dijo que había un caballero —pareció utilizar el término con imprecisión— que quería hablar con el señor Saint James. Estaba esperando justo fuera del restaurante. ¿Deseaba el señor enviarle un mensaje, hablar con él ahora?

Simon se giró para mirar en la dirección de la que había venido el metre. Deborah hizo lo mismo y vio a un hombre de aspecto torpe con un anorak verde oscuro merodeando por la puerta, observándolos, observándola a ella, al parecer. Cuando sus ojos se encontraron, pasó a mirar a Simon.

—Es el inspector en jefe Le Gallez —dijo Simon—. Discúlpame, cariño. —Y fue a hablar con el hombre.

Los dos dieron la espalda a la puerta. Hablaron durante menos de un minuto, y Deborah los observó, intentando interpretar la aparición inesperada del policía en su hotel mientras también intentaba evaluar la intensidad —o ausencia de la misma— de su conversación. Enseguida, Simon regresó con ella, pero no se sentó.

—Tengo que irme. —Estaba serio. Cogió la servilleta que había dejado encima de la silla y la dobló con sumo cuidado, como hacía siempre.

—¿Por qué? —preguntó Deborah.

—Parece que yo tenía razón. Le Gallez tiene nuevas pruebas. Quiere que les eche un vistazo.

—¿Y no puede esperar a que acabemos...?

—Está impaciente. Al parecer, quiere hacer una detención esta noche.

—¿Una detención? ¿De quién? ¿Con tu aprobación o algo? Simon, no será...

—Tengo que irme, Deborah. Sigue cenando. No debería tardar. Sólo tengo que ir a la comisaría. Iré un momento a la vuelta de la esquina y volveré directamente. —Se inclinó y le dio un beso.

—¿Por qué ha venido personalmente a buscarte? —preguntó ella—. Podría haber... ¡Simon! —Pero su marido ya estaba marchándose.

Deborah se quedó sentada un momento, mirando la única vela que parpadeaba en la mesa. Tenía esa sensación incómoda que suele tener alguien cuando escucha una mentira descarada. No quería salir corriendo detrás de su marido y exigirle una explicación, pero al mismo tiempo sabía que no podía quedarse sentada dócilmente como una buena niña. Encontró el término medio y se fue del restaurante para pasar al bar, donde había una ventana que daba a la parte delantera del hotel.

Vio que Simon estaba poniéndose el abrigo. Le Gallez hablaba con un policía uniformado. En la calle, un coche patrulla estaba parado con un conductor al volante. Detrás del coche esperaba una furgoneta blanca de la policía a través de cuyas ventanillas Deborah vio las siluetas de otros policías.

Soltó un pequeño grito. Sentía el dolor que había en él y sabía a qué se debía. Pero no tenía tiempo para evaluar los daños. Salió corriendo del bar.

Había dejado el bolso y el abrigo en la habitación. A sugerencia de Simon, se dio cuenta ahora. Le había dicho: «No vas a necesitarlos, ¿verdad, cariño?», y ella había colaborado como siempre hacía... Tan sabio él, tan preocupado, tan... ¿qué? Tan decidido a evitar que lo siguiera; mientras que él, por supuesto, tenía su abrigo en algún lugar cerca del restaurante porque había sabido desde el principio que Le Gallez iría a buscarle mientras cenaban.

Sin embargo, Deborah no era la mujer estúpida que al parecer creía su marido. Contaba con la ventaja de su intuición. También contaba con la ventaja, más importante aún, de haber estado donde creía que se dirigían. Donde tenían que dirigirse, a pesar de todo lo que Simon le había dicho antes para que pensara lo contrario.

Con el abrigo y el bolso, bajó deprisa las escaleras y salió a la noche. Los vehículos policiales se habían ido y habían dejado la calzada vacía y la calle libre. Echó a correr hacia el aparcamiento, situado a la vuelta de la esquina del hotel y delante de la comisaría de policía. No le sorprendió no ver ningún coche patrulla en el patio: era altamente improbable que Le Gallez hubiera ido a buscar a Simon con escolta y lo hubiera transportado hasta las dependencias de la policía de los estados, a menos de cien metros de allí.

—Hemos llamado a la mansión para informarla —le estaba diciendo Le Gallez a Saint James mientras se dirigían a toda velocidad hacia Saint Martin cruzando la oscuridad—, pero no ha contestado.

—¿Qué cree que significa?

—Espero con todas mis fuerzas que signifique que tenía planes esta noche: un concierto, un servicio religioso, una cena con una amiga. Está en los samaritanos y tal vez tuviera algo que hacer. Esperemos que sí.

Tomaron las curvas que subían por Le Val des Terres, pegados al muro lleno de musgo que contenía la ladera y los árboles. Con la furgoneta siguiéndolos de cerca, penetraron en la zona de Fort George, donde las farolas brillaban sobre el prado vacío que bordeaba el extremo este de Fort Road. Las casas al oeste parecían extrañamente deshabitadas a esa hora, salvo la de Bertrand Debiere. En la parte delantera de la vivienda, todas las luces estaban encendidas, como si el arquitecto tuviera visita.

Se dirigieron deprisa hacia Saint Martin. El único sonido que escuchaban eran las interferencias periódicas de la radio de la policía. Le Gallez la cogió cuando por fin entraron en uno de los estrechos senderos omnipresentes en la isla y, serpenteando por debajo de los árboles, llegaron al muro que marcaba los límites de Le Reposoir. Le dijo al conductor de la furgoneta que los seguía que cogiera el desvío que le conduciría directamente a la bahía. «Deja el vehículo allí y que tus hombres suban por el sendero» fueron sus instrucciones. Se reunirían junto a la verja de la finca.

—Y, por el amor de Dios, que no os vea nadie —le ordenó antes de dejar la radio en su sitio. Al conductor de su coche le dijo—: Para en el Bayside. Ve por detrás.

641

El Bayside era un hotel, cerrado en temporada baja como muchos otros hoteles fuera de Saint Peter Port. Era una mole que se alzaba en la oscuridad al borde de la carretera, a un kilómetro de la verja de Le Reposoir. Se dirigieron hacia la parte de atrás, donde había un cubo de basura junto a una puerta cerrada con candado. Una hilera de luces de seguridad se encendió de inmediato. Le Gallez se apresuró a desabrocharse el cinturón y abrir la puerta del coche en cuanto el vehículo se detuvo.

Mientras caminaban por la carretera hacia la finca de Brouard, Saint James amplió el conocimiento que tenía Le Gallez sobre el trazado de la propiedad. Una vez cruzado el muro, penetraron entre los densos castaños del sendero y esperaron a que los agentes de la furgoneta subieran por el camino de la bahía y se reunieran con ellos.

—¿Está seguro de todo esto? —fue lo único que murmuró Le Gallez mientras esperaban en la oscuridad y movían los pies para calentarlos.

—Es la única explicación que encaja —contestó Saint James.

—Más le vale.

Pasaron casi diez minutos antes de que los otros policías —jadeando tras haber subido deprisa desde la bahía— cruzaran la verja y desaparecieran entre los árboles para reunirse con ellos.

—Enséñenos dónde está —le dijo entonces Le Gallez a Saint James, y le dejó pasar en primer lugar.

El milagro de estar casado con una fotógrafa era su capacidad para fijarse en los detalles: lo que Deborah advertía y recordaba. Así que no suponía un gran reto encontrar el dolmen. Su principal preocupación era que nadie los viera: desde la casa de los Duffy, en los límites de la propiedad, o desde la mansión, donde Ruth Brouard no había contestado al teléfono. Por lo tanto, avanzaron lentamente por el extremo este del sendero. Rodearon la casa a unos treinta metros de distancia, aferrándose a la protección que ofrecían los árboles y abriéndose paso sin utilizar linternas.

La noche era extraordinariamente oscura; un manto denso de nubes oscurecía la luna y las estrellas. Los hombres caminaban en fila india por debajo de los árboles, con Saint James encabezando el grupo. De esta forma, se acercaron a los arbustos de detrás de los establos, buscando un claro en el seto que los llevaría al bosque y al sendero, tras el cual estaba el prado cercado con un muro donde se encontraba el dolmen.

Al no haber escalones, el muro de piedra no ofrecía un acceso sencillo al prado que se extendía detrás. Para alguien que no estuviera impedido por un aparato ortopédico en la pierna, saltar el muro no suponía un gran problema; pero para Saint James, la situación era más complicada y la oscuridad la dificultaba aún más.

Le Gallez pareció darse cuenta. Encendió una pequeña linterna que sacó de su bolsillo y, sin decir nada, avanzó por el muro hasta que encontró un lugar donde las piedras se habían desprendido y ofrecían un hueco estrecho por el que alguien podría auparse con mayor facilidad.

—Por aquí podremos, creo —murmuró, y entró primero en el prado.

Una vez dentro, se encontraron rodeados por brezos, helechos y zarzas. A Le Gallez se le enganchó el anorak de inmediato, y dos de los policías que le seguían pronto empezaron a soltar tacos en voz baja porque se habían clavado espinas de los arbustos.

—Dios santo —farfulló Le Gallez mientras arrancaba su chaqueta de la rama en la que se había enganchado—. ¿Está seguro de que es aquí?

—Tiene que haber un acceso más fácil —dijo Saint James.

—Eso seguro, maldita sea. —Le Gallez dijo a uno de los otros hombres—: Ilumina más aquí, Saumarez.

—No queremos alertar... —dijo Saint James.

—No vamos a servir de una mierda, si acabamos atrapados como un bicho en una tela de araña —dijo Le Gallez—. Dale, Saumarez. Enfoca hacia abajo.

El policía en cuestión llevaba una linterna potente que inundó de luz el suelo cuando la encendió. Saint James se quejó al verlo —sin duda, parecía que desde la casa atisbarían las luces—; pero al menos la suerte los acompañó en cuanto al lugar que habían elegido para cruzar el muro, porque a menos de diez metros a su derecha, vislumbraron un sendero que cruzaba el prado.

643

—Apágala —ordenó Le Gallez al verlo. La luz desapareció. El inspector se abrió paso entre las zarzas, aplastándolas para los hombres que le seguían. La oscuridad era, por lo tanto, un regalo y una maldición. Les había impedido encontrar fácilmente el sendero que atravesaba el prado, dejándolos en medio de un pantano botánico; pero también ocultaba su paso por entre la vegetación hacia el sendero principal, que habría quedado al descubierto si la luna y las estrellas fueran visibles.

El dolmen era tal como Deborah se lo había descrito a Saint James. Se alzaba en el centro del prado, como si varias hectáreas de tierra lo hubieran cubierto durante generaciones en el pasado con la intención explícita de protegerlo. Para los no instruidos, podría parecer un montículo inexplicable colocado sin motivo alguno en medio de un campo abandonado hacía tiempo. Pero para alguien aficionado a la prehistoria, habría señalado un lugar que merecía la pena excavar.

Se accedía a él por un camino estrecho abierto en la vegetación que lo rodeaba, bordeaba su circunferencia y medía algo menos de sesenta centímetros. Los hombres siguieron este sendero hasta que llegaron a la gruesa puerta de madera con el candado de combinación colgando de la aldabilla.

Le Gallez se detuvo ahí, encendió su linterna de bolsillo otra vez, en esta ocasión para iluminar el candado. Después, la enfocó hacia los helechos y las zarzas.

—No es fácil esconderse aquí —dijo en voz baja.

Era verdad. Si querían tumbarse para esperar al asesino, no lo tendrían fácil. Por otro lado, no les haría falta alejarse mucho del dolmen, puesto que la vegetación era tan densa que proporcionaba un buen escondite.

—Hughes, Sebastian, Hazell —dijo Le Gallez señalando la vegetación con la cabeza—. Ocupaos. Tenéis cinco minutos. Quiero acceso sin visibilidad, y silencio, por el amor de Dios. Si os rompéis una pierna, os lo guardáis para vosotros. Hawthorne, tú ponte junto al muro. Si alguien se acerca, tengo el busca en modo vibrador. El resto apagad los móviles, los buscas, las radios. Que nadie hable, que nadie estornude, que nadie eructe, que nadie se tire un pedo. Si la cagamos, tendremos que empezar desde cero y no estaré nada contento. ¿Lo captáis? Andando.

Saint James sabía que contaban con la ventaja de la hora. Porque aunque parecía que era noche cerrada, aún no era tarde. Había pocas posibilidades de que su asesino se aventurara a ir al dolmen antes de medianoche. El riesgo de toparse con alguien en la finca a una hora más temprana era demasiado alto, y no podían darse demasiadas excusas para estar merodeando de noche por los jardines de Le Reposoir sin la ayuda de una linterna.

Así que fue una sorpresa para Saint James oír que Le Gallez reprimía un taco y anunciaba lacónicamente menos de quince minutos después:

—Hawthorne tiene a alguien en el perímetro. Mierda, todo se va al garete. —Y luego se dirigió a los policías que aún estaban aplastando las zarzas a unos cinco metros de la puerta de madera—: He dicho cinco minutos, chicos. Vamos para allá.

Pasó primero, y Saint James le siguió. Los hombres de Le Gallez habían logrado colocar en la maleza una pantalla del tamaño de una jaula para perros. Era idónea para dos observadores. Se apretujaron cinco.

Quienquiera que se acercara lo hacía deprisa, sin titubear a la hora de saltar el muro y recorrer el sendero. Enseguida, una figura oscura se movió en la oscuridad. Sólo una sombra alargada en los helechos que crecían en el túmulo marcaba el avance de alguien que caminaba con la seguridad de haber estado antes en ese lugar.

Entonces, la persona habló en voz baja, con firmeza e inconfundiblemente:

—Simon, ¿dónde estás?

—Qué coño... —masculló Le Gallez.

—Sé que estás aquí y no voy a irme —dijo Deborah claramente.

Saint James exhaló, medio maldiciendo, medio suspirando. Tendría que haberlo pensado.

—Ha atado cabos —le dijo a Le Gallez.

—Dígame algo que me sorprenda —comentó el inspector en jefe—. Lléyesela de aquí.

—No va a ser fácil —dijo Saint James. Rozó a Le Gallez y a los policías al pasar. Regresó hacia el dolmen diciendo—: Aquí, Deborah.

645

Ella se dio la vuelta en su dirección.

—Me has mentido —le dijo simplemente.

Simon no contestó hasta que la alcanzó. Vio su cara, fantasmal en la oscuridad. Tenía los ojos grandes y oscuros, y le recordaron, en el peor de los momentos posibles, a esos mismos ojos de la niña que había asistido al funeral de su madre casi dos décadas atrás, confusos pero buscando a alguien en quien confiar.

—Lo siento —dijo—. No tenía alternativa.

—Quiero saber...

—Éste no es el lugar. Tienes que irte. Le Gallez ya ha hecho una excepción dejándome estar aquí a mí. No va a hacer otra excepción contigo.

—No —dijo—. Sé lo que piensas. Voy a quedarme para demostrarte que te equivocas.

—No se trata de acertar o de equivocarse —le dijo.

—Naturalmente —dijo ella—. Para ti nunca se trata de eso. Se trata de los hechos y de cómo los interpretas. Al diablo cualquiera que tenga una interpretación distinta. Pero yo conozco a estas personas, y tú no. Nunca las has conocido. Sólo las ves a través...

—Estás sacando conclusiones precipitadas, Deborah. No tenemos tiempo de discutir. Hay demasiado en juego. Tenemos que irnos.

—Entonces tendrás que sacarme tú de aquí. —Simon escuchó el tono de irrevocabilidad exasperante de su voz—. Tendrías que haberlo pensado antes. «¿Qué hago si la pequeña Deb descubre que no voy a la comisaría?»

—Deborah, por el amor de Dios...

—¿Qué diablos está pasando?

Le Gallez hizo su pregunta justo detrás de Saint James. Avanzó hacia Deborah con toda la intención de intimidarla.

Saint James odiaba tener que admitir abiertamente ante alguien que apenas mandaba —y nunca había mandado, que Dios le asistiera— a esta pelirroja testaruda. En otro mundo, en otra época, un hombre podría haber tenido cierto poder sobre una mujer como Deborah. Pero, por desgracia, no vivían en ese mundo antiguo donde las mujeres pasaban a ser propiedad de sus hombres al casarse con ellos.

—No va a... —dijo Saint James.

—No voy a irme. —Deborah habló directamente al inspector Le Gallez.

—Señora, usted hará lo que le digan, maldita sea, o haré que la encierren —contestó el inspector en jefe.

—Perfecto —contestó Deborah—. Tengo entendido que se le da bien. Ya ha encerrado a mis dos amigos con escasos motivos. ¿Por qué no encerrarme a mí también?

—Deborah... —Saint James sabía que era inútil hacerla entrar en razón, pero lo intentó—. No conoces todos los hechos.

—¿Y por qué será? —le preguntó significativamente.

—No ha habido tiempo.

—Oh, ¿en serio?

Saint James sabía por su tono —y por lo que interpretó como la esencia misma de la emoción que escondían sus palabras— que había juzgado mal el impacto que tendría en ella el que hubiera seguido adelante sin ponerla al corriente. Sin embargo, no estaba autorizado a informarla tan detalladamente como Deborah parecía querer. Las cosas habían sucedido demasiado deprisa.

647

—Vinimos aquí juntos —le dijo ella en voz baja—. Para ayudarlos juntos.

Simon sabía el resto de lo que Deborah no dijo: «Así que teníamos que acabar esto juntos». Pero no era así, y en esos momentos no podía explicarle por qué. No eran una versión actual de Tommy y Tuppence van a Guernsey, divirtiéndose entre travesuras, confusiones y asesinatos. Había muerto un hombre de verdad, no un villano de cuento de hadas al que habían liquidado convenientemente porque se lo tenía bien merecido. La única forma de justicia que existía ahora para ese hombre era atrapar a su asesino en un momento de autodescubrimiento que corría peligro si Saint James no podía resolver esta situación con la mujer que tenía delante.

—Lo siento —dijo—. No hay tiempo. Te lo explicaré después.

—Bien. Estaré esperando —dijo ella—. Puedes ir a verme a la trena.

—Deborah, por el amor de Dios...

Le Gallez le interrumpió:

—Dios santo, hombre. —Y luego le dijo a Deborah—: Luego me ocuparé de usted, señora.

Se dio la vuelta y regresó a grandes zancadas a la pantalla. Saint James dedujo que Deborah podía quedarse. No le gustó demasiado, pero sabía que no debía seguir discutiendo con su mujer. Él también tendría que ocuparse de la situación en otro momento.

648

Capítulo 30

*H*abían montado un escondite. Deborah vio que consistía en un rectángulo de vegetación aplastada toscamente donde otros dos policías ya estaban tumbados esperando. Al parecer, había un tercero; pero por algún motivo estaba apostado en el perímetro más alejado del prado. No le encontró ningún sentido, porque sólo había una entrada y una salida: el único sendero que atravesaba los arbustos.

Aparte de estos hombres, no tenía ni idea de cuántos policías más había en la zona, y no le importaba demasiado. Aún intentaba sobrellevar el hecho de que su marido le hubiera mentido deliberadamente y con total previsión por primera vez en su matrimonio. Al menos, creía que era la primera vez, aunque estaba absolutamente dispuesta a reconocer que todo era posible. Así que se debatía entre enfurecerse, tramar una venganza y planear lo que pensaba decirle en cuanto la policía hiciera la detención que creía que iba a hacer esa misma noche.

El frío cayó sobre ellos como un castigo bíblico; asomó primero por la bahía y después se extendió por el prado. Llegó a ellos alrededor de la medianoche, o eso le pareció a Deborah. Nadie estaba dispuesto a arriesgarse a encender la luz necesaria para mirar la hora.

Todos guardaban silencio. Transcurrieron los minutos y luego las horas sin que pasara nada. De vez en cuando, un crujido en los arbustos sembraba la tensión en el grupito. Pero cuando tras los crujidos no se oía nada más salvo otros crujidos, atribuyeron el ruido a algún animal en cuyo hábitat se habían adentrado: una rata, posiblemente, o un gato asilvestrado cuya curiosidad llevaba a investigar a los intrusos.

A Deborah le parecía que ya habían esperado hasta el amanecer, cuando Le Gallez por fin murmuró una única palabra:

—Viene. —Deborah podría no haberlo percibido si una rigidez colectiva no hubiera tensado las extremidades de los hombres en el escondite.

Entonces lo escuchó: el crujido de las piedras en el muro del prado, seguido del chasquido de una ramita en el suelo mientras alguien se acercaba al dolmen en la oscuridad. No se encendió ninguna linterna para iluminar un camino que, obviamente, la persona que había llegado conocía bien. Al cabo de un momento, una figura —envuelta en negro como un espíritu— se deslizó hacia el sendero que rodeaba el túmulo.

En la puerta del dolmen, el espíritu se arriesgó a encender una linterna y enfocó el candado. Desde las zarzas, sin embargo, lo único que podía ver Deborah era el borde de un pequeño haz de luz suficiente para destacar la silueta negra de una espalda encorvada sobre la puerta que daba acceso al dolmen.

Esperó a que la policía actuara. Nadie hizo nada. Nadie, al parecer, respiró siquiera cuando la figura del dolmen abrió el candado de la puerta y se agachó para acceder a la cámara prehistórica.

La puerta permaneció entreabierta tras la entrada del espectro y, al cabo de un momento, parpadeó el resplandor tenue de lo que Deborah sabía que era una vela. Entonces, se hizo más potente por una segunda llama. Más allá de la puerta, sin embargo, no podían ver nada, y los movimientos que estuvieran produciéndose en el interior quedaban apagados por el grosor de las paredes de piedra de la cámara y de la tierra que las había cubierto durante generaciones.

Deborah no comprendía por qué la policía no hacía nada.

—¿Qué...? —le murmuró a Simon.

Su marido la agarró del brazo. No le veía la cara, pero tenía la sensación nítida de que estaba concentrado en la puerta del dolmen.

Habían transcurrido tres minutos, no más, cuando las velas del interior se apagaron de repente. El pequeño haz de luz continuo de la linterna las sustituyó y se acercó a la puerta del dolmen justo cuando el inspector en jefe Le Gallez susurró:

—Cuidado, Saumarez. Espera. Tranquilo. Tranquilo, chico. —Cuando la figura salió y luego se irguió, Le Gallez dijo—: Ahora.

Cerca, en el escondite pequeño y abarrotado, el policía en cuestión se levantó y, al mismo tiempo, encendió una linterna tan potente que cegó a Deborah un momento y provocó el mismo efecto en China River, atrapada en el haz de luz y la trampa de Le Gallez.

—No se mueva, señorita River —ordenó el inspector—. El cuadro no está ahí.

—No —susurró Deborah.

—Lo siento, cariño —oyó que murmuraba Simon, pero no acabó de asimilarlo, porque las cosas sucedieron demasiado deprisa a partir de entonces.

En la puerta del dolmen, China se dio la vuelta cuando una segunda luz la enfocó desde el muro de detrás como a la presa de un cazador. La mujer no dijo nada, sino que se metió otra vez dentro del túmulo de tierra y cerró la puerta.

651

Deborah se levantó sin pensar.

—¡China! —gritó y, entonces, aterrada, le dijo a su marido y a la policía—: No es lo que parece.

Como si no hubiera dicho nada, Simon respondió a algo que Le Gallez le había preguntado.

—Sólo el catre de tijera, algunas velas, una caja de madera con preservativos... —Y Deborah supo que su marido había transmitido a la policía de Guernsey todo lo que le había contado acerca del dolmen.

De algún modo, este hecho —ilógica, ridícula, estúpidamente, pero no pudo evitarlo, no pudo evitarlo— le pareció una traición aún mayor. No podía pensarlo detenidamente; no podía pensar más allá. Sólo podía salir de su escondite e ir con su amiga.

Simon la agarró antes de que hubiera caminado dos metros.

—¡Suéltame! —le gritó, y forcejeó para zafarse.

—Maldita sea. ¡Llévesela! —oyó que decía Le Gallez.

—Iré a buscársela. Suéltame. ¡Suéltame!

Se zafó de la mano de Simon, pero no siguió caminando. Se quedaron mirándose, respirando con dificultad.

—No tiene adónde ir —dijo Deborah—. Lo sabes. Ellos también lo saben. Voy a ir a buscarla. Tienes que dejar que vaya.

—No tengo ese poder.

—Díselo.

—¿Está segura? —dijo Le Gallez a Simon—. ¿No hay otra salida?

—¿Qué importa eso? —dijo Deborah—. ¿Cómo va a salir de la isla? Sabe que llamarán al puerto y al aeropuerto. ¿Cree que irá a Francia nadando? Saldrá cuando... Déjeme que le cuente quién está aquí fuera... —Notó que le temblaba la voz y detestó el hecho de que en ese preciso instante tuviera que luchar no sólo con la policía, no sólo con Simon, sino con sus malditas emociones, que nunca le permitirían ni por un instante ser como él: frío, objetivo, capaz de controlar sus pensamientos sobre la marcha, si era necesario. Y lo era.

—¿Qué hizo que decidieras...? —empezó a decirle a Simon angustiada, pero no pudo acabar la pregunta.

—No lo sabía —contestó él—; no con seguridad. Sólo sabía que tenía que ser uno de los dos.

—¿Qué es lo que no me has contado? No. No me importa. Deja que vaya con ella. Le diré a qué se enfrenta. Haré que salga.

Simon la miró en silencio, y Deborah vio hasta qué punto la incertidumbre asomaba a sus facciones inteligentes y angulosas. Pero también vio que estaba preocupado por el daño que había ocasionado a la capacidad de su mujer de confiar en él.

—¿Le permite...? —le dijo Simon a Le Gallez, que estaba detrás de Deborah.

—No, no lo permitiré, maldita sea. Se trata de una asesina. Ya tenemos un cadáver, no quiero otro. —Entonces les dijo a sus hombres—: Sacad a esa maldita zorra de ahí.

Y aquello sirvió para que Deborah empezara a caminar hacia el dolmen. Cruzó los arbustos y alcanzó la puerta del túmulo antes de que Le Gallez gritara:

—Cogedla.

En cuanto llegó, no les quedó más remedio que esperar a

ver lo que pasaba. Podían irrumpir en el dolmen y poner su vida en peligro si China iba armada, y Deborah sabía que no, o podían esperar a que Deborah sacara a su amiga. Lo que sucediera después —que la detuvieran a ella, muy probablemente— era algo que en esos momentos no le importaba.

Empujó la gruesa puerta de madera para abrirla y entró en la cámara antigua.

Con la puerta cerrada tras ella, la oscuridad la envolvió, impenetrable y silenciosa como una tumba. El último ruido que escuchó fue un grito de Le Gallez, que la pesada puerta acalló al cerrarla. Lo último que vio fue el haz de luz que se extinguió deprisa en el mismo momento.

—China —dijo en la quietud y se quedó escuchando. Intentó imaginar lo que había visto del interior del dolmen cuando estuvo con Paul Fielder. La cámara principal estaba justo delante de ella. La cámara secundaria estaba a la derecha. Se dio cuenta de que era probable que hubiera más cámaras, tal vez a su izquierda; pero no las había visto en su visita anterior y no recordaba si había más grietas que pudieran dar acceso a alguna.

Se puso en el lugar de su amiga, en el lugar de cualquiera que se viera atrapado en esta situación. Pensó en la sensación de seguridad, de regresar al vientre materno: la cámara lateral, que era más pequeña y segura.

Alargó la mano para tocar la pared. Era inútil esperar que se le acostumbraran los ojos a la oscuridad, porque no había nada a lo que sus ojos pudieran acostumbrarse. Ninguna luz penetraba en la penumbra, ni un parpadeo, ni resplandor alguno.

—China, la policía está fuera —dijo—. Está en el prado. Hay tres hombres a unos diez metros de la puerta y uno en el muro y no sé cuántos más en los árboles. No he venido con ellos. No lo sabía. Los he seguido. Simon... —Ni siquiera entonces podía decirle a su amiga que su marido, al parecer, había sido el instrumento de la perdición de China—. No hay ninguna salida. No quiero que te hagan daño. No sé por qué... —Pero su voz no pudo terminar la frase con la tranquilidad que ella

653

quería, así que tomó otro camino—. Hay una explicación para todo esto. Lo sé. La hay. ¿Verdad, China?

Escuchó detenidamente mientras buscaba a tientas la grieta que daba acceso a la pequeña cámara lateral. Se dijo que no había nada que temer, porque era su amiga, la mujer que la había apoyado en su peor época, un tiempo de amor y pérdida, de indecisión, de actos, y de las consecuencias de esos actos. La había abrazado y prometido: «Debs, todo pasará. Créeme, todo pasará».

En la oscuridad, Deborah volvió a pronunciar el nombre de China.

—Deja que te saque de aquí —añadió—. Quiero ayudarte. Quiero apoyarte. Soy tu amiga.

Alcanzó la cámara interior; la chaqueta rozó la pared de piedra. Oyó el frufrú del tejido y, al parecer, China también. Por fin habló.

—Amiga —dijo—. Oh, sí, Debs. Eres mi amiga del alma. —Encendió la linterna que había utilizado para iluminar el candado de la puerta del dolmen. La luz enfocó directamente a la cara de Deborah. Venía de abajo, del catre de tijera, donde China se había sentado. Detrás del resplandor intenso, su cara estaba blanca como una máscara de mármol suspendida encima de la luz—. Tú no tienes ni puta idea de lo que es la amistad —dijo China sencillamente—. Nunca la has tenido. Así que no me hables de lo que puedes hacer para ayudarme.

—Yo no he traído a la policía. No sabía... —Deborah no podía mentir del todo, no en este último momento, porque había estado en Smith Street antes y no había visto ninguna tienda donde comprar las golosinas que China afirmó tener para su hermano. El propio Cherokee había abierto su bolso para coger dinero y no había sacado nada, menos aún las chocolatinas que supuestamente tanto le gustaban. Deborah dijo, más a sí misma que a China—: ¿Era esa agencia de viajes? ¿Es allí adonde has ido? Sí, tiene que ser eso. Estabas haciendo tus planes, adónde irías cuando te marcharas de la isla porque sabías que te soltarían. Al fin y al cabo, lo tenían a él. Debía de ser lo que querías desde el principio, lo que planeaste, incluso. Pero ¿por qué?

—Te gustaría saberlo, ¿verdad? —Con la luz, China recorrió arriba y abajo el cuerpo de Deborah—. Perfecta en todos los sentidos —dijo—. Buena en todo lo que te propongas. Siempre la niña de los ojos de algún hombre. Entiendo que quieras comprender cómo es sentir que no sirves para nada y tener a alguien encantado de demostrártelo.

—No puedes decir que le mataste por... China, ¿qué hiciste? ¿Por qué lo hiciste?

—Por cincuenta dólares —dijo con rotundidad—. Eso y una tabla de surf. Piénsalo, Deborah: cincuenta dólares y una tabla de surf hecha una mierda.

—¿De qué estás hablando?

—Estoy hablando de lo que pagó, del precio. Pensó que sería sólo una vez. Los dos lo pensaron. Pero yo era buena, mucho mejor de lo que él esperaba y mucho mejor de lo que yo misma esperaba, así que siguió viniendo a por más. El plan original sólo era desvirgarse, y mi hermano le aseguró que yo caería si me trataba bien y se portaba como un chico majo de verdad, si fingía que no estaba interesado en eso. Así que lo hizo y yo lo hice. Sólo que duró trece años. Si lo piensas, es un chollo, porque sólo aflojó cincuenta dólares y una tabla de surf a mi propio hermano. A mi propio hermano. —La luz de la linterna tembló, pero China la estabilizó y soltó una carcajada forzada—. Imagínatelo. Una persona creía que era el amor de toda la vida, y la otra iba a echar el mejor polvo que tendría nunca, mientras todo el tiempo (todo el tiempo, Deborah) había una abogada en Los Ángeles y una galerista en Nueva York y una cirujana en Chicago y sabe Dios quién más en el resto del país, pero ninguna (¿lo pillas, Deborah?), ninguna se lo follaba como yo y por eso seguía viniendo a por más. Y yo era tan estúpida que pensaba que, con el tiempo, por fin estaríamos juntos porque estaba muy bien, Dios mío, estaba muy bien y él tenía que verlo, ¿no? Y lo veía, lo veía, pero había otras y siempre hubo otras y al final me lo dijo cuando me enfrenté a él después de que mi maldito hermano reconociera que me vendió a su mejor amigo por cincuenta dólares y una tabla de surf cuando yo tenía diecisiete años.

Deborah no se movió y apenas se atrevió a respirar, puesto que sabía que cualquiera de las dos cosas podría ser el paso en falso que alentara a su amiga a saltar del precipicio en el que se tambaleaba. Dijo lo único que creía.

655

—No puede ser verdad.

—¿Qué parte? —preguntó China—. ¿La parte sobre ti, o la parte sobre mí? Porque te digo que la parte sobre mí es real como la vida misma. O sea que te referirás a la parte sobre ti. Querrás decir que tu vida no te ha venido rodada, del primero al último día, joder, y todo según el plan.

—Por supuesto que no. No es así. No es así para nadie.

—Un padre que te adora. Un novio rico dispuesto a todo por ti y después un marido igual de forrado. Todo lo que has querido siempre. Ni una preocupación. Oh, sí, pasaste una mala época cuando estuviste en Santa Bárbara, pero todo se arregló y ¿no es así siempre? Siempre se arregla todo.

—China, nada es tan fácil para nadie. Lo sabes.

Era como si Deborah no hubiera hablado.

—Y desapareciste, como todo el mundo. Como si yo no hubiera puesto el corazón y el alma en ser tu amiga cuando necesitabas una amiga. Acabaste haciendo lo mismo que Matt, ¿no? Acabaste haciendo justo lo mismo que todo el mundo. Cogiste lo que querías y te olvidaste de lo que debías.

—¿Me estás diciendo...? No dirás que has hecho todo esto..., lo que has hecho... No puede ser por...

—¿Por ti? No te creas tan importante. Llegó el momento de que mi hermano me las pagara.

Deborah pensó en aquello. Recordó lo que Cherokee le había dicho la primera noche que había acudido a ellos en Londres.

—No querías venir a Guernsey con él, al principio no —le dijo.

—No hasta que decidí que podía utilizar el viaje para hacérselo pagar —reconoció China—. No estaba segura de cuándo ni cómo, pero sabía que en algún momento surgiría algo. Imaginé que sería droga en la maleta cuando pasáramos por la aduana. Teníamos pensado ir a Ámsterdam, así que la compraría allí. Habría estado bien. No era infalible, pero era una posibilidad clara. O tal vez un arma, o explosivos en el equipaje de mano, u otra cosa. La cuestión es que no me importaba qué fuera. Sólo sabía que encontraría la manera si abría bien los ojos. Y cuando llegamos aquí a Le Reposoir y me enseñó..., bueno, lo que me enseñó... —Detrás de la linterna, China le ofreció una sonrisa fantasmal—. Ahí estaba —dijo—. Demasiado bueno para dejarlo escapar.

—¿Cherokee te enseñó el cuadro?

—Ah —dijo China—. Así que habéis sido vosotros: tú y Simon, el marido perfecto, supongo. Dios mío, no, Debs. Cherokee no tenía ni idea de que transportaba ese cuadro. Yo tampoco; no hasta que Guy me lo enseñó. «Ven al estudio a tomar una copa antes de acostarte, guapa. Deja que te enseñe algo que seguro que te impresionará más que nada de lo que te he enseñado hasta ahora o dicho o hecho para intentar bajarte las bragas, porque eso es lo que hago yo y es lo que quieres tú y lo sé con sólo mirarte. Y aunque no quieras, no pierdo nada intentándolo, ¿no?, porque soy rico y tú no y los tipos ricos sólo tienen que ser ricos para conseguir lo que quieren de las mujeres y tú lo sabes, Debs, más que nadie, ¿verdad?» Sólo que esta vez no era por cincuenta dólares y una tabla de surf y el dinero no iría a parar a mi hermano. Era como matar mil pájaros de un tiro en lugar de dos. Así que me lo tiré justo aquí cuando me enseñó este lugar porque era lo que él quería, por eso me trajo aquí, por eso me dijo que era su amiga «especial», el muy cabrón, por eso encendió la vela y dio una palmadita en el catre y me dijo: «¿Qué te parece mi escondite? Susúrramelo. Acércate. Déjame tocarte. Puedo hacerte vibrar y tú puedes hacerme vibrar y qué suave es la luz en nuestra piel, ¿verdad?, y brilla como el oro donde necesitamos tocarnos. Como aquí y aquí y, Dios mío, creo sinceramente que podrías ser la definitiva al fin, nena». Así que lo hice con él, Deborah, y créeme, le gustó, igual que le gustaba a Matt, y aquí es donde guardé el cuadro cuando lo cogí la noche antes de matarle.

—Oh, Dios mío —dijo Deborah.

—Dios no tuvo nada que ver. Ni entonces, ni ahora. Ni nunca. En mi vida no. Quizá en la tuya sí, pero en la mía no. Y ¿sabes? No es justo. Nunca ha sido justo. Soy tan buena como tú y como cualquiera y merezco algo mejor que lo que me ha tocado.

—Entonces, ¿cogiste el cuadro? ¿Sabes lo que es?

—Leo los periódicos —dijo China—. No hay muchos en el sur de California, y en Santa Bárbara son peores. Pero ¿una gran historia? Sí. Las grandes historias sí las tratan.

—Pero ¿qué ibas a hacer con él?

—No lo sabía. Se me ocurrió después, en realidad. No formaba parte del plan, sólo era un extra. Sabía dónde estaba en el estudio. No se esforzó demasiado por esconderlo. Así que lo cogí. Lo guardé en el lugar especial de Guy. Ya iría a por él más tarde. Sabía que estaría a buen recaudo.

—Pero cualquiera podría haber entrado aquí y haberlo encontrado —dijo Deborah—. En cuanto entraran en el dolmen, sólo había que romper el candado si no sabían la combinación. Entrarían con una linterna y lo verían, habrían...

—¿Cómo?

—Porque estaba a plena vista si pasabas detrás del altar. Era imposible no verlo.

—¿Lo encontraste ahí?

—Yo no... Paul... El amigo de Guy Brouard... El chico...

—Ah —dijo China—. Entonces tengo que darle las gracias a él.

—¿Por qué?

—Por dejar esto en su lugar. —China movió hacia la luz la mano que no sujetaba la linterna. Deborah vio que encerraba un objeto que tenía la forma de una piña pequeña. Se formuló la pregunta «¿Qué es?» justo en el momento en que su mente hacía la conexión para asimilar lo que sus ojos estaban viendo.

Fuera del dolmen, Le Gallez le dijo a Saint James:

—Le daré dos minutos más. Punto.

Saint James aún intentaba digerir el hecho de que fuera China River y no su hermano quien hubiera aparecido en el dolmen. Si bien le había dicho a Deborah que sabía que tenía que ser uno de los dos hermanos —porque era la única explicación razonable para todo lo que había pasado, desde el anillo en la playa hasta el frasco en el campo—, desde el principio había llegado a la conclusión de que sería el hermano. Y eso a pesar de que no había tenido la fortaleza moral para reconocer esa conclusión abiertamente, ni siquiera a sí mismo. No se trataba tan sólo de que el asesinato fuera un crimen que atribuía a los hombres más que a las mujeres. Era sobre todo porque a un nivel atávico quería que así fuera, quería quitarse de en medio a Cherokee River y lo había querido desde el momento en que el americano apareció en su puerta en Londres, tan afable y llamando a su mujer «Debs».

No respondió enseguida a Le Gallez. Estaba demasiado absorto en intentar esquivar mentalmente su error y su deleznable debilidad personal.

—Saumarez —decía Le Gallez a su lado—, prepárate para actuar. Los otros...

—La sacará —dijo Saint James—. Son amigas. Escuchará a Deborah. La sacará. No hay otra alternativa.

—No estoy dispuesto a arriesgarme —dijo Le Gallez.

La granada de mano parecía antigua. Incluso desde el otro lado de la cámara, Deborah podía ver que el objeto estaba lleno de tierra y descolorido por el óxido. Parecía ser un artefacto de la segunda guerra mundial y, como tal, no creía que fuera peligroso. ¿Cómo podía explotar algo tan viejo?

China pareció leerle el pensamiento, porque dijo:

—Pero no estás segura, ¿verdad? Yo tampoco. Cuéntame cómo lo han averiguado todo, Debs.

—Averiguado, ¿qué?

—Lo mío. Esto. Aquí. Y contigo. No te tendrían aquí si no lo supieran. No tiene sentido.

—No lo sé. Ya te lo he dicho. He seguido a Simon. Estábamos cenando y ha aparecido la policía. Simon me ha dicho...

—No me mientas, ¿vale? Tuvieron que encontrar el frasco de aceite de adormidera o no habrían ido a por Cherokee. Se figuraron que él había dejado las otras pruebas para que pareciera que había sido yo, porque ¿por qué iba yo a dejar pruebas contra mí misma basándose en la creencia de que encontrarían el frasco? Así que lo encontraron. Pero después, ¿qué?

—No sé nada de ningún frasco —dijo Deborah—. No se nada de un aceite de adormidera.

—Venga, por favor. Sí que lo sabes. ¿La niñita de papá? Simon no va a esconderte nada importante. Así que dímelo, Debs.

—Ya te lo he dicho. No sé qué saben. Simon no me lo ha dicho. No me lo diría.

—¿No confía en ti, entonces?

—Parece que no. —Reconocer aquello causó en Deborah el mismo efecto que un bofetón inesperado de un padre. Un frasco de aceite de adormidera. Simon no podía confiar en ella. Dijo—: Tenemos que irnos. Están esperando. Entrarán si no...

—No —dijo China.

—¿No, qué?

—No voy a cumplir condena. No voy a someterme a ningún juicio, a lo que sea que hagan aquí. Voy a irme.

—No puedes... China, no hay adónde ir. No podrás salir de la isla. Seguramente ya habrán avisado para que... No podrás.

—Me has malinterpretado —dijo China—. Irse no es salir. Irse es irse. Tú y yo. Amigas hasta el final, por decirlo de algún modo. —Con cuidado, dejó la linterna a un lado y empezó a tirar de la anilla de la vieja granada. Murmuró—: No recuerdo cuánto tardan en estallar estas cosas, ¿y tú?

—¡China! —dijo Deborah—. ¡No! No funcionará. Pero si funciona...

—Es lo que espero —dijo China.

Horrorizada, Deborah vio que China conseguía arrancar la anilla. Vieja y oxidada y expuesta a sabía Dios qué elementos durante los últimos sesenta años, tendría que haber estado atascada en su sitio, pero no era así. Como las bombas sin estallar que aparecían de vez en cuando en el sur de Londres, descansaba como un recuerdo sobre la mano de China, y Deborah intentó recordar, en vano, cuánto tiempo les quedaba —cuánto tiempo le quedaba a ella— para evitar la deflagración.

—Cinco, cuatro, tres, dos... —murmuraba China.

Deborah se lanzó hacia atrás y cayó a ciegas, sin fijarse, en la oscuridad. Durante un momento que se hizo eterno, no pasó nada. Luego una explosión sacudió el dolmen con el rugido del apocalipsis.

Después, nada.

La puerta voló. Salió disparada como un misil hacia la densa vegetación y, con ella, una polvareda, apestosa como un siroco del infierno. Por un instante, el tiempo se detuvo. En aquella pausa, desaparecieron todos los sonidos, absorbidos por el horror de lo que había pasado.

Entonces, al cabo de una hora, un minuto, un segundo, todas las reacciones del universo se concentraron en el lugar minúsculo que era la isla de Guernsey. El sonido y el movimiento envolvieron a Saint James como el torrente de una presa que estalla y que descarga agua y barro, además de las hojas y las ramas y los árboles arrancados y los cadáveres destrozados de los animales que encuentra a su paso. Fue consciente de los empujones que se produjeron dentro de su posición estratégica protegida de vegetación aplastada. Sintió los cuerpos moviéndose a su alrededor y escuchó los tacos de un hombre y los gritos roncos de otro como si le llegaran de un planeta muy lejano. A lo lejos, el chillido de alguien pareció flotar sobre sus cabezas; mientras que a su alrededor las luces se balanceaban como las extremidades de un ahorcado, intentando penetrar en el polvo.

Durante todo el rato, miró el dolmen, sabiendo qué significaban la puerta volada, el ruido, la polvareda y lo que siguió: manifestaciones de algo que nadie había considerado siquiera posible. Cuando lo aceptó, empezó a avanzar tambaleándose. Se dirigió directamente hacia la puerta sin darse cuenta de que estaba en las zarzas, atrapado en ellas. Se arrancó los pinchos y espinas que le agarraban, y si le atravesaron la piel, no lo notó. Sólo veía la puerta, el interior del lugar y el miedo inexplicable a lo que no nombraría pero comprendía igualmente, porque nadie tenía que decirle lo que acababa de ocurrir con su mujer y una asesina encerradas juntas.

Alguien le cogió, y Saint James fue consciente de los gritos. De las palabras esta vez, no sólo del ruido.

—Dios mío. Aquí. Por aquí, chico. Saumarez, por el amor de Dios, cógele. Saumarez, enfoca la linterna hacia aquí. Hawthorne, vendrá gente de la casa. Que no pasen, por el amor de Dios.

Tiraron de él y lo sacudieron y luego lo empujaron hacia delante. Entonces se liberó de la vegetación salvaje que llenaba el prado y a trancas y barrancas siguió a Le Gallez; el dolmen era su objetivo.

Porque el túmulo seguía estando igual que hacía ya cien mil años: granito tallado de la misma materia que formaba esta isla, encajado en más granito, a los lados, arriba, abajo. Y, luego, oculto en la propia tierra que daba vida a los hombres que intentarían destruirlo una y otra vez.

Pero sin éxito. Incluso ahora.

Le Gallez estaba dando órdenes. Había sacado su linterna y la enfocaba al interior del dolmen, donde iluminaba el polvo que salía y se elevaba como las almas liberadas el día del Juicio Final. Giró la cabeza y habló con uno de sus hombres, que le había preguntado algo, y fue esta pregunta —fuera cual fuera, porque Saint James no tenía en cuenta nada excepto lo que había delante de él, dentro de ese lugar— lo que hizo que el inspector se detuviera en la puerta para contestar. Esa pausa permitió a Saint James acceder a donde, de lo contrario, no habría podido acceder, y lo aprovechó. Rezó, negoció con Dios: «Si sobrevive, haré lo que sea, seré lo que sea, intentaré lo que sea. Tú pide, que yo aceptaré lo que sea. Pero esto no, por favor, Dios mío, esto no».

No tenía linterna, pero no importaba porque no necesitaba ninguna luz cuando tenía las manos. Entró a tientas, apoyando las palmas en la superficie rugosa de las piedras, y se dio un golpe en las rodillas y otro en la cabeza con un dintel bajo. Se tambaleó. Notó el calor de la sangre que brotaba de la herida que se había abierto en la frente. Siguió negociando. «Seré lo que sea, haré lo que sea, aceptaré lo que sea. Pídeme sin dudarlo, viviré sólo para los demás, viviré sólo para ella, seré fiel y leal, la escucharé mejor, intentaré entenderla mejor porque ahí es donde fracaso, donde siempre he fracasado. Lo sabes, ¿verdad? Por eso me la has arrebatado. ¿Verdad? ¿Verdad? ¿Verdad».

Se habría arrastrado, pero no podía, atrapado por el aparato ortopédico que le impedía agacharse. Pero necesitaba arrastrarse, necesitaba arrodillarse para realizar su súplica en la oscuridad y el polvo donde no podía encontrarla. Así que se subió la pernera de los pantalones e intentó alcanzar el plástico odioso y el velcro y no llegó, por lo que maldijo tanto como rezó y suplicó. Eso estaba haciendo cuando la linterna de Le Gallez le iluminó.

—Dios mío, señor. Dios mío —dijo el inspector y gritó hacia atrás—: Saumarez, necesitamos más luz.

Pero Saint James no la necesitaba. Porque primero vio el color cobrizo, luego la melena esplendorosa. Cuánto le había gustado siempre su pelo.

Deborah estaba tirada en el suelo justo delante de la piedra ligeramente alzada que le había descrito como un altar, el lugar donde Paul Fielder le dijo que había encontrado el cuadro de la señora hermosa con el libro y la pluma.

Saint James avanzó a trompicones hacia ella. Apenas era consciente de los otros movimientos a su alrededor y de la luz más intensa que iluminaba el lugar. Oía voces y el sonido de pisadas en la piedra. Olía el polvo y el hedor acre del explosivo quemado. Probó la sal y el cobre de su sangre y tocó primero la piedra fría y dura y rugosa del altar cuando llegó y, después, más allá, el cuerpo caliente y blando de su mujer.

Sólo veía a Deborah mientras le daba la vuelta. La sangre en su cara y en su pelo, la ropa desgarrada, los ojos cerrados.

Con fiereza, la cogió entre sus brazos. Con fiereza, apretó la cara de su mujer contra su cuello. Se encontraba más allá de la oración o la maldición, con el centro de su vida —lo que hacía que él fuera él— arrancado de su lado en un instante que no había previsto y que no había podido prever, y sin un instante más para prepararse.

Pronunció su nombre. Cerró los ojos a todo lo demás y no escuchó nada.

Pero aun así podía sentir, no sólo el cuerpo que abrazaba y que juró que no soltaría, que nunca soltaría, sino al cabo de un momento, la sensación de respiración. Débil, rápida y contra su cuello. Gracias a Dios. Contra su cuello.

—Dios mío —dijo Saint James—. Dios mío. Deborah.

Tendió a su mujer en el suelo y lanzó un grito ronco de ayuda.

Recuperó la conciencia de dos formas. Primero llegó el sonido: una vibración aguda que no variaba de volumen, tono o intensidad. Llenaba su canal auditivo, pulsando contra la membrana delgada y protectora en el centro. Entonces, pareció filtrarse al tímpano e impregnar su cráneo, y allí se alojó. No había espacio para los sonidos corrientes, que emitía el mundo que conocía.

Después del sonido, llegó la imagen: sólo luz y oscuridad, sombras que posaban delante de una cortina que parecía abarcar el sol. Su incandescencia era tan intensa que podía exponerse a ella sólo unos segundos y, luego, tenía que volver a cerrar los ojos, lo que hacía que el sonido dentro de su cabeza pareciera más fuerte.

Durante todo el rato, la vibración perduró. Abriera o cerrara los ojos, despierta o a la deriva, consciente o inconsciente, el ruido seguía allí. Se convirtió en la única constante a la que podía agarrarse, y consideró que era un indicio de que estaba viva. Pensó que tal vez ésta era la primera sensación que escuchaban los niños cuando salían del vientre materno. Era algo a lo que aferrarse, así que eso hizo, nadó hacia ella como nadaría hacia la superficie lejana de un lago, las ondulaciones fuertes y cambiantes pero que siempre brillaban con la promesa del sol y el aire.

Cuando no pudo soportar la luz en los ojos más de unos segundos, Deborah vio que era porque el persistente día al fin se había convertido en noche. El lugar donde se encontraba había pasado del resplandor de un escenario iluminado para el público al interior oscuro de una habitación individual en la que un fluorescente delgado encima de su cama proyectaba un escudo brillante sobre la forma de su cuerpo, marcada por esas colinas y valles en la manta delgada que la cubría. Junto a la cama, estaba sentado su marido, en una silla que había acercado a su lado de forma que tenía la cabeza recostada en el colchón donde estaba tumbada. Tenía los brazos debajo de la cabeza y la cara hacia el otro lado. Pero ella sabía que era Simon porque siempre reconocería a este hombre en cualquier lugar de la tierra en el que se lo encontrara. Reconocería su forma y su tamaño, cómo se le rizaba el pelo en la nuca, cómo sus omoplatos se aplanaban suaves y fuertes cuando levantaba los brazos para apoyar la cabeza.

Lo que advirtió fue que su camisa estaba sucia. Tenía manchas cobrizas en el cuello como si se hubiera cortado al afeitarse y se hubiera limpiado la sangre deprisa con la camisa. Rayas de suciedad recorrían la manga más cercana a ella, y más borrones cobrizos se habían filtrado en los puños. Vio que lo único que podía hacer era mover los dedos un centímetro hacia él. Pero fue suficiente.

Simon levantó la cabeza. Le parecía estar viendo un milagro. Él le habló, pero no pudo oírle por culpa del sonido dentro de su cráneo, así que meneó la cabeza, intentó hablar y vio que tampoco podía porque o tenía la boca muy seca o los labios y la lengua parecían pegársele a los dientes.

Simon cogió algo de la mesa junto a la cama. La incorporó un poco y acercó un vaso de plástico a sus labios. En el vaso había una paja, y Simon se la colocó con delicadeza en la boca. Deborah sorbió el agua agradecida y la encontró tibia, pero no le importó. Mientras bebía, notó que Simon se acercaba más a ella. Notó que estaba temblando y pensó que derramaría el agua. Intentó estabilizarle la mano, pero él la detuvo. Le cogió la mano, la acercó a la mejilla y besó sus dedos. Se inclinó hacia ella y presionó la mejilla en su cabeza.

Le habían dicho que Deborah había sobrevivido porque no había llegado a entrar en la cámara interior donde tuvo lugar la explosión o porque había logrado salir de allí y pasar a la cámara principal segundos antes de que estallara la granada. Y la policía le informó de que sería una granada de mano. Había pruebas en abundancia para confirmarlo.

En cuanto a la otra mujer... No se detonaba deliberadamente una bomba de mano con una carga de TNT y se vivía para contarlo. Y la policía suponía que había sido una detonación deliberada. No había otra explicación para la explosión.

—Una suerte que haya sido en el túmulo —le había dicho a Saint James primero la policía y luego dos de los médicos que habían visitado a su mujer en el hospital Princess Elizabeth—. Este tipo de explosión habría provocado que se les cayera encima cualquier otro edificio. Las habría aplastado... o lanzado a Tombuctú. Había tenido suerte. Todos la habían tenido. Un explosivo moderno habría reventado el túmulo y también el prado. Pero ¿cómo había ido a parar una granada a manos de esa mujer? Ésa es la verdadera pregunta.

Pero sólo una de las verdaderas preguntas, pensó Saint James. Todas las demás comenzaban por un «por qué». Que China River había regresado al dolmen para recoger el cuadro que había dejado allí no se cuestionaba. Que de algún modo había llegado a saber que el cuadro estaba escondido entre los planos arquitectónicos para transportarlo a Guernsey también estaba claro. Que había planeado y cometido el crimen basándose en lo que había averiguado acerca de las costumbres de Guy Brouard eran dos hechos que podían reconstruir a partir de los interrogatorios realizados a los principales implicados en el caso. Pero el porqué de todo siguió siendo un misterio al principio. ¿Por qué robar un cuadro que no podía esperar vender en el mercado libre, sino sólo a un coleccionista privado por mucho menos de lo que valía..., y sólo si podía encontrar a un coleccionista dispuesto a actuar fuera de la ley? ¿Por qué dejar pruebas contra sí misma con la escasa esperanza de que la policía encontrara un frasco con las huellas de su hermano, un frasco que contenía restos del opiáceo utilizado para drogar a la víctima? ¿Y por qué dejar una prueba contra su propio hermano? Principalmente esto.

Y luego estaba el cómo. ¿Cómo había logrado hacerse con la rueda mágica que había usado para asfixiar a Brouard? ¿Se la había enseñado él? ¿Sabía que la llevaba encima? ¿Había planeado utilizarla, o se trataba simplemente de un momento de inspiración durante el cual decidió enredar las cosas usando, en lugar del anillo que había llevado a la bahía, algo que encontró aquella mañana en el bolsillo de la ropa tirada?

Saint James esperaba que, con el tiempo, su mujer pudiera contestar algunas de estas preguntas. Otras, lo sabía, nunca tendrían respuesta.

Le dijeron que Deborah recuperaría la audición. Podía haber quedado dañada de manera permanente o no debido a su proximidad con la explosión, pero lo determinarían con el tiempo. Había sufrido una fuerte conmoción cerebral, de la que tardaría unos meses en recuperarse por completo. Sin duda, experimentaría pérdida de memoria respecto a los sucesos que habían tenido lugar justo antes y después de la detonación de la granada de mano. Pero él no debía presionarla al respecto. Recordaría lo que pudiera cuando pudiera, si llegaba a hacerlo.

Llamaba al padre de Deborah cada hora para informarle. Cuando estuvo fuera de peligro, le contó a su mujer lo que había sucedido. Le habló directamente al oído, en voz baja y cogiéndole la mano. Le habían retirado las gasas que cubrían las heridas de la cara; sin embargo, aún no le habían sacado los puntos de un corte profundo en la mandíbula. Tenía unos moratones que daba miedo mirar, pero estaba impaciente. Quería regresar a casa, con su padre, sus fotografías, su perro y su gato, a Cheyne Row, a Londres y a todo lo que le resultaba más familiar.

—China ha muerto, ¿verdad? —le preguntó con una voz que aún no estaba segura de su propia fuerza—. Cuéntamelo. Creo que puedo oírte si te acercas lo suficiente.

Que, de todos modos, era donde Simon quería estar. Así que se tumbó con cuidado en la cama del hospital junto a ella y le contó lo que había ocurrido hasta donde sabía. Y reconoció que le había ocultado información para castigarla en parte por ir a la suya con el anillo de la calavera y los huesos cruzados y en parte por el rapapolvo que le había soltado Le Gallez por culpa de ese anillo. Le contó que en cuanto habló con el abogado americano de Guy Brouard y averiguó que la persona que le había llevado los planos arquitectónicos no era Cherokee River sino un rastafari negro, había logrado convencer a Le Gallez para tender una trampa al asesino. Tenía que ser uno de ellos, así que había que soltarlos a los dos, le había sugerido al inspector en jefe. «Que salgan en libertad, con la condición de que se marchen de la isla en el primer transporte disponible por la mañana. Si este asesinato ha sido por el cuadro que se encontró en el dolmen, el asesino tendrá que ir a buscarlo antes de que amanezca... Si el asesino es uno de los River.»

—Esperaba que fuera Cherokee —dijo Saint James a su mujer al oído. Dudó antes de admitir el resto—. Quería que fuera Cherokee.

Deborah volvió la cabeza para mirarle. Simon no sabía si podía escucharle sin hablarle al oído ni si podía leerle los labios, pero habló de todos modos mientras su mujer clavaba los ojos en los de él. Le debía ese grado preciso de confesión íntima.

—Me he preguntado una y otra vez si no va a reducirse siempre a eso —dijo.

Deborah le oyó o le leyó los labios. Daba igual.

—¿Reducirse a qué? —dijo

—Yo contra ellos. Como estoy yo. Como están ellos. Lo que tú elegiste en contraposición a lo que podrías tener con otro.

Ella abrió mucho los ojos.

—¿Cherokee?

—Cualquiera. Ahí está él en nuestra puerta, un tipo al que ni siquiera conozco y que, sinceramente, no recuerdo que hayas mencionado en todos los años que hace que volviste de Estados Unidos, y te trata con confianza. Se toma confianzas. Es innegable que forma parte de esa época. Y yo no, ¿entiendes? Yo nunca formaré parte de esa época. Tengo eso en la cabeza y luego tengo el resto: un tipo guapo, con un cuerpo sano que viene a buscar a mi mujer para llevársela a Guernsey. Porque al final todo va a reducirse a eso, y lo veo, diga lo que diga sobre la embajada de Estados Unidos. Y sé que a partir de ahí puede pasar lo que sea. Pero es lo último que quiero reconocer.

Deborah examinó su rostro.

—¿Cómo se te ocurre pensar que podría dejarte por quien sea, Simon? Amar a alguien no es eso.

—No eres tú —dijo—. Soy yo. La persona que tú eres... Tú nunca te has alejado de nada, y no lo harías porque no podrías hacerlo y seguir siendo la personas que eres. Pero yo veo el mundo a través de los ojos de alguien que sí se alejó, Deborah, más de una vez, y no sólo de ti. Así que para mí, el mundo es un lugar donde las personas se destrozan las unas a las otras continuamente, por egoísmo, avaricia, culpa, estupidez o, en mi caso, por miedo; un miedo aterrador. Eso es lo que me obsesiona cuando alguien como Cherokee River aparece en la puerta de mi casa. El miedo se apodera de mí, y todo lo que hago queda empañado por mis miedos. Quería que fuera el asesino porque sólo entonces podía estar seguro de ti.

—¿De verdad crees que tiene tanta importancia, Simon?

—¿Qué?

—Ya lo sabes.

Bajó la cabeza y se miró la mano, que cubría la de su mujer, porque si realmente estaba leyéndole los labios, tal vez no lo leyera todo.

—Ni siquiera pude llegar a ti fácilmente en el dolmen, cariño, tal como estoy. Por lo tanto, sí, creo que sí tiene tanta importancia.

—Pero sólo si sientes que necesito que me protejas. Y no lo necesito. Simon, dejé de tener siete años hace mucho tiempo.

Lo que hiciste por mí entonces... Ahora no lo necesito. Ni siquiera lo quiero. Sólo te quiero a ti.

Simon asimiló aquello e intentó hacérselo suyo. Él era mercancía dañada desde que ella tenía catorce años y había pasado una eternidad desde el día en que metió en cintura al grupo de niños que la acosaban en el colegio. Sabía que él y Deborah habían llegado a un punto en el que debía confiar en la fuerza que tenían juntos como marido y mujer. Simplemente no estaba seguro de si podría hacerlo.

Este momento para él era como cruzar una frontera. Veía el lugar por donde cruzar, pero no distinguía qué había al otro lado. Hacía falta un salto de fe para ser un pionero. No sabía de dónde nacía esa fe.

—Voy a tener que acostumbrarme a verte como una adulta, Deborah —dijo al fin—. Es lo máximo que puedo hacer ahora, y seguramente me equivocaré continuamente. ¿Podrás tener paciencia? ¿Tendrás paciencia?

Deborah giró la mano en la suya y cogió sus dedos.

—Es un comienzo —contestó—. Estoy contenta con un comienzo.

Capítulo 31

Saint James fue a Le Reposoir tres días después de la explosión y encontró a Ruth Brouard con su sobrino. Estaban pasando por los establos, de regreso del prado lejano, donde Ruth había insistido en ver el dolmen. Sabía que estaba allí, en la propiedad, naturalmente, pero sólo lo conocía como «el viejo túmulo». Que su hermano lo hubiera excavado, que hubiera encontrado la entrada, que lo hubiera amueblado y utilizado de escondite... Todo eso no lo sabía. Adrian tampoco, descubrió Saint James.

Oyeron la explosión a altas horas de la madrugada, pero no sabían a qué se debía o dónde había sido. Al despertarlos el estruendo, salieron corriendo de sus habitaciones y se encontraron en el pasillo. Ruth le reconoció a Saint James —con una risa avergonzada— que con la confusión del primer momento había pensado que el regreso de Adrian a Le Reposoir estaba directamente relacionado con aquel terrible ruido. Por intuición, supo que alguien había detonado una bomba en algún lugar, y relacionó este hecho con el deseo solícito de Adrian de que se comiera la cena que había visto que removía en la cocina la noche anterior. Pensó que quería que durmiera y que había añadido un poquito de algo en su comida para ayudarla a coger el sueño. Así que cuando la explosión hizo vibrar las ventanas de su cuarto y retumbó en toda la casa, no esperaba encontrar a su sobrino tropezándose en el pasillo en pijama y gritando algo sobre un accidente de avión, un escape de gas, terroristas árabes y el IRA.

Reconoció que pensaba que Adrian quería ocasionar daños a la finca. Si no podía heredarla, la destrozaría. Sin embargo, cambió de opinión cuando su sobrino se hizo cargo de los acontecimientos que se produjeron después: la policía, las ambulancias, los bomberos. No sabía cómo se las habría arreglado sin él.

—Se lo habría confiado todo a Kevin Duffy —dijo Ruth Brouard—. Pero Adrian dijo que no. Dijo: «No es de la familia. No sabemos qué está pasando y, hasta que lo sepamos, nos ocuparemos de lo que haga falta nosotros mismos». Así que eso hicimos.

—¿Por qué mató a mi padre? —le preguntó Adrian Brouard a Saint James.

Aquello los llevaba al cuadro, porque hasta donde había podido determinar Saint James, el cuadro era el objetivo de China River. Pero allí, junto a los establos, no era lugar para hablar de un lienzo robado del siglo XVII, así que preguntó si podían regresar a la casa y mantener la conversación cerca de la señora hermosa con el libro y la pluma. Había que tomar decisiones acerca de ese cuadro.

La pintura estaba arriba, en la galería, una sala que ocupaba prácticamente toda el ala este de la casa. Estaba revestida con paneles de nogal y decorada con la colección de óleos modernos de Guy Brouard. La señora hermosa parecía fuera de lugar entre ellos, sin enmarcar sobre una mesa donde había una vitrina con figuritas.

—¿Qué es? —preguntó Adrian, cruzando hacia la mesa. Encendió una lámpara, y el resplandor iluminó la cabellera que caía copiosamente sobre los hombros de santa Bárbara—. No es precisamente la clase de obra que coleccionaría papá.

—Es la señora con la que comíamos —contestó Ruth—. En París estuvo siempre colgada en el comedor cuando éramos pequeños.

Adrian la miró.

—¿En París? —Su voz era sombría—. Pero después de París... ¿De dónde ha salido, entonces?

—Tu padre lo encontró. Creo que quería darme una sorpresa.

—¿Lo encontró? ¿Dónde? ¿Cómo?

—Imagino que nunca lo sabré. El señor Saint James y yo... Pensamos que debió de contratar a alguien. Desapareció durante la guerra, pero nunca lo olvidó. Y tampoco a ellos: la familia. Sólo teníamos una fotografía de ellos (la foto del *Seder*, la que está en el estudio de tu padre), y este cuadro también sale en la fotografía. Así que no pudo olvidarlo, supongo. Y si no podía encontrarlos a ellos, algo imposible, naturalmente, al menos podía encontrar nuestro cuadro. Así que eso hizo. Lo tenía Paul Fielder. Él me lo dio. Creo que Guy debió de decirle que me lo diera si... Bueno, si le pasaba algo a él antes que a mí.

Adrian Brouard no era estúpido. Miró a Saint James.

—¿Tiene algo que ver con su muerte?

—No sé cómo, cielo —dijo Ruth. Se acercó a su sobrino y miró el cuadro—. Lo tenía Paul, así que no veo cómo China River pudo saber de su existencia. Y aunque lo supiera (si tu padre se lo contó por algún motivo), bueno, sólo tiene un valor sentimental, en realidad, el último vestigio de nuestra familia. Habría representado una promesa que me hizo cuando éramos pequeños, cuando nos marchamos de Francia; una forma de recuperar lo que los dos sabíamos que en realidad nunca podríamos reemplazar. Aparte de eso, es un cuadro bonito, ¿verdad?; pero ya está. Sólo es un cuadro viejo. ¿Qué podría significar para otra persona?

Por supuesto, pensó Saint James, pronto conocería la respuesta a su pregunta y, si no era por cualquier otro motivo, sería porque Kevin Duffy se lo diría. Si no ese mismo día, en algún otro momento entraría en la casa y allí estaría, en el gran vestíbulo de piedra o en el salón de desayuno, en la galería o en el estudio de Guy Brouard. Lo vería y tendría que hablar... a no ser que supiera por Ruth que este lienzo frágil tan sólo era un recuerdo de una época y un pueblo que la guerra había destruido.

Saint James se dio cuenta de que el cuadro estaría a salvo con ella, tan a salvo como lo había estado durante generaciones, cuando sólo era la señora hermosa con el libro y la pluma, pasado de padres a hijos y luego robado por un ejército de ocupación. Ahora pertenecía a Ruth. Al haberlo recibido tras el asesinato de su hermano, no se regía por los términos de su testamento ni por ningún acuerdo que hubieran alcanzado ellos dos antes de la muerte de Guy Brouard. Por lo tanto, podía hacer con él lo que quisiera, cuando quisiera, siempre que Saint James tuviera la boca cerrada.

Le Gallez conocía la existencia del cuadro, pero ¿qué sabía en realidad? Simplemente que China River había querido robar una obra de arte de la colección de Brouard; nada más. Qué era el cuadro, quién era el artista, de dónde había salido el lienzo, cómo se había llevado a cabo el robo... Saint James era la única persona que lo sabía todo. Tenía el poder de hacer lo que quisiera.

—En la familia, un padre siempre se lo daba a su hijo mayor. Seguramente era la forma como un chico pasaba de vástago a patriarca. ¿Te gustaría tenerlo, cariño?

Adrian negó con la cabeza.

—Dentro de un tiempo, tal vez —le dijo—. Pero por ahora no. Papá querría que lo tuvieras tú.

Ruth tocó el lienzo con cariño, el primer plano donde el vestido de santa Bárbara caía como una cascada en perpetua suspensión. Detrás de ella, los picapedreros extraían y colocaban sus grandes bloques de granito en la eternidad. Ruth sonrió al contemplar la cara plácida de la santa y murmuró:

—*Merci, mon frère. Merci. Tu as tenu cent fois la promesse que tu avais fait à Maman.* —Entonces salió de su ensimismamiento y centró su atención en Saint James—. Quería verla una vez más. ¿Por qué?

La respuesta, al fin y al cabo, era muy sencilla.

—Porque es preciosa —le dijo— y quería despedirme.

Entonces, se marchó. Fueron con él hasta las escaleras. Les dijo que no hacía falta que le acompañaran, pues conocía la salida. Sin embargo, bajaron con él un tramo de escaleras; pero allí se detuvieron. Ruth comentó que quería ir a su habitación a descansar. Cada día se sentía más y más débil.

Adrian dijo que la ayudaría a meterse en la cama.

—Cógete de mi brazo, tía Ruth —le dijo.

673

Deborah estaba esperando la última visita del neurólogo que había estado supervisando su recuperación. Era el obstáculo final que había que salvar antes de que ella y Simon pudieran marcharse a Inglaterra. Ya se había vestido previendo la aprobación del médico. Se había sentado en una incómoda silla escandinava junto a la cama y, para asegurarse de que su deseo quedaba claro, incluso había quitado las sábanas y mantas del colchón para el próximo paciente.

Cada día oía mejor. Una enfermera le había quitado los puntos de la mandíbula. Los moratones se le estaban curando, y los cortes y arañazos de la cara estaban desapareciendo. Las heridas internas iban a necesitar más tiempo para sanar. De momento había evitado el dolor, pero sabía que estaba por venir un día de juicios internos.

Cuando se abrió la puerta, esperaba al médico y medio se levantó para saludarle. Sin embargo, fue Cherokee River quien entró.

—Quise venir enseguida, pero tenía... tenía que ocuparme de muchas cosas. Y luego, cuando ya no tenía que ocuparme de tanto, no sabía cómo enfrentarme a ti ni qué decirte. Sigo sin saberlo. Sin embargo, tenía que venir. Me voy dentro de un par de horas.

Deborah alargó la mano hacia él, pero Cherokee no la cogió. La dejó caer y dijo:

—Lo siento mucho.

—Me la llevo a casa —dijo—. Mamá quería venir a ayudar, pero le dije... —Soltó una carcajada compungida que principalmente encerraba dolor. Se pasó la mano por el pelo rizado—. No habría querido que mamá estuviera aquí. Nunca quiso que mamá estuviera cerca de ella. Además, no tendría sentido que hubiera venido: volar hasta aquí para dar la vuelta y luego regresar. Pero quería venir. Estaba hecha un mar de lágrimas. No habían hablado desde hacía... No sé. ¿Un año, quizá? ¿Dos? A China no le gustaba... No sé. No estoy seguro de qué no le gustaba a China.

Deborah le instó a sentarse en la silla baja e incómoda.

—No, siéntate tú.

—Me sentaré en la cama —dijo ella. Se apoyó en el borde del colchón desnudo, y cuando se hubo sentado, Cherokee ocupó la silla. Se colocó en el borde con los codos en las rodillas. Deborah esperó a que hablara. Ella misma no sabía qué decir más allá de expresar su pesar por lo que había ocurrido.

—No entiendo nada —dijo Cherokee—. Aún no puedo creer... No había ninguna razón. Pero lo tendría planeado desde el principio. Sólo que no entiendo por qué.

—China sabía que tenías el aceite de adormidera.

—Para el desfase horario. No sabía qué pasaría, si podríamos dormir o no cuando llegáramos aquí. No sabía..., ya sabes..., cuánto tiempo tardaríamos en acostumbrarnos al cambio de hora o si llegaríamos a acostumbrarnos. Así que compré el aceite en Estados Unidos y me lo traje. Le dije que podríamos utilizarlo los dos si lo necesitábamos. Pero no lo utilicé.

—¿Así que olvidaste que lo tenías?

—No me olvidé. Simplemente no pensé en ello: si aún lo tenía o no, si se lo había dado a ella o no. Simplemente no pensé. —Había estado mirándose los zapatos, pero ahora levantó la cabeza y dijo—: Cuando lo utilizó para Guy, olvidaría que el frasco era mío. No caería en que tendría mis huellas.

Deborah apartó la mirada. Vio que había un hilo suelto en el borde del colchón y se lo enrolló con fuerza en el dedo. La uña se le oscureció.

—Las huellas de China no estaban en el frasco. Sólo estaban las tuyas —dijo Deborah.

—Ya, pero seguro que hay alguna explicación: la forma de cogerlo, por ejemplo, o algo así. —Había tanta esperanza en su voz, que Deborah sólo pudo mirarle. No tenía las palabras para contestarle, y al no decir nada, el silencio aumentó. Escuchó la respiración de Cherokee y, luego, unas voces en el pasillo del hospital. Alguien discutía con un miembro del personal, un hombre que exigía una habitación individual para su mujer. Era «Dios mío, una maldita trabajadora de este puto lugar». Merecía una consideración especial, ¿no?

Al fin, Cherokee habló con la voz quebrada.

—¿Por qué?

Deborah se preguntó si encontraría las palabras para contárselo. Le parecía que los hermanos River siempre se habían ayudado mutuamente, pero no existía la posibilidad de equilibrar las cosas cuando se trataba de crímenes cometidos y dolor sufrido, y nunca existiría.

—Nunca pudo perdonar a vuestra madre por cómo fue vuestra vida cuando erais pequeños, ¿verdad? —dijo—. Nunca hizo de madre. Todos esos moteles, los lugares donde teníais que compraros la ropa, sólo un par de zapatos: nunca logró entender que todo eso no eran más que cosas que la rodeaban. No significaba más de lo que era: un motel, tiendas de ropa de segunda mano, zapatos, una madre que no se quedaba más de un día o una semana cada vez. Pero para ella significaba más. Era como... como una gran injusticia que se había cometido con ella en lugar de lo que era: las cartas que le habían tocado, con las que podía hacer lo que quisiera. ¿Entiendes qué quiero decir?

—Así que mató... Quería que la policía creyera... —Era obvio que Cherokee no podía enfrentarse a ello, mucho menos decirlo en voz alta—. Supongo que no lo entiendo.

—Creo que veía injusticia donde los demás simplemente vemos que la vida es así —le dijo—. Y no lograba ver más allá de esa injusticia: qué había pasado, qué se había hecho...

—Con ella. —Cherokee completó la idea de Deborah—. Sí, ya. Pero ¿qué hice yo...? No. Cuando utilizó el aceite, no pensó... No sabía... No cayó... —Su voz se apagó.

—¿Cómo supiste dónde encontrarnos en Londres? —le preguntó Deborah.

—China tenía vuestra dirección. Si tenía problemas con la embajada o algo, me dijo que podía pediros ayuda. Dijo que podríamos necesitarla para llegar a la verdad.

Y eso era lo que había sucedido, pensó Deborah; pero no como había previsto China. Sin duda creyó que Simon se centraría en su inocencia y presionaría a la policía local para que continuara con su investigación hasta que encontrara el frasco de opiáceo que había dejado. Lo que no se había planteado era que la policía local daría con el frasco por sí misma mientras que el marido de Deborah seguiría un enfoque completamente distinto y descubriría los hechos acerca del cuadro y luego le tendería una trampa utilizando el propio cuadro como cebo.

—Así que te envió a buscarnos —le dijo Deborah al hermano de China con delicadeza—. Sabía qué pasaría si veníamos.

—Que me acusarían...

—Es lo que quería ella.

—Colgarme un asesinato. —Cherokee se levantó y se acercó a la ventana. Las persianas estaban bajadas, y tiró de la cuerda—. Para que acabara... ¿cómo? ¿Como su padre o algo así? ¿Se trataba de una especie de viaje de venganza porque su padre está en la cárcel y el mío no? ¿Como si fuera culpa mía que saliera perdiendo con el padre? Pues no era culpa mía. No es culpa mía. ¿Y acaso mi padre es mejor? Un bienhechor que se

ha pasado la vida salvando a la tortuga del desierto o la sala-
mandra amarilla o lo que coño sea. Dios mío, ¿qué importa
eso? ¿Qué coño importó nunca? No lo entiendo, la verdad.

—¿Necesitas entenderlo?

—Era mi hermana; conque sí, necesito entenderlo, maldita
sea.

Deborah bajó de la cama y se acercó a él. Con cuidado, le
quitó la cuerda de las manos. Levantó las persianas para que la
luz entrara en la habitación, y el lejano sol de diciembre iluminó sus caras.

—Vendiste su virginidad a Matthew Whitecomb —dijo
Deborah—. Lo descubrió, Cherokee. Quería hacértelo pagar.

Él no contestó.

—China creía que la quería. Todos estos años, Matt volvía
una y otra vez pasara lo que pasara entre ellos y creyó que significaba lo que no significaba. Sabía que la engañaba con otras
mujeres; pero creía que, al final, maduraría y querría estar con
ella.

Cherokee se inclinó hacia delante. Apoyó la frente en el
cristal frío de la ventana.

—Sí que la engañaba —murmuró—. Pero engañaba a otra
con ella. No a ella. Engañaba a otra. ¿Qué diablos creía? ¿Un
fin de semana al mes? ¿Dos si tenía suerte? ¿Un viaje a Méxi-
co hace cinco años y un crucero cuando tenía veintiuno? El cabrón está casado, Debs. Se casó hace dieciocho meses y no se lo
contó, joder. Y allí estaba ella esperando y esperando, y yo no
podía... No podía ser yo. No podía hacerle eso. No quería ver
su cara. Así que le conté cómo ocurrió todo en un principio
porque esperaba que se cabrearía lo suficiente para romper
con él.

—¿Quieres decir que...? —Deborah apenas soportaba pensarlo, tan terribles habían sido las consecuencias—. ¿No la
vendiste? Sólo pensó que... ¿Por cincuenta dólares y una tabla
de surf? ¿A Matt? ¿No lo hiciste?

Cherokee apartó la cabeza. Miró abajo, al aparcamiento,
donde un taxi estaba frenando en la zona de carga y descarga.
Mientras miraban, Simon se bajó del coche. Habló un momento con el conductor, y el taxi se quedó esperando mientras él se
acercaba a las puertas.

677

—Te sueltan —le dijo Cherokee a Deborah.

—¿No la vendiste a Matt? —insistió ella.

—¿Tienes tus cosas? —dijo—. Podemos encontrarnos con él en el vestíbulo si quieres.

—Cherokee —dijo.

—Joder, quería hacer surf. Necesitaba una tabla. No me bastaba con pedirla prestada. Quería tener la mía.

—Cielos —dijo Deborah suspirando.

—No tenía que ser tan importante —dijo Cherokee—. Para Matt no lo fue, y para cualquier otra tía tampoco lo habría sido. Pero ¿cómo iba a saber yo que China se lo tomaría así? ¿Qué creía que surgiría si se entregaba a un fracasado? Cielos, Debs, sólo era un polvo.

—Sí, y tú sólo eras su chulo.

—No fue así. Sabía que sentía algo por él. No me pareció que tuviera nada de malo. Nunca habría sabido lo del trato si no se hubiera convertido en una lapa humana y hubiera tirado su vida por culpa de un cabrón hijo de puta. Así que tuve que decírselo. No me dejó otra alternativa. Lo hice por ella.

—¿El trato también? —preguntó Deborah—. ¿No se trataba de ti, Cherokee? ¿De lo que tú querías y de cómo utilizarías a tu hermana para conseguirlo? ¿No fue así?

—De acuerdo. Sí, fue así. Pero no tenía que tomárselo en serio. Tenía que pasar página.

—Bueno, pues no pasó página —señaló Deborah—. Porque es difícil hacerlo cuando no tienes los hechos.

—Sí que tenía los hechos, pero no quiso verlos. Cielos, ¿por qué nunca podía olvidar las cosas? Dejaba que todo se enconara dentro de ella. No podía superar que las cosas no fueran como ella pensaba que deberían ser.

Deborah sabía que tenía razón al menos en algo: China ponía precio a las cosas, siempre sentía que merecía más de lo que le ofrecían. En su última conversación con ella, Deborah al fin lo había visto: esperaba demasiado de las personas, de la vida. En esas expectativas había sembrado las semillas de su propia destrucción.

—Y lo peor de todo es que no hacía falta que lo hiciera, Debs —dijo Cherokee—. Nadie le puso una pistola en el pecho. Él dio los pasos. Yo los junté al principio, sí. Pero ella dejó que pasara. Siguió dejando que pasara. Así pues, ¿cómo podría haber sido culpa mía?

Deborah no tenía la respuesta a esa pregunta. Los miembros de la familia River habían desarrollado o negado demasiados sentimientos de culpa a lo largo de los años.

Unos golpecitos rápidos en la puerta precedieron la entrada de Simon en la habitación. Llevaba lo que Deborah esperó que fueran los papeles que le darían el alta del hospital Princess Elizabeth. Saludó a Cherokee con la cabeza, pero dirigió su pregunta a Deborah.

—¿Lista para irnos a casa? —le preguntó.

—Más que nada en el mundo —dijo ella.

679

Capítulo 32

Frank Ouseley esperó hasta el 21 de diciembre, el día más corto y la noche más larga del año. El sol se pondría temprano, y quería una puesta de sol. Las largas sombras que ofrecía hacían que se sintiera cómodo y le proporcionaban protección frente a los ojos de cualquier curioso que pudiera presenciar sin quererlo el último acto de su drama personal.

A las tres y media, cogió el paquete. Era una caja de cartón, que había estado encima del televisor desde que la había llevado de Saint Sampson a casa. Una cinta adhesiva cerraba las tapas, pero Frank la había arrancado antes para comprobar el contenido. Una bolsa de plástico contenía ahora lo que quedaba de su padre. Cenizas a las cenizas y polvo al polvo. El color de la sustancia estaba entre los dos, más claro y más oscuro simultáneamente, con algún fragmento de hueso de vez en cuando.

Sabía que, en algún lugar de Oriente, la gente escarbaba en las cenizas de los muertos. Los miembros de la familia se reunían y, con unos palillos, cogían lo que quedaba de los huesos. No sabía qué hacían con ellos; probablemente los utilizaban para relicarios familiares, como en su día se habían usado los huesos de los mártires para consagrar las primeras iglesias cristianas. Pero él no pensaba hacer lo mismo con las cenizas de su padre. Los huesos que hubiera formarían parte del lugar en el que Frank había decidido depositar los restos de su padre.

Primero había pensado en el embalse. El sitio donde su madre se había ahogado habría recibido a su padre sin demasiados problemas, aunque no esparciera las cenizas en el agua. Entonces, pensó en el solar cercano a la iglesia de Saint Saviour, donde tenía que haberse construido el museo de la guerra. Pero llegó a la conclusión de que sería un sacrilegio que su padre descansara en un lugar donde se quería honrar a hombres tan radicalmente distintos a él.

Con cuidado, llevó a su padre al Peugeot y lo colocó cómodamente en el asiento del pasajero, protegido por una toalla de playa vieja que utilizaba cuando era pequeño. Con el mismo cuidado, salió de Talbot Valley. Los árboles estaban totalmente pelados, sólo tenían hojas los robles de la cuesta suave de la vertiente sur del valle. E incluso ahí, muchas de las hojas cubrían el suelo, tiñendo los troncos grandes y reconfortantes de los árboles con una capa de color azafrán y sombra.

La luz del día abandonaba Talbot Valley antes que el resto de la isla. Al encontrarse en un paisaje de laderas ondulantes erosionadas por siglos de corrientes, las casas que había de vez en cuando ya mostraban luces brillantes tras las ventanas. Pero a medida que Frank salía del valle y entraba en Saint Andrew, la tierra y la luz cambiaron. Las laderas en las que pastaban las vacas de la isla daban paso a campos y aldeas, donde casas con gran cantidad de invernaderos detrás absorbían y reflejaban los últimos rayos de sol.

681

Se dirigió hacia el este y llegó a Saint Peter Port por la parte de atrás del hospital Princess Elizabeth. Desde allí, no era muy complicado llegar a Fort George. Aunque el día se estaba apagando, era demasiado pronto para que el tráfico supusiera un problema. Además, en esa época del año, no era demasiado intenso. Cuando se acercara Semana Santa, las carreteras comenzarían a llenarse.

Sólo tuvo que esperar a que un tractor cruzara lentamente la intersección al final de Prince Albert Road. Después, condujo a buen ritmo hasta Fort George, atravesando el grueso arco de piedra justo cuando el sol se reflejaba en los ventanales de las casas que había dentro del fuerte. A pesar de su nombre, hacía tiempo que este lugar no se utilizaba para propósitos militares; pero a diferencia de otras fortalezas de la isla —desde Doyle a Le Crocq—, tampoco era una ruina de granito y ladrillos. Su cercanía a Saint Peter Port, así como sus vistas a Soldiers' Bay, lo habían convertido en un paraje excelente para que los exiliados fiscales de los recaudadores de impuestos de Su Majestad construyeran sus casas lujosas. Y eso habían hecho: detrás de setos altos de boj y tejo, detrás de vallas de hierro forjado con verjas eléctricas, sobre céspedes junto a los que había aparcados Mercedes-Benz y Jaguars.

Un coche como el de Frank habría sido visto con recelo si hubiera decidido entrar en el fuerte en lugar de ir directamente al cementerio, que estaba situado, como habían querido la suerte y la ironía, en la parte más escénicamente ventajosa de toda la zona. Ocupaba una ladera que daba al este en la parte sur de los viejos jardines militares. La entrada estaba señalada por un monumento a los caídos de la guerra: una cruz enorme de granito en la que una espada —enterrada en la piedra— repetía la imagen gris cruciforme en la que estaba colocada. La ironía podía ser intencionada. Seguramente lo era. Al cementerio le gustaban las ironías.

Frank aparcó en la gravilla justo debajo del monumento y cruzó la calle hacia la entrada del cementerio. Desde allí vio las pequeñas islas de Herm y Jethou surgiendo entre la neblina al otro lado del agua plácida. También desde allí, una rampa de cemento —construida para evitar la posibilidad de que algún doliente se cayera por las inclemencias del tiempo— bajaba hacia las tumbas que se extendían en varias terrazas a lo largo de la ladera. En ángulo recto respecto a estas terrazas, en un muro de contención de Rocquaine Blue, había un relieve de bronce de unas personas de perfil, tal vez ciudadanos o soldados o víctimas de la guerra. Frank no sabría decir. Pero una inscripción en el relieve —«La vida sigue más allá de la tumba»— sugería que esas figuras de bronce representaban las almas de los difuntos enterrados en este lugar, y la propia talla era una puerta que, cuando se abría, revelaba los nombres de los inhumados.

No los leyó. Simplemente se detuvo, dejó la caja de cartón con las cenizas de su padre en el suelo y la abrió para sacar la bolsa de plástico.

Bajó las escaleras hasta la primera de las terrazas, donde estaban enterrados los valerosos hombres de la isla que habían perdido la vida en la primera guerra mundial. Yacían debajo de olmos viejos en filas precisas y delimitadas por acebos y piracantas. Frank pasó por delante y siguió descendiendo.

Sabía en qué punto del cementerio comenzaría su ceremonia solitaria. Aquí las lápidas señalaban tumbas más recientes que las de la primera guerra mundial, cada una idéntica a la siguiente. Eran de piedra blanca sencilla, con la única decoración de una cruz cuya forma las habría identificado inconfundiblemente si no lo hubieran hecho ya los nombres grabados en ellas.

Frank bajó hasta este grupo de tumbas. Había ciento once, así que metería la mano ciento once veces en la bolsa de las cenizas y ciento once veces dejaría que lo que quedaba de su padre se escapara entre sus dedos y se depositara en la última morada de esos hombres alemanes que habían ido a ocupar la isla de Guernsey y que habían muerto allí.

Comenzó el proceso. Al principio fue horrible: su carne viva en contacto con los restos incinerados de su padre. Cuando el primer fragmento de hueso rozó la palma de su mano, se estremeció y se le revolvió el estómago. Entonces paró y se armó de valor para continuar. Leyó cada nombre, las fechas de nacimiento y defunción, mientras dejaba a su padre en la compañía de aquellos a los que había elegido como compañeros.

Vio que algunos de ellos eran sólo unos críos, chicos de diecinueve y veinte años que quizá se habían alejado de su casa por primera vez. Se preguntó qué habían pensado de este lugar pequeño que era Guernsey después de venir de un país tan grande como el suyo. ¿Les había parecido una avanzada a otro planeta? ¿O había sido un bendito rescate de un combate sangriento en primera línea de fuego? ¿Qué debieron de sentir, al tener ese poder y, a la vez, ser absolutamente despreciados?

Pero no por todos, claro. Ésa era la tragedia de ese lugar y esa época. No todo el mundo los había visto como un enemigo al que menospreciar.

Frank se movió mecánicamente entre las tumbas, descendiendo hilera por hilera hasta que vació por completo la bolsa de plástico. Cuando acabó, caminó hasta el poste al final del cementerio y se quedó un momento allí, mirando hacia arriba a las hileras de tumbas, al camino por el que había bajado.

Vio que, aunque había dejado un pequeño puñado de cenizas de su padre en la morada final de cada soldado alemán, no quedaba rastro de ellas. Las cenizas se habían asentado en las hiedras, los acebos y las enredaderas que crecían en parcelas

683

sobre las tumbas ,y allí se habían transformado en mero polvo, una piel delgada que descansaba como una niebla efímera que no sobreviviría a la primera ráfaga de viento.

Ese viento vendría. Traería consigo la lluvia. Esa lluvia haría crecer los arroyos que bajarían de las laderas a los valles y luego al mar. Algo del polvo que era su padre se uniría a ellos. El resto permanecería como parte de la tierra que cubría a los muertos y como parte de la tierra que socorría a los vivos.

Agradecimientos

Como siempre, estoy en deuda con varias personas que me han ayudado durante la creación de esta novela.

En la preciosa isla de Guernsey, debo dar las gracias al inspector Trevor Coleman de la policía de los estados, la amable gente de la Oficina de Asesoramiento al Ciudadano y al señor R. L. Heaume, director del Museo de la Ocupación Alemana en Forest

En el Reino Unido, estoy en deuda continuamente con Sue Fletcher, mi editora en Hodder & Stoughton, así como con su maravillosa e ingeniosa ayudante, Swati Gamble. Extiendo mi agradecimiento también a Kate Brandice, de la embajada de Estados Unidos.

En Francia, la generosidad de mi traductora habitual, Marie-Claude Ferrer, me permitió escribir algunos diálogos de la novela, mientras que Veronika Kreuzhage, en Alemania, me proporcionó las traducciones necesarias relacionadas con artefactos de la segunda guerra mundial.

En Estados Unidos, el profesor Jonathan Petropolous me ayudó a comprender la repatriación nazi de obras de arte, tanto en persona como a través de su inestimable libro *The Faustian Bargain*. El doctor Tom Ruben tuvo la deferencia de ofrecerme información médica cuando lo necesité; Billy Hull me ha ayudado a comprender la profesión de arquitecto, y mi colega escritor Robert Crais me permitió consultarle sobre el blanqueo de dinero. Estoy sumamente agradecida a Susan Berner por estar dispuesta a leer un primer borrador de esta novela, y también a mi marido Tom McCabe por su paciencia y su respeto al tiempo necesario para elaborar una novela. Por último, por supuesto, ni siquiera podría haber empezado a escribir este libro sin la presencia, la ayuda y el ánimo constantes de mi ayudante, Dannielle Azoulay.

Los libros que me sirvieron de ayuda durante la creación de esta novela fueron el ya mencionado *The Faustian Bargain*, de Jonathan Petropolous; *The Silent War*, de Frank Falla; *Living with the Enemy*, de Roy McLoughlin; *Buildings in the Town and Parish of Saint Peter Port*, de C. E. B. Brett; *Folklore of Guernsey*, de Marie De Garis; *Landscape of the Channel Islands*, de Nigel Jee; *Utrecht Painters of the Dutch Golden Age*, de Christopher Brown; y *Vermeer and Painting in Delft*, de Alex Rüger.

Finalmente, unas palabras sobre *Santa Bárbara*. Los estudiantes de historia del arte sabrán que, si bien el cuadro que describo en esta novela no existe, el dibujo que atribuyo a Pieter de Hooch sí. Sin embargo, no es de Pieter de Hooch, sino de Jan van Eyck. Mi propósito al cambiar cruelmente el nombre del autor tiene que ver con la época en que se dibujó y durante la cual pintaba Van Eyck. Si hubiera llegado a pintar *Santa Bárbara*, habría realizado su obra maestra sobre paneles de roble, como era costumbre en la época. Sin embargo, para el efecto que buscaba conseguir en mi novela, necesitaba un lienzo, cuyo uso no se generalizó hasta más adelante. Espero que me perdonen por este maltrato de la historia del arte.

Naturalmente, en el libro habrá errores. Son sólo míos y no atribuibles a ninguna de las magníficas personas que me han ayudado.